ZAPISI
IZ UKLETOG GRADA

ACKE BOŠNJANIN

Förlag: BoD - Books on Demand, Stockholm, Sverige

Tryck: BoD - Books on Demand, Norderstedt, Tyskland

ISBN: 978-91-7699-199-2

ZAPISI IZ UKLETOG GRADA

I   Tristo pedeset dana banjalučkog pakla

II Ta čudesna sudbina

Acke Bošnjanin

Penzionerski dani teku

Dođe i to sa neizvjesnošću i strahom iščekivano vrijeme. Potvrdi se sve ono što sam posljednjih dana i mjeseci razmišljao: neizvjesnost, neodlučnost, strah i jeza da neću znati sta ću sa sobom kada dođu ovi dani bez početka i kraja. Tješih se da nisam ni prvi, ni posljednji, ali mi to nimalo ne pomože da započnem ovaj novi period života sa svojim poznatim optimizmom i odlučnošću koji su me pratili u cijelom mome dosadašnjem životu. O čemu se to radi? Šta mi se to tako drastično desilo? Odgovor je jednostavan: evo već četiri dana sam u zasluženoj penziji, ali još uvijek nisam došao do sebe i još uvijek se osjećam čudno i nelagodno. Prije četiri dana, na poslu, svi su me pitali: „ Kako se osjećaš"?, a ja sam cijelo vrijeme odgovarao: „Čudno". Čudno je i to da se i danas, četiri dana poslije, još uvijek osjećam čudno. Nadam se da će taj „čudni" period moga života proći i da ću uskoro opet pronaći sebe i moj poznati optimizam koji me je cijelo vrijeme pratio kao dobar drug i pomoćnik koji mi je toliko puta pomogao da prebrodim scilu i haridbu moga života. „Hajde Acke, šta si se bolan snuždio, nije ovo prvi put da su te obladale crne misli i dileme i nije ovo prvi put da ćeš ti iz te crne neizvjesnosti isplivati kao pobjednik", pomislih i odmah mi se rodi jedna spasonosna misao: Ma znaš šta stari vuče, sad ćeš ti imati priliku da svojim unucima, a i ostatku svijeta ispričaš potanko kako je to sve bilo i šta nam se sve interesantno desilo u našim banjalučkim životima od godina devedesetih pa na ovamo. Svakako da neću propustiti i sjećanja na nezaboravne dane djetinjstva i mladosti u jednoj lijepoj zemlji koj u   su neznalice i dušmani ukinuli i raskomadali na sedam državica. Ta nostalgija za Jugoslavijom je svakako pomiješana sa nostalgijom za djetinjstvom i mladošću i svakako da ulazi u kompletni paket cijele pripovijetke koju će, nadam se, moji unuci razumjeti i shvatiti kakav interesantan život su njihovi dido i nona proživjeli i prekopali preko glave. Naši dragi unuci Emil, Henri, Oliver, Daniel i prekrasna unučica Emma su rođeni u Švedskoj i pojma nemaju kako je to bilo u staroj domovini i našoj Banjaluci i kako i zašto smo mi „stari" napustili voljenu domovinu i voljeni rodni grad. Eto, sada dođe vrijeme i mogućnost da im sve to na tenane ispričam i objasnim. Svakako da to neće biti lako jer oni neznaju naš bosanski jezik, ali ja znam dovoljno svedski pa ću im sve na tenane prevesti i objasniti.

´Vako je to bilo

Bilo je to davno na brdovitom Balkanu, između Šibova i Starčevice, kraj biserli Vrbasa, kada mi 1970. godine kao friskom fizioterapeutu stiže poziv sa Fizijatrije od dr. Rakića da se javim što prije i odmah mogu početi raditi, jer su fizioterapeuti toliko traženi da si nemogu priuštiti ni par mjeseci odmora poslije završene škole. Kakva su to zlatna vremena bila u poređenju sa sadašnjim mukama Isusovim da se dobije bilo kakav posao. Tako moja krijera fizioterapeuta krenu odmah po završenoj medicinskoj školi. Na Pedagoškoj mi je ostalo još par ispita koje sam položio radeći istovremeno u Poliklinici, naravno, u voljenoj Banjaluci. Odradih na tom mjestu svojih jedanaestetak godina, a onda lako dobih posao u mojoj drugoj struci pa slijedećih desetak nezaboravnih godina provedoh u Kasim Hadžić školi kao nastavnik engleskog jezika, sve do 1990. godine, kada se odlučih da okušam sreću kao trgovački putnik u „Hitu" kod Dževada Haznadara. Odmah prvi test mjesec zaradih deset nastavničkih plata i odlučih da se više ne vraćam u školu, nego da okušam sreću u privatluku. Sve krenu izvanredno i naprasno se završi 1992. godine kada nam neki bradati čudaci zabraniše da prolazimo ulicama, seoske patrole nas uvjeriše da je vozikanje kombijem opasno po život, a o oduzimanju robe da i ne govorim. Iz tog vremena ostadoše mnoge lijepe uspomene iz Mostara i Dubrovnika, područja na kojem smo prodavali našu robu. O tome će još biti govora poslije u ovoj mojoj ispovijesti unucima u sobi moga stana u državi Švedskoj.

Onda stiže okupacija, pa poslije rušenje Ferhadije i Arnaudije, šta ćeš, kud ćeš, već put pod noge, spašavaj živu glavu. Zaključasmo staru porodičnu kuću, pa na autobus, u neizvjesnost. Ali, ne lezi vraže i u toj zemlji nedođiji snađosmo se veoma brzo i ne prođe ni par godina, a ja otvorih mali privatluk (fizioterapiju) u nasem Malom mistu. Poslije osam mjeseci shvatih da se na ovaj način neće moći dovoljno zarađivati, pa prihvatih posao na jednom novom specijalnom odjelu zatvora gdje smo radili sa najvećim kriminalcima i psihopatama ne samo Švedske. Odradih pošteno svoje četiri godine, a onda promijenih više zaposlenja i zanimanja: radni konsultant, rad sa mladima u Švedskoj crkvi, predavač četiri predmeta i specijalni pedagog u Roden gimnaziji u „Malom mistu" Norrtelje, specijalni pedagog u dječijem vrtiću i na kraju karijeru prije četiri dana završih 31.8.2015. godine u Teby komuni kao radni konsultant. Imao sam sreću da sam posljednjih 11 godina radne karijere završio na radnom mjestu kakvo sam samo sanjati mogao: rad sa mladima, sa poslodavcima, administrativni poslovi i pružanje svake pomoći mladim ljudima koji imaju problema u potrazi za poslom i nikada se nebi mogli snaći sami, ali uz moju pomoć je to išlo puno lakše. Posao pun ponosa i zahvalnosti, baš ono što mene čini sretnim. U kancelariji samo jedna koleginica i ja, oboje smo izgarali na ovoj vrsti posla a nije nam bilo teško, jer smo mi baš takav posao odabrali. Posljednjeg dana nisam znao odgovoriti na pitanje „kako se osjećam pred penziju", jer nisam imao pojma kako sam se osjećao, a i sad poslije četiri dana još uvijek nisam dokučio kako se ja to sada osjećam. Ovaj posao sam mogao raditi još veoma dugo, a s druge strane i dosta je bilo od mene. Nemam pojma kako će mi biti kao penzioneru, jer zaboga, davno je bila godina 1970., a ja nisam ni jednog jedinog dana bio na bolovanju. Mislim da bi i Ginisova knjiga rekorda mogla ovo upisati kao raritet, a možda i rekord. Nisam ih kontaktirao jer neznam kako bi ja to dokazao. Gdje li su sve dospjeli svi zdravstveni papiri i kako se može dokazati da neko NIJE NIKAD BIO NA BOLOVANJU. Ipak mogu biti zadovoljan što je eto moj radni vijek prošao bez onih prepucavanja sa ljekarima i ostalim osobljem, a da ne govorim o činjenici da u stvari nikako nisam bio ozbiljno bolestan da bi morao ostati kod kuće. Baš sam sretan da eto proceduru kako se to ide na bolovanje nikada za ovih 45 godina nisam naučio.

Budućnost će pokazati kako će izgledati moj penzionerski život, a nadam se da mi neće biti lošije nego milionima penzionera širom zemaljske kugle. Živi bili pa vidjeli.

Odmah, kao frišak penzioner, dobih posao na SFI-u da novopridošlim izbjeglicama predajem švedski jezik, tako da pravi penzionerski život još nisam iskusio, a kako izgleda ovaj posao ću raditi sve dok se ne preselimo na Jug. Sakupit ću postpenzionerskog staža oko jednu godinu i šest-sedam mjeseci. „Čuva bog Acketa svog". „Dok je leđa, bit će i samara".

Nego da ja krenem sa mojom ispovijesti unucima i prestanem sa dosadnim penzionerskim dilemama i zafrkancijama. Već primjećujem da je Oliverova pažnja popustila, ali vidim da stariji unuci još nisu umorni od mojih pripovijedanja, ćak štoviše, u očima im vidim znatiželju i radoznalost, pa da krenem sa malo težim temama ove moje ispovijesti.

ZAPISI IZ UKLETOG GRADA

I dio

(Tristo pedeset dana banjalučkog pakla)

Umjesto predgovora

BIVŠI DRUŽE BANJALUČKI...

Slušajući pjesmu Jure Stublića „E moj druže beogradski", pala mi je na pamet ideja kako da naslovim ovo pismo koje evo već više od dvije i po godine hoću da napišem mome bivšem kolegi, drugu i prijatelju Slobodanu B.

Nadam se da se sjećaš Slobodane da smo nas dvojica nekada bili kolege na Fizijatriji, u Regionalnom medicinskom centru u Banjaluci. Radili smo i dobro surađivali na poslu - NEKAD BILO, SAD SE SPOMINJALO. Ako se možeš prisjetiti, kad smo se malo bolje upoznali, počeli smo jedan drugom povjeravati i poneku tajnu, koja se inače ne povjerava radnim kolegama. Znači, postali smo drugovi - NEKAD BILO, SAD SE SPOMINJALO.

Malo pomalo, bogami, počeli smo se i posjećivati. Dođeš ti sa svojom suprugom Ž. kod mene, ja tebi uzvratim posjetu, i sve tako, svake druge sedmice. Bilo je tu, bogami, svakakvih đakonija, jer su se i naše supruge željele zbližiti i svaka se trudila da uvijek spremi svoj najbolji specijalitet. Bili su s nama i Zlaja i njegova supruga i oni su na isti način učestvovali u nasim lijepim večerima. Tako, malo po malo, postali smo mi i prijatelji koji su uvijek rado ugostili jedan drugoga, a, bogami, jedan o drugom smo znali i mnoge tajne koje samo prijatelji među sobom mogu podijeliti.

Onda, jedne večeri, počeše tvoje priče i razgovori o kantonima, koridorima i ostalim opasnim idejama ludog Raše, neuračunljive Biljane, izlapjelog Koljevića, bivšeg aristokrate Guge Lazarevića i ostalih zaluđenih i zaslijepljenih sljedbenika „SANU" ideja o srpstvu, nebeskom narodu i snu o velikoj Srbiji, državi „SAMO srpskog naroda".

Pokušavao sam te razuvjeriti i izvući iz tog ludog kola, tih probuđenih aveti četničkog fašizma, ali sam već poslije trečeg pokušaja shvatio da neću u tome uspjeti....., i odustao sam. Ali tada, upravo tada, prestalo je i naše drugarstvo i naše prijateljstvo, a kolege nismo više mogli biti, iz prostog razloga što su svi Muslimani dobili otkaze, i vjerovatno shvataš Slobodane da nezaposlen čovjek nemože imati ni kruha, a kamo li da bude nekom radni kolega.

Neću te pitati jesi li promijenio mišljenje o onim idejama „ svi Srbi u jednu državu", „jedan narod, jedan vođa, jedna država". Neću iz prostog razloga što više nismo prijatelji, pa me to više i ne zanima. Ti sada možeš misliti šta hoćeš. Naša (tvoja i moja) Bosna je mnogo zla zapamtila, pa i zaboravila, ali ovog puta se nadam da više nikada nećemo zaboraviti, a mnogo je i onih koji nikada neće ni oprostiti. Broj od 200.000 ubijenih je tako velik, da ga ni najtolerantnija Bosna i Hercegovina nemože progutati.

Eto, Slobodane, zato si ti meni sada bivši, ali ovo pismo sam morao da ti napišem, jer je to bila moja dužnost uspomeni na jedno lijepo prijateljstvo, moja obaveza prema samom sebi, a i prema stotinama hiljada prognanika, koje su tvoji suna-rodnjaci prognali sa ognjišta.

18.9.1995.   **Autor**

„Dirljivo pismo dido", reče moj Emil, „mora da si tog Slobodana mnogo volio i cijenio". „Da Emile, to mi je u to vrijeme bio jedan od najboljih prijatelja. Zbog toga sam mu i napisao ovo pismo nadajući se da će on možda nekad u budućnosti pročitati i shvatiti šta je najvažnije na svijetu. Ja lično mislim da je prijateljstvo na prvom mjestu". Nego da nastavim ispovijest dok me unuci još uvijek pažljivo slušaju.

Bio je treći juni, 1992. godine. U našem gradu je najavljeno da ćemo imati kruha još tri dana. Dan je bio divan, kao što junski dan može biti: uz miris lipa, dječiji žamor, lijepe sugrađanke, pokojeg poznatog prolaznika, kojih je iskreno rečeno ostalo malo, ali ih ipak još uvijek ima. Ovakav početak predskazuje jednu ugodnu hroniku jednog normalnog grada u Bosni i Hercegovini, ali, nažalost, slijed do-gađaja će pokazati da se radi o jednoj od trenutno najomraženijih sredina među građanima naše drage domovine, Bosne i Hercegovine.

Ipak moram reći da je to moj rodni grad, koga sam cijeli život neizmjerno volio, obožavao i hvalio mojim mnogobrojnim prijateljima u svijetu. Nažalost, sve se iz osnova izmijenilo 1991. godine. Da podsjetim, to je godina kada je počeo i završio rat u Sloveniji, kada je započeo rat u Hrvatskoj koji još uvijek traje i konačno, to je godina koja je prethodila ratu u Bosni i Hercegovini. Te 1991. godine je naš grad postao bastion mraka, vojni sabirni centar u koji su se stacionirali ratnici i probi-svjeti iz istočnih krajeva naše, do tada drage, Jugoslavije. U tom trenutku Jugosla-vija, čiji sam i ja oduševljeni pristalica bio do ovih tužnih trenutaka naše istorije, prestala je da postoji. Uz ratnike i probisvjete u naš grad dolaze i mnogi pljačkaši i zločinci koji će idućih mjeseci učiniti sve da ukaljaju naš grad, da otjeraju sve dobronamjerne sugrađane i poslovne ljude, koji bježe glavom bez obzira, jer naziru fašističku ideologiju koja će zahvatiti široke slojeve pravoslavnog življa u našem gradu, a nažalost i mnogo šire, u cijeloj našoj domovini.

Pojavljuje se stranka koja će svom, srpskom narodu, svesrdno pomoći da zamrzi svoje sugrađane koji ne misle kao oni, koji i dalje teže zajedničkom životu. Pojavljuju se mračne kreature političara i teoretičara koji svome narodu objašnjavaju teoriju iz poznatog djela Adolfa Hitlera „Main kampf": „Jedan vođa, jedan narod, jedna država". U našem gradu takva teorija dobija veliki broj pristalica i među srpskim pukom nailazi na plodno tlo. Miroljubivi i pametni ljudi gube bitku i padaju o očaj, jer znaju kakvom rezultatu vodi takva teo-rija. Još uvijek postoji nada da će to sve ostati u sferi beskorisnih teo- retskih naglabanja i da će epilog ipak biti ljudski i normalan, ali, avaj, događaji su krenuli najgorim mogućim tokom.

Pored republičkih „teoretičara" Karadžića, Koljevića, Plavšićke, Buhe i drugih, pojavljuju se i domaće, lokalne uzdanice restaurirane Hitlerove teorije: „jedan narod, jedan vođa, jedna država". To su prije svih Kuprešanin, Vukić, Lazarević, Brđanin i mnogi drugi koji započinju svoj pakleni plan stvaranja mržnje u „svom" narodu prema svim dru- gim narodima i usađivanje ideje da je Srbin nešto najvrjednije što je dosadašnja Jugoslavija dala, a u isto vrijeme su počela i otkopavanja kostiju širom domovine, da bi se „svome" narodu dokazalo da je i najugroženiji narod. Vješto se manipuliše sa prošlošću i sadašnjošću, uz mnogo izmišljotina i laži.

Mora se reći da je prosvjeta, čiji sam i ja sudionik bio, u posljednjih petnaest godina zakazala i propustila da upozna nove naraštaje sa pravom istinom, isto-rijski tačnom istinom. Uglavnom se zamajavala komunističkom ideologijom i u tom periodu se mnogo pomoglo u stvaranju jednog lažnog, pokvarenog, sitno posjedničkog, nezainte-resovanog mentaliteta, koji je bio plodno tlo za ovakve kvazi-teorije, koje su počeli da šire ovi pokvareni, ograničeni i zaslijepljeni teoreti-čari „srpstva" i „srpske dominantne ličnosti" koja je u stanju da se odupre ne samo svim narodima naše ispačene domovine, nego i cjelokupnoj svjetskoj javnosti. Teorija: „samo smo mi u pravu"..., a svi ostali lažu.

4.6.1992.

Tog dana sam opet šetao ulicama moga grada i divio se mladosti i ljepoti, po čemu je naš grad oduvijek bio poznat. Ipak je bilo nemoguće ne vidjeti bezbroj različitih uniformi i mračnih faca koje su pre-plavile grad, izazivajući u svakom miroljubivom čovjeku tjeskobu i mučninu od šunda, kiča i neukusa kojima je bio preplavljen naš, nekada tako lijep i šarmantan, grad. Ulični prodavci kaseta su tako pojačali svoje muzičke linije sa kojih su treštale neke ružne, strane pjesme, kao što je na primjer: „Hoćemo li brale u četnike", a na ulici vas presreću šverceri deviza sa uzvikom: „D´vize, d´vize", „mijenjate li što?" i uz šeretski osmijeh vam pokazuju velike svežnjeve novčanica. Ma užas jedan, da vam zgadi dan kada ste se rodili u ovom, sada tako odvratnom, gradu Razgovarao sam sa nekim mojim starim poznanicima koji su u među-vremenu obukli uniformu i postali dio sadašnjeg sistema u ovom nes-retnom gradu. Na moje pitanje: Šta mislite, dali će se naši političari uspjeti išta dogovoriti?", oni su odgovorili: „Nema govora, jer mi ne- mamo s kime pregovarati." U trenutku shvatih svo beznađe u kojem se nalazim. Njih su, znači, njihovi teoretičari uspjeli ubijediti da je jedino rješenje rat i razaranje, uspjeli su im usaditi volju za jedan dugotrajni nemilosrdni rat sa svojim dojučerašnjim prijateljima, kom-šijama i rođacima, jer se zna da je ogroman broj miješanih brakova. Dovoljno je samo izraziti svoje neslaganje sa suludom politikom, pa da čovjeka proglase izdajicom i da padne u nemilost svo-jih militant-nih, suludih političara. „Pa dobro, evo dosad je poginulo 5700 ljudi u Bosni i Hercegovini. Dali će se oni uspjeti dogovoriti kada pogine još 20-30 hiljada ljudi?", pitam ja naivno. „E, onda će se vjerovatno dogovoriti", odgovoriše moji poznanici. „Zar nebi bilo bolje da se dogovore prije tolikih ubistava?", upitah, ali shvatih da je vrijeme da mijenjam temu, jer bi me lako mogli proglasiti HOS-ov-cem, ili muslimanskim fundamentalistom, a ja nikada u životu nisam bio ni na jednoj strani, smatrajući da je ljude dovoljno samo voljeti, bez ikakvih odvajanja po bilo kojoj osnovi. Pozdravih se sa svojim poznanicima i zaželjeh im sreću, a na duši mi ostade okus ranjenog, izgubljenog prijateljstva.

Na vijestima Radia BiH rekoše da je iselila kasarna „Maršal Tito" u Sarajevu, i to je u meni, pored velike sreće, izazvalo i tužna sjećanja na koji nas je način, do tada naša, JNA izdala. Ona je izdala sve ostale narode u BiH i stavila se na stranu samo jednog, srpskog, naroda i njihovih ekstremista. To je, bar u našem gradu, počelo davno. Još u vrijeme stvaranja SDS-a u našem kraju je počelo šurovanje pripad-nika i vođa te nacionalističke stranke sa starješinama JNA. U početku je to bilo skriveno, a kratko iza te skrivene faze počele su neke promjene spiskova u Terito-rijalnoj odbrani našeg grada. I ja sam na neki čudan način bio isključen iz TO, što je meni u to vrijeme odgovaralo, jer sam pacifista, ali sam poslije shvatio o čemu se radi i potpuno sam siguran da je, na prevaru, izvršeno etničko čišćenje TO od pripadnika drugih nacionalnosti. Zavjerenici su doduše ostavljali u TO pokojeg Hrvata i Muslimana, ali ih, u pravilu, nisu postavljali na odgovornija mjesta, jer su ta mjesta bila rezervisana za Srbe. Od prvih dana su počeli tajno naoružavati građane srpske nacionalnosti. Srbi oružje uopšte nisu kupovali, sve su dobili od JNA. Srbi su bili jedini koji su od JNA oružje, koje smo svi mi plaćali cijeli svoj život, dobijali besplatno. O ovim prevarantskim rabotama postoje mnogobrojni dokazi. Tako su naoružane prve, i u to vrijeme jedine, paravojne formacije u BiH. Svi ostali su tada još uvijek davali vrlo redovno doprinos za JNA, a u isto vrijeme su bili potpuno nenaoružani i nezaštićeni.

5.6.1992.

Danas su blokirali ulice Fadila Maglajlića i Duška Koščice i u svim ku-ćama izvršili premetačinu, tražeći oružje. U strahu da će stići i do naše kuće, cijeli dan sam bio odsutan, jer iz mnogo razloga nisam htio da se sretnem s njima.ovaj događaj me je podsjetio na dan kada su se iznenada, jednog jutra u aprilu mjesecu, ispred svih važnijih ustanova u gradu, pojavili nekakvi SOS-ovci. Ja sam se sticajem okolnosti nalazio u blizini Banjalučke banke, pa sam mogao da ih pažljivo osmo- trim. To su bile nekakve ružne spodobe, bez uniformi, prljavi, neobri-jani, neugledni u svakom pogledu. Potpuno nepoznati ovom gradu, ali naoružani do zuba i sa neprijateljskim ubilačkim pogledom. Poslije sam saznao da su to neke „srpske oslobodilačke snage", jedna samo-zvana razbojnička organizacija kri-minalaca i probisvjeta koju su plaćali neki gradski novokomponovani bogataši: četnički vojvoda Batar, voj- voda Đukić, vlasnik kafića „Eks" i neki drugi čija imena nisam saznao. Napominjem da se o ovim mafijaškim šefovima pričalo po gradu, ali dokaza nije bilo. Ovi SOS-ovci su napravili ogromne štete musliman-skom i hrvatskom življu, a nisu ostali dužni ni nekim „neposlušnim" sunarodnjacima srpske nacionalnosti. Stradale su mnoge radnje, ćevabdžinice i kafići. Akcije policije na otkrivanju počinilaca su bile, dali slučajno, ili namjerno, bez nekih rezultata. To je unijelo strašan nemir kod jednog, a stid kod drugog stanovništva. Ove podjele u našem gradu nisu bile poznate sve do pojave političara kao što su Vukić, Kuprešanin, a u posljednje vrijeme im se iz nekog okolnog sela prišlepao i izvjesni „gospodin" Brđanin (nemogu da odolim a da uz Brđanin ne upotrijebim riječ „gospodin", nekako mi se slaže), koji je na isti način, kao i njegovi duhovni oci, počeo da vrijeđa jedne, a hvali i uzdiže druge...

Srce mi se para što su uspjeli da klicom mržnje zaraze svoj narod, ta-ko da je svaki razumni miroljubivi građanin morao da digne ruke od svih ljudskih pokušaja da se problemi riješe mirnim putem. Mirovni pokret je u potpunosti prestao kada su ti nezreli i mržnjom inficirani ljudi na mirnu kolonu šetača (oko 5000 ljudi), koji su šetajući svojim gradom demonstrirali protiv rata, dva puta bacili suzavac. A ljudi su samo šetali pokazujući da se ne slažu sa ratno-huškačkom politikom SDS-a. Dok smo mi šetali, promatrali su nas teoretičari zla i jedva čekali da miro-tvorci naprave nešto, šta bilo, što bi njima dalo za pravo da upotrijebe svu snagu oružja koje su oni posjedovali, protiv golo-rukog naroda. Nikad neću zaboraviti ironični osmijeh četničkog vojvode Batara, koji nas je ispred stražnjeg ulaza

Doma kulture pro-matrao zajedno sa svojom svitom četnika i molio boga da mu damo bilo kakav povod, pa da na nas zapuca. Izgleda da je potpuno zabora-vio koliko mu je dao ovaj grad i ovi ljudi kada je kao siromašno seljače došao i počeo se baviti boksom, i nije imao ništa, a ovdje, u ovom gradu, stekao je sve: i kuću, i restoran, i karijeru, prvo boksersku, pa onda direktorsku...

Da bi četnici pripucali na narod, svi smo to shvatili u direktnom pre-nosu zločina iz Sarajeva. Direktne prenose zločina iz Sarajeva gledali smo sve dok zločinci nisu uništili i „oslobodili" i posljednji TV predaj-nik u Bosni i Hercegovini. A kada su „oslobodili" sve TV predajnike, počelo je maltretiranje stanovništva lažima iz TV studija u našem gradu, koga su zločinci ukrali od TV Sarajeva još mnogo prije nego što su ovi teški dani za Bosnu i Hercegovinu počeli. Građani našeg grada od tada ne gledaju TV program, jer su spikeri-izdajnici počeli našu domovinu nazi-vati „takozvana" BiH, a za nas Bosance je bilo nemogu-će gledati i slušati jedan takav uvredljivi program koji je sav bio prot-kan lažima i uvjeravanjima svoga, srpskog, naroda da moraju mrziti sve ostale sugrađane sa kojima su se rađali, ži-vjeli, ženili, udavali, rađali djecu. Neznam šta će još smisliti za djecu iz miješanih brakova? Kakav zločin će njima namijeniti? Šta da radi žena za koju su u Mjesnoj zajednici upisali da je muslimanka, a njena majka je pravoslavka, a otac musli-man? Ta žena se nikad nije deklarisala kao muslimanka, ali, eto, dušebrižnici su smislili i odlučili za nju. Nju niko ništa nije pitao. Samo čekam dan kada će i nju svrstati u ustaše koje je ona davno svrstala u sramnu istoriju naših naroda. Isto-rija se kod nas ponavlja, ali ovoga puta pogađa sasvim nedužne, a vjerovatno je tako bilo i prije. Etiketiranja su smišljena i služe svrsi uništenja ljudi koji uopšte nisu nikome neprijatelji. Ovi zlikovci uopšte nemogu da shvate da ima ljudi koji nikoga ne mrze. To nije ni čudo, jer su oni svu svoju teoriju zasnovali na mržnji, koja u Bosni i Hercegovini nije ničim izazvana. Ne želim nikoga da vrijeđam, ali moram reći da je ovo neki zakašnjeli nacional-socijalizam protkan najbezočnijim terorom prema svima oni-ma koji smatraju da je to najgora varijanta koja nam se mogla dogo- diti na pragu dvadeset prvog stoljeća, a i najprimitivnija, u svakom slučaju. Šta li će nam se dogoditi sutra, pitam se i završavam svoje razmatranje za danas.

Primjećujem da je ovo preteška materija za moje unuke i počinjem razmišljati da ih oslobodim slušanja o ovim mučnim događajima. Vjerovatno je bolje da im dido ostavi u amanet da nekad u buduć- nosti pročitaju ovu banjalučku i bo-sanskohercegovačku odiseju, jer iskreno rečeno, za ove teške istorijske događaje treba zrelo razmiš-ljanje i dobar stomak da se sve ove brljotine zle ljudske ćudi svare.

6.6.1992.

U naše živote se polako uvlači nestašica i glad. Juče sam kupio kokoš po diskontnoj cijeni, a danas, kada ju je supruga odledila, bilo je nemoguće od nje bilo šta napraviti, jer se širio zadah truleži i smrada. To sam kupio u kiosku bivše „Koke" – Varaždin, ali nisam obratio paž-nju ko je od naših sugrađana u međuvremenu prisvojio taj kiosk, pa sada prodaje nečiju preklanjsku proizvodnju i truje narod. Sada važi zakon: „Ako si Srbin, uzmi sve što je hrvatsko, jer ćeš sve veoma lako registrovati u srpskoj opštini." O automobilima da i ne govorim. Po gradu se vozaju samo članovi SDS-a, a ostali niti smiju, niti mogu nabaviti gorivo. Pumpe za gorivo su već odavno promijenile vlasnike i imena. Sve to se odvijalo potpuno bespravno i bez ikakvog dogovora sa bivšim vlasnicima. Nema šta, ova „njihova država" je zasnovana na veoma „čvrstim" temeljima: sila, teror, otimačina, prevara, laž, pa se to onda začini blagonaklonošću gradskih otaca i lijepo registruje pro- mjena vlasništva. Stvar je riješena na jednostrano zadovoljstvo, a onu drugu stranu niko ništa i ne pita, treba da je zadovoljna da joj je glava na ramenu. Da sad ne govorim o prebijanju ljudi na poslu, uz prijetnju da više ne smiju doći na svoje radno mjesto, o otkazima, prijetnjama na kapiji preduzeća kroz zube čuvara koji su najzad dobili dozvolu da mogu upotrijebiti oružje pa sada smatraju da je došlo i njihovih pet minuta i da najzad mogu iskaljivati svoje dugo zatomljivane frustracije i krvoločne strasti. Na ovu temu ćemo se vratiti nekom drugom prilikom.

Danas sam razgovarao sa svojim starim prijateljem Miroslavom H:, konzulom Dječije ambasade u našem gradu. Taj divni čovjek je u sva-koj prilici spreman za optimistička predviđanja, tako da mi je po neznam koji put povratio raspoloženje i nadu da će se sve ovo ipak pravedno završiti i da će većinu onih koji su okrvavili svoje ruke i uka-ljali obraz, stići kazna. Dječija ambasada u našem gradu i dalje radi, ali neće moći organizovati konvoj za evakuaciju djece iz grada, zbog nedostatka sredstava. Ambasada planira da za djecu organizuje kupa- nje na bazenima u određeno vrijeme i u određene dane, zatim razne igre po mjesnim zajednicama itd. Imali su namjeru da organizuju šet-nje djece na Trešnjik, uz pratnju, ali nisu naišli na razumijevanje vlasti, jer se oni navodno plaše da bi muslimanski i hrvatski „ekstremisti" mogli izvesti odmazdu nad djecom. Dragi bože, kakva vremena! Zar ovi neljudi imaju takvo mišljenje o svojim sugrađanima, svojim doju- čerašnjim prijateljima? Ili su, možda, opravdano prestrašeni, pošto su oni slične stvari radili u Kozarcu, Derventi, Prijedoru, Jajcu, Bijeljini, Doboju, Bosanskoj Krupi, a da ne spominjem Sarajevo, Mostar, Foču i Višegrad. Prijatelj iz Dječije ambasade mi reče da su otkazi počeli da se dijele i po školama, jer, bože moj, nije važno kako čovjek radi i ko-liko doprinosi odgoju djece, mnogo je važnije da je Srbin i da se javio u srpsku vojsku, pa, uz božiji blagoslov, možda će učestvovati i u rušenju Jajca, ili Kotor Varoša...

Ne mogu, a da ne kažem ovom prilikom: Smrt fašizmu - sloboda narodu.

Uzgred budi rečeno, u mojoj bivšoj školi je izvršena smjena direktora, iako radnici nisu bili za to. Smijenjena je vrlo uspješna direktorica Halisa, a na njeno mjesto je postavljen Slavko (SDS), učitelj. U toj školi rade i profesori sa visokom školskom spremom, pa će novi „gospodin direktor" sigurno moći uspješnije i kvalitetnije organizovati njihov rad, jer njemu je bog dao da je Srbin, a oni su postali nadrasa u na-šem očajno tužnom gradu.

„Didooo, pričaj nam nešto veselije", uzviknu Oliver koji se probudio i poželio da čuje nešto interesantnije i veselije, jer su mu priče o neljudima i okupatorima postale dosadne i zamorne. „Hoću Oli, poslije ove slijedeće priče obečavam da ću pričati nesto ljepše i veselije", odgovorih i pomislih, bože dragi, ove moje okupatorske dogodovštine nisu za mlađahne uši mojih unuka, ali što se mora, nije ni teško. Oni treba da čuju i saznaju šta se to događalo njihovim roditeljima, noni, didi i svim ostalim nedužnim ljudima u našem voljenom gradu. Hajde još malo, pa ću onda ispričati jednu lijepu uspomenu, bolje prilagođenu mojim unucima.

8.6.1992.

Danas sam šetao ulicama grada, ali je i to izgubilo nekadašnju draž. Da nije susreta sa znancima i prijateljima, kojih imam mnogo u našem gradu, i ove šetnje bi u potpunosti izgubile svaki smisao.Između mno-gobrojnih razgovora koje sam danas imao, moram izdvojiti jedan koji mi je digao tlak i uznemirio me do ludila.

Idući sa pijace, svratio sam u prodavnicu kod Cice, jer se nismo dugo vidjeli, pa da ne pomisli da sam nešto ljut na nju. Poslije uobičajenog uvoda o zdravlju i porodicama, razgovor je skrenuo ka neizbježnoj temi, politici. Cica je oduvijek bila Jugoslovenka, što sam ja i cijenio prije, ali ona je ostala Jugoslovenka i sada u ovom nakaradnom obliku kakav zastupaju Slobodan Milošević i njegovi istomišljenici. Ona je meni, kao svome starom prijatelju, postavila pitanje: „Šta misliš, ko je kriv za sva ova naša stradanja?" Pri tome je tvrdila da su svi podjed-nako krivi. Ja sam odgovorio da su svi krivi, ali ne podjednako. Naj krivlji, po mome mišljenju, su srpski ekstremisti, jer su prvo naoružali svoj narod, pa tek onda krenuli u pregovore. Još sam spomenuo da je monstruozno planirati da se porobi, ili uništi dvadesetak gradova u Bosni i Hercegovini. Ona je tvrdila da je najkrivlji Alija Izetbegović, jer on zagovara muslimansku državu. Na to sam ja odgovorio da ona nije dobro obaviještena, jer je dobro poznat stav Alije Izetbegovića da BiH treba da bude građanska republika. Cica nije znala šta da mi odgovori na taj argument i shvatio sam da ona ne poznaje šta znači taj pojam građanske republike, kao što se, uostalom, i Nikola Koljević, koji je profesor, pravi lud, kao da ne razumije taj pojam, samo da bi u svojim nakaradno-pjevajućim izlaganjima, iskrivljeno i nakaradno obavještavao svoje sunarodnike o tim tako važnim problemima našeg politič-kog uređenja. Moj komentar na to je da ćemo svi mi, ako ne budemo živjeli zajedno, izgubiti. A Srbi se svim silama upinju da nas zavade i ne shvataju da će i oni mnogo izgubiti, ako ostanu bez nas. To ne shvataju samo „etnički" čiste pristalice Miloševića, Karadžića, Kolje-vića, Plavšićke, Buhe, Vukića i drugih ekstremnih nacionalista i njihovih prišipetlji iz redova SDS-a.

E sada ću ti Oli ispričati nešto iz moga djetinjstva u voljenoj Banjaluci, pa da shvatiš kako je to nekada tamo u mome rodnom gradu bilo.

Uspomene su nešto što nam niko nemože oduzeti, nešto što nas prati do kraja života, nešto što u mnogome pomaže da idemo dalje, nešto što nam pomaže da ne izgubimo kompas života, nešto što ucrtava stazu našeg života. Uspomene su sve to i još mnogo više...

Ja moje uspomene dijelim na četiri perioda: 1. Djetinjstvo i mladalačko doba, 2. Zrelost do 1991. godine, 3. Mračno doba u periodu od 1991. do 1993. godine i 4. Nastavak života u progonstvu i slobodi.

Sve uspomene su u stvari dobro iskustvo ako ih čovjek iskoristi da u nastavku života ne ponavlja greške i iskoristi stečeno iskustvo za bolju budućnost.

Oli, ispričat ću uspomenu iz ranog djetinjstva...

Zima se te davne godine pokazala u svome „najboljem" svjetlu: 20 stepeni ispod nule, snijeg do koljena, a u kući pucketa purpurna vatra u „fijaker" šporetu. Toplo kao u sauni. Aka (samo tako smo oslovlja-vali našeg oca) nam je obećao napraviti „rodle" (tako smo mi tada nazivali željezne sanke) i mi smo nestrpljivo čekali da on dođe s posla. Kad je došao imali smo šta vidjeti. „Rodle" su bile ogromne, napravljene od željeznih cijevi (2 cola), a na njima je moglo istovremeno sjediti najmanje šestero, a vjerovatno i osmero djece.

Koje li radosti kada mi sa tim sankama odemo na Šećerevo brdo i san-kamo se po cijeli dan. Meni ni dan danas nije jasno kako smo mi to sve izdržavali: penji se gore na brdo, spuštaj se u velikoj brzini niz brdo, ponovo se penji (nema lifta) i tako po cijeli cjelcati dan. Nisam siguran, ali moguće je da smo često preskočili ručak i kući došli tek pred veče, gladni, mokri i promrzli. A sutra, sve iz početka.

Te „rodle" su izdržale cijelo naše djetinjstvo, a boga mi i jedan dio mladosti. Čini mi se da su ostale na potkrovlju naše stare šupe i onda kada smo napuštali naš grad, odlazeći u neizvjesnost nepoznate budućnosti.

9.6.1992.
Jedno od mojih rijetkih zadovoljstava u onim teškim danima je bilo i pisanje ove tužne hronike. Ovog puta želim da pišem o miliciji našeg grada...

Još prije pola godine moj prijatelj i kum, koji radi u SUP-u, me je upo-zorio na monstruozne planove transformacije milicije u našem gradu. Dugo mu nisam vjerovao, govoreći mu da je preveliki pesimista, jer nisam mogao ni u snu sanjati da bi u našem gradu mogao da se začne takav zločinački scenario. Ukratko, trebalo je polako sa rukovodnih radnih mjesta uklanjati sve druge nacionalnosti, a postavljati isključivo srpske kadrove. To bi trebalo da se odvija postepeno, a kada njihovi istomišljenici naprave pometnju u Republičkom MUP-u, odmah spremno pristupiti etničkom (fašističkom) čišćenju MUP-a našeg grada od svih onih koji ne potpišu lojalnost ovakvom, srpskom MUP-u. To bi bilo za početak, a u svojim daljim zločinačkim planovima načelnik ovog srpskog gradskog MUP-a otvoreno planira da MUP u potpunosti očisti od svih nepoželjnih i tvrdi da će u roku od godine dana u tom MUP-u raditi radnici isključivo srpske nacionalnosti.

Kakve perverzne ideje ima taj smutljivac, kao da se školovao na idejama Hitlerovog izvornog nacizma iz firerovih najmlađih dana. Građani drugih nacionalnosti, blago vama. Vama će Srbi „garantirati" bezbjednost i zakonitost. U tu zakonitost smo se uvjerili već u Zvorniku, Foči, Višegradu, Doboju, Brčkom, Prijedoru, Sanskom Mostu, Kozarcu, Modriči, Bosanskom Brodu, Trebinju, Gacku, Bosanskoj Krupi i u mnogim selima Republike Bosne i Hercegovine. Ime našeg grada, zbog velikog stida, ne spominjem. Možda bi naš grad mogao u nastavku da se zove „Avetinjski grad", jer u mnogome podsjeća na to. Sam grad, kao grad, nije ništa kriv, ali ono što su učinili i što čine njegovi brojni stanovnici srpske nacionalnosti, izaziva strašan stid svih nas koji bismo željeli nešto učiniti, ali su nam ruke vezane i mi ne možemo ništa poduzeti, ali to ne umanjuje naš duboki stid.

Srbi su inače svojim „garancijama" planirali „počastiti" Sarajevo, Mostar, Čapljinu, Jajce, Tuzlu, Zenicu, Travnik, Bugojno, Konjic, Visoko, Goražde, Livno, Tomislavgrad, Široki Brijeg i još neke gradove, ali su građani tih gradova, divnih gradova heroja, smogli snage, iako u početku nenaoružani, da se odupru ovoj monstruoznoj agresiji i da odvratnim agresorima pokažu da im ovaj planirani zalogaj može itekako zapeti u grlu, a nadam se da će ovi gradovi smoći snage da pomognu i našem izmučenom, već mjesecima okupiranom i obespravljenom gradu, u čemu će im, svakako, sa oduševljenjem, pomoći svi normalni građani našeg grada. Zasad mi ne smijemo ništa poduzimati, jer zvijeri samo to čekaju pa da zaigraju svoj koljački pir nad nedužnim civilima. Vjerujte, dragi moji unuci, da bi oni ovdje, u ovom našem gradu bili u stanju da naprave takav masakr nad nenaoružanim stanovništvom, da bi to sigurno moglo da se mjeri sa najvećim pokoljima u istoriji čovječanstva. Mi, koji bismo željeli nešto poduzeti, ne smijemo uzeti toliku odgovornost na svoja pleća i mi zbog toga ne poduzimamo ništa što bi prouzročilo nesagledive posljedice koje bi podivljala neman izazvala kao odmazdu nad stanovništvom. Ja ovo pišem 9.6.1992. godine, a možda do takvoga nečega uskoro i dođe, iako se svim srcem nadam da ćemo to izbjeći. U svakom slučaju, dragi moji unuci, neka ovo posluži kao izvinjenje u ime svih mojih sugrađana, što već do tada nismo dali doprinos oslobodilačkoj borbi naroda Bosne i Hercegovine. Znajte, dragi moji, da ovdje, u ovome gradu, kuca hiljade i hiljade srca za domovinu i samo čeka pogodan trenutak da se uključi i doprinese pobjedi nad ovim zaglupljenim, sitnoposjedničkim, prevarantskim, a uz sve to krvoločnim kreaturama ispranih mozgova, koje su nas porobile i žele da vladaju, a mi da im budemo roblje s kojim mogu da rade što im je volja. Iako mrzim parole, već neko vrijeme mi je na pameti parola: Bolje grob, nego rob! Nadam se da će naši neprijatelji početi doživljavati značajnije poraze širom Republike, ali sam u isto vrijeme svjestan da će se svi ti zločinci dovući u naš grad, koji će na taj način postati zadnji bastion njihovih fašističkih ideja. Jeza me hvata kada pomislim šta će oni tada raditi meni i mojim dragim sugrađanima. Ali ako nam je tako suđeno, molim ti se dragi bože, iako sam ateista, da nam daš dovoljno snage za konačni obračun sa silama mraka koje nas u ovom trenutku okružuju.

Sinoć sam u vijestima Radia BiH prvi put počeo nazirati početak kraja ovog pakla i konačnog oslobođenja našeg dragog, ranjenog Sarajeva. Daj bože da me moj osjećaj ne vara... Naravno da sam se prevario, ne samo tada, već mnogo puta poslije.

10.6.1992.

Poslije 24 sata i moj kvart je konačno dobio struju. Hvala im... što su nas do ovoga doveli. Učinili su toliko zla okolnim gradovima, da nam niko ni struju ne isporučuje. Danas se iz Jajca čuju potmule eksplozije, što vjerovatno znači da su u svoje krvave planove uključili i tešku artiljeriju i avijaciju. Mi, obični smrtnici, naravno ne dobijamo nikakve informacije, već se svako snalazi kako zna i umije. Najbitnije je da čovjek ne sluša njihove dezinformacije, sa njihove lažljive televizije, ili šovinističkog, propagandnog radija. A o novinama da i ne govorim. Šta da se radi? Kako pomoći našim dragim sugrađanima u Jajcu?

11.6.1992.

Juče nisam bio baš raspoložen, pa ću danas pisati o centralnom trgu Između Opštine i Doma kulture. Tu se, otkad znam za sebe,nalazio Spomenik palim borcima iz drugog svjetskog rata. Izgleda da je taj spomenik zasmetao SDS-u i ostalim četničkim elementima u našem gradu, pa je jednog dana podmuklo i, naravno, jednostrano donesena odluka da se taj spomenik prebaci na drugo, manje atraktivno, mjesto, a na njegovom mjestu da se podigne pravoslavna crkva. Kako se dogovoriše, tako i napraviše. Srušiše spomenik palim borcima. Uzalud su bili protesti svih ostalih građana našeg grada, od Saveza boraca, pa do svih ostalih stranaka u gradu. U posljednji trenutak im je došlo odnekud u glavu da spomenik premjeste na obližnju, mnogo manje atraktivnu, lokaciju. Poslije toga su počeli kopati na trgu i otkopali temelje stare pravoslavne crkve. Zasad to tako stoji, jer vjerovatno nema sredstava za izgradnju crkve. Ali, nabavit će oni sredstva, pa makar ne imali ni struje, ni vode, ni grijanja, ni kruha...

Znam ja njih...

Još od prvih dana okupacije, kad su počeli ostvarivati svoje prljave planove, oni su potpuno prisvojili naš, gradski Dom kulture. Znate li na koji način? Od prvih dana su počeli održavati svoje zavjereničke sastanke u našem Domu kulture, a pošto su iz svojih SDS redova istjerali sve one koji nisu bili za njihove mračne planove, onda su jednostavno, na najistaknutijem mjestu, na našem Domu kulture, istakli neku zastavu, sa nekim grbom, u kojem je ćirilicom pisalo SDS. Od toga dana je naš grad anektiran i okupiran. Građani su dolazili da vide kakva je to zastava koju, podvlačim, niko, nikada, nije prihvatio kao svoju. Niko je ni na jednom sastanku nije priznao, ni usvojio. Niko, osim njih. Niko, osim SDS-a. Od tog trenutka je naš Dom kulture prestao da bude naš, postao je neki okupirani, strani objekat, u koji su građani našeg grada prestali da idu i da ga smatraju svojim. Još i gore, naš omiljeni Dom kulture je postao jedno od najomrznutijih mjesta u gradu za sve nas kojima je kultura značila mnogo u životu. Od tada u njemu djeluju neke mračne sile, neki drugi ljudi, ljudi koji nisu iz našeg grada, ljudi sa nekom drugačijom, stranom kulturom, ljudi sa nekim drugačijim životnim nazorima, drugačijim govorom, ljuti, grubi, sirovi, neodgojeni, neškolovani, skoro nepismeni.

Kada sam pričao o zastavama, zaboravio sam reći da su počeli u sitne sate, kada je policijski čas, kradomice, da ih postavljaju po cijelom gradu. Prvo na vojne objekte, pa na Mjesne zajednice, a danas sam vidio jednu i na gradskom mostu. Stavili su je mučki jutros u dva sata, dok je trajao policijski čas. Sve to građani podnose veoma teško, sa očajanjem. Jer treba priznati da nije lako u svome gradu gledati neke strane zastave, koje nijedan stanovnik našeg grada nije prihvatio i koje su nam preko noći nametnuli neki ljudi, koje prije ovih događaja nismo ni poznavali, jer nijedan od njih nije nikada ništa doprinio ovom gradu, a bili su anonimci i na svojim radnim mjestima pa ih niko nije ni primjećivao. A zamislite, nigdje u našem gradu nije zalepršala zastava koja ovdje pripada. Zastava sa zlatnim ljiljanima, zastava naše voljene, u cijelom svijetu, osim u našem gradu, priznate Republike Bosne i Hercegovine. Banjalučki Bošnjani svih vjera i nacija, stidimo se. Kakva ironija: Zar takva izdaja naše domovine da se desi baš u našem gradu...

Danas sam u gradu vidio jedan grafit koji su napisali naši mladi sugrađani na zidu jednog kioska: „Ne, nije mrak, mračne su samo naše misli." „Ima nade za nomade" pomislih ja razmišljajući o značenju ovog grafita. Ovaj tekst precizno opisuje šta se trenutno događa i kako to sada izgleda u našem gradu, kako se i na zidovima našega grada vidi sva tuga ovoga zla koje nas je zadesilo u ova ružna vremena. Možda će mladi, nekad u budućnosti, biti pametniji i naći bolja rješenja od ovih starih nacionalizmom zatrovanih mozgova.

Počela je druga polovica oktobra 2015. godine. Sjedim u svome švedskom stanu i razmišljam. Ovaj nagradno-penzionerski dopust u Hrvatsku mi baš dobro sjede, kao kec na desetku. Sam, bez Starkice, dobih 25 dana za razmišljanje i analiziranje nastavka života u penziji. I sve se uklopi, baš onako kako sam poželio. Sve planirane radove u stanu u Rijeci sam pozavršavao, potrošio sam više para od planiranog, ali, što je najvažnije, našao sam svoj penzionerski mir i planovi za budućnost su postali sasvim realni. Sad se pojavio jedan ugodan problem: dani prebrzo prolaze i skoro da nemam dovoljno vremena da sve pozavršavam. Iz moje stare firme mi javiše da bi trebao da zamijenim koleginicu par dana sliedece sedmice, a u SFI školi dobih Ugovor da nastavim raditi kao predavač švedskog jezika za useljenike kojih je sve više i više u svim zemljama Evrope, a posebno u Švedskoj.

Znači „Dok je leđa, bit će i samara". A važi i ona narodna: „Zauhar je čojku siromahu", pardon, penzioneru, što kaže naš narod. Vidim ja da mi nema penzionerskog gotovanjenja sve dok sam ovdje u Švedskoj. Ni usporavanja tempa života, a nadam se da će mi sve to produžiti dobru memoriju, brzinu misli i rasuđivanja. Živi bili pa vidjeli...

Stigoše mi i unuci na „dnevnu dozu istorije", pa da nastavim.

13.6.1992.
Već nekoliko dana se osjeća nestašica mnogih artikala, najviše kruha i mlijeka. Više od dva sata sam lutao gradom tražeći kruh. Na kraju sam uspio: kupio sam

kruha za tri dana, ali sam za sve to, boga mi, i dobro platio. Jedan kruh košta 420 dinara, pa narode, ko ima, navali, a Muslimani u posljednje vrijeme u našem gradu imaju sve manje i manje. Isto tako je i sa Hrvatima. Već odavno je počelo otvoreno otpuštanje, ili slanje na čekanje (čega??? op. aut.) svih onih koji neće da učestvuju na srpskoj strani u ovom prljavom ratu. Ipak se to sve uglavnom svodi na otpuštanje Muslimana i Hrvata, što znači, ako kojim slučajem i ostanemo u svome gradu, nećemo imati od čega da živimo.

Danas sam razgovarao sa nekoliko „čekajućih" radnika u Vodovodu i svi su mi rekli da imaju posla preko glave, baš na svojim radnim mjestima, jer su dobri i priznati stručnjaci, ali eto, zato sto su Muslimani, poslani su na čekanje.

Moram ispričati nešto što dosada, zbog strepnje u srcu, nisam smio ispričati, ali došlo je vrijeme i za to. Po gradu se već neko vrijeme priča da se priprema logor za Muslimane i Hrvate. Tako sam danas, već po treći put, čuo da se na Gradskom stadionu postavlja bodljikava žica. Daj bože da ova vijest nije tačna, ali ono što sam čuo iz ostalih „oslobođenih" mjesta navodi me na najcrnje slutnje. Ako se to dogodi, onda se nadam da će i u našem gradu početi otpor okupatoru, pa makar to morali početi i goloruki protiv topova, tenkova i mitraljeza. Moj očaj i ovo beznadežno stanje mi ne dozvoljavaju da se bojim, a želja za otporom mi je sve jača i jača.

Neki dan mi jedan prijatelj reče da, kada vidimo ove naše okupatore kako nose po dva automata i četiri noža, to će biti znak da su napunili gaće. Radosna vijest: danas sam vidio jednog sa automatom i „škorpionom" pod rukom. Možda je strah zbog učinjenih zlodjela počeo da im se uvlači u kosti...

14.6.1992.
Sjedim u sobi u polumraku ovog kišovitog dana i dok pljusak sipa po već nakvašenoj zemlji, razmišljam kako li je onim ljudima u Derventi...

Dok jedni bjesomučno napadaju ne brojeći žrtve, drugi, po svaku cijenu, brane svoju rodnu grudu, sigurni da će prije svi izginuti, nego neprijatelju prepustiti i pedalj svoje zemlje. Bože, do juče smo bili svi jedan narod, svi jedna zemlja. Zašto tolika mržnja? Zar smo sve ove prethodne godine živjeli u laži i podmukloj neiskrenosti? Još juče sam čuo da se srpska strana sprema da po svaku cijenu osvoji Derventu. Pošto je Kninska krajina gladna i iz Knina je došlo 2.500 Martićevaca, da se uključe u opsadu Dervente. Juče su, čujem, upotrijebili i neku specijalnu raketu koja dosad nije bila u upotrebi. Pored toga su Derventu zasuli napalm bombama i još je više uništili, ako više i ima šta da se uništi. Takođe sam čuo da su ovi Martićevci, bez metka, „oslobodili" Kotor Varoš. Ipak se nadam da ni sa Derventom, a ni sa Kotor Varošom, ni slučajno, nije sve gotovo. Hrabrim braniteljima držim palčeve.

Dok vam sve ovo pričam, struje nikako nema još od juče. Danas smo ipak uspjeli skuhati ručak u dvorištu, a moram se pohvaliti da sam od komšije dobio jedno pile, tako da je i meso zamirisalo. Prijateljstvo i ljudstvo u ovom našem gradu postoji, pa se nadam da ćemo i mi, kada za to dođe vrijeme, dati svoj doprinos oslobođenju od ovog okupiranog jarma koji nas evo već mjesecima pritišće.

Još samo ovo za danas: Sjetih se našeg sugrađanina Anđelka Grahovca, koji je još mnogo ranije rekao: "Nama Srbima, u našem gradu, nisu potrebni radnici, potrebni su nam ratnici." I on je ratni profiter koji je švercovao cigaretama, a imao je još grijeha za koje ja nemam dokaze, pa ih i ne spominjem. Uglavnom je iz jedne privredne organizacije prekomandovan za direktora Fudbalskog kluba Borac, da bi na neki način bio sklonjen iz privrednog života. U fudbalskom klubu je napravio etničko čišćenje i još mnogo prljavih rabota, ali ovog puta želim da ispričam nešto drugo o ovom našem „vrlom" sugrađaninu. Za sve svoje postupke on nailazi na osudu i neodobravanje, ne samo u gradu, nego i u svojoj vlastitoj porodici. Ima tu mnogo problema, a između svih njih ću izdvojiti samo Anđelkovog brata, koji je u više navrata izražavao svoje neslaganje sa Anđelkom, a jednom prilikom je pokušao da po gradu nosi transparent sa slijedećim tekstom: „Moj brat je izdajnik." Sve ovo ne bih nipošto iznosio u ovoj hronici, jer sve liči na neki šund roman, ali moram prikazati cijelu dimenziju ovih muka i problema u koje su nas doveli ovi nacionalistički političari koji se ponašaju tako kao da nikada nisu čuli za moral, ni za etiku, ni za estetiku. Oni, jednostavno rečeno, ne birajući sredstva, žele da dođu do cilja. Jedan od takvih je i Anđelko Grahovac. Ponekad tim ljudima, doduše oprezno jer su oni opasni po život, postavim pitanje: „Koliko gradova još planirate napasti, eventualno uništiti, koliko ljudi još planirate ubiti, da bi ostvarili svoje zločinačke ciljeve u ovoj našoj napaćenoj zemlji?" Ja to naravno pitam u vrlo ublaženoj i zavijenoj formi, jer ponavljam, vrlo su opasni ti beskrupulozni ljudi. Treba ih se čuvati...

„Hajde stari, prestani djecu tušiti svojim mračnim pripovijedanjem i pusti ih da se igraju", reče Starkica, ali Emil je zamoli: „Nemoj nas Nona prekidati sada kad je najinteresantnije!" Bi mi drago da djeca žele da čuju i zapamte što više o događajima koji su nas stare natjerali na totalnu promjenu i života i mjesta boravka u ovoj božijoj bašti, pa nastavih priču tamo gdje nas je Starkica prekinula.

16.6.1992.

Danas sam prošetao gradom, da kupim kafe. Nigdje je nisam našao, ali mi nije ni žao, jer smo u porodici odlučili da moramo prestati piti kafu i preći na čaj, pošto kafe nema, a i cijena joj raste svaki dan, pa, ustvari pošten građanin, ako negdje nešto ne pljačka, i nemože da je kupuje na ovoj ratno-profiterskoj skupoći. Tješi me samo što je zelena pijaca prilično jeftina, pa se nadam da ćemo još neko vrijeme moći živjeti, a poslije, šta nam bude. Možda ovi glupani spadnu sa vlasti, pa dođe neko ko se razumije u ekonomiju i diplomaciju, te nam na neki način obezbijedi da preživimo i ovu zimu koja će po svemu sudeći biti najteža u istoriji ovih naroda. Inače, naši gradski „političari", izgleda, još nisu shvatili u šta nas vodi ovaj besmisleni rat u koji nas oni bjesomučno guraju, samo da bi zadržali svoje fotelje i položaje, a narodu (i svome) kako bude. Počeli su svoj smrtonosni ples otkopavanjem davno zakopanih kostiju, a sad su grobarima napravili toliko posla, da su nam groblja postala tijesna. Koliko li će ovi mračni zlikovci još novih, svježih kostiju zakopati, pa da budu zadovoljni na svome krvavom piru, koji su oni, SAMO ONI, započeli... Tvrdim da ovo ni jedan pametan i pošten građanin ove zemlje nije želio. Srpski narod je naivno dozvolio da ga ovi paranoidni luđaci nahuškaju i izabrao je takve tipove za svoje vođe. Ovdje je došla do izražaja ona vjekovna srpska laž o njihovoj nekakvoj vječitoj ugroženosti. Još jednom su, po neznam koji put, nasjeli, a kakvi su, nikada neće ni shvatiti ko im je ustvari kriv za njihovu vlastitu tragediju, koja će ih svakako zadesiti...

Moram napomenuti da su i u Bosni i Hercegovini i u našem gradu veliku ulogu u ubjeđivanju naroda da je samo jedan (moj) narod u pravu, odigrali novinari. Ja sam dotjerao dotle da dnevni list u našem gradu uopšte nemogu čitati, a program sa ukradene TV stanice u našem gradu nikad ne gledam, niti slušam njihove laži sa izdajničkog radija. Kako mogu novinari u našen gradu navijati samo za jednu, srpsku stranu i, što je još gore, oni, rođeni Bosanci, sada kažu „takozvana BiH". Sada odjednom počinju naprasno govoriti ekavski, a to dosad nikada nisu činili. Ne znam koji motiv može da ih ubijedi da je sada odjednom važnija Srbija, od njihove Bosne i Hercegovine, jer ma kako to oni objašnjavali, ako su rođeni u našem gradu, onda su i oni Bosanci. I u Srbiji ih tretiraju kao Bosance i tako se prema njima ophode. Zar oni nisu shvatili da smo svi mi u Bosni i Hercegovini, međunarodnim priznavanjem, dobili nešto što nikada do sada nismo imali. Dobili smo pravo na budućnost, pravo da budemo ravnopravni Srbiji, a to je najbolja stvar koja nam se mogla dogoditi. Ni Srbija nemože dominirati nad nama, a ni mi nemožemo dominirati nad njima. To je nešto najveće što je Bosna i Hercegovina ikada u svojoj istoriji imala, posebno u posljednjih cetiri stotine godina. To su narodi na svom referendumu i izglasali. Pa zar to nije najpouzdaniji znak da narodi, svi narodi u Bosni i Hercegovini, ustrvari žele da budu ravnopravni i da niko neće da živi po diktatu drugih. Zato bi SDS Bosne i Hercegovine pod hitno morao da shvati i prizna svoje greške, dok još nije prekasno, pa da fino, kao i do sada, nastavimo da živimo zajedno. U protivnom ćemo, u vremenu koje slijedi, sami između sebe napraviti toliko neprijatelja, da poslije oni više nikada, nikome ljudski neće moći pogledati u oči. Sada njihovi novinari kažu: „Pokolje čine oni drugi." Zar ti ljudi nisu shvatili koliko zla čine i svome narodu izmišljajući i konstruišući sve više i više laži u koje će se i oni sami jednog dana potpuno zapetljati. Kako će polagati račune svome vlastitom narodu? A da ne govorimo o drugim narodima... Njima bi bilo daleko pametnije i svrsishodnije da traže puteve pomirenja, a ne da svojim lažnim predstavljanjima „svoje istine", u svome narodu produbljuju sve jaču i jaču mržnju koja im nikada nikakvog dobra neće donijeti. Gospodo novinari, vi ste saučesnici u mnogim zločinima, jer ste vi stvorili veliku količinu mržnje u svome narodu!!! Vi ste glavni pomagači svojim zločinačkim političkim teoretičarima i vođama. Ovo je optužba svih nas poniženih i spremni smo da budemo svjedoci na suđenju vašem zlodjelu i vašim postupcima, suđenju koje će se, nadam se, jednog dana održati, u nekim sretnijim vremenima.

Danas sam od jedne preplašene žene, invalida, čuo monstruozni plan političkih lidera SDS-a u našen gradu, na koji način će natjerati Muslimane i Hrvate da napuste svoj rodni grad: Prvo će nas ostaviti bez posla, što su već i uradili, a onda će nas na razne načine stavljati na razne spiskove, oduzimati nam pokretnu i nepokretnu imovinu koju smo mi u vrijeme mira stekli na pošten i normalan način, ili radom, ili nasljedstvom, jer mi smo ovdje oduvijek živjeli. Na ovaj način će ovo neželjeno stanovništvo doći na rub egzistencije i biti prisiljeno da ode. A onda će Srbi imati etnički čist, čisto srpski, nacionalistički grad. Eto, takva sudbina, po njihovom scenariju, čeka mene i moje sugrađane. Naš narod kaže: „Ničija do zore ne gori", pa se nadam da će i ovo sve morati neminovno doživjeti neuspjeh, iako nisam veliki optimista, jer mi često padne na pamet general Franko u Španiji, koji je održao fašizan desetljećima i na kraju je, zamislite, umro prirodnom smrću, u svome krevetu. Pravda ponekad nije dostižna. Plašim se da i nas ne zadesi slična sudbina, pa da nas naši fašisti ne izoliraju od cijelog naprednog svijeta, iza gvozdene zavjese...

Hvata me očaj kada samo pomislim da ću ostatak života, zbog ludih paranoika, provesti u izolaciji, u jednoj primitivnoj plemenskoj zemlji, bez nade da opet putujem po svijetu kao što sam radio u prvoj polovini svoga života. Iako nisam religiozan, molim boga i sve svece ovoga svijeta da mi se ne desi ova tragedija.

Predveče je jedan pijani rezervista, iz čista mira, ubio mladića u starom dijelu grada, kod gradskog mosta. Mladić je sa kruhom ispod ruke krenuo u haustor svoje zgrade, a pijani zločinac je ispalio smrtonosni rafal, zatim ubijenog mladića mirno izvukao za noge i ostavio u travi, ispred nesretnikove zgrade. Prolaznici su nijemo promatrali prizor i sklonili se s puta pomahnitaloj zvijeri. Policija će, vjerovatno, utvrditi da zvijer nije ništa kriva, a radio će objaviti da je „istraga u toku"...

17.6.1992.

Danas sam prisustvovao sahrani jednog mladića iz komšiluka koga su neki zlikovci iz vojne policije odveli od kuće i, poslije detaljne „obrade", bacili u Vrbas. Kada su ljudi kupali i pripremali leš za sahranu, na tijelu tog nedužnog mladog čovjeka su vidjeli i tačno prebrojali broj rana i drugih ozljeda koje su mu zlikovci nanijeli. To nisu mogli uraditi ljudi, i zvijeri bi bile bolje. Sahrani je prisustvovao veliki broj građana. U jednom trenutku je ulicom pored harema naišla kolona rezervista, koji su prisutne na sahrani pozdravljali sa tri prsta. Ljudi na sahrani su bili toliko pametni i dostojanstveni, da ni na ovu provokaciju primitivaca nisu odgovorili.

Saznao sam da je u Tvornici obuće odlučeno da na poslu ostane 15% Hrvata, 15% Muslimana i 70% Srba. Da su imali svojih kadrova oni bi to sigurno drugačije riješili. Da čovjek ne povjeruje koliko su nam „velikodušni" ovi naši sugrađani. Nikad im nećemo zaboraviti.

U razgovoru sa ljudima sam saznao da ih ima mnogo koji bi odmah stupili u TO BiH, ali su nenaoružani i sasvim svjesni da zločinci jedva čekaju bilo kakvu provokaciju, pa da počnu sa uništavanjem i ubijanjem. Kada im TV Beograd, ili izdajnički TV našeg grada, prikažu neki masakr i, naravno, kažu da su to učinile zelene beretke, onda rezervisti u glas uzviknu: „Pustite nas da i mi idemo u grad, i mi imamo koga klati u Novoseliji i Gornjem Šeheru.

„Dragi" „naši" novinari, hvala vam što ste svojim sunarodnicima otvorili oči, pa oni sada dobro znaju koga će klati. Ali, znajte, da svi mi dobro znamo da su vaše informacije izmišljene i lažne i da vi radite po direktivama vaše zločinačke klike na vlasti. Vama će narod suditi za sva zla koja ste svojim lažnim izvještajima omogućili i učinili. A bog će vas kazniti zbog svih onih leševa koje koristite u propagandne fašističke svrhe, a i ne znate čiji su to leševi i ko su bile ubice.

18.6.1992.

Jutros smo u bašti našli jedan upotrebljeni metak, što znači da su opet pucali i prema našoj kući. Čini mi se da do sada nisam ispričao ništa o tome da svaku noć ima pucnjave po cijelom gradu, a naročito u dijelovima grada gdje žive Muslimani. Pucnjava je svaku noć garnirana pokojom eksplozijom. Tako su preksinoć uništili Azizovu kafanu koja se nalazi u blizini vojne tvornice „Kosmos". Kad se radi o pucnjavi, da spomenem da su rezervisti danas strahovito pripucali u centru grada. Građani su pomislili da je došao pravi rat i u naš grad, ali to je bio samo scenario zastrašivanja stanovništva.

Čuo sam i jednu fantastičnu vijest: prijatelji su mi javili da su na RTV Sarajevo čuli da je Bihać potpuno oslobođen. Kao što se vidi iz ove informacije, vijesti se šire i pored totalne blokade koju su izazvale neprijateljske snage kada su uništile sve TV predajnike i ostavile nas bez struje, lijekova, sanitetskog materijala i svega onog što život čini mogućim u ovim teškim vremenima. Došlo je dotle da i u njihovoj vojsci vlada nestašica i glad, pa se vojnici snalaze kradući konzerve koje ostavljaju kao ratne rezerve. Ovo sam saznao od čovjeka sa ratišta, iz prve ruke.

Danas sam razgovarao i sa ljudima koji zastupaju srpsku stranu. Poslije duge diskusije zaključio sam da su ti ljudi totalno jednostrano obaviješteni i nahuškani, pa sam, uz veliku tugu, shvatio da im jednostavno u ovom trenutku nemogu objasniti da su u velikoj zabludi i da su cijelo vrijeme filovani mnogobrojnim friziranim i lažnim informacijama. Kako je moguće da su ti, do juče normalni građani ove zemlje, izgubili svaki osjećaj za realnost i istinu i sada se nalaze u nekom polusvjesnom, začaranom stanju. I niko na svijetu im nemože pomoći da se iz tog ludila izvuku.

D. i ja smo juče shvatili da je nemoguće oživjeti neke aktivnosti u vezi sa organizovanjem ilegalnog rada u avetinjskom okupiranom gradu...

Vrijeme je da unuci idu svojoj kući, pa sam im morao obećati da će čuti nastavak priče slijedećeg vikenda kada dođu kod none i dide na ručak. Ja utonuh u duboke misli i počeh sam sebi analizirati i objašnjavati događaje iz onih teških vremena.

19.6.1992.

Danas ću ovaj moj zapis započeti sa dvije asocijacije koje sam danas čuo na Radiju BiH. Rekoše da je naše drago Sarajevo najveći koncentracioni logor na svijetu, a od jednog prijatelja u gradu sam čuo, a to i ja već neko vrijeme znam, da je naš grad najveća kasarna na svijetu. Ovdje se sleglo nekoliko korpusa bivše jugoslovenske armije, a da o paravojnim četničkim hordama i ne govorim. Kada se tome pridoda da svaki Srbin i kriminalac ima oružje, onda je sigurno da je naš grad najveća kasarna na svijetu. Stalno raspravljam sa prijateljima, na koji način bi se u našem gradu mogao pružiti otpor okupatoru, ali uvijek na kraju shvatimo da bi to zasada bilo nemoguće, jer mi, građani ovog ukletog grada, potpuno smo nenaoružani, a okupatori su naoružani do zuba i na svaki način pokušavaju da isprovociraju sukob. Znaju dušmani vrlo dobro da bi im tada bile odriješene ruke da naprave još jedan, dosad vjerovatno najveći, za njih tako dugo očekivani, pokolj, masakr nad nedužnim civilnim stanovništvom ukletog grada. Mi, sada građani bez prava, šutimo i trpimo, a molimo boga da nam se pruži bilo kakva, pa i najmanja, prilika, da i mi njima pokažemo da nismo, ni slučajno, kukavice kakvim nas oni sada vjerovatno smatraju. Doći će, valjda, i taj dan kada ćemo i mi moći dići glavu i dokazati dušmanima da ovaj grad ne pripada njima, uzurpatorima, nego nama koji smo ovdje rođeni.

Danas mi se iskreno ispovijedila i izjadala jedna prijateljica, ljekar specijalista. Bože dragi, šta sve mora trpjeti taj naš pošteni narod od primitivnih nacionalista. Prijateljica mi se tužno žali da sada, kada prolazi kraj čistačice Srpkinje, ona, ljekar, pozdravi čistačicu, a ova odgovori sa nekim uzvikom „HU", ili tako nešti. A kada joj medicinska sestra Srpkinja pruža bolesnički karton, i ona isto tako ispusti neki neartikulisani uzvik. Pitam se šta je tim primitivcima pomutilo razum? Jesu li uobraženi zbog ovih „tekovina" koje su nam donijeli njihovi političari i ratnici? Zar još ne primjećuju kakvu su bijedu donijeli ne samo nama, već i sebi? Ti neuki, paranoični ljudi sigurno nisu čuli da je juče i danas umrlo jedanaestoro djece zbog nestašice lijekova, dječije hrane itd. A, baš me zanima, šta oni misle, ko je tu nestašicu izazvao? Ja im mogu odmah odgovoriti: Nestašicu i sve ostalo su izazvali njihovi suludi političari, generali i ratnici, a naravno i svi oni u srpskom narodu koji su neselektivno krenuli za ovim svojim luđacima. Rat i ratna mašinerija su veoma skupi, a oni ekspresno troše sve zalihe koje je ovaj narod godinama skupljao i ostavljao za crne dane. Ti crni dani su došli, oni su ih donijeli, a onda su sve prisvojili i sada sve nemilice troše. Bjesomučno troše hranu, gorivo, municiju, sanitetski materijal i sve ostalo, a od svega toga, za sada, u dovoljnim količinama ima samo oružja i municije. Toga imaju dovoljno da ubiju svakog građanina naše tužne domovine po deset, petnaest puta, i još bi im preostalo dovoljno da se, na kraju, između sebe poubijaju. Jer kada pobiju sve nas lojalne građane Republike Bosne i Hercegovine, onda slijedi njihov obračun, za svoju čisto-etničku vlast. Kakvi sitno kokošarski odnosi vladaju u našem avetinjskom gradu, čini mi se da će sad početi da ubijaju i za tri, ili pet litara goriva. Sjetio sam se filma „Mad Max", a ko ga je gledao, zna o čemu se radi. U tom filmu se radi o kraju čovječanstva, o nestanku života na planeti, gdje još preživljavaju jedino najnemilosrdniji, najgramziviji i najkrvoločniji. Sada potpuno shvatam kako je taj film dobro proročanstvo. Čini mi se da smo veoma blizu apokalipse.

21.6.1992.

Danas je prvi dan ljeta, a juče je najzad Vlada BiH javno ozvaničila rat koji se u našoj domovini vodi već oko osamdeset dana. Iako je prvi dan ljeta, ni na jednom licu se nemože uhvatiti ni tračak osmijeha, jer niko nema razloga za to. Danas je najduži dan u godini, ali to ništa ne znači izmučenim, nezaposlenim, gladnim i očajnim ljudima našega grada i naše napaćene domovine. Polako počinjemo svi shvaćati da će ovo beznađe trajati dugo, da se ova prokleta agresija neće okončati ni do zime, ni do idućeg proljeća, jer osvajači imaju namjeru da zadrže svoje sadašnje pozicije, pa i da osvoje nove. A svaki pametan čovjek zna da to nije moguće i da se to zlotvorima ne smije, i neće, dozvoliti, ni po koju cijenu. Čeka nas rat do potpunog iscrpljenja, sa mnogo novih žrtava i uništavanja materijalnih dobara koja je čovjek stoljećima stvarao, da bi sve to sada ovi luđaci uništili. Daj bože da nisam u pravu i da me skorašnji događaji demantuju. Daj bože da ostanemo u životu, pa da bar poslije pokušamo nova pokoljenja učiti novom, boljem životu, iskrenom prijateljstvu, moralu... Sve ovo što smo ih dosada učili bilo je pogrešno. Stvorili smo labilne osobe koje su plodno tlo za sve vrste laži i huškačku politiku „svojih" vođa i „svojih" novinara. Stvorili smo tako plodno tlo za zločince, prevarante i lažljivce. Podržavam tezu da je, između svih ostalih činilaca, i prosvjeta, kojoj sam i ja pripadao, u potpunosti podbacila i svojim lažnim procentima o prolaznosti i srednjoj ocjeni, doprinijela da stvorimo ovako bezvrijednog čovjeka, ratnika... ubicu, a uz to gotovana, koji želi da se rat što više produži, da bi on što duže mogao živjeti gotovanski, na tuđoj grbači, naravno pri tome ne proizvodeći ništa, ali zato trošeći sva moguća materijalna dobra, a pri tome, ako se nešto i opljačka, onda se zločinac presabere i sam sebe ubijedi da je ovako mnogo lakše, a i mnogo se više ima nego kada se teško radi cijeli mjesec za platu. Odbrambeni mehanizam je tu, pa nema ni savjesti, jer i naš ljubljeni vožd Raša lijepo kaže da smo mi viša rasa, pa nikakav grijeh nije oteti od drugih „nižih" vrsta ljudskog roda. Tako razmišlja taj krivo nasađeni mozak i nastavlja svoju zločinačku rabotu, uopšte ne razmišljajući o pravdi i istini koja će se jednog dana doznati, i žigosati za sva vremena izvođače radova, ludih ideja, ludog Raše...

Očaj, beznađe i prbližavanje samom dnu ljudskog dostojanstva i bijede. Počeo sam pomalo shvatati da je skoro nemoguće u ukletom gradu organizovati otpor neprijatelju. Nemoguće je zbog toga što bi se ludo i veoma brzo izgubila glava, a sigurno ostalim sugrađanima donijele velike nevolje i stradanja. Ipak se nadam da će se prilike uskoro izmijeniti nabolje, u korist poštenih i istinoljubivih ljudi. Jedva čekam takav trenutak. Danas nas je Vlada BiH pozvala da se odazovemo pozivu za odbranu domovine, a mi iz ukletog grada to sada nikako nemožemo. Potpuno smo opkoljeni neprijateljima, a u svakoj zgradi ima bezbroj snajperista koji jedva čekaju da pripucaju na svoje komšije. A danas sam u gradu susreo toliko poznatih ljudi koji se nisu odazvali u srpsku vojsku i bili bi spremni da se odmah uključe u narodno-oslobodilačku borbu, samo da na bilo koji način mogu pobjeći iz ovog okupiranog, potpuno blokiranog, ukletog izdajničkog osinjeg gnijezda. Samo da se narodu na bilo koji način dočepati oružja, ali za sada je to, nažalost, nemoguće.

„Baš me zanima šta ti to djeci toliko pričaš. Sigurna sam da im je to dosadno, ali iz pristojnosti slušaju i ništa ne komentarišu. Daj pusti djecu i ne zamaraj ih tvojim avetima prošlosti. Hajde ispričaj meni štogod pametno pa da ocijenim jeli to preteška materija za dječije neiskvarene mozgove", reće Starkica i ugodno se namjesti na sofi spremna da sasluša nastavak moga pripovijedanja. „OK", rekoh i nastavih tamo gdje sam malo prije stao. Bi mi drago da i Starkicu zanima naša zajednička tragedija godina devedesetih.

22.6.1992.
Po ne znam koji put se opet pitam dali ima ikakve nade za naš grad...

Po ne znam koji put mi se opet čini da nema nikakve nade, da ovo više nikada neće biti onaj fini, šarmantni grad, koji sam ja poznavao i u kojem sam živio od rođenja, skoro pola stoljeća. I danas sam se razočarao po ne znam koji put, šetajući ulicama nekad moga, a sada avetinjskog grada. Po ulicama krstare horde naoružanih, nepoznatih ljudi, u uniformama sa različitim oznakama, raznih boja i oblika. Ima ih na hiljade. Mene je naročito pogodilo kada je naišla jedna četnička trojka. U sredini je bila jedna veoma neugledna, ružna, nikakva spodoba. Na odvratnom licu je imala vrlo zadovoljan, ciničan osmijeh, a na odvratnoj kapi se presijavala na suncu metalna kokarda, tako dobro uglancana, da se može lijepo vidjeti iz velike daljine. Bože, zašto su se Amidza i Aka borili 1941. godine? Zar nisu iskorijenili ove kreature? Pomislih prolazeći kraj ponosnog zlikovca. A naši sadašnji sugrađani uopšte nisu obraćali pažnju na tu tragikomičnu grotesku, kao da je to najnormalnija stvar da gradom hoda naoružana četnička rulja. Sreća pa ih rahmetli Aka i Amidza koji je na Cresu nisu morali gledati kako se šepure po našem gradu. Po svim tim znacima i simbolima vidim da će, možda, i poslije raspleta, biti nemoguće živjeti u avetinjskom, nekad mome, gradu. Jer i ako čovjek ostane živ, i ako ostane ovdje, zar će se moći živjeti sa ovim ljudima koji tako blagonaklono gledaju na zločince svih vrsta i boja koji su zaposjeli ovaj nesretni, ukleti grad. Vjerovatno ćemo mi, koji smo rođeni ovdje u ovom bivšem gradu, i bez fizičke prisile, dobrovoljno, otići iz ove odvratne rupe, koja je nekad bila naš ponos, naš voljeni rodni grad.

Upravo u ovom trenutku doživjeh još jedno razočarenje: Izgleda da su dušmani uspjeli pronaći efikasan način da ometaju prijem Radio Sarajeva, tako da su pošteni građani ovoga grada ostali bez jedinog objektivnog i istinitog izvora informiranja. Već dugo niko od Bosanaca ne sluša njihovu lokalnu, šovinističku, izdajničku radio stanicu, jer ona otvoreno poziva srpski narod da istrijebi sve ostale narode, a to pametan i obrazovan čovjek nemože slušati.

Sa gađenjem i zaprepaštenjem čujem da oni i za smrt dvanaest beba u ukletom gradu okrivljavaju sve druge: UMPROFOR, Aliju, Beograd, Srbiju; samo nikako da priznaju da su za sve smrti ovdje krivi ONI, jer ONI su izazvali i započeli ovaj prljavi rat i ovo krvoproliće. Za njih su svi krivi, samo Srbi iz Bosne nisu krivi. Tragikomično. Krivi su im i beogradski studenti što traže smjenjivanje inicijatora fašističke ideje „Jedan narod, jedan vođa, jedna država", što traže da se rat zaustavi. Svi su po njihovoj verziji krivi, i svi su izdajnici, samo su, eto, oni nedužni. Kud se ti „nedužni" u tolikom broju nakotiše baš u našem gradu i zagadiše ga svojom rasističkom ideologijom i svojim prljavim prisustvom... Jednostavno u ovom trenutku ovo nemogu reći u blažem obliku, pa i po cijenu da budem vulgarno nepristojan.

„Smrt fašizmu, sloboda narodu!"

Sve ovo se odnosi na rad radio stanice u našem gradu. Oni, sa svojim ratno-huškačko-propagandnim radom, ravni su najvećim zločincima. Oni su izdali Bosnu i Hercegovinu. Moje skromno mišljenje je da su oni najveći sukrivci za sve zlo koje se u BiH desilo ove tužne, ratne godine.

Starkica me pogleda i reće: „Čuj starac, pa ovo je baš dobra ideja da sve ispričaš našim unucima. Tako će bolje shvatiti kroz šta smo prošli i zašto smo napustili našu kuću, naš grad i našu domovinu." „Znam draga Pipice, a drago mi je da se i ti s tim slažeš," promrmljah i nastavih sa našom Odisejom iz crnog vilajeta godina devedesetih.

23.6.1992.
Nisam još rekao sve o mojoj bivšoj školi „Kasim Hadzić". Ta vrlo poznata i cijenjena škola, koja nosi ime poznatog narodnog heroja iz drugog svjetskog rata, više ne postoji. Nema je više. Ukinuta je. Sada u zgradi naše drage škole, koju svi građani našeg grada nose u srcu i lijepim uspomenama, OŠ „Dositej Obradović". O Dositeju sve najljepše, ali zar je i on, jadan, zaslužio da s njegovim imenom manipulišu ovi zaluđeni nacionalisti. Bilo bi zaista zanimljivo prisustvovati sjednici Nastavničkog vijeća na kojoj su nasilno promijenili ime toj staroj, dobroj, omiljenoj i jednoj od najvećih škola u našem gradu. Kada je novi SDS direktor Slavko

dao na glasanje prijedlog da se promijeni ime škole, svi radnici (bar oni koji nisu u SDS-u) su pognuli glavu i nisu glasali, a onda je direktor objavio da je prijedlog o promjeni imena škole JEDNOGLASNO usvojen. Još jedna nacionalistička farsa. Tako se srpski nacionalistički plan polako uvlačio u sve pore ovoga nakaradnog društva... Kradomice i na mala vrata. Moram ponoviti izreku: Ničija nije do zore gorjela."

Još nekoliko riječi o Radislavu Vukiću. Da podsjetim, to je ona individua što je na beogradskoj TV izjavila „da se Turcima tresu gaće". U međuvremenu je on , pored toga što je na najvišem položaju u terorističkoj stranci, zauzeo i fotelju direktora Medicinskog centra u ukletom gradu. Pored široke akcije smjenjivanja najkvalitetnijih kadrova u Medicinskom centru, on je sada napisao nekakav proglas, ili molbu, poslovnim ljudima ovoga grada da pomognu novčanim prilozima Medicinskom centru. Ta akcija je sasvim u redu sa stanovišta humanizma, ali dotična individua kao da je zaboravila šta je sve lično učinila da privreda grada stane. Privrednici nemaju nikakvog priliva sredstava, a sada, kada je već kasno, taj nezreli, alkoholom zatupljeni neprijatelj ljudskog roda želi da se pojavi kao spasilac Medicinskog centra, kojega je on i njemu slični, doveo na prosjački štap. Ako se neko pita „kako?", ja mogu vrlo lako odgovoriti: mržnjom, huškanjem, lažima, krađama (TV stanica, odašiljači, Standard konfekcija, Gorenje, Iskra itd., itd...). Ima tu još bezbroj primjera koliko ovaj neuki, primitivni čovjek, iako ljekar, ne zna zakonitosti ekonomije i poslovanja. Da su te i takve neznalice bar znale narodnu poslovicu: „Kako si posijao, tako ćeš i požnjeti", možda bi se sve ove stvari drugačije rješavale, a ne glupom, grubom silom, ratom i ubistvima. Da zaključim: Dobro zapamtimo ime Radislava Vukića i nemojmo mu, u ime humanizma i budućih pokoljenja, nikada zaboraviti sva zla koja je učinio svim narodima u našem gradu, a i šire, u našoj Bosni i Hercegovini.

Danas sam razgovarao sa mojim velikim prijateljem F., kojeg su SOS-ovci pretukli jedne večeri u podrumu njegove zgrade. Bilo je užasno slušati potresnu priču na koji način su to uradili. Karakteristično je da oni to rade u kasne noćne sate, u kvartu gdje nema struje, i, naravno, kao što to rade i vukovi, i ovdje ih se skupi veliki čopor (oko dvadeset) jer u manjem broju bi kukavice mogle naići na otpor žrtve, a taj rizik oni nisu spremni da preuzmu na sebe. Ovako, zvijeri su sigurne da otpora nemože biti i da žrtvu mogu uspješno i sistematično „obraditi" (tako to oni nazivaju). Ipak me raduje činjenica da moj prijatelj nije demoralisan poslije ovog životinjskog maltretiranja i prebijanja i spreman je u svakom trenutku da se stavi na pravu stranu, u odbranu domovine. Jedino mu je žao što u onom mrklom mraku nije uspio da uoči i zapamti nijednu spodobu, pa da joj se nekad u životu ljudski oduži. Ali neka, ja vjerujem da će oni na kraju krajeva sami sebe uništiti, kada ne budu imali koga drugug pljačkati i maltretirati, oni će početi sa obračunima u svojim torovima, jer, poznato je, čovjek je jedno od bića koja su u stanju da se uništavaju međusobno, unutar svoje vrste.

Pogledah Starkicu, a ona se okrenula na drugu stranu i utonula u blaženi san. Neka, neka Pipice moja, sve ovo si ti zajedno sa mnom doživljavala i preživljavala pa te te uspomene sada u ljepoti našeg novog doma uspavljuju. Samo ti spavaj, a ja ću nastaviti sa evociranjem doživljaja iz ukletog grada.

24.6.1992.

Danas sam u gradu čuo da je prije desetak dana bio uhapšen jedan sugrađanin koji je pravio pečate. Vlasti su ga optužile da je falsifikovao pečat kojim se ovjerava potvrda Vojnog odsjeka. Poslije desetak dana torture čovjek se uspio osloboditi, a u tome mu je pomogla jedna poznata sugrađanka, čije ime ne želim spomenuti, da nebi imala problema sa vlastima. Ona je član SDS-a, što znači da i među njima ima čestitih ljudi, čovjek nikada ne smije generalizirati. Na radio Sarajevu je objavljena jedna vijest i iz našeg grada, što se, na žalost, ne događa tako često. Vlada BiH je zamoljena da ne zaboravi na svoje građane koji se nalaze, odvojeni i blokirani, u našem ukletom gradu. U toj vijesti je isto tako saopšteno da se ratni zločini iz našeg grada prikupljaju, tako da će biti pisanih dokumenata i iz ovog zaboravljenog dijela naše domovine. Mi se osjećamo tako izolovani od cijelog svijeta da već neko vrijeme gubimo nadu da ćemo ikada izaći iz ovog luđačkog kola u koje su nas naši ludi sugrađani zatvorili. Sretan sam, eto, što i nas otpisane izgleda neće zaboraviti.

„Ne daj se, Bosno!"

Ispričat ću jedan slučaj iz kojeg se može vidjeti kakav je pravni sistem ove „države" u kojoj se trenutno nalazi naš grad...

Danas mi se pred očima desila saobraćajna nesreća. Jedan taksi vozač naletio je kombijem na jednu djevojku koja je vozila moped. Cijeli događaj je promatrala velika grupa ljudi, a bilo je i policajaca u onim smiješnim plavim francuskim kapama. Dok su ljudi podizali nesretnu djevojku, vozač kombija je jednostavno otišao i niko od prisutnih policajaca nije ni pokušao da ga zaustavi, a kamoli da napravi zapisnik. Uz ovo moram napomenuti da sada kombije po gradu voze samo Srbi, jer ostali ne smiju. Dobro je poznata činjenica da sva vozila oduzimaju Hrvatima i Muslimanima, pa oni uopšte ne smiju ni pomisliti da se voze po „srpskim" putevima. Scenario sa vozilima se odvija na slijedeći način: SOS-ovci dođu do vozila u sred dana, zapišu broj tablica, provjere u SUP-u ko je vlasnik vozila, pa ako čovjek nije iz njihove rase, onda u bilo koje vrijeme dana, ili noći, jednostavno dođu i odvezu vozilo. U početku su to radili kradomice, samo noću, a sad to rade i u sred dana i ne krijući se. Ljudi u gradu su sasvim svjesni da sada ovdje voze samo kriminalci, prevaranti, mafijaši i vojska. Izuzev vozila koja pripadaju bolnici, sva ostala voze isključivo pripadnici „više" rase, Srbi. Nimalo ih ne peče savjest što sav normalan, pošteni svijet nemože ni pomisliti da se vozi, jer, prvo, nemože nigdje dobiti gorivo, drugo vozila oduzimaju na licu mjesta, a treće, prijeti opasnost da bude maltretiran od policije, a i od svakog pijanog rezerviste, ako ovaj to poželi. Zaključak je da je i onaj „misteriozni" vozač kombija jedan od onih koji pripadaju „višoj" rasi, pa tako ne potpada pod krivično gonjenje i istragu. Dok se jadna djevojka borila sa životom, on je već stigao ručati, popiti po litre brlje i sve to zaliti hladnim pivom jer kod njega ima struje, pa i frižider radi punom parom.

Srbi imaju neke svoje tajne, mafijaške načine pomoću kojih nabavljaju gorivo. Možda im daju u „Energopetrolu", koji je takođe SDS-ovski. Mi ostali, iz reda drugih naroda, još nismo uspjeli da saznamo kako oni to rade. Nije nam dostupno, jer smo obespravljeni građani drugugreda, druga rasa, i gotovo...

Eto, iz ovog kratkog izlaganja se može vidjeti kakva je ovdje „pravna država" i kakva su ovdje prava čovjeka. O sudbini mlade djevojke sa početka ovog teksta ništa ne znam. Samo znam da je policajcima bilo najvažnije da sakriju identitet onog taksiste koji je bio kriv u onoj saobraćajnoj nesreći. Nadam se da je nesretnica dobila potrebnu pomoć, ako humanost nije još jedna od zaboravljenih kategorija u ovom ukletom gradu, ili ako je neko u bolnici nije prvo pitao je li prava, ili kriva, rasa, pa joj onda pružao pomoć.

25.6.1992.

Danas je procurila vijest iz njihove, srpske opštine da su dva naša gradska zločinca Vukić i Brđanin, na sjednici njihove „skupštine" insistirali da preseljavanje i protjerivanje nepoželjnih nacija treba da počne odmah, ali se toj suludoj ideji suprotstavio predsjednik takozvane skupštine opštine Radić, sa obrazloženjem da su Hrvati i Muslimani garancija i njima, Srbima, da naš grad neće biti napadnut. Za sada je taj egzodus zaustavljen, ali naši gradski zločinci ni slučajno nemaju namjeru da odustanu od ove svoje zločinačke ideje etničkog čišćenja našeg grada. Oni namjeravaju da protjeraju preko 50.000 stanovnika. Ovo niko u istoriji, osim Hitlera, nije uspio. Čak je i etnički čisti arijevac Gebels za ove naše „stručnjake" šegrt. Sreća pa iz istorije znamo kako su Hitler i Gebels prošli sa svojim idejama, a baš me zanima dokle će ovi naši nacisti dogurati. Stvarno bi volio ostati živ, pa da vidim kako će ovi naši teoretičari zla skončati. Ko će njima, ako bog da, doći glave...

U gradu sam sreo i dva originalna četnika, koljača, koji su prije nekoliko dana išli po firmama, skidali Titove slike i hvalili se da su i njihovi očevi bili četnici, koljači, te da oni nastavljaju porodičnu tradiciju. „Budi bog s nama", imala je običaj reći moja punica. Sjetih se one reklame nekog mesara u jednim, ne sjećam se kojim, novinama: „Koljem po kućama!"

O, moj grade, daleko si dogurao...

Dođe opet subota, a s njom eto ti i unuka da slušaju nastavak didinih pripovije-danja. „Dečki, ovog puta počinjem sa uspomenama iz naše Banjaluke koje su se događale u vrijeme kada niko ni sanjao nije da bi glupi rat mogao doći i u naš voljeni grad."

Fudbalske i hokej utakmice na Tranzitnom putu Sva raja iz Omladinske ulice, Avde Karabegovića ulice i nekih drugih ulica se skupe na Tranzitnom putu i podijele se da igraju fudbal „na male" (mali golovi bez golmana). Tako igramo satima, a jedine pauze su kad naiđe kamion, ili neko drugo auto, a ponekad su i tenkovi nailazili. Sam bog nas je čuvao, sve do jednom... To nikada neću zaboravi-ti. Igramo mi punom parom, kad odjednom naiđe kamion u velikoj brzini. Mi se rasturismo na sve strane, a naš dragi komšija Mišo, Branin brat, se zbunio pa ne mrda. Ja ga uhvatio za ruku, a on se istrže i odtrča direkt pod zadnji točak kamio-na. Ode nam ispred očiju u nezaborav. Hikmo, Hamić, Jasmin, Štefko, Đeđo, Nail, Cuga, Rasim, Brane, ja i možda još poneko koga se trenutno nemogu sjetiti, zabe-zeknuto stali, ukočeno gledamo u kamionsku grdosiju i ne shvatamo da nam je naš Mišo otišao zauvijek. Poslije toga tužnog događaja nismo se dozvali pameti i nastavili smo, doduše malo rjeđe, igrati fudbal na cesti, a onda smo to isto radili i u zimu: pospemo asfalt vodom i onda sličure na noge pa udri po hokeju na ledu. A kamioni prolaze polako, zbog poledice. Bog nas je poslije Mišine tragične smrti sačuvao, evo do današnjih dana.

A sad nastavak događaja u okupiranom rodnom gradu.

26.6.1992.

Današnji dan je počeo dugim rafalom iz automobila koji se kretao ulicom, ispred naše kuće. Dušmani nisu izazvali nimalo straha kod mene i mojih ukućana. Jedino što u takvim trenucima uradimo, to je saginjanje i sklanjanje od prozora. To pucanje u našem komšiluku ima za cilj da prestraši nas i naše komšije, da bismo što prije napustili svoje rođene kuće i prepustili ih dušmanima. Mi znamo da smo bespomoćni u odnosu na njihovo oružje, ali narod se uglavnom dobro drži i primjećujem da, malo pomalo, sazrijeva u odluci da ćemo i mi u našem sramotnom gradu, na kraju krajeva, morati dati svoj doprinos oslobođenju od ovih neukih, primitivnih ljudi koji su nas, na prevaru, ovako žestoko pritisli pa ne možemo da dišemo.

Upravo sam se vratio iz grada što znači da sam neraspoložen i tužan, jer sam u gradu, po ne znam koji put, sagledao bijedu koja nas je snašla. Opet me je sustigao onaj mučni utisak da se sve ovo u našem gradu neće pravedno završiti i da će ovi dušmani i zločinci uspjeti, uz pomoć sile, zadržati ovaj grad kao posljednji bastion fašizma koji svakim danom, sve više i više, ostavlja takav utisak.

Danas ističe rok za uklanjanje svih Muslimana i Hrvata sa svih rukovodećih položaja. Ko to ne uradi, očekuju ga rigorozne mjere, obećao je gradski krizni štab SDS-a, uz potpis neizbježnog fašiste, ratnog profitera i dušmanina ovog grada, Brđanina. Dobro bi bilo da i ovo omraženo prezime zapamtimo i da poslije ovog rata tom monstruoznom nečovjeku sudimo. Ne dozvolimo da on i njemu slični, sa ogromnim kapitalom koji su opljačkali od naroda, pobjegnu i sakriju se u nekoj, ovakvima naklonjenoj, smrdljivoj zemlji. Takvi zlikovci će to svakako pokušati. Kada brod počne da im tone, štakori počnu prvi napuštati palubu, zar ne?

27.6.1992.

Još jedan tužan dan u kojem sam shvatio da je naš grad osuđen da bude zadnji bastion ovih primitivnih fanatika koji u svojoj zaslijepljenosti vode svoju naciju u sve gore i gore kombinacije svojih zločinačkih planova. Danas su u nekoliko navrata uključivali sirene koje označavaju vazdušnu opasnost, iako nikakve opasnosti nije bilo. Po jednoj verziji, to su radili da bi vidjeli kako će se građani ponašati, a po drugoj verziji, navodno, vazdušni prostor „Krajine" je povrijedio jedan hrvatski avion. U ovu drugu mogućnost sumnjam i smatram je za još jednu manipulaciju stvaranja mržnje svoge naroda prema drugim narodima.

Potvrđena je vijest da će nastupiti „čistka" i u takozvanoj srpskoj vojsci. To sam saznao iz pouzdanih izvora, iz najvišeg armijskog vrha. Već su izvršili smjene komandnog kadra nepoželjnih nacionalnosti, na čija mjesta su postavljeni isključivo srpski, etnički čisti, kadrovi. Odsad pa nadalje i u buduće, u ovoj samozvanoj armiji, na komandnim mjestima mogu biti samo četničke vojvode, zločinci i poslušni Srbi.

Dakle, sve je jasno. Više niko nemože reći da ovo nije nacizam, ili, zašto kriti pravi izraz, fašizam. Ipak su me ovi tužni događaji još jednom uvjerili da sam uradio pravu stvar kada se nisam prijavio u ovu vojsku, a eto, sada i kada bih htio, pristup je zabranjen Hrvatima, Muslimanima, dodajem i crncima i psima, jer su tako svojevremeno pisali ispred restorana i ostalih mjesta rezervisanih samo za bijelce u rasitstickim zemljama. Smrt fašizmu, sloboda narodu!

28.6.1992.

Osvanuo je i „Vidov danak, hajdučki sastanak". Sada se to drugačije kaže: „Vidov danak, četnički sastanak". Iskreno da kažem, danas se pribojavam nereda u ukletom gradu. „Vukovi sa Vučjaka" su organizovali veliki vidovdanski koncert, sa velikim brojem učesnika. Na koncertu će učestvovati i dva naša gradska najrevolucionarnija društva „Pelagić" i „Masleša". Vjerujem da su ova društva pod prisilom pristala na ovaj šovinistički koncert. Iz prve ruke sam obaviješten da i tim našim društvima visi Damaklov mač nad glavom, tako da su prisiljeni da surađuju sa okupatorima. Nadam se da to neće ukaljati dugo sticani revolucionarni imidz ovih kulturno-umjetničkih društava i da će njihovi članovi na kraju krajeva smoći snage da se odupru srpskim nacionalističkim težnjama. Bože moj, koliko li sam divnih trenutaka proveo u mome dragom „Pelagiću" i u konkurentskom „Masleši", a da ne govorim o turnejama po Jadranu, po cijeloj staroj dobroj domovini, a i po Evropi uzduž i poprijeko, od Italije, Švicarske, Austrije, Njemačke, pa preko Mađarske, Čehoslovačke, Poljske i Danske, sve do daleke Švedske. E, kakvi su to bili dani, a sada sjedim u ovoj smrdljivoj žabokrečini i gledam ove luđake kako sistematski uništavaju sve ono što je bilo lijepo i ljudsko.

„Kad već spominjem kulturno-umjetnička društva, da vam ispričam malo o tamburašima „Pelagića". Emile, molim te, stavi ovaj CD Zvonke Bogdana u stereo pa da čujete kako zvuče tamburaški orkestri iz naše stare domovine."

Slušamo Zvonku i njegovih „Osam tamburaša Janike Balaža" pa se sjetih da smo i mi u Banjaluci imali naše legende tamburaške muzike. Šjor Anto je svirao najmanji žičani instrument, a bio je i ostao legenda za sve nas koji smo ga poznavali i slušali tonove njegove tamburice. Čika Marko, taj veliki znalac tamburice i divnih aranžmana tradicionalne tamburaške muzike je bio i ostao veliki rukovodilac tamburaškog orkestra za sva vremena. Truba i Rus, tandem bas primova koji se ne zaboravlja, a da ne govorim o svim onim feštama poslije svirki i koncerata u Banjaluci, u Istri i da ne nabrajam...

Ćosa, prijatelj i drug za sva vremena, ali mu ni tajne tamburice nisu strane, pa je bio nezamjenljiv u svim postavama orkestra.

Stevo, dobri čovjek koji je često stavljao tamburicu i ispred svoga ozbiljnog posla. Prli, moj kolega kontrabasista najvišeg kvaliteta i dobar čovjek. Ja sam ponekad uletio umjesto njega, pa sam svirao u oba orkestra na istom koncertu. E to je bilo za priču: Velika pozornica, lijevo narodni orkestar, u sredini plesači, a desno tamburaški orkestar. Onda, između dvije numere malecki Acke (k´o biva ja) pretrčava sa svojim kontrabasom, koji je veći od njega bar dvadeset cantimetara, sa jedne strane pozornice na drugu. Svi crkoše od smijeha, i meni smiješno, ali napoooorno. To se ne zaboravlja, to su bila vremena ispunjena mladalačkom srećom i prijateljstvom i trebala bi da služe budućim generacijama za primjer, pa da svi zajedno živimo u sreći i prijateljstvu. „Moram malo sanjariti djeco moja, a sada ponovo nastavljam o mračnom dobu godina devedesetih."

Danas na radiju BiH ima i dobrih vijesti, pa je čak bila i jedna humoristička emisija u kojoj je neki glumac vrlo uspješno imitirao izdajnika i zločinca Kukanjca. To mi je malo osvježilo dan i povratilo davno izgubljeno raspoloženje. Bože dragi, kako čovjeku malo treba pa da dođe do sebe i ponovo bude stari šaljivdzija iz onih lijepih vremena...

Sada je očito da će i sarajevski aerodrom biti uskoro otvoren, milom ili silom, pa će i naše drage sarajlije najzad dobiti neophodne lijekove i namirnice, a nadam se da će se uskoro osloboditi SDS-ovih uzurpatora. U našem gradu se već neko vrijeme organizuje ilegalno djelovanje, ali o tome ne smijem mnogo pisati, jer materijal može doći u dušmanske ruke. Lično sam se uvjerio da u gradu ima ljudi spremnih da se odupru neprijatelju, a vrlo su nestrpljivi i očajni što za sada nema nikakve šanse za imalo ozbiljniji otpor okupatoru. Normalno da svi mi želimo što prije početi sa otporom, ali, jednostavno, mi smo nenaoružani, a neprijatelj u našem gradu, željan ljudske krvi, je do zuba naoružan najsavremenijim oružjem.

Prošla noć je bila avetinjski tiha, bez pucnjave i eksplozija, tako da narod hvata jeza od ove vidovdanske večeri koja je pred nama. Daj bože da nismo u pravu, ali znajući za primitivne navike naših naoružanih sugrađana, možemo očekivati samo najgore. Slušajući potresne priče o zločinima u Brčkom, prosto se čudim kako vlastodršci u našem ukletom gradu uspijevaju da zločince, koliko-toliko, drže na uzdi.

29.6.1992.
Vidovdansko veče je prošlo bez žrtava u ukletom gradu. Ipak su okupatori na svoj karakterističan način morali obilježiti svoj praznik...

Prolazeći kroz grad tenkovima, oni su, baš negdje ispred naše kuće, pucali iz teških mitraljeza. Bilo je jezivo, ali se, bar u našoj kući, nije osjećao strah, jer smo već oguglali na njihove barbarske izljeve radosti. Nažalost, uzrok ovom divljačkom slavlju nije bio samo Vidovdan. Naime, danas je potvrđena vijest da su okupatori ponovo „oslobodili" Modriču i da sve redom pale, samo da bi osigurali koridor za Srbiju. Jadni naši sunarodnjaci u Modriči. Pomovo ih čekaju pokolji, silovanja i uništavanja imovine, jer „oslobodioci" tako proslavljaju okupaciju. Daj bože da naše snage ponovo smognu snage i povrate izgubljene položaje.

30.6.1992.

Već neko vrijeme se spremam da opišem na koji način dobar broj stanovnika srpske nacionalnosti otima i krade stanove ljudi koji su iz bilo kojeg razloga napustili ovaj okupirani grad.

Krizni štab SDS-a je preko izdajničke radio stanice objavio vijest da će se oduzimati stanovi koji su prazni više od mjesec dana. Ova njihova odluka, naravno, nema nikakve zakonske osnove, jer ima mnogo ljudi koji su napustili grad uz dozvolu vojnih vlasti, zbog liečenja itd., a oni, koji bi željeli da se vrate, nemogu to zbog blokade. Upravo juče se u našem komšiluku dogodio jedan takav slučaj obijanja stana. Stan su pokušali obiti dvojica rezervista i dvije studentice. Došli su u autu sa prijedorskom registracijom. Komšije su energično reagovale i spriječile ih, jer kriminalci nisu imali dozvolu kriznog štaba. Ali sve se nije završilo na ovome. Danas su došli neki drugi rezervisti, sa jednim rezervistom, poznatim kriminalcem, koji je stavio na glavu nekakvu crvenu kapu. Ovog puta nisu provaljivali u stan, već su tražili komšiju koji im se dan prije suprotstavio. Tražili su baš tog komšiju Muslimana i nikoga više. Kada je supruga jadnog komšije nazvala policiju, oni iz policije su odgovorili da je cijeli slučaj nelegalan i da su sve ove poduzete radnje od strane rezerviste kriminalne, jer oni nisu imali dozvolu ni za provaljivanje, a ni za privođenje. Sve u svemu, jadni komšija se sada mora kriti negdje u gradu i ne smije doći u svoj vlastiti stan, jer su kriminalci i dalje negdje u gradu i vrebaju na njega. U toj dotičnoj zgradi živi i jedan špijun koji ima veze sa SDS-om. Svi mi u komšiluku smo ga registrovali i nećemo mu nikada zaboraviti, ni oprostiti.

Danas doživjesmo i jedan radostan trenutak u ukletom gradu. Kroz grad je prošla jedna podugačka kolona tenkova i kamiona UMPROFOR-a. Zanimljivo je da nas je bilo dosta koji smo vojnicima UMPROFOR-a radosno mahali, ali je bilo i onih koji im uopšte nisu mahali. Analizirao sam one koji su UMPROFORCE gledali mrko i neprijateljski. Vjerovatno su to oni ljudi koje nije radovala činjenica da je sarajevski aerodrom konačno, poslije tri mjeseca okupacije, otvoren. Naime, ovo je bio kanadski bataljon UMPROFOR-a koji je išao na obezbjeđenje sarajevskog aerodroma, kojeg su srpske jedinice juče napustile. Ovaj događaj mi je ponovo povratio nadu da će sile mraka biti pobijeđene i da će na kraju prevladati razum, pa da opet, kao i do sada, nastavimo živjeti zajedno i ravnopravno. Vratila mi se nada da ću prestati da budem građanin drugog reda u svome vlastitom gradu, a možda će mi i pravo na rad jednog dana, kada zlikovci odu, biti vraćeno.

Čuo sam i radosnu vijest da je srpska vojska smanjila broj obroka sa tri, na dva dnevno, što je svakako dobar znak da im ponestaje zaliha.

Tužno je kada se čovjek raduje takvim stvarima, ali i najmanji znak slabosti neprijatelja približava nas slobodi i nastavku slobodnog i normalnog života, pa nije čudo kada smo radosni ako neprijateljski vojnici gladuju.

Danas su poslali jedan autobus da se pokuša probiti do Srbije kroz „njihov" koridor, ali autobus se vratio sav izrešetan. Izgleda da bi im samo za taj „njihov" koridor trebalo bar 100.000 vojnika, jer je to, na sreću, veoma dugačka relacija koja ide kroz njima neprijateljsku teritoriju i okružena je Hrvatima i Muslimanima koji brane svoja ognjišta po svaku cijenu. Izgleda da Srbi uopšte nemaju sposobnih analitičara koji bi im mogli procijeniti i reći da je nemoguće obezbijediti tako dugu relaciju sa onim brojem vojnika sa kojim oni trenutno raspolažu. Raduje me činjenica da im je nedostatak intelektualaca slaba tačka i da je to jedna od najvećih mana njihovog fašističkog pokreta.

„Vrijeme za spavanje djeco, već je kasno. Idemo u krpe, a sutra će vam dido nastaviti priču o neljudima sa brdovitog Balkana iz godina devedesetih."

Sutradan za doručkom se prvi oglasi Henri: „Dido, jesi li zaboravio šta si nam sinoč obećao?" „Nisam Henrić, kako bi dido zaboravio tako važno obećanje? Samo da završimo sa doručkom, odmah nastavljamo, a i ona kiša vani baš dobro sjeda za nastavak priče o ljetu 1992. godine u ukletom gradu.

1.7.1992.

Danas je veliki dan za sve prijatelje Bosne i Hercegovine u našem avetinjskom gradu. Već ranom zorom je našom ulicom počela prolaziti (dali je to moguće?) prijateljska vojska. Sva vozila su bila uredna, bijela, u pravom vojničkom poretku. Prošlo ih je mnogo, nadam se dovoljno za obezbjeđenje sarajevskog aerodroma. Na mahanje razdraganih građana našeg grada, ovi prijateljski vojnici su ljubazno odmahivali. Ali... Sreća je kratko trajala...

U popodnevnim satima je prošla druga vojska. Po histeričnom podvriskivanju, pucnjavi i rafalima, moglo se zaključiti o kakvim se to

raspuštenim hordama radi. A vjerovatno su se vraćali sa nekog svog prljavog pohoda. Vjerovatno su negdje u Modriči pobili mnogo svojih zemljaka Bosanaca, pa su bili veoma sretni i razdragani. Pošto oni svoju sreću iskazuju na barbarski način, bilo je jezivo slušati te odvratne zvuke neprijateljskih rafala, podvriskivanja i nekih nerazumljivih pjesama. Inače, struje nema nikako, pa čovjek nemože ni saznati o kakvom se to njihovom novom „podvigu" radi.

Moram ispričati jednu dosjetku nekog duhovitog djeteta, poslije prolaska vozila i vojnika UMPROFOR-a... Ulicom je naišao jedan srpski rezervista, a duhoviti dječak je iz gomile djece doviknuo: „Dabogda te Evropa u ćevapu prepoznala!" Sreća pa rezervista nije bio baš brz u shvatanju značenja dječakovih riječi, a vjerovatno u mnoštvu djece nije ni prepoznao ko je to dobacio, pa se nije ništa ni dogodilo.

Radeći u bašti, a tada mi je mozak, valjda zbog sagetog položaja, najbistriji, na um mi je pala jedna teza o bosanskim Srbima i njihovom načinu rješavanja svoje i tuđih sudbina. Sa tom tezom će se i svi pošteni Srbi koji poznaju pravo stanje stvari vjerovatno složiti.

Radi se o slijedećem: Prvo su bosanski Srbi prevarom i veleizdajom bivše jugoslovenske armije došli do oružja, a zatim su htjeli, na prepad, ukrasti i što veći dio Bosne i Hercegovine, ako ne i cijelu Bosnu i Hercegovinu. Oni su na sreću pogrešno procijenili da u BiH neće naići na ozbiljniji otpor stanovništva. U ovim nečasnim radnjama su im Srbija i Crna Gora pomogle u oficirskom kadru, ljudstvu i logistici. Da nije bilo navedenih okolnosti i velikosrpskih ambicija, do svega ovoga nebi došlo, i bosanski Srbi bi veoma lijepo živjeli zajedno sa svim ostalim zemljacima, Bosancima i Hercegovcima. Nažalost, pojavili su se i paranoični teoretičari koji su se pobrinuli da Srbi „shvate" da oni nisu Bosanci, iako su u Bosni rođeni. I oni i njihovi očevi i njihova djeca, a vjerovatno i njihovi pradjedovi, nemogu nikad reći da su sa nekog drugog tla ponikli, ako su se rodili u Bosni. Pa, sugrađani moji, Bosna je vaša domovina, a ne Srbija. Ma šta vi u vašim usijanim glavama zamišljali, vi ste Bosanci. Mogli smo imati državu ravnopravnu i Srbiji i Hrvatskoj i Italiji, ali vi niste tako željeli. Vama su vaši suludi teoretičari „objasnili" šta ste vi, a vi niste ni pomislili da oni jednostavno LAŽU i ništa niste htjeli provjeriti. Zašto se ubijamo međusobno? Zar je važno koja strana ima više oružja, kad će krajnji bilans za sviju biti katastrofalan. A zamislite, u istoj smo domovini rođeni. Kad biste vi samo malo htjeli da razmislite, da shvatite bit našeg tužnog zajedničkog života koji je tako kratak...

A ZAMISLITE, U ISTOJ SMO DOMOVINI ROĐENI...

2.7.1992.
Ljudi moji, pa oni imaju namjeru da uđu u monetarni sistem Bosne i Hercegovine. Stojeći više od dva sata u redu za kruh, kojeg polako nestaje u našem gradu, slušao sam priče ljudi, vjerovatno srpske nacionalnosti, da u našem gradu namjeravaju preuzeti valutu iz tzv. Jugoslavije, čim uspiju uspostaviti fizički kontakt. To me je zapanjilo i u isto vrijeme, po milioniti put, dovelo do očajanja, jer sam još jednom shvatio da će baš ovaj naš, prokleti, grad biti taj koji će do samog pada ovog nacionalističkog pokreta Srba u našoj domovini, biti posljednji i najtvrđi bastion tog najcrnjeg ludila koje nam se moglo dogoditi na kraju dvadesetog stoljeća. Zar baš to da se desi našem gradu? Zar baš moj grad da bude taj koji

će se posljednji dozvati pameti i urazumiti? Bojim se da će se baš u ovom, sada odvratnom, gradu, odigravati posljednja bitka za našu dragu Bosnu i Hercegovinu. Pobijedit ćemo zlikovce, ali nikada nećemo moći sprati ljagu sa našeg grada, a cijena pobjede će u našem gradu biti veoma visoka. Bojim se da će krv ovdje teći u potocima, jer je ovdje znatan dio srpskog naroda potpuno inficiran mržnjom i ta infekcija se neće moći tako lako iskorijeniti, jer oni cijelo vrijeme slijepo vjeruju mafijašima i ostalim luđacima iz Srpske demokratske stranke. Oni su na svim funkcijama u gradu, a u svemu im zdušno pomažu i novinari lokalnog šovinističkog lista, radija i televizije.

„Emile, možeš li mi donijeti čašu vode. Grlo mi se osušilo od ovih crnih pripovijedanja. Djeco, šta mislite, hoću li nastaviti, ili da nastavak ostavimo za drugi put?“ „Nastavi dido“ povikaše sva trojica u jedan glas. „Baš je sad najzanimljivije.“

„E moja djeco, ima toga i zanimljivijeg, ali da ja nastavim redom, pa ćete vidjeti kakvih sve zavrzlama je bilo u ukletom gradu. Starkice, jesi li nastavila ručak? Čini mi se da ću od ovolikog pričanja izgladniti kao vuk, a nadam se da će se naći i pivo u frižideru da sve to zalijem po redu i zakonu.“

4.7.1992.
Tek što sam jutros u devet sati čuo da je Zenica u potpunosti oslobođena i da Teritorijalna odbrana Zenice sada može krenuti u oslobođenje drugih teritorija, opet je nestalo struje, a onda je nije bilo sve do naveče...

Ali da je zlo samo u tome...

U gradu sada nema ni kruha, izuzev u nekoliko privatnih pekara ispred kojih uvijek u prosjeku stoji po dvjesto do tristo ljudi. Tako sam i danas glavninu dopodneva proveo u redu za kruh. To mi nije predstavljalo veliki problem, jer trenutno nemam ama baš nikakvog posla. Potpuni gotovan sam već mjesecima, tako da se potpuna nestašica novca i svega drugog već uveliko nazire. I pored očite bijede gospodari rata nastavljaju bjesomučno sa svojim suludim idejama, kao da će ratom nešto postići i riješiti.

Danas sam odstupio od svoga pravila i pročitao jedan članak iz lokalnog izdajničkog lista. Ljudi moji, kako taj novinar konstruiše laži o ljudima koji su uspjeli pobjeći iz grada i spasiti nešto stečenog novca i svoj goli život. Po tom novinaru ispada da su maltene svi bogatiji Muslimani u našem gradu bili mafijaši i kriminalci. I sve to zbog toga da bi ovaj naivni, lakovjerni narod odvratio od aktuelnih zločina, koje sada svakodnevno čine čelni ljudi SDS-a. I ne samo oni... Da ne govorim o pljačkama i profitima koje oni ostvaruju u našem gradu. Spomenut ću samo petsto „Golf" automobila zbog kojih je došlo do svađe između zločinca Karadžića i nekih njegovih pajdaša, naravno zbog podjele plijena. Moram spomenuti još jedan događaj u jednom naselju preko Vrbasa. Gledajući kroz prozore svojih stanova, stanovnici toga naselja su „u živo" vidjeli kako surađuju kriminalci iz SOS-a i srpska policija. SOS je jedna pljačkaška srpska organizacija koja vrši provale, podmeće bombe u radnje i sistematski i planski „obrađuje" građane koji nisu zadovoljni okupatorskim režimom i koje oni silom tjeraju sa položaja i iz grada. Kratko rečeno, kao produžena ruka vlasti, obavljaju sve najprljavije poslove, u službi i sa blagoslovom režima. Postoje vjerodostojni dokazi i svjedoci o suradnji lokalne srpske policije i ove kriminalne organizacije. Da nastavim započetu priču... Građani naselja pod Starčevicom su kroz prozore gledali kako SOS-ovci prazne skladište jedne prehrambene radnje, a policija patrolira okolo i pazi da slučajno neko nebi naišao i omeo njihove jarane u „poslu". Građani o ovome, naravno, šute, jer znaju da bi ih progutao mrak, kada bi to prijavili u SUP.

Danas je bila velika racija na pijaci i na Vrbasu. Za sva kupališta na našoj najdražoj rijeci mi jednostavno kažemo od milja: „na Vrbasu". Nezvanično sam saznao da je uhapšeno oko 2.000 građana. Zvaničnih podataka, naravno, nigdje nije bilo.

„Zašto ti dido o svim tim događajima pričaš kao da se danas, sad, događaju, a to je prilično daleka prošlost?", upita me moj pametni Emil. Bi mi drago da najstariji unuk razumije gramatičke zavrzlame, pa mu odgovorih: „Dobro si primijetio Emile, ja namjerno o događajima pričam u prezentu, kao da se sad događaju, jer želim da shvatite pod kakvim psihološkim pritiskom i u kakvom očajnom raspoloženju smo svi živjeli u ona mračna vremena. Mislim da ćete bolje shvatiti ako to pričam kao da se upravo sada događa, a naravno da vi znate da je to bilo početkom devedesetih godina prošlog stoljeća." „Želite li da napravimo pauzu, ili da nastavim?"

„Nemoj sada praviti pauzu dido, sad je baš interesantno", povikaše sva trojica dječaka u glas. „Vidi vidi", pomislih i nastavih tamo gdje sam stao.

5.7.1992.

Cijelo dopodne su odjekivale jake detonacije u neposrednoj blizini grada. Koga li danas „oslobađaju"? Čini mi se da detonacije dopiru sa udaljenosti od oko petnaest kilometara. Vjerovatno pucaju topovima iz Čelinca prema Kotor-Varošu. Iz Kotor-Varoša već danima nema nikakvih vijesti. Jedino čujemo „istinu" koju nam servira naša gradska izdajnička radio stanica, ali svi građani ovoga grada znaju da je sve to što oni kažu daleko od istine. Njihova „istina" im služi samo za raspirivanje mržnje kod svoga naroda, prema drugim narodima. Znaju dušmani da, kada bi njihov narod znao pravu istinu, oni nebi mogli ni oditi ovaj nepravedni, osvajački rat.

Moram reći da Muslimani u ovom gradu još uvijek ne shvataju svu ozbiljnost situacije i da će morati uzeti učešća u oslobađanju naše zemlje. Imam utisak da se još uvijek sitno-šićarđijski nadaju da će ovo zlo proći samo od sebe, mimo njih, ali, avaj, samo da znaju koliko nisu u pravu. Doduše, postoji određen broj ljudi koji je svjestan da ćemo i mi morati uzeti učešća u borbi, ali za sada nikako da se nađu odlučni ljudi da preuzmu vodstvo nad popriličnim brojem onih u našem gradu koji bi bili spremni da se odmah uključe u oslobodilačku borbu. Nekako smo ostavljeni po strani i prepušteni sami sebi.

Dan se završio „efektno", uz rafale i pucnjavu pred našom kućom. Sve to je bilo popraćeno vrištanjem preplašene komšijske djece koja su se još uvijek igrala između zgrada preko puta naše kuće, jer je bilo tek devet sati i nije još ni dnevna svjetlost nestala. „Divan" završetak „divnog" dana, u „divnom" ukletom gradu. Kad bi ga nekako mogao mrak progutati...

6.7.1992.
Srbija je definitivno ušla u monetarni sistem Bosne i Hercegovine. Kad sam saznao da se mora mijenjati stari novac za novi koji je bespravno stigao iz Srbije, sve su mi lađe potonule. Još od juče me je uhvatila strašna tuga, jer sam shvatio da Bosna nije izdana samo sa jedne strane. I Hrvati su proglasili svoju autonomiju u Hercegovini, Posavini i mnogim drugim dijelovima Bosne. Od prije sam znao da je Boban opasan za Bosnu kao građansku republiku, a sada sam se definitivno u to uvjerio. Kako će se ta stvar sa Hrvatima odvijati, ne znam, ali se sada osjećam kao da mi je zaboden nož u leđa. Iz ovog ugla gledano, sada Muslimani nemaju ni svrhe da se bore, jer su najslabije naoružani, a sugrađani Srbi i Hrvati će im udijeliti veoma uski prostor srednje Bosne, na kojem treba da se smjesti najveći broj stanovnika domovine. Da ne govorim o tome da su se „braća" Srbi pobrinuli da unište što više mogu, tako da Muslimane čeka veoma težak i bijedan život u periodu od najmanje deset godina, u „fildžan" državi. Da ne spominjem uzaludne žrtve koje su pale za cjelovitu i nezavisnu Bosnu i Hercegovinu, koje, kako stvari sada stoje, izgleda neće nikada ni biti.

Ostat će samo kao divna uspomena u glavama i srcima ljudi koji iznad svega vole Bosnu, kao svoju jedinu domovinu. Izgubili smo jednu domovinu Jugoslaviju, a sada smo na putu da izgubimo i ovu našu jedinu Bosnu i Hercegovinu. Sada se može shvatiti kako se osjećam, jer i ja Bosnu jedino imam i dušom i tijelom. Pored toga što sam Evropljanin i građanin svijeta, građanin sam moje jedine domovine Bosne i Hercegovine. Osjećam, da će mi onemogućiti da budem išta od svega toga i da će me preostali dio života silom držati izolovanog na ovom tijesnom prostoru, među ovim tako nerazumnim i nedokaznim plemenima.

„Pauza za ručak djeco, a onda idemo na sladoled i šetnju gradom da malo zaboravimo zla vremena i vidimo izložbu u Galeriji. Izlažu lokalni umjetnici iz našeg Norrtelja, a ja sam dobio drugu nagradu, pa ću dobiti jednu lijepu sliku u ulju.“ „Jeeeeees“, uzviknuše unuci uglas i posjedaše oko stola čekajući novo nonino iznenađenje uredno servirano u novim noninim tanjirima. „Predlažem da sutra nastavimo sa didinim doživljajima, a da ostatak ovog lijepog subotnjeg dana provedemo zajedno u šetnji, igri i uživanju.“ „Imaš pravo dido, reče Oliver, baš mi je dosta tih tvojih tužnih priča za danas. Hoćemo li poslije šetnje poigrati lopte?“ „Svakako Oli, ti znaš da dido voli nogomet, a nije tako loš i može te naučiti pokoju fintu.“

Tako i bi toga subotnjeg dana, a sutra u nedelju, drugi dan,druga nafaka, pa dido nastavi sa svojim pripovijedanjima.

7.7.1992.

Upravo sam se vratio iz banke gdje sam bezuspješno čekao da zamijenim stari novac za novi. Još jednom je Srbija prevarila cijeli svijet. Odštampala je neki novac koji nije isti kao novac u Srbiji: sa četničkim simbolima i iz aviona se vidi da je sklepan na brzinu, a namijenjenjen samo ovom dijelu BiH koji oni sada smatraju svojim, srpskim. Na novcu ipak ima obilježje NBJ, što znači da oni ipak svojataju ovaj dio naše Republike. U banci sam čuo karakterističnu opasku, na četnički način: „Šta je..., sada vam se sviđa kokarda?“ To je bila aluzija na kokardu koja se nalazila na ovom smeću od novca.

Ovu ironičnu rečenicu je rekao jedan čovjek koji je imao kandžiju u ruci, jer je, vjerovatno, došao u banku sa zaprežnim kolima. U duši mi se sve skupilo kada sam vidio kako se ti čudni strani ljudi oko mene nekulturno i primitivno ponašaju. Udišući sve moguće smradove, cijelo vrijeme sam slušao svađe oko sebe, a o guranju i laktanju da i ne govorim. Ako su ovi ljudi zaslužili da mene i moje sunarodnjake istjeraju iz našeg grada, a da zauzmu naše kuće, stanove i radna mjesta, onda me više niko nikada neće ubijediti da ima pravde na ovome svijetu. Za četiri sata uzaludnog čekanja u banci sam sagledao i shvatio da u ovim krajevima neće doći do ekonomskog, ljudskog i civilizacijskog napretka vjerovatno do kraja moga života. Vjerovatno ćemo morati, pod stare dane, ići u pečalbu i tražiti svoje mjesto pod suncem u nekom pitomijem kraju zemaljske kugle gdje će čovjek moći zadovoljavati bar one osnovne civilizacijske potrebe. Začuđujuće je kako ti primitivni ljudi još uvijek nisu identifikovali krivce koji ih vode u sve veći jad i bijedu. Oni još uvijek nisu ukopčali da za njihove nevolje nije kriv cijeli svijet, nego baš oni sa svojim neznanjem i njihove srpske vođe koje ih neprestano vode u sve veći i veći civilizacijski ponor.

8.7.1992.

„Tog dana je djeco bila dvadeseta godišnjica noninog i moga vjenčanja, ali nama nije ni palo na pamet da taj jubilej proslavimo, jer je sve oko nas bilo crno i beznadežno. Nije bilo ni volje, ni novaca za proslave u ta opasna i bijedna vremena."

Dužan sam dati jednu ispravku što se tiče novog novca koji je štampala tzv. Srpska republika Bosne i Hercegovine. Novac izgleda nije štampan u Beogradu na Topčideru, kao što sam prije mislio, nego u lokalnoj štampariji u našem gradu. Ta štamparija sigurno nema nikakvu dozvolu za štampanje novca, pa je to još samo jedan u nizu prekršaja i kriminalnih radnji koje su odradili ovi naši lokalni fašisti. Po kvalitetu papira i štampe novčanica, iz aviona se vidi da je to urađeno nestručno, laički i nekvalitetno, a na novčanici se nalazi i potpis samozvanog guvernera, samozvane, fantomske, „srpske" banke. Guvernera samozvanca niko u našem gradu nije ni izabrao, niti legalno postavio. Niko, izuzev, naravno, SDS-a. To će, nadam se, dokaznom postupku protiv ovih uzurpatora i terorista, doprinijeti njihovom raskrinkavanju i konačnoj osudi od strane cijele svjetske zajednice. Ili sam ja toliki optimista, ili naivac, kada se nadam da će se stvari normalno odvijati u ovoj nenormalnoj, na silu stvorenoj, situaciji. Može se desiti da jednu malu zemlju kao što je Bosna i Hercegovina svjetska zajednica i zaboravi i ne poduzme ništa. Vrijeme će pokazati dali sam ja bio u pravu, a nama u avetinjskom gradu ostaje da živimo u nadi. „Nadanje – ludom radovanje", što kaže naš narod.

Danas sam nešto bolje volje jer su i vijesti, za nas koji volimo Bosnu, nešto povoljnije. Sve nas u ovom gradu-logoru raduje činjenica da su Hrvati iz Hercegovine jasno stavili na znanje da oni priznaju legitimitet Bosne i Hercegovine i da će uskoro i HVO Mostara krenuti u oslobođenje Sarajeva, ako im je vjerovati. A šta preostaje nama jadnicima, nego da se nadamo i vjerujemo... A kada će doći da oslobađaju naš grad, pa da i ja i moji sugrađani stanemo na stranu na koju želimo. Sve su to pusti snovi, a za sada se vozamo po ukletom gradu na biciklima, ponekad popričamo o aktuelnim zlodjelima koja se svakodnevno dešavaju pred našim očima, u našem gradu, a onda se požurimo u svoja dvorišta, jer se po gradu u svako doba razliježu rafali. Naročito na staroj autobuskoj stanici, gdje se nalaze dvije četničke kafane „Lovac" i „Slavija". Tu u blizini nalazi se i poznata četnička kafana čiji je vlasnik četnički vojvoda Batar, koga sam već prije spomenuo. Tu se vječito razliježu četničke pjesme, garnirane pijanim raspravama o srpstvu, četništvu i svetosavlju. U ovakvoj atmosferi u gradu, nama, „ostalima", ne preostaje ništa nego da se zatvorimo u svoja dvorišta i ostala skrivena mjesta i da čekamo koga će nam sudbina dovesti na vrata. U toj izolovanosti u mome dvorištu veoma često se sjetim filma koji je na mene ostavio dubok dojam i osjećaje koje upravo sada preživljavam. To je film „Orao u kavezu", film o Napoleonu, kada je bio zatočen na Svetoj Jeleni i maštao o velikim pobjedama i o slavi koju je za sva vremena izgubio. Sam, zaboravljen, prezren i prevaren od svih onih koji su mu u životu pomogli da se uzdigne do orlovskih visina, a onda mu „pomogli" u njegovom porazu i prognali ga na pusto ostrvo, da se više nikada ne vrati...

Pitam se, dali ćemo mi, rođeni u ovom gradu, ikada moći živjeti sa ovim ljudima. Oni se prosto utrkuju i takmiče ko je od njih bolji četnik, ko je učestvovao u više bitaka protiv naših sunarodnjaka, ko je ubio više civila, ko je više opljačkao, ko je više okrvavio ruke, silovao... I sve u tom stilu, da se čovjeku okrene želudac i uhvati ga mučnina koja traje danima. Moram spomenuti da ima dosta i onih Srba koji saginju glavu kada prolaze pored nas nenaoružanih, a oni naoružani do zuba. Kao da im se probudila savjest, pa osjećaju da tu nešto nije u redu. Sve je više i onih koji su se sve do sada izvlačili od mobilizacije, a sada su ih ipak uspjeli obući u uniformu i naoružati, iako to ovi ljudi nisu željeli. Tako me rastuži kada vidim moga komšiju i prijatelja B. koji svim silama želi da „zaobiđe" i izbjegne uniformu koju, ni on, kao pravoslavac, ne smatra svojom. Ali, slabe su šanse da će u tome uspjeti.

9.7.1992.
Želim ispričati jedan karakterističan događaj za ovo besmisleno vrijeme u kojem sada živimo, u ovom ukletom gradu...

Riječ je o poznatom građaninu ovoga grada, poznatom po nadimku Krle i po veoma „tvrdim" nogama još dok je aktivno igrao fudbal. Kad ti Krle uleti u kost, tu onda više trava ne raste. Svi protivnički fudbaleri su izbjegavali duele sa njim... Juče je na biciklu išao na Vrbas. U jednoj ruci je nosio stolicu za plažu, a na paksicu je imao tranzistor. Ulicom je naišao naoružan rezervista i, uperivši automat, naredio Krletu da siđe sa bicikla, a zatim mu je oduzeo i bicikl, i stolicu, i tranzistor. Kada je dušmanin sjeo na opljačkani bicikl, uperio je automat i naredio Krletu da se trčećim korakom udalji. Mogu samo zamisliti tužnu scenu kako Krle, pedesetogodišnjak, kao od stijene odvaljen dvometraš, bivši sportista koji se inače nikada nikoga i ničega nije bojao, trči, dok mu se u brk smije jedna najobičnija pljačkaška gnjida, odvozeći Krletov bicikl u nepoznatom pravcu. Kakvo poniženje, kakva prokleta rupa u kojoj živimo, kakvi neljudi sa kojima dijelimo život u ovom prokletom smrdljivom gradu.

10.7.1992.

Juče je mučki i svirepo ubijen vlasnik restorana „Borac“, Mujinović Vehbija. Ubistvo su, naravno, izvršile „nepoznate“ osobe koje, vjerovatno, nikada neće biti otkrivene, jer je pozadina ubistva sigurno vezana za mafiju koja sada radi šta želi po našen gradu. Sada slijedi ono poznato: „istraga je u toku“ i ujeo vuk magarca. Nemogu i neću da nagađam ko stoji iza ubistava u našen gradu, jer za to nemam pouzdanih podataka, ali se svi građani nadaju da će se zločinci na kraju sami između sebe razračunavati kad više ne bude plijena i pljačke od nedužnih sugrađana. Daće bog da ih snađu sva ona zla koja su oni činili građanima našega, nekad mirnog, grada.

11.7.1992.

Dan kada bjesomučno napadaju Goražde sa svih strana. Taj grad je jedan od najočitijih dokaza da je Srbija agresor. Oni hoće da taj grad bude srpski, a zna se oduvijek da on nikada nije bio srpski. Takođe se zna koje stanovništvo u Goraždu živi. Strah me je da taj grad heroj ne doživi sudbinu Foče i Višegrada. Svi mi Bosanci znamo da se tamo brani Bosna i njena opstojnost i suverenitet. Bog im dao snage da se odbrane od bijesne nemani kojoj ništa nije sveto, ni porodica, ni kuća, ni ognjište. Oni zaslužuju da im normalan čovjek zaželi da im se sjeme zatre, pa da ostali normalni ljudi ovog podneblja nastave suživot u miru, suradnji i razumijevanju. Teško poštenim i miroljubivim Srbima u današnja odvratna vremena, a o ostalim narodima da i ne govorim. Od današnjih događaja u gradu spomenuo bih bezbroj rafala iz automatskog oružja, negdje u centru avetinjskog grada i, naravno, nemogu zaboraviti ogromne redove za kruh ispred nekolicine pekara koje još rade. Srpski narod još uvijek nije identifikovao krivce za ovakvo stanje. Još uvijek se u toj opštoj gužvi može čuti poneki glas: „Za sve ovo je kriv Alija.“ Samo ne zvuče više baš kao da su sigurni u ono što govore, a još uvijek među njima nema onih koji bi na ovakvu laž reagovali i rekli svojim sunarodnjacima da to nije istina. Koji bi rekli: „Pa već je vrijeme da mućnemo glavom, da i mi Srbi identifikujemo prave krivce.“ Ne, još to niko od njih ne govori, a gubim nadu da će iko, do samog kraja ove klanice, takvo nešto i reći.

A trebalo bi, u interesu i njihovog naroda.

„Nego dečki, dosta priče za danas, zar ste zaboravili da igra BKV Norrtelje na gradskom stadionu? Hoćemo li na utakmicu?“ Emil i Oliver povikaše u glas: „Hoćemo“, a Henri reče da će sresti svoje prijatelje, pa mora prvo do kuće da se presvuče. U stvari, fudbal ga ne interesuje, ali to neće otvoreno da prizna.

Odosmo na utakmicu, BKV pobijedi sa 3x1, a mi se dogovorismo da će slijedeću porciju didinih pripovijedanja dobiti slijedeće subote.

Tako nekako i bi. U subotu dječaci stigoše oko 11 sati, a ja nastavih priče u stilu balkanskog crnog vilajeta godina devedesetih.

12.7.1992.

Poslije sinošnje divljačke petrovdanske pucnjave po cijelom gradu i okolini, današnji dan protiče mistično mirno, kao zatišje pred buru. Mora da spremaju svoje nove „pothvate" u ovoj našoj napaćenoj zemlji koju priznaje cijeli svijet. Cijeli svijet, izuzev Srba. Hvata me jeza kada samo razmišljam o tome koje nove „pothvate" dušmani spremaju našoj dragoj Bosni i Hercegovini.

Okupatori su u velikoj ofanzivi, a saznao sam nešto što je još više pojačalo moja strahovanja: ova vojska koju nam je Jugoslavija „velikodušno" ostavila da nas uništi, od 1.7.1992. godine više nije na državnom budžetu Jugoslavije, pa zbog toga srpske vođe žele da „oslobode" što veći dio Bosne i Hercegovine, prije nego što vojska shvati da više za nju nema izvora finansiranja. Vođe se, naime, boje reakcije svojih ratnika kada shvate da su prepušteni na milost i nemilost vladi tzv. srpske BiH i njihovim „sistemskim" rješenjima, koja ovi, ustvari, nemaju ni u jednom važnom pitanju za opstanak ove vještačke, smiješne tvorevine, koju oni nazivaju svojom državom. Njihovo jedino sistemsko rješenje do sada je bila pljačka i otimačina dobara koja su stvorili svi narodi ove napaćene zemlje. Srpske vođe, naime, znaju (već su shvatili) da, ako posiješ „kalašnjikove", neće ti nići pšenica. Zato sada žure da zauzmu što veći teritorij, pa da bar na neki način ublaže gnjev svojih vlastitih vojnika. Dobro bi bilo da njihov narod dođe pameti i da im bude sudija... Vijesti iz Goražda su neizvjesne, ali se nadam da dušmani neće proći. Radi se o životu, ili smrti oko 80.000 ljudi, spasu istočne Bosne i spasu sviju nas od gramzivih varvara.

NON PASSARA...

13.7.1992.

Danas me uhvatila apatija, jer su me naši sugrađani doveli dotle da razmišljam na slijedeći način: Da mi je da preživim sve ove strahote i da pri tome sačuvam razum, pa neka naš grad i ostane srpski. Valjda će se negdje u voljenoj Bosni i Hercegovini naći neki kutak za život, naći neki posao za čovjeka koji ima četiri profesije. Ovako razmišljam zato što sam sto posto siguran da nikada nemam namjeru da provedem ostatak svoga života sa ovako primitivnim, pokvarenim, samoživim ljudima koji su trenutno zaposjeli naš grad i, izgleda, uopšte nemaju namjeru da idu odakle su i došli: u svoja sela i gradove iz kojih su se uvukli u naš jadni grad. Tako bih želio da sam već sada u nekom slobodnom gradu BiH i da se borim na pravoj, oslobodilačkoj strani, protiv ovih uzurpatora koji su se razmilili po našem gradu, a i po velikom, prevelikom, dijelu naše domovine.

Sinoć sam čuo da su u Doboju naši zlatni ljiljani imali velikog uspjeha. To mi je jedna od rijetkih svijetlih tačaka u ovim teškim danima koji su u posljednje vrijeme pritisli, pa nedaju da dišem.

Prije dva dana su naši „sugrađani" dovezli pun autobus Muslimana i Hrvata iz logora na Manjači i jednostavno ih ostavili u Ferhadiji. Bilo je tužno vidjeti te izmučene ljude u džamiji: ukočene, sa slomljenim nogama i rukama, odbijenih bubrega, isprepadane... Dva mućenika su već umrla. Većina logoraša je poslije smještena kod građana, a dvadeset šest mladića je i dalje ostalo u džamiji, na okupu, nadajući se da će ih srpske vlasti pustiti da idu svojim kućama. Samo jedan pogled na ove jadnike je dovoljan da se shvati o kakvim se čuvarima – zvijerima u logoru Manjača radi. Čovjek bi morao da se izvini divljim zvijerima u prirodi što ih upoređuje sa ovakvim monstrumima. Dok razmišljam o ovome, stid me je što i ja pripadam ovom podneblju, gdje je čovjek čovjeku vuk i gdje su se iznjedrila ovakva bića sa kojima sam trenutno prisiljen da živim u svome vlastitom, rodnom gradu.

16.7.1992.
„Hrvatima i Muslimanima ne izdajemo karte zbog lične bezbjednosti."

Dok čitam ovaj natpis u lokalnom srpskom listu „Glas", podilazi me jeza. Evo, doživjesmo i mi u ovom dušmanskom gradu „našu" verziju rasističkog i fašističkog natpisa: „Crncima i psima ulaz zabranjen." Apartheid stiže i na naša vrata. Možete samo zamisliti kako se sada osjeća 50.000 stanovnika ovoga izmrcvarenog grada.

Danas je izašla uredba iz Korpusa o konfiskaciji motornih dizel vozila od Muslimana i Hrvata. Došli su i na moja vrata, tražeći da im predam moj kombi od koga mi zavisi sve u mome budućem životu, ako uopšte ostanem živ. Supruga i ja smo prije nego što će izbiti rat napustili svoje firme i otišli u privatluk, te nam je zbog toga kombi izvor prihoda bez kojeg se uopšte nemožemo baviti našom djelatnošću. Uzalud su bila moja objašnjenja da vozilo nije u gradu, da se nalazi u Sloveniji. Ovu laž sam smislio kao najbolju, jer im ja ni u kojem slučaju nisam htio dobrovoljno predati svoj skupi kombi. Kombi se, u stvari, nalazio u jednom srpskom selu u okolini grada, sakriven kod jednog srpskog seljaka koji je obećao da će ga sačuvati do kraja rata. Sad, dok ovo pričam, još uvijek nije završena balada o tome, a marku vizila ne spominjem iz sigurnosnih razloga. Mi smo za kombi dali svu svoju ušteđevinu, tako da sada nemamo novaca ni za dva iduća mjeseca života. Šta ako ovaj glupi rat potraje duže? Zar je moguće da ću i ja morati umirati od gladi? Zar i ja koji sam cijeli život dva posla radio? Zar i moja prekrasna, nedužna supruga, zar i moja djeca? A nikome ništa nikada nažao nismo uradili. Kakva nepravda, kakav apsurd...

17.7.1992.

Dok sam u Vojnom odsjeku pokušavao da ih ubijedim da im nemogu predati vozilo koje nije kod mene, vidio sam nekoliko stotina ljudi koji bjesomučno traže dokumente, koji su potrebni za iseljenje. Kažu da je svaki dan ovakva gužva. Ponovo me obuze teška tuga i očaj, jer znam da svi ovi ljudi napuštaju svoj rodni dom i grad zato što su ih sadašnje vlasti na to natjerale raznim prijetnjama i pritiscima. Iskreno rečeno možda su ovi ljudi i u pravu što na ovaj način ostavljaju svoju rodnu grudu i sve što imaju, jer, ipak, najvažnije je ostati živ, a ovdje su stalno prisutne prijetnje: nezaposlenost, glad, batine, smrt. Prvi put sam i ja počeo razmišljati o napuštanju svoje rodne grude i svoga doma. Eto, do danas mi to, jednostavno, nije palo na pamet.

Jučer je kroz centar grada prošao kamion pun spodoba u nekakvim uniformama, a na kamionu se je vijorila velika crna zastava sa mrtvačkom glavom. Pa čemu se pošten čovjek može nadati u gradu po kojem se slobodno vozaju četnički koljači. Da ne govorim ponovo o tome da se svaki dan, pa i danas, puca u po bijela dana u svim dijelovima grada. Da mi je doživjeti da ovo bezakonje prođe, pa da dočekam da ljudi koji su se ogriješili o Bosnu, o naš grad, o naše prijateljstvo, hodaju pognute glave i sa sramom u očima. Da li su oni sposobni za to?

„Hajmo djeco nona je servirala ručak. Ispekla je cijelo pile, pa onda dodala krompiriće i sve stavila u rernu da se zapeče. A salatica zelena, mladi luk, paradajz i krastavci će sve to fino pojačati svojim rajskim ukusom Bosne, Hrvatske i Italije.“ Posjedasmo za sto i unuci se uvjeriše da ih dido nije prevario. Poslije domaćinske gozbe na nonin način, Oliver se izvali na kauč i u roku od tri minute zaspa, a Henri i Emil me iznenadiše zamolivši me da nastavim sa pripovijedanjem. OK momci, evo stigosmo do druge polovice jula 1992. godine.

18.7.1992.

Subota naveče... U našem kvartu je opet nestalo struje. Iako pri svjetlosti svijeće, moram opisati jedan potresan događaj koji se danas dogodio komšinici B. Ona je sa dvoje djece bila ilegalno u Njemačkoj: bez vize je nisu pustili, pa je u tu zapadnu zemlju ušla krijući i sebe i svoje dvoje djece između sjedišta prijateljevog automobila. Kada je shvatila da na taj ponižavajući način, krijući se, nemože u Njemačkoj živjeti, a i muž joj je ostao u okupiranom gradu, u Bosni, odlučila je da se vrati kući, pa šta bude. Na početku priče sam zaboravio reći da je ona slučajno po nacionalnosti Srpkinja, ali je, eto, udata za Muslimana. Na povratku kući, negdje kod Brčkog, autobus su zaustavili četnici i odmah su upitali: „Ima li u autobusu Muslimana?" Svi u autobusu su odgovorili da nema, ali to nije bilo dovoljno, pa je pri provjeri dokumenata jedan četnik utvrdio da moja komšinica ima muslimansko prezime, a u ime nije bio siguran, pošto nije bilo čisto srpsko, već narodno. Naredio je ženi da izađe iz autobusa i ona je ustala da krene, ali je, na sreću, u autobusu bio i njen otac, koji je skočio i rekao da je ona Srpkinja, ali da je udata za Muslimana. Na to je četnik rekao: „Jebi ga, sestro, menjaj prezime. Takva su vremena." Tako se ova ljudska drama, slučajno, završila sretno, jer je moja komšinica, sa dvoje prekrasne djece, sretno stigla kući, svome mužu i svome voljenom domu. Da je slučajno bila Muslimanka, epilog bi bio sasvim drugačiji.

No koment, samo napominjem da je od riječi do riječi sve bilo tačno ovako kako sam ispričao.

20.7.1992.

Počeli su mijenjati imena trgova i ulica. Tako je trg Edvarda Kardelja dobio naziv trg Svetog Save, ulica Maršala Tita preko noći je postala ulica Kralja Petra. Za ova dva naziva sam čuo, a pošto još uvijek neću i nemogu da čitam lokalni izdajnički list, ni da slušam lokalni izdajnički radio i TV, ne znam kakva su još imena namijenili ostalim ulicama i trgovima avetinjskog grada.

Danas su ulicama grada išli u novom kombiju neki rezervisti u šarenim uniformama i na sav glas pjevali četničke pjesme: „Četnici bacaćemo bombe" i „Od Topole pa do Ravne Gore". Građani su očajnički promatrali te divljake, sklanjajući se s puta i pljujući kradomice, u teškoj nemoći da bilo šta poduzmu.

Ležim uveče i slušam Radio Sarajevo i, na kraju večeri, sreća mi se osmjehnula: Sumorne vijesti o nastavku ratnih dejstava, iako je primirje, popravilo je jedno otvoreno pismo koje je Radio Sarajevu poslao jedan Srbin iz Zenice. On na divan pjesnički način izjavljuje da neće da se seli iz svoje drage Zenice. Čovjek kaže da nikada nije išao u Sarajevo preko Pala, pa neće ni ubuduće. Spominje i predsjednicu SDS-a iz Zenice, koja je sada u našem gradu gdje svojim otrovnim jezikom truje i zagađuje okolinu, a stanuje na najelitnijem mjestu, u „Karingtonki". Za ekskluzivni stan i ostalo pobrinuli su se mafijaši SDS-a iz našeg ukletog grada. Međutim, dotična individua nikako da dokaže da je dama, a u tome joj ne pomaže ni famozni šešir, koji je već predmet ismijavanja u gradu. Žao mi je što nisam za-pamtio ime časnog Srbina koji ni po koju cijenu neće da seli iz svoje Zenice, a ako pero treba da zamijeni puškom, on će to, kaže, učiniti za odbranu svoje Bosne i Hercegovine. Svaka ti čast prijatelju... Sa suzama u očima se zahvaljujem ovom divnom čovjeku iz Zenice, koji mi je, bar za ovo jedno veče, uljepšao život u ovoj žabokrečnoj čamotinji. Nadam se da ovakvih Srba ima još dovoljno u našoj BiH i da će upravo oni pomrsiti konce Karadžiću, Koljeviću, Plavšićki, Brđaninu, Vukiću i ostaloj zločinačkoj bratiji.

21.7.1992.

Išao sam platiti račun za telefon i u samom centru grada naišao sam na žalostan prizor: Uniformisani, u šareno obučeni ljudi su, kao stoku, satjerali ogromnu gomilu ljudi na tzv. trg Svetog Save, uz robnu kuću. Vjerovatno su, osim lične kar-te, tražili i vojne potvrde iz Vojnog odsjeka, a pošto ja te potvrde nemam, morao sam se, kao najveći kriminalac, udaljiti, da i mene nebi strpali u povelik kombi koji su pripremili za neprijatelje njihove samozvane države. Ja u stvari priznajem da sam neprijatelj te nakaradne, ni od kog priznate, samozvane i neutemeljene države, koju su oni sklepali samo za ratne potrebe, za jednokratnu upotrebu. Ja nikada neću ni pokušati da dobijem tu njihovu potvrdu, pošto nipošto ne želim da se javim u njihovu zločinačku vijsku, niti da učestvujem u njihovim zločinač-kim pohodima na našu domovinu. Ova današnja scena me je podsjetila na scene iz filmova o progonima Židova u drugom svjetskom ratu i na koncentracione logore. Upravo sada, sada kada je to opasno, sa ponosom želim reći da ne pripa-dam ovom režimu u našem gradu, da sve njihove akcije smatram zločinačkim i nelegitimnim.

„Djeco moja, ovakva napisana izjava u ono vrijeme bi me koštala života, ali ja sam to imao napisano i sakriveno u naftarici. Da su to i grb Republike Bosne i Herce-govine pronašli četnici, ja sada nebi bio s vama, već u haremu u Stupnici.“ Četnici su sve učinjene zločine uvili u plašt borbe za očuvanje nacionalnog identiteta Srba u BiH, ali ja sa potpunom odgovornošću tvrdim da Srbima u BiH nikada nije prijetila nikakva opasnost u posljednjih pedeset godina, a da ne kažem da im je bilo veoma lijepo živjeti s nama u našem zajedničkom gradu, gdje ih je na popisu iz 1991. godine bilo oko pedeset jedan posto. Teroristi su i pored svega toga odlu-čili da krenu stazom pljačke i uništenja svega onog što nas je stoljećima povezi-valo. Mi, ostali građani ove zemlje, ničim nismo izazvali ove zločine koje su oni u posljednje vrijeme počinili širom domovine. Oni sada misle da su probijanjem koridora do Srbije sve svoje probleme riješili i nimalo im ne para uši kada govore: „srpska Derventa, srpska Bijeljina, da ne nabrajam ostale gradove i sela u Bosni i

Hercehovini koje su zavili u crno, promijenili im imena i proglasili ih srpskim. Ti gradovi i sela nikada nisu bili samo srpski, a nadam se da ni u budućnosti nikada neće ni biti samo srpski.

22.7.1992.

Sinoć nisam oka sklopio kada sam juče dobio poruku iz Vojnog odsjeka da se danas javim ponovo. Po ne znam koji put su mi sve lađe potonule. Shvatio sam da me oni neće pustiti na miru. Izgleda da žele da me potpuno slome. Bio sam danas ponovo u sobi broj 13 i opet su mi zaprijetili da moram predati moj kombi. Dat mi je novi rok, da se javim sa vozilom u ponedeljak. Agonija se nastavlja, ali ja mislim da neću pokleknuti, pa šta bude. Vidjet ćemo u ponedeljak.

„Drugi dan, druga nafaka", kaže naš narod.

23.7.1992.

Već nekoliko dana niko ništa u vezi s bilo kakvim putovanjem nemože poduzeti bez saglasnosti Vojnog odsjeka. I ja sam proveo u Vojnom odsjeku nekoliko sati čekajući da dobijem dozvolu za produženje pasoša. Čekajući u redu čuo sam nekoliko potresnih priča o izbjeglicama, prognanicima i njihovim životnim problemima. Ispred mene je stajala jedna divna djevojka, izbjeglica iz Karlovca. Ona je ispričala tužnu priču o svojoj golgoti...

Njen otac je Srbin, a majka Slovenka. Kada su počele borbe oko Karlovca, njena porodica je morala, zbog oca, u izbjeglištvo. Otišli su u Beograd, gdje su proveli nekoliko mjeseci, ali su uskoro ljudi na ulici počeli da uzvikuju za njima: „Evo opet onih izbjeglica." Pošto su osjetili da tu više nisu dobrodošli, otputovali su u Sloveniju, ali tamo su ostali još kraće, jer im je rečeno da nemaju nikakve šanse da ikada dobiju slovenačko državljanstvo, jer je za to potrebno bar tri generacije unazad biti Slovenac. Opet put pod noge i stigoše u naš, računajući da je to srpski, grad. Vrlo brzo su shvatili da ni ovdje nema nikakve budućnosti, jer i pored dobrih kvalifikacija (ko te pita za kvalifikacije), nema nikakvih šansi za zaposlenje. Djevojka sada ponovo ide u Beograd, a onda će se uputiti u nekom pravcu, ka neizvjesnoj budućnosti. Ona je postala građanka bez domovine, mlada i inteligentna, sa diplomom ekonomskog fakulteta. „Ko te pita za diplomu?", reče jedan smrdljivi konobar u jednom četničkom lokalu u okolini grada... Jadna djevojka ne zna šta će i kako će, a tek je počela da živi. Odvratni, nepotrebni, glupi rat...

Druga žena iz reda je uzalud čekala, jer su joj u kancelariji saopštili da nemože dobiti potvrdu, jer mora donijeti potvrdu za iseljenje iz Crvenog krsta. Žena je otišla ne dobivši nikakvu potvrdu, jer ona ne želi da se iseli, ona samo želi da ode na neko vrijeme kod rodbine, dok ovo ludilo ne prođe. E, tako nemože: ili iseljenje, ili nema putovanja. Nema šta, pošteno, oni nude dvije mogućnosti: ostani prisilno i trpi sve naše zločinačke nepodopštine, ili se oprosti od svoje imovine i gubi se! To toliko smrdi na najgori genocid, da ga niko na svijetu nebi mogao nazvati drugim imenom. Ovdje to nazivaju dobrovoljnim preseljavanjem stanovništva. Dobrovoljno iseljenje, kako to gordo zvuči...

Čuo sam jedno interesantno mišljenje jednog našeg gastarbajtera iz Libije. On kaže da ovo nije fašizam, ovo je kanibalizam.

Iz Vojnog odsjeka se vratih još tužniji, naravno, neobavljenog posla. Očaj i beznađe mi zarobiše ono malo preostalog optimizma koji je oduvijek krasio moj karakter. Zar nema nade za nas obične smrtnike u ovoj našoj mišolovci? A mogli smo, kao i do sada, sasvim pristojno živjeti...

„Djeco, znate li da onaj koji laže, vjerovatno i krade, jer laž i krađa su kao brat i sestra? Kad jednom počneš lagati teško se zaustaviti, a onda sam sebi objasniš: kad me do sad nisu uhvatili u laži, neće me uhvatiti ni u krađi. I onda počneš krasti. Sada ću vam ispričati kako se lagalo i kralo godina devedesetih u našem ukletom gradu.“

24.7.1992.

„Ko laže, taj i krade.“ Sinoć sam se sjetio ove izreke koju smo tako često, iz pedagoških razloga, govorili svojoj djeci. Kako se ta izreka često zaboravlja u današnje ratno vrijeme.

Sinoć sam na izdajničkoj ukradenoj lokalnoj TV slušao i gledao reportažu u kojoj jedan pravoslavni pop priča čiste laži i izmišljotine. On kaže da Srbi nikada u svojoj istoriji nisu nikome nanijeli zlo. To je tako providna i bezočna laž koju bar sada, u ovo zločinačko vrijeme, nebi smjelo da izgovara sveštено lice. Ne znam kako su na ovu izjavu reagovale sve one srpske ubice koje su u ovom ratu okrvavile svoje ruke, ali u meni je ta laž izazvala mučninu. Zašto toliko lažu svome vlastitom narodu? Zar je reklama i propaganda zločina važnija od istine? Jadan je narod koji tako misli.

Druga priča se odnosi na povratak kninskih ratnika sa ratišta i njihov prolazak kroz naš grad. Bilo je tu beretki i zelene i crvene boje, četničkih šajkača i čega sve ne. U koloni vozila je pored vojnih kamiona bilo i civilnih vozila. Ti ljudi nisu ni pokušali sakriti svoju sramotu. Vozila su bila krcata opljačkanom robom: tehničkim uređajima, nemještajem, bijelom tehnikom, deterdžentima i svim ostalim predmetima koje čovjek može pronaći u dobro snabdjevenoj, domaćinskoj kući.

Dakle, Srbi u ovom ratu strašno mnogo pljačkaju i kradu, a što lažu, to se ispričati nemože.

E moj pope sa početka ove kratke storije kako si stopostotno potvrdio izreku: „Ko laže, taj i krade“.

Mora se spomenuti još jedna poražavajuća činjenica. Srpski narod našeg grada je ovim ratnicima pljačkašima donosio i šakom i kapom, davao hranu i piće i na mnogo drugih načina pokazivao da je oduševljen svim onim što su njihovi zločinci uradili. Ratnici su za uzvrat narodu davali bombe, metke i ne znam šta još, jer mi se sve smučilo i nisam više mogao da gledam tu bijedu od ljudskog roda. Slušajući zvukove razbijanja flaša i podvriskivanja, u meni se polako razbijala iluzija da će ikada u životu biti moguće živjeti sa ovakvim divljim hordama. Dok su kninski ratnici orgijali, naši gradski, „domaći“ rezervisti su sagnute glave brzo prolazili pored svojih kolega iz Knina. Ko zna, možda ih je bilo i stid kada su vidjeli kako se ponašaju njihove kolege po oružju. Bilo ih je stid, ali su u isto vrijeme bili svjesni da se i oni istim poslom bave, pa su, vjerovatno, našli opravdanje i odbrambene mehanizme koji će im pomoći da tako i u budućnosti nastave. Samo legneš na tuđi jastuk i odmah zaspiš snom nedužnog djeteta. Savjest ti je mirna, jer, zaboga, svi građani ti mašu i odobravaju. Donose i poklone kada se vratiš sa pljačkaškog pohoda. O ovom „herojskom“ pohodu našem ukletom gradu je naširoko pisala njihova štampa i razglabala njihova televizija, ali ja to nisam ni vidio, ni čuo, jer me već dugo vremena njihove laži ne zanimaju.

25.7.1992.

Jučer je u pravcu Jajca prošlo deset tenkova i mnogo kamiona. Danas je u više navrata grad nadletio avion u niskom, brišućem, letu. To nagovještava da su dušmani odlučili da se ozbiljno pozabave problemom koji im predstavlja Jajce. Teško našoj braći u Jajcu. Oni, jadni, možda ne znaju da su ovi odlučili da im grad sravne sa zemljom. Bar tako pričaju rezervisti po avetinjskom gradu.

Zabranili su sunčanje i kupanje na obalama našeg Vrbasa. Oni uopšte ne znaju šta za građane ovog grada znači Vrbas. Ili možda baš znaju... Uglavnom, za sunčanje je predviđena kazna od 16.000 dinara, a za kupanje 20.000 dinara. Dakle, građani našeg grada treba da budu prljavi i po mogućnosti smrdljivi.

Zabranili su i vožnju čamcem na našoj rijeci. Pošto građani nisu naučili da budu prljavi i smrdljivi, i danas su u velikom broju bili na obalama Vrbasa, a boga mi, dosta ih se i kupalo i vozilo čamce. Nadam se da nas dušmani neće pohapsiti i pucati na nas. Već su to nekoliko puta učinili.

Kad već pričam o Vrbasu, da opišem jedan zanimljiv i veličanstven događaj čiji je glavni sudionik bio moj dobri Ibro...

Svi kojima je Vrbas dio života i smrti dobro znaju šta je Studenac i mala, šuplja, velika, leteća sedra i spasilac. Svi dobro znaju kako se igra ganje na ovim sedrama i u brzacima koji su na ovoj plaži prilično snažni. U ovoj igri učestvuju samo najbolji plivači i samo oni koji znaju šta je i kakav je naš Vrbas. Svi stvarni građani ovoga grada znaju da je Studenac najpopularnija plaža u gradu, plaža koja je uvijek davala neviđene predstave i najbolje vozače čamaca na tradicionalnim „Igrama na Vrbasu". E na toj plaži je Ibro ovih dana izveo izvanrednu predstavu za sve kupače, a i za sve one koji su samo sjedili na plaži. On je, ustvari, doplivao sa Abacije i došao direktno na veliku sedru. Skočio je sa velike, zaronio i roneći otišao ispod šuplje, pa onda, ne izlazeći na površinu, doronio ponovo do velike, a onda, ne izranjajući iz vode, ponovo do šuplje, i tek kada je proronio po drugi put ispod šuplje, izronio je iz vode sa visoko uzdignuta DVA prsta.

Zašto sam dva napisao velikim slovima??? To bi mogla biti zagonetka za one koji u to vrijeme nisu živjeli u okupiranom, ukletom, srpskom gradu, ali ne i za nas koji smo bili tamo. Jednostavno, u to vrijeme su se smjela zvanično pokazivati samo tri prsta, jer su Srbi samo to dozvoljavali. Mi smo ih zbog toga nazivali troprstaši, trofazni itd., ali što se tiče nas, mi smo priznavali samo dva prsta kao simbol -„viktorija", što na latinskom znači sloboda u cijelom svijetu, osim možda u srpskim krajevima, jer možda latinski za njih ne predstavlja nešto specijalno, pošto oni latinicu ne vole.

Da se vratim na Ibrin podvig. Samo oni koji su ronili sa velike sedre do šuplje i ispod šuplje znaju koliki kapacitet pluća treba za to, te koliko snage treba da bi se savladala snažna struja Vrbasa. A Ibro je to uradio dva puta, ne izronivši. Toliki napor je moguće učiniti samo ako čovjek ima motiv od kojeg zavisi život, ili smrt. Šta je Ibri bio taj motiv? Na ovo pitanje možemo odgovoriti samo mi iz ovog, sada smrdljivog i okupiranog, grada. On je sve ovo učinio samo da bi mogao visoko podići dva prsta, prije nego uhvati prvi dah, kada izroni iz vode. A aplauz i usklici odobravanja i razumijevanja sa plaže Studenac Ibri će pomoći da preživi sve buduće teškoće i nevolje koje ni njega, kao ni sviju nas, sigurno neće zaobići u našem budućem životu sa ovakvim Srbima koji su sada gospodari naših života. Na kraju je Ibro samo šeretski mahnuo zadivljenim kupačima sa Studenca i ponovo otplivao na Abaciju, kao da se ništa nije dogodilo. Samo on zna šta je osjećao u plućima poslije tolikog napora i poslije izronjavanja iz hladnog Vrbasa, ali on je bio zadovoljan i to je uljepšalo njegov život i ulilo mu nadu da će jednog dana doći bolji dani i u ove krajeve. On nije tražio nikakvu slavu, ali, evo, njegov podvig je ostao zabilježen u srcima obespravljenih građana našeg grada.

U gradu se pojavio neki misteriozni orkestar koji svira na kamionu. Kamion prolazi muslimanskim dijelovima grada, a muzika je zaista neobična. Sve su to neke pjesme sa tekstovima protih Muslimana i svih ostalih koji nisu Srbi. Ja sam bio muzičar više od dvadeset godina, ali nikada nisam čuo ni jednu od tih odvratnih pjesama. Sve u stilu: „Turci selite se, ubijat ćemo vas, bacat ćemo bombe", itd. Ja naivno kontam o kakvim to oni Turcima pjevaju, Turska je bogu iza nogu. Znam ja o kome se radi, ali se pitam koliko dugo su se oni pripremali za sve ove zločine, a mi naivci nismo imali pojma o tome. Ljudi moji, ja trenutno živim u gradu, koga svi koji su rođeni ovdje, više nemogu prepoznati. Kad bi bilo nade da ćemo nekad uspjeti osloboditi naš grad, ne bismo bili ovako malodušni. Ali znajući kakvu vojnu silu i oružje imaju okupatori, mi smo izgubili svaku nadu da će naš grad ponovo biti naš. Svi mi, ovdje rođeni, sada uglavnom razmišljamo kako i gdje da se iselimo, a da zadržimo ljudsko dostojanstvo. Naši novi sugrađani, ljudi koji su došli u naš grad, došlje, čine sve da nam što više učine nažao, tako da mi, na kraju krajeva, treba da budemo veoma sretni što su nas oni pustili žive iz grada, sa putnom torbom, ili sa dvije kese u rukama. A onda da se više nikada ne vratimo, jer nam se zgadilo živjeti s njima, pa da onda oni postanu vlasnici svega onoga što je oduvijek bilo naše. Fin scenario, nema šta...

„Nego djeco, mislim da je dosta za danas. Vrijeme je da idete kući, valja se pripremiti za putovanje na Cres. Jeste li zaboravili da prvog augusta putujete na Cres"? „Diiiiido, kako ćemo to zaboraviti? To je događaj godine i nikad se ne zaboravlja", odgovoriše unuci i požuriše svojoj kući da počnu polako pakovati svoju ljetnu garderobu za tople dane na voljenom Cresu. Ostadoh u mislima i uspomenama sa Cresa u ljeto 2012. godine...

Cres, Lanterna i kalamari, čovjeku tako malo treba...

Vratih se u kišovitu Švedsku i odmah slijedeći dan – ponedjeljak, prvi radni dan poslije „đenet" odmora na mome Cresu. A Cres, kao i svaki put, je sa mnom stalno u mislima, snovima, sanjarenjima. Dovoljno je zažmiriti i odmah vidim Lanternu, plažu, krempitu, Krešu masera, Ivanu koja masira sa srcem, Dinku sa svojim nepresušnim pripovijestima, šalama i vicevima, penzionisanu poštarku Smilju koja se zatrči i svojim grudima tresne u moj grudni koš u ludom plesu na rivi, zalazak sunca za vrhove Istre, tek upaljena svjetla malog mista, karneval sa dugonogim djevojkama koje imaju fantastična krila na ramenima, barba Josu sa svojim pripovijedanjima o Cresu, djetinjstvu i ratnim danima 1941. i 1991. godine, maestra Lućana i njegovog sina, izvanrednog frizera koji svoj posao obavlja totalno preko volje, ali perfektno, akademskog slikara Solisa i njegove vječne barke i brodove, Tercizia Bomarca, moga starog prijatelja Italijana rođenog na Cresu, iseljenog poslije drugog svjetskog rata, a poslije svih godina provedenih u Italiji i Švedskoj, prisustvovah prezentaciji njegove izvanredne knjige o Cresu i porodici Bomarco. Cijeli Cres se slio u malu školsku dvoranu, pozdravljajući ovaj veličanstveni povratak Tercizia svome voljenom Cresu. Sve to vidim odjednom, a odmah iza te multiscene prikazuju mi se slike prženih kalamara iz „Belone", pobjeda rukometne reprezentacije Hrvatske nad Srbijom, Karlovačko, ili „Stella" pivo, talijanski sladoled u „Bachu", creska jagnjetina, teletina roza boje kakve nema u Svedskoj, smokve, marelice, domaći paradajz...

Nego da ja nastavim sa godinama devedesetim, a na Cres ću sačekati do slijedećeg ljeta.

27.7.1992.

Danas je Dan ustanka naroda BiH protiv fašističkog okupatora u drugom svjetskom ratu. Nekad bilo, sad se spominjalo. Ova izreka možda i ne važi u drugim gradovima, ali u ukletom gradu važi. Strašna depresija, beznađe, očaj, bespomoćnost, totalna izolacija od ostatka svijeta. Isključili su nam telefonske veze sa zapadnim dijelom zemaljske kugle, a ostavili samo veze sa omraženom Srbijom. Ovo područje se nemože drugačije napustiti, nego samo uz obavezno iseljenje. I pored toga što mi se ne ostavlja ovo malo sirotinje, ipak polako počinjem da shvatam da je to možda posljednja nada da spasim živu glavu i članovima moje porodice i sebi. Osjećam da okupatorske vlasti sve više stežu obruč oko nesrpskog življa, a naročito su zainteresovani za glave porodica, to jest vlasnike kuća i ostalog, jer ih strašno zanima privatno vlasništvo i kako ga se dočepati. U tom smislu je i danas nekoliko automobila kružilo našom ulicom, a u automobilima su bili vojnici koji su sasvim otvoreno zagledali i mjerkali kuće uz cestu. Jedan automobil se zaustavio i ispred naše kuće i trojica vojnika su pitali čija je kuća, a kada sam im odgovorio, onda su pitali zašto je tako stara i zapuštena, itd., itd. Beskonačno cinično ispitivanje, a moraš đubradima odgovoriti, jer imaju sve adute u rukama: bombe, automate i sve ostale sprave koje su potrebne za obavljanje njihovog krvavog zanata. Lako je prosuditi kako sam se ja u tim trenucima osjećao. Eto, da nam kuća nije bila stara, mi bi se vjerovatno našli na ulici.

Danas je u Londonu sastanak predstavnika tri nacionalne partije iz BiH. Pravo da kažem, izgubio sam svaku nadu da se ti ljudi mogu išta dogovoriti, išta riješiti. Oni suviše kruto zastupaju svoja gledišta, bez imalo kompromisa, a tako se u Bosni nemože ništa riješiti. Ne znam da li sam u pravu, ali počeo sam pomalo zaokruživati jednu ideju koja i nemora biti ispravna.

Po meni, stvari stoje ovako: Dio stanovništva BiH (Srbi) želi da ostane u Jugoslaviji, drugi dio želi da živi u Hrvatskoj, a treći, najveći dio, želi da živi u suverenoj BiH, van Jugoslavije i van Hrvatske. Možda je ipak prihvatljivo rješenje da se i jednima i drugima i trećima omogući da ispune svoje želje. To svakako ne bi moglo na ovaj srpsko-hrvatsko-siledžijski način, nego uz stalne pregovore. Srbima bi pripalo onoliko procentualno teritorije koliko i njih procentualno u BiH ima, i ni metra više. Ostalima isto tako. Koji bi to bio teritorij? I to bi se moglo dogovoriti, ali, svakako, to ne bi mogao biti ovaj teritorij koji su Srbi, silom, zaposjeli. Znam ja da ni ove moje ideje nemaju mnogo toga zajedničkog sa pravdom i humanizmom, jer bi ljudi i u ovom slučaju morali seliti sa svojih ognjišta, ali tako razmišljam zbog toga što vidim da će na ovaj, njihov, način rješavanja problema mnogo nedužnog naroda stradati, a ja smatram da je ljudski život važniji i od države i od teritorija i od državnog uređenja. U svakom slučaju, na ovakva razmišljanja me je natjeralo ovo beznađe, i siguran sam da u nekim boljim uslovima i moje ideje mogu biti i bolje i humanije. Sa ovim mojim idejama se sigurno mnogi neće složiti, ali ja sada mislim tako, jer sve se može popraviti, ali kada se izgubi život, popravnog nema. Vjerovatno su moja razmišljanja pogrešna. Napominjem da sam i ja dušom i srcem za nedjeljivu Bosnu i Hercegovinu, ali ko da spriječi moćnike, ako su oni već odlučili da nas podijele. Jednostavno, kada se ohlade usijani, primitivni mozgovi, možda će i glupani shvatiti da su pale prevelike žrtve za dostignuća koja su se mogla i dogovorima postići.

29.7.1992.

Raspodjela humanitarne pomoći ratnicima sa fronta i njihovim porodicama. Humanitarnu pomoć je dijelilo „Kolo srpskih sestara". Pred magacinom gdje se nalazila roba, bila je danima neopisiva gužva. Za magacin je bio zadužen jedan major srpske vojske, sa nekoliko vojnika u obezbjeđenju. Jedna moja poznanica je bila prisutna, pa je ovo svjedočanstvo potpuno vjerodostojno. Major je prvo pregledao potvrde da su prisutni proveli na frontu vrijeme još od 1991. godine, ili da su prisutne žene supruge boraca. Zatim je pristupio podjeli pomoći porodicama poginulih boraca i – kada je podijelio šezdeset paketa – izašao je i okupljenima rekao da više ništa nema, osim brašna. Dok je on to govorio, žena koja je posljednja dobila pomoć je rekla: „Laže, u magacinu ima svega." Ljudi nisu htjeli da se raziđu, a ni major više nije pokazivao namjeru da nastavi sa dijeljenjem. Poslije nekoliko sati čekanja, jedan ratnik iz prvih redova je izgubio živce i rekao ženama oko sebe: „Ništa vi ne znate, sada ćete vidjeti kako to rade ratnici sa prvih borbenih linija." Zatim je izvadio bombu i odvrnuo osigurač, a major i vojnici iz obezbjeđenja su se razbježali. Onda je prvoborac mirno zavrnuo osigurač i rekao narodu da ulazi u magacin. Masa je izvršila invaziju na magacin i svako je uzimao koliko je mogao ponijeti. Kada je uzela pune ruke namirnica, moja poznanica se na brzinu udaljila, jer se bojala da bi moglo biti problema sa vojskom, ali problema nije bilo. Eto, tako se „pravedno" dijeli humanitarna pomoć u ovoj „pravnoj" „državi".Otmi koliko možeš. Dobar primjer za sve one zemlje koje daju pomoć ugroženom stanovništvu u bilo kojem ratnom sukobu. Pomoć, naime, NIKAD ne stiže u one ruke u koje bi trebala stići, već sve prisvoje naoružane horde koje su izazvale rat i koje oružjem kroje kapu nenaoružanim civilima. Napominjem da za ovu humanitarnu pomoć nisu uopšte predviđeni Muslimani, pa taman da su proveli na ratištu od prvog dana rata sa Hrvatskom. Kada je jedna žena pokazala potvrdu svoga muža koji je bio na ratištu od prvog dana, ali je Musliman, major je podsmješljivo rekao da ne vjeruje ženi i da joj neće dati pomoć. Žena je ipak imala sreće toga dana, jer se pomoć „raspodijelila" na način kako sam upravo opisao, uz pomoć bombe i borca sa fronta. Tako se i ona dočepala svoga dijela, ali da stvar nije bila riješena na taj „srpski" način, ona bi ostala kratkih rukava, pa taman da joj je muž i tro-muslimanski-četnik. Tako oni izražavaju svoju zahvalnost prema Muslimanima koji su lojalni njihovoj vlasti. Kako li će proći oni koji se nisu odazvali na njihovu mobilizaciju, a ostali su u ovom prokletom gradu, izloženi porugama, progonima i mržnji nacionalista.

Sin, snaha i unuci otputovaše na Cres, a meni ostadoše tmurna razmišljanja o crnom vilajetu godina devedesetih prošlog stoljeća.

31.7.1992.

Jučer sam čuo nešto od čega mi je, poslije dugo vremena, zaigralo srce. Vijest je bila toliko lijepa da se prosto nisam usudio da o njoj pričam juče. Radi se o tome da je objavljena vijest da je u Hrvatskoj formirana brigada našeg grada. Na ovu vijest je, siguran sam, zaigralo najmanje pedeset hiljada srca u našem gradu. O onima drugima, koji su na silu iseljeni iz našeg grada, da i ne govorim. Ako ovo bude istina, i ako ova brigada počne djelovati u blizini našeg grada, garantujem da ćemo joj se pridružiti bar nas 5.000 iz ovog grada. Optimizam ulijeva još jedna činjenica. Iako su srpske snage u zenitu svoje moći, one ipak već dugo nisu napredovale ni za jedan metar, ni na jednom ratištu.

U našem gradu je trenutno na dnevnom redu glasanje o iseljavanju nesrpskog življa. Iznenadili smo se kada su Srbi većinom glasova 60% prema 40 % velikodušno izglasali da mi nesrbi možemo i dalje ostati u svome vlastitom gradu. Aferim, od koga je, dobro je. Hvala im, zaista su velikodušni. Svakako mislim na onih 60%. Hvala i onima koji su glasali za iseljavanje. Bar su nama, građanima drugog reda, otvorili oči, da i mi shvatimo sa kakvim smo ljudima živjeli i dijelili dobro i zlo sve ove godine. Za uzvrat, mogu s ponosom reći da mi nikada u životu nismo uradili ništa što bi izazvalo takvu barbarsku reakciju nekih naših sugrađana. Čak i ovih posljednjih mjeseci, kada su oni učinili sve da ih počnemo mrziti i da reagujemo na sva zla i zločine koje su nam učinili, mi ipak nismo reagovali, a eto, takvi smo, nismo ih ni zamrzili. Mi bar toliko o psihologiji znamo i poznato nam je da mržnja razara baš onoga koji mrzi, ali naši sugrađani sigurno nisu stigli do te lekcije, pa eksploatiraju mržnju gdje god i kad god stignu. Imamo mi nešto drugo za njih. Po meni je to mnogo efektnije od mržnje. To je dostojanstvo, i prezir prema svima onima koji su tako nemilosrdno uništili sve ono lijepo što smo godinama zajedno uzgajali. I doživljavali. Prezir prema svima onima koji su tako olako upali u klopku nacionalizma, ne razmišljajući koliko gube takvim svojim postupcima. A gube mnogo. Gube vjekovno prijateljstvo. Sreća pa ipak nisu svi isti, i uvijek postoji nada da će se stvari nekada u budućnosti moći popraviti. Ne znam kako će se sve ovo završiti, ali izgubio sam nadu da će mnogi Srbi ikada shvatiti koliko su pogriješili prema nama ostalima, koliko su toga dobrog u životu propustili, ni zbog čega. Možda će shvatiti jedino onda, kada budu prebrojavali žrtve u svojim redovima. Tvrdim da su te žrtve bile nepotrebne. Možda će jednoga dana shvatiti kakvo zlo je Milošević napravio srpskom narodu.

1.8.1992.

Najzad sam se i ja, poslije dugo vremena, i pored zabrane vlasti, odlučio da odem na Vrbas. Kupajući se u toj našoj divnoj rijeci i gledajući hiljade sugrađana, u meni se ponovo rodio optimizam. Znajući koliko mi, ovdje rođeni, volimo svoju rijeku, ponovo sam shvatio da će nam naš Vrbas dati snage da se suprotstavimo okupatorima. Ako ni zbog čega, morat ćemo zbog našeg dragog Vrbasa ustati u odbranu našeg grada od ovih ljudi koji, ustvari, uopšte nemaju pojma šta je to Vrbas. Oni ustvari ni nemaju neke ljubavi prema našoj rijeci, jer to i nije njihova rijeka. Oni nikada nisu imali svoje prve ljubavne sastanke uz naš Vrbas, jer ovdje oni nisu ni proveli svoje djetinjstvo, svoju mladost, svoj cijeli život. Jer naša rijeka je naš život, a oni to nikada neće razumjeti. Većina njih, ustvari, ni nema naviku da se kupa na našem Vrbasu. On je za njih prebrz, prehladan, predubok, jednostavno rečeno, nepoznat. Većina njih su, ustvari, ili vrlo slabi plivači, ili neplivači, a takve Vrbas ne prima rado u svoje okrilje. Ako ni zbog čega, branit ćemo naš grad zbog naše rijeke, jer bila bi svjetska nepravda da njima pripadne nešto što oni, ustvari, ne razumiju i ne shvataju. „Njihov" je možda Dunav, ili Drina s jedne strane, ali Vrbas, niti je ikada bio, niti je sada njihov. I sam bog im ne bi smio dozvoliti da im pripadne, jer oni bi ga oskrnavili, oni bi ga obeščastili, oni bi ga oneredili. Jer, ne vole ga oni, naš Vrbas volimo mi koji smo kraj njega rođeni i koji smo na njemu proveli cijeli svoj život. Bože, shvati, oni bi ga zagadili, kao što zagađuju sve čega se dotaknu. Ne dozvoli...

Takve romantične misli su mi se vraćale cijelog tog dana, a za sve vrijeme bio sam okružen tužnom zbiljom crnog vilajeta. Vrijeme će pokazati koliko sam bio u pravu u svojim nadanjima i pustim željama.

6.8.1992.

Od jučer je ponovo objavljena opšta mobilizacija. To znači, ponovo bježanje, sakrivanje, opasnost za sve one poštene ljude u ukletom gradu koji nisu za ovaj glupi i nepravedni rat, ljude koji nisu obukli „njihovu" omrznutu uniformu. Bože, da li ćeš ikada kazniti ove zlikovce koji nas tjeraju u sve dublji i dublji glib, iz kojeg se, na kraju, niko od nas neće moći izvući. Čovjek nemože objasniti kakav ga očaj uhvati kada mu život ovisi od toga da li će ići da se bori protiv svog vlastitog naroda, a na strani neprijatelja. Ja sam ipak siguran da mene neće dobiti ni po koju cijenu, a za takvu odluku u porodici imam potpunu podršku. Lijepo je kada čovjek ima podršku u vlastitoj kući, pa neka bude šta mi je sudbina namijenila.

Neki dan je posao izgubio i Braco Skopljak, cijenjeni profesor muzike u Muzičkoj školi, jedan od najuspješnijih muzičara u našem gradu, legenda našeg grada. Prvo su ga uklonili sa mjesta VD direktora Muzičke škole, a zatim je dobio i otkaz. Tim ljudima ni vrhunski, nezamjenjivi stručnjaci ne trebaju i ništa ne znače, ako nisu Srbi.

Jučer je ulicama grada krstario kamion pun šaroliko odjevenih spodoba u šajkačama, a naročito se isticao jedan mladi četnik sa crvenom trakom oko glave, mašući pomahnitalo isukanom kamom u odvratno istetoviranoj ručerdi. To se događalo u ulici Avde Karabegovića i ostat će mi kao jedna od najodvratnijih slika u sjećanju za sva vremena. Izgleda da će poslije ovog odvratnog rata biti novih narodnih srpskih plesova. Možda je ovaj smrdljivac uvježbavao neki novi narodni ples srpskih dobrovoljaca koji bi mogao dobiti ime: „Zakolji koga stigneš". Samo, zaboravili su umočiti kamu u crvenu boju, zbog vjerodostojnosti. Na kamionu nije pisalo „Koljem po kućama", toliko da se zna. Na mene ovaj odvratni prizor nije ostavio neki poseban utisak, izuzev beskrajne tuge i mučnine u stomaku.

8.8.1992.

Ovih dana je svijet saznao za koncentracione logore u Bosni i Hercegovini. Pošto su najavljene posjete novinara i evropskih promatrača koncentracionim logorima, i u našem gradu okupacione vlasti žure da sakriju što se sakriti može. Tako je sinoć u Vrbasu, na početku Tijesnog, pronađeno osam leševa golih muškaraca, koji su mrtvi pobacani sa ceste koja se upravo u blizini nalazi uz sam Vrbas. Čak je jedan leš bio zadržan u granama pored vode, tako da se pouzdano zna da su lešewi bacani sa ceste, vjerovatno iz kamiona. Lešewi za sada nisu identifikovani. Za ove informacije postoji autentičan svjedok koji je, kao ronilac, pripadnik vatrogasnog društva, učestvovao u pronalaženju lešewa. Ime je poznato, ali ga iz razumljivih razloga ne navodim.

Tranzitnim putem, kraj naše kuće, danas je prošao priličan broj neidentifikovanih autobusa u pratnji milicije. To također vjerovatno znači da je određen broj logoraša sa Manjače sklonjen u nepoznatom pravcu. Građani pretpostavljaju da su i pronađeni lešewi u Tijesnom povezani sa pripremama koncentracionog logora na Manjači za posjetu novinara i evropskih promatrača.

Juče je poginuo jedan divan mladi čovjek, Srbin. Poginuo je na slijedeći način: Prvo i prvo, svim snagama se je borio da ne stupi u ovu vojsku, ali je na kraju bio prisiljen da se javi u Mjesnu zajednicu, a njegova „sabraća" su ga odmah poslala na Vlašić. Tamo je stigao preksinoć, a poginuo je jučer. Čovjek uopšte nije bio spreman za rat, a oni su ga takvog nespremnog odmah poslali na prvu liniju. Njegovo ime je Pilipović Slobodan. Njegovi sunarodnjaci su krivi za njegovu smrt.

Istog dana je ubijen još jedan dobar čovjek, Srbin. Radi se o Bijelić Goranu, inspektoru državne bezbjednosti. Na mostu Venecija ubili su ga srpski ekstremisti, bez ikakvog upozorenja. To je bio čovjek koji se protivio luđačkoj politici SDS-a, a i mnogo je znao. On je nekoliko dana prije ubistva rekao: „Danas je najveći biznis biti Srbin." Pouzdano se zna da su ga ubili egzekutori SDS-a. Eto, još jedan od naših dobrih sugrađana nije bio po ukusu zločinačkih nacionalističkih krvoloka. Goran je ubijen na povratku sa službenog zadatka i o njegovom vremenu povratka su bili obaviješteni samo pojedini članovi SDS-a i srpskog MUP-a. Istraga je u toku, a već se zna da niko neće biti gonjen, niti optužen.

12.8.1992.
Preksinoć je u haremu Stupnica u pola jedanaest navečer bačena zapaljiva bomba. Bombu je vjerovatno neki srpski „patriota" bacio sa Tvornice obuće, gdje se na krovu već neko vrijeme nalazi srpsko mitraljesko gnijezdo. Bomba je bačena na turbe, ali je promašila i pala na tek pokošenu travu. Plamen je bio strašan i uznemirio je sav okolni muslimanski živalj. Vatrogasci su gasili požar oko jedan sat, ali je vatra tinjala i cijeli slijedeći dan, sve do večeri. Pored sijena, vatra je uništila i više grobnica. Zamalo da nije došlo do sukoba golorukog naroda sa policijom, jer su jadni ljudi, već dugo na rubu strpljenja, upućivali „čuvarima reda" pogrdne riječi i uvrede. Ipak se sve završilo mirno, a sutradan je sa Tvornice obuće uklonjen teški mitraljez što samo po sebi govori ko je mogao biti počinilac ovog gnusnog zločina. Sreća pa nije bilo ljudskih žrtava.

Istraga je u toku... Ujeo vuk magarca...

Jučer je u gradu bilo sedamnaest dženaza. Među mrtvima je bilo mnogo nei-dentifikovanih. Po gradu ljudi pričaju da su to tijela mrtvih zatočenika iz logora Manjača. Fašističke vlasti pokušavaju da pripreme logor za inspekciju evropskih promatrača. To je već dobro poznat i provjeren metod kojim se oni od početka okupacije služe. Slaži, prevari, ukradi, opljačkaj, ubij, a onda zavaraj tragove. Nadam se da će zločince, bilo kada u životu, stići zaslužena kazna.

Mogu reći da sam ja sada čovjek bez ikakvih ljudskih prava, jer se nisam odazvao ni na ovu posljednju mobilizaciju, pa nemam „ausvajs" ove njihove fašističke vla-de. Čovjek sam van „njihovog" zakona. Nije mi ni žao, jer ni na koji način ne želim da surađujem sa neprijateljem. A ima nas mnogo takvih u našem gradu. Za sada ilegalno, krijući se od kuće do kuće, odemo na naš dragi Vrbas, provedemo neza-boravne trenutke sa svojim prijateljima uz našu rijeku i naveče se vratimo kući. Da nije toga, ne znam dali bih sačuvao zdrav razum. Svi pošteni građani u gradu očekuju sve gore i gore represalije, jer od ove vlasti se ničemu dobrom nemože-mo nadati. Malu nadu nam je ulio prodor naših snaga u Bosansku Gradišku, ali kada smo čuli da je bio neuspješan, ponovo nas je pritislo beznađe i depresija. Još jednom moram ponoviti da u ovome gradu nemamo ni sredstava ni snage da se odupremo ovoj fašističkoj nemani, ali mnogo nas je spremnih da se uključimo i pridružimo snagama naše, Bosanske armije, ako nam se pruži bilo kakva prilika. Za sada nemamo nikakve šanse, nemamo nikakve prilike, prepušteni smo zločin-cima na milost i nemilost, prepušteni smo sami sebi i svojoj tužnoj sudbini. Ipak postoji nada da će neko nekada doći da nam pomogne, da nas organizuje, da nas naoruža i pripremi, pa da i mi počnemo disati punim plućima. I među Srbima ima, istini za volju, dobrih ljudi koji bi nam se pridružili. Ja sam stekao takav utisak razgovarajući sa nekolicinom sugrađana koji su oduvijek bili suvremeni i nikada nisu podlijegali nacionalističkoj propagandi i ludilu.

Familija nam se vratila sa Cresa i evo mi unuci već kucaju na vrata žureći da nam ispričaju novosti sa Juga. Sve je bilo kao i uvijek. Cres nikada nije razočarao. Jedi-no razočarenje je kada se mora ići kući. A onda škola i sve ono što uz školu ide. Tog subotnjeg popodneva se nebo spustilo na okolne brežuljke oko Norrtelja, a kiša samo što nije započela svoju uobičajenu igru skoro svakog augusta, kao da želi da prestanemo sa pričama o ljetu, Cresu i svemu onome lijepom što smo u ljeto doživjeli.

„E pa dečki, izgleda da nam i vrijeme ide na ruku. Vani se sprema prva jesenja oluja, a takvo vrijeme najbolje odgovara za priče o okupaciji i prokletom gradu. Želite li čuti nastavak priča sa Balkana i nonine i didine rodne Banjaluke?"

„Jeeeees", povikaše sva trojica u glas i posjedaše oko mene, očekujući nastavak pripovijedanja o ljudskoj zlobi i gluposti zbog kojih su dido, nona, tata i tetka bili prisiljeni da napuste svoju rodnu grudu i stigli u zemlju nedodžiju Švedsku.

13.8.1992.

Od jučer smo stanovnici nove države. Naši dušebrižnici su iz imena ove njihove „države" izbrisali Bosna i Hercegovina i ovo njihovo čudo od države nazvali „srpska republika". Primjećujete da sam to napisao malim slovom? Namjerno stvari koje ne priznajem pišem malim slovom, tek toliko da ih ismijem, iako bar toliko poznajem gramatiku i tačno znam šta se sve mora pisati velikim slovom. Toliko o gramatici.

Gdje sam ono stao??? Aha, dabogda im svaki put zapelo u grlu kada god izgovore to odvratno ime, te njihove nakaradne tvorevine. Ovo kažem zbog toga što ovaj naš grad nije nikada bio van Bosne i Hercegovine, a ovi uzurpatori su, bez ikakvog pitanja i dozvole naroda koji živi ovdje, jednostavno i jednostrano proglasili novo ime države, ime koje ni ja, a ni moji ostali sugrađani, ne možemo ni da prevalimo preko jezika, a kamoli da ga priznamo kao svoje. Čak mislim da sada i većina Srba ovdje vidi kakva je to farsa. Ove uzurpatore ne uzbuđuju činjenice da ovdje nema struje, nema vode, nema sigurne povezanosti ni sa Srbijom, a kamoli sa ostatkom Evrope i svijeta. Po njima, ničega toga ne mora biti, njima je važno da imaju državu i sve one fotelje koje uz državu idu. Kad god kunem, sjetim se svoje majke Vasve, koja je klela često i dobro se sjećam da mi to nije zvučalo lijepo, ali u ova teška vremena sam ja, eto, prisiljen da kunem, jer sam nemoćan da uradim nešto više. Pa tako i ovaj put kunem zlotvore: „Da bog da i njih sustigla zima i glad koje su svome i ostalim narodima ovdje oni donijeli!" Dok se oni otimaju za fotelje, narod se otima za kruh, mlijeko i ostale prehrambene proizvode koji su svakim danom sve nedostupniji i sve više približavaju narod prosjačkom štapu. „Da bog da se ugušili u svemu onome što su opljačkali i oteli od ovdje ovog naroda." A kad bi tek čovjek računao koliko su ti glupani vratili unazad točak progresa i istorije...

14.8.1992.

Ravnodnevica... Negdje sam nekad čuo, ili pročitao, tu riječ. Kod mene je ta riječ stvorila dojam nekog dugog, vrućeg, ljetnog dana. Eto, takav je upravo dan danas u ovom avetinjskom, prokletom, demonskom gradu. Ljeto se približava svome neumitnom kraju, ali je još uvijek žestoka avgustovska vrućina. Neka prijeteća tišina je pritisla grad. Tišinu s vremena na vrijeme prekidaju zvuci motora demonskih aviona, koji iz našeg grada polijeću na svoje krvave pohode. Ulicom prolaze, od naroda opljačkani, automobili za čijim su volanima pripadnici samo jedne rase, samo jednog naroda. Mi ostali smrtnici dišemo „srpski" zrak, pijemo „srpsku" vodu, jedemo „srpsku" ribu, ako uspijemo doći do „srpskog" Vrbasa i nešto ulovimo. Eto, tako izgleda današnji dan u predvečerje vojne intervencije, koju tako željno očekuju svi napaćeni građani ove zemlje, svi osim jedne osvajačke bulumente pljačkaša i propalica. Mi čekamo, a intervencija nikako da počne...

Već drugi dan za redom „naši" sugrađani intenzivno ruše naše drago prekrasno Jajce, a sigurno učestvuju i u svim drugim nečasnim akcijama u našoj domovini.

„Hajmo dečki, jedna pauza za nonin sladoled i limunadu, a dido i nona će popiti kaficu. „Fika" što kažu šveđani, ili „Caffe time" što kažuprijatelji englezi. A onda dido nastavlja sa doživljajima iz Banjaluke."

„Dido, i ja bi popio kaficu povika osmogodišnji Oliver." „OK i dido je počeo sa kafom kad mu je bilo osam godina, pa možeš i ti početi Oli. A evo dido je dokaz da jaka kafa sa malo mlijeka i šećera nije opasna, jer didi nije naškodila evo već šezdesetak godina." Tako i bi. Oliver dobi šoljicu kafe sa puno mlijeka, a ja nastavih sa godinama devedesetim.

15.8.1992.
Danas je izvršio samoubistvo Rade Grahovac. To je isti onaj mladi čovjek koji je jednom prilikom napisao transparent: „Moj brat je izdajnik". To je rođeni brat „našeg" velikog teoretičara nacizma Anđelka Grahovca, koji je sada povučen iz vrha SDS-a i postavljen za direktora lokalnog, nekad poznatog, fudbalskog kluba „Borac". Mlađi brat Rade nije mogao izdržati sve zločine i prevare istomišljenika svoga rođenog brata i tako je danas, puškom, prekratio sve svoje patnje. Puška je, naravno, bila u stanu njegovog oca, koji ju je držao napunjenu i otkočenu. Spremio ju je, možda, za nas komšije, ali, eto, sudbina je htjela da taj metak, namijenjen vjerovatno nama komšijama, završi u tijelu rođenog nedužnog sina. Svima nama u komšiluku je strašno žao ovog divnog, mladog, mirnog čovjeka. On je sigurno bio najbolji u svojoj porodici, ali, eto, sudbina se i ovog puta grubo poigrala i odnijela još jedan nedužam život.

Neka mu je vječna slava, bio je dobar drug i dobar komšija.

18.8.1992.
Izgleda da je ekološka katastrofa veoma blizu. Jučer su branitelji Jajca objavili da će u Vrbas pustiti živu, ako srpska vojska ne prestane sa bombardiranjem i bjesomučnim napadima na naš drevni bosanski grad. Koliko vidim po ponašanju okupatora u našem gradu, oni nemaju namjeru prestati sa opsadom Jajca, što znači

da su dušmani spremni rizikovati čak i život u cijeloj dolini Vrbasa, a i mnogo dalje duž cijelog sliva, nizvodno od Vrbasa. Da je srpski narod imalo dalekovidniji, da je malo manje zaluđen lažima svojih teoretičara i vođa, sada bi bila prilika da se pobuni protiv ovih zlikovaca koji sebi uzimaju za pravo da izazovu ekološku katastrofu koja bi odjeknula u cijelom svijetu, a da ne govorim šta bi bilo sa slivom rijeke Vrbas, sve do Crnog mora. Ništa od svega toga, nikakve pobune neće biti, jer srpski narod još dugo neće shvatiti kakvi ih ljudi-monstrumi sada vode. Zašto nikako da shvate da će problemi tek početi kada oni ostanu etnički čisti, sa cijelim okruženjem protiv sebe. Zar im je toliko puno važniji njihov glupi inat koji ih vodi direktno u provaliju iz koje se sigurno dugo neće iskobeljati? Kada će shvatiti u šta ih ovi njihovi luđaci vode?

Jučer je u Čelincu došlo do napada Srba na kuće Muslimana. Muslimani su noć proveli pred opštinom, a čuvala ih je srpska policija. Pošto policija ne može da ih sačuva od pomahnitalih komšija i dojučerašnjih prijatelja, Srba, Muslimani su prisiljeni da napuštaju svoj rodni kraj, tako da će Čelinac uskoro biti etnički čist, srpski. Tako je fašizam došao i u te, nekad pitome krajeve, koji su tako blizu našem, već odavno, fašističkom gradu. Zar fašisti stvarno misle da će moći živjeti sami? Kako je nekad bilo lijepo svirati u hotelu u Čelincu, sa Adnanom, Džedžom, Raletom i Osmanom i zabavljati razdragane goste, a sada će to uskoro biti etnički čisto četničko gnijezdo. I tamo je, nažalost, bog rekao laku noć, a od lijepih uspomena se, nažalost, ne može živjeti.

20.8.1992.

Nema vode, nema struje, nema kruha, ali šta nas briga, imamo državu. Tako, nažalost, još uvijek misli prilično veliki broj Srba koji žive u ovoj „našoj" „srpskoj republici". Tako misle i nemilice ginu na bezbroj ratišta koja su otvorili na svim rubnim dijelovima ove njihove kobajagi države. Veliki broj poginulih raspoređuju za sahranu u više dana, tako da srpski narod ne bi shvatio koliko je visoka cijena njihove glupe i nepotrebne borbe, koja, ustvari, i nema nikakvu budućnost, jer će i najgluplji na kraju shvatiti da ćemo, kad se sve završi, ipak, morati živjeti zajedno, a oni koji su se ogriješili i okrvavili ruke, morat će na kraju pred sud, dok će se ostali stidjeti ostatak života što su dozvolili da ih razni probisvjeti i avanturisti nagovore na ovako besmislen i nepotreban rat i krvoproliće. Evo već danas, 20.8.1992. godine, smjelo predviđam da će mnoge sadašnje vođe srpskog naroda uskoro nestati bez traga, ostavljajući „svoj" narod u bijedi i očaju, u koje su ih oni, svojim lažnim obećanjima, i doveli.

Jučer se zbilo nešto zanimljivo u tzv. Krajini. Raketirano je samo sjeme zla „Krajine", aerodrom u Mahovljanima. Nije tu bilo uspješnih pogodaka, ali je taj događaj pomalo otvorio oči i najzaluđenijim ljudima, tako da su i oni počeli panično shvatati da, ustvari, njihova „država" stoji na staklenim nogama i da sve ono čime im vođe zamazuju oči i nije baš tako kako oni kažu. Počeli su shvatati da ova sila, koju Srbi trenutno posjeduju, ima svoj rok trajanja i nije baš najveća na svijetu i da će se uskoro stvoriti ravnoteža u snagama, pa ćemo tek onda vidjeti da li se ovaj genocid nad Muslimanima i Hrvatima isplati. Dobro je da im je polako počelo dolaziti iz g..... u glavu, što kaže naš narod. Da ne govorim o tome da će Srbe vjerovatno svjetska javnost natjerati da se ukradeno bosansko oružje podijeli na tri dijela. Onda ćemo vidjeti kakva je to država srpska krajina i da li u toj krajini žive samo Srbi. Ovo su, naravno, samo moja sanjarenja i nadanja. Ti dani vjerovatno nisu tako blizu kao što bih ja želio, ali ti dani će doći sigurno, jer PRAVDA JE SPORA, ALI DOSTIŽNA, kaže poznata izreka.

U gradu trenutno djeluje jedna struja u SDS-u koja smatra da do iseljavanja Muslimana i Hrvata ne treba i ne smije da dođe. Na čelu te struje je predsjednik opštine Predrag Radić, što svakako treba upamtiti i, na kraju krajeva, takvim ljudima treba pružiti ruku pomirenja jer su oni i u ovim teškim, fašističkim danima imali svoje mišljenje koje se ipak razlikovalo od zločinačkog mišljenja vođa SDS-a u našem gradu i u BiH. Ne znam razlog, ali su već tri dana u našem komšiluku isključeni telefoni, tako da sada, ma šta se desilo poslije policijskog sata, nema nikakve pomoći ni od milicije, ni od ljekara, ni od vatrogasaca. Prepušteni smo sami sebi. Uz ono: nema vode, nema struje, nema kruha, sada možemo dodati: nema telefona, nema ljekarske pomoći, nema pomoći milicije, ali imamo „državu". Neka nam je bog na pomoći...

Dečki se uzvrpoljili, vidim išli bi kući na ručak, pa prekidoh priču i dogovorismo se da dođu sutra na nastavak. Oliver će s mamom i tatom ići u Stockholm, a Emil i Henri će doći na ručak i porciju didinog pripovijedanja. Kada su stigli nastavih istim tempom kao i juče.

22.8.1992.

Da samo znate djeco na kakvim je sve mjestima bila ova moja bilježnica u kojoj sam redovno pisao o svim onim događajima. Upravo sam je izvadio iz gorionika jedne stare naftarice, koja se vec desetak godina nije upotrebljavala. Ali neka, ne smeta, ipak je ova bilježnica meni nešto najdraže od svih ostalih stvari i predmeta u kući u ona odvratna vremena. Iako čađava i prljava, ona mi je pružala priliku da radim nešto korisno u ono bezbožničko, neradničko vrijeme. A zna se: „Rad je stvorio čovjeka", pa možda na kraju ovih neljudskih vremena i ja ostanem čovjek, ako preživim. A ako me ubiju, nadam se da će ovi moji zapisi doći u prave ruke i ostaviti svjedočanstvo da je jednom u ovom gradu živjela i dobroćudna vrsta ljudskih bića, a ne samo zlikovci i koljači. Tako sam ja razmišljao u to vrijeme. Bilježnica se ovog puta našla u naftarici, jer je jučer u našem dijelu grada, a i u našoj kući, bio pretres. Mogu reći da je sve prošlo kako treba, jer mi nemamo ništa od onoga što oni traže. Ipak, malo sam slagao, nije išlo baš sve tako glatko. Policajci su popisivali koliko velike rezerve životnih namirnica imamo po kućama. Kod nas su našli malo više ulja neogo što oni dozvoljavaju, a bojim se da su tačne glasine da, ukoliko neko ima veću količinu nečega, onda mu se to fino oduzme. Bojim se da im se količina od 18 litara ulja, koliko mi imamo, neće svidjeti i da će im se učiniti da je to previše za našu porodicu. Iako sam, časna riječ, sve i jednu litru pošteno platio vlastitim novcem, koji smo supruga i ja pošteno zaradili, moguće je, eto, da to jednostavno oduzmu. Ali ko te sada pita za poštenje. Ovakve pretrese, naravno, niko ne vrši po srpskim kućama, a oni imaju po kućama i oružje i velike količine namirnica, tako da bi kod njih mogli puno više toga popisati. Ali, oni su povlašteni pripadnici „više rase", pa su samim tim nedodirljivi. Šta da se radi, takav je fašizam. Nikad nisam ni sanjao da ću ga i ja na svojoj koži osjetiti. A apartheid čak i u Južnoafričkoj Uniji polako nestaje.

Jučer je ponovo išao još jedan tužni karavan prognanika prema Hrvatskoj. Stigli su do Bosanske Gradiške, odakle su ih srpski okupatori vratili. Nažalost, i ovaj put su ljudi bili opljačkani, pa tek onda natjerani da se vrate odakle su i došli. U ukletom gradu ih je čekao, već unaprijed pripremljeni, uvijek isti, scenario, koji se u ovakvim prilikama uvijek ponavlja: U njihovim stanovima su bili novi stanari i nije im padalo ni na kraj pameti da stvarne vlasnike puste u njihove stanove. Ljudi koji su uspjeli zamijeniti privatne kuće, prošli su isto, jer su novi „vlasnici" zaposjeli „svoje" nove posjede, a ni briga ih nije što starim vlasnicima nisu omogućili da dođu do svojih zamijenjenih kuća u Hrvatskoj. Ovdje, naime, ne važi zakon reciprociteta. Ljepše zvuči: otmi što više i što prije! Ljudi ne mogu ništa poduzeti, jer – takav je fašizam, nema diskusije. Sve u svemu, ljudske drame se umnožavaju geometrijskom progresijom. Ne smije se zaboraviti da ovdje ogroman dio opljačkanih ljudskih dobara prisvaja Agencija za iseljenje čiji pravi (od javnosti sakriveni) vlasnici sigurno uknjižuju ogroman profit od ove ljudske nesreće i stradanja, a sve to uvijeno u oblandu njihove „želje" da jadnim ljudima „pomognu" da spase živu glavu. To se, ustvari, može nazvati ETNIČKIM ČIŠĆENJEM UZ NAPLATU ZA TURISTIČKE USLUGE. Nisam ni spomenuo ogromne devizne svote koje oni uzimaju za svoje usluge, jer se one u njihovom „poslovnom svijetu" nigdje ne spominju. Ne smije se zaboraviti ni „Karić banka" koja na bezočan način „otkupljuje" devize od građana, a za uzvrat im daje ove njihove bezvrijedne papire, koje oni nazivaju srpski dinar. Kako je krenulo, tako će nas zločinci stručno opljačkati da, - ako i ostane živa glava na ramenu – nećemo imati ni gaća na guzici. Ovog puta, u ovom konvoju, je opljačkano i prevareno oko 400 građana ukletog grada.

Moram upozoriti na još jedan grad, još jedno osinje gnijezdo, još jedno sjeme zla, koje će nas u predstojećim vremenima unazaditi i vratiti u prošli vijek. To su „srpski" Okućani, jer nam oni tamo glupani i pljačkaši zatvaraju, nama tako potreban, izlaz u svijet i umanjuju šanse za spas. Ne može čovjek od đubradi proći do civilizovanog svijeta. Oni hoće da konzerviraju stanje, da vrate točak istorije u prošlost i zaustave progresivna kretanja u idućih sto godina.

Teško nama pored takvih budala...

„Dido, jeli sve stvarno tako bilo?", upita Henri dodavši: „Ne mogu da vjerujem da su ljudi bili tako glupi i radili sami protiv sebe i protiv svojih porodica." „Jeste, jeste, baš tako Henri. Mi nismo mogli da vjerujemo da ljudi u dvadesetom stoljeću ništa ne kopčaju i ne shvataju šta rade sami sebi, a da ne govorim šta rade svima onima drugima. Čut ćete vi djeco i glupljih stvari koje će uskoro doći na red. Nisam još ispričao ni polovicu."

25.8.1992.
Saznao sam da se na sredini mosta na Savi u Bosanskoj Gradišci nalazi zastava Bosne i Hercegovine sa zlatnim ljiljanima. Postavljena je na zahtjev UNPROFOR-a, jer je Bosna i Hercegovina priznata suverena država. Ta vijest mi je toliko uljepšala dan, ali se u isto vrijeme pojavila i tuga i sjeta jer sam neizbježno počeo razmišljati o našem gradu. Pitam se, da li ću uopšte ikada doživjeti da se i u našem, sada tako odvratnom gradu, zaleprša ta tako lijepa i svima nama Bosancima najdraža zastava. A garantovano, u ovom našem gradu ima veliki broj nas Bošnjana, kojima je BiH prirasla za srce i dušu, iako je naš grad poznat kao četničko izdajničko leglo. Nadam se da će se i nama pružiti prilika da podignemo našu najdražu zastavu sa ljiljanima ispred naše, sada omrznute, opštine i našeg, sada omraženog, Doma kulture. Sada su tamo neke tuđe, odvratne i nametnute zastave.

Danas je srpska inkvizicija palila Titove knjige. I ne samo Titove. Moj kolega koji radi u Vojnoj tvornici „Kosmos", uspio je spasiti i odnijeti kući čak sedam knjiga. Među njima je bila i „Ana Karenjina". Razmišljajući zašto su htjeli spaliti i jedno takvo djelo, došao sam do zaključka da su inkvizitori ili nepismeni, ili su pomislili da je Ana Karenjina Hrvatica, ili su sve knjige bile pisane nepoželjnom latinicom, pa su ih oni redom spaljivali zbog latinice. Neka od ovih mojih pretpostavki je sigurno tačna, mada zvuči malo nevjerovatno za kraj dvedesetog stoljeća Ovaj skandalozni događaj jedan je prijatelj ovako komentarisao: „Pa i Hitler je spaljivao knjige, zar ne?"

29.8.1992.

Sinoć je na lokalnoj fašističkoj TV bila fašistička emisija u kojoj je samozvani ministar odbrane ove samozvane fašističke tvorevine održao prigodan fašistički govor. Zbog ove emisije su objavili da će pustiti struju u cijelom avetinjskom gradu. Ali i to su slagali, jer naša draga Tuzla (obožavam taj za fašiste neosvojeni grad) izgleda nije imala razumijevanja za fašističke emisije, pa nam ovog puta nije dala struju. Ja sam takođe bio jedan od sretnika koji nije imao struje, pa nisam ni gledao pomenutu emisiju, ali sam danas čuo od prijatelja o kakvoj se novoj fašističkoj svinjariji radi. Samozvani ministar „gospodin" Brđanin (ne mogu upotrijebiti prezime ovog fašiste sa brda a da ne dodam epitet gospodin. Nekako se te dvije riječi u poplavi srpskih apsurda slažu), dakle dotična individua je osula paljbu na nesrpsko stanovništvo i sve to garnirala sa svim mogućim fašističkim prijetnjama: Te lovit će nelojalne građane po ulicama, na plaži, te izdat će naređenja gospodinu Župljaninu (načelniku samozvanog MUP-a), te u ovom, sada smrdljivom fašističkom gradu će ostaviti 2.000 Muslimana, a sve ostale će protjerati, itd. U istom genocidnom stilu. Još je samo trebalo da počne pričati o otvorenom klanju, ali to uopšte nije bilo potrebno, jer se iz cijele njegove diskusije nazirala četnička okrvavljena kama. Ono o protjerivanju mu ne smijemo nikada oprostiti, ni zaboraviti. Valjao je gluposti pomenuti „gospodin", ali slaba mu korist, jer pomenutu televiziju gledaju samo Srbi, a svi ostali su na nju alergični: izaspu se i povraća im se kad je gledaju. Tako se desilo da je na Vrbasu danas bilo više svijeta nego bilo kojeg drugog dana ove sezone. Moji dragi sugrađani, zahvalan sam vam što smo „gospodinu" Brđaninu pokazali da mi njega ne priznajemo za našeg sugrađanina, da mi njega preziremo, ignorišemo i, uopšte, ne slušamo njegove fašizoidne bljazgarije. Mi i prvog dana poslije njegovog baljezganja idemo na naš Vrbas, a on se znoji u smradu „svoje" tzv. kancelarije. Neka on i dalje bude „gospodin", a neka ide i u brda, jer to od njega njegovo prezime zahtijeva. Neka ide bilo gdje, samo da ga naše oči ne gledaju i da nam ne zagađuje naš grad. Ipak je najbolje da ode u svoja brda sa kojih je i potekao, ali da zna da će mu kad-tad građani ovoga grada suditi za sva ona „dobra" djela koja je ovdje počinio.

NEĆEMO MU NIKADA ZABORAVITI.

Kada Emil i Henri odoše kući toga popodneva, Starkica i ja sjedosmo da popijemo kaficu i ja ne mogoh prestati slijediti uspomene iz tih dana krajem avgusta, u vrijeme moga rođendana, a ni njoj ne bi krivo da evociramo uspomene iz starog kraja na brdovitom Balkanu.

30.8.1992.

Moram opisati scenu koja se tog dana zbila na Vrbasu. Dan je bio divan i uživali smo cijelo vrijeme kupajući se u čistoj, hladnoj vodi naše voljene rijeke. Čini mi se da nikada u životu nisam više uživao u brzacima naše prekrasne zelene ljepotice. Oko mene su bili sve sami prijatelji koji su se, kao i ja, držali obala rijeke kao pijavice, kao da smo predosjećali kraj ljeta i kraj ove neopisive ljepote. Sviju nas je mučila dilema i neizvjesnost, da li ćemo i iduće godine uživati na našem Vrbasu, ili nas čeka nešto novo što nam dušmani pripremaju u našoj neizvjesnoj budućnosti. A onda, negdje oko pet sati popodne, iznenada je zapadala jaka kiša. Svi smo ušli u vodu i počeli oduševljeno uzvikivati: „ Ne daj se Bosno, ne daj se Bosno!!!", i pjevati nove pjesme o herojskoj borbi Bosanaca protiv agresora. Tog trenutka su naišla dva dušmanska helikoptera sa zločinačkog zadatka iz Jajca, a mi smo im počeli zviždati i uzvikivati: „Ubice, ubice", i sve moguće pogrdne riječi koje su nam pale na pamet. Znam da to nije ništa u pogledu na naše sunarodnike koji ginu za slobodu, ali nas je tog dana na obalama Vrbasa bilo nekoliko hiljada i prizor je bio veličanstven, a zvuci kletvi koje su dušmani u helikopteru čuli bili su očit znak da smo svi mi protiv svega onoga što oni rade nama i našoj domovini. Zločinci u niskoletećem helikopteru su jasno mogli čuti i vidjeti koliko ih građani ovoga grada „vole".

Da bog da im se sjeme zatrlo..., ne mogu a da još jednom, u ružnom starinskom stilu, ne prokunem.

3.9.1992.

Već danima sam neraspoložen i nisam nizašto, jer sam izgubio skoro svaku nadu da će naš grad ikada biti dio Bosne. Poslije Londonske konferencije sve je utihnulo, osim dušmanske artiljerije oko Sarajeva, Gradačca i drugih bosanskih opsjednutih gradova. Povod za moje današnje pisanje je ponovo voda, struja i epidemija entero colitisa. Snabdijevanje vodom je neredovno, a voda je sumnjivog kvaliteta, što je izazvalo epidemiju entero colitisa u našoj porodici i u komšiluku, a –koliko sam vidio i čuo- i u gradu. Struje sada imamo dva sata u tri dana. Očajni smo svi mi u gradu, osim većine Srba. Oni, izgleda, još nisu ukopčali u šta su ih njihove vođe uvalile i kakav su im život namijenile. Oni i dalje ponosno zveckaju oružjem po gradu, uveče pucaju, ginu masovno na frontovima i uglavnom su zadovoljni. Još nisu shvatili da je i pljačka pri kraju, jer uskoro niko ništa neće imati. Ne mogu nikako da shvatim te ljude. U razgovoru s njima, sve je okrenuto tumbe. Te oni su oslobodioci, te Alija je kriv za rat, te Muslimani su se prvi naoružali, te masakre čine Muslimani, te njihova srpska „država" je pravedna, te Muslimani muče svoje zarobljenike, te Muslimani imaju koncentracione logore, itd., itd... Toliku zamjenu teza nisam sreo ni kod barona Minhauzena, u knjizi koja mi je ostala u sjećanju kao najveća pohvala laži koju sam u svome životu susreo, evo sve do ovih tužnih lažljivih vremena. Sve je naopako, a što je najgore, sve ove očigledne laži je prihvatila većina srpskog življa. Niko živ ne može da ih ubijedi da su im njihove vođe, teoretičari i novinari sve nalagali, izmislili i iskonstruisali tolike neistine, da je to prosto nezapamćeno u istoriji čovječanstva. Ne mogu da vjerujem da je narod toliko podložan nasjedanju na prevare i kolektivno naivan. Počeo sam čak da se pitam jesam li ja potpuno lud kada sve stvari vidim sasvim suprotno od cijelog srpskog naroda u ovom našem ukletom gradu. Ipak mislim da znam ko je ovdje lud. Poslovica kaže: „Nešto je trulo u državi Danskoj", a ja kažem: „Sve je trulo u državi „Danskoj".

5.9.1992.
Totalna apatija me drži, evo, već ne znam koliko dana. Jedno od rijetkih zadovolj-stava mi je postao ovaj naš dnevnik Radia Bosne i Hercegovine. Ni voda moga grada mi više ne prija. Uhvatio sam sebe u situaciji kada sam veći dio dana jedno-stavno žedan. Ne pije mi se voda koju mi oni isporućuju. Bojim se da ova depresi-ja ne izazove kakav ozbiljniji poremećaj u mome mentalnom zdravlju. O jednoj svojoj intimnoj muci još nikada nisam pričao, jer se bojim da i zidovi imaju uši i da će me i oni izdati neprijatelju. Ta moja muka je i najteža, ali ne želim nikog da zamaram svojim intimnim problemima. Možda u neka sigurnija i sretnija vremena ispričam nešto i o tome. Moram biti strpljiv, jak i spreman na sve. Ovo spominjem zbog toga da bi se shvatilo da sam tužan i depresivan iz više razlo-ga, a ne samo zbog situacije u našem gradu. Moje misli su stalno prisutne i na jednom drugom mjestu u našoj domovini, na mjestu koje se nalazi iza gvozdene zavjese, na slobodnoj teritoriji okruženoj četnicima o kojoj ja sada mogu samo sanjati... Ali, o tome ću pričati u neka bolja, po život manje opasna vremena. „Str-pljen spašen", kaže jedna poslovica.

Jučer su javili da sada struje nećemo imati četiri dana. Do sada su sijalice svijetlile svaki treći dan, a sada ćemo struju imati dva sata, svaki četvrti dan. Nema šta, bližimo se evropskim standardima. I kafe nam je ponestalo, a to je moja jedina droga koju obožavam. Što kažu pušači: „To mi je sve." Ozbiljno razmišljamo da pređemo na čaj, jer je kafa vrlo skupa, a i odvratno je trgovati sa švercerima. Zna se na koje oni sve načine nabavljaju tu kafu i otkud im pare za to. Sve više se stva-ra jaz između poštenog svijeta i tih crnoberzijanskih kriminalaca. Mi nemamo ni za kruh, a oni voze neke nove „Golfove", u kući imaju po šest veš mašina, pet tele-vizora, tri traktora itd... Biznismeni, nema šta... Ja bih najrađe da ne učestvujem u povećanju njihovog blagostanja, pa bar na taj način, da ne kupujem „njihovu" kafu.

Jesen se polagano uvukla u sokake ukletog grada, tako da više ne možemo ići na

Vrbas. To je strašan udarac za građane ovog grada, za sve one koji se nisu odazvali na poziv u srpsku vojsku. Vrbas nas je spasio ovog ljeta. Da nismo išli na našu dragu rijeku, pola nas bi završilo u ludnici.

U gradu je tako tiho u ovo predvečerje. Ljudi su se već privikli na ovaj bijedni život. Bojim se da ovi „naši" Srbi neće odustati od svojih namjera da ovaj dio Bosne pripoje Srbiji. Oni još uvijek pričaju svoju priču da su oni u pravu i bojim se da ih niko više neće uspjeti ubijediti da još jednom preispitaju ko je stvarni krivac za sve što nam se u posljednje vrijeme dešava. Ako se neko među njima ne nađe da raskrinka njihove vođe, onda se našem gradu i našoj domovini crno piše. Naš grad će ostati ukleta primitivna palanka, kao Knin, a onda teško svakom kulturnom čovjeku koji teži da živi evropskim životom. To ovi barbari niti žele, niti im to treba u njihovom jadnom, mračnom životu.

„Hajde starac, pričaj još malo o tim groznim vremenima, nebi li mi stomak brže svario kupus kalju koju smo za ručak pomaštrafili dok kažeš piksla, pa mi sad još uvijek stoji u gornjem dijelu stomaka", reče Starkica i izvali se na kauč poslije druge šoljice kafe.

„OK, ako smatraš da naši doživljaji iz tog vremena poboljšavaju probavu, „poželjeli ste – izvodimo" i nadam se da te tužne priče neće uspavati poslije onoliko kupus kalje."

14.9.1992.

„Država", bez struje, bez privrede, bez rada, bez kruha, bez mesa, bez... Opet me zapahnu očaj i teško beznađe. Ne vidim izlaz iz ove situacije. Vijesti iz naše Bosne i Hercegovine su užasne. Srbi su opet, još jednom, slagali i prevarili. Posakrivali su teško naoružanje i bezočno varaju svjetsku javnost, kao: oni mirotvorci, oni žele mir, a svjetska javnost opet ne želi da ih zaustavi. I sve tako u krug, igraju mačke i miša sa Sarajlijama i sa svima nama u domovini.

Bojim se da od naše domovine neće ostati ništa. Sve više se pojavljuje još jedan neprijatelj sa zapada koji ometa opstanak nezavisne Republike Bosne i Hercegovine. Jučer je stigla vijest iz Zenice da je i tamo veliki logor, kao i u našem gradu. Ali tamo sve konce u rukama drži HVO. Ljudi moraju plaćati da bi im bilo dozvoljeno da mogu izaći iz grada. Dakle, od svih gradova BiH, ostaje jedino Tuzla kao grad u kojem bismo mogli živjeti mi Bošnjani. Bar tako izgleda po ovim posljednjim vijestima. A nas Bošnjana ima više od tri miliona. Ljudi moji, malo nam je samo jedan grad. Kako ćemo? Neće nas valjda neprijatelji Bosne ukinuti? Sve su to pitanja koja me muče ovih dana i koja od mene prave ruinu od čovjeka, a beznađe me tjera na očajničke ideje da nešto, bilo što, pokušam, pa šta bude. Ali šta čovjek može korisno poduzeti u ovom izgubljenom, ukletom gradu.

Supruga mi je upravo pokazala svoj pronalazak kako se može skuhati kafa kad nema plina. Stara tava, malo gaze natopljene u alkohol, sve to staviš u rendu, rendu staviš u tavu, a na rendu staviš džezvu sa vodom. Odlično funkcioniše. Povratak u vrijeme prije Nikole Tesle. I za njega kažu da je samo njihov. Ovaj patent za kuhanje kafe je tekovina ove srpske, anti-bosanske revolucije.

Danas su i djeca krenula u školu. Da čovjek pukne od muke. Ubilački avioni uništavaju gradove po Bosni. Avioni polijeću iz ovog grada, a oni svoju djecu šalju u školu. Posebna priča je što uvode srpski plan i program rada u škole, iako ovdje bar polovina stanovništva nije za takve promjene.

Ovih dana se nastavlja otimačina stanova. I ja sam uvučen u borbu za stan moga amidže koji se trenutno nalazi na Cresu. Stan je mome amidži dodijelio Savez boraca, jer je on učesnik NOB-a, a sada ova srpska vlast hoće, sasvim bespravno, da mu ga oduzme, samo zato što čovjek trenutno nije ovdje, a uopšte ih ne zanima činjenica što je sasvim nemoguće da on sada dođe u svoj rodni grad, dok traju ratne operacije. Ovu vlast uopšte ne zamara ni činjenica što jedan građanin, stari, bolesni čovjek od 84 godine, ostaje bez stana i mogućnosti da se ikada vrati u svoj rodni grad. Humanizam i renesansa na srpski način.

Jedna krajiško-tužna, a bosansko-vesela vijest: Đavolski koridor je jučer ponovo zatvoren u herojskoj Modriči. To sam upravo saznao od ratnih profitera kojima sam davno uplatio plin, a oni mi ga ne mogu isporučiti. Tužna vijest za moju porodicu, zbog plina, ali mi nešto srce veselo poigrava... Pogodite zašto...

Jedan događaj, kao iz oblasti naučne fantastike, ne mogu nikako zaobići, a da ga ne ispričam: Jedan prijatelj koji radi u bolnici, ispričao mi je da je prije osam-devet dana na dječiji odjel dovezeno devetero muslimanske djece. Svoj djeci su bile odrezane uši i nos.

Vjerovali, ili ne... A mi računamo da smo dio Evrope. Ja u ovaj događaj ne mogu da povjerujem. A vi???

18.9.1992.

Prije dva dana su i djecu uključili u svoje osvajačke planove. Snimali su pjesmu pod nazivom: „Ne daj se Krajino". Djeca su pokupljena po školama i, naravno, sve će to izgledati „spontano" na fašističkoj televiziji. Naš grad će se ponovo prikazati kao najveći neprijatelj Bosne i Hercegovine. On to, ustvari, i jeste, ali se ne smije zaboraviti da u ovom gradu ima sigurno (još uvijek) više od 50.000 ljudi čije srce kuca za našu jedinu domovinu Bosnu i Hercegovinu.

Evo već sedmicu traje i srpska škola, sa srpskim jezikom, ćirilicom. Samo još treba da ukinu latinicu, pa da engleski jezik počnu pisati ćirilicom. Sposobni su oni za to. Eto, od sad pa nadalje i u buduće, ja u ovoj odvratnoj tvorevini više ne mogu predavati engleski jezik taman i kad bi me primili na posao, jer neću da pišem engleski ćirilicom. Neka to rade njihovi „stručnjaci". Ali, uzalud se uznemiravam, jer oni nikada ni nemaju namjeru da mi ponude neki posao, bar dok traje ovo njihovo srpstvo. Ali ničija nije do zore sijala, pa neće ni njihova. Počeo sam ozbiljno da razmišljam da prestanem slati dijete u školu. Dobro bi bilo da smo i mi u ovom gradu, kao i Albanci na Kosovu, bojkotovali ovu školu, školu kakvu nam nameću okupatori, velikosrpski teoretičari i hohštapleri. Zar da naš, nama lijepi, ijekavski izgovor na koji smo uvijek bili ponosni, zamijenimo ekavskim, koji se nikada u ovim krajevima nije upotrebljavao.

20.9.1992.

Nedjeljno predvečerje. Poslije pet dana dobili smo struju. Odmah se uključuju bojleri, mašine za veš, usisivači. Kakvu su nam lijepu sudbinu namijenili ovi naši „sugrađani" osvajači, pardon, „oslobodioci" naše domovine. Kakva ironija: oni sebe nazivaju oslobodiocima. Po svaku cijenu hoće da „oslobode" Jajce, Gradačac, Bihać, Cazin, Bugojno, Sarajevo i sve ostale gradove i sela naše domovine. Interesanstno, građani svih ovih gradova i sela nipošto neće da budu „oslobođeni" od ovakvih „oslobodilaca", a oni i dalje tvrdoglavo „oslobađaju", uništavaju u ime „oslobođenja" i u isto vrijeme sebe nazivaju „oslobodiocima". „Oslobodilački" odnos „oslobodilaca" prema prirodnim ljepotama ove naše napaćene zemlje je interesantan. Šumsko blago, po kome smo bili poznati, potpuno uništavaju. Kraj naše kuće na tranzitnom putu, danima i noćima bjesomučno provoze drvo, građu, balvane i sve to brzinom odvoze u pravcu Srbije. Strahovita, nezapamćena pljačka. Izgleda da trenutno sve satansko naoružanje i municiju, kojom uništavaju našu domovinu, plaćaju drvetom iz naših, bosanskih šuma. Ovdje Srbija igra vrlo prljavu ulogu, ma koliko glumila neumiješanost u ovaj prljavi rat. Opljačkat će sve što mognu, a poslije će lagati da ništa ne znaju i da nemaju pojma. „Istraga će biti u toku", po starom dobrom običaju. Ni naša bosanska divljač ne prolazi bolje. Jedan prijatelj mi je neki dan ispričao nešto što se graniči sa pravim vandalizmom: Srpski borci običavaju automatom pokositi cijela stada srna i ostale divljači, tek tako, iz obijesti. Valjda im to pričinjava zadovoljstvo.

Bože, zar su ti ljudi-neljudi toliko primitivni i neuki da ne znaju šta je ravnoteža u prirodi. Ljudi moji, naš život ovdje zavisi od takvih neznalica i krvoločnih ljudi. Imam utisak da će ovaj rat dugo trajati i da će malo razumnih ljudi ostati u životu. Crno nam se piše...

Starkica zaspala, a ja nastavljam analizirati i razmišljati o minulim danima u vrijeme okupacije i rata koji je tako drastično promijenio živote moje porodice i mnogih drugih porodica iz naše domovine Bosne i Hercegovine.

21.9.1992.

Počeo sam ponovo čitati Remarka: roman „Ljubi bližnjeg svog". Bože, kako su svi fašizmi isti. I onaj 1941. godine, o kome piše Remark, i ovaj 1992. godine, koji se dešava u našoj domovini. Sve je u dlaku isto: progoni, logori, izbjeglice, glad, bijeda, pljačka, ubistva. Postoji samo jedna velika razlika: ovi sadašnji fašisti sistematski uništavaju urbane sredine, gradove, privredne i druge civilne objekte, što oni fašisti iz drugog svjetskog rata, u pravilu, nisu radili. Vjerovatno zato što su namjeravali sve to poslije pobjede, koju oni, na sreću, nisu ostvarili, koristiti. A šta ovi naši domaći fašisti namjeravaju sa uništenom i spaljenom zemljom, to sam bog zna. Oni izgleda nisu sposobni da razmišljaju o budućim planovima. Važno im je ono što se dešava sada, a poslije „lako ćemo". Mene to ipak više podsjeća na jednu drugu narodnu izreku, koje oni, ne samo da se ne pridržavaju, već rade sasvim suprotno: „Nemoj sjeći granu na kojoj sjediš".

22.9.1992.

Sinoć je minirano prizemlje hotela „Bosna". To su sigurno učinili Srbi, jer povodom toga nije bilo nikakvih represalija na nesrpsko stanovništvo. Izgleda da ona žešća četnička struja među Srbima hoće da dođe na vlast, pa su vjerovatno oni podmetnuli paklenu napravu u hotelu, koji je glavno leglo SDS-a u gradu. Nama, ostalim građanima ovog grada, laknulo je, jer je ovo prvi „srpski" objekat u našem gradu koji je miniran, i to od dušmanske, srpske ruke. Možda će primitivci i svome narodu otvoriti oči i otkriti o kakvim se to ljudima radi. To su, naravno, samo moje puste želje, jer oni neće otvoriti oči i ništa neće ukopčati, sve dok ne počnu gubiti u ovom ratu, a do tada će mnogo vremena proći i mnoge nedužne žrtve će uzalud pasti. Da oni bar hoće da se poubijaju međusobno, a da nas ostale ne miješaju u tu neljudsku prljavu rabotu, to bi možda bila najveća pravda na svijetu. Tako bar mi ostali, pošteni građani, ne bismo morali prljati ruke od ovih zlikovaca koji su u crno zavili, najprije svoj, naivni narod, pa onda i sve nas ostale. A bijeda i očaj se već osjećaju na svakom koraku. Izgleda da oni imaju namjeru da produže ovaj rat u beskonačnost, jer se nadaju da će na taj način prikriti zločine koje su počinili širom naše domovine. Neće i ne može im to uspjeti...

Čuo sam da danas na srpskoj tzv. skupštini ponovo glasaju o iseljavanju nesrpskog stanovništva. Ovo im je već treći pokušaj da to izglasaju u našem gradu. Možda nas već ovih dana čeka egzodus. Iskreno rečeno, mene čudi da to već dosad nisu učinili. Dobio sam ponudu da ilegalno napustim grad, ali se još nisam odlučio, zbog supruge i kćerke. Iskreno rečeno, ne znam šta da radim. Dani su beskrajno dugi, nemam nikakvog posla, a u cijelom svom životu sam dva posla uporedo radio: po danu u bolnici, ili školi, po noći – muzika. A sada ništa.

Počeo je da me hvata strah da ne ostanem potpuno bez sredstava za život, jer je izgleda sada nemoguće bilo šta zaraditi, ako nisi Srbin. Došla su vremena kada oni ostvaruju velike ratne profite, a mi ostali nemamo nikakve šanse ni da preživimo. Nadam se da to neće predugo trajati. Nadam se, jer mi za sada samo to preostaje...

23.9.1992.

Današnji dan je isti kao i bezbroj prethodnih. Stalno razmišljam da li da pišem o jednoj mojoj velikoj tuzi i brizi koja me ne ostavlja na miru ni u jednom trenutku. Ne mogu više izdržati i danas moram pričati o tome, iako to može izazvati strašne posljedice za cijelu porodicu, ako dušmani otkriju o čemu se radi...

Radi se o našem sinu...

Dugo sam sjedio u njegovoj sobi razgledajući slike koje je on sam aranžirao i za- lijepio po zidovima svoje male sobice. To su posteri automobila koje on od svoga najranijeg djetinjstva obožava. Tu ljubav prema automobilima probudio mu je moj otac još kada je malac imao manje od dvije godine i kada ga je Dido stavljao u krilo i dozvoljavao mu da sam upravlja dobrim starim „Fićom“. Poslije mnogo mnogo godina, danas sam se isplakao kao dijete. Gdje li je sada moj sin? Šta radi? Ima li šta jesti? Pitanja mi naviru jedno za drugim, a odgovora nema. Kunem se svojim životom da on nikome ništa nije zgriješio, a tako grubo su ga natjerali da na silu sazrije i napusti rodni dom u prvom cvijetu svoje mladosti. Prokleti rat, prokleti oni koji su sve ovo započeli. Molim sudbinu da mi sačuva moje dijete, da mi ga vrati. Bojim se da me tuga, zbog neizvjesne sudbine našeg djeteta, ne svla- da, ne pobijedi. Ja još uvijek imam mnogo snage i volje za životom, ali se bojim da me ne savladaju očaj, neizvjesnost i tuga.

Osjećam da bi uz svoga sina mogao još mnogo toga učiniti za svoju porodicu, a on je već tako dugo odsutan... Kada će kuća ponovo odzvanjati glasnom muzi- kom koju on voli da sluša po cijelu noć? Kada će doći dan da se ponovo vidimo i zagrlimo, svi zajedno? Da zajedno ručamo, radimo u našoj privatnoj firmi i živimo u našem bivšem gradu? Da li će taj dan ikada doći? Ova agresija na našu zemlju je sve to poremetila, sve otrgla iz srca, sve lijepo poništila i uprljala. O, Srbi, u šta nas uvaliste... Sudbino, nadam se da ne tražim previše kada molim da mi se sin vrati, pa da mi porodica ponovo bude na okupu.

24.9.1992.

Sinoć je bilo mnogo pucnjave u gradu. Poginula su tri milicionera i dva civila na Hisetima, kod Zelenog mosta. Jutros je grad osvanuo potpuno blokiran. Naročito naselje Mejdan. Nama, neupućenima, izgleda da su počeli obračuni među okupatorima. Tako je neki dan komandir milicije ubio milicionera na barikadi kod „Žitoprodukta", na cesti prema Vrbanji. Komandir je bio pijan. „Istraga je u toku."

Saznao sam da je eksplozivnu napravu u hotelu „Bosna" (o tome sam prekjuče pričao) postavio SOS (srpske oslobodilačke snage), jer njihovim pripadnicima je novi „vlasnik" hotela ukinuo platu i besplatan smještaj u hotelu.

Priča se da će biti uvedena vojna uprava. Šta li nam to znači? Sigurno ništa dobro. Vjerovatno nam spremaju nešto gadno, u svom stilu.

U međuvremenu sam saznao da je milicionere na Hisetima ubio Džumhur Haris, rezervista u srpskoj vojsci. On jeste Musliman, ali je bio srpski vojnik, sa „srpskim" oružjem koje su Srbi svojevremeno prisvojili i sada ga smatraju svojim. O ovom događaju sam tako čuo, a pravu istinu, u ova lažljiva vremena, teško je saznati. Čaršija priča jedno, policija drugo, srpske novine treće, a srpska TV četvrto. Na kraju se rezervista Haris sam ubio, bacivši bombu ispod sebe.

Građani ukletog grada su ovog puta imali sreću, jer je poludjeli rezervista, pored policajaca, ubio i jednog hodžu, pa policijske vlasti ova ubistva nisu shvatile kao politička, tako da su represalije nad stanovništvom izostale. A bili su već sve stanovnike naselja Hiseta smjestili u Poljokanov park, s namjerom da počnu odmazdu.

O samom Harisu bi se sigurno moglo mnogo pisati, jer je i on, kao i svi mi, bio pod pritiskom okupatora i sigurno da je njegova unutrašnja borba izazvala protivrječnosti u kojima se on nalazio i dovela do ovakvog tužnog ishoda. On jednostavno nije izdržao strahoviti pritisak dušmana sa jedne, a porodice i prijatelja sa druge strane. Epilog je bio tužan za sviju. Još jedna nesretna žrtva prljavog, besmislenog rata, zapravo agresije koja nikome, nikakvog dobra neće donijeti.

„Dobroj´tro, jes´ se naspavala?", upitah Starkicu, a ona me mutno pogleda i reče: „Hajde bolan´ nastavi sa pripovijedanjem tamo gdje si stao, baš je sad najzanimljivije". Nasmijah se i nastavih pričati o događajima o kojima sam razmišljao dok je Starkica spavala.

25.9.1992.

Danas su nam u posjetu došli gospoda Oven i Sajrus Wans. SDS se pobrinula da gosti budu lijepo dočekani i „po planu" obiđu naš grad. Svakako da su okupatorske vlasti sve dobro isplanirale da bi gostima prikazale da je ovdje „sve u redu". Stigao je i zločinac Karadžić. Ipak, na kraju posjete, Wans je izjavio da je situacija u našem gradu i gora nego što je očekivao, a vidjelo se da mnogo nije vjerovao Karadžiću i njegovoj bratiji. Što se tiče predsjednika SDA i HDZ u našem gradu, oni su dali dosta blage i šture izjave koje ni blizu ne odgovaraju istini o ovom gradu i obimu sveg onog zla koje čini SDS ovoga grada. Ljudi su bili sigurno zaplašeni i nisu smjeli da kažu pravu istinu o iseljavanjima, pritiscima, otkazima, tjeranju na front, eksplozijama u muslimanskim i hrvatskim radnjama, mučenju, torturi, ubistvima, sukobima raznih struja SDS-a, itd. Itd. Nadajmo se da će jednoga dana istina izbiti na površinu. Većina mojih sugrađana se pita da li će ostati živjeti u ovom ukletom gradu koji se tako poseljačio, postao tako ružan, pun nekih ljudi sa grubim, bezdušnim izrazom lica: konjska kola na svakom koraku, balega, nered, smrad, zvuci nekog ružnog, našem gradu doskoro nepoznatog govora, ulicama promiču spodobe sa nekom drugačijom garderobom kakva se dosad nije nosila u našem gradu.

O šajkačama i smrdljivim bradama da i ne pričam. Sve je više ljudi koji prebiru po neurednim smetljištima tražeći ostatke hrane, flaše, kutije i ko zna šta još.

Tako sam i ja odlučio da se javim u Merhamet. Kako mi to teško pada. A imam četiri profesije pomoću kojih sam do sada prilično lijepo živio. Ko te sad u ovoj tragikomediji od paradržave pita za profesije.

Što se tiče moje muzičarske karijere, ona je ovdje za sva vremena završena, jer ja nikada u životu sigurno neću zapjevati nijednu četničku pjesmu, a ovdje bez toga ne ide, ne pije vode. Ovdje, u ovoj parodiji od života, ni nauka ne predstavlja ništa, ako ne potiče od Srba, a isto tako je i u svim ostalim područjima života.

Da se pohvalim: Danas sam na Birou za zapošljavanje dobio ponudu da predajem engleski jezik u školi „Karlo Rojc". Kada je službenik biroa ponudio dotičnoj školi moje usluge, oni su to, naravno, glatko odbili. Upitao sam službenika: „Da li oni traže ljudsko biće da predaje engleski jezik u njihovoj školi?" On je odgovorio da su mu rekli da oni traže Srbina i da moja malenkost ne odgovara njihovoj nacionalnoj strukturi u školi. Službenik mi reče da se ja ipak javim na taj i taj broj, na što sam ja odgovorio da ja nikada u životu ne bih mogao da radim u kolektivu koji me ne želi, jer nikad u životu neću moći podnositi nacionalizam. Na vlastitom primjeru se uvjerih da se u ukletom gradu i u ovoj „državi" itekako ljudima onemogućava pravo na rad. Već ranije sam spomenuo da ove fašističke vlasti ne vode računa ni o najuglednijim stručnjacima, od kojih zavise i njihovi životi: dr. Hadžikarić, dr. Sefić, dr. Omerbašić, Dževad Osmančević i mnogi drugi ljudi koji bi predstavljali ponos svake civilizovane sredine. Za srpske nacionaliste ovi stručnjaci ne predstavljaju ništa, jer oni ne posjeduju onaj glavni i jedini epitet – Srbin. Doći će njih to njihovo srpstvo glave, kad-tad. Oni će vjerovatno u škole ponovo početi uvoditi ruski jezik, a ukidati engleski, jer među Srbima u ovom gradu nema mnogo predavača engleskog jezika. Dakle, ruski jezik, i problem, barem što se njih tiče, riješen. Možda ja i pretjerujem o tom engleskom jeziku. Šta je „dobrog", pravog Srbina briga za tamo neki evropski i svjetski jezik, a još latinica...

Jadno je to sve i čemerno, ali moje je da opišem situaciju u kojoj se svi mi sada nalazimo, a budućnost će, nadam se, pokazati koliko su ovi ljudi bili omađijani potpuno pogrešnim idejama i predstavama o životu i o suživotu. Apartheid nastavlja svoj pogubni život i poslije pada u Južnoafričkoj Uniji.

29.9.1992.

Danas sam sreo svoju koleginicu S. I. iz škole u kojoj sam i ja do nedavno radio. Ona mi je ispričala dvije priče iz života ovog prljavog, fašističkog grada.

Prva priča se tiče nje same i njenog prava na rad: U školi su joj rekli da donese potvrdu da su joj se muž i sin javili na srpsku mobilizaciju. Oni se, normalno, nisu javili, kao ni ja, a ni ostali građani koji su lojalni našoj domovini Bosni i Hercegovini. Ako ona ne donese te smrdljive potvrde, onda će najvjerovatnije ostati bez posla. Dobit će otkaz. Original kao u nacističkoj Njemačkoj četrdesetih godina ovoga vijeka: Muž, čisti arijevac, ostaje bez posla samo zato što mu je žena Jevrejka. Dobri stari Remark je to tako lijepo opisao u svojoj knjizi „Ljubi bližnjeg svog".

Druga priča se odnosi na sina ove nesrećne žene. Njega su jednog dana uhvatili na ulici i oduzeli mu dokumente. Rekli su mu da dođe po dokumente u SUP, u pola sedam naveče. Mladić je otišao u navedeno vrijeme u SUP, a onda je počelo iživljavanje pijanih milicionera. Pitali su ga čime se bavi, a kada je on odgovorio da je svirao u rok grupi, oni su ga natjerali da s njima pjeva nacističke, četničke pjesme. Zahtijevali su da pjeva što glasnije može, tako da se sve orilo. Dok je on pjevao, oni su razbijali zidove kancelarije tijelima dva mlada čovjeka, koji su također, naravno, bili Muslimani. Na kraju su izmučenog i isprepadanog mladića, jer bilo je tu i šamara i prijetnji, pustili kući. Izmučeni dječak nije mogao zaspati bez apaurina. U isto vrijeme ova kvazi-država zahtijeva od ovog mladića i njegovog oca da služe u njihovoj, srpskoj, zločinačkoj vojsci.

„Smrt fašizmu, sloboda narodu!"

1.10.1992.

Prođe i septembar, a ovdje sve isto, ništa se nije promijenilo. Stalno iščekujemo najgore. To najgore nam se moglo desiti prije nekoliko dana, poslije ubistva onih policajaca i civila. Imali smo sreću u nesreći. Da ubijeni civili slučajno nisu bili Muslimani, fašističke vlasti bi iz našeg grada nasilno iselile 35.000 „nesrba". Slovom i brojkom: 35.000 nedužnih ljudi bi bilo otjerano iz vlastitih domova i iz svog vlastitog grada. Znajući šta su dosad ovi zločinci uradili po gradovima Bosne i Hercegovine koje su okupirali i proglasili srpskim, mi ni u ovom našem gradu ne očekujemo da nas čeka bolja sudbina, ali, eto, iz inata, nećemo da iselimo po njihovim pravilima, pa šta god da nam se desi. A desiti se može i ono najgore. Na kraju se lako može i život izgubiti. Ipak ovaj grad nije njihov i mi nećemo da potpišemo dokumente i sve ostavimo njima. Mi, stanovnici ovih podneblja, u sebi imamo i dovoljno inata i dovoljno optimizma, da i pored ove bezizlazne situacije, ipak osjećamo da se ovo stanje ne može produžiti u beskonačnost i da će bolji dani doći, kad-tad. Samo je pitanje koliko ljudski um može izdržati, a i koliko daleko ljudska glupost i zloba može ići.

Stiže vikend pa i unuci stigoše da dobiju svoju porciju istorije ljudske gluposti i zlobe. Razmišljao sam koliko daleko mogu ići u objašnjavanju svega onog zla koje nam se desilo i došao do zaključka da je ipak istina najvažnija, ma koliko bila gruba i neljudska. Mislim da je dobro da dječake zanimaju takve stvari, a i da čuju šta sve zlo ljudsko biće može napraviti drugom ljudskom biću („čovjek je čovjeku vuk"). „Idemo dalje", rekoh i nastavih tužnu pripovijest.

3.10.1992.

Jučer su se opet sa gradske pijace proširile vijesti da se priprema veliki egzodus „nesrpskog" stanovništva. Mi, popularno nazvani „nesrbi", sa zebnjom iščekuje-mo šta će nam se desiti ovih dana. U gradu se priča da se ovdje trenutno nalazi veliki broj „šešeljevaca", a gdje se nalaze ovi poznati četnički koljači, tu se stvari uvijek dešavaju zpo već razrađenom zločinačkom scenariju. Sjetimo se Bijeljine: Sami četnici izazovu neki incident, a onda počnu represalije: mučenja, ubistva i prisilno iseljavanje nedužnog civilnig stanovništva – etničko čišćenje. E jesu „lju-dine", nema šta. Moći će i u budućnosti pisati „svoju" verziju istorije, kao što su to i do sada radili. Samo mi je žao što smo im mi Bosanci, bez rezerve, vjerovali, a smijali smo se onoj narodnoj: „Kada posadiš Srbina da jede s tobom za stolom, a drugog Srbina staviš u vreću, pod sto, isto ti misli i onaj za stolom, kao i onaj pod stolom, u vreći." Nama je ova narodna poslovica bila zabavna i smiješna, a pojma nismo imali i da je istinita. Kako smo bili naivni. Jučer sam razgovarao sa M., jednim poznanikom iz Kotor Varoša. Četnici su ga prisilili da bagerom zatrpava mrtve Muslimane koje su oni izmasakrirali u Kotor Varošu. Čovjek je ispričao da je samo on, lično, zatrpao bar 100 leševa, bagerom, u zajedničku grobnicu, u jednom haremu u Kotor Varošu koji se već dugo ne koristi. Četnici su leševe dovezli u tri traktora i natjerali nesretnog čovjeka da bagerom zatrpava svoje komšije i prijatelje. Čovjek je to radio dok nije pao u nesvijest, prepoznavši među leševima jednog mladića kojega je mnogo volio. Ovaj svjedok tvrdi da je bilo još ljudi koji su natjerani da rade ovaj isti posao i da su oni, kao svjedoci, vjerovatno pobijeni. On je imao sreće i novaca, pa je uz pomoć nekih Srba uspio izvući živu glavu iz ovog pakla. On tvrdi da ova zlodjela nisu radile njegove komšije Srbi, nego neki četnici sa strane, u nekim crnim šeširima. On je kasnije saznao da ovakvih zločinaca u crnim šeširima ima u Titelu, pa bi ovo svjedočanstvo moglo koristiti u procesu u kojem će se suditi ratnim zločincima. Ovaj svjedok je autentičan, na sigurnom je mjestu, ali je strašno preplašen da ga zločinci ne otkriju i ubiju i njega i njegovu porodicu. Znam kakva opasnost prijeti i meni koji ovo pokušavam sačuvati od zaborava, ali neko mora, pa valjda će istina nekad ugledati svjetlost dana.

Saznao sam zašto su jučer i danas bile velike racije po gradu. Jedan poznanik, rezervista u Komandi grada, ispričao mi je da je jučer iz okoline Jajca dezertiralo 150 srpskih vojnika, pa su iz tih razloga bile blokirane ulice u centru grada i pooštrene kontrole i racije. Dotični vojnici su se izjasnili da više, ni po koju cijenu, ne žele i ne misle ići na front. Jedva sam se, neprimjećen od mnogobrojnih patrola i kontrola, prebacio od pijace do kuće.

4.10.1992.

Danas neprestano odjekuju detonacije teške artiljerije. Po zvuku razaznajem da dolaze iz pravca Kotor Varoša. Naša srpska „braća“ „oslobađaju“ Večiće i ostala muslimanska i hrvatska sela oko Kotor Varoša. Vjerovatno u tome neće uspjeti, jer stanovnici tih krajeva neće da budu „oslobođeni“, ni po koju cijenu. Ni po cijenu života svih njih. Znaju oni kakvi su ljudi „oslobodioci“. Znaju oni kako se ponašaju krvoločne zvijeri.

Jučer sam čuo još jednu užasnu vijest koja nije provjerena, ali, ako je istinita, onda teško ovom gradu i njegovim građanima. Naime, priča se da će u ovdašnju novu zgradu Doma penzionera uskoro useliti bratija sa Pala i da će se tu smjestiti milicijska škola. Ako se to desi, onda nema više ni Vrbasa, ni Mejdana, ni Sitara, ni „nesrpskog“ življa koje sada živi u tom dijelu grada. Vjerovatno će u tom slučaju zločinci uništiti i džamiju i glavni gradski harem „Stupnicu“, koja se nalazi u neposrednoj blizini zgrade nesuđenog Doma penzionera. A penzionere danas i onako niko ništa ni ne pita.

Takođe sam čuo iz pouzdanih izvora da okupatori kompletan Remontni zavod

TAS iz Hadžića preseljavaju u naš grad. Još jedna u nizu bezočnih pljački ove naše napaćene domovine. Iz tih razloga se i vrši intenzivno bombardovanje Hadžića, da bi se pod okriljem bombi i dima izvela još jedna nečuvena pljačka imovine države Bosne i Hercegovine. Da bog da im svi njihovi prljavi zločini došli glave, kad-tad! A detonacije iz Kotor Varoša nikako ne prestaju...

Nekoliko riječi i o fudbalskom klubu „Borac" iz našeg grada. Sada je i taj klub etnički čist. U njemu sada igraju samo Srbi. Srpski novinar iz našeg grada je napisao da su „nesrbi" napustili klub svojevoljno. Ime tog novinara je Momo Joksimović. Međutim, novinar časopisa „Vreme" iz Novog Sada je napisao da se u tom etnički potpuno čistom klubu desilo nešto sasvim drugo. Novosadski novinar je naveo i izjave nekih fudbalera, „nesrba", da su morali da odu iz kluba, jer su ostali igrači, čistokrvni „arijevci" Srbi, glasali da ne žele da igraju zajedno sa Muslimanima. Tako su sami srpski fudbaleri odredili svoju sudbinu i svrstali se na stranu fašističke klike iz ukletog grada. Sada „Borac" više nije onaj klub sa svijetlim tradicijama, nego neki novi, etnički čist klub iz Srbije, koji građani našeg grada (bar oni rođeni), ne priznaju za svoj. Na stranu što ga takvog kakav je sad ne prizna ni Evropa, ni svijet. Na stranu što su se i fudbaleri ovog kluba opredijelili za nacizam, a Momi Joksimoviću ne treba zaboraviti da je, eto, i on svojim „obrađenim" „istinama" poslužio nacističkoj propagandi u ostvarivanju svojih okupatorskih ciljeva. I ovaj slučaj pokazuje šta su okupatori uradili od ovog, nekad lijepog, grada. A ti okupatori su većinom neki nepoznati ljudi, došljaci, ljudi koje ovaj grad nije ni poznavao prije dvije godine. I u sport su zarili svoje nacionalističke kandže, pa mu ne daju da diše. Mi, rođeni građani ovoga grada, danas smo ispratili posmrtne ostatke jednog velikog fudbalskog entuzijasta i priznatog građanina ovoga grada, Dervišić Mehmeda-Dudu. Na đenazi je bilo mnogo starih, poznatih sugrađana, mnogo finog gradskog svijeta. Mislim da ni pet posto prisutnih nisu imali „ausvajs" – potvrdu fašističkih vlasti da su se javili na mobilizaciju. Svi ti ljudi nemaju pravo na rad, kretanje, pomoć, „srpski" zrak, „srpsku" vodu i pitaj boga šta još. Samo zato što nisu htjeli da učestvuju u zločinu, u okupaciji naše domovine. Svi su rizikovali i došli na ispraćaj našeg Dude.

5.10.1992.

Danas u Osnovnoj školi „Filip Macura", u šestom b razredu, odvijao se veoma zanimljiv razgovor između učenika i novog razrednog starješine. Novi razredni starješina je nastavnica srpskohrvatskog jezika, pardon, srpskog jezika. Učenici su postavljali mnogo pitanja o školi, o školskoj godini, struji, grijanju, a najčešće pitanje bilo je o starom razrednom starješini Husi. Djeca su pitala: „Šta je sa našim razrednikom Husom?" A nova nastavnica je odgovorila: „On je ozbiljno bolestan." Na pitanje djece: „Jeli naš razrednik dobio otkaz?", nova razrednica je odgovorila: „Ne znam, ja samo znam da je on ozbiljno bolestan." Valjda je žena dobila instrukcije da ništa ne zna. Samo da još ne počne pričati da je jadni čovjek umro, što se od tuge i jada stvarno može desiti.

Eto, to je još jedan fragment iz života ukletog grada koga su i razum i pamet napustili. Eto, tako izgledaju i njihovi nacionalni programi. Kada će oni svojoj vlastitoj djeci početi gledati u oči i polagati račune, sam bog zna, ali laž je kratkog vijeka i sve se na kraju ipak sazna.

„Hajde da malo predahnemo od ovih ružnih stvari pa da vam ispričam jedan događaj iz dvorišta ove iste škole o kojoj sam upravo pričao. Važi?" „Hajde dido, baš će dobro sjesti malo osvježenja iz tvoje prošlosti", povikaše sva trojica, a Emil sjede još bliže i pripremi se da čuje priču u sasvim drugom stilu od ratnih tema i okupacije.

Djeco i ja sam išao u spomenutu školu „Filip Macura" i upravo mi pade na pamet jedna uspomena o kojoj nikad nisam specijalno razmišljao, ali koju nikada nisam zaboravio.

Tuča u školskom dvorištu

Veliki odmor, sva školska djeca u dvorištu, opšti kaos, galama, smijeh, zadirkivanje, svađe, urnebes. Upravo takvih velikih odmora se sjećam, a takvi su bili i poslije u mojoj prosvjetnoj karijeri.

Iznenada se sva djeca skoncentrisaše u jednom ćošku školskog dvorišta koje se ćaskom pretvori u arenu u kojoj se dva gladijatora, pardon, jedan krupni dječak (duplo veći od mene) i ja (sitan dječačić, jedan od najmanjih u razredu), uhvatiše u koštac. Povod tuče mi ni slučajno ne pada na pamet, vjerovatno nešto glupo i nevažno, ali tuča je boga mi bila žestoka i prava. On krupan i vjerovatno jači od mene, ali ja brz i energičan, snalažljiv i možda bolje uvježban. Zvižde udarci na sve strane i odjednom se nađosmo na asfaltu: ja gore, on dole. Njemu poteče krv iz nosa, a ja zanesen u moje životinjske porive počeo da mu razvlačim prstima usta na sve strane. Onda nas razvadiše i mi ostadosmo najveći neprijatelji na kugli zemaljskoj. Ja sam osjetio „draž" pobjede i sve ono ružno što se osjeti u trenutku trijumfa, a on je pokunjeno otišao u svoj razred. O tom „trijumfu" sam razmišljao mnogo kasnije, kada sam počeo proučavati ljude i njihove čudne porive i životinjske instinkte.

Preko dvadeset pet godina kasnije sam se sprijateljio sa mojim „protivnikom" čije ime neću navesti, iz poštovanja prema njemu.

On je godinama bio stalni posjetilac i pratilac na našim svirkama, a često nam je pomagao i pri nošenju instrumenata. Ako sam kao dječak osjetio trijumf poslije moje „pobjede", poslije, u zrelim godinama, sam osjećao stid i tugu što se to dogodilo. Nisam nikad sa mojim prijateljem G. govorio o tom nemilom događaju, ali sad bi ga tako rado sreo, da ga zamolim za izvinjenje. Tako bi rado s njim sjeo u „Inter", kao u stara vremena, popio pivkana i popričao o ljudskim glupostima i o starim vremenima.

„Dido, zar si ti tako bio opasan kao dječak?" upita Henri. „Nisam Henri, ja se skoro nikada nisam tukao, ali imao sam žestoku narav i eto, desilo se ponekad da dođem u konflikt, naročito ako me neko napadne. Nego, sada ćete dobiti jednu porciju priča iz godina devedesetih u noninom i didinom rodnom gradu."

8.10.1992.

Okupirali su, pardon, „oslobodili" su Bosanski Brod. Možete zamisliti kako su se razmetali u ukletom gradu. Tada im niko više nije bio ravan. Već su počeli da se hvale kako će sada „osloboditi": Tuzlu, pa Cazin, pa Bihać... Srce mi se počelo cijepati na milion kamada. Svi sugrađani „nesrbi" boluju za Bosanskim Brodom. Nikako ne možemo da prihvatimo da se ta tragedija dogodila. Moram priznati da nam je skoro svaka nada da ćemo pobijediti okupatorsku neman, potkopana. Čini mi se da smo tek sad istinski spoznali koliko je neprijatelj jak i koliko je dobro naoružan, oružjem koje smo cijeli svoj radni vijek svi mi plaćali. Plaćali smo oružje za ubice koje nas sada tako nemilosrdno ubijaju i uništavaju sve ono što smo mi godinama izgrađivali. Moram reći da postoji sumnja među građanima da je pad Bosanskog Broda dio scenarija u kojem se žrtvovala ova teritorija da bi Hrvati, negdje na drugoj strani, nešto drugo dobili. I ova varijanta je za nas Bosance monstruozna. Dok Bosna krvari, njenim teritorijama se trguje. Mi, Bosanci, izgubili smo svaku nadu da će nam pomoći Evropa i svijet. Nije njima, čini mi se, stalo do tamo nekih Muslimana, iz tamo neke Bosne. „Daleko od oka, daleko od srca." Nama izgleda preostaje jedna dugotrajna borba, sa vrlo neizvjesnim ishodom, jer je neprijatelj dobro naoružan, prefriganiji i ima i svoju rezervnu domovinu koja mu i javno i tajno cijelo vrijeme pomaže. Daj bože da danas nisam u pravu, da me neka pravednija budućnost demantuje. Ipak se nadam da je naša motivacija i pravedna borba za slobodu jača i da će na kraju, i pored svega, pobijediti.

11.10.1992.

Jučer je ulicom ispred kuće prošlo osamnaest šlepera punih ljudi, a uz te šlepere je prošao i priličan broj luksuznih automobila koje nisam mogao ni izbrojati.

Otišli su negdje prema jugu, što znači prema Skender Vakufu i dalje, prema Travniku. Ovu relaciju namjerno spominjem, jer će se možda nekad saznati da li su svi ovi jadni ljudi stigli na svoje tužno odredište, ili ih je sačekala neka četnička grupa i opljačkala, ili ubila. Kasnije, istog dana, saznao sam pouzdano da je u ovoj velikoj grupi bilo 1.500 prognanika iz okolnih sela i iz samog Sanskog Mosta. Srpske vlasti, po starom običaju, tvrde da su se ovi ljudi dobrovoljno iselili sa svojih vjekovnih ognjišta, a jedan moj prijatelj iz Sanskog Mosta mi je telefonom javio da su svi oni silom otjerani iz svojih rodnih kuća i da je i ovo dio srpske perfidne igre etničkog čišćenja u ovim dijelovima naše domovine. Da bog da u budućnosti živjeli sami samcati, etnički čisti i ugušili se u svome etnički čistom smradu i glibu, koji ih sigurno čeka u desetljećima koja dolaze. Da bog da se u cijelom dvadeset prvom stoljeću ne uprljali nikakvim suživotom ni sa jednom drugom nacijom i da bog da im cijelo vrijeme bio vođa Radovan Karadžić i njegova nacistička bratija. Znam da ove moje kletve mogu u normalnom svijetu izazvati svakakve reakcije, ali to objašnjavam činjenicom što i mene uskoro vjerovatno čeka ista sudbina prognanika, pa za sada ne mogu da potisnem svoj bol i ljutnju na one koji su sve ovo zakuhali i prouzrokovali. Jednostavno, vremena su takva da optimizam postaje tako rijedak u sivilu ovog beznađa. Ipak, uvjeren sam da će mi se moj optimizam vratiti kada stignem u neki kraj gdje neće biti fašizma i primitivizma i gdje čovjek čovjeku neće biti vuk.

13.10.1992.

Sad ću ispričati jednu istinitu priču jednog poznanika koji ratuje kod Bosanskog Broda. On je u srpskoj vojsci. Član je jedne posade samohotke sa dva topa, ne znam kojeg kalibra. On kaže da oni krstare teritorijem i gledaju iz kojih se kuća, ili stanova, puca na srpsku vojsku. Kada utvrde odakle se puca, onda oni otvaraju vatru i ruše cijele kuće, ili cijele zgrade. To valjda u ratu treba da bude tako, ali ovo je za mene još jedna vjerodostojna potvrda na koji način se ruše bosanski gradovi. Da ironija bude veća, ovaj vojnik koji je to ispričao zove se Enes i, eto, on takođe učestvuje u rušenju svoje Bosne i Hercegovine.

Čini mi se da nisam pričao o crvenom kombiju marke „Rival", sa bijelim krovnim produžetkom. Taj kombi mora biti zapamćen u ovom gradu, jer su mnoge glave porazbijane i mnogi bubrezi odvaljeni zahvaljujući tom đavolskom kombiju i neljudima u šarenim uniformama, koji ovim kombijem krstare ulicama i hvataju nedužne ljude po gradu. Često se desi da i ljudi koji imaju „uredne" potvrde Vojnog odsjeka, budu uhvaćeni, pretučeni i odvedeni ili u Kastel, ili u Mali logor, gdje okupatorske vlasti imaju specijalne ljude za „obrađivanje" uhapšenih. Jedan očevidac je pričao da su njega uhvatili pred kućom i odveli ga u Kastel, gdje su ga bjesomučno tukli, nazivajući ga Alijinim mudžahedinom, zelenom beretkom itd., a ovaj čovjek je, naravno, bio potpuno nedužan. Da je bio zelena beretka, svakako nebi bio u ovom smrdljivom okupiranom gradu. Kada je čovjek od iznemoglosti pao na koljena i ruke, onda su ga neljudi u šarenim uniformama, ulazeći u mučionicu, jedan po jedan, udarali čizmama, gdje ko stigne, nazivajući ga pogrdnim imenima.

Sutradan su ga pustili i možete misliti u kakvom je stanju stigao kući. Ipak je ostala glava na ramenu i jedno vjerodostojno svjedočanstvo. Ovo je samo jedan od hiljada slučajeva ovog ukletog kombija. Zaboravio sam reći da na kombiju piše „Milicija", a o njemu će još sigurno biti riječi, jer to je nešto što se dešava svaki dan u ovom gradu. Sigurno će biti još tužnih priča u čijoj su glavnoj krvoločnoj ulozi srpski zločinački izrodi i ovaj crveni kombi.

Daj bože da nisam u pravu.

„Dečki, vi ne znate da je i Dido imao crveni kombi kada smo Nona i ja napustili naša sigurna zaposlenja i otišli u privatluk. To je bio jedan fin crveni Folksvagen „Caravela" i dobro nam je služio jedno vrijeme, a onda smo ga zamijenili novim Reno „Trafic"-om koji je dočekao okupaciju, a o tome ću pričati kasnije, kada za to dođe vrijeme. Nego da nastavim tamo gdje smo stali.

15.10.1992.

Već treći dan ne možemo da uhvatimo frekvenciju Radia Bosne i Hercegovine. Nisam uspio saznati šta je razlog: nedostatak električne energije, ili nafte, ili su Srbi uništili i to jedino sredstvo informisanja koje smo mi Bosanci slušali i kojemu smo vjerovali. Sada smo potpuno očajni jer pravih, istinitih informacija sada u ovom ukletom gradu uopšte nema. Dostupne su nam samo srpske, iskrivljene verzije u koje mi Bosanci nikada nismo vjerovali, niti ćemo ikada vjerovati. Kud baš sad to da nam se desi kad smo puni sumnje u vezi s padom Bosanskog Broda, kada Srbi i Hrvati pregovaraju...

Uhvatio nas je paničan strah zbog potpune neizvjesnosti. Šta će se desiti sa nama Bosancima-Muslimanima, jer mi nemamo rezervne domovine, a znamo šta nam sve Srbi čine i kakve su njihove namjere. Ako nam Hrvati okrenu leđa, bojim se da ćemo izgubiti i domovinu i identitet i život. Svjesni smo da nam svijet neće mnogo pomoći i da smo prepušteni sami sebi, kao Bogumili, kao Bosanska crkva u minulim vremenima. Takva je trenutno situacija u ukletom gradu. Ako se uskoro bar nešto ne promijeni, mi, zatočenici ovoga grada, ili ćemo poludjeti, ili će nas naši „sugrađani" potpuno potamaniti, ili protjerati. Treće solucije trenutno nemamo.

Baš jučer je sahranjena još jedna žrtva ovog režima, jedan od uspješnijih građana, privatni ćevabdžija Maho, koga su u zatvoru toliko mučili da je podlegao ranama. Kada je tijelo isporučeno porodici, ovi ga nisu mogli prepoznati od povreda i krvnih podlijeva.

U zatvorima ima još mnogo ljudi i njihova sudbina je potpuno neizvjesna.

18.10.1992.

Srbi su, bar trenutno, dobili medijski rat. Otkako se u ukletom gradu ne čuje Radio BiH, kruže mnogobrojne dezinformacije, koje šire srpska sredstva dezinformisanja. Tako je radio stanica ukletog grada lansirala vijest da je u Sarajevu izvršen vojni udar i da su vlast preuzeli Sefer Halilović i Ejup Ganić, te da je predsjednik Alija Izetbegović u zatvoru. Ne može se ni zamisliti u kakvoj se situaciji nalazimo mi Bosanci-Muslimani u ovom porobljenom gradu. Postoji nada da su ovo sve laži, jer toliko puta prije su nam lagali, ali postoji i strašna bojazan da je moguće da se i napaćenom Sarajevu desi i ono najgore. Mi ovdje znamo koliku silu posjeduju Srbi, svjesni smo da oni trenutno imaju vojnu premoć i zbog toga se i plašimo da oni ne uspiju u svojim paklenim namjerama i da nam ne oduzmu našu jedinu domovinu Bosnu i Hercegovinu. Ipak postoji nada da se to neće desiti jer „pravda je spora, ali dostižna".

Domovino, držimo ti palčeve da istraješ i opstaneš. Mi trenutno ne možemo više učiniti jer smo zatočenici svoje sudbine u našem izdajničkom gradu.

Ovdje je, inače, još uvijek „status quo": kiša lije kao iz kabla, struje nema, depresija, siromaštvo i sve one „tekovine" koje su nam donijeli ovi nepromišljeni primitivci koji, izgleda, ni ne pomišljaju da sjašu sa vlasti koju su silom zauzeli.

Sada su izdali naredbu da nastavnici i profesori engleskog i njemačkog jezika moraju u svojoj nastavi sve pisati ćirilicom, samo im je dozvoljeno da izvorni, strani tekst pišu latinicom. Nevjerovatno, ali u ovom slijepom crijevu Evrope istinito. Čovjek može samo zamisliti dokle doseže njihova mržnja prema Evropi, nauci i bilo kakvom napretku. Može se samo zamisliti koliko ovi primitivci misle o budućnosti svoje djece, kada im je važnija ćirilica od svake naučne misli i dostignuća. Daleko će dogurati sa ovom garniturom luđaka koja ih sada vodi u mrak i bespuće iz kojih se neće iskobeljati ni za pedeset godina.

21.10.1992.

Opet sam tužan, skoro očajan. Pošto već duže vremena nisam čuo vijesti Radio Sarajeva, uglavnom slušam neke poluistine, laži, dezinformacije i čaršijske priče. Danas sam čuo da već nekoliko dana traju sukobi između Hrvata i Muslimana u

Novom Travniku, Vitezu i Travniku. Čak sam čuo da neke hrvatske jedinice pomažu srpskoj artiljeriji u gađanju nekih muslimanskih objekata. Steglo mi se oko srca. Znači, tako se lako gazi savez za odbranu domovine. Znači i Hrvati žele isto što i Srbi. Žele da između sebe raskomadaju jedinu nam domovinu, a Muslimanima, šta ostane. Nadam se da međunarodna zajednica neće dozvoliti da Muslimani postanu beskućnici i emigranti, kao što su to Jevreji nekada bili. Zar je Evropi i svijetu potrebna još jedna Palestina na evropskom tlu? Hvata me neka mučnina od svega toga.

Zar ću stvarno morati, „put pod noge", pa napustiti sve ono što mi je bilo najdraže u životu: Vrbas, kuću, prijatelje, rodni najdraži grad...

Ima nas mnogo u ovoj nesretnoj Bosni koji bismo znali civilizovano živjeti, raditi i ne smetati nikome. Ali, to nam, evo, ne dozvoljavaju primitivci iz naše sredine, primitivci koji su uspjeli da široke narodne mase zaraze klicom nacionalizma.

Nadam se da je ova vijest o sukobu Hrvata i Muslimana još jedna od srpskih propagandnih dezinformacija i da će je demantovati događaji u budućnosti.

23.10.1992.
I pored četiri profesije, pošten čovjek ovdje ne može dobiti nikakav posao, pa sam, eto, i ja bio prisiljen da se javim u Merhamet i da prvi put u životu dobijem nešto besplatno. Dobio sam paket sa živežnim namirnicama, a već sam prije spomenuo da sam i ja jedan od hiljada onih koji nemaju nikakve šanse za bilo kakav posao u ovoj šovinističkoj paradržavnoj tvorevini. To primanje pomoći me tako duboko pogađa u dubinu duše, jer dosad sam bio čovjek koji je uvijek plaćao sve svoje račune i izdatke, a evo sada su me dušmani doveli u takvu bezizlaznu situaciju, da sam prisiljen tražiti pomoć da bi porodica mogla preživjeti. Nije mene stid priznati da sam dobio pomoć, jer na to su me natjerali ovi neradnici sa puškama i mitraljezima. Ipak moram još jednom reći da ja do sada nikada u životu nisam trebao pomoć, jer sam uvijek uspijevao da osiguram pristojnu egzistenciju, sebi i svojoj porodici. Svakako da je i moja supruga u svemu učestvovala i doprinosila. Napominjem da ovakvih slučajeva ima u Bosni i Hercegovini na stotine hiljada. Mi smo naučili da radimo, mi hoćemo da radimo, mi znamo da radimo, a nećemo da ratujemo. Ali, eto, ne dozvoljavaju nam da radimo, a tjeraju nas da ratujemo.

Čini mi se da mi je sada najteže, jar sada su i Hrvati i Muslimani počeli pucati jedni na druge. Ako se ovaj sukob ne smiri, čini mi se da šanse za bilo kakav suživot na ovim prostorima prestaju i sve postaje besmisleno. Tuga i očaj...

Kada će usijane glave shvatiti da smo mi za sva vremena osuđeni da živimo jedni pored drugih, kada će shvatiti da ćemo opet poslije rata biti prisiljeni da surađujemo po principu: ti meni struju, ja tebi drvo, ti meni papir, ja tebi so, itd., itd. To će se neizbježno desiti na ovim prostorima poslije rata, pa zašto onda glupi rat, pita se svako ko ima imalo čorbe u glavi. Kada će glupani shvatiti da je bijedan život sebičnjaka i usamljenika? To su ljudi shvatili još iz doba kada su mijenjali robu za robu, a mi bismo trebali da nastavimo život u robno-novčanom sistemu. Ko će uspostaviti dijagnozu ovog ludila na državnom nivou, ko će i kada započeti terapiju? Hoće li iko preživjeti?

Moram se pohvaliti da je trenutna situacija sa strujom u gradu mnogo bolja, jer je vodostaj na hidroelektrani „Bočac" visok, pa mogu proizvoditi više struje. Koliko će to trajati niko ne zna, jer sve zavisi od božije milosti. Mi ljudi, za sada, ne mislimo svojim radom i suradnjom stvari dovoditi na svoje mjesto. Mi smo za sada preokupirani mržnjom i problemima: ko će koga, ko će kome, kako će ko koga (ubiti, silovati, opljačkati, uništiti)...

„Dido, meni je preko glave tih ružnih događaja, ode ja gledati kako Nona pravi kolač, a poslije ću gledati crtić na televiziji", reče Oliver i odjuri u kuhinju, vjerovatno misleći da ću mu ja nešto prigovoriti. Naravno dječaku od osam godina je dosadilo slušati užasne priče iz tamo neke daleke Didine i Nonine domovine. „Nego dečki", obratih se Henriju i Emilu, „molim vas slobodno recite Didi kada vam sve ovo dosadi. Ja znam da su ovo teške i naporne stvari za vaše mlade uši. Nemojte se ustručavati. Hoćemo li prestati za danas?" „Dido, nas puno zanima šta se je dalje desilo, pa ako možeš, nastavi, a mi ćemo ti reći kad budemo željeli da prestaneš." „OK, dečki, idemo dalje za iste pare."

26.10.1992.
Sinoć su srpska sredstva informisanja javila da su „oslobodioci" ušli u Jajce. Ja sam prije nekoliko dana shvatio bit problema opstanka Bosne i Hercegovine. Bojim se da voljena domovina neće opstati, zato što, izgleda, u njoj ima više Srba i Hrvata nego Bosanaca koji Bosnu imaju kao svoju jedinu domovinu. U tome je cijeli problem: više je onih stanovnika koji imaju rezervnu domovinu u komšiluku i koji se, bar za sada, bore za razgradnju Bosne i Hercegovine, a povećavanje teritorija Srbije i Hrvatske. Naravno, u tome im zdušno pomažu i Srbija i Hrvatska. Čak sam došao do zaključka da oni ne žele da postoji bilo kakva država Bosna i Hercegovina. Oni hoće da ukinu jednu hiljadugodišnju državu, njenu kulturu, njen narod. Nema više nade ni da će nas Evropa i svijet spasiti. Ako budemo postojali i ubuduće ćemo biti srpsko i hrvatsko roblje kome će se od nacionalnog dohotka ponekad i udijeliti pokoja mrvica i čiju će sudbinu drugi dozirati i

određivati. Kako ćemo se zvati i ko ćemo biti, to će nam odrediti naši gospodari, mi ćemo moći sve to bezbrižno prihvatiti i živjeti „srećni", a naše bosansko ime nećemo smjeti ni spominjati. Pa i do nedavno smo bili tjerani da se izjašnjavamo kao „neopredjeljeni".

Nadam se da ovaj mračni scenario egzistira samo u mojoj glavi, jer se trenutno nalazimo u bezizlaznom položaju. Nadam se da su ovo samo moje trenutne slutnje i slabosti i da će sve biti drugačije i suprotno od ovoga.

Jučer sam od jednog poznanika, vrlo umjerenog Srbina, čuo da čak i on smatra da je TO BiH paravojna organizacija. Znači, počele su pripreme za diskreditovanje i razračunavanje sa tom našom jedinom vojskom, koja je jedina stala u odbranu nas Bosanaca i naše Bosne i Hercegovine. Pošto znam kakve su jake mašinerije za proizvodnju medijskih laži rušitelja BiH, sada mi Bosanci, kojima su Srbi prisvojili, ili uništili sve TV predajnike i radio odašiljače, te zapalili novinske kuće, možemo samo sa strepnjom čekati kakvu su nam podvalu sada pripremili naši srpski i hrvatski sugrađani.

Mi Bosanci nikome ništa zlo nismo ni mislili, a kamoli uradili. Znam samo da smo mi željeli i glasali da živimo slobodno i samostalno u svojoj vlastitoj domovini, i ništa više. Nisam još siguran, ali čini mi se, u ovom trenutku, da ni ova moja ispovijest nema više nikakvog smisla, jer, na kraju krajeva, ja sam samo čovjek koji gubi čast, dostojanstvo i domovinu, a koga još na svijetu zanimaju ljudi gubitnici? A ako ovu moju iskrenu ispovijest niko neće čitati, jer istoriju pišu pobjednici, i oni će sve ovo drugačije opisati, čemu onda sve ovo? Kome to treba? Čemu ovi moji naivni pokušaji da kažem pravu istinu, kad mi i onako niko neće vjerovati? Pobjednici će to opisati drugačije, i pobjednicima će se vjerovati.

Mi smo imali baš takav slučaj u našoj bivšoj domovini Jugoslaviji, a šta je na kraju ispalo od te naše istorije o „bratstvu i jedinstvu", koju smo tako zdušno učili i prihvatali. Mnogo laži, u ogromnim količinama, koje su tadašnji pisci istorije (pobjednici) iskombinovali sa nešto malo istine, i tako smo svi mi živjeli čitav svoj život u uvjerenju i zabludi da su nam Srbi i Hrvati braća, i mi Bosanci smo u to vjerovali, i mi Bosanci smo njih iskreno voljeli, a evo sada vidimo koliko je ta ljubav bila „iskreno" uzvraćena. Ponavljam: Mi smo njih voljeli i vjerovali smo im, a tek sada pomalo shvatamo koliko smo bili naivni i koliko smo sav svoj život zasnivali na zabludi i na laži.

Tako bih volio da je sve ovo samo ružan san, pa da se probudim u onoj našoj lijepoj svakodnevici, a ovo da što prije zaboravim.

„OK dečki, dosta priče za danas. Sutra nonna i ja idemo u Skone da dovedemo

Emmu i Daniela kod nas u Norrtelje preko božićnih praznika." Tako i bi, rano u jutro slijedećeg dana krenusmo, a vratismo se oko osam sati u veče istog dana. 1400 km za didu nije ništa, prelazio je on za dan i više. Dokle ćeš tako Acke, pitam se, zadovoljan i ponosan na svoju kondiciju i koncentraciju.

Poslije večere predloži: „Eh, kad ste već ovdje, da vam dido ispriča nešto interesantno." „Jeeees dido pričaj nam neku interesantnu priču", povikaše Emma i Daniel u glas. „Samo ova fina priča se stvarno dogodila prošlog ljeta", rekoh i odmah krenuh da bih zadržao njihovu pažnju.

Gringo i Gringuita

Ovog ljeta povedosmo i Emmu i Daniela na Cres. Ja im dadoh i nadimke: Gringo i Gringuita, pod uticajem tek pročitane knjige „Majin dnevnik", koju je napisala poznata čileanska spisateljica Izabela Allende. Pet semica sa dvoje djece od sedam i osam godina nebi moglo da se opiše kao pravi odmor. Naprotiv, bilo je puno posla i aktivnosti cijelo vrijeme: te kako se kaže dobro jutro, dobar dan, laku noć, hvala, doviđenja, sladoled, ja sam gladan, te odgovori na Danielova pitanja iz raznih tema cijeli bogovetni dan (i noć), te podsjećanje uz objašnjenja „zašto" na pranje zuba ujutru i naveče, te tuširanje svako veče, te svakodnevni odlasci na plažu po najgorem zvizganu jer se prije nije moglo stići, te smirivanje uznemirenih vragolastih duhova na plaži sa objašnjenjima zašto se nesmije prskati kupače koji se još nisu pokvasili, te naredbe da je vrijeme da se ide iz vode poslije par sati neprekidnog kupanja, te doručci, ručkovi, večere i klopa na plaži, te redovno skakanje na trampolini svake večeri, te brzinske posjete slastičarnama i restoranima pošto se djeci vječito žuri a piju sokove i jedu kolače i sladoled na mlazni pogon pa nemaju vremena sačekati nas starije, te ples do iznemoglosti na feštama i karnevalu, te čitanje priča prije spavanja, te izšuljavanje iz kreveta da se djeca ne probude. Skoro sve večeri provedoh kao gudavac sam, šetajući gradom, sjedeći sam i slušajući muziku u restoranima, a onda mi se, tek oko ponoći, pridružuje Starkica i tako provedemo zajedno oko sat-dva pred omiljenim „Bachom", uz sladoled, ili pivo, ili mineralnu vodu, opuštajući se od dnevnih stresova i zafrkancija. Najdeblji kraj u svemu ovome je svakako izvukla Starkica i nije se uopšte odmorila i natankala energiju za povratak na posao. Nikako ne uspijevam da je uvjerim da je dvoje djece, bez roditelja, trideset pet dana, po nesnosnoj vrućini, previše za svakoga, a svakakako i za nas 65+ seniore. Da mi nije bilo Ćiska, Vlade, Dinke, Hansa, Vere, Tercizija i Birgitte koji su ispunili ono malo praznina u svakodnevnim zafrkancijama sa djecom, mislim da bih i ja prolupao, a to je Starkica izbjegla „za konjski nokat" na povratku kući u tuđinu. Djeci nije lako provesti u autu dva dana i ona moraju majmunisati, što mi stariji razumijemo, ali to je bila ona posljednja kap koja je prijetila da se čaša prelije i da Starkica izgubi kontrolu. Stigosmo u južnu Švedsku, ostavismo djecu kod njihove kuće, a onda odjezdismo još onih „oko nekoliko" (750) kilometara do našeg Malog mista Norrtelje-a. Sve u svemu, bilo nam je lijepo, vrijeme nas je počastilo sa trideset pet žarkih dana bez kiše koja je pala samo dva puta po noći. More nije nikad bilo tako čisto i sa optimalnom temperaturom. I Daniel i Emma plivaju izvanredno. Mlada teletina i jagnjetina kakve nema u Švedskoj jer je zabranjeno klanje tako mladih teladi i jagnjadi, a o ribi i kalamarima da i ne govorim. Kupili smo dosta namještaja, TV i postavili pločice u kuhinji, tako da i ljubavno gnijezdo za nastavak penzionerskog života polako poprima konture ugodnog doma u novo-staroj domovini gdje ćemo vjerovatno provesti ostatak života, ako nas naš avanturistički duh ne odvede na neku drugu stranu. Putevi gospodnji su neobjašnjivi.

„Dido, zar je s nama bilo tako teško na moru?", upita Emma, a ja uz osmjeh odgovorih: „Nije bilo teško Pipi moja draga, ti znaš da didi i noni ništa nije teško kada ste vi u pitanju."

Poslije ovih ugodnih dogodovština, misli mi se ponovo vratiše kući u Banjaluci i događajima koji su uticali na nastavak naših života.

29.10.1992.

Srpska sredstva informisanja su opet obmanula svoje čitaoce, jer se ispostavilo da Srbi nisu ušli u Jajce, nego su, suprotno od toga, imali ogromne gubitke. Ukoliko se može vjerovati HVO-u, srpski gubici su bili veliki – 400 ljudi. Ovu užasnu vijest o ogromnim gubicima srpska sredstva informisanja nisu objavila, pa čovjek nije načisto šta je, u stvari, prava istina. To nije prvi put da obični smrtnik ne može saznati pravu istinu. Neko ovdje laže svoje čitaoce, gledaoce i slušaoce. Bosansku verziju ovih događaja nisam čuo, pošto se još uvijek Radio Sarajevo u ovim krajevima ne čuje.

Od autentičnih očevidaca sam čuo nekoliko događaja:

Prvo, Sanski Most: Sela oko Sanskog Mosta su skoro potpuno etnički čista. Sada tamo više nema Muslimana. Što se tiče Sanskog Mosta, tamo je ostalo oko sedam do osam hiljada Muslimana, a prije pogroma bilo ih je 27.000 i bili su većinsko stanovništvo. Prema pričanju svjedoka, Srbi nisu tjerali stanovništvo na iseljavanje. Oni su to radili ovako: Prve noći dođu pod prozor i cijelu noć pucaju, pjevaju četničke pjesme i prijete. Veliki broj ljudi je već poslije ove prve faze zaplašivanja pobjegao. Oni koji se nisu iselili, nadajući se da će se sve završiti na ovim egzibicijama komšija, prevarili su se. Slijedećih noći komšije su došle sa „zoljama" i jednostavno su ispaljivali projektile kroz prozore svojih muslimanskih sugrađana. Kada su ljudi vidjeli da im nema druge, morali su pobjeći glavom bez obzira. Moram napomenuti da je bilo slučajeva gdje su granate prosto raznijele ljude, tako da ih je rodbina, u komadima, kupila po dvorištu, da bi ih mogli sahraniti. Jednom prijatelju moga rađaka koji mi je ovo ispričao pobili su devetero članova porodice. Ubili su prvo glavu porodice, a zatim njegovu ženu, snahe, unuke. Od cijele porodice ostala su samo četiri sina koji su na privremenom radu u Švicrskoj i koji će se jednog dana vratiti, bar tako se nadaju svi pošteni ljudi u Sanskom Mostu. Vratit će se da osvete članove svoje porodice. Rođak mi je ispričao šta se desilo sa njegovom vikendicom koja se nalazi u okolini Sanskog Mosta. Prvo su sve opljačkali, onda su povadili prozore i vrata, a onda su krampovima izvaljivali štokove vrata i prozora. Pošto to nije bilo moguće uraditi a da se ne oštete zidovi, oni su jednostavno izvadili i zidove oko štokova. Sada su od vikendice ostali samo oštećeni zidovi i krov. Rođak kaže da je sada na redu da skinu crijep sa krova, a onda dolazi krovna konstrukcija. Nevjerovatno, ali eto tako to naši sugrađani Srbi rade... Na brdovitom Balkanu...

Živjela civilizacija!!!

Bože, hoće li ovaj košmar ikada prestati? Tako bih se želio probuditi u nekom drugom svijetu i vremenu, a oko mene miris ljubičica i stoljetna hladovina neuništenih borovih šuma... I dok bistri potočić veselo žubori, mi se spremamo da, u potoku, ohlađenu lubenicu podijelimo sa svim našim znanim i neznanim prijateljima... A onda, poslije podne, ćemo se kupati u bistroj vodi Balkane, koja se, u podnožju brežuljka na kojem sjedimo, bjelasa na toplim zracima augustovskog sunca... A Aka raskrižio lubenicu na petnaestak kriški uz uzvik: „Navali narode, još malo pa nestalo"!

Prisiljen sam da se vratim u stvarnost i da nastavim pripovijest rođaka iz Sanskog Mosta...

U njegovoj ulici bilo je šezdeset muslimanskih kuća, a sada se Muslimani nalaze u samo njih petnaest. Ostali su pobjegli, ili se nalaze po logorima. Moj rođak napominje da Muslimani ničim nisu izazvali ove događaje. Nisu imali nikakvog oružja.

Na kraju jedan događaj koji takođe govori o tome na šta sve ovo liči u Sanskom Mostu.

Jedan direktor iz Sanskog Mosta, Srbin, mome rođaku je rekao: „E moj S., nemoj misliti da ću ja ostati ovdje. Jedva čekam prvu priliku da odem u Srbiju. Ni za živu glavu ne bih htio ostati i živjeti sa ljudima koji su ovakva zla počinili vama Muslimanima, mojim prijateljima, sa kojima sam ja do sada dijelio i dobro i zlo."

Eto, to je rekao jedan pošten čovjek, ime mu je Mićo, i Srbin je.

Mrkonjić Grad... Stanje isto kao i u Sanskom Mostu. Prijatelj mi priča da njegovi rođaci, Hrvati, ne mogu nabaviti ni drva, niti dobijaju bilo kakvu pomoć. Kada je jednog jutra njegova rodica krenula na pijacu, susrela ju je komšinica Srpkinja i rekla: „Nemoj više da te vidim na ulici, jer ću te ubiti!" Fina neka žena, samo „malo" krvoločna. Ni više, ni manje, nego ubiti. Ovdje se slučajno radilo o Hrvatici, a iste takve stvari se svakodnevno dešavaju i Muslimanima.

Upravo sam saznao da je vojska u našem gradu donijela zaključak da će iseliti sve one koji se nisu odazvali na mobilizaciju. To me prenerazilo, ali možda tako i treba, jer svi mi koji se nismo odazvali na mobilizaciju srpske vojske i jesmo protiv sveg ovog bezakonja koje se dešava u tzv. republici čije ime ne mogu i neću ni da izgovorim, jer ja ovo njihovo ne priznajem, ma koliko me to skupo koštalo. Valjda će i za nas biti mjesta pod suncem...

30.10.1992.

Danas je rođendan našem sinu: dvadeset godina, a mi ne znamo ništa o njemu. Ne znamo ni gdje je, ni da li je živ, ranjen, bolestan, zdrav? Ništa ne znamo. Prokleti rat. Dragi naš sine, na ovaj način ti želimo čestitati dvadeseti rođendan. Želimo da ostaneš živ, zdrav i da nam se vratiš što prije! Nadam se da ćeš uskoro moći pročitati ove moje zapise i da ćeš razumjeti našu tugu u ovom mračnom kutku zemaljske kugle. Nadam se da ćemo ubuduće moći živjeti i raditi zajedno, pa ma gdje to bilo. Još uvijek, i pored svega, planiram i nadam se da ćemo jednog dana biti uspješni privatni poduzetnici u nekom sretnijem trenutku i u nekoj sretnijoj budućnosti. Prokleti rat je grubo prekinuo rad naše firme, ali nije ubio našu volju i želju da se osamostalimo i uspijemo u privatnom biznisu. To ćemo mi i ostvariti bez obzira na sve glupake koji pokušavaju zaustaviti točak istorije i vratiti nas u kameno doba. Svjestan sam da je naša sudbina potpuno neizvjesna i da njome rukovode drugi, sigurno ne tako dobroćudni ljudi kao mi, ali od njih trenutno sve zavisi. Ako nas ovi u ovom paklu ostave u životu, obećavam da ćemo živjeti zajedno. Proklinjem ljude koji su ovaj rat smislili, planirali i započeli. Valjda će i nas potpuno nedužnih bar nekoliko ostati u životu, da možemo novim naraštajima pričati kako je to sve bilo 1992. godine, u ovoj tužnoj zemlji.

Kažu da je juče u 17.00 sati „oslobođeno" Jajce, ako im je vjerovati. Bijedni život teče dalje...

2.11.1992.

Ukinuto je i ime Osnovne škole „Filip Macura". Od danas se ta škola zove O.Š.

„Jovan Cvijić".

Još jednom ću spomenuti šesti B razred te bivše škole „Filip Macura" i njihovog razrednog starješinu Huseina. Djeci je saopšteno da je njihov bivši razrednik dobio otkaz. Poslije preživljenog šoka, Huso je izvršio samoubistvo, objesio se. Nije vidio drugog izlaza i morao se ubiti, zbog samo fašistima znanog razloga da se poštenom čovjeku i dobrom radniku, samo zbog njegovog imena, uruči otkaz.

Sutra će rastužena djeca šestog B razreda ići na posljednji ispraćaj omiljenog razrednika. Kako li će fašistički neljudi polagati račune pred svojom vlastitom djecom za sva zla koja su i njima nanijeli...

A počelo je gadno da se kuha i u kolijevci zla Srbiji. Skupština se sprema da izglasa nepovjerenje vladi i premijeru tzv. S.R. Jugoslavije. Slušajući diskusije, oni će to, izgleda, i učiniti, pa i po cijenu da se cijeli svijet ne slaže sa njihovim nerazumljivim i po Balkan opasnim odlukama. Nadam se da će se njima dogoditi ono što su oni drugima uradili, pa da i oni okuse zimu, glad i porušena ognjišta. Kada bi se rat preselio kod njih, možda više ne bi slali oružje, municiju i naftu u Bosnu, jer bi im to trebalo za uništavanje svojih gradova i sela. Stara poslovica kaže: „Da bog da se o sebi zabavili!" Bože, kako je opasno kada nezreli ljudi imaju ovako jaku vojnu mašineriju. Onda oni prosto ne znaju koga bi prije zavili u crno: neprijatelja, ili sopstveni narod, ili sve ljude na svijetu zajedno. O djeci da i ne govorim.

Dok razmišljam o „onim" zlim vremenima, stiže mi još jedna odbijenica za penziju iz rodnog kraja. Oni tamo, evo i dan danas, pokušavaju da me izbiju iz sedla i na razne načine odgađaju moje rješenje za penziju. Ovog puta su jednostavno „pronašli" da sam zahtjev za penziju poslao u aprilu, a još uvijek sam radio u Švedskoj. Za njih nije važna činjenica da sam ja davno stekao uslove za starosnu penziju, da sam u penziju otišao u septembru ove godine, a oni mi šalju odbijenicu krajem decembra, iako znaju da sam u penziji. Službenici u Penzionom fondu Švedske se krste i čudom čude, pa sam prisiljen da im na tenane objasnim zašto je to tako. Oni koji su me svojevremeno otjerali iz rodne Banjaluke sjede još uvijek u istim foteljama i nisu se ni za dlaku promijenili, pa na svaki način mi pokušavaju zagorčavati život. Ali neće im to uspjeti. Ja ću doći do svoje zaslužene penzije, ali ni slučajno im neću dozvoliti da mi zagorčaju život još jednom i da me izbace iz mog životnog balansa.

Nego da nastavim sa mračnim godinama devedesetim.

8.11.1992.
Pošto više nemam pravih, istinitih informacija i pošto mi zasad situacija izgleda

bezizlazna, zbog izrazite vojne nadmoći srpske strane, prisiljen sam prekinuti svoje pribilješke i dobro sakriti ovaj svoj materijal. Kad bi ga policija pronašla, smatram da bih bio proglašen državnim neprijateljem ove tzv. republike i siguran sam da bih se veoma loše proveo. Ljudi su gubili život i za daleko bezazlenije stvari u ovoj vještačkoj, na silu sklepanoj, nakaradnoj, nakaznoj, na fašizmu zasnovanoj „državnoj" tvorevini. Živjela Bosna i Hercegovina, divna zemlja ravnopravnih ljudi, bez obzira kojem narodu, vjeri, ili naciji pripadaju. Jedina šansa je dati ista prava svakom pojedincu i da niko ne uzima sebi za pravo da garantuje, ili garantira, drugima prava. Svi ćemo svima garantirati suživot i samo tako ćemo moći biti ravnopravni i sretni. Nažalost, u ovom trenutku kada ljudima vladaju nacističke euforije i strasti, pravda je nešto što u ove tužne krajeve neće doći u dogledno vrijeme. Vjerovatno ćemo mi „nesrbi" (kakav odvratan izraz) morati otići iz ovih krajeva i svoja ognjišta prepustiti dušmanima. Pa neka, ovakvim ljudima i treba prepustiti da žive sami, etnički čisti, a nama Bosancima, Muslimanima, neka pomogne bog da negdje na ovoj planeti pronađemo svoj dom i domovinu. E moji Srbi, nismo ovo od vas zaslužili. Osramotili ste i najvećeg prijatelja među Srbima, nikad nezaboravljenog Aleksu Šantića. Možda ćete se jednog dana, kada dođete pameti, stidjeti... Možda...

14.11.1992.

Ne mogu a da ne nastavim pisati, pa makar to bilo i u hladnoj šupi, u polumraku, sakriven od pogleda čak i svoje porodice.

Danas su sa Manjače provezli četrnaest autobusa punih logoraša. Jadni ljudi su kao miševi virili kroz prozore autobusa. Sve se odvijalo pod pratnjom Međunarodnog crvenog krsta.

Avioni su borbeno djelovali cijeli dan, leteći vrlo nisko u brišućem letu. Bili su to, naravno, srpski avioni i baš me zanima da li će UN reagovati na ovo bezočno kršenje Rezolucije o zabrani leta, ne znam ni ja koje po redu.

Nas muškarce u ovom gradu progone kao divljač. Najaktivniji je opet „crveni kombi", koji po cijeli dan kruži gradom i lovi ljude, a onda ih prisilno odvoze na Rakovačke bare, gdje se vrši prisilna mobilizacija. Većini ljudi oduzimaju lične karte i vojne knjižice i narede im da se jave u Vojni odsjek, gdje će im dokumenti biti „vraćeni". Pošto su ljudi već shvatili besmisao ovog rata, oni se ne javljaju u Vojni odsjek, a onda ih čeka naredba za iseljenje, zato što nisu lojalni ovoj fašističkoj izmišljotini od „države". Vrlo lukav i podmukao način etničkog čišćenja, zar ne! Ovakva sudbina čeka i mene, ako se ova zločinačka akcija srpskih vlasti nastavi. Svejedno, ljudi neće da se odazovu na mobilizaciju, što je ohrabrujuće za sve nas koji smo čvrsto odlučili da se nikad, ni po koju cijenu, ne prijavimo u neprijateljsku vojsku. Možda će na ovaj način zločinci probuditi građane ovog ukletog grada iz zimskog sna i natjerati nas da se na neki način pridružimo pravoj, našoj, bosanskoj strani, iako se nalazimo iza gvozdene zavjese. Ne znam na koji način, ali to bismo morali učiniti.

Snijeg poče padati zaoprave, što kaže naš narod, evo tek danas, pa se Emma, Daniel i ja pošteno izgrudasmo i izvaljasmo u bijelom čistom snijegu. Kad se vratismo kući ja još jednom napisah zahtjev za penziju, pa možda dobijem pozitivan odgovor ovog puta. Ali nikad se ne zna šta se iza brda valja na brdovitom Balkanu. Slijedi nastavak događaja iz godina devedesetih prošlog stoljeća sa istim ovim ljudima koji mi izmišljaju razloge za odbijanje moga zahtjeva za penziju danas, a onda su radili i mnogo gore stvari.

16.11.1992.
Danas, kao čovjek koji se ni po koju cijenu nije želio javiti na srpsku mobilizaciju, sjetio sam se velikog ruskog pisca Lava Tolstoja, koji je svojevremeno napisao jedan tekst sa naslovom: „Ko se hrani ratom“. Jedan od najznamenitijih umova koji su se bavili ratom uopšte, jeste i Lav Tolstoj. Sudbina naroda u ratu, kao i određivanje pojedinca prema njemu, reflektuju se na brojnim stranicama ogromnog književnog opusa ovog pisca, a isti predmet je tema i mnogih njegovih publicističkih radova.

Hipnotisani narod

Tolstoj smatra da je rat – bez obzira na razloge koji se navode, a po kojima je on najčešće „neminovan za dobrobit naroda" – već po definiciji besmislen čovjekov čin, uperen i protiv čovjeka i protiv boga. Kada bi čovjek postupao onako kako mu nalažu njegov razum, njegova savjest i njegov bog, Tolstoj podvlači da bi onda iz tih postupaka proizilazilo ono što je dobro i za njega kao pojedinca i za svijet u kome on živi. Međutim, čovjek najčešće ne postupa tako, nego se vlada prema nalazima onih na koje je prenio svoja prava (što je učinio djelimično i zato da bi se sam lišio svake odgovornosti), a ovi se pak rukovode motivima da produže postojeće stanje koje im odgovara. Upravo to i postaje jedan od uzroka ratovima. Tolstoj piše da je iluzorno očekivati da vlade „sudom ili arbitražom" riješe nastale nesporazume: „Ali vlade uopšte ne žele da se nesporazumi riješe; naprotiv, vlade izmišljaju nesporazume kad ih i nema." One to čine, po Tolstoju, vješto komplikujući odnose koji onda moraju dovesti do rata, do porobljavanja i pljačkanja naroda; sem toga, ratovi „daju povoda vladama da drže vojsku na kojoj počiva njihova vlast". Zapravo, rat je prevara korisna manjini koja njime obmanjuje široke mase, a posao svih dobronamjernih je da tu obmanu razotkrivaju narodu. Tolstoj ukazuje da se stanje obmane i odvraćanja pažnje naroda neprestano održava pomoću patriotizma („obmana o patriotizmu, koji uvijek pretpostavlja prestiž jedne države ili narodnosti nad drugom i zato uvijek uvlači ljude u nekorisne i ubilačke ratove, već je isuviše očigledna, a da je se razumni ljudi ne bi oslobađali"), zatim pomoću potkupljenih sveštenika koji služe ratu i napuštaju Hristovo učenje, kao i pomoću kažnjavanja naroda.

I tako se onda ponavljaju ratovi, u kojima narod, noseći svu njihovu težinu, učestvuje u ubistvima koja ne želi, učestvuje samo zato što je nahuškan i stavljen u takav položaj da mu se čini da će biti gore ako odbije da u tome sudjeluje: na djelu je obmana koja primorava narod. Međutim, Tolstoj poziva na odbacivanje tako shvaćenog reda stvari, naglašavajući da „fikcije koje smo sami izmislili ne mogu zahtijevati od nas da odstupimo od osnovnog moralnog zakona našeg života. Za svakog čovjeka postoje neki moralni postupci koji su za njega nemogući, toliko nemogući kao što ima nekih nemogućih fizičkih radnji". On navodi da je za većinu ljudi takav moralno nemoguć moralni postupak prihvatanje ropske poslušnosti ljudima čiji je cilj (ili sredstvo) ubijanje drugih ljudi. Kao najefikasnije sredstvo protiv rata predlaže da odbiju da ratuju oni kojima rat nije potreban i koji smatraju da je grijeh učestvovati u njemu. Štaviše, većini ljudi, sem ako nisu „pod hipnozom", kaže Tolstoj, nemoguće je ne odbiti odlazak u rat. Što taj odlazak ne odbiju svi, razlog je u strahu od kazni koje vlast propisuje. No, i taj strah Tolstoj vidi samo kao posljedicu obmane od strane vlasti, i kao stanje hipnoze, jer uistinu stvar stoji obrnuto: vlasti „moraju da se plaše onih koji odbijaju da služe vojsku, i stvarno ih se boje zato što svako odbijanje potkopava onaj prestiž obmane u kojoj vlasti drže ljude". Onaj koji odbija da vrši zločin, pak, ne treba da se nikoga boji. To odbijanje doprinosi razotkrivanju obmane vlasti, pa se onda više neće naći dovoljno ljudi za kažnjavanje čovjeka koji je odbio da učestvuje u njihovom ugnjetavanju. Konačno, slavni pisac smatra osnovnim pravom čovjeka da želi da mu život ne bude besciljan i uludo straćen, kakvim rat prijeti da ga učini. Tolstoj odbacuje prigovor onih koji se plaše da bi odbijanjem svih da uzmu uniformu i oružje nestalo one osnovne prepreke za obuzdavanje zlih ljudi i opakih namjera. Najprije taj prigovor on smatra već klasičnim izgovorom vlasti. Za takvu odbranu, od pretpostavljenog ili stvarnog neprijatelja, on smatra dovoljnim i stoti dio angažovanih potencijala – ukoliko je cilj samo odbrana. I najzad, to kakve će biti posljedice od naših postupaka utemeljenih na savjesti i načelima hrišćanske ljubavi, to ne treba da bude motiv: tu nema pogađanja. Te opasnosti koje prijete pojedincu i čitavom svijetu ako on odbije da ide u rat, Tolstoj vidi „česticom one ogromne i užasne obmane kojom je sputano hrišćansko čovječanstvo". I poručuje, u članku „Carthago delenda est":

Dođite sebi, braćo, ne slušajte ni one zlotvore koji vas od djetinjstva truju đavolovim duhom patriotizma, suprotnim dobru i istini, koji je potreban samo zato da vas liši i vašeg imanja i vaše slobode i vašeg ljudskog dostojanstva; ni one stare varalice koje propovijedaju rat u ime boga koga su oni izmislili, surovog i osvetoljubivog, i u ime njihovog izopačenog hrišćanstva, a još manje ove nove sadukeje koji se u ime nauke i prosvjete, u želji da i dalje produže postojeći poredak, sastaju po skupštinama, pišu knjige i drže govore u kojima obećavaju da će urediti dobar i miran život ljudima... Vjerujte samo svom osjećanju koje vam govori da vi niste ni životinje ni robovi, već ljudi slobodni, odgovorni za svoje postupke i da zato ne možete biti ubice ni po svojoj volji, ni po volji naredbodavaca koji žive od tog ubijanja".

Parafrazirajući Katona, koji je sve govore završavao time da Kartaga mora biti razorena, Tolstoj je govorio da postojeća forma života mora biti razorena zbog obmana na kojima počiva.

Atentati na careve i kraljeve bili su čest metod njihovog uklanjanja. Tolstoj je nalazio da ta ubistva nisu toliko strašna ni po svojoj surovosti ni po nezasluženosti takvog ishoda, koliko po besmislenosti: ona po pravilu ne vode izbavljenju naroda. Navodeći psihološke karakteristike vladara, on kaže u članku „Ne ubij" da su to osobe toliko zastranile zbog svoje neprirodne moći nad sudbinom i životima miliona ljudi, da su obuzete manijom veličine. (A ako njihove mane nisu očigledne, to je samo zato što su na izuzetnom položaju.) Budući na vrhu piramide, kojoj više nema šta da se doda, njima jedini motivi za neku aktivnost postaju vlastoljublje i sujeta, otupjela vlašću, tako da su „ne prestajući da čine zlo, potpuno uvjereni da čovječanstvu čine dobročinstva".

S druge strane, njihova štampa, koju oni jedino i primjećuju, kao i ljudi oko njih, neprestano se utrkuju u laskanju i veličanju njihovih riječi i postupaka: drže ih u obmani ne dajući im uopšte mogućnost da vide pravi život. „Ti ljudi mogu živjeti i sto godina, a da nikad ne vide pravog slobodnog čovjeka i da nikad ne čuju istinu", kaže Tolstoj i dodaje da bi svaki čovjek na njihovom mjestu tako postupao. „Ako bi se na njihovom mjestu obreo, razuman čovjek bi mogao da učini samo jedan gest: da ode sa tog položaja." Narodi su, žrtvujući svoje ljudsko dostojanstvo, sami stvorili te ljude koji rade to što rade. Prema tome, nije izlaz u njihovom ubijanju, već u prestanku podržavanja onog društvenog uređenja koje ih stvara. Put ka tome je u uskračivanju prava da ubijaju ljude i u odbijanju njihovih destruktivnih zapovijesti. Što većina ljudi još tako ne postupa, po Tolstoju, razlog je u onom istom stanju hipnoze u kojoj vlast drži ljude radi svog održanja. Zato je smatrao najvažnijim zadatkom buđenje iz takve „hipnoze", čemu je nastojao da doprinese svojim pisanjem.

Baveći se pitanjem djelotvornosti akcije pojedinca, Tolstoj je odbacivao shvatanja da je čin jednog čovjeka kap u moru, ističući da je upravo u njemu suština: od njega sve i počinje, njime se sve rješava. On razrađuje (u raspravi „Pa šta da radimo?", koja je imala veliki odjek i u Evropi) motiv indijske bajke: čovjek je ispustio biser u more i da bi ga izvadio počeo je vedrom zahvatati vodu i presipati je na obalu. Radio je neprekidno, i sedmog dana se morski duh uplaši da će čovjek isušiti more i donese mu biser. Kada bismo tako pristupili moru društvenog zla koje ugnjetava čovjeka, „knez ovog svijeta bi se uplašio i pokorio prije nego morski duh".

Od svih varijanti, veliki ruski pisac smatra najpogubnijim fatalistički pristup po kome se ništa ne može. On upozorava da je čovjeku data mogućnost izbora. Sa njim će biti ono što sam odluči i izabere.

Ovom se tekstu iz lista „Treće oko" napisanom 1992. godine možda može pronaći i pokoja zamjerka, ili možda neko, za današnje vrijeme, racionalnije rješenje, ali ja, u svoje ime, zahvaljujem velikom ruskom piscu što mi je pokazao pravi put i potvrdio da i ja sada, u ovim teškim vremenima, radim ispravno kada slijedim svoju odluku i ne dozvoljavam da me glupani ubijede i skrenu sa puta koji mi diktira moja vlastita savjest. Pomogao mi je da potpuno shvatim da sam učinio ispravno kada nisam ni pomislio da se javim na njihovu prljavu mobilizaciju i njihov zločinački poziv na ubijanje. Veliki pisac mi je pomogao da sam shvatim sebe i objasnim sebi sve ono što oduvijek nosim duboko u svome srcu i svojoj duši. Poslije ovog teksta mi je iznenada postalo mnogo lakše da im kažem NE svaki put kada od mene zahtijevaju nešto što nema veze ni sa humanošću, ni sa ljudskom pameću. Znam ja da ljudi za takve stvari gube život, ali, eto, meni je nešto tako lijepo pri duši što uopšte nemam nikakve dileme i što sada sigurno znam da me dušmani nikada neće ubijediti, ni prevariti, ni dobiti.

Upravo sam se vratio sa dalekog puta. Za jedan dan sam odvezao Emmu i Daniela u Skone i odmah se vratio u „naše Malo misto" Norrtelje. Takvo putešestvije početkom januara mjeseca za jedan dan bi uradio samo za članove najbliže familije, a o opasnosti klizavog puta i „glavi u torbi" da i ne govorim. Stigosmo kući oko ponoći, odmah se strovalismo u krevet, a na posao stigoh na vrijeme već slijedećeg dana. Pa reko´, hajde da malo obnovim uspomene iz godina devedesetih kad imam slobodno penzionersko popodne.

19.11.1992.

„Ne damo ti Tuđmanine, metra, otadžbine našeg kralja Petra", otpjeva veselo mesar sa Bulevara revolucije i odnese iz mesnice u veliki bijeli Mercedes veliki oval pažljivo odabrane teletine, ne plativši ni dinara. Da, njemu je kralj Petar dao sve, a šta je dao onim jadnicima što ginu po ratištima, a šta je dao nama, „ostalima", koji ne pripadamo „arijevskoj", srpskoj, rasi?

A koridor opet prekinut negdje kod Brčkog, ako se može vjerovati srpskim sredstvima informisanja. Hrvatska sredstva informisanja nisu rekla ništa o tome, a bosanska su nam ukinuli Srbi, tako da o herojskim borbama širom BiH ne znamo pravu istinu.

Kada će srpski narod u ovim krajevima saznati pravu istinu? Kada se to desi, ja vjerujem da će i oni poslušati Lava Tolstoja i prestati da ginu za tuđe interese. To su, naravno, ponovo samo moja nadanja, koja zasad nemaju nikakvu osnovu, jer ekstremni Srbi, trenutno, još žešće srljaju u zločin i propast.

27.11.1992.

Depresija je sve dublja, a siromaštvo i neimaština sve bliže...

Neki dan su zlikovci iz crvenog kombija „Rival", koji sam već nekoliko puta spominjao, uhvatili našeg poznatog slikara, komšiju i velikog zaljubljenika u naš grad, Lojzu Čurića i dobro ga isprebijali. Kada su zlikovci polumrtvog našeg dragog Lojzu izbacili iz kombija negdje u Karanovcu, on je upitao: „Gdje se nalazim?", a oni su odgovorili: „Na prijedorskoj cesti." Na kraju je naš dragi sugrađanin i omiljeni nastavnik dospio u bolnicu i još je neizvjesno kako će se sve to sa njim završiti. Lojzo je sa velikom ljubavlju mnogim generacijama predavao likovnu umjetnost, približavajući im svu ljepotu našega grada i okoline i ubjeđujući ih da je najbolje ostati u svome rodnom gradu i doprinijeti njegovom razvitku i procvatu. A evo kako su zlikovci uzvratili ljubav tom najvećem entuzijastu i zaljubljeniku u Vrbas i naš grad.

Sve ovo me podsjeti na sretno djetinjstvo kada smo mi djeca iz Omladinske ulice imali fudbalsku ekipu koja se zvala „Hajduk", a golman nam je bio Klinjo, dječak koji nije bio iz naše ulice, već iz ulice koja je bila iza „Crne kuće", a na Klinjinu kuću se udaralo direktno kada se spuštalo niz Avde Karabegovića ulicu. Kako smo mi bili ponosni na bravurozne parade našeg Klinje... E, taj Klinjo je ustvari Lojzin rođeni brat i njegovo pravo ime je Mladen. Šta li sada radi naš omiljeni golman? Na koji način se sudbina s njim poigrala? Uspomene...

Opisat ću jedan događaj za koji nisam siguran da li je istinit, jer sam ga čuo iz druge ruke. Desio se u poznatom restoranu „Sirano", gdje je sada sastajalište SDS-ovaca našeg grada. Priča se da je pukovnik Lisica išamarao Vukića, govoreći mu da su on (Vukić) i Brđanin krivi za svu sramotu koja se pripisuje Srbima u ovom gradu i da će ih on (Lisica) kad - tad srediti i onemogućiti u njihovim šovinističkim i mafijaškim aktivnostima.

Ako se ovo desilo, dobro je, a ako nije, opet je dobro da se o tome priča. Ovakve vijesti se ne objavljuju u „Glasu srpskom" i možda se nikad ništa o njima ne bi ni čulo, kada ne bi bilo do ludila hrabrih spisatelja, u koje spadam i ja u ova opasna vremena.

U ukletom gradu još uvijek vlada hajka na ljude. Ljude i dalje love kao divljač i na silu odvode na Rakovačke bare, oblači im se srpska uniforma, pa ih onda šalju na front. Ako si Srbin dobiješ pušku, pa u rovove, a ako nisi, lopatu pa kopaj rovove i služi kao štit srpskim „herojima". Nijedan čovjek koji je poslan na front u novembru 1992. godine, ni po koju cijenu, nije htio da se priključi srpskoj vojsci i ni na koji način nije htio da učestvuje u uništavanju Bosne i Hercegovine. Ljudi su, pod prijetnjom oružjem, na silu, natjerani na to.

Još jedna zanimljiva vijest: Od idućeg mjeseca gubim pravo na socijalnu zaštitu koju sam, kao nezaposlen (zabranili raditi), imao preko Biroa za zapošljavanje. I ja i moja porodica ostajemo bez zdravstcene zaštite, zato što se ja nisam javio na mobilizaciju. Eto, ja ispadam kriv što se moja porodica više ni u kojem slučaju ne može liječiti u ovoj šprdnji od tzv. republike. Ne samo ja i moja porodica, nego svi slični nama. Možda ćemo biti zdravi dok se ne završi rat i dok ne prođe njihovih pet minuta. Možda iz inata. Ko zna...

7.12.1992.

Sinoć je u Gornjem šeheru rezervista ubio dva Muslimana. Prije četiri dana je nepoznati ubica zadavio jednu šezdesetgodišnju ženu poznatog advokata, Muslimanku. Zločin se desio u sred dana, u dva sata popodne. Nisam bio baš u toku događaja, ali ljudi kažu da je posljednjih dana ubijeno desetak ljudi, isključivo Muslimana.

Zločin se nastavlja...

Što se tiče mobilizacije, i dalje ljude na silu žele obući i poslati na front. Ko i pored svega ne pristane, bude prebijen u zloglasnom Kastelu, ili još zloglasnijem Malom logoru. Poslije toga i čovjek i njegova žena ostaju bez posla, i na kraju ih iz stana izbacuju na ulicu. To bi bio kratki scenario etničkog čišćenja, jer ljudi, naravno, ne mogu živjeti na „srpskoj" ulici, oni se MORAJU iseliti. Tužno je gledati sve te ljude koji odlaze u tu neželjenu i mrsku srpsku armiju, a oni ih onda šalju u prve redove da se bore protiv svoga naroda, svoje Bosne.

Ja neću, pa šta bude, pa neka me ubiju.

Izašlo je na vidjelo i šta se dešava sa međunarodnom humanitarnom pomoći. U grad dolaze četiri vrste pomoći: Karitas, Merhamet, Kolo srpskih sestara i Dobrotvor su humanitarne organizacije koje tu pomoć dijele građanima. Međutim, veliki dio pomoći, koji dolazi od Međunarodnog Crvenog krsta, daje se isključivo okupatorskoj srpskoj vojsci, a ne narodu kojem je namijenjena. Često se razni artikli mogu naći i na pijaci i u srpskim privatnim radnjama. Po pijaci namirnice prodaju razni srpski rezervisti i probisvijeti, ili njihove žene. Danas sam vidio rezervistu sa automatom kako prodaje sat za struju i sve kompletno što je izvadio iz kutije iz kuće koju je opljačkao negdje na ratištu. Sve ovo je vrlo dobro svakome poznato, ali je ipak, zbog budućih vremena i naše djece, potrebno da se o tome i napiše. Možda će djeca ovih kokošara nekad u budućnosti shvatiti kako su se nisko spustili njihovi roditelji.

Kada će kraj ove seljačke revolucije čiji su glavni nosioci kriminalci, ubice i ostali besprizorni tipovi, koji su se oteli kontroli svojih vođa i sponzora koji nisu ništa bolji od njih i koji su im i dali oružje, koje su svojevremeno svi građani BiH skupo plaćali, a, eto, sada je dospjelo u ruke tih protuha, koji nemaju mjerilo nizašto lijepo i regularno? Kada će ubice svoje oružje okrenuti prema svojim kolovođama? To bi se svakako moralo dogoditi uskoro, jer već nema ni plata vojnicima, novca uveliko nedostaje, pljačke sve manje, ekonomija je potpuno zamrla, sve polako, ali sigurno, umire.

Prije nekoliko dana je sa ratišta u Orašju pobjeglo 150 srpskih policajaca koji su porijeklom iz ovog ukletog grada. Po drugoj verziji, pobjeglo ih je oko 400. Niko ne zna pravu istinu, jer je totalna informativna blokada. Jučer su kraj naše kuće prošli zarobljenici sa Manjače. U jedanaest autobusa bilo ih je oko 700. Prije prolaska konvoja, na Tranzitnom putu se skupilo dosta svijeta da isprati i pozdravi tu žalosnu kolonu, ali je došla policija i rastjerala narod, a poslije legitimisanja u policijskom kombiju, odvela je nekoliko muškaraca. Bilo je tužno gledati kako ti neljudi ne dozvoljavaju rođacima i prijateljima da se oproste i bar na trenutak vide sa svojim bližnjima, koje su fašisti mjesecima držali u koncentracionom logoru „Manjača".

Ovdje, u ukletom gradu sve je po starom, samo što se na ulicama može vidjeti sve više i više pravih četnika. Ima ih i u policiji, a prepoznaju se po odvratnoj kokardi koju su stavili na policijske kape. Izgleda da oni stvarno misle da je kokarda nešto lijepo, pa je tako rado upotrebljavaju i ponosno pokazuju. Izgleda da oni nimalo nisu svjesni koliko svaki normalan i pošten čovjek mrzi i da pomisli nešto o tom zločinačkom simbolu, a kamoli da ga vidi. Ili se ja možda varam? Možda ih podosta u srpskom narodu ne smatra da je kokarda nešto čega svaki normalan čovjek treba da se stidi. Možda smo mi u Jugoslaviji učili neku drugu istoriju drugog svjetskog rata, možda četnici nisu bili koljači najgore vrste. Ali ni ovi sadašnji četnici ne pokazuju nikakvu drugačiju kulturu od one koljačke godina četrdesetih prije pedesetak godina.

Jučer su dva kamiona stala ispred džamije Ferhadije i vojnici su u sred bijela dana na džamiju pucali iz pješadijskog naoružanja: iz pušaka i mitraljeza. Čudo da nisu upotrijebili i topove koji su bili zakačeni za kamione. Građani su prolazili pokraj ovih varvara i ne gledajući ih, a niko se nije našao da ih pozdravi sa tri uzdignuta prsta. Možda su se i Srbi stidjeli....

Scenario za nasilno mobiliziranje je i dalje isti: Uzmu ličnu kartu i čovjeku kažu da se javi na Rakovačke bare. Kad čovjek zatraži svoju ličnu kartu, oni mu kažu: „Eno, tamo je prostorija za oblačenje, vi idete na Orašje." Kada čovjek kaže da on neće u vojsku, oni kažu:

„Moraš!" Onda čovjek mora reći: „Pa ljudi, ja iseljavam." Oni to jedva dočekaju i daju rok od petnaest dana, pa onda čovjek odmah mora da se odjavi u MUP-u i brzinom počne skupljati dokumente za iseljenje i potvrde da je sve uredno plaćeno za porez, struju, vodu itd itd. Eto, tako Koljević, Karadžić i ostala bratija „ne tjeraju" ljude na iseljenje, nego se ljudi „dobrovoljno" iseljavaju. Da je sve original ovako, može potvrditi moj prijatelj R.F., kome se sve ovo baš ovih dana dešava. Ovaj scenario etničkog čišćenja je provjeren i autentičan i tačno se ovako, ovim redom kako sam naveo, i dešava.

Stigla naša raja iz Estonije, pa mi unuci ispričaše kako im je bilo kod maminih rođaka, a onda mi Emil reče da su za Henrija i Olivera priče iz ratnih godina tužne i preteške, pa, ako se neću ljutiti, oni bi prestali prisustvovati našim časovima istorije iz Banjaluke i Bosne i Hercegovine godina devedesetih. „Dragi Emile, kako bi se zbog toga mogao ljutiti? Molim te budi iskren pa mi reci ako si i ti umoran od sve te muke i ako želiš prestati slušati o tužnim dogodovštinama iz rodnog grada naše porodice." „Ne, ne, dido, ja želim nastaviti, jer želim imati potpunu sliku događaja iz prve ruke i razloge koji su vas natjerali da napustite sve i krenete na put bez povratka", reče moj dragi sedamnaestogodišnjak smještajući se u ugodnu fotelju i pripremajući se za novu porciju mojih pripovijedanja.

16.12.1992.
Danas je prošlo dvadesetak autobusa sa logorašima. Sakrio sam se u kapiju našeg dvorišta i mahao im. Bilo je, naime, zabranjeno izlaziti na ulicu i na bilo koji način pokazivati da čovjek zna da se to radi o logorašima koje zločinačke vlasti na razne načine pokušavaju sakriti od međunarodnih promatrača. Jadni ljudi iz autobusa su me vidjeli i uzvratili mi pozdrav. Nadam se da me policija nije vidjela i da će ovaj moj „zločin" ostati nezapažen.

23.12.1992.
U petak, 18.12.1992. godine, pronašli su moj kombi i, naravno, oduzeli ga. Oni kombi nikada ne bi pronašli, da se nije dogodila još jedna srpska izdaja. Prijavu je podnijela jedna osoba čije ime neću navesti, jer još nisam dobio pouzdane dokaze da je to učinila baš ona. Njeni inicijali su S.M., a dokaze da je to učinila baš ona sigurno ću prikupiti u dogledno vrijeme. Međutim, sve to nije toliko ni važno. Takve stvari se događaju svakodnevno u ukletom gradu, pa eto, ovog puta su i mene zakačili. Tako sam evo i ja dotjeran do prosjačkog štapa, ali to ni slučajno ne znači da sam se ja predao i izgubio volju za život. Treba da se zna da sam ja Bošnjanin, a mi smo poznati kao velike inadžije, pa, eto, baš iz inata, neću se predati ovim bezvrijednim ljudima koji su sada na vlasti u ovom gradu i u ovom dijelu naše drage BiH. Baš sada, u ovim teškim trenucima (kada je u Srbiji ponovo izabran „general Franko"), ja sam potpuno siguran da će ova pljačkaška klika morati pasti. Koliko će nedužnih života za sobom povući, to niko ne zna, ali znam sigurno da se njihovi monstruozni, etnički čisti planovi nikada neće ostvariti. Oni će sigurno neslavno i bijedno završiti, jer su sve zasnovali na tri stvari: 1. na laži, 2. na pljački i 3. na sili. A takve stvari ipak ljudski rod neće nikada opravdati i samim tim je razumljivo da im ljudski rod neće dozvoliti da ovakvo beznadežno stanje zadrže. Tako ja sada mislim, a šta će od svega toga biti, živi bili pa vidjeli. Uglavnom, moj kombi je pronađen u jednom srpskom selu u okolini grada, u

štali jednog poznanika koji mi je svojevremeno obećao da će ga sačuvati i poslije glupog rata vratiti. Kombi je preuzela brigadna policija, a vozit će ga neki Đurić Ranko. Ako i moj kombi bude služio u zločinačke svrhe, onda ćemo bar znati ko ga je vozio, pa ćemo, kad budu bolja vremena, saznati i imena ostalih policajaca koji budu u njegovoj posadi, da im se kad - tad poslije rata pošteno „odužimo".

Uzgred da kažem da je crveni zločinački kombi „Rival" nestao. Više ne krstari ulicama grada. Nadam se da moj kombi neće steći reputaciju svoga zločinačkog prethodnika. Registarska tablica moga kombija je sada dobila novi izgled ispisan ćirilicom: VSR P-1111.

Intervencija međunarodnih snaga je bliža nego ikad, a okupacione vlasti planiraju još jednu nasilnu mobilizaciju 25.12.1992. godine.

Pitam se hoće li biti toliko bezobrazni da Hrvate nasilno mobilišu baš na katolički Božić. Od njih se to možemo nadati.

A snijeg u Malom mistu polako zatrpava i one najočišćenije ulice. Norrtelje kao da sniva zimski san iz kojeg ga ni snažni strojevi motora vozila za čišćenje snijega ne uspijevaju probuditi. Ja došao sa posla pa u toplom stanu polako prelistavam uspomene iz tmurne prošlosti rodne Banjaluke. Sve je OK, ali đavo mi neda mira i stalno me vraća u ona vremena beznađa i okupacije.

26.12.1992.

Prekjuče i juče su po gradu bile najveće i najtemeljitije racije od početka okupacije. Na pijaci, u Gospodskoj ulici, na skoro svim raskrsnicama u gradu su stajali uniformisani ljudi iz civilne i vojne policije, redom legitimisali ljude i gurali ih u već pripremljene kombije i automobile. Bilo je tu ljudi sa malom djecom, ali to nije smetalo uniformisanim siledžijama. Oni su i djecu, zajedno sa njihovim roditeljima, gurali u kombije. Skupili su veliki broj ljudi, jer je bio dan uoči Božića, pa je u gradu bilo dosta svijeta. Bilo je i pucnjave na pijaci i kod Kastela. Ljude su odvozili u Kastel, Mali logor i MUP, a poslije toga sam saznao da su zatočenici odvedeni u logor, na Manjaču... Znači, tek što su zvanično „zatvorili" taj koncentracioni logor, oni su ga ponovo napunili novim zatočenicima. Ne zna se pouzdano šta će biti sa ovim ljudima, ali se govori da će biti nasilno mobilisani i upućeni u prve borbene redove, na Orašje, da se bore protiv svog vlastitog naroda, a za interese svojih srpskih neprijatelja.

Jedna scena iz Gospodske ulice...

Jedno primitivno uniformisano đubre je duž cijele ulice za uho vodilo jednog starog čovjeka, govoreći: „Ovo je zelena beretka." Ljudi su tužno prolazili kraj ovog čovjeku nedostojnog prizora, a nisu smjeli reagovati, jer je nasilnik bio do zuba naoružan i sigurno bi ubio svakoga ko bi mu rekao i jednu jedinu riječ.

Eto, tako je to bilo uoči Božića i na prvi dan Božića ove najteže i najtužnije godine u mome životu. Eto, tako se sada popunjava srpska vojska. A priča se da je veliki broj srpskih vojnika i policajaca napustio položaje u Orašju. Ne znamo mi u ovom avetinjskom gradu pravu istinu, ali priča se da je dezertiralo 4.000 ljudi, a po drugim glasinama se čuje da je pobjeglo 300 policajaca. Šta je prava istina, mi možda nikada nećemo saznati, jer su, izgleda, odlučili da nas sve pohvataju, kao divljač, i prisilno pošalju da ratujemo za njihove interese. A mi to nećemo, ali nemamo načina da im se efikasno suprotstavimo.

Upravo sada, dok o ovom pričam, saznao sam da se proganjanja nastavljaju i danas, tako da je svim muškarcima koji se nisu javili na ovu zadnju mobilizaciju onemogućeno bilo kakvo kretanje po gradu. Ja sam jučer takođe bio na pijaci u vrijeme racije i jedva sam se uspio vratiti kući, koristeći sve moguće prolaze, staze i bogaze između zgrada i male sokake koje okupatori još nisu baš najbolje upoznali, jer oni nisu iz ovog grada, oni su došljaci iz raznih sela iz Srbije i drugih krajeva naše zemlje, a došli su ovdje da naprave smutnju, da rastjeraju domaći živalj i da poslije prikažu svijetu da i naš grad pripada Srbiji, a to nikada nije bilo, a nadam se, nikada neće ni biti. Iako sistematski hoće da nas istjeraju iz naših kuća, naših stanova, našeg grada i naše domovine, nikada im neće uspjeti da prikažu da naš grad nije u Bosni i Hercegovini. Neka, mi ćemo otići, ali ćemo se opet vratiti na naša ognjišta i nastaviti život u NAŠEM, a ne njihovom, gradu. Bilo kako bilo, ja sam i jučer, zahvaljujući mome poznavanju svakog, pa i najmanjeg, prolaza u našem gradu, sretno stigao kući, zaobišavši sve okupatorske zamke koje su neprijatelji postavili po cijelom gradu.

Još jedan dokaz da okupatori žele nastaviti i potpuno ostvariti etničko čišćenje, odlazak je prethodnice kanadskog bataljona. UNPROFOR-ci su otišli, jer im tzv. srpska skupština nije dozvolila da se stacioniraju u našem gradu, tvrdeći da je ovo „miran grad", gdje se suživot među nacijama odvija „normalno" i UNPRO-FOR, navodno, nije potreban. Kakva ironija!!! Pa gdje je potreban, ako ne ovdje gdje se krše sva ljudska prava i gdje ljudski život ne vrijedi ni pet para. Tako smo mi sada prepušteni „suživotu" sa našim susjedima Srbima, a upravo sam opisao šta nam sve rade vojne i policijske vlasti, a i bilo koji četnik, kad god mu to padne na pamet. Čovjek, ni slučajno, ne smije da se požali bilo gdje, jer bi se gadno proveo. Opet kažem: Neka nam je bog na pomoći!

Jučer sam sa jednim prijateljem razgovarao o formiranju informativne agen-cije Bosne i Hercegovine u našem gradu. Morali bismo to uraditi, jer u našem gradu nema nikakvih objektivnih informacija o događajima u našoj domovini. Sve informacije su frizirane i skoro sto posto netačne, sa namjerom da potpuno produbejaz između Srba i drugih naroda BiH, a sve u želji da se rat maksimalno produži, jer on ovoj zločinačkoj kliki omogućava da se bez ikakvih ekonomskih programa održava na vlasti. Jadni srpski narod u ovom gradu je ubijeđen da su informacije koje saznaje sa lokalne TV, na lokalnom radiju i iz lokalnih novina, tačne i da su za sve njihove nedaće krivi Muslimani i Hrvati, za koje oni uvijek upotrebljavaju izraze ustaše i fundamentalisti. Oni žive u prošlosti i, jadni, i ne sanjaju da su u našoj Bosni i Hercegovini najkrivlje njihove, srpske vođe, koje nisu htjele da se ljudski dogovore sa ostalim narodima da živimo svi zajedno, u našoj zajedničkoj domovini Bosni i Hercegovini, kao što smo na referendumu i izglasali (preko 62% ZA). Oni, jednostavno, zbog iskrivljenog informisanja, na sve probleme u domovini gledaju potpuno obrnuto, tumbe, s brda s dola. Jadan je taj narod koji za svoju domovinu ne kaže da je njegova, koji uopšte ne osjeća nikakvu ljubav za nju, već više voli i priznaje neku drugu, tuđu, domovinu.

Kakvi su to ljudi, kakvo je to elementarno nepoznavanje činjenica i stvarnosti? Njima život u vlastitoj domovini ne odgovara i ne znači ništa, jer u tom slučaju moraju dijeliti vlast sa drugima, svojim zemljacima, a oni to ne prihvataju. Oni hoće vlast samo za sebe, pa makar i u manjem toru, jer im se planovi za osvajanje cijele Bosne i Hercegovine nisu ostvarili. A oni su planirali da osvoje, okupiraju, cijelu BiH i da je na silu pripoje Srbiji i Crnoj Gori. Kada su vidjeli i shvatili da im se ti mračni, zločinački planovi ne mogu ostvariti, sada hoće na silu da otkinu komad BiH i pripoje ga Srbiji, ne shvatajući da su istorija i geografija nauke koje duže traju nego njihov bijedni život i život njihovih bijednih i lažljivih političara i novinara koji ih tako beskrupulozno filuju lažima i izmišljotinama. Oni, izgleda, ne shvataju da će na kraju istorija i geografija pobijediti, bez obzira šta god Srbi uradili u ovom trenutku. Znam ja da istoriju pišu pobjednici, ali sam siguran da u ovom glupom ratu neće biti pobjednika. Zato moj prijatelj i ja smatramo da bi trebalo formirati Informativnu agenciju BiH u našem gradu, da se istinom pokuša spasiti što se spasiti može i da se pokuša, bar onim trezvenijim Srbima, istinom otvoriti oči. Još jednom moram da kažem da ne mogu a da se ne čudim tim ljudima, zašto neće da priznaju da su Bosanci, jer svi oni koji su rođeni u Bosni i Hercegovini, morali bi, zbog svojih korijena, voljeti SVOJU domovinu, SVOJU Bosnu i Hercegovinu, bez obzira šta dnevni jednokratni političari pričaju i baljezgaju. Oni ne shvataju da naivnim i suludim favorizovanjem Srbije oduzimaju svojoj djeci korjene..., domovinu.

Djeca, NJIHOVA DJECA, na kraju krajeva neće više ni znati pravu istinu, bit će istorijske neznalice, zamrzit će svoju domovinu BiH, a favorizovat će u svojim neiskvarenim, ispranim mozgovima Srbiju, kao svoju domovinu, a pri tome mnogi od njih nikada nisu ni bili u Srbiji. Svi mi znamo da je njihova stvarna domovina Bosna i Hercegovina. To znaju i oni, Bosanci pravoslavne vjeroispovijesti. Kako će oni sve to izvesti, a da izgleda vjerodostojno, kako misle izvesti tu zamjenu domovine, a da od SVOJE DJECE ne naprave duhovne invalide? Zašto te neznalice i zločinci vrše takve eksperimente na SVOJOJ DJECI? Mnogo je pitanja na koja oni niti imaju, niti pokušavaju pronaći, niti će ikada imati valjane odgovore. Oni, sigurno, o ovim stvarima nisu nikada ni razmišljali. Krenuli su grlom u jagode. Krenuli su na put bez povratka i sada moraju tvrdoglavo nastaviti svoj zločin, čak i po cijenu SVOJE ROĐENE DJECE. Eto, ako ni zbog koga, zbog te djece bi se morala osnovati Informativna agencija BiH u ukletom gradu, iako sada, u ovom trenut-ku, nemamo nikakvih sredstava, ni načina na koji bismo to pokrenuli. Moramo to uraditi, iako ćemo taj posao započeti u dubokoj ilegali, jer kada bi to saznale ove vlasti bilo bi strašnih represalija prema nama organizatorima, zato što se oni, od svih stvari na svijetu, sada najviše boje istine Iz crnih misli me razbudi sadašnja situacija i penzionerske zavrzlame. „Halo ljudi, upomoooć"!!! Šta je ovo, kakva je ovo penzija kad ni za facebook, ni za kajak, ni za E-mail nemam vremena? Evo danas uhvatih malo vremena jer sam na svome starom radnom mjestu, pa imam vremena za „slobodne" aktivnosti. Planirao sam malo rađukati na SFI-u, ponekad raditi na starom radnom mjestu kada im zatrebam, pomalo zgotovljavati knjigu, a šta mi se u međuvremenu desi u mome mlađahnom pen-zionerskom životu: na SFI-u me „zamoliše" da preuzmem jednu grupu izbjeglica i učim ih švedski jezik, a ako ne radim svih pet radnih dana, oni kao pastorčad izgube dan buljeći u ipad, ili kompjuter, a ne stignu preći planirano gradivo. Tako budem „dobrovoljno" natjeran da radim svih pet radnih dana. Kod kuće, poslije luncha odmah prionem na pisanje, a Starkica se uvrijedi ako sve suđe nije oprano, smeće izbačeno, a šofer nije stigao po nju na vrijeme. Sutra opet Jovo nanovo i tako u nedogled. Jedina promjena je kada moram skuhati grašak, pa onda imam manje vremena za pisanje. Muka brate, pa to ti je. Ali neka, sam sam to „dobrovoljno" odabrao, ali ako nekad neku od obaveza preskočim, odmah ima jezika kod kuće i misterioznih pogleda na poslu. Iskreno rečeno počeo sam polako brojati dane kad će Starkica u penziju, pa da i ja selidbom započnem novu fazu pravog penzionerskog života. Ali nemojte se sikirati zbog mene, „čuva bog Acketa svog".

Dosta penzionerske kuknjave, vraćam se u milion puta nesretnija vremena.

31.12.1992.

Sa velikom tugom i strahovitim bolom u duši ispraćamo najgoru, najtežu i najodvratniju godinu svoga života. Fašističke vlasti su zabranile doček Nove godine. U tom smislu izdali su naredbu da sve prodavnice i firme moraju raditi već prvog januara. Tu vijest je objavio lokalni fašistički list „Glas srpski". Po gradu nema normalnih kalendara sa latinicom, engleskim nazivima itd. U prodaji su samo neki odvratni kičerski kalendari, pisani samo ćirilicom. U Moju kuću ova tragikomična parodija od kalendara neće ući, a to u ovim krajevima nije ni važno, jer ovdje je vrijeme stalo negdje u srednjem vijeku, pa čovjeku kalendar nije ni potreban. Ovdje je bog davno rekao laku noć, pa čovjek ne mora ni znati koji je datum, jer su svi dani ovdje nemilosrdno isti: prazni, jadni i kukavni...

Ali ovdašnje vlasti su se zato pobrinule da daju tri slobodna dana za srpsku novu godinu. A normalna Nova godina se slavi i u svim normalnim pravoslavnim zemljama svijeta, ali, eto, ovi papani ovdje u našem gradu ne daju nama, još uvijek koliko-toliko normalnim ljudima, da bar ljudski ispratimo ovu odvratnu 1992. godinu, koju su nam oni začinili pljačkom, ratom, ubistvima, neradom, neimaštinom i svim drugim prokletstvima koja mogu zadesiti ljudski rod.

Valjda će se i njima nekad vratiti sve istom mjerom, pa da i oni osjete šta su nama, normalnim građanima BiH, učinili. Želim da im se kao bumerang vrati sve ono zlo koje su ovdje zakuhali, i ništa više, a zna se da mi nikada nismo željeli ovaj nepotrebni, prokleti, prljavi, glupi, bratoubilački rat. Samo smo željeli da zajedno živimo u našoj zajedničkoj domovini Bosni i Hercegovini. Šta nam to vrijedi kad ovi ljudi bez korjena smatraju da im je domovina Srbija, a rođeni su ovdje u Bosni. Nevjerovatno, ali istinito.

Prije nekoliko dana zazvonio je telefon kod moga prijatelja S. B. i javio se muški glas, koji je moj prijatelj prepoznao. Zatim je ta osoba rekla da je sada u radikalnoj stranci našeg smrdljivog grada i pošto on ne želi da mu kaže ružne riječi, jer se poznaju, dao mu je svoga sabrata iz iste četničke stranke, koji je onda mome prijatelju saopštio: „Ti si prvi na listi za likvidaciju i nema ti spasa". Moj prijatelj je odgovorio da se on takvih ne boji, ali svako normalan može prosuditi šta se može desiti s njim i kako se moj prijatelj sada osjeća. Da ovo nisu samo prazne prijetnje, dokazuje događaj od prije par dana:

Zaklani su muž i žena u svome vlastitom stanu. Naravno, oni su bili Muslimani, a zločin su počinili četnici, uz dobro poznatu i uobičajenu izjavu i blagoslov policijskih vlasti: „Istraga je u toku". Ovi zaklani ljudi su bili vlasnici ćevabdžinice u blizini „Čajaveca". I naravno: Ujeo vuk magarca, počinioci nikada neće biti pronađeni. To garantujem, kao odličan poznavalac prilika u ovoj „pravnoj" paradržavi.

Ubice su svuda oko nas. Kada će to shvatiti Srbi-neubice, Srbi-normalni ljudi? Ja se još uvijek nadam da, i pored svega što se dešava, ima i takvih. Nažalost, takvih je sve manje u ovom ukletom, zločinačkom gradu. O tome nas je obavijestio i „naš" sadašnji gradonačelnik Radić, koji je rekao da nam iz grada sve više odlaze intelektualci, a sve više dolaze seljaci i primitivci. Zar je to bio cilj ovog njihovog, srpskog, prljavog rata?

Juče me je moj dragi prijatelj O. podsjetio na izjave dr. Ekmečića da je ovo 1803. – 1804. godina, kada su Srbi protjerivali Turke sa ovih područja. Moj dragi prijatelj je tužno dodao svoju bojazan: „Zar ovi ljudi nas smatraju Turcima? Zar će svijet dozvoliti da jedan ovakav miroljubiv, evropski narod istrijebe ovakvi varvari i neljudi, kojima ni klanje, ni ubijanje ne predstavljaju nikakav problem?" Zar će svijet nasjesti na srpsku prevaru i zamjenu teza i povjerovati da smo mi, u istoriji poznati kao Bogumili i pripadnici Bosanske crkve prije „turskih vremena", Turci, osvajači i da nas treba istjerati iz Evrope, izbaciti sa Balkana, ili pobiti. Nije moguće da se takva istorijska greška može desiti na pragu dvadeset prvog stoljeća, i to baš nama, koji nikada nismo, ni u mislima, poželjeli da otimamo tuđe teritorije, zaposjedamo tuđe kuće i otimamo tuđu imovinu. Mi smo samo jedan mali narod koji želi živjeti u miru sa svojim susjedima, ali živjeti životom dostojnim čovjeka i bez uticaja sa strane.

Nadam se da će 1993. godina donijeti mir i razumijevanje među ljudima. Nadam se da će neljudi izgubiti, a dobri ljudi dobiti svoj zasluženi mir. Ovdje nipošto ne govorim o različitim nacijama. Ja samo spominjem dobre ljude, zle ljude i neljude, ma gdje oni na ovoj napaćenoj planeti živjeli.

SRETNA VAM, DRAGI PRIJATELJI, NOVA 1993. GODINA, GODINA MIRA I RAZUMIJEVANJA MEĐU LJUDIMA !!!

NADAM SE...

3.1.1993.
Ipak smo, u potaji, dočekali Novu godinu. Skupili smo se svi iz familije kod nas u kući. Sa zastrtim prozorima, prigušenom svjetlošću svijeća, hranom koju su svi donijeli od svojih kuća, nešto pića, gitarom, tihom pjesmom i beskrajnom ljubavlju, proslavili smo dolazak godine od koje očekujemo mnogo, a potpuna neizvjesnost nam prijeti iza zamandaljenih vrata, iz tmine tužne svakidašnjice...

Posljednja fešta u rodnom gradu Prva noć u Novoj 1993. godini, mračno kao u grobu, struje već dugo nismo imali, pa nam je i svjetlost zapaljenog učkura natopljenog u gazu dovoljna. A što će kuća začaditi, to smo se već odavno prestali sikirati. Kada smo ispratili drage goste, palo mi je na pamet da moje djevojčice (supruga i kčerka) i ja na neki način proslavimo Novu godinu. Svaka proslava tih dana je bila zabranjena, pa mi sjedimo pod kuhinjskim stolom i razmišljamo o finim vremenima, nadajući se da bi se ona ove godine mogla vratiti. Ja uzimam gitaru i tiho počinjem svirati solo pjesme „Otkako je Banjaluka postala". Zvuči fantastično u tihoj noći punoj jeze i iščekivanja onog najgoreg. Onda nas troje počinjemo šapatom pjevati našu najdražu, a u to vrijeme zabranjenu pjesmu. Sve troje smo svjesni da, ako nas čuje onaj četnik što svake večeri projaše na bijelom konju sa redenicima preko oba ramena, u crnoj odori i naoružan do zuba, onda smo obrali bostan. Sigurno bi nam došao u goste, jer naša vrata nebi mogla zaustaviti udar njegovih čizama, ili rafal iz njegovog oružja.

Odšaputasmo našu pjesmu, a onda legosmo sve troje u naš široki bračni krevet, u dalje iščekivanje naše neizvjesne sudbine...

Poslije shvatismo da je ovo bila naša posljednja proslava Nove godine u voljenoj Banjaluci. Poslije, mnogo kasnije, u jednom novom životu, svaki put kada smo svirali koncerte po Švedskoj, ja sam reproducirao ovu posljednju feštu u rodnom gradu. Šveđani, bar za trenutak, dobiše vjernu sliku događanja iz naše Bosne i Hercegovine u tim neljudskim devedesetim godinama.

7.1.1993.
Stiže i pravoslavni Božić. Mogu se pohvaliti da sam naučio kako se odgovori na: „Hristos se rodi". Odgovori se: „Vo istinu se rodi".

Morao sam to naučiti, jer kad bi me sreo neki pijani, uniformisani i obavezno naoružani Srbin i ja ne bih znao odgovoriti, čvrsto vjerujem da bi me on uhapsio, slomio mi kičmu, a boga mi, što kaže naš dobri sarajlija Đuro, i ubio. Poslije bi samo rekao da ga je vrijeđao neki muđahedin i da ga je on ubio i, vjerovali ili ne, u ovom gradu bi se stvar tako i završila. Ma ni „istraga nebi bila u toku". Niko vjerovatno nebi nikad saznao da sam ubijen sasvim nepotrebno i zločinački. Ubica bi vrlo brzo bio upućen na front da i dalje može ubijati „muđahedine" i „ustaše", kako nas od milja zovu njihovi ratnici i političari. Svakako da je dobro, zbog suživota, znati ovaj vjerski pozdrav, ali ja sam opisao okolnosti pod kojima sam ga ja u poodmaklim godinama morao naučiti, a dosad ga nisam znao, jer se nije mnogo ni upotrebljavao prije dok Srbi nisu iznenada postali tako religiozni.

Sinoć i danas su Srbi, po ne znam koji put, dokazali da će s njima biti veoma teško i primitivno živjeti, a ne daj bože da oni, ovakvi kakvi su, budu na vlasti. U tom slučaju će stvarno biti potpuno nemoguće živjeti pored njih.

Jučer su od ranih popodnevnih sati počeli pucnjavu iz svih oružja: pištolji, puške, mitraljezi, laki topovi, bombe, zolje i ne znam šta sve još. Kanonada ne prestaje već drugi dan. Mi „nesrbi" se javljamo jedan drugome na slijedeći način:

„Jesi li živ?"

„Jesam."

„Dobro je."

Ako za Božić, za 9. januar (to je neki njihov praznik, čini mi se godišnjica okupacije) i za njihovu pravoslavnu novu godinu sačuvamo živu glavu, dobro je. Još kad bismo preživjeli i tako željno očekivanu intervenciju, možda bismo mogli i mi dignuti ustanak protiv zlotvora u ovom našem gradu-koncentracionom logoru. Ovom se nadam, iako uz žaljenje znam da nas je sada, poslije etničkog čišćenja, ostalo malo, ali ako bi zlotvorska snaga bila načeta, možda bismo mogli doprinijeti oslobađanju naše domovine.

Skoro sam pročitao u srpskom listu „Vreme" da u Srbiji vlada korupcija, kriminal i povezanost vladajućih struktura sa profiterima i mafijašima. Može se samo zamisliti kako se to reflektuje ovdje, u ovoj fašističkoj, kvazi, satelitskoj, takozvanoj paradržavi, gdje ratni profiteri, mafijaši, kriminalci i ostali nacionalisti iz SDS-a kolo vode. Dok pošteni svijet (i pošteni Srbi) nema novca ni za brašno, naoružani uniformisani ratni zločinci i profiteri se vozaju u mercedesima i ostalim skupim, otetim automobilima i po birtijama se razbacuju ogromnim sumama novca, dinarima i markama koje su opljačkali od naroda.

Sada su zločini dio svakodnevice. Moram ispričati o jednom zločinu koji se desio mome prijatelju H. M.: Dok je telefonirao, u stan su mu ušla dvojica uniformisanih zlikovaca i počela mu prislanjati cijevi automata na glavu, grudi i vrat. On je podigao ruke i, štiteći se od udaraca, od cijevi oružja, upitao zlikovce šta žele. Oni su počeli da mu prijete i rekli mu da su čuli da je on govorio da su muslimanska i hrvatska djeca pametnija od srpske djece i još mnoge budalaštine, koje moj kolega nije nikada ni pomislio, a kamoli rekao, jer je on bio veoma dobar prosvjetni radnik dok nije dobio otkaz, samo zato što nije imao odgovarajuće srpsko ime. Tada su zločinci rekli da će pretresti stan; odmah su uzeli novčanik i iz njega izvadili 40.000 dinara, a ostatak od 2.700 dinara ostavili, rekavši: „Ovo ti ostavljamo da ne kažeš da smo kriminalci." Kada u stanu nisu našli ništa kompromitirajuće, prijeteći su otišli. Moj prijatelj, jedan fin čovjek, ostao je mirno sjedeći i razmišljajući kako će preživjeti ostatak mjeseca sa suprugom i lijepim sinčićem koji, kao ni njegov otac, nizašto nije kriv, ništa, nikada, nikome u životu nije nažao učinio.

Ova zločinačka „posjeta" je samo jedna od bezbroj drugih koje se svakodnevno dešavaju u ovom avetinjskom gradu.

Lov na ljude se nastavlja. Sada više ne spašavaju ni potvrde, ni papiri. Sve hapse, prisilno mobilišu i šalju na front. Koga ne mobilišu, dobro isprebijaju, tako da se zna ko je gazda u ovom smrdljivom leglu bagre i zločinaca. Ljudi na vlasti u našem gradu nisu sposobni ni svojoj vlastitoj djeci da objasne ko su, šta su, odakle su, a kamoli da organizuju život i privredu ove naše, nekada „krajiške ljepotice". Sve su uspjeli upropastiti za veoma kratko vrijeme. Kako ćemo mi koji uspijemo sačuvati bar malo razuma sve to ponovo dovesti na svoje mjesto, sam bog zna.

Kako??? I KADA???

14.1.1993.
Dobro je... Preživjeli smo i srpsku novu godinu. Još nam ostaju samo dvije srpske slave, pa će proći i mučni januar. Žao mi je što moram tako reći, ali smučilo mi se sve poslije sinošnjih kanonada koje su cijelu noć potresale naš mračni grad. Prosto čovjek više ne može psihički izdržati ovoliki primitivizam. Ovi ljudi ovdje izgleda ne znaju ništa proslaviti bez pucnjave. Bilo je zaista interesantno slušati pucnjavu iz svih oružja, dok u intervalima, kada se ne puca, vlada grobna tišina. Izgleda da ovi ljudi nisu još otkrili da su za proslavu najpotrebniji muzika, veselje, ples, ljubav... Oni sve to nadomještaju pucnjavom, pa ko najviše puca, taj je, vjerovatno, najveseliji, ili najjači, a zasad o pameti ovi ljudi, izgleda, uopšte ne razmišljaju. Ipak smo mi obespravljeni, u ovom ukletom gradu, izgleda najsretniji, jer nismo izgubili ljudske osjećaje ni mjeru za stvarnost koja nas okružuje, a također i znamo šta se dešava u ostalim krajevima naše domovine. Našim trenutnim uzurpatorima prepuštamo da žive u lažnim oblacima svoje primitivne sreće, koju oni ispoljavaju na način na koji pokušavaju da održe svoju uzurpatorsku vlast.

Neki dan sam čuo zanimljivu priču iz Čelinca...

Jedan poznanik je čuvao krave i sjedio iza nekog žbunja, tako da ga nisu mogli vidjeti sa seoskog puta. Putem je naišla jedna starija žena, a iz obližnje kuće ju je vidjela jedna komšinica i upitala: „Gdje si ti krenula u ovo doba?" „Idem na brdo da odnesem starom ručak", odgovorila je starica. „Pa što će stari u ovo vrijeme na brdu?", upitala je komšinica. „Otišao je da puca i plaši Muslimane".

Tako naši sugrađani, Srbi, zamišljaju naš budući suživot. Mi, „nesrbi", u ovim našim krajevima BiH im još uvijek ničim ne uzvraćamo, a dokle ćemo glumiti krotku jagnjad za klanje, ne znam. Znam samo da bi se moralo nešto učiniti, jer je ovo divljanje prešlo svaku granicu.

Poslije poznatih događaja iz Ženeve u našem gradu vlada neka prijeteća tišina.

Izgleda da su i usijane srpske glave shvatile svu ozbiljnost bosanske situacije. Možda im je sada došlo u glavu da se ovdje situacija ne može riješiti ispunjavanjem želja samo jednom narodu, ne vodeći računa i o drugim narodima. Možda im je pomogla sila da shvate da oni ovdje ne mogu živjeti sami, oduzimajući prava svima ostalima. Možda im njihovi saveznici ipak okreću leđa, možda im je moral vojske opao, možda i neimaština utiče na narod, a možda se javljaju i neki pametniji ljudi, sa nekim pametnijim idejama od fašizma... Možda...

Neki dan se oglasio srpski sindikat tražeći rad i naglašavajući da ljudi neće da žive od socijalne pomoći, već hoće da radom zarade za život. E ne znam dali je moguće ratovati i u isto vrijeme zarađivati za život, ali možda će se jednom i razum vratiti u ove krajeve... Možda...

17.1.1993.

Jučer su mi vratili moj kombi. Potpisao sam da sam ga uredno primio u ispravnom stanju, a odmah na prvi pogled sam vidio da nema akumulatora, zvučnih kutija, a na mjestu moje super muzičke linije je stajao neki ofucani, sa smetljišta pokupljeni radio, koji, naravno, nije funkcionirao, a i kako bi funkcionirao bez akumulatora. Kada sam poslije potpisivanja podigao haubu, imao sam šta vidjeti: Motor je izgledao veoma jadno, sav crn, zamašćen od ulja, ali zbog nedostatka akumulatora, nisam mogao utvrditi dali je zaribao. Poslije sam utvrdio da je motor totalno zaribao i da od njega nema ništa, jer dok rat traje, ništa se ne može i ne smije raditi, a nema se novaca ni za kruh, a kamoli za auto. I da imam novaca, zašto nešto raditi, pa da to „sugrađani" odmah oduzmu i unište. Sprženi kombi se nalazio u Malom logoru i posebna priča je kako ga izgurati iz tog zmijskog gnijezda punog krvoločnih četnika, a sačuvati živu glavu. U gradu pronađoh moga dobrog rođaka E. i još neke naše prijatelje, pa smo zajednički izgurali kombi iz zloglasnog Malog logora. Važno je neka je kombi u komadu, a za zaribanu mašinu ću se pobrinuti poslije rata, ako ostane živa glava...

Vojno-policijske vlasti su se ovog puta prema meni ophodile korektno, ako izuzmemo akumulator, radiokasetofon, zvučne kutije i sprženu mašinu pod začađenom haubom. Bilo je mnogo korektnije nego prije nekoliko mjeseci kada su me ispitivali gdje sam sakrio kombi, a ja tvrdio da se nalazi u Sloveniji, jer ni po koju cijenu nisam htio da padne u njihove ruke i da služi njihovoj vojnoj mašineriji. Moja sreća u nesreći je bila da su kombi pronašli vojnici iz neke periferne seoske jedinice i nisu to prijavili u Vojni odsjek, jer su kombi željeli zadržati za sebe. Tako sam ovoga puta možda i glavu sačuvao zahvaljujući srpskoj gramzivosti i želji da za sebe zadrži ono što pripada drugom. Na taj način oni u Vojnom odsjeku nisu znali da je kombi pronađen i da sam im ja svojevremeno lagao, pa sam izbjegao dodatna ispitivanja i objašnjavanja, a vjerovatno i nešto mnogo gore od toga.

Ipak se za vrijeme mog boravka u Malom logoru dogodio i ozbiljan incident. Kada sam izlazio da nađem u gradu nekog da mi pomogne izgurati kombi, na kapiji je stajao jedan šeširdžija u šarenoj uniformi. On nije bio ni na kakvoj dužnosti, ali je ipak našao za shodno da me na sirov i neljubazan način upita: „Kako se zoveš?" Ja sam mu rekao svoje prezime, a on je prijetećim glasom ponovio pitanje: „Kako se zoveš???" Kada sam mu rekao svoje ime, on mi je opsovao tursku majku i nastavio prijetiti. Kada sam mu rekao da nisam ja kriv za svoje ime i da nikada nisam bio Turčin, već Jugosloven, on me upitao: „A zašto se ne boriš zajedno s nama u rovu, u prvim redovima?" Ja sam rekao da sam bolestan, jer mu, naravno, nisam mogao objašnjavati da ja ne želim da oblačim agresorsku uniformu, da se to kosi sa svim mojim principima i uvjerenjima, itd... itd... Da sam sve to pokušao objasniti, ko bi nastavio pisati ovu hroniku o zločinima devedesetih godina? Sigurno bi me zbrisao sa lica zemlje, pitaj boga šta bi bilo sa mnom. Onda mi on zaprijeti: „E ti nećeš izaći na ovu kapiju!". Ja se vratih u kancelariju onom starješini kod koga sam potpisao da primam ispravno vozilo i rekoh mu da mi neki vojnik ne dozvoljava da izađem na kapiju. On me pokroviteljski zagrli, izađe iz zgrade i viknu onom u šarenoj uniformi: „Vaskrsija, pusti ovog čovjeka, on se svakako do noći mora vratiti da preuzme vozilo!" Tako se ipak sve dobro završilo: ostao sam živ i još uvijek neisprebijan.

18.1.1993.

Opet su ispali obični pljačkaši-kokošari, jer su zakamuflirali da mi vraćaju kombi ispravan, a ustvari, kombi je samo s polja gledano bio donekle u redu, izuzevši zacrnjenu haubu. Ipak, hvala im što su mi vratili kombi u komadu, ni slučajno se tome nisam nadao. Vjerovatno sam imao mnogo više sreće od drugih vlasnika automobila čija su vozila potpuno uništena, ili su, preko dobro organiziranih kriminalnih grupa prodana negdje u Srbiji.

Prije nekoliko dana sam razgovarao sa starim prijateljem iz mladosti Urošem i sa školskom koleginicom Brankom T. Poslije razgovora sam potpuno shvatio da sa Srbima više ne treba pričati o ovom ratu i o ovoj srpskoj politici, jer su svi od reda jednostrano i nakaradno obaviješteni (ispran mozak): „Ovo je zavjera protiv Srba, cijeli svijet je u krivu, a Srbi su u pravu, mi moramo imati koridor. Srbi nisu genocidan narod, a Hrvati i Muslimani jesu." I sve tako, u tom stilu, a glavni zaključak im je: „Eto, vidiš da ne možemo živjeti zajedno!" Kada sam upitao moga, nekad dragog, Uroša: „Pa zar ti nebi mogao odmah sutra nastaviti surađivati sa mnom, kao i svih ovih godina?", on mi je na to odgovorio: „Ma ti si nešto drugo." „E pa, dragi Uroše, nisam ja nešto drugo, samo u meni ima više ljubavi i razuma, nego mržnje i neznanja." Kad mi je spomenuo da se Srbi moraju boriti do zadnjeg, za koridor, ja sam mu rekao: „Pa zašto, jednostavnije je da svi lijepo idemo slobodno svim cestama, kao i do sada." On mi nije povjerovao da niko Srbima ne bi ni branio da idu u pravcu Srbije, ili Hrvatske, ili bilo gdje. A boga mi, i ja ću Uroše, kao i svi ostali, isto kao i svi Srbi, ići tim istim „koridorom" prema Srbiji, prema lijepom Novom Sadu u kojem sam proveo toliko lijepih trenutaka uz muziku nezaboravnog Janike Balaša i njegovih osam tamburaša. Ali neću uzimati pušku i ubijati bilo koga, a ponajmanje moje dosadašnje prijatelje. To je bio posljednji razgovor sa nekadašnjim prijateljem.

Kada mi je bivša koleginica Branka, sa mržnjom u glasu, rekla: „E, pa neću ja da budem građanka, u građanskoj državi!", ja sam joj sa čuđenjem odgovorio: „Pa, draga Branka, ti si i dosad bila građanka, kao i ja, i bilo nam je lijepo." Ona će na to: „E, neću da mi iko brani da budem Srpkinja." Ja joj tužno odgovorih: „Pa, draga Branka, zar misliš da bi ti iko branio da u građanskoj državi budeš Srpkinja?" Itd... itd... Prenerazilo me je toliko nepoznavanje elementarnih stvari od strane jedne gradske žene, intelektualke, moje prve simpatije iz prvog osnovne. Da ne govorim koliko je krivo obaviještena o zlodjelima. Ona, izgleda, misli da Srbi čine manje zlodjela od drugih. Koliko ovi ovdje zločinački mediji doprinose ovoj našoj mržnji i nastavku klanice? Bože, ako te ima, rasvijetli put onima koji misle da su uvijek u pravu, a koji, ustvari, gotovo da ništa ne znaju o pravoj istini o Bosni i koji bosanski problem shvataju potpuno jednostrano. Oni uopšte ne znaju da je problem najmanje trostran, a tek da znaju kako i svi ostali (Romi, Jevreji, Rusini i svi ostali...) pate i kako je taj problem i NJIH OSTALE pogodio.

22-1-1993.

Ovih dana sam imao strahovitih problema sa izvjesnim individuama koje već duže vrijeme hoće da na nelegalan način, na silu, usele u stan moga amidže. Radi se o ljudima, baznačajnim anonimusima, marginalcima, koji sada, pošto su naoružani, smatraju da, pomoću oružja, imaju pravo da pljačkaju, dižu kuće u zrak i ubijaju. Te ljude nikada u životu nisam poželio ni sresti, ni upoznati, ali, eto, slučaj je htio pa sam ih upoznao. Bio bih najsretniji da se više nikada s njima ne sretnem, ne zbog straha, već samo zato što im želim „sve najbolje, ali osim mene", što kaže naš narod.

Tako je prije nekoliko dana na moja vrata zakucao D. Marinko. Pošto se znamo od prije, ja sam ga uveo u kuću, smatrajući da ima nešto važno da mi saopšti. Onda je on počeo oružjem da prijeti i da zahtijeva da mu ja otvorim amidžin stan. Kada sam mu rekao da neću to da učinim, jer stan nije moj, on je zaprijetio da će dovesti svoje naoružane pajdaše i da ću u svojoj vlastitoj kući imati mnogo problema. Ipak mu ja nisam otvorio amidžin stan, a on je isto popodne provalio u stan, sačekao rodicu koja tamo stanuje i s njom se upustio u raspravu o tome ko ima veće pravo da u tom stanu stanuje. Kada je nasilnik otišao, pozvali smo vojnu policiju koja je došla za nekoliko minuta, a brzo iza toga su uhvatili i zločinca. On je i pred policajcima nastavio da prijeti, jer je smatrao da on, kao srpski vojnik, ima veće pravo od svih nas ostalih Bosanaca. Pošto je amidžin stan vlasništvo Boračke organizacije, ja sam sutradan otišao da ih upoznam sa događajima. Tamo sam sreo sestru dotičnog uzurpatora S. Miru, koja je svome bratu cijelo vrijeme pomagala u ovim nedozvoljenim, kriminalnim radnjama. Pred svjedocima; K. M. i sekretaricom Saveza boraca, Mira mi je prijetila da ima tri mine, da će ona lično dići našu kuću u zrak i da nam je bolje da se iselimo. I ona je, izgleda, zaboravila da sam ja Bosanac i da kao tvrdoglav i ponosan čovjek neću da se iseljavam, baš usprkos ovakvim đubradima. Sve u svemu, ovo je još jedno svjedočanstvo, moje vlastito svjedočanstvo, koje opisuje samo jednu varijantu na koje sve načine dušmani čine etničko čišćenje. Ovo sam ja lično doživio i, ako preživim, o ovome posjedujem dokaze. Najviše bih volio da o ovakvim primitivnim anonimusima više nikada u životu ništa ne čujem i da im što prije zaboravim imena. Najteže mi je što je moja porodica tim ljudima, a specijalno pomenutoj S. Miri mnogo pomogla. Da spomenem samo slučaj kada me Mira u neko doba noći nazvala i sva u suzama rekla da ne može izdržati bolove, ali ne zna kako da stigne do bolnice. Odmah sam sjeo u auto i odvezao Miru u bolnicu gdje je hitno podvrgnuta operaciji, jer joj je život bio u opasnosti. Nešto nisam siguran da je ona imala novaca da plati troškove bolnice, pa sam to učinio ja, pošto ona nije bila u mogućnosti da to učini. Ne mogu ni da se sjetim koliko je puta moja supruga pritekla u pomoć dotičnoj individui, ali sigurno znam da mi toj osobi nikada ništa nažao nismo učinili, već naprotiv, cijelo vrijeme rado i mnogo pomagali. A evo kako nam je vratila: „Imam tri mine i lično ću dići vašu kuću u zrak". Nadam se da svijet neće dozvoliti da ovakvi neljudi i varvari nadvladaju i pobijede.

Zima u Švedskoj pritisla pa neda da se diše, a meni to baš odgovara da u toploj sobi nastavim evocirati uspomene iz prošlosti naše tužne Banjaluke, koju sam nasilno morao nazvati ukletim gradom jer su dušmani to od naše ljepotice napravili.

26.1.1993.

Prođe i januar. Još nam je ostao jedan srpski praznik (Sveti Savo), pa da kažemo da smo uspješno prebrodili sve pucnjave koje ovakvi praznici sa sobom donose. U gradu ništa novo. I dalje traju hajke na ljude, a poslije sukoba oko Zadra i objavljivanja još jedne, ne znam koje po redu, mobilizacije, ovdje je postalo još opasnije. Vlasti novi lov na ljude „opravdavaju" željom da se pomogne Kninu, a, ustvari, razlozi su sasvim drugi. Sav pošten svijet u ovom gradu zna da su srpske jedinice nedovoljne za čuvanje ove velike okupirane teritorije u BiH, pa oni koriste svaku priliku da što više ljudi, naravno na silu, obuku u uniformu koju ovi ljudi (kao i ja) niti žele, a niti priznaju kao svoju. Valjda će i to proći, a „živjet će ovaj narod bosanski".

Prije nekoliko dana su neki uniformisani zlikovci porazbijali sva stakla na Robnoj kući „Merkur" u Gospodskoj ulici, a takođe i na svim ostalim radnjama koje su radile toga dana. Razlog je bio neki srpski, vjerski praznik. Tako su braća Srbi počeli da se obračunavaju sa drugom braćom Srbima koji su smatrali da bi se poneki dan u januaru trebalo i raditi...

Sutra se opet ne radi... Sveti Savo je...

28.1.1993.
Prođoše svi januarski pravoslavni sveci, a ostalo se živo.

Jučer su ispred pošte, u centru grada, stajala tri autobusa „Šeškića", tako od milja zovemo Šešeljeve četnike, koji su na sav glas vikali: „Hajde balije, selite se, klaćemo vas, šta čekate", itd., itd. „Šeškići" su išli u pomoć svojoj sabraći u Kninu. „Da bog da se ne vratili", pomisliše svi normalni građani našeg grada. Šeškići su, kao i obično, napravili predstavu u ovom sada smrdljivom gradu, pucajući i pjevajući četničke pjesme, dok su ih uplašeni građani promatrali sa gađenjem, sa bezbjedne udaljenosti.

Zvijeri... Morat ću se izviniti zvijerima.

Prije nekoliko dana su sa Manjače pušteni svi regruti, nesrbi (kakav izraz nedostojan čovjeka se upotrebljava u ovo ludo vrijeme, a odnosi se na sve ljude koji ne pripadaju arijevskoj rasi, „nebeskom narodu"). Izgleda da ovi ovdje na vlasti pomalo shvataju šta su napravili nama Bosancima, pa se plaše da u svojim redovima imaju naše mladiće: Muslimane i Hrvate. Ili zbog straha, ili zbog mržnje, izađe na isto. U svakom slučaju dobro je što su na ovaj način spasili našu djecu da ne učestvuju u njihovoj prljavoj raboti i zločinu nad našom Bosnom.

2.2.1993.
Danas imam jednu dobru i jednu lošu vijest. Prvo loša: Juče je ispred hotela „Bosna" (čudo da nisu promijenili ime) održana smotra 150 četnika, koji su došli sa Kosova. Smotru je održao jedan oficir, koji je održao prigodan, zločinački govor. Zločinci su poslije toga otišli u Knin.

Sada ona druga, dobra vijest: Juče se čulo radio Sarajevo i u našem okupiranom gradu. Poslije dugo vremena, slušao sam i naše, domaće, bosanske vijesti. Poslije mnogo tmurnih, beznadežnih dana blokade u meni je opet zaigralo ono moje bosansko srce. Shvatio sam da Bosne još uvijek ima i da će je i ubuduće biti. Odmah sam osjetio koliko one republiko-srpskanske (moj lični izraz) vijesti oneraspolože normalnog čovjeka filujući ga non-stop lažima, pa čovjek potpuno izgubi orijentaciju u vremenu i prostoru. Republikosrpskanin (još jedan moj izraz) sigurno nikada neću biti. Zamislite državljanstvo pod imenom „republiko-srpskanin", zanimljivo je zapamtiti. Da čovjek pukne od muke i smijeha.

4.2.1993.

Lešinari kruže našim avetinjskim gradom. Danas su usred dana upali u kuću koja se nalazi u malom sokaku, iza džamije, kod škole „Kasim Hadžić". Zaklali su muža i ženu. Pojedinosti ne znam, jer se zločin dogodio danas. Prava istina se vjerovatno nikada neće znati, jer mrtva usta ne govore, a fašističke vlasti štite fašističke zločince. Ako šta saznam, naknadno ću zabilježiti.

Prije dva dana se mome rođaku B. N. desilo slijedeće: Ispred „Tropika", u blizimi MUP-a, legitimisala su ga trojica uniformisanih zlikovaca. Kada su vidjeli da je Musliman, strpali su ga u bijeli „Golf" i povezli prema Šehitlucima. Usput su mu rekli: „Sada ćeš vidjeti šta je srpska vlast. Ubit ćemo te, samo zato što si Musliman." Stali su kod jednog malog mosta negdje na šehitlučkom putu i naredili mu da izađe. Kada je uplašeni čovjek izašao i vidio da je jedan zlikovac uperio pištolj u njega, okrenuo je glavu, a zlikovac mu je naredio da gleda u njega, tako da je jadni čovjek gledao direktno u cijev zločinačkog oružja, u očekivanju smrti. Zlikovac je opalio, ali je pištolj bio prazan. Izbezumljenom rođaku su poslije toga uzeli 100 DM, a za uzvrat dali 700 dinara, govoreći da oni nisu zločinci: „Eto, platili smo ti devize." Onda su otišli, ostavivši čovjeka da se zahvaljuje bogu što je ostao živ, a kada je živa glava, biće i maraka. Kakvo perverzno iživljavanje. Etničko čišćenje ima, kao što se vidi, različite metode. Ono se nastavlja...

Prije par dana je ukleti grad napustio i legendarni BSK-ov biciklista Ćosić Zvonimir, zvani „Ćosa". Otišao je glavom bez obzira, sve rasprodavši za smiješno male pare. Ostao je bez ičega, jer nije htio nastaviti život u ovom beznađu i bezakonju. A toliko je volio svoj rodni grad i svoj Vrbas na kojem je bio poznat kao jedan od boljih vozača vrbaskih čamaca dajakom, načinom koji je poznat samo banjaluča-nima. Bio je jedna od maskota ovoga umirućega grada. Da li će se ikada vratiti??? Sa sobom je poveo i najboljeg mladog biciklistu S., koji nipošto nije htio u srpsku vojsku, a već se morao javiti na njihovu nezakonitu mobilizaciju. Naime, pozvali su 1975. godište. Avetinjski grad je tako ostao bez najperspektivnijeg mladog bicikliste koji je osvojio skoro sva priznanja u bosanskom biciklizmu. Možda ćemo slušati o njegovim uspjesima u Danskoj, ili Švedskoj. Poželimo mu da tamo uspije, kada mu mi, zemljaci, nismo to omogućili.

Racije se nastavljaju. Idu ponovo i po kućama, popisuju imovinu i sve ostalo što ih zanima. Genocid je još uvijek vrlo opipljiva riječ u ovim krajevima prepuštenim na milost i nemilost zlikovcima, ali „živjet će ovaj narod" i kad nas ne bude...

Saznao sam pojedinosti o zločinu o kojem sam pričao na početku ovoga odvratnog dana. Pojedinosti o zvjerstvu kod „Kasim Hadžić" škole će se ipak saznati, jer su zločinci u posljednji čas spriječeni i nisu uspjeli zaklati svoje žrtve. Žrtve H. Z. i njegova supruga Z. su izbodeni i izmrcvareni, ali su ostali živi i oni će moći svjedočiti o ovom zločinu. Žena je uspjela u posljednji čas iskočiti kroz zatvoren prozor i, sva u lokvi krvi, dozvala je komšije, pa su zločinci pobjegli, ne završivši već započeto klanje njenog supruga.

Ovdje je vic „koljem po kućama" postao zbilja i upražnjava se često u ukletom gradu i tužnoj domovini Bosni i Hercegovini.

7.2.1993.

Prije dva-tri dana sam dobio precizne podatke iz prve ruke o pljački magacina prehrambene prodavnice „Belje", pod Starčevicom, a o čemu sam već ranije pisao. Događaj je ispričao čovjek koji stanuje u zgradi iz koje se odlično vidi ulaz u magacin „Belja". Čovjek boluje od nesanice i dotične večeri, oko jedan poslije ponoći, vidio je dvojicu uniformisanih ljudi kako nešto rade oko ulaza u magacin. Poslije nekoliko minuta, uniformisani su provalili vrata i jednostavno otišli. Čovjek se čudio zašto su zločinci otišli jer je baš toga dana stiglo brašno i šećer i magacin je bio pun robe. Ali poslije desetak minuta, do ulaza je došao kamion i šest uniformisanih kriminalaca je, vreću po vreću, ispraznilo magacin. Čovjek nije prijavio ovu pljačku jer je sada ljude strah surađivati sa policijom, a pogotovo kad je vidio da su pljačkaši bili uniformisani. Ovo je samo još jedna potvrda kakva je vojska u pitanju u ovoj zločinačkoj paradržavi.

Čuo sam za još jedan slučaj čiji je akter četnički vojvoda P. Riječ je o njegovoj povezanosti sa bivšim direktorom bivšeg „Jugodoma" Z. D., u vezi sa angažovanjem za ubistvo L. Pošto je L. uspješno pobjegao odavde i spasio goli život, o ovom slučaju neću više ništa pričati. Ali postoje svjedoci koji su upoznati sa ovim slučajem koji bi mogao konkurisati najzamršenijim mafijaškim zavrzlamama.

Helikopteri stalno lete prema Kninu i ko zna gdje još i pored zabrane zone leta nad Bosnom i Hercegovinom. Ovima ovdje se zaista ne može vjerovati, jer za njih ništa ne prestavlja: potpisati sporazum i u istom trenutku ga prekršiti.

9.2.1993.

Jutros, oko tri sata, fašisti su podmetnuli eksploziv u malu džamiju na tranzitnom putu, u blizini skloništa. Mala džamija je potpuno demolirana iznutra, sa rastrešenim krovom, uništenim vratima i prozorima. Zločinci su, evo, jutros imali još jednu uspješnu akciju u svome stilu: uspjeli su uništiti još jedan vjerski objekat. Svaka im čast, hrabri su, divni su i da bog da ih bog adekvatno nagradio...

Jutros u sedam i dvadeset je sirena najavila zračnu uzbunu koja je trajala više od dva sata. Taman toliko da okupatorska vojska odveze dvanaest raketa zemlja-zemlja u Knin. Uzbuna je bila paravan za neprimjetno prevoženje ovih raketa. Dušmani su blokirali grad da građani ne vide pravi razlog uzbune. Iako građanima nije dozvoljeno kretanje sve do kraja „vazdušne uzbune", tj. dok rakete nisu iz okoline Čelinca odvezene prema Kninu, ova prevara je ipak otkrivena. Obruč oko zločinaca se ipak steže i nadam se da omču neće izbjeći niko, ko ju je zaslužio.

Čuo sam da je spašeno šest svjedoka zločina u Prijedoru. Svjedoci su na sigurnom mjestu i oni znaju tačna imena zločinaca koji su ubijali po Prijedoru. Pretpostavlja se da je u Prijedoru ubijeno oko 18.000 intelektualaca i drugih građana koji nisu bili srpske nacionalnosti. Ovaj broj ubijenih me zbunjuje i ne mogu vjerovati, ali kod zločinaca je sve moguće, a valjda će i njima osvanuti crni petak, jer su to svojim nedjelima svakako zaslužili.

Šetajući ulicama tihog pitoresknog Norrtelja sjetih se mojih tajnih šetnji po rodnoj Banjaluci, a posebno mi pade na pamet jedan februarski dan kada sam bio primoran da šetam više nego obično.

11.2.1993.

Juče i danas po našem komšiluku kruže trojke: dvojica u plavoj i jedan u zeleno-šarenoj uniformi. Pišu po stanovima i kućama ko sve tu živi, a uz to za muškarce traže i potvrde iz Vojnog odsjeka. Bili su i juče i danas u našoj kući. Traže me, jer im je moj rođak rekao da ja, vjerovatno, imam potvrdu i da samo izvole provjeriti. Kada su zalupali na naša vrata, ja nisam bio kod kuće, a kćerki sam naredio da nikome ne otvara, jer gradom kruže lešinari o kojima sam već pisao. Nisu me našli... I ne smiju me naći, jer ja potvrde niti imam, niti ću je tražiti. Ja neću da u ovom prljavom ratu učestvujem na strani agresora. Već sam prije rekao: Ja sam Bosanac, a ovi ljudi su napali na moju Bosnu. Hoće da je ukinu. Ali, neće moći. Neće to dozvoliti moji Bosanci, a nadam se da će nam i svijet ipak u tome pomoći.

Lov na ljude se nastavlja...

Nedaj se Bosno...

Jučer su mitraljirali kuću profesora Ante Ćosića, cijenjenog pedagoga iz Medicinske škole. Za taj zločin je odgovoran izvjesni Đuro Kopanja iz Glamoča, koji je to uradio zato što nije uspio oteti profesorovu kuću. Poslije ovog nemilog događaja čuo sam da je omiljeni, iznad svega miroljubivi profesor viđen u gradu sa pištoljem za pojasom. Na šta sve agresori neće ljude natjerati? Prokleta okupacija...

Jučer je okončana drama još jednog profesora koji je bio dugogodišnji šef biblioteke Medicinskog centra i jedan od najuspješnijih prevodilaca u našem gradu. Ja ga se sjećam još od 1980. godine, kada je pokušao da mi pomogne da dobijem radno mjesto u kliničkoj biblioteci, ali je to sve zaustavio i spriječio moj tadašnji šef sa Fizijatrije dr Rakić, jer nije želio da omogući moje napredovanje u karijeri. Ali to je dio jedne druge priče, a ja da se vratim cijenjenom profesoru Znavor Mirku, koji je poznavalac bar četiri strana jezika, ali izgleda da su i od njega vladari ukletog grada digli ruke. Naime, prije desetak dana profesor je zatražio i dobio saglasnost za zamjenu stana, za Zagreb, ali onda se javlja izvjesni Milošević koji donosi profesoru neke „krompir" dokumente (štambilj napravljen od krompira), da i on ima dozvolu za zamjenu stana iz Zagreba, za stan u avetinjskom gradu (našoj voljenoj Banjaluci). Jadni, naš najdraži grad nije kriv, ali su neljudi iz ovog grada sve zagadili, pa me je prosto stid što smo i mi nedužni iz istog grada u kojem sada neljudi kolo vode. Kada je profesor vidio da je „dokument" falsifikovan (jasno se vidjelo da je štambilj bio izrađen od krompira, po ugledu na dječije igre), odbio je suradnju sa dotičnim Miloševićem, ali je onda ovaj navodni ložač iz Medicinskog centra iz Zagreba došao u stan profesora u društvu sa još dvojicom uniformisanih lica i držao profesora tri dana zatvorenog u profesorovom vlastitom stanu, tjerajući ga da potpiše taj lažni dokument. Poslije mi je profesor pričao da su ga i drogirali. Na kraju je zlikovac uspio i kada je jadni profesor potpisao, on ga je odmah izbacio na ulicu. Tako sada profesor nema ni stana, ni riješenog pitanja penzije, ni dokumenata koji su ostali u stanu zajedno sa novim „vlasnikom". U sve ove rabote je umiješan i referent za stambene odnose Medicinskog centra, pa i policija koja nije htjela pomoći našem jadnom sugrađaninu, a kriminalce je ostavila u ukradenom stanu. Kako će se ova tužna priča završiti i šta će biti sa profesorom, to niko ne zna. Daj bože da čovjek sačuva živu glavu.

19.2.1993.

Danas su provezli za Knin još tri rakete zemlja-zemlja. Bar ova, srpska strana, izgleda da nema namjeru privoditi rat kraju, već nastoji pomagati i svojoj sabraći u Kninu. Teško narodu.

Prije nekoliko dana je pušten iz Malog logora moj prijatelj B. S. Držali su ga tamo tri dana, uz sistematsko batinanje. Tako čvrst i jak, momak je bio potpuno slomljen i isprebijan. Kaže da su ga, između ostalog, tukli i cjepanicama po glavi. Ipak su to sve uradili „stručno", tako da na ljekarskom pregledu nije pronađena nijedna unutrašnja povreda.

Blago nama sa ovako stručnim zlikovcima. Ovakva opasnost cijelo vrijeme prijeti svima nama koji se nismo odazvali na mobilizaciju u srpsku vojsku. A lov na ljude se sada sve intenzivnije nastavlja. Stvarno će nas etnički potpuno očistiti. A nije ni neki veliki plus ostati među njima ovakvima kakvi su, pa makar čovjek i bio na svome vlastitom ognjištu.

Tužno je da sam počeo tako razmišljati, jer nikad dosad nisam ni pomislio na odlazak.

21.2.1993.

Danas je iz avetinjskog grada otišao i moj veliki prijatelj L. G., zvani F., koji je imao običaj reći da je on pravoslavac-Bosanac. On ne vidi razlog zbog kojeg bi ostao živjeti u ovom gradu, iako ima ime koje dušmanima odgovara i rođen je ovdje. Želim mu mnogo sreće i da se uspije probiti do svoje porodice koja se već nalazi u jednoj lijepoj zapadnoj zemlji. Tuga mi se uvukla u dušu i srce, jer mi ode jedan od rijetkih prijatelja koji je ostao potpuno isti, svoj, kao iz onih dana kada smo svirali zajedno i pored strahovitih pritisaka da se svrsta u tor, koji on nikada nije htio prihvatiti. Ja ću biti sretan zbog njega i njegove porodice kada mi javi da su se sretno sastali. Nikada neću zaboraviti one lijepe trenutke koje smo proveli skupa u Kulturno umjetničkom društvu „Pelagić", svirajući ovdje u gradu i na turnejama, a i nova godina u Derventi se nikada neće zaboraviti. Posebno su bili ugodni trenutci na probama u prostorijama društva. Njegovu duhovitost, osjećaj za humor, interpretacije Himzinih pjesama, drugarstvo do posljednjeg daha, jednostavno ću zadržati u srcu do kraja svog života i to mi niko nikada neće moći oteti. Nadam se da ćemo se sresti u neka bolja, ljudskija vremena, na nekom boljem, ljudskijem mjestu, negdje na kugli zemaljskoj... SRETNO PRIJATELJU !!!

23.2.1993.

Odlučio sam da danas postim, u nadi da će to pomoći našem sinu da ostane živ i zdrav i da se što prije sretnemo. Prvi je dan Ramazana i odlučio sam da postim, iako sam oduvijek bio ateista. Možda ću na ovaj način pomoći svome djetetu da preživi ovaj glupi, nepotrebni rat koji su započeli glupi, krvoločni ljudi koji ni dan danas nemaju nikakve ideje zbog koje ubijaju ljude, a i oni u velikom broju ginu.

Prije nekoliko dana je u naselju kod kula, pod Starčevicom, došao kamion sa njemačkom registracijom i sa obilježjima Crvenog krsta. Kada je stao, šofer je skinuo oznaku Crvenog krsta i, podignuvši ceradu, snabdjeo kafom tri SDS-ova kafića. Ljudi su izbrojali 400 kilograma pržene kafe, a mafijaši su uzeli novac, stavili ponovo znak CK na kamion i nestali u nepoznatom pravcu. Tako se sada stiče profit u našem avetinjskom gradu.

Nikakva istraga nikada neće biti u toku...

Da bog da se ugušili u tolikom dobru, koje su opljačkali od poštenog naroda Bosne i Hercegovine. A mi, obični smrtnici, muku mučimo da nabavimo kruh i osnovne namirnice za preživljavanje. Miris kafe osjećamo samo u snu kada o njoj sanjarimo. Nama je dobar i prženi ječam pomiješan sa cikorijom.

24.2.1993.

Iz nezvaničnih, lokalnih izvora bliskih srpskoj strani, saznao sam da je pri pokušaju bijega iz grada, poznati domaći zlikovac, lokalni fašista Brđanin, sa 2,500.000 DM, uhvaćen. Uhvatili su ga „njegovi" Srbi i navodno ga i sada drže pod prismotrom. Ova osvježavajuća priča, ukoliko je istinita, podsjeća me na pacove koji prvi napuštaju brod kada počne da tone. Priča nije toliko divna zbog Brđanina, koliko zbog broda koji počinje da tone.

Od jednog srpskog borca koji se nalazi u Rudanki, kod Doboja, saznao sam da je u Doboju pometnja, zbog blizine naših bosanskih snaga. Novi „vlasnici" kafića su počeli napuštati Doboj i dolaziti u naš avetinjski grad, prevozeći kompletne inventare iz „svojih", već ranije prisvojenih dobojskih kafića. I ova priča me podsjeća na već spomenute pacove. Da li je i ovo neki dobar znak, ili samo prolazna slabost okupatorskih mafijaša? Nadam se da je ono prvo.

Hajde Starkice isprži te banjalučke ćevapčiće iz „Plivit Trade-a", pa da danas uživamo na banjalučki način. Dok ti deveraš oko toga, ja ću još malo evocirati uspomene, a onda ćemo gledati rukomet sa evropskog prvenstva. Nadam se da će naši Šveđani pobijediti Mađare.

3.3.1993.

Prije desetak dana otišao je moj prijatelj L. G., a prije dva dana su mu već ušli u stan, tako da se i on, inače Srbin, našao u istoj situaciji kao i svi „nesrbi" prema kojima se okupatori, u pravilu, ovako ponašaju. Tako ni moj prijatelj nema više gdje da se vrati, a on je rođen ovdje i nije otišao svojom voljom. Otjerali su ga njegovi sunarodnici koji

imaju drugačije vizije budućnosti i drugačije ideale. On je bio za prijateljstvo, ljubav i suživot, a oni, „arijevci", čak i zabranjuju upotrebu riječi kao što su: respekt, razumijevanje i suživot. Oni hoće da te riječi krvlju izbace iz rječnika.

Moram, nažalost, reći da je želja za napuštanjem i bježanjem iz avetinjskog grada zahvatila i moju suprugu. Ta želja nije nimalo neracionalna, jer se u gradu priča da nam predstoji totalno etničko čišćenje iz ovog bastiona nacizma, a po gradu tumaraju hiljade vojnika koji nisu odavde, pa pretpostavljamo da su nam došli „u posjetu" arkanovci i šešeljevci, a to znači samo jedno: teror i represalije nad nedužnim civilnim stanovništvom. To su njihovi specijaliteti. Moram priznati da sam, evo po prvi put, i ja počeo razmišljati da tražim iseljenje i da bježim, jer i domovini mogu bolje poslužiti živ, nego mrtav, ili polumrtav, ovdje u ovom carstvu žabokrečine, gluposti i primitivizma.

Prije tri dana je u komšiluku poginuo jedan mladić „služeći na braniku otadžbine", u Brčkom. Njegov otac je izašao pred zgradu i pucao iz mitraljeza, psujući svim „balijama" mater i prijeteći da će ih (nas) sve pobiti. Prestao je pucati tek kad mu je policija oduzela oružje. Ali, prijetnja je ostala na snazi, tako da nijedan Musliman, ni Hrvat, ne smiju spavati u toj zgradi. Samo su se dvije starice zabarikadirale u svome stanu, moleći se bogu da ih komšija ne posjeti. Ožalošćeni otac nije ni pomislio da su oni koji su započeli rat krivi za smrt njegovog djeteta, lakše mu je bilo prijetiti nedužnim komšijama sa „nepoželjnim" imenima. Eto, takav je život u avetinjskom gradu...

A struje nema već četrdeset dana... Ko te pita za struju.

4.3.1993.

Od danas je moja familija ostala bez ikakve zdravstvene zaštite, zato što se ja nisam javio na mobilizaciju. To je, valjda, najnoviji štos kojim se pojačava pritisak na nedužne ljude. Do sada smo, hvala bogu, bili zdravi, pa se nadam da nam njihova ljekarska pomoć neće ni trebati, ali sa zdravljem se nikad ne zna. Naređenje o ukidanju zdravstvene pomoći je već davno izdala SDS-esovska vlada ovog grada. Nadam se da ćemo nekako preživjeti, jer i bez zdravstvene pomoći ionako sve visi u zraku.

A gradom sve više i više krstare lešinari: originalni, autentični četnici. Priča se da će vlast ovdje preuzeti radikali. Još samo treba i Šešelja dovesti pa da se krvavi pir intenzivira. Teško poštenom narodu. Smrt i četnička kama vrebaju iza svakog ćoška.

9.3.1993.

Prođe i Dan žena. Proveli smo ga u polumraku lampe, u krugu prijatelja, uz gitaru i prigušenu, sasvim tihu muziku. Moramo biti jako tihi, jer nas čak ni komšije ne smiju čuti, a da ne govorim o četnicima koji bi bili u stanju cijelu kuću dići u zrak, samo kada bi čuli repertoar pjesama koje mi pjevamo. Zamislite da čuju: „Gdje si sušo gdje si, rano", „Kraj tanana šadrvana", „Otkako je Banjaluka postala" i druge slične, njima potpuno strane pjesme. A tek kada bi čuli da nešto slavimo, provalili bi u kuću i sve nas pobili. Svejedno, nama je bilo baš divno uz tihu muziku, a eto, proslavili smo i praznik, iako ga sadašnje vlasti nisu predvidjele.

Sretan praznik svim ženama svijeta, želi grupa obespravljenih nesretnika iz tamne sobe, iz mračnog vilajeta, sa brdovitog Balkana!

A kako smo nekada slavili 8. martove, najdraže proslave Dana žena...

U Švedskoj skoro uopšte ne slave 8. mart, a većina žena u ovoj nordijskoj zemlji smatra da je to još jedna budalaština koju smo mi sa Balkana donijeli u njihovu zemlju. Onda im ja održim predavanje o značaju toga međunarodnog praznika u cijelom svijetu, a onda to sve zasladim mojim uspomenama sa svirki za 8. mart i proslava o kojima oni samo sanjati mogu. To im ja s pravom mogu ispredavati jer sam potpuno upoznat sa njihovim načinom proslavljanja: porodične uspavljujuće proslave Božića, fešta na kojima su oni već poslije kratkog vremena pijani ako ima alkohola, jer su već kod kuće, prije fešte, dobro potegnuli i na feštu došli već polupijani. Pa onda ono njihovo miješanje pića bez reda i zakona koje im se na kraju smuči itd., itd. A ja im onda ispričam o našim damama koje od solidarnih muškaraca dobiju slobodno popodne da se pripreme za svoju proslavu, obavezni buketi cvijeća, pokloni, a onda fešta...

Jednu takvu prijeratnu feštu ću opisati.

Te godine, 4-5 godina prije glupog rata, svirao sam u Motelu u Laktašima. Bila je jedna prosječna fešta sa puno muzike, pjesme i veselja naših dragih ljepših polovina i njihovih radnih kolega i muževa, koji su uvijek bili dobrodošli na te fešte. Pošto je društvo bilo malo umorno poslije radnog dana, svih plesova i kola, završismo svirku prilično rano, oko 2 sata poslije ponoći. A onda, pošto je to bilo prilično rano u tim prilikama, mi muzičari se preselismo u obližnji novoizgrađeni hotel, koji se nalazio veoma blizu motela u kojem smo svirali. Kad tamo, luda kuća, dernek do neba, ples po stolovima, šota i lambada u mini suknjicama, ples... Te godine je i „Beko" (firma moje Starkice) slavio Dan žena u tom hotelu.

Moje crnkice Starkica, Brana, Desa, lijepe kao slika, a ni plavušica Mirsada, a boga mi ni Mica, nikada nisu bile lijepe kao te čarobne večeri. Raspoloženje na vrhuncu, a u sali fali bar stotinjak muškaraca. Ma, milina božija. Eh da mi je to još koji put doživjeti. Ples, trbušnjak, šiz, ludorije do neba i sve tako do zore. Takvu duboku ispunjenost i potpunu opuštenost i radost nikada više u životu nisam doživio, a isto tako preuzvišeno su se osjećale i naše lijepe i najdraže dame te čarobne slavljeničke večeri.

Onda se neki glupani u devedesetim godinama odlučiše da sve to okrenu naopačke, ali uspomena ostade za sva vremena. Baš me briga što Šveđanke ništa od svega ovoga ne razumiju, misleći da im Dan žena umanjuje njihovu jednakost među polovima. Nije to nikakva jednakost, ta noć je prevaga ženskog šarma, ljepote i svega ostalog lijepog u životu. A Šveđanke, naravno, imaju pravo da misle šta im je volja.

Pozdrav svim ljupkim ženama svijeta, voli vas vaš Acke.

Sada ću prezentirati jedan članak iz „Borbe", od 2.3.1993. godine. Članak je karakterističan za ludo vrijeme devedesetih godina i ljude iz SDS-a na vlasti, a govori i o njihovoj tradicionalnoj neslozi i nepromišljenosti. Autor članka je Miro Mlađenović, koji veoma neoprezno iznosi neke činjenice koje bi mogle koristiti i u istražnom postupku Komisije za zločine, a sve to samo zato da bi replicirao potpukovniku Milovanu Milutinoviću koji mu je, vjerovatno, nekom prilikom nešto zamjerio (stao na žulj) u njihovim karakterističnim srpskim „zađevicama" i podvalama. Mlađenović piše, citiram:

„Ostavili ste smrdljive tragove nasilja"

„Nije mi namjera da polemišem sa „Drugačijom istinom" odštampanom sa potpisom Informativne službe, Prvog krajiškog korpusa, u „Borbi" od 23.2. Autoru, drugu potpukovniku Milovanu Milutinoviću, načelniku pomenute službe, opisat ću tek nekoliko činjenica i notornih podataka koje su već odavno trebali uzeti u pažljivo razmatranje kaže Miro Mlađenović, načelnik štaba jedinice „Vukovi sa Vučjaka". Vi druže potpukovniče Milutinoviću nadam se još držite u sjećanju činjenicu da sam vam ja kao glavni i odgovorni urednik lista „Glas", prvi priskočio u pomoć kada ste došli u službu i da sam već u to vrijeme formirao informativno jezgro na području čitave Krajine koje sam vam odmah ustupio. List „Glas" je, kao što znate, već bio u funkciji odbrane interesa srpskog naroda (dakle protiv drugih naroda, op. a.) u tadašnjoj BiH.

Nekoliko podataka o meni.

Avgusta 1990. Kao novinar komunističkog „Glasa" postajem član SDS i sa ovlaščenjima Borivoja Sendića, predsjednika regionalnog odbora SDS i čovjeka koji je stranku osnovao na prostorima Bosanske krajine, preuzimam funkciju organizatora odbrane srpskog naroda Bosanske krajine (ko ga je u to vrijeme u Bosni napadao? op. a.), jer smo već tada znali da se na JNA ne može sa sigurnošću računati.

Oktobra 1990. izabran sam za podpredsjednika SDS Banje Luke i imenovan za šefa Regionalnog informativnog centra Bos. krajine. U funkciji svojih ovlašćenja početkom 1991. nakon pobjedničkih izbora, u skladu sa odbrambenim pripremama SDS, u Kninskoj krajini učestvujem u organizovanju i obuci dobrovoljalkih jedinica iz svih srpskih opština, zajedno sa Milanom Martićem, Anđelkom Grahovcem, Vojom Kuprešaninom i Radoslavom Brđaninom.

Jula 1991. na zajedničkoj skupštini vlada AR Krajine i Kninske krajine u Grahovu izabran sam za sekretara za informisanje vlade AR Krajine na predlog mandatara i predsjednika IV Anđelka Grahovca. Istog mjeseca u svojstvu rečene funkcije sa ovlašćenjima Anđelka Grahovca zajedno sa Veljkom Milankovićem i njegovim odredom, preuzimam od tadašnjih vlasti TV relej na Kozari. (Sad narod zna ko mu je oduzeo program TV Sarajevo, op. a.).

Početkom avgusta 1991. na zahtjev povjerenika TO Okučani, rezervnog kapetana Milutina Grujića sa ovlašćenjem predsjednika vlade AR Krajine, Borivoje Sendić i ja odlazimo na teritoriju Zapadne Slavonije u izviđanje mogućnosti probijanja koridora kroz ustaške položaje prema malobrojnim braniocima Okučana. Nakon temeljne pripreme u dogovoru sa TO Okučani, komandantom tadašnjeg Petog korpusa JNA i načelnikom pukovnikom Momirom Talićem 24.8.1991. prelazimo sa dobrovoljačkim odredom Veljka Milankovića rijeku Savu i pod okriljem noći dolazimo u selo Mlaku nadomak Jasenovca. U skladu sa ovlašćenjima predsjednika vlade AR Krajine Anđelka Grahovca u selu Mlaka imenujemo Veljka Milankovića za komandanta operacije (paljevina, miniranje, tjeranje sa vlastitog ognjišta, ubistva, neviđena pljačka itd., op. a.). Od tog trenutka počinje slavni ratni (zločinački, op. a.) put „Vukova sa Vučjaka" i njihovog komandanta, koje ni Borivoje Sendić, ni ja, ni trenutka ne napuštamo. (O bitkama u kojima sam učestvovao ispod časti mi je govoriti. O tome znaju hiljade onih sa kojima se, evo već dvije godine, viđam po srpskim ratištima od Slavonije do Knina. Tamo uglavnom srećem ista lica sa izuzetkom onih koji su poginuli. Vas i one koje štitite tamo nisam viđao). Toliko ukratko o tome „u kojim je to bitkama učestvovao načelnik štaba".

Poslije pobjede porazi

A sada o nekim bitkama u kojima ste učestvovali vi i oni koje štitite i koje su već odavno (mada vi to u svome sljepilu ne možete vidjeti) poznate javnosti. Da se odmah razumijemo, ja zaista nemam ništa protiv SKPJ kao političke organizacije. Ono protiv čega se pokušavam izboriti je vaš neprevaziđeni, surovi, primitivni i nehumani metod rada (on priča o humanizmu, op. a.) koji ste nesposobni prilagoditi vremenu. U borbi protiv toga, zajedno sa srpskim narodom, izvojevali smo političku pobjedu na izborima pre tri godine, i naravno, poslije pobjede nanizali poraze. Zašto?

Strategija djelovanja organizacije i ljudi koje štitite, odmah nakon političkog poraza brzo i efikasno se mijenja. Primjenjujete, naime, stari oprobani metod kojim ste se u ranijim vremenima vašeg pokreta i uspjeli domašiti vlasti. Prelazite u ilegalu, navlačeći dres SDS i, naravno, vrbujete naše ljude. Zadatak je jednostavan a okolnosti za njegovo izvođenje povoljne. Pogotovo što smo nosioca i autora vašeg projekta sami izabrali za nosioca liste odbornika SDS. Znali smo o kome se radi, s obzirom na njegova poznata iskustva u progonu profesora sa Univerziteta ali smo naivno vjerovali da je tolika količina političkog beščašća ipak nemoguća. Pokazalo se, nažalost, da jeste.

Prva etapa plana je bila ukloniti sve uticajne ljude SDS, pogotovo one koji su stranku doveli do pobjede. Krajem 1991. organizovali ste udar na rukovodstvo banjalučkog SDS. U skladu sa oprobanim metodama etiketiranja, lažima i monstruoznim montažama, uz asistenciju vaših ljudi u odboru stranke i nekoliko „intelektualaca", divljački ste smijenili predsjednika SDS u njegovom odsustvu, Borivoja Sendića.

Vaše briljantne marionete

Jedna od vaših najbriljantnijih marioneta koje ste potom ubacili u rukovodstvo SDS svakako je dr. Radislav Vukić (onaj pametnjaković koji je na TV Beograd rekao: „Turcima se tresu gaće", op. a.). U skladu sa lucidno zamišljenom idejom da u rukovodstvo SDS dovedete ljude koji će svojim prostačkim postupcima, nebuloznim izjavama i načinom rada kompromitovati ugled stranke u narodu, doktor je bio savršeni izbor. Svoju ulogu je dosada odigrao izvrsno. Regionalni odbor SDS i banjalučki odbor više ne postoje. To je bila druga etapa plana. (Baš mi nekako drago čuti da je dr. Vukić bio prezren i u dijelovima svoje fašističke stranke, op. a.)

Slijedeća etapa podrazumijeva dovođenje i postavljanje svojih ljudi na vitalne institucije vlasti, kao što su informisanje, policija i, naravno, vojska. Informisanje ste uzeli bez većih problema sa izuzetkom „Glasa" koji vam je zadao glavobolju, jer se na njegovom rušenju već pomalo nervozno legitimisao autor vaseg projekta, drug Predrag Radić. Ipak, uspjeli ste i tu ubaciti svoje izvršioce, naravno nezakonito. Sa policijom i vojskom već ide malo teže. Zar ne?

Ovaj rat vodi sav srpski narod i nije vam lako predvidjeti i kontrolisati događaje koji sve više ukazuju da vaš koncept ne podrazumijeva neophodnu efikasnost. Jedan od vaših značajnih pokušaja da i tu napravite posao i izvršite konačan udar na legalnu vlast je organizovanje famoznog SOS-a. Mnoge mlade i časne ljude uvukli ste u tu prljavu rabotu pod objašnjenjem prijeke potrebe spasavanja naroda i reorganizovanja vojske. Cilj vam je ustvari bio konačno preuzimanje vlasti. O tome najviše zna predsjednik Izvršnog odbora SO Banjaluka i narodni poslanik skupštine Republike Srpske (takozvane op. a.) mr. Rajko Kasagić. Potpuno izolovan i okružen ljudima kojima je komandovao drug Radić, gospodin Kasagić je bio i do danas ostao posljednja značajna prepreka ka vašem cilju. Vaš lakrdijaški posao i onu nevjerovatno drsku opsadu grada narod je odmah shvatio. Ostavili ste iza sebe tada smrdljive tragove nasilja i bezakonja koji se i danas osjećaju na ovim prostorima."

Kraj članka

U ovoj papazijaniji opravdanja i optužbi na srpski način, bilo bi možda korisno zapamtiti imena koja su spomenuta u ovom tekstu, jer su te individue upravo najviše doprinijele krivim informisanjem u zločinima 1991. i 1992., ne samo u ovim bosanskim krajevima, nego, kao što se u ovom svojevrsnom priznanju vidjelo, i u Hrvatskoj. Iz ovog članka-priznanja i hrvatski istoričari mogu saznati neke interesantne detalje, kao što su: ko je to iz Bosne započeo zločinačke akcije na teritoriji Hrvatske. Jasno su naznačena i imena pojedinaca, a i paravojne jedinice koja je divljala i ubijala po Hrvatskoj. Čovjek može pomalo proniknuti i u tu karakterističnu crtu srpskog ratom inficiranog čovjeka, kada on zbog želje da optuži drugog, ne vodi računa o činjenici da u istom trenutku kada optužuje svoga dojučerašnjeg istomišljenika, nesvjesno izriče i svoje priznanje o svome učešću u zločinu. Savjesti tu nikakve nema, čak se i na oprez zaboravlja, jer je najvažnije da se optuži svoga protivnika, da ga ocrni, pa makar zbog toga i on sam došao u opasnost da sutra, u neka normalnija vremena, to optuživanje drugog, pravdi posluži kao njegovo vlastito priznanje. Racionalno razmišljanje mu je potpuno strano i izgleda da je potpuno nesvjestan šta radi. Eto, tako se ponaša čovjek iz „viših", tzv. intelektualnih slojeva sadašnjeg srpskog društva u našem gradu. Čovjek koji je nakada bio omiljeni sportski novinar i popularan u sportskim krugovima, potpuno je zaboravio onu publiku koja ga je nekad voljela i navijala zajedno s njim za nekad naš Rukometni klub „Borac". Važnije mu je ići ratovati i ubijati po Hrvatskoj, nego nastaviti živjeti sa prijateljima. Pa šta čovjek može očekivati od običnih, primitivnih ljudi, kojih je u ovoj paradržavi sve više.

Znam da jedan ovako dosadan i bezvrijedan tekst samo zamara i izaziva mučninu, ali to nam svima može pomoći da shvatimo o kakvim se to ljudima radi, jer oni su bez ikakvog racionalnog razloga digli ruku na svoju vlastitu domovinu, pa smo u neku ruku dužni sami sebi, a i budućim generacijama, da te devijantne pojave u ljudskom mozgu bar pokušamo razumjeti i razjasniti, kada nismo u stanju da ih suzbijemo.

12.3.1993.

Jedna poznanica mi je ispričala jedan događaj koji mi je uljepšao dan. Išla je u opštinu da preda knjige poslovanja, zbog poreza, i čekajući u redu da preda ličnu kartu na ulazu u opštinu, čula je slijedeće: Jedna žena je zamolila portira da joj kaže u kojoj je kancelariji „gospodin" Brđanin. Ovaj joj je odgovorio: „Nema ovdje nikakvog Brđanina." Kad je žena ponovo insistirala: „Molim vas, ja moram ići kod „gospodina" Brđanina." Portir joj je ljutito odgovorio: „E, ovde ti više nema nikakvog Brđanina."

Ovaj naoko nevažni događaj je u meni izazvao neopisivo oduševljenje. Znači da su, izgleda, naši sugrađani ukinuli Brđanina. Zar su se tako brzo i lako odrekli usluga jednog od najzagriženijih i najzaluđenijih pristalica četničkog pokreta, fašizma, rasizma i etničkog čišćenja u našem ukletom gradu? On je upravo uveo četničko i etničko čišćenje u ove krajeve. Zar ih je tako duboko dirnuo njegov pokušaj bjegstva sa „samo" 2,500.000 DM? Ipak bih bio strašno nesretan da se ovaj zlikovac tako lako izvuče od suda međunarodne javnosti, jednom običnom smjenom u ovoj paradržavi. Bilo bi zaista šteta da ga osudi samo njihov, srpski sud. On zaslužuje mnogo veću „pažnju" od one koju će mu priuštiti njegovi sugrađani i suborci u kršenju osnovnih ljudskih prava. „Smrt fašizmu", rekli bi naši stari dobri borci iz drugog svjetskog rata. Nadam se da će ovaj najveći nacista u našem kraju dobiti zasluženu kaznu, kada se budu svodili računi za sve ono što je posljednjih godina napravljeno u našoj domovini. Poslije se pokazalo da su se moje nade ostvarile i da je Brđanin osuđen u Hagu od međunarodnog suda pravde za svoje zločine.

15.3.1993.

Imam jedan podatak koji bi, vjerovatno, mogao dospjeti u Ginisovu knjigu rekorda. Naime, na tranzitnom putu (Omladinska ulica, ako joj nisu ukinuli ime) nalazi se (ili se nalazila) poznata kafana čiji je vlasnik Aziz. Azizova kafana je u neposrednoj blizini vojne fabrike „Kosmos". E, tu kafanu i tu kuću u kojoj je stanovao (možda i sad stanuje) Aziz sa svojom mnogobrojnom porodicom, zločinci su minirali (do sada) tačno 17 (sedamnaest) puta. Posljednji put su minu stavili u otvor za ventilaciju i poslije te eksplozije je kuća potpuno rastrešena, a što još uvijek stoji na mjestu, može zahvaliti Azizu, koji ju je gradio ne žaleći ni novaca, ni materijala. „Ko sebi", što kaže naš narod. Možemo samo zamisliti jutarnju scenu kada jadni Aziz, po sedamnaesti put, popravlja šta se popraviti može, a komšija, bagra koja mu je sinoć postavila eksploziv, onako u prolazu, uz ironičan osmjeh, kaže: „Dobro jutro komšija, kako je?" „Ma kako će biti, đubre jedno četničko", mrmlja Aziz sebi u njedra i nastavlja sa beznadežnim pokušajima da produži agoniju svoje, nekada lijepe, kuće.

Prekjučer su dva četnika, na izlazu iz džamije Ferhadije, presreli najpoznatijeg, najcjenjenijeg i najomiljenijeg hodžu u gradu efendiju Zahirovića i pošto su mu stavili kamu pod vrat, upitali ga: „Šta ti ovdje tražiš? Šta ćeš ti u ovom gradu?" Možete misliti kako je bilo ovom dobrom, starom (85 godina) čovjeku. Čovjeku koji je u posljednjih 65 godina ispratio na Ahiret mnogo stanovnika ovog grada (i mojoj majci i mome ocu je đenazu klanjao) i koji se u ovom gradu i rodio i živio cijeli svoj dugi i čestiti život. Kada je to vidio jedan prolaznik, Srbin, zamolio je milicionera, koji se baš u tom trenutku sagnuo pod haubu svoga automobila praveći se da ništa ne vidi, da interveniše. Milicioner je rekao da ne smije, a kada mu je prolaznik rekao da će i on pomoći, onda su njih dvojica, teškom mukom, ubijedili zločince da puste prestravljenog, bespomoćnog hodžu Zahirovića i da jednog čovjeka odvedu do Pobrđa, gdje naš dragi sugrađanin stanuje. Eto, tako je to bilo, da se ne zaboravi...

Još jedan u niski detalja koji zajedno sačinjavaju mozaik srpskog zločina u avetinjskom gradu.

Moram ispričati nešto o nekolicini novinara i novina iz Srbije, koji su u nama Bosancima iz ukletog grada sačuvali i održali vjeru u ljude i pomogli da shvatimo da i u Srbiji ima ljudi koji pravilno misle i rade, usprkos opasnosti od Šešeljevih i Arkanovih kriminalaca, koji u Srbiji i Crnoj Gori zatiru sve što je demokratsko i napredno. Borba ovih novinara i novina je teška i opasna, ali smo je mi u Bosni i Hercegovini registrovali i znat ćemo je vrednovati i cijeniti u budućim događajima na ovim prostorima. Moram spomenuti novine kao što su „Borba" i „Vreme", i novinare Stojana Cerovića u „Vremenu" i Danojlića u „Borbi". Ovih novinara ima mnogo više, možda ću ih nekom drugom prilikom sve nabrojati, jer sada mi vrijeme ne dozvoljava da se predugo zadržavam na ovoj temi. Nadam se da će mi nespomenuti novinari ovom prilikom oprostiti.

Prezentirat ću jedan članak iz „Borbe" od 13., 14. Marta 1993., koji je potpisan sa: Pavle Radić – Novi Beograd.

Dragi Pavle, ili kako se već zoveš (mi razumijemo da vjerovatno ne smiješ upotrijebiti svoje ime), hvala ti što si se potrudio i napisao ovakav tekst, a list „Borba" ga objavio. Vi nam vraćate vjeru da će, na kraju krajeva, sile mraka biti pobijeđene i u vašoj i u našoj domovini.

Naslov članka je: „Seme bolnog prokletstva".

Vreme kad je smrt samo statistika

Šovinistička, zadrigla plemenska pošast koja ovde hara u poslednjih pet-šest godina, pokazuje svoje nakazno lice na bezbroj načina. Ipak, prljavi, monstruozni rat njezino je valjda najcrnje obličje. Tamo gde se ne pali, ruši i ubija, gde se ne vodi rat oružjem, tu nas razara duh prostakluka, mafijaštva i beskrupuloznosti. Kao da su došla poslednja vremena, pa smo zarad svojih ko zna kakvih greha, osuđeni da ispaštamo na najgori mogući način.

U situaciji smo da radikalno dovodimo u sumnju svoj osećaj kakve takve apsolviranosti istorije, epohe, i da se neprekidno pitamo kako je moguće da nam se dogodilo to što nam se dogodilo? Gde su koreni ovog civilizacijskog sloma? Iz kojeg je semena izniklo ovo prokletstvo? Ozbiljniji ljudi kopaju po knjigama tražeći moguće istorijske analogije. Ponovo iščitavamo neke ranije ovlaš pročitane eseje koji se bave fenomenom tiranije, kolektivnog transa i stradanja. Tražimo odgovore na sijaset, ne više teorijskih nego vrlo praktičnih i vrlo bolnih pitanja, koja nas pritišču kao mora. Ono malo moralno stamenih ljudi okuplja se u ovom gradu poput kakve sekte, poput ranih hrišćana, u očajanju se pitajući koji su putevi spasenja iz ove Sodome i Gomore. A stanje se iz dana u dan pogoršava. Ono što nas je još juče zgražavalo svojom brutalnošču, spram današnjeg zla nam se pričinjava bezazlenim. Naša kolektivna čudorednost je razorena pa sad već paljevine, masovne smrti i egzoduse tek statistički konstatujemo. Pitamo se gde je kraj ovom paklu i kolike su uopšte ljudske mogućnosti suprotstavljanja ludilu?

Mnogi koji bi da odgonetnu uzroke ovog zla, u pustoši i pepelu koji su ostali posle komunizma, vide korene ove apokalipse. Neki pak govore o fatalizmu ovih prostora, o nedovršenoj istoriji (i nemogućnosti njezinog racionalnog svođenja na prirodne tokove), o suvišku istorije. Neki govore o Balkanu kao pravom antropološkom rezervatu krcatom mitovima, plemenskim totemima, neprekoračivoj arhaičnosti i sujeti malih naroda, što ga kao takvog predodređuje na večito ponavljanje rđave istorije.

Ako na uzroke ovog što nam se dogodilo gledamo na različite načine, iz različitih uglova, sasvim izvesnije znamo KAKO nam se zlo dogodilo. Površnost, duhovna lenjost, sujeta, intelektualna i moralna neodgovornost, nadasve istorijska neodgovornost prema svome narodu, uobličeni su u jedno programsko načelo, uobličeni su u Memorandum najznačajnije nacionalne kulturno-naučne institucije, koji je već samim tim dobio simboličnu snagu fetiša u jednoj neprosvećenoj sredini kakva je naša. Kada je ovaj pogubni program zaogrnut boljševičkim šinjelom na Osmoj sednici, stvoren je politički Frankeštajn i pušten je u jedan do kraja osetljiv multietnički prostor. Intelektualci su dakle uradili đavolov posao i stvorili nakazu a beskrupulozna vladajuća nomenklatura ju je opremila oružjem i gurnula u razaranja i nesreću. Tako je od ove zemlje stvoren pakao. Šovinističko ludilo stostruko je unesrećilo srpski narod. Razorena je država u kojoj su manje više svi Srbi živeli zajedno. Ono što su najbolje s mukom i kroz dug istorijski period kako-tako stvorili, oni najgori među nama su očas, dok dlan o dlan, razorili. Sad se hvališu da su „spasli Jugoslaviju" a bore se i za „srpske zemlje". Kojeg li cinizma. Razoriti jednu pristojnu zemlju i svesti je na jedan patrljak i prolivati potoke krvi za „srpske zemlje", koje niti su to kao takve kad bile, niti kada to kao takve mogu biti. Ali eto, oni su spasioci srpskog nacionalnog interesa. Šovinističko i ratno ludilo osramotilo je srpsku istoriju, sve njezine oslobodilačke ratove i velike žrtve, počev od nacionalno-oslobodilačkih ustanaka pa do velikih poduhvata u prvom i drugom svetskom ratu. Sada se časno ali i bolno učešće u drugom svetskom ratu prevrednuje sa novih, sa četničko-đuretićevskih pozicija. Za to se kako vidimo, dobijaju i zvanične nagrade. Ali i to, sasvim izvesno, ima svoju cenu.

Ovo ksenofobično ludovanje dovelo nas je do nečega što u svojoj istoriji, koliko znamo, kao pojavu nismo imali, dovelo nas je do zločinstva i genocidnih radnji. Kakvog li užasnog moralnog tereta!! U svojoj istoriji doživeli smo genocid kao žrtva, znamo koliko je to bolno i teško, ali nas je tešilo to što nismo ukaljali svoj obraz. Sada smo to, zarad jedne neodgovorne i sulude politike, na veliku nesreću učinili.

Kako smo olako i nepromišljeno na svoj narod navukli jednu strašnu moralnu hipoteku. Kada je reč o ovom nesrećnom ratu, treba reći da se njegovi očevi grčevito bore ne bi li ga učinili verskim i etničkim. Radi se o strašnoj podvali, jer svi ovi nesrećni ratovi od 1991. do danas to u svojoj osnovi nisu. To su ratovi jedne brutalne, osione i beskrupulozne vlasti za ukorenjenje svojih pozicija, to je rat protiv demokratizacije i modernosti. Da bi se ratu dao legitimitet „otvoreno je srpsko nacionalno pitanje", u stvari upropašćeno je do ovih ratova solidno rešeno srpsko nacionalno pitanje. Srbi u Hrvatskoj i BiH gurnuti su u rat, žrtvovani su, da bi vladajuća nomenklatura i njezini „intelektualci" mogli nakaradno srbovati i zloupotrebljavati tragediju koju najvećma sami prizvode. To je primer neviđene nemoralnosti i neodgovornosti prema vlastitom narodu.

Sada je odista otvoreno srpsko nacionalno pitanje i svako njegovo rešenje biće nemerljivo rđavije nego što je bilo pre ratnog sunovrata

" Pavle Radić – Novi Beograd

Komentar na ovaj članak je nepotreban.

Treba samo reći da ovakvo mišljenje iz Beograda vraća nadu da ćemo nekad u budućnosti, svi zajedno, biti sposobni da osudimo sve ovo u što su nas uvalili neuki i nepromišljeni srpski ekstremisti, nacionalisti i „intelektualci", nadu da, i pored svega, za nas ima budućnosti.

Dok Starkica slaže stotine slika u albume, ja nastavljam sa prisjećanjima iz tamnog vilajeta, pa ćemo onda piti popodnevnu subotnju kaficu uz „čašicu vikendaškog razgovora".

17.3.1993.
Prekjuče je počelo drugo polugodište. Vjeronauka nije obavezna za „nesrbe".

Danas je na lokalnom radiju svoje prijetnje Hrvatima i Muslimanima opet izrekao zlikovac Brđanin. A tako smo se iskreno ponadali da je njegova „blistava" karijera završena i da je pao u nemilost zbog mafijaških djelatnosti. Eto, nismo uspjeli da se riješimo tog zlotvora na lak način, uz pomoć njegove sabraće. Nadam se da će neko drugi na kraju prekinuti zločinačku karijeru ovog fašističkog zlotvora. A što se njega tiče, zaprijetio je da čak ni našim ženama neće dati da prodaju šibice na pijaci. Kako bi takav nečovjek udijelio koricu kruha gladnome? On bi bio najsretniji da nas „nesrbe" vidi uz cestu kako krepavamo od gladi, a on se vozi u jednom od „svojih" Mercedesa i promatra, uz osmijeh, kako mi skapavamo. Ne zavidim mu na tom zvjerskom uživanju. A što se tiče nas, mi još uvijek namjerno nećemo da idemo iz svoga grada, pa čak, neka nas i poubijaju.

Ne bi im bilo prvi put.

27.3.1993.
Već desetak dana nisam ništa pisao, jer je bilo teško doći do moje tajne bilježnice u koju pišem ove zapise. Ona je sakrivena van kuće, a vrijeme se naglo pogoršalo, pa je bilo teško prići mjestu gdje se bilježnica nalazi.

U utorak sam bio na roditeljskom sastanku. Kada je nova razrednica dala obavještenja o vjeronauci, došlo je do incidenta. Nekoliko roditelja se pobunilo protiv prisilne vjeronauke, tvrdeći da su oni ateisti i da ne žele da njihova djeca pohađaju vjeronauku. Na to je razrednica rekla da na vjeronauku moraju ići djeca iz

„čistih" srpskih brakova i djeca čiji je otac Srbin, iz miješanih, čovjek bi zaključio , „nečistih" brakova. Na ovo „moraju" razrednica je dobila primjedbu: „Mora se samo umrijeti, drugarice razrednice." Onda je reagovala jedna majka: „Ja sam se udala za čovjeka koji je sasvim slučajno Srbin, a ja sam, sasvim slučajno, Muslimanka. Pošto smo svi mi ateisti, ne želimo da naše dijete pohađa vjeronauku. Po kojem zakonu, u kojem službenom listu se nalazi odredba po kojoj moje dijete MORA pohađati vjeronauku?" Razrednica je pomalo zbunjeno i ljutito odgovorila da je direktor dobio naređenje „odozgo" i da se jednostavno tako mora. Na ponovno insistiranje majke da razrednica ipak kaže na osnovu kojih zakona je donesena takva odluka o vjeronauci, reagovala je jedna druga majka na vrlo primitivan i arogantan način: „Ako mislite živjeti u ovoj (kojoj to, op. a.) državi, onda se morate ponašati lojalno i morate dati djetetu da pohađa vjeronauku. Ako vam se ne sviđa, vi selite" (čista arijevska izmišljotina tjeranja ljudi sa svojih ognjišta, op. a.). Na ove riječi je ova nepristojna, primitivna, mržnjom zadojena žena, dobila slijedeći odgovor: „Ali gospođo, pa ova gospođa je ovdje rođena, u ovom gradu, i ona želi da ostane u SVOME rodnom gradu i SVOJOJ rodnoj kući. Ona neće da ide iz svoga rodnog grada i svoje vlastite kuće i svoje domovine" (BiH, op. a.). Na to se javila jedna pribrana žena i zamolila zajapurenu razrednicu da se prekine ova diskusija i da se malo porazgovara o teškoćama učenika u savladavanju gradiva, na primjer, iz matematike. Pošto učenici u prvom polugodištu nisu dugo uopšte imali matematiku, stvorile su se takve praznine u znanju, da sada uopšte ne mogu pratiti nastavu, niti shvatiti ovo gradivo, jer staro im nije ni predavano. Na ovu primjedbu, razrednica je rekla da bi se to moglo nadoknaditi dopunskom nastavom, ali nastavnici neće da drže dopunsku nastavu, jer već tri mjeseca nisu dobili platu ni za redovan rad. Na ovo se javio jedan ogorčeni roditelj, vjerovatno ratnik: „O, draga gospođo, kako mi u rovu provodimo i dvadeset četiri sata, a gospoda ne mogu držati časove dopunske nastave?" Itd. itd... u nedogled...

Zašto ovo pričam ovako detaljno? Pa zbog toga da bi se shvatilo da ovi ljudi ovdje, tek sada, pomalo počinju shvatati u kakvu su se neizvjesnu avanturu upustili kada su izazvali ovaj glupi rat u našoj domovini. Oni tek sada, poslije godinu dana uništavanja svega što je bosansko, počinju kopčati neke stvari, koje smo mi, protivnici rata, znali još daleko prije nego što je i počelo: djeca, škole, plate, moral, ekonomija, etika, estetika, budućnost naše djece..., sve su to kategorije o kojima oni nisu vodili računa sve ovo vrijeme dok su razgrađivali i uništavali našu zajedničku domovinu Bosnu i Hercegovinu. A kako su to radili može se vidjeti i iz događaja koji se zbio negdje u okolini Jajca, prije „oslobođenja", „srpskog" Jajca.

Prvo moram opisati ono jutro kada sam saznao da je Jajce palo u ruke srpskim okupatorima... Zajedno sa tetkom, inače porijeklom iz Rusije, dakle pravoslavcem, cijepao sam drva kod majke Vasve i usput smo razgovarali. Uvijek sam volio razgovarati sa tetkom Bracom i uvijek smo bili u bliskim i toplim rođačkim odnosima. Sve do ovog jutra...

U jednom trenutku mi tetak reče: „Jesi li čuo, oslobodili smo Jajce?"

Šokiran ovakvim totalno obrnutim postavljanjem stvari na sasvim pogrešno mjesto, odgovorih: „Dragi tetak, zar možeš poslije svega reći da je Jajce oslobođeno, kada dobro znaš da je okupirano i iz njega istjerani njegovi stanovnici, ljudi koji su se tamo rodili." Poslije takve zamjene teza, ja više nikada nisam bio u dobrim odnosima sa mojim tetkom, a čini mi se, dok sam živ, neću mu moći oprostiti takvu bezosjećajnu, potpuno iskrivljenu sliku događaja u Jajcu, koju je, eto, i on sasvim subjektivno pokušao da proturi i meni koji sasvim jasno znam o čemu se u ovom ratu radi. On sasvim jasno zna kakva su moja stajališta o okupatoru i zločincima, ali se nije mogao suzdržati i bar preda mnom prešutjeti svoj iskrivljeni, nakaradni stav o ovom ratu i o ovim događajima. Šteta, žao mi je što se to tako dogodilo između mene i tetka, ali stvar se više ne može popraviti.

Da se vratim događaju u Jajcu koji slikovito govori kako su to okupatori radili...

Jedna „regularna" jedinica iz našeg grada ušla je u jedno muslimansko selo. Tu su zatekli oko 240 žena. Muškaraca uopšte nije bilo. Kada su skupili žene u grupu, onda su okupatori pristupili glasanju, hoće li zarobljene žene: 1. streljati, 2. silovati, ili 3. pustiti. Sreća, pa je naišao jedan major i uspio privoliti vojsku da većinom glasova izglasaju da se sirote, nedužne žene puste. I pored majorovog ubjeđivanja, za silovanje je glasalo više od 40 vojnika. Sreća pa je bilo ipak onih drugih koji su znali ponešto o međunarodnom ratnom pravu i o odgovornosti za ratne zločine, te su oni poslušali majora, tako da je broj ovih drugih prevagnuo i žene su na kraju puštene. Ovu istinitu priču je ispričao jedan srpski vojnik, koga je vjerovatno negdje u nekom dijelu malog mozga zapekla savjest. Njegovo ime neću i ne mogu, iz razumljivih razloga, navesti. Napominjem da se ovdje radilo o „regularnoj" jedinici srpske vojske, a ne o nekim razularenim, četničkim dobrovoljcima, kod kojih sigurno ne bi ni bilo nikakvog glasanja. Ova tužna priča nam govori na kakve niske grane može spasti ljudsko biće i sa kakvim neprijateljem je suočena ova naša napaćena domovina.

Zijevanje i pospanost pokušava da me odvoji od moga pripovijedanja ali stara kost se neda i tvrdoglavo ulazi u april 1993., te godine koja će donijeti nepredvidive promjene u život moje i mnogih drugih obitelji.

1.4.1993.

Dok slušam vijest o odluci Savjeta bezbjednosti o zabrani leta nad Bosnom, na licu mi nesvjesno lebdi tužni osmijeh, jer i pored toga što mir izgleda tako blizu, svjestan sam da je to samo privid, jer prilično dobro poznajem ovu, srpsku, stranu. Potpuno sam svjestan da će oni učiniti sve, samo da ne dođe do željno očekivanog mira. Jer, mir u BiH želi cijeli, ama baš cijeli svijet, osim Srba, koji žele da produže ovaj rat i patnje svih naroda, jer bi mir za njih značio preispitivanje samih sebe, a i suđenje ratnim zločincima, kojih među Srbima ima mnogo, sigurno bi totalno razotkrilo njihove fašističke ideje i metode.

Izgubio sam svaku nadu da bi Srbi ipak mogli spoznati pravu istinu i početi se polako stidjeti za sva zla koja su počinili širom domovine svim narodima, pa i srpskom narodu, koga su njegove vođe ubijedile da je rat neizbježan i potreban, filujući ih raznim obećanjima i lažima. Naime, danas sam lično u SUBNOR-u avetinjskog grada saznao da borci iz drugog svjetskog rata imaju slična gledišta o ovom ratu u BiH kao i većina Srba. Svi oni zajedno su zaista uvjereni da vode pravedan rat za opstanak Srba na ovim prostorima, a ove prostore stalno nazivaju „svojim", kao da su samo oni ovdje sve vrijeme živjeli, i niko više. A svaki pametan čovjek zna da ovi prostori nisu nikad bili samo srpski i da su ovdje živjeli cijelo vrijeme i neki drugi ljudi, a ne samo Srbi. Dakle, oni (Srbi) smatraju da je ovaj rat za njih oslobodilački i ni u najudaljenijim dijelovima mozga im se ne javlja ni pomisao da bi ovo mogao da bude osvajački rat s njihove strane i da svi ostali narodi BiH smatraju njih za agresore i otimače domovine svim ostalim Bosancima. Oni vode računa samo o onom dijelu zavedenog srpskog naroda koji je krenuo za nacionalističkim vođama, a zna se da se i veliki broj Srba iz BiH smatra Bosancima, ma koliko to Karadžić i bratija pokušavali negirati. Tako su i na regionalnom odboru SUBNOR-a „RS" donijeli zaključke da cijeli svijet želi porobiti srpski narod i onemogućiti njegovo samoopredjeljenje. Ništa nisu rekli o metodama kojima se Srbi koriste. Ne birajući sredstva, oni žele da dođu do cilja. Etničko čišćenje, ubijanje, silovanje i ponižavanje najvišeg stupnja, a da ne govorimo o pljački i uništavanju imovine „nesrba", na sjednici ovog, do sada cijenjenog odbora, nisu ni spomenuti, a kamoli osuđeni. Iz zaključaka sa te sjednice, održane 30.3.1993. godine, može se vidjeti da borci osuđuju uništavanje spomenika heroja iz drugog svjetskog rata u Kneževu (???), na Kozari i u Dubici. U Savezu boraca su svjesni da su to učinili vojnici tzv. Republike Srpske, ali oni se ipak ograđuju od počinilaca, smatrajući ih ekstremima i malobrojnim pojedincima. A mi ostali Bosanci znamo da su ovakve pojave u vojsci tzv RS vrlo česte, a da ne govorimo o razularenim dobrovoljačkim četničkim hordama.

Sve u svemu, SUBNOR nije shvatio, ili nije želio da shvati suštinu ovoga rata, jer su i njih (stare borce iz drugog svjetskog rata) ponijele nacionalističke strasti i medijske laži, kojima Karadžićeva i Miloševićeva mašinerija filuje srpski narod. Mi „nesrbi" smo to davno shvatili i već odavno ne nasjedamo svim tim lažima, ali, evo, Srbi još uvijek nisu shvatili pravu i jedinu istinu o BiH, a izgubio sam nadu da će je ikada i shvatiti. Čast izuzetcima kojih nema baš mnogo.

Etničko čišćenje se nastavlja. Najnoviji metod je slijedeći: Preduzeće izda rješenje za stan nekom borcu sa fronta, a „zaboravi" obavijestiti ljude koji su nosioci stanarskog prava, koji stanuju u stanu i ni o čemu nemaju pojma. Onda borac dođe fino sa oružjem i istjeruje regularne stanare iz njihovih vlastitih stanova, dajući im „velikodušno" tri dana da se isele, iako nisu dobili nikakvo rješenje o iseljenju, a nisu rijetki slučajevi da ljudima ne daju da iznesu svoje vlastite stvari, tako da ljudi, preko noći, ostaju bez igdje ičega. Ako se neko pobuni protiv ovakvog načina „rješavanja" stambenih pitanja, onda bude pretučen i izbačen na ulicu, a nije bio ni mali broj ubistava. Kakvo ponižavanje i uvreda koja se nikada neće zaboraviti. I, nikom ništa.

Baš jučer su pronašli leš autoelektričara Beske iz Vrbanje. „Istraga je u toku". Dođem ti...

Opet su provalili u stan moga amidže. Na razvaljenim vratima su napisali: „VULIN"-„ZAUZETO", i otišli. Mi smo ponovo zamijenili brave i život teče dalje, do slijedeće prilike...

Posljednjih par dana horde zlikovaca ulaze u kuće u Gornjem Šeheru i Novoseliji, izvode mladiće iz kuća i poslije ih ljudi nađu na prašnjavoj cesti izbačene iz kombija, slomljene i pretučene, krvave i bez svijesti. Ovakve stvari se nikada ne smiju zaboraviti...

Sve više ljudi napušta ukleti grad... Žao mi je, zaista mi je žao, što nama iz ovog ukletog grada, niko, nikada iz Sarajeva nije ni na kakav način dao upute, šta da mi radimo i kako da se ponašamo. Da li da ostajemo i čuvamo svoja ognjišta, u interesu očuvanja BiH, da li da bježimo van zemlje, da li da se uputimo na vrlo nesiguran put (specijalno za muškarce) prema Travniku? Trebalo nam je dati bilo kakve smjernice, šta bi bilo najpoželjnije da se učini. Ovako, mi radimo bez plana i svako pokušava da se spasi onako kako on smatra da je najbolje. Niko se nije sjetio ubogih građana ukletog grada, koji zaista ne znaju na koji način da najbolje posluže svojoj domovini, a u isto vrijeme ne izgube uludo glavu. Bilo bi ludo izgubiti glavu beskorisno od glupana koji snagom oružja sve mogu postići. A mogli su nas preko Radija BiH obavijestiti precizno, šta treba da radimo. Nažalost, niko nam nije dao nikakve upute i prisiljeni smo da se sami snalazimo i da sami, svako za sebe, neorganizovano, donosimo životno važne odluke. Ima nas dosta koji smo odlučili da pokušamo ostati u ukletom gradu i sačuvati svoja ognjišta, iako nam se ne ostaje baš rado sa ovim grubim, primitivnim ljudima koji su naselili ovaj naš, nekad lijepi, a sada ukleti grad. Mi bismo ih najradije pustili da se uguše u vlastitom smradu i silnom dobru koje su, putem otimačina i pljački, stekli. Mi, za sada, ostajemo ovdje, jer smatramo da na taj način služimo očuvanju naše domovine i sprječavanju etničkog čišćenja. Ostajemo, a vjerujte, vrlo je opasno biti u zmijskom gnijezdu. Bože, daj nam snage da izdržimo...

4.4.1993.

Danas se navršila tužna godina otkad je počeo rat u Bosni i Hercegovini. Slušam emisiju iz Tuzle gdje proslava Inžinjerijskog bataljona koji će dobiti ime „4. April". To je datum kada je počeo otpor agresoru iz Srbije, Crne Gore i domaćim četnicima. Tužan sam što u našen, sada odvratnom gradu, nije bilo otpora i što se ovaj značajan datum u istoriji naše domovine neće ni spomenuti ovdje, jer ovdje pušu neki drugi vjetrovi. Ovdje i dalje avetinjskim gradom kruži zlokobni crveni kombi „Rival", i lovi ljude, kao divljač. U posadi kombija sada su svi zlikovci iz Srbije, osim jednog, po imenu Boško, koji je naš, domaći izrod. Kažu da se on u lomljenju kostiju jadnih ulovljenih sugrađana služi „bezbol" palicom i sigurno će ga mnogi izubijani ljudi ovoga grada dobro zapamtiti. Zaboravio sam reći da je u posadi kombija još jedan domaći izrod, Segić sa Lauša. Ne bi bilo dobro da ih zaboravimo...

Sreo sam poznanicu koja mi je ispričala tužnu, ali za ove krajeve, uobičajenu priču. Ona također planira napustiti ukleti grad, jer smatra da ovdje nema života i da se zaista sa ovakvim sugrađanima ne može zajedno živjeti. Treba ih pustiti da se uguše u opljačkanoj imovini svojih dojučerašnjih sugrađana i prijatelja, jer život je jedan i niko nema vremena da ga troši u društvu ovakvih loših ljudi. Evo njene tužne priče:

Ona je zajedno sa svojim suprugom u proteklih dvadeset pet godina sagradila vikendicu u okolini grada i sve su uradili što su kvalitetnije mogli, „ko sebi", da bi im boravak u vikendici bio što ugodniji. Sve: od pločica, lamperije, eksterijera, anterijera, lakiranog parketa... Ali, više ništa od toga... Komšije su prvo provalile u vikendicu, zatim su je sistematski ispraznili, potom su skidali vrata, prozore, štokove, lamperiju, a onda joj se javio telefonom jedan komšija i rekao: „Komšinice, vi znate šta vam je bilo sa vikendicom, nemojte se ljutiti, ja nisam učestvovao u tome, ali..., eto, na spratu sam vidio dva ormara, pa pošto mi se sviđaju, mogu li ih uzeti?" „Može komšija, samo uzmite", odgovori moja poznanica J. „Hvala komšinice, a koliko to košta?", upita komšija. „Ništa komšija, samo vi uzmite", odgovori J.

I spusti slušalicu. Eto, sa takvim sugrađanima bismo mi trebali da nastavimo živjeti. Znamo mi da svi Srbi nisu takvi, ali, izgleda, da ih mnogo ima takvih, jer svi mirno gledaju i vide šta se radi, i svi šute, i niko od njih da se otvoreno pobuni. Evo, kako se vidi u ovom slučaju sa mojom poznanicom, oni su beskrupulozno spremni da iskoriste tuđu muku, da bi iz toga izvukli korist. Znamo mi da je i strah od ubica u pitanju, ali, nažalost, dok se sami Srbi ne pobune protiv vlastitih zlikovaca, nema nikakve mogućnosti da se zlo na ovim prostorima iskorijeni. Mi „nesrbi" im ne možemo pomoći da speru veliku sramotu i ljagu. Nama su vezali ruke i to oni sami moraju učiniti. A neće im to tako lako poći za rukom.

6.4.1993.

Godišnjica napada na BiH i Sarajevo od strane agresora iz Srbije, Crne Gore i domaćih, bosanskih Srba. To stalno moramo ponavljati da se ne zaboravi i da preduhitrimo srpske medijske laži. Slušajući jučerašnji dnevnik TV Srbije, šokirala me je jedna bezočna laž i plasiranje sasvim obrnutih činjenica kojima ova televizija stalno, ama baš bez prestanka, filuje svoje gledaoce. Ta TV je najzaslužnija za totalnu krivu obaviještenost gledalaca na svim „srpskim" područjima o ratu u Bosni i Hercegovini. Po njima, jednom prosječnom gledaocu koji neće da razbija glavu i provjerava činjenice, za sve napade, rušenja i ubijanja, krivi su Muslimani i Hrvati, dok su Srbi, cijelo vrijeme, samo žrtve i herojski borci za slobodu. Avaj, da je tako, svako pametan zna da ovog prljavog rata za teritorije uopšte nikada ne bi ni bilo, jer je cijelom svijetu poznato da su Srbi u ovom ratu htjeli da osvoje cijelu Bosnu i Hercegovinu i na silu je pripoje Srbiji. Svak zna šta je značilo u BiH kada su Srbi „oslobodili" neki grad. Okupacija je pravo ime za to, nego šta???

Na ovaj moj mali komentar me je ponukala vijest TV Srbije „da se navršava godina dana kako su Muslimani napali Školu unutrašnjih poslova na Vracama". Zamislite, oni kažu da su tu bosansku policijsku školu napali Muslimani, a ni briga ih nije što postoje dokumenti i svjedoci da su tu školu napali Srbi, sa Mandićem na čelu, koji je, na prevaru, zarobio direktora škole i devedesetak pitomaca, koji su, sa automatskim puškama, pružali herojski otpor mnogobrojnim srpskim napadačima, koji su imali i tenkove. TV Srbiju uopšte ne zanima prava istina, koja je samo jedna. Mnogo im je važnije da kod svoga naroda sistematski stvaraju mržnju prema drugim narodima. Cijena svih tih laži uopšte ih ne zanima. Ništa za to što će ta cijena i za srpski narod biti strašno visoka.

Najnoviji pronalazak vlasti avetinjskog grada je izbacivanje ljudi iz stanova na ulicu, bez ikakvog obezbjeđivanja bilo kakvog drugog smještaja. Pažnja!!! DIREKTNO NA ULICU. Negdje sam čuo da je za „rješavanje" stambene situacije trenutno zadužen Brđanin.

Toliko da se zna...

U našem stambenom naselju u Nortelju je nekom pametnjakoviću palo na pamet da i mi trebamo štediti energiju i tako nam sniziše temperaturu u stanovima na max 20 stepeni. Na toj temperaturi se noge u čarapama ohlade taman toliko da čovjeku počinje biti neugodno kad gleda televiziju. Poslije moje neuspjele intervencije i žalbe da maksimalna temperatura treba biti bar 22 stepena, ništa se ne dogodi, tako da sam morao poduzeti specijalne mjere koje smo svi u domovini znali i primjenjivali: nakvasiš krpu ledenom vodom, pa je omotaš oko termostata, tako da se on ohladi maksimalno i drži radijator stalno maksimalno vruć sve dok se krpa ne osuši. Taj fazon Šveđani izgleda ne poznaju, pa nam je opet lijepo i ugodno u stanu i ja mogu nastaviti sa mojim sjećanjima iz godina devedesetih.

8.4.1993.
Preksinoć su „nepoznati" počinioci u Vrbanji zaklali dvije žene, Muslimanke. Negdje sam, baš danas, čuo da „Srbi nisu genocidan narod. Uvijek su samo oni žrtve genocida". Ko bi mogao biti počinilac ovog krvoločnog, genocidnog zločina u Vrbanji? Bilo, ne bilo „istraga je u toku", isto nam se piše. Zločinci furaju svoju rabotu, sa, ili bez „istrage".

Jučer je jednu našu komšinicu ujeo pas. Kada je došla u Hitnu pomoć nisu joj htjeli pružiti prvu pomoć, „jer joj nije bila ovjerena zdravstvena knjižica", a ona nije imala novaca da plati liječenje. Zdravstvenu knjižicu komšinica D. ne može potvrditi, jer je dobila otkaz dvije godine prije sticanja prava na penziju, a otkaz je dobila zato što je, u posljednji čas, spasila sina od srpske vojske, poslavši ga u Zagreb, na studije.

I ovaj događaj mi toliko zaudara na fašizam, da od smrada ne mogu da dišem. Bože, šta da radim? Da li da ostajem na svome ognjištu, u ovom sada odvratnom, smrdljivom gradu (mome najdražem, rodnom gradu), ili da se svega odreknem i odem u svoju Bosnu? Ali, i ovo je Bosna pa možda treba ostati po svaku cijenu i na taj način pokušati odbraniti bar djelić Bosne koji će uvijek biti u mome srcu, u mojoj rodnoj kući. Staroj, oronuloj, ali mojoj, bosanskoj. MOJA KUĆA SE NALAZI U BOSNI. Ali, opet, ako me oni jednostavno ubiju, kakvu će korist Bosna imati od mene? Ja ne želim biti heroj, dva metra pod zemljom i to da me ovakvi bezvezneri ubiju. JA ŽELIM PREŽIVJETI.

9.4.1993.
Jutros u pet sati je, poslije deset-petnaest miniranja, najzad zapaljena stara Seferbegova džamija na tranzitnom putu, pod Pećinama. Nažalost, i moju sramotu,

ja nisam siguran da li se baš ta mala džamija, sa drvenim minaretom, tako zvala, ali svi banjalučani tačno znaju o kojem se istorijskom spomeniku radi. Sad su od džamije ostala samo četiri zida. Sada očekujemo da naši sugrađani sruše i ta četiri zida, dovezu bager i sve fino poravnaju. Ne bi nas čudilo da i mali harem, koji se nalazi u krugu džamije, ukinu, zatrpaju i unište. Od njih ništa bolje ne možemo ni očekivati. Oni sve stare spomenike i grobove fino zaravnaju, naspu bijeli kamen i otvore baštu nekog svog budućeg, satanskog restorana. Baš tako su uradili u centru Prijedora, samo što su tada zapalili tri muslimanske kuće i za dvadeset četiri sata, već je bilo svečano otvorenje bašte restorana. Što se tiče džamije i harema, spomenut ću samo bijeljinski slučaj džamije, da ne nabrajam dalje. Kakav je to narod koji sve to radi i koji skrštenih ruku promatra šta rade njegovi sunarodnjaci. Ranije me je čudilo kada sam kod našeg dragog Andrića čitao da je krvava i opasna zemlja Bosna, da se zao duh bosanski teško može smiriti. Prije mi nije bilo baš jasno zašto to Andrić tako kaže, ali sada ja velikog pisca mnogo bolje razumijem i vidim da je on mnogo bolje poznavao prilike u našoj Bosni od svih onih komunističkih istoričara i teoretičara koji su filovali naše mozgove kojekakvim lažima i izmišljotinama o bratstvu i jedinstvu. Nas Bošnjane su vijekovima lagali i varali razni gospodari. A što se tiče uništavanja stare džamije, poslije sam utvrdio da se zvala „Sefer-begova". Lično sam čuo komentar teta Koke, pravoslavke iz naše ulice: „He he he, to je provokacija. To su uradili Muslimani, pa svalili na Srbe". Hvala vam teta Koko, na tako stručnom mišljenju, pitam se da li je moguće ostati i dalje živjeti s vama i vama sličnima. Dokle ide ljudska naivnost, ludost i drskost? Ili to nije naivnost, nego najobičniji kokošarsko-prevarantski mentalitet i bezobrazluk.

Sa tugom se sjetim naših dječijih igara na ulici i prilike kada smo igrali lopte, a iznenada naišao kamion. O tom tužnom događaju sam već ranije pisao. Ja sam čvrsto uhvatio Mišu, sina blizanca ove iste Koke iz prethodnog pripovijedanja, pokušavajući ga spasiti od točkova kamiona koji je bio u punoj brzini. Nažalost, nisam uspio. Mišo mi se istrgao iz ruku i pao pod točkove kamiona. Svi smo plakali i tugovali za našim Mišom, a evo sad njegova mama Koka, zaslijepljena srpskim lažima i prevarama, poslije svega izražava sumnju da smo, eto, možda mi, njena raja, raja njenog Miše i njenog Brane, zapalili džamiju, da bi to svalili na Srbe. Draga naša komšinice, zar nas za sve ovo vrijeme našeg života niste uspjeli upoznati? Zar ste zaboravili sve one Božiće, Bajrame i sve ostale praznike koje smo zajedno slavili? Zar ste mogli sve to popljuvati zbog glupog srpskog nacionalizma koji nema nikakve veze s nama i našom rajom??? Mi ćemo našeg Branu i dalje voljeti i našeg pokojnog Mišu po dobru spominjati, a vi ćete se kadtad stidjeti...

15.4.1993.

Danas je prva godišnjica slavne Bosanske armije. I dok sam zadubljen u sjetne misli o godini koja je za nama, ponosan sam i iznad svega tužan. Ponosan, jer se goloruki narod ipak uspio organizovati i dosta dobro odbraniti od fašističke nemani, a tužan, jer su žrtve bile ogromne, jer naš grad nije, i ne može biti, aktivan sudionik, jer ja nisam uzeo učešća. Ponosan sam i prestravljen zbog našeg sina koji je na pravoj, našoj strani, ali mi ništa ne znamo o njemu i u potpunoj smo neizvjesnosti kako će se sve to u vezi s njim završiti.

Oni koji prežive neće nikada zaboraviti naše heroje, koji su izgubili živote za slobodu i za našu dragu Bosnu i Hercegovinu. Misli se polako vraćaju na mučnu svakodnevnicu našeg ukletog grada.

Neki dan sam pisao o dvije zaklane žene u Vrbanji. Saznao sam pravu istinu, nisu bile zaklane, već su ih rafalima pokosili zlikovci koji su imali čarape na svojim odvratnim, čupavim glavurdama.

A jučer ujutro je nepoznati zlikovac ubio jednog čovjeka s leđa, nožem, usred srca. Čovjek je čuvao koze, i to ga je koštalo života. „Istraga………"

Danas opet velika racija. Ovog puta su legitimisali i žene. Zastrašivanje i maltretiranje se nastavlja. Sve više je pretučenih, a broj hronično gladnih je sve veći. Sve više ljudi otvoreno govori da nema za jelo više ništa. Talas prestrašenog iseljavanja se pojačava. Sve više mojih prijatelja odlazi. Tako ovih dana odlazi i moj brat i moj prvi komšija D. E. sa porodicom. S porodicom D. smo se u ovoj najodvratnijoj godini našeg života stalno družili i, koliko je to bilo moguće, pomagali jedni drugima da lakše prebrodimo sve tegobe i nepravde koje su nam naši sugrađani servirali svaki bogovetni dan. Bilo je tu, naravno, i lijepih trenutaka koji će ostati u trajnoj uspomeni i koje dušmani nisu mogli da nam oduzmu, iako su stalno pokušavali. Ako se ovako nastavi, uskoro u avetinjskom gradu neće uopšte biti ni Muslimana, niti građana drugih nacionalnosti, naravno, ako ne budu pripadali „nebeskom narodu". A sugrađani, pripadnici „nebeskog naroda" i dalje „naivno" pitaju: „Zašto odlazite? Pa ko vas tjera?" Ti ljudi, ili su toliko naivni, ili slijepi, ili glupi, ili prefrigani. „Ili im noge smrde", kaže naša stara poslovica. Mislim da se u ovom gradu radi o kolektivnom nacionalističkom sljepilu i ispiranju mozga, a ni pretpostavka „prefrigani" nije daleko od istine. Pitanja „zašto odlazite" nas dodatno vrijeđaju do srži i vrijedna su krajnjeg prezira.

17.4.1993.

Još jučer ujutro sam bio ubijeđen da treba ostati na svome ognjištu i na taj način pomoći našoj Bosni da opstane, ali sam već popodne promijenio mišljenje i počeo polako da shvatam da svi mi „nesrbi" nemamo šta da tražimo u avetinjskom gradu. Šta je to odjednom tako uticalo na moja najintimnija razmišljanja? Ne, nisam ja labilna osoba, ali kada je počeo otvoreni sukob između Hrvata i Muslimana širom Bosne i Hercegovine, shvatio sam koliko je naša, bosanska, muka teška i komplikovana. Shvatio sam da se naše, bosansko pitanje neće riješiti u dogledno vrijeme. Trajat će to godinama, a ja, kao pojedinac, ne mogu pomoći ni na koji način dok sam u ovom odvratnom, žabokrečinastom, avetinjskom gradu. Ne mogu, nemam ni snage, ni sposobnosti, ni mogućnosti, ni šanse. Mogu samo uludo da izgubim glavu, a da to nikome ne pomogne, ni na koji način. Možda ću domovini više pomoći ako odem odavde i sačuvam živu glavu. Mrtav, nikome neću biti od koristi. A imao sam toliko planova u ovom gradu, pokušao sam sve da i ovdje poduzmemo bilo šta što bi pomoglo Bosni, ali nije išlo, nisam uspio. Možda će ova moja svjedočanstva pomoći da se shvati u kakvim smo okolnostima izdržali više od godinu dana u opštem beznađu i bezakonju. JA SAM ODLUČIO DA ODEM. Ponavljam, to mi je najteža odluka u životu, ali me je nemoć da uradim bilo šta korisno za domovinu na to natjerala.

U gradu vlada beznađe i neimaština, uz stalne racije i maltretiranja. Danas se ubio jedan mladić, Musliman. Zvanična verzija vlasti je da je to bilo samoubistvo. Mi smo davno prestali vjerovati u „zvanične verzije".

18.4.1993.
Dođe i pravoslavni Uskrs... Pucnjava, horde pijanih četnika krstare gradom. Valjda to tako treba da izgleda u avetinjskom gradu.

A ovdje u Švedskoj se mi spremamo da za Uskrs putujemo na Jug i počnemo se polako zagrijavati za dugo toplo ljeto na voljenom Jadranu. Koje li razlike između ovog i „onog" crnog Uskrsa tamo avetinjskom gradu godine 1993.

21.4.1993.
Jučer su u Vrbanji ubili dva čovjeka. Jednog su samo ubili, a drugog su ubili i zapalili, zajedno sa vikendicom. Zločini u Vrbanji se umnožavaju geometrijskom progresijom.

Što se mene tiče, ja više nisam zvanični građanin avetinjskog grada. Odjavio sam se u SUP-u. Kad uskoro odem, grad će biti još čistiji... etnički. Otići ću vjerovatno u jednu divnu, zapadnu zemlju, jer se ovdje više ne može opstati: ni politički, ni ekonomski, ni etnički, ni etički, ni ljudski... Što bi čovjek neko vrijeme i preživljavao ekonomski, ne mogu više da budem u gradu zla. Izgleda da će uskoro ipak biti ispostavljanje računa, a ja neću da budem među onima koji su te račune napravili, a još ih nisu platili. Ja u zločinu ovoga grada i nad ovim gradom nisam učestvovao i ne želim da snosim posljedice sveg ovog ludila koje je uništilo naš, nekada lijepi, grad. Znam da me Zapad ne čeka raširenih ruku, ali možda ću tamo negdje, uz svoje četiri profesije, moći živjeti životom dostojnim civilizovanog, miroljubivog čovjeka. Ako odem, ne vjerujem da ću se uskoro vratiti. Bar ne u ovaj, MOJ rodni grad. Jer sa onima koji su sve popljuvali, uvrijedili do srži i uništili sve mostove suživota, nije vrijedno trošiti svoje dragocjeno vrijeme života, koji ionako traje kratko. Isuviše kratko da bi se uludo trošilo.

Sinoć je opet u blizini kuće odjeknula vrlo snažna eksplozija. Mora da su sugrađani, po devetnaesti put, minirali već prije zapaljenu, malu džamiju na tranzitnom putu.

U gradu su ogromne gužve u svim institucijama gdje se vade dokumenti za iseljenje. Etničko čišćenje u avetinjskom gradu se i dalje planski i intenzivno nastavlja. Sugrađanima će ostati etnički potpuno „čist" grad, „čiste" ulice, „čiste" škole, „čista" preduzeća, „čist" Dom kulture, „čiste" banke, „čisti" bioskopi, „čiste" crkve, „čista" obdaništa. Blago njima, ostat će sve sami etnički čisti Srbin do Srbina. Blago njima, toliko etnički čistog dobra su napravili svome narodu. Toliko dobra, da im se nikada neće zaboraviti. Ovoga puta NE SMIJEMO ZABORAVITI. Ma, i Hitler bi imao šta da nauči.

Ipak oni i dalje tvrde da cijeli svijet griješi, a samo oni, Srbi, su u pravu. Eto i „braća Rusi su postali agenti Zapada", reče Šešelj jednom prilikom i ostade živ.

22.4.1993.
Šetam (bez dozvole) ulicama rodnog grada, promatram nove stanovnike i razmišljam o prošlim vremenima. Bože, kako nam je bilo lijepo u slobodi, nije smetalo što je bila komunistička. Znam da je u prethodnom sistemu bilo mnogo grešaka, mnogo laži, ali šta je sve to u poređenju sa ovim nacističkim haosom i ludilom. Ima ovdje još građana koji su se rodili u ovom gradu, ali ih je sve manje i manje. Upravo ovih dana odlazi i jedan vrstan muzičar i predavač muzičke umjetnosti na više gradskih srednjih škola, koji je svome gradu ostavio pola svoga života, a ovih tužnih dana je našem gradu posvetio jednu divnu, osjećajnu pjesmu koju bi tako rado komplet objavio u mojoj knjizi, ali, nažalost, nisam upitao autora da li to smijem uraditi, pa ću svojim riječima pokušati dočarati o kakvom se umjetničkom djelu radi, a možda pjesma nikada zvanično neće ugledati svjetlost dana. Sve zavisi od autora i nadam se da će on to kad-tad objaviti. Pjesma se zove „Ne kloni Banjaluko" i opisuje u tančine šta se to sve dogodilo našem, nekad lijepom, gradu. U prvoj strofi autor priča: „odnekud dođoše neki

čudni ljudi" uništiše sve i otjeraše sve one koji su nešto značili u našem gradu. U drugoj strofi autor kaže da će se kad-tad vratiti svi prijatelji, pa na teferiću, pod beharli granom i u Šeheru kraj bistra Vrbasa, „šetat će se lijepa Almasa". Poslije autor opisuje šta sve ti čudni ljudi uradiše, pa u nastavku autor tvrdi da će Vrbas voda nositi jablana, da će bekrije piti šljivovice i da će naše ljepotice nositi cvijeće na grob Safikade. Na kraju se autor obraća Baščaršiji i Neretvi da čuju „kako pati banjalučka raja, za svim onim, onim šta nas spaja". Tako iskreno, dirljivo, tanano, u sred srca, da se čovjek naježi kada čuje ove divne stihove i poželi ih podijeliti sa svima koji imaju mnogo toga zajedničkog baš sa ovakvim stihovima o odiseji naše, voljene, a sada uklete Banjaluke.

Ovu pjesmu je napisao čovjek koji je bio prisiljen da napusti svoj voljeni rodni grad, grad koji je cijeli svoj život ludo volio, ali, eto, presjekao je svoj život na pola i odlazi, a ne zna da li će se ikada moći vratiti... Ako išta od ukletog grada i ostane poslije Huna, Varvara i Atile-Brđanina božijeg. Isto kao i pjesnik otići ću i ja i još sto hiljada građana ovog grada, jer se ovdje ne planira život, ovdje se planira smrt i uništenje svih univerzalnih ljepota ljudskog življenja.

26.4.1993.

Ovih dana se zbio interesantan događaj. Poznatu kafanu „Orhideja" je nedavno od vlasnika Muslimana „preuzeo" Srbin sa prezimenom Kalabić. To je sve nas podsjetilo na poznato zločinačko četničko prezime Kalabić još iz vremena drugog svjetskog rata. Ali, kada se počelo iz „Vens-Ovenovog" plana razaznavati da će Prijedor i Kozarac biti vraćeni Muslimanima, odjednom je, preko noći, i kafana „Orhideja" dobila novog vlasnika. Umjesto spomenutog Kalabića, sada je novi vlasnik izvjesni Aco M. Šta se dogodilo sa Kalabićem, ja ne znam, ali se u gradu pretpostavlja da je pomenuti Kalabić bio umiješan u zločine u Prijedoru i da ga je uhvatio strah da bi mogao odgovarati, pa je kafana „Orhideja" naprasno promijenila vlasnika. Za ovu tvrdnju ja nemam argumenata, ali bi se vjerovatno moglo doći do istine preko sadašnjeg gazde kafane Ace M.

Juče me je šokirala jedna, na prvi pogled, sitna stvar. Komšinica mi reče da su građani dobijali neke propusnice za sklonište, u slučaju vazdušnog napada, a niko iz moga „nesrpskog" komšiluka te propusnice nije ni vidio, a kamoli dobio. Ako je to učinjeno namjerno, onda su, izgleda, naši sugrađani Srbi odlučili da svi mi „ostali" ne treba da zauzmemo prostor u skloništu. Ako je to zaista tako, a jeste, onda se zaista nema više šta tražiti u avetinjskom gradu. Mora se otići i sve ostaviti, jer je ipak život najvažniji. To, da moramo otići, jučer nam je jasno rekao, po ne znam koji put, naš „sugrađanin" Brđanin na fantomskoj skupštini u Bijeljini. On je to rekao sasvim jasno, stilom kojim se služi od svojih prvih fašističkih dana bosanskog SDS-a. Dovoljno nam je rekao još jedan drugi predstavnik srpskog naroda čije ime ne znam i ne želim da znam: „E, ako oni napadnu na naš aerodrom Maovljani (valjda čovjek ne zna da je pravo ime aerodroma Mahovljani, ili jadan nije čuo za suglasnik „h") mi ćemo fino da pokupimo naše bijele i zelene sugrađane, odvedemo ih na aerodrom i ogradimo bodljikavom žicom, pa neka Evropljani bombarduju." Lijepo rečeno, nema šta. Ovakvoj besjedi ne bi imao šta da doda ni Gebels, ni Ajhman, a vjerovatno ni duhovni otac svih Srba – S. Milošević. O Karadžiću, Biljani i Koljeviću da i ne govorim. A ono „bijeli" i „zeleni" vjerovatno znači da Muslimani i Hrvati imaju i drugu boju kože, pa je, iz rasističkog ugla gledano, još opravdanije te pripadnike „drugih rasa" ubijati i uništavati. Pa neka neko kaže da ovdje nema elemenata rasizma. Šteta šro rasističkoj aveti nisam zapamtio ime, da ga ne zaboravimo.

Eto, tako se i mi nalazimo pred samim odlaskom iz rodnog grada i iz stare porodične kuće u kojoj sam se rodio i proživio više od četrdeset godina. Zlotvori su uspjeli da nas „ubijede". Uspjeli su da nas uvjere da oni svoje zločinačke prijetnje i ostvaruju. U okolnim selima su sve zločine isprobali i sada im ostaje da već uvježbane varijante primjene i ovdje u avetinjskom gradu. Oni to, ustvari, već dugo rade i ovdje, ali, na žalost, vjerovatno će se odlučiti da i ovdje učine sve ono što su učinili u mnogim drugim gradovima naše domovine. Oni se sada jednostavno ne mogu i ne smiju zaustaviti. Daj bože da nisam u pravu. Budući događaji će pokazati koliko sam bio u pravu. Ponavljam: daj bože da sam u zabludi i da ih svijet na vrijeme zaustavi.

U gradu se svako veče čuje pokoja jaka eksplozija. Zločini su stalni, kontinuirani, od početka okupacije i rata i u avetinjskom gradu nisu nikada prestajali.

30.4.1993.

Sjedim, noć je poodmakla, i slušam svoj omiljeni Radio Bosne i Hercegovine. Na televiziji nemam šta da gledam, jer mi ovdje možemo da gledamo samo strane, srpske programe. Na rubu sam živčanog sloma, jer se ovdje u avetinjskom gradu osjećam potpuno beskorisno i bespomoćno. Izgubio sam svaku nadu da ću ovdje, u ovom gradu, moći ikada išta učiniti da bi ispravio ovo golemo poniženje i nepravdu koju su nam učinili. Ovdje je sve tako tuđe, neprijateljsko, nema nimalo našeg toplog, bosanskog duha. Izgubio sam svaku nadu da ćemo mi Bosanci moći ovdje živjeti jer, kako stvari sada stoje, ovi ovdje izgleda više nikada ne planiraju s nama živjeti. Neki dan je vojni orkestar gostovao u Jajcu na proslavi „Šipovačke brigade", koja je „oslobodila" Jajce od njegovih stanovnika. Jedan član orkestra mi je precizno ispričao kako izgleda Jajce današnjih dana. Ovo je autentično svjedočanstvo o zločinu u Jajcu. K. Dž. priča: „Počet ću od restorana koji se nalazi kod „tri vode". Srušen, provaljen krov i između spratova zgarište. Crkve Svetog Ive više nema. Potpuno su „ukinuli" Svetog Ivu, srušen je do temelja. Ni nekad popločano dvorište nema više pločica, a velike grede se nalaze čak sa druge strane ceste, uz Vrbas. Mora da su stavili ogromnu količinu eksploziva, i to veoma stručno. A ovdje, po avetinjskom gradu, lažu da su to uradili neki ekstremisti koji su se prišuljali crkvi i sve to uradili pored straže koja je čuvala objekat. Baš me zanima kako su uspjeli da to urade tako stručno, pored straže... a da ih niko ne vidi i ne čuje???

Na desnoj strani Vrbasa nema nijedne kuće čitave, većina je potpuno uništena. Kada se pređe preko mosta i uđe u Jajce, situacija je slična. Nigdje nema cijelih stakala, sve je polupano, a moj sugovornik smatra da se oko 60 % oštećenih objekata može popraviti, a 40 % je potpuno uništeno. U cijelom gradu radi samo jedna prodavnica u kojoj nema ni kruha, ni mlijeka. Eto, tako izgleda „srpsko" Jajce poslije „oslobođenja".

Koncertu vojnog orkestra je prisustvovalo 14 (četrnaest) građana. Grad je avetinjski pust, a u vazduhu se osjeti paljevina. Na potpuno srušenoj džamiji, u jezgri grada, piše: „Ovo je javna kuća"... I ti ljudi žele da budu priznati i poštovani. Kako da ih poštujemo kada se ponašaju gluplje od najglupljeg djeteta, a o primitivizmu da i ne govorimo.

Ako su ovakvi gradovi ideal sadašnje srpske politike, na zdravlje, bog im platio...

Poslije svečane sjednice, slijedio je obilan ručak, uz neograničene količine rakije, piva i ostalih pića, kao što i priliči četničkim terevenkama. Članovi orkestra su mučninu u stomaku saprali povećim količinama alkohola, jer srpsko gostoprimstvo je poznato. A Jajce je sada „srpski" grad. Na zdravlje!!!

Osjećaj da ću u svome rodnom gradu biti još kratko vrijeme nikako me ne napušta... Ne mogu ovo više izdržati... Samo da odem što dalje... Samo da mi se dočepati slobode, da udahnem punim plućima...Neki drugi, ne „srpski" zrak... Mislim da bih potpuno prolupao, kada bih dočekao jesen u avetinjskom gradu.

A onda 1. maj, Međunarodni praznik rada, niko ni ne spomenu u ukletom gradu, k´o vele kad se već ništa ne radi, „izem ti praznik rada". Umjesto proslave, slijedi jedna uspomena...

Prvomajska proslava na Adi prije nešto više od pedeset godina...

Došli smo vrlo rano i pripremili drva i sve ostalo za okretanje janjca. Aka (moj otac) i amidža Mustafa su sve pripremili, a amidža Munib je već ranom zorom počeo sa rakijom i mezom koju su mama, strina Munifa i strina Anka pripremile odmah po dolasku. Travnički sir, sudžuk, pastrma i siriluk su poslastice koje se nikada ne zaboravljaju. Mi djeca smo veselo trčkarali po šumi i beskrajno uživali u slobodi koju nam je omogućila naša prekrasna Ada. Sve je bilo nezaboravno i u najboljem redu dok u neko doba amidža Munib nije skočio i rekao da će se on spustiti niz brzake Vrbasa koji su bili prilično opasni sa one strane Ade. Kako rekao, tako i učinio: u roku od tridesetak sekundi, amidža Munib se našao u opasnim brzacima. Svi smo bili prestrašeni, jer je on bio poprilično pijan i nije mogao isplivati na obalu. Onda je Aka skočio u vodu i poslije prilično duge borbe uspio izvući pijanog amidžu Muniba iz zapjenjenih brzaka. Poslije toga nam više nije bilo lijepo jer je strina Anka cijelo vrijeme prigovarala amidži Munibu da je upropastio cijeli teferič. Onda smo, ja ne znam zašto, prestali ići na Adu za 1. maj, ali smo umjesto toga išli na Trešnjik, ili Šibove, koji su isto tako bili raj na zemlji i koji će mi takođe ostati u trajnoj uspomeni.

A onda ponovo u tužnu zbilju godina devedesetih.

3.5.1993.

Jučer je Karadžić uslovno potpisao mirovni plan Vensa i Ovena. Od svih komentara poslije toga ja bih izdvojio onaj u kojem je Milošević rekao: „Ovakav čovjek bi u najmanju ruku trebao biti u bolnici i morao bi biti udaljen iz svih tokova društvenog života i daleko od svake funkcije“. To je Milošević rekao misleći na Brđanina, poslije famozne rečenice koju je Brđanin, u svome stilu, izgovorio i ostao živ. Ovo je ta famozna rečenica koju je zlikovac, ne trepnuvši, izgovorio: „Poginut će 6,000.000 Srba, ali će opet ostati 6,000.000 živih“. Taj monstrum se tako lako odriče šest miliona „svojih“ Srba, samo da bi on mogao srbovati. Drago mi je da se „duhovni otac“ iz Beograda odriče svoga „najboljeg“ sljedbenika i nadam se, i želim, da im se to sve češće počne dešavati. Valjda će svi zagovarači velike Srbije na kraju krajeva tako i proći: Oni urade nešto glupo i nerazumno, a onda ih se „duhovni otac“ odrekne.

Etničko čišćenje se nastavlja: i sutra odlazi konvoj za Dansku i Švedsku. Mi smo na redu 18. maja i nadamo se da ćemo uspjeti otići, jer u avetinjskom gradu nema života ni za koga, a kamoli za nas sa pogrešnim imenima. A i nema više ništa što bi u meni moglo izazvati tugu što napuštam rodni grad. I tuga je u nama presušila, i dušu su našem gradu ubili.

Za putovanje konvojem postoji jedna vrlo sumnjiva firma koja nema ni preciznog imena. Broj telefona je 21-910, a obično se deklarišu kao „Ured za izbjeglice". Za put do Subotice i granice sa Mađarskom naplaćuju 450 DM po osobi i za taj novac nikome ne daju ni račun, ni priznanicu, što znači da se radi o profiterskoj, ratnoj mafiji, koja jadnim ljudima uzima marke koje su skupili na jedvite jade, prodajući sve iz kuće u bescijenje, a za uzvrat, ljudi ostaju bez kuća, stanova, rodnog grada i domovine. Tako se najkvalitetniji kolor televizori prodaju za 100 DM, ali o tome ćemo drugi put. Što se tiče ove tajanstvene firme za iseljenje, ljudi se plaše da će im jednog dana uzeti posljednje devize i jednostavno nestati, a „istraga će biti u toku". Najjednostavnija računica kaže: 500 ljudi puta 450 maraka iznosi 225.000 DM. Ova agencija je već organizovala više od 5.000 iseljenja, pa se lako može izračunati koliko su ti mafijaši zaradili na ljudskoj muci i beznađu (preko 2,250.000 DM). I pored ovih saznanja svi mi smo prisiljeni da se koristimo uslugama ove firme, jer više u ovom gradu ne možemo živjeti, ni po koju cijenu: nema ni zaposlenja, ni socijalnog osiguranja, ni prava na rad i kretanje, ni šanse za najelementarniju ekonomsku egzistenciju, a sugrađanima smeta i što pijemo „srpsku" vodu i dišemo „srpski" zrak. Nema tih para za koje bih ja s njima takvima živio, pa makar kuće svoje nikad ne vidio. Uvrijedili su nas tako duboko i neljudski da im to ni bog, ni narod nikad nemogu oprostiti. Ja sam oduvijek znao da će mene najlakše otjerati ako mi oduzmu pravo na rad, a o uvrijeđenosti zbog svih poniženja koja su nam priredili, o njihovoj dvoličnosti, laži i okrutnosti, da i ne govorim.

5.5.1993.

Jučer ujutro je otišao i moj brat, a poslije podne sam doživio nešto strašno. U stan moga brata koji se nalazi u istoj kući, na spratu ispod mene, došli su majka i brat moje snahe i na prozor bratovog stana izvjesili srpsku zastavu. Kada sam to vidio, bio sam toliko preneražen i šokiran, da mi je trebalo sat vremena da dođem sebi. Zar na našoj partizanskoj kući da visi omražena okupatorska zastava... Zar na kući moga oca partizana i moga amidže partizana, a i moga sina, da visi okupatorska zastava... Zar ja, koji sanjam zlatne ljiljane i koji imam sakrivene zlatne ljiljane u šupi, da imam okupatorsku zastavu na kući...? Kada sam se smirio i malo oporavio od šoka, spustio sam se sprat niže, u bratov stan, i rekao rodbini bratove žene da to ne rade, jer ja ne želim tu zastavu na svojoj kući. Onda su oni omrznutu zastavu skinuli sa bratovog prozora i stavili na vrata bratovog stana, rekavši da oni to nisu uradili svojevoljno, već u dogovoru. Nisam upitao s kim to u dogovoru, nije me zanimalo, ali nadam se da to nije bilo u dogovoru sa mojim bratom, da bi se njegov napušteni stan sačuvao od srpskih uljeza. Mislim da to moj brat nebi nikada dozvolio, ali njegova žena je nešto drugo. Rodbini bratove žene ne zamjerim, jer su oni Srbi (bosanski pravoslavci, op. a.) i uopšte ne razumiju moju sadašnju odbojnost prema toj zastavi. Oni tu zastavu smatraju svojom i oni uopšte ne razumiju koliko je zbog te zastave nedužnih Bosanaca ubijeno. Čak i po cijenu da nam oduzmu kuću, ja se nikada ne bih složio da se ta zastava leprša na našoj kući. Može se samo zamisliti u kakvoj sam sada situaciji. Ja, koji svim Bošnjanima savjetujem da ne idu u srpsku vojsku, imam srpsku zastavu na vratima bratovog stana, u našoj kući. Bratova ulazna vrata jesu malo sakrivena od ulice, ali zastava tamo stoji, a ja stanujem u istoj toj kući.

Ako je i od rodbine bratove žene, previše je...

Poslije ovakvih užasnih doživljaja sa zastavom, moram izložiti jednu svoju tezu o bosanskim Srbima, tezu koju već dugo vremena pokušavam uobličiti u jedno razumljivo objašnjenje svega ovog što su nam oni priredili u posljednje vrijeme.

Činjenica je da su oni rođeni u Bosni i Hercegovini i da svoju domovinu mrze, Bosanci su, ali hibridni. Činjenica je da oni Srbiju neizmjerno vole, ali nisu rođeni tamo, pa nisu ni Srbijanci. Te kontradiktornosti se cijelo vrijeme u njihovoj duši sukobljavaju, ali oni nisu u stanju da ih na racionalan način pomire. Na sve te dileme i protivrječnosti oni reagiraju mržnjom. Trebali bi Bosnu da ljube kao svoju majčicu, a oni je mrze. Normalno da im niko ne može nametnuti da vole nešto što oni mrze, ali šokira me njihova kratkovidnost. Ispada da su oni DOBROVOLJNO ljudi bez identiteta, jer oni neće da budu ono što jesu, a hoće da budu ono što nisu. Totalna dezorijenracija. Niko im ne može u tome pomoći, jer niko nema pravo da im nameće svoje mišljenje. Oni su izabrali najgori način da razriješe svoje dileme: agresija, rat, zločin, tmina i beznađe genocida. Nas istjeruju iz naših domova, ali se mi sa njima nikada nebi zamijenili i nizašto na svijetu ne bismo im bili u koži.

Ovako žestoke misli su mi pale na pamet, eto, tek kada su mi pripadnici toga naroda izvjesili neprijateljsku zastavu na kuću, toliko me šokirajući da mi u mozak dođe ovo kratko objašnjenje bića i njihovog postojanja.

A što su Đurđevdani nekad bili: majsko sunce, lijepo odjevena gradska raja, ujutru tetka Saima nabere kopriva pa rano dođe u našu dječiju sobu da nas koprivama razbudi i natjera na bijeg kud koji mili moji, pa malo pikantniji doručak, pa na baštu u beskrajne dječije igre bez granica. Eh gdje nam je kraj tada bio, a onda se sve promijeni godina devedesetih.

7.5.1993.

Đurđevdanski pir se završio sinoć rušenjem dvije najveće, najljepše i najpoznatije džamije u našem, („njihovom") avetinjskom gradu. Nema više Ferhadije, ni Arnaudije, ponosa ovog, nekad našeg, grada. Dragi bože, ako imaš ikakvog uticaja, molim ti se da mi omogućiš da odem što dalje od avetinjskog, moga neprežaljenog, rodnog, najdražeg grada.

Obišli smo ruševine naših džamija i uvjerili se da su to zlotvori veoma stručno uradili. Od nemoći i beznađa počeo sam da osjećam jake bolove na lijevoj strani, ispod rebara. U međuvremenu su okupatori oglasili vazdušnu opasnost i otjerali narod u skloništa. Ovo je bio samo paravan da bi radnici „Čistoće" došli sa mašinama i bagerima i raščistili ruševine džamija. Lično sam gledao sa Pobrđa kad je zločinac za volanom moćne mašine srušio nadsvođenu kapiju koja je bila na ulazu u dvorište Arnaudije i koju zlikovci nisu uspjeli srušiti u sinošnjoj eksploziji, koja se dogodila u tri sata i deset minuta poslije ponoći. Za ove eksplozije je upotrebljena velika količina eksploziva, koji je veoma stručno postavljen na prava mjesta. Okupatorski radio je objavio da su džamije „pogođene", ili tako nekako u tom smislu, a sve u cilju da se zavara javnost i ublaži ovaj gnusni zločin.

Bolovi u grudima su me tako osvojili da trenutno ne mogu nastaviti pisati, a upravo u 14 sati i 9 minuta zlikovci su objavili i kraj uzbune koja je trajala nešto

više od jednog sata, taman toliko koliko im je bilo potrebno da raščiste ulice koje su bile zatrpane ostacima naših dragih istorijskih spomenika. Ovi neljudi su pljunuli na svoju istoriju, pljunuli su u krilo svoje rođene majke. IZRODI...

8.5.1993.

Sinoć u 45 minuta poslije pola noći zlikovci su završili svoj krvavi posao. Pošto jučer nisu uspjeli da sruše minaret Ferhat-pašine džamije u prvom zločinačkom nasrtaju, to su učinili sinoć, iza ponoći. Opet su to đubretari stručno uradili. Od minareta je ostalo oko dva i po metra iznad zemlje. Ako se „slučajno" ne desi da i to sruše, imat ćemo dokaz ljudske niskosti i zvjerstva. Bojim se da ne uvrijedim zvijeri kada ove neljude tako nazivam, jer zvijeri ovakvo nešto nikada u istoriji čovječanstva nisu uradile.

Eksplozija je bila strašna i izazvala zemljotres i u našoj kući koja je udaljena od Ferhadije oko 400 metara vazdušne linije. Minaret se srušio na Zanatski centar u blizini džamije i izazvao pravu pustoš u samom strogom centru avetinjskog grada. A stakla i izlozi su polupani u cijelom Zanatskom centru na Haništu. Tu riječ Hanište zlikovci izgovaraju „Anište". Vjerovatno zbog nekih grešaka u govornom aparatu teško izgovaraju suglasnik h, kao što sam već prije ispričao, a to nas Bosance strašno nervira, jer tako nakaradno izgovaraju mnoge riječi, da to čovjek ponekad ne može da sluša. Hanište ne znaju izgovoriti, ali „Anište" znaju srušiti. Vraćamo se na sinoćnji zločin. Kako su se zločinci dobro izvještili u uništavanju, najbolje se može vidjeti iz njihovog sinoćnjeg „posla". U gradu se šapuće o sumnjivcima koji su umiješani u ove zločine. Šapuće se da je u rušenju džamija učestvovao Gačanović Miladin, inžinjer građevinstva, inače poznat po svojim četničkim ispadima, a trenutno ministar za građevinsku izgradnju pri okupatorskim vlastima avetinjskog grada. Ova sumnja nije bez osnova, jer je Miladinov otac Branko u drugom svjetskom ratu bio četnik koji je čak učestvovao u ubistvu narodnog heroja Mladena Stojanovića. Iako nemam konkretnih dokaza, ipak sumnjam da bi se po gradu bez veze pričalo o umiješanosti Brankovog sina Miladina u rušenje džamija, a pogotovo što je taj prljavi posao obavljen veoma stručno, a Miladin je građevinski inžinjer koji tačno zna tačke gdje se treba postaviti eksploziv. Ako nekad dođe do suđenja zločincima avetinjskog grada, u što sumnjam, svakako treba uzeti u obzir i „doprinos" Gačanović Miladina izgradnji srpske paradržave. Duboko sam uvjeren da se mnogo toga zločinačkog može naći u njegovoj ratnoj biografiji.

Nadam se da će se istraga o rušenju džamija nekad u budućnosti sprovesti, pa bi bilo dobro da i ovaj moj zapis doprinese kažnjavanju bar jednog od zločinaca. Treba spomenuti i glasine koje su Srbi u gradu odmah plasirali: „Džamije su srušili Muslimani, da bi sumnja pala na Srbe". Takve zločinačke teze su poznate još iz Sarajeva, iz Miškinove ulice, i, naravno, samo potvrđuju činjenice o lažljivosti i nečovječnosti zlikovaca. Radikali avetinjskog grada su opet krivicu za rušenje džamija svalili na Hrvate. „Vrtim te u krug", a krug se kod razumnih ljudi zatvara i završava na Srbima, jer ovaj zločin niko osim Srba nije mogao učiniti. Niko, nažalost, u avetinjskom gradu nema eksploziva. Niko, osim Srba. A kamoli satne mehanizme i ostale karafeke kojima su se zločinci služili. Da ne govorimo o žmirenju okupatorske policije koja je odmah, noć iza rušenja džamija, dozvolila da se zločin sa miniranjem ponovi. Sada ono famozno: „Istraga je u p. m." Nikada oni neće otkriti prave počinioce, a oni znaju ko je to učinio.

Šta li nas „novo" čeka ovih dana? Jer radikali u avetinjskom gradu su najjači, a oni rušenjem džamija nisu završili svoj krvavi pir.

DA IH STIGNE KAZNA BOŽIJA...

9.5.1993.

U utorak, prošle sedmice, četrnaestorica srpskih zlikovaca su ušli u tri kuće u Vrbanji i nekoliko sati maltretirali i mučili ukućane, naravno, civile. Između ostalog su ih sve skinuli gole, neke žene su izdvojili u posebnu sobu i ne zna se šta su s njima radili, jer su i majka i kćerka, koje bile mučene, zanijemile i do sada još nisu progovorile. Na kraju su svi ukućani natjerani da goli preplivaju Vrbanju, a zlikovci su onda sistematski opljačkali sve tri kuće. Ni ovaj događaj nije objavljen u okupatorskim sredstvima informiranja, pa nije bilo ni onog lažljivog, odvratnog: „Istraga je u toku". Ovaj događaj je provjeren i istinit.

Sjedim u Švedskoj i razmišljam: „Bože moj, zar je moguće da su dojučerašnja „braća" sve ono onako radila krajem prošlog stoljeća?

Jesu jašta su, ne bi džabe o svemu ovome ovoliko razglabao i trošio dragocijeno vrijeme. „Vjerovali, ili ne", sve je baš ovako bilo i baš bi dobro sjelo u radio emisiju pod istim naslovom u našoj staroj Jugi."

11.5.1993.
Polako... Stručno... Sistematski...

Srušili su džamiju i u Vrbanji. Spremaju se za slijedeću. Izgleda da je sada na redu džamija na Hisetima. Već nekoliko dana oko te džamije obigrava zločinački crveni kombi „Rival", sa svojom slavnom, zločinačkom posadom: Segić, Boško i ostala zločinačka bratija. Zločinci i dalje drže u neizvjesnosti svoj narod sa dvosmislenim izjavama iz kojih bi Srbi trebali da pomisle da su zločine sa džamijama „možda" počinili Muslimani, ili Hrvati. Međutim, sve im je uzalud. U blizini Ferhadije nalazi se zgrada iz koje je N. M. vidio kamion i oko trideset specijalaca kako one zločinačke noći ubrzano istovaraju „nepoznati" teret iz kamiona i unose ga u džamiju. Poslije, te iste noći, u tri sata i deset minuta, njegovu zgradu je potresla strahovita eksplozija koja je i štokove izbijala iz zidova, a naše Ferhadije više nije bilo. Dakle, zna se pouzdano da su džamiju srušili Srbi, i to organizovano i sa znanjem policije, a i mnogih drugih zlikovaca.

Prije nekoliko dana su u Čelincu ubijeni moji poznanici Kasim i Azema, dobri ljudi kod kojih smo kupovali sir i kajmak. Kada su ih ubili, zlikovci su ih umotali u jorgane, a zatim zapalili kuću...

I naše vrijeme odlaska se bliži. Uskoro ću s porodicom biti na slobodi, daleko od ovih zlikovaca, daleko od drage Bosne i Hercegovine koju su zlikovci pretvorili u prah i pepeo, daleko od voljenog rodnog grada koji su zlikovci pretvorili u najcrnju tačku na planeti. Mi nećemo da živimo među zlikovcima. Namamo više snage za to, a ne možemo više ni da ih gledamo i slušamo njihove laži i bljazgarije. Zaželili smo se rada, ljubavi, slobodne šetnje, proljeća... Sve je to u avetinjskom gradu već poodavno ukinuto.

Okupatorske vlasti su po gradu izvjesile plakate sa slijedećim sadržajem: „Glasajte za NE Vens-Ovenovom planu!" Građani će biti natjerani da izađu na glasanje. Neke „komšije" obilaze kuće i prijete građanima da će, ako ne glasaju, biti protjerani, jer u tom slučaju nisu lojalni fašističkoj vlasti.

Jupiiiii! Poslije 23 godine uspostavio sam kontakt sa velikim prijateljem, duplim kumom, školskim drugom još iz osnovne škole. Poslije dugog razgovora s njim imao sam utisak kao da smo se rastali juče, a to je bilo u maju 1993. godine. Cijeli razgovor je bio tako spontan kao u najbolja vremena i odmah smo se dogovorili o skorašnjem susretu i nastavku našeg na silu prekinutog prijateljstva. Kum i kuma će nas posjetiti odmah kada preselimo u Hrvatsku. Sretan sam kao dijete i cijeli dan lebdim u mislima o našim danima u voljenoj Banjaluci i voljenoj Jugoslaviji. Ali, nažalost, moram se vratiti u neke druge dane 1993. godine.

16.5.1993.
Očito je da su građani avetinjskog grada glasali za NE. Oni su izabrali nastavak rata, jer bi za njih kraj rata vjerovatno bio i kraj srpske zaslijepljenosti i kraj srpsko-nacionalističke vladavine klike koja je povela srpski narod u rat i stradanje. Što se tiče nas „ostalih", mi pakujemo kofere i spremamo se za odlazak iz ove fašističke žabokrečine. Ipak je najvažnije sačuvati živu glavu. Nije pametno čekati povratak ratnika, jer će oni biti ljuti na svakoga ko nije bio na ratištu, a pošto će

oni svi biti naoružani, zna se na koga će iskaliti svoj bijes. Najlakše će im biti da svoje primitivne porive i bijes iskale na goloruki narod, a goloruki narod, to smo mi civili, „nesrbi". Srbe zasad ne diraju, još nije došlo vrijeme. Kad već spomenuh povratak ratnika, moram ispričati jedan istinit događaj koji je karakterističan za povratke srpskih ratnika sa ratišta. Događaj mi je opisao prijatelj Ivica koji stanuje na tranzitnom putu i iz svoje kuće može vidjeti sve što se dešava na ovoj veoma važnoj saobraćajnici. Mi smo ovaj tragični događaj sa primjesama humora i smiješnog, nazvali „Povratak ratnika". Evo ovako je to bilo...

Povratak ratnika

Cestom se kreće konvoj: naprijed ide traktor koji vozi bradati četnik sa neizbježnom kokardom na šubari. Kraj njega kompanjon sa flašom rakijetine, pucajući iz automata, toliko da se zna da prolaze „junaci". Za traktor je zakačena traktorska prikolica puna raznih „đakonija": bijela tehnika, televizor, video, fotelje i još neke stvari koje su mogle stati na prepunu prikolicu. Za traktorsku prikolicu je zakačen predivan, nov, luksuzni Mercedes iz kojeg vire čupave glave, cijevi automata koje bljuju svoju odvratnu sadržinu u dugim rafalima, i naravno, ne Merdži je i srpska zastava, nek se zna kome „junačine" pripadaju. Za Mercedes je zakačena automobilska prikolica na kojoj se blista prekrasan motor „Jamaha", a uz motor se vidi još nešto malo tehničkih stvari, jer, izgleda, da više nije moglo da stane. Za automobilsku prikolicu nije bilo zakačeno ništa. Može se samo zamisliti koliko će radosti izazvati ovi „ratnici", kada se pojave u svome selu, a da ne govorimo o povratku u vlastito dvorište, u vlastitu kuću. Koje će to slavlje biti: kuća odjednom puna svega, gledaš u tuđi televizor, pereš veš u tuđoj veš mašini, pegla na struju, hlača i gača koliko hoćeš, voziš se na tuđem motoru, a tek vožnja u tuđem Mercedesu... A sve „tvoje"... Koja će sve to zadovoljstva izazvati kod ovih potpuno psihološko-dezorijentisanih ljudi... Da uživaju u tuđem, sigurno ih je naučio njihov „psihijatar". Žalosna im majka.

Tuga onih čije stvari su ovako bezočno opljačkane ne spada u ovu priču. Ona je dio nekog drugog filma, filma koji će biti opomena i optužba za buduća pokoljenja.

Ove ljude-neljude ne treba mrziti, ali prezirati ih moramo.

17.5.1993.

Posljednja šetnja

Šetam ulicama avetinjskog grada, posljednji put, pred odlazak. Ulicama promiču djevojke o kojima sam pričao na početku ove moje tužne priče. Ali to nisu one iste djevojke. Nema više onih veselih čavrljanja, smijeha, ni radosti. Sada su lica utučena, tužna, zabrinuta...

Od danas kruh košta 75.000 dinara, a penzija 320.000 dinara. O armiji onih koji su dobili otkaz, istjerani sa posla i iz stanova, pa nemaju nikakvog prihoda, ne treba ni pričati. Stariji smo za godinu dana, godinu tuge, godinu bola i stradanja. Zbogom moj voljeni grade, odlazim prazan, kao ispireni balon. Nadao sam se da će i moj rodni grad dati doprinos borbi za slobodu, ali, avaj, sve je ispalo suprotno od toga. Zbogom avetinjski grade, možda se više nikada nećemo vidjeti. Znaj da uspomena na sve one doživljaje, u kojima smo zajednički bitisali, nikada neće umrijeti. Ja ću te vječno nositi u srcu, iako su oni pokušali da mi te iz srca iščupaju. Bez obzira na sve podlosti koje su učinili, oni, ustvari, ni u čemu nisu uspjeli, osim što su me otjerali. Ipak nisu uspjeli da ubiju ljubav u meni, a to smatram svojom velikom pobjedom, jer da su uspjeli u tome, onda bi oni bili pobjednici, onda bih i ja bio izgubljen u svemiru, bez nade da ću ikada više moći živjeti normalnim životom.

Kraj mene u bunilu promiču Šukrijina slastičarna, Klindićkina cvjećara, Palas, Boska, Kastelov ćošak, Gospo´ska ulica, Beko, Opština, Dom kulture, Narodna banka, Pedagoška akademija, Borik... Vratih se kući drugim putem, Alejom uzdisaja, kraj Muzičke škole, Poliklinike, Higijenskog zavoda, stare bolnice, Gimnazije, pa onda kroz Avde Karabegovića na moje Čaire... Sve je tako sivo i mračno, misli tumorne, a u mislima pokušavam vratiti one stare slike našeg grada u proljeće... Ne uspijevam, tuga, duboka bol u duši, beznađe...

Odlazim u uvjerenju da oni, ni u kojem slučaju, neće moći zadržati ovo stanje beznađa u koje su doveli, ne samo nas „ostale“, nego i svoj narod. Morat će oni pasti, kad tad.

Zbogom, moj nesretni, voljeni grade, ponavljam u beskonačnost, dok posljednji put šetam avetinjskim ulicama nekad jednog od najljepših gradova u nekad jednoj bivšoj domovini. Ni cvrkut ptica se ne čuje, kao da i vrapčići osjećaju šta se ovdje dešava...

18.5.1993.

Osvanuo je dan i našeg genocida, dan kada i mi na svojoj koži osjećamo dah smrti i svu bezdušnost ovih ovdje ljudi, dan kada i ja sa svojom porodicom moram napustiti svoj rodni dom. Ja se nisam rodio u bolnici, ja sam se rodio u svojoj staroj kući, ali kakav je to argument za neljude sa kojima sam sve dosad živio i koji me sada tjeraju iz moje stare kuće. Krenuli smo u šest sati. Bilo je mnogo svijeta na ispraćaju. Došli su i moj Ibro, i Seima, i Mehmed, i Zahid, i Mensur, i još mnogo prijatelja. Oni su bili tužni i zabrinuti, a mi, putnici, bili smo vedri i smireni. Jednostavno, mi smo shvatili. Shvatili smo šta se u ovom trenutku mora učiniti, šta je ipak najpreče. Oni koji ostaju još nisu shvatili da je ipak najpreči život. Goli život. Oni još nisu potpuno shvatili sa kakvim ljudima imaju posla u avetinjskom gradu. Ostali su u nadi da će se stvari dešavati normalnom brzinom i da će se patnje uskoro završiti. Daj bože da su oni u pravu, a da mi koji odlazimo griješimo.

U ovu priču ću uvrstiti još samo dvije dogodovštine: prolazak kroz Derventu i Brčko. Ovo moram opisati, jer mnogi ljudi neće uspjeti da prođu kroz te gradove, svjedoke zločina.

Derventa, mali bosanski grad, sada se slobodno može reći, više ne postoji, bar u onom dijelu kojim smo prolazili idući ka Doboju. Ruševine, zgarišta, opljačkane, ogoljene, izrešetane kuće. Ne bih mogao u procentima reći da li tu ima išta što se može popraviti. U zapanjenom i zabezeknutom autobusu tajac. Iz grobne tišine se oglasi jedan mladić: „Kako su ovako stručno pogađali sva ključna mjesta u kućama, baš ona mjesta koja su konstrukcioni nosioci kuća?" Zaista su zlotvori stručno uradili svoj zločinački posao. A zavjese vijore...

Modriču nismo vidjeli, jer su nas vozili nekim putem van grada. Idući ka Brčkom, iznenadila nas je činjenica kako su „srpska" sela ostala nedirnuta. Potpuno nedirnuta, kao da tamo rata nije ni bilo. Obudovac i sva druga „srpska" sela su potpuno ista kao što su bila i prije rata. To je očit dokaz ko u ovom prljavom ratu ruši, a ko se brani. Negdje na putu između Dervente i Brčkog, moj prijatelj i radni kolega iz privatne firme „E." mi je ispričao kako su njega uhvatili i mučili u zločinačkom kombiju (crveni, već više puta spominjani, „Rival"), u avetinjskom gradu.

Uhvatili su ga pred kućom, sa još tri-četiri mladića. U kombiju je obješena omča, kroz koju su zlikovci proturili glavu moga prijatelja. Zatim su ga natjerali da podigne obadvije ruke, sa karakteristično ispružena tri prsta i sa naredbom da ruke ne smije spuštati. Slijedeća naredba je bila da pjeva četničke pjesme (koje li perverzije i uvrede), i to što glasnije. Onda na red dođoše udarci bezbol palicama, rukama, nogama, čime stigoše. Za sve to vrijeme (koje li luđačke perverzije), zlikovački kombi je kružio avetinjskim gradom. Kada su zadovoljili svoje sadističke strasti, zločinci su moga prijatelja istresli kao vreću iz kombija, van grada, naredivši mu da u roku od deset dana mora iseliti (izraz je tako odvratan, a i gramatički zvuči užasno, ali se odomaćio u avetinjskom gradu, zbog svakodnevne upotrebe). Jadni čovjek je na jedvite jade doteturao do kuće i odmah sutradan počeo skupljati papire za „iseljenje". A zlikovci stalno ponavljaju da oni ne vrše etničko čišćenje. Ovaj autentični događaj ih, po ne znam koji put, demantuje.

Zlikovački kombi i dalje kruži avetinjskim gradom...

U međuvremenu stižemo u Brčko. Onaj dio kroz koji prolazimo, u blizini bolnice, izaziva jezu. Još veći stepen uništenja nego u Derventi. Pustoš. Zavjese vijore kroz izvaljene štokove izrešetanih kuća... A u drugim dijelovima grada, gdje se trenutno nalaze Srbi, život teče, skoro pa normalno. Nema ni oštećenja, ni ruševina. Očitijeg dokaza, ko je rušitelj, a ko branitelj, nigdje ne možete naći, kao što se to može vidjeti na potezu od Dervente do Brčkog. Ja nisam bio u Istočnoj Bosni, ni u Sarajevu, pa ne znam kako to sve (ruševine i paljevine) izgleda tamo, ali ono od Dervente do Brčkog je sramota jednog naroda koji živi u Evropi a ništa od evropske kulture nije naučio.

20.5.1993.

Bez ikakvih problema stigosmo u divnu zemlju na sjeverozapadu Evrope, i pošto je to tema za jednu drugačiju priču, završavam svoja zapažanja i zapise o tužnoj 1992. i odvratnoj 1993. godini, ratnim godinama koje sam proveo u okupiranom avetinjskom gradu. Otišao sam s nadom da će to opet jednog lijepog dana postati moj lijepi rodni grad Banjaluka. Za sve vrijeme, dok sam pisao ovu istinitu priču, pokušavao sam proniknuti u dušu tih ljudi, naših dojučerašnjih prijatelja, rođaka i komšija i bar malo, samom sebi, razjasniti kako i zašto su mogli uraditi takve stvari svojim, do jučer iskrenim, prijateljima, komšijama, rođacima, bračnim partnerima, vlastitoj djeci? Priznajem da nisam uspio pronaći ni jedan racionalan razlog. Jednostavno sam zaključio da oni nikakvog opravdanja nemaju i sigurno će biti interesantni za promatranje u periodu otrežnjenja, u periodu kada budu prisiljeni da ponovo grade sve one mostove koje su tako nemilosrdno porušili. Već ih sada mogu zamisliti u svim onim (za njih) neugodnim situacijama kada se budu opravdavali pred svijetom i svojim narodom, kada budu izmišljali razna opravdanja i laži, a vjerovatno im niko neće vjerovati, jer sasvim je jasno da OPRAVDANJA NE MOŽE BITI. Ljudi koji su počinili takve stvari nikada ne mogu pronaći svoj pravi mir. Oni mogu izmisliti svoje odbranbene mehanizme, oni mogu uspostaviti neke nove relacije sa nekim novim „prijateljima", ali čak ni oni nikada ne mogu zaboraviti svoju vječnu sramotu koja će ih pratiti dok je svijeta i vijeka.

Ovoga puta im se ne može i neće zaboraviti.

Prilažem neke članke iz raznih novina. Volio bih da se ne zaborave, jer i oni na neki način rasvjetljavaju psihološki problem o kojem sam u ovoj svojoj hronici cijelo vrijeme govorio.

SJEĆANJE NA FOČU

Crvene ruže

Svako ljeto, nekako u isto doba, vraćam se u mislima na crvene ruže kalemuše, nekad davno uživah u njihovom opojnom mirisu. Sa jedne strane basamaka cvjetaše crvene, a sa druge roza, ili bijele. A s lijeve strane basamaka, stajaše baštenski sto, gdje znadosmo dokasno uz fildžan bosanske kafe uživati u opojnoj noći, punoj mirisa ruža. Sjedili smo tu sad sami, sad opet neko maksuz pozvan, pa lijepo, uz mirisna jela ispod saća smještenog ispod baštenskog stola, znalo se, Bogami, i popiti i zapjevati. Bijahu to lijepe noći, a zvijezde nekako baš tu, iznad Foče, sjaše ljepše i sjajnije nego iznad drugih gradova. Pa baš u tim ljetnim noćima, dođe ti takva milina, ispuni ti dušu i grudi pa bi najradije zagrlio i tu ružu i poletio do zvijezda. Eto, tako, „komšija" svrati u našu baštu ispunjenu mirisom, pijucka bosansku kafu i divi se našem mirisu ruža, crvenih, roza i bijelih i pomalo uzdiše. Mišljasmo, i njega ispunila ona ljepota baštenske noći. Pričasmo tako o svemu pa i o „komšijskom poštenju". Ali počesto njegov pogled lutaše više basamaka i što više lutaše, više mu se otima uzdah. Tako prođe godina, prođoše i dvije, pet, a „komšija" sve više i češće uzdiše gledajući u našu avliju, i brk mu se krišom smiješi. A proljeće te 1992. bijaše lijepo kao nikad do tada. Avlija puna behara, rascvjetala, pa sva ko da mami. Puko maslačak i pilavdžuk pa mu ne vidiš kraja. Taman došlo vrijeme za oranje i kopanje. Vrijeme za akšamluke pored izlistale ruže, crvene, roza i bijele. Tu se „komšija" umjesto pluga latio puške, pa jedva utekosmo goli i bosi. Osta rascvjetala bašta, sać pored baštenskog stola, neispijena bosanska kafa i neispjevane stare sevdalinke. Tu se „komšija" lati posla, rašepuri se u mojoj rascvjetaloj avliji pa stade sjeći nedozrele voćke i vrištati od miline. Pa kad mu ni to ne bi dosta, pođe onim basamacima, razvali halku na vratima pa stade pola lupati, a pola odnositi. Sve mu se više otima uzdah, ali sada od sreće što je došo vakat da sve bude njegovo. Pa kad podera dječije slike, razdera nožem sve lutke ko da su insan, odreza zecu sa kravatom glavu i baci je u jarak. A na kraju, baci naku napravu što gori, sve podvriskujući od radosti.

Ako te „komšija" opet nanese put u moju avliju da pod ruševinama kuće potražiš šta zaostalo, „komšijskog ti poštenja", preskoči basamake i ne pogazi mi ruže, crvene, roza i bijele.

Remza Mujezinović, Kanada

SRBI I PLJAČKA

Zarobili „belu tehniku"

Sve je počelo krajem 1918. godine. Gotovo i prije nego što je vještačka tvorevina nazvana Kraljevinom Srba, Hrvata i Slovenaca, uopće i zaživjela, počela je sistematska pljačka koju su Srbi perfidno nazivali „agrarna reforma". Katoličkoj crkvi, a posebno Muslimanima-Bošnjacima oduzeti su zemljišni posjedi i dodijeljeni takozvanim soluncima i bosanskim pravoslavcima. Sve se ponovilo i nakon drugog svjetskog rata: partizanima-osloboditeljima dodijeljena su imanja u Vojvodini. Uslijedila je zatim još jedna nacionalizacija pa su Hrvati i Mislimani-Bošnjaci gotovo osiromašeni.

Ne može se pouzdano ustvrditi pljačkaju li Srbi više u ratu ili miru. No, moglo bi se reći kako su sistematični: ono što im se učini da su propustili u ratu, nadoknade u miru, i obratno. Isto se tako može kazati kako pljačkaju i izravno i neizravno, i pojedinačno i na razini države. One koji pljačkaju, čak veličaju, skloni su opjevati ih. Nije, naime, malen broj srpskih narodnih pjesama koje uznose hajduke i njihove harambaše. Postoje cijeli ciklusi takve poezije. Šta je samo podignuto česama u „čast i slavu" srpskih hajduka koji su dočekivali i pljačkali turske i dubrovačke karavane. S tih su česama kasnije generacije Srba pile vodu i umivale se na njima, nadahnjivali se „djelima" svojih predaka, ponosili se njima.

Ostat će zabilježeno kako je Bosnu i Hercegovinu opljačkao neki kovački radnik po imenu Đuro Pucar-Stari: dao dio državnog teritorija Crnoj Gori. Nek´ je manje Bosne.

A tek u ratu. Pa i ovaj su rat Srbi započeli zbog pljačke. Naučili tako živjeti „s tuđih leđa", pa se digla „i kuka i motika". Pljačkalo se, dok je moglo, sve što je pod ruku stizalo: otimala se osobna i teretna vozila, poljoprivredni strojevi, trgovačka postrojenja, umjetničko blago..... Nije ugroženim Srbima bila mrska ni „bela tehnika". Jedan je dječačić hvalio junaštvo svoga djeda pa rekao kako je djed uspio zarobiti pun traktor s prikolicom kućanskih aparata, što bi Srbi rekli „bele tehnike". A u tuđe se kuće useljavaju kao da su ih oni sami zidali: prave veselje, zovu popa da im posveti novo ognjište. Njima ništa leći na tuđi jastuk: odmah zaspu.

A sanjaju samo novu pljačku. Kako onda, tako i dan-danas.

H. M. Skorupan

BEOGRAD

Akademik napokon bira društvo

Događa se, eto, da se neko i pokaje. Da barem sada, kada je definitivno jasno da se politika velikosrpstva vratila srpskom narodu kao bumerang, javno kaže da je sve bila laž. Doduše, nakon boja nije teško biti general. Ali, bolje ikad nego nikad...Ovdje je riječ o akademiku Miroslavu Simiću, koji je predsjedništvu SANU (Srpska akademija nauka) pisao sa molbom da ga obavijesti o načinu istupanja iz te institucije. Pismo je adresirano i na redakciju „Vremena", odakle ga prenosim u cjelini.

„Učtivo molim Predsedništvo da me zvanično obavesti šta treba proceduralno da učinim kako bi prestao da budem član SANU. Ukoliko je moja ostavka s kratkim obrazloženjem dovoljna, onda to ovim pismom i činim. Odluku da prestanem da budem član SANU doneo sam posle mnogo premišljanja i teška srca. Pre svega zato što SANU kao vrhovnu naučnu i kulturnu instituciju srpskog naroda duboko poštujem. A naravno i zato što su članovi SANU mnogi ljudi čiju pamet, znanje, nadarenost i moralnost veoma cenim, i sa kojima biti u društvu je za mene predstavljalo izuzetnu čast i privilegiju. Međutim, članovi SANU su i neke osobe s kojima, zbog njihove delatnosti poslednjih godina, a radi svoje čiste savesti i mentalnog zdravlja, više ne želim da budem u društvu. Te osobe su: D. Ćosić, A. Isaković, M. Marković, V. Krestić, LJ. Tadić, M. Ekmečić, P. Ivić, K. Mihajlović, M. Pavić, D. Medaković, M. Macura, J. Enriko i drugi njima slični.

Shodno mojim ličnim i prevashodno moralnim merilima, navedene osobe su krive za zločin protiv čovečnosti i međunarodnog prava. Krivi su zato što su svojom javno izgovorenom i pisanom rečju i činom (veoma često pod okriljem SANU što im zvanično nikad nije bilo osporavano, a trebalo je): u početku s predumišljajem i na podao način ne poštujući istinu i civilizacijske interese svog naroda, raspamećivali srpski narod, a potom su opet s predumišljajem neposred-no podstrekavali taj prethodno raspamećen narod da otpočne i vodi besmislen i prljav rat.

Rat kome su oni bili duhovni podstrekači i inspiratori uglavnom se sastojao od porobljavanja i istrebljenja suseda, pljački, etničkog čišćenja i bombardovanja nezaštićenih gradova, što će reći da je to bio rat kakav srpski narod do sad nikad vidio nije. Zbog toga pomenute osobe po meni nisu krive samo za zločine protiv čovečnosti uopšte, već su krive i za zločin protiv sopstvenog naroda zato što su svojim delanjem bitno doprineli da srpski narod danas doživljava najveću kata-strofu u svojoj istoriji, ostavljen sam sebi i suprotstavljen čitavom civilizovanom svetu, i bez prijatelja koji bi mu mogli stvarno pomoći. S takvim osobama, bar dok se javno ne pokaju svom narodu zbog zaluđivanja i obmanjivanja, a celom svetu zbog zločina čiji su bili duhovni podstrekači, ja stvarno ne mogu da budem u društvu."

Beograd, 28.9.1995.

Ovaj članak sam po sebi sve govori, a vrijednost mu je tim veća što je sve to napisao jedan od najcjenjenijih srpskih akademika. Bilo bi dobro završiti ovaj dio moje ispovijesti baš ovim člankom, jer on objašnjava sve, a naročito kako je zločin započeo i u čijim glavama se najprije začeo. Oni (članovi SANU) vjerovatno nikada neće odgovarati za to, ali bi dobro bilo u budućnosti takve bolesne umove bojkotovati i svrstati ih u istoriji na mjesto koje zaslužuju, a to mjesto im je veoma precizno odredio njihov kolega akademik Miroslav Simić. Bilo bi pravo čudo da ovoga poštenog čovjeka dželati poštede i ostave u životu poslije ovakvih iskrenih riječi. Ja mu želim od sveg srca da preživi i da u nekim boljim vremenima bude svjedok ljudske gluposti, zlobe i nepromišljenosti.

Moje skromno mišljenje i doprinos za otkrivanje i prepoznavanje nacionalista, a naročito nacista, moram iznijeti upravo sada, jer zbog njih je ova knjiga i nastala, zbog njih je naša Bosna i Hercegovina i postala crna tačka na karti svijeta, crni vilajet, što bi rekao naš dobri stari Ivo Andrić.

Nacionalista se vrlo lako može prepoznati, već poslije jednog razgovora s njim. To je osoba koja voli i cijeni svoju domovinu i to pokazuje na demonstrativniji način od ostalog svijeta koji ne želi da se opterečuje tim teškim bremenom misli o naciji i vlastitoj domovini. Nacionalista je nametljiv i nije baš ugodan sagovornik, jer cijelo vrijeme pokušava nametnuti svoja mišljenja i ocjene drugim ljudima. Obično misli da je on uvijek u pravu, krut je i težak za prihvatanje drugih i različitih mišljenja. Njegova najveća mana je što teško prihvata da i on može biti u krivu. Ali mora se priznati da nacionalista može biti i pozitivna osoba koja iskreno voli svoju domovinu, svoj jezik, svoj narod, a u isto vrijeme cijeni i poštuje i domovine, i narode, i jezike onih drugih i ne uzima sebi za pravo da propagira samo svoje vlastito i ne prisvaja sebi ekskluzivno mišljenje da je njegov narod bolji, ili da su oni drugi gori. On, jednostavno rečeno, može biti svatko od nas koji smo shvatili svoje biće i svoje postojanje, svoje pravo da pripadamo sopstvenom narodu. Ali pozitivni nacionalista u dnu duše je svjestan da nijedna nacija ne može biti iznad one druge, niko nema pravo da zbog svoje nacije oduzima onoj drugoj strani ta ista prava koja želi zadržati za sebe.

A nacisti su neka sasvim druga priča. Oni vide i shvataju samo svoju naciju, uvijek je samo ona važna, uvijek je ona samo pozitivna, uvijek je ona samo u pravu, uvijek je ona najvrjednija i najbolja. Svi oni drugi su samo sredstvo pomoću koga će njegova nacija ostvariti svoje ciljeve. Oni, ne samo da mrze sve druge nacije, oni su zaslijepljeni sjajem samo svoga i vlastitog i često potpuno nesvjesni šta čine onim drugima, jer, bože moj, bitno je da JA I MOJA NACIJA dobije ono što želi, a oni drugi ne treba da postoje na kugli zemaljskoj. Nacisti su veoma primitivni, surovi i sebični. Na kraju i od svog vlastitog naroda otimaju, a u krajnjoj sekvenci, spremni su da i rođenu majku izdaju, samo da dođu do svoga cilja. Nezajažljivi su, nikad im nije dosta. Sve bi da bude njihovo, a niko drugi za njih nema nikakve važnosti, ako od njega nema nikakve koristi. A kada ga iscijede i potpuno iskoriste, bace ga kao iscijeđenu staru krpu, da mu se ni za grob nikada ne sazna.

Na kraju, nacisti su najveća opasnost za ljudski rod u novoj epohi istorijskog trenutka koja svojom zavodljivom budućnošću donosi nove izazove i nove neizvjesnosti koje će ljudski rod dovesti u nove dileme i kušnje. Ako im se predamo, gotovi smo za sva vremena. Oni će uništiti sve ono lijepo što je ljudski um stvorio, a za usvrat dobit ćemo prah i pepeo koji će, umjesto ljudi, kružiti svemirskim prostranstvima.

Takvi su oni, vjerujte mi... I dobro razmislite...

UMJESTO POGOVORA

Banjalučki Biskup Komarica: „Bosna je kao vrt pun različitog cvijeća“.

Sve ovo vrijeme po glavi mi se vrti jedna misao-kontradikcija, koju ću, evo sada, na kraju, napisati: „Žao mi je što nisam učestvovao u odbrani svoje domovine, ali mi je u isto vrijeme drago što mi je moja sudbina omogućila da u borbi za istinu napišem ovu ispovijest, a da pri tome nikome ne moram oduzeti život. Nadam se da će zaslužena kazna stići svakoga, a drago mi je da ja nikome ništa na žao nisam učinio.

Imam jedan univerzalan savjet kojim neću reći ništa novo, ali se nadam da će bar nekome poslužiti da se izbjegnu velike nevolje i da se na vrijeme spriječi što se spriječiti može.

Ne dajte nacionalistima da preuzmu inicijativu. Ako dođu do vlasti, oni neće uzeti samo prst, oni hoće cijelu ruku. Njihova obećanja su uvijek laži i uvijek vode svoj vlastiti narod u beznađe, smrt, propast. Nacionalizam se mora suzbiti PRIJE nego što preuzme vlast. Kada fašisti dođu na vlast, onda je već kasno. Rat i stradanje su neizbježni. Fašiste je lako prepoznati: odmah u početku izmisle ko im je neprijatelj, da bi imali opravdanje za teror, pljačku, ubistva. Bosna i Hercegovina je samo jedan mali primjer kako oni to rade. Mogu oni i gore. Ja sam opisao kako su oni to uradili u mojoj dragoj rodnoj Banjaluci – sada avetinjskom gradu.

Uz sav ponos i shvatanje svoga bošnjanskog bića, drago mi je da nisam podlegao nacionalističkoj euforiji, a još mi je draže što nacionalistička mržnja nije zarobila moju dušu. Ja ih ne mrzim, ali prezir zbog njihove kratkovidne gluposti je nešto sasvim drugo.

Ova moja ispovijest je posvećena mome dragom prijatelju Osmanu Gojačiću, koji je zajedno sa grupom drugih Banjalučana uhapšen, lažno optužen, osuđen i, u trenutku dok ovo pišem, nalazi se negdje u srpskim kazamatima, u Banjaluci. O sudbini moga dragog Osmana ja još uvijek ništa ne znam. (Poslije sam saznao da je Osman živ i relativno zdrav, razmijenjen i da se nalazi u Sarajevu zajedno sa svojom suprugom, našom velikom prijateljicom Duškom.)

Dragi prijatelju, uvijek ću se sjećati onih divnih trenutaka koje smo zajedno proveli, tješeći i hrabreći jedan drugog i nikad neću zaboraviti tvoje plemenite reakcije na sva ona zlodjela koja su dušmani činili po našem gradu. Naša zajednička nemoć da išta učinimo protiv nemani, učinila je naše prijateljstvo besmrtnim.

27.2.1996.

Autor

169

II dio
TA ČUDESNA SUDBINA

Ovaj drugi dio knjige bi mogao nositi i naslov „Egzodus", ali već postoji jedna
čudesna knjiga u kojoj poznati židovski pisac Leon Uris na najbolji način opisuje
golgotu Židova u njihovoj tužnoj istoriji. Golgota i zločin su trajali sve do stvara-
nja židovske države Izrael. Golgotu i progon su na svojoj koži osjetili i mnogi dru-
gi narodi, koje ovom prilikom ne mogu sve nabrojati, ali vrlo je karakteristično
da su često žrtve i progonjeni postajali progonitelji, a opet progonitelji su se vrlo
često pretvarali u progonjene. Sve to se događalo tako često u istoriji čovječan-
stva, pa čovjek ima utisak da se o svim tim stvarima brine neka nestašna, moćna
ruka, koja vuče poteze u toj vječitoj šavoskoj partiji života. Pri tome, čovjek nikad
nije siguran da će pravda pobijediti, i pravda vrlo čisto, nažalost, i gubi bitku, a
mučitelji i progonitelji slave pobjedu. Onda, odjednom, progonjene žrtve posta-
ju jake, moćne, a ta im moć udari u glavu, pa postaju arogantni, bezdušni, i oni
zaboravljaju kako je njima bilo kada su bili žrtve i progonjeni, pa na identičan na-
čin počinju mučiti i progoniti svoje dojučerašnje mučitelje i progonitelje. Cijela
ljudska istorija se sastoji od tog vječitog, neuništivog paradoksa. Postoji ipak
jedno pravilo koje se uvijek ponavlja: Ljudskost i samilost se tako sporo nauče i
usvoje, a tako brzo izgube i zaborave.

Ja ću u ovom dijelu knjige pisati o jednom malom narodu koji je doživio sudbinu
progonjenog i obespravljenog. Tu sudbinu su mu odredili dojučerašnji prijatelji,
sunarodnici i rođaci koji su, preko noći, postali njihovi dželati, rušitelji i progoni-
telji. Sada dolazi na red to pitanje igre sudbine:

KO JE PROGONITELJIMA DAO PRAVO DA PROGONE, A KO ŽRTVAMA NAMIJENI SUD-
BINU DA BUDU TLAČENI, UBIJANI, PROGONJENI?

Moram reći da sam agnostik po uvjerenju, ali nisam siguran da li sam u pravu.
Daleko od toga. Možda bi mi bilo lakše da sve to objasnim božijom voljom, ali
odmah dolazi pitanje: Pa zar je po božijoj volji da zločinci uspiju u svojim naka-
nama?

Znam ja i za onaj odgovor da je sve to samo jedan tren u istoriji i da će sve opet u
budućnosti doći na svoje mjesto. Ali opet se nameće pitanje: Kome je u interesu
da se uopšte ikada u istoriji događaju takvi apsurdi da u svemu inferiorni ljudi
pobijede, pa makar i u jednom kratkom trenu istorije? A ko će se opravdati pred
žrtvom? Ko će vratiti u život sve one kojima su glupaci sasvim neopravdano

oduzeli taj život? Ko će uvrijeđenima i poniženima objasniti da je to bio samo jedan hiroviti kratki tren u istoriji? Zašto je ljudski um tako ograničen, da ne može dati, ili naći, neko racionalno objašnjenje za sve one nepravde koje su se u istoriji događale i koje se i dan-danas događaju? Strašno sam nesretan što meni nije dovoljno ono poznato objašnjenje: „Sve je to božija volja".

Ovaj dio knjige je takođe istinit, sve se upravo ovako dogodilo. Neka posluži kao opomena. Život je pun kompenzacija i kompromisa, male su šanse da se bilo šta popravi, ali vrijedi pokušati.

Stigosmo u Swinoušće kasno naveče 19. maja, 1993. godine. Isprepadani, umorni od dvodnevnog puta, sa nejasnim konturama budućnosti koje su se isprječile pred nama. Izlazimo iz autobusa koji nas je uspješno dovezao do ovog poljskog lučkog grada. Puni smo impresija od onog spasonosnog napuštanja Srbije, prelaska preko Mađarske, Slovačke, Poljske i dolaska do Baltika. Svjesni smo da smo smrtonosni zagrljaj izbjegli, a „upute", kako da se ponašamo kada budemo saslušavani u izbjegličkim logorima, i ne slušamo. Čvrsto smo svi ubijeđeni da se više nikada nećemo ponašati po srpskim uputama i da ćemo raditi sve suprotno od onoga što nam ova Srbijanka, „turistički vodić", savjetuje. Oni su svoje odsavjetovali. Nikada više u životu nećemo ozbiljno shvatati njihove izmišljotine i laži, njihovo poznato pretvaranje i izmotavanje, njihove prevare kojima su nas držali u zabludi sve ovo vrijeme koje smo proveli u zajedničkoj državi s njima. Čvrsto smo ubijeđeni: NIKAD VIŠE...

Moj posljednji kontakt sa njihovom državom je bio u nekoj prodavnici na mađarskoj granici, gdje sam za posljednje tri-četiri milijarde dinara (nadam se da ih više nikada neću vidjeti) kupio dvije flaše soka.

Dobra ekonomije, nema šta: 4.000,000.000 dinara – tri litre soka. Istovariše naše stvari koje smo uspjeli proniijeti i iznijeti sa sobom, i četiri srbijanska autobusa se izgubiše, kao da ih nikada nije ni bilo. „Dabogda ih nikad više ne vidjeli", ote se sa usana oko 200 banjalučana koji se počeše primicati pristanišnoj zgradi, tražeći WC, restoran, klupu, bilo šta, da se prespava ostatak ove čarobne noći u slobodi. Mnogi se odlučiše da provedu noć vani, u šetnji, jer u pristanišnoj zgradi, ni sučajno, nije bilo mjesta za sviju, a vrijeme je bilo lijepo i nije bilo hladno. Starkica i ja se odlučismo da šetamo do jutra, a našu Elviru ostavismo u hodniku pristanišne zgrade da spava na torbama. Nekolicina se odlučila da prespava u obližnjem hotelu, jer su bili sa malom djecom koja su bila tako iscrpljena da ih je sevap bilo smjestiti u krevet, pa šta košta, da košta.

Mi smo šetali sa Dževadom i Bedrom i razgovarali o „Šekspirovoj" dilemi koja je bila pred nama: Švedska, ili Danska, pitanje je sad? To je bila trenutno glavna dilema koju sutra ranom zorom moramo da riješimo. Njih dvojica nisu bili sigurni, a Starkica i ja smo se davno odlučili. Ja sam još 1975. godine bio na turneji po Švedskoj i znao sam tačno o kakvoj se zemlji radi. Još dok je turneja sa „Maslešom" bila u toku, ja sam dobio ponudu da radim u jednoj bolnici u Vesterosu, kao fizioterapeut, ali sam bio neodlučan jer sam isuviše volio našu bivšu domovinu Jugoslaviju i, uglavnom, iz patriotskih razloga (koje li ironije), tu ponudu sam propustio, i ona je na kraju propala. Koliko li sam muka i uvreda doživio zbog ovog mog glupog propusta, u novoj demokraciji na balkanski način godina devedesetih, to samo bog zna. A mogao sam sve te glupe neljudske događaje izbjeći i imati normalan život evropejca u demokratskoj zemlji „erste klase", što kažu Njemci kada govore o Švedskoj. Tako smo Starkica i ja već davno odlučili da ćemo, ako budemo morali napuštati našu zemlju, otići „trbuhom za kruhom" u Švedsku, ako nam se za to ukaže prilika. Evo, ta prilika nam se sada ukazala: Otjerani smo iz domovine i imamo mogućnost da idemo u Dansku, ili Švedsku. Ja sam Starkici davno opisao kako je Švedske lijepa zemlja, kako su Šveđani dobri i ljubazni ljudi, kako je Stockholm jedan od najljepših gradova na svijetu. Sada sam joj to sve ponovo ponavljao, jer ju je uhvatila tuga i očaj, što od umora, što od neizvjesnosti, što od pomisli u kakvoj smo se opasnosti nalazili sve do prije tridesetak sati. Da ne govorim o crnim slutnjama zbog Dade, koji je ostao negdje u kovitlacu bosanskog pakla i sa kojim već dugo nismo bili ni u kakvom kontaktu. Sve se to sastavilo u ovoj našoj prvoj noći u slobodi, daleko od zavičaja, daleko od kuće, ali isto tako daleko i od naših dušmana koji su nas na ovaj put i spremili i prodali nam karte bez povratka („One way ticket" – nezaboravni hit). Na neki čudan način su se osjećaji beznađa, tuge i očaja isprepleli sa osjećajima sreće i bezbjednosti. Trebalo je to sve odjednom progutati i svariti. Uspomene iz rodnog kraja su navirale u valovima: Doček Nove godine, sa rođacima u mraku, sa gitarom i šapatom sevdalinki koje nikada u životu nismo ljepše pjevušili. Dušmani ne znaju da se sevdalinka pjeva najljepše šapatom. Imali smo sreću, nije nas čuo onaj četnik na bijelom konju, a da je znao da smo pjevušili „Kraj tanana šadrvana", bilo bi zlo, jer takve pjesme „njih" strašno nerviraju.

Bože moj, kako je moja cijenjena kolegica Šefka uživala u autobusu za Pulu, kada smo sa kolektivom škole išli na Brione, kada sam specijalno za nju, njoj na uho, pjevao šapatom ovu izvanrednu pjesmu. Pjesma je bila namijenjena samo za nju, jer je naša cijenjena kolegica, porijeklom iz stare begovske porodice, baš te godine trebala ići u penziju, i ovo je bila njena posljednja turneja sa svojim voljenim kolektivom. Misli lutaju i šire u neslućenim životnim misterijama dok šetamo po luci Swinoušće, o kojoj nikada ranije nismo čuli ništa, a koja je sada postala luka našeg spasa, pred nepredviđenom raskrsnicom našeg života.

Ponio sam gitaru, pa ću, ako bog da, i u Švedskoj pjevati sevdalinke, a Šveđani će osjetiti njihovu ljepotu i pitomost i poruku ljubavi. Jest da sam zbog gitare propustio da ponesem još jednu torbu, ali nije mi žao, gitara mi ipak mnogo više znači od mnogih drugih, za život neophodnih, stvari koje su ostale dušmanima na milost i nemilost. Mogu oni sve uzeti, ali ne i dušu, a gitara je moja duša. Najvažnije je da smo ponijeli porodične fotografije, a sve ostalo će se nekako nadomjestiti.

U šetnji po luci i u razgovoru sa prijateljima prođe i ta besana noć, i ujutro se ukrcasmo na brod za Švedsku. Većina se odlučila za Švedsku iako nije bio ni mali dio onih koji su otišli u Dansku. Izljubili smo se i oprostili dostojanstveno i kratko sa bliskim prijateljima, kako i dolikuje na rastanku. Mi smo već na prisilne rastanke navikli, jer ne treba zaboraviti da smo prije dva dana u Banjaluci ostavili mnogo prijatelja i rođaka koji još nisu bili odlučili da odu, nadajući se da će stvari krenuti nabolje i da će dušmani promijeniti vučiju za janjeću kožu, što kaže naš narod. Daj bože da se to desi, ali znajući dušmane, bojim se da se oni još dugo neće dozvati pameti i da će još dugo srljati u propast koju su drugima, a možda najviše sebi, namijenili. Bedrina porodica, njih četvero i nas troje, iznajmili smo kabinu na brodu, jer smo se morali istuširati i naspavati. Tako je u maloj kabini za dvoje bilo nas sedmero, ali „gdje nije čeljad bijesna, nije ni kuća tijesna". Svi smo se fino, jedno po jedno, istuširali, a onda, boga mi, i naspavali. To mi je ostalo u divnoj uspomeni: Sedam nedužnih beskućnika, preko Baltika, u minijaturnoj kabini prekookeanskog broda, spava snom pravednika. Ovako opušteno nismo spavali najmanje godinu dana, a i više, sve od onog ranog proljeća 1992. godine, kada je naša Banjaluka postala četničko gnijezdo i kada su po Banjaluci pravdu dijelili Banjac, Java crveni kombi i ostali kriminalci koji su bili udarna snaga i potpora ideje o velikoj Srbiji, jednom vođi i jednom narodu.

Nije na odmet da još jednom napomenem da je tako isto i Hitler planirao trideset godina ovog vijeka u Njemačkoj. Lako nam je za Hitlera, njegov bijedni završetak je poznata stvar, ali šta ćemo sa onim „našim" fašistima, ko li će njima doći glave, koliko li će oni još ljudi poubijati i istjerati iz svojih domova, prije nego što ih stigne sudbina njihovih bijednih prethodnika, koji su svojevremeno žarili i palili po Njemačkoj, Italiji, Japanu, Španiji i ostalim fašističkim zemljama kojih, nažalost, nije mali broj u svijetu. A jeza hvata pri pomisli kako su svoje požare prenijeli i na ostatak svijeta i izazvali kataklizmu nezapamćenih razmjera. A i oni su u početku bili nepriznati, neugledni, smiješni đubretani kao i oni „naši", a onda su uz pomoć glupaka izrasli u silnike i uništitelje ljudske civilizacije. U jedno sam siguran, a to je da će i banjalučkom fašizmu ipak jednog lijepog i za čovječanstvo sretnog dana doći kraj i da mi nikada nećemo zaboraviti koliko smo jada i bijede i uvreda doživjeli od naših dojučerašnjih susjeda, koji su dozvolili da ih zalude luđaci onakvih krvavih vizija kakve imaju Milošević, Karadžić i njihova bulumenta problematičnih kvazi-političara i kriminalaca, koji su započeli krvoproliće, prvo u Sloveniji, onda u Hrvatskoj, a u Bosni i Hercegovini su svoje ideje još i okrijepili idejom o potpunom uništenju jednog nedužnog naroda čija je jedina greška bila što su druge vjeroispovijesti i što ne podupiru fašističke ideje. Normalno da u tome neće i ne mogu uspjeti, ali to glupani još nisu shvatili, pa nastavljaju sa ubijanjem i uništavanjem. Tome će jednog dana doći kraj, a oni će morati polagati računa. Samo što se neke stvari više nikada neće moći popraviti, a oni će svoju ljagu nositi na svojim plećima dok je svijeta i vijeka, jer ovog puta im se NEĆE zaboraviti, a nisam baš siguran da se ovakva zlodjela mogu ikada i oprostiti...

Koje li ljepote kada smo se probudili i slobodno prošetali po prekrasnom brodu, a niko nam ne psuje ni tursku majku, ni sestru, a izgleda da nas niko neće ni loviti crvenim kombijem, ni tući bezbol palicama, ni kundacima, ni vojničkim čizmama. Izgleda da više nikada nećemo ni doživjeti ona primitivna poniženja koja smo već naučili da doživljavamo svaki dan i na svakom koraku. Ova slutnja se pokazala istinitom i tačnom. Nikada u Švedskoj nismo ni blizu ništa ružno doživjeli od onog iz repertoara „naših" fašista, iz našeg okupiranog grada. Na brodu su nam pružili mogućnost da se javimo svojima najbližima, iz kabine kapetana broda. Bože dragi, zar još ovoga ima na svijetu: SVI SU PREMA NAMA LJUBAZNI, NIKO NAS NE ĆUŠKA U STRANU, NIKO NE UPOTREBLJAVA LAKTOVE DA BI DOŠAO PREKO REDA, NIKO NE TRAŽI PREKO VEZE... Je li ovo ista planeta na kojoj smo i do sada živjeli? Dokle će ova ljepota trajati? Počeli smo se pribojavati da je ovo samo san i da nam se sve samo pričinjava. Ali, nije bio san, bio je to nastavak normalnog života i tako je to trajalo sve do penzije, a i poslije, sve do selidbe na Jug. A sve ugodne stvari koje smo doživljavali su, ustvari, samo uobičajene stvari koje se svakodnevno događaju u normalnim zemljama, u zemljama gdje ne vlada teror i gdje glupani nemaju šanse da dođu na vlast i da gospodare ljudskim sudbinama, ljudskim životom i smrću.

Koje li sreće da smo se dokopali Zapada, i to njegovog sjevernog dijela, a, eto, dušmani nam nisu uspjeli „pretresti" bubrege, uništiti zdravlje, ni fizičko, ni mentalno. Ostali smo zdravi i čitavi. To su nam bile misli u onim divnim trenucima dok smo obilazili brod i razgledali sve one civilizacijske ljepote, koje su dušmani u našoj domovini ukinuli čim su se dokopali vlasti u našem gradu, još ene tužne 1991. godine. Naime, tada je sve počelo u Banjaluci kada je zločinački SDS došao na vlast, naravno, lažirajući izbore i prisvajajući sve ono što smo svi mi zajednički stoljećima stvarali.

Nisam brojao, ali mislim da je bilo četiri, pet spratova na brodu i mi smo ih sve obišli, a kada smo došli na palubu, zapuhnuo nas je prohladni baltički vjetar, sa blagim, vrlo blagim mirisom mora. Nije to bio onaj intenzivni miris (nekad) našeg Jadrana, ali taj blagi miris je izazvao u svima nama nostalgiju za našim dragim Cresom koji, evo već pune dvije godine, nismo vidjeli. Misli nam se vratiše na onaj 30. juli, 1991. godine, kada smo se, na jedvite jade, uspjeli vratiti sa Cresa i preći Savu, kod Bosanske Gradiške. Most na Savi su dušmani zatvorili neposredno iza našeg prelaska i od tada više ništa nije bilo normalno u našim krajevima. Zavladali su nasilnici i glupani, a mi smo stjerani na stranputicu svih životnih tokova, sa koje ćemo se, pitaj boga kada, vratiti.

„Tuuu...tuuu...“ Iz misli nas snažna brodska sirena vrati u stvarnost. U predvečerje, tog 20. maja, 1993. godine ugledasmo obalu Švedske. U Ystad smo stigli oko osam sati popodne. Ovdje čovjek mora reći popodne, jer je to vrijeme koje je u ovoj divnoj zemlji veoma daleko od noći, od sumraka. Noć se, naime, u ovo vrijeme godine spušta tek oko jedanaest sati i traje veoma kratko, a rekoše nam da će približavanjem ljeta svakim danom biti i kraća. Tek sredinom ljeta noć polako počinje biti duža, a dan kraći.

Carinske formalnosti su veoma kratko trajale. Niko nas ništa nije pitao niti nam je ko pregledavao ono malo torbi koje smo uspjeli ponijeti sa sobom kada smo napuštali svoja ognjišta. Ljudi su znali da je to sve što nam je ostalo, da su nam dušmani sve oduzeli, i nisu nam htjeli zagorčavati, ionako već zagorčan, život. Poslije carinske kontrole, ukrcasmo se u nekoliko autobusa i krenusmo u nama nepoznatom pravcu. Vožnja je trajala veoma kratko i poslije deset, dvadeset minuta stigosmo pred par niskih zgrada. Izađosmo iz autobusa. Veoma brzo smo shvatili da je to prihvatni centar za protjerane Bosance. Smjestili smo se u ogromne prostorije u kojima je bio veliki broj kreveta. Steglo nam se oko srca kada smo vidjeli koliko će ljudi spavati u jednoj prostoriji, jer mi uopšte nismo znali koliko ćemo vremena ovdje provesti, a bojali smo se i da nas ovdje ne zadrže sve vrijeme našeg boravka u Švedskoj. Neizvjesnost je najgora, a mi jednostavno ništa nismo znali o našoj budućoj sudbini. Sve do sada nam niko ništa nije ni govorio o našoj budućnosti.

Za vrijeme večere smo jedno po jedno išli na policijski intervju.

Ispitivači su bili veoma ugodni ljudi, a prevodioci su bili Albanci, što nam nije bilo ni krivo, jer bolje da nam prevode Albanci, nego tamo neki nazovi-Jugosloveni, koji su svi redom Srbi umotani u oblandu „jugoslovenstva“, pa kada im treba, oni se časkom preobrate u Jugoslovene, a većina ih podržava fašističke ideje velikog vožda iz Beograda. Od samog početka našeg boravka u izbjeglištvu počeli smo da prigovaramo vlastima da ne želimo srpske prevodioce, ali, nažalost, tamo je bilo tako malo Bosanaca, pa su Srbi počeli da se dovijaju na razne načine da bismo mi prihvatili da nam oni prevode: nekad podilaze čovjeku na razne načine, nekad slažu ime, nekad počnu nevješto da govore ijekavski, nekad, iz čista mira, počnu da govore protiv ludog Karadžića, samo da ih mi prihvatimo kao prevodioce. Čovjeku dođe da pukne od smijeha, ali se suzdrži, jer zna da su to prevaranti visoke klase i da itekako mogu naškoditi čovjeku koji ne zna ni jezik, ni običaje koji vladaju u ovoj državi.

Tako sam se lijepo ispričao na intervjuu sa jednim, krajnje pristojnim, odmjerenim čovjekom. Iskreno rečeno, meni nije ni bio potreban prevodilac, dovoljan je bio moj engleski. Nas su naše srpske „vođe puta" nagovarale da na intervjuu govorimo razne gluposti, a svi mi smo govorili samo istinu i ni na kraj pameti nam nije bilo da poslušamo savjete „dobronamjernih", „prijateljski nastrojenih" domaćina u srpskom autobusu koji nas je dovezao do Swinoušća. Ispričali smo i da smo istjerani, i da smo opljačkani, i da smo morali potpisati „dokumente" kojima se „dobrovoljno" odričemo naših kuća, stanova, auta i ostale imovine. Ispričali smo da mi te dokumente ne priznajemo, da su oni iznuđeni, da smo ih potpisali da bismo izvukli živu glavu. Sve smo ispričali i bilo nam je lakše na duši, pa makar nikad više ne vidjeli svoju kuću. Kako je bilo lijepo poslije toliko vremena olakšati dušu, pogotovo kada znaš da razgovaraš sa normalnim ljudima, a ne sa ubicama, koljačima i glupanima koji ni nosa ne znaju obrisati, a evo već nekoliko godina vladaju sudbinama ljudi. Oni će doći glave i svome narodu, u to smo sigurni. Jadna naša domovina.

Poslije intervjua smo se istuširali, malo gledali TV, pa onda otišli spavanje. Ležeći u tami one ogromne sobe, razmišljao sam šta li ćemo još doživjeti u životu, ali ubrzo sam se izgubio u lavirintu dubokog sna.

Probudili smo se rano, jer nije moguće spavati dok jedni hrču, drugi se nakašljavaju, treći plaču, četvrti ustaju, a peti šapuću uznemireno o neizvjesnosti novoga dana. Za doručkom su nam saopštili da ćemo, možda, ići dalje već istoga dana: neki će ići, a neko još ostati, pa de sad znaj u koju ćemo mi grupu dospjeti. Mi smo bili u grupi koja je ubačena u jedan od četiri autobusa i saopšteno nam je da ćemo putovati oko 600 kilometara, prema sjeveru, ali nam nije rečeno u koji ćemo grad, ili selo, tako da se neizvjesnost nastavljala.

Autobus je bio vrlo lijep i bilo je veoma ugodno putovati. Prvo što nas je oduševilo, bila su nepregledna polja koja nisu bila zelena, već su se prelijevala u zlatno-žutoj boji. Svi od reda smo se upitali: Bože, čime li su zasijali ova polja? Nismo znali odgovor, ali mogu reći da ja ljepša polja u životu nisam vidio, toliko su me ozarila urednošću i toplinom. Sjetih se da sam ova ista polja, ustvari, vidio još jednom u Švedskoj, 1975. godine, na turneji sa Maslešom. Drugo što nas je nadahnulo ljepotom, bile su švedske kuće. Odmah se moglo vidjeti da to nisu kuće od tvrdog materijala, kao kod nas, ali se u isto vrijeme primjećivalo da su građene od najkvalitetnijih materijala, sa odličnim izolacijama i sa bezbroj sitnih detalja koji su ih ukrašavali: odličan izbor boja, prekrasna uredna dvorišta, travnjaci sa tek pokošenom proljetnom travom, mnogo cvijeća, garaže isto kao i kuće uredno ukrašene sa bezbroj pažljivo odabranih detalja. Ne znam za druge, ali ja sam bio oduševljen. Treba imati u vidu da smo tek prije nekoliko dana izašli iz pakla i da smo još uvijek bili pod utiskom gradova Dervente i Brčkog, koje su dušmani tako bezdušno spalili i uništili. A sad ova urednost i ljepota.

Ručali smo na „Ruinama", jednom predivnom restoranu smještenom u šumi, a sa jedne strane se nalazilo jezero koje bi se moglo uporediti sa Bledom u Sloveniji, samo što se nije mogao vidjeti Triglav, a ni krajolik nije bio planinski. Jeli smo na terasi, okruženi divnom crnogoričnom šumom i pogledom na jezero u dolini. Ovo mjesto je poslije godinama bilo naša obavezna stanica na putu za Hrvatsku i u povratku. Hrana švedska, sa mnogo detalja koji se ne slažu sa našim shvatanjima o kuhinji, začinima i sastojcima koji idu jedan uz drugi, ali pošto naša porodica nema nikakvih predrasuda o načinu ishrane, zainteresovano smo kušali sve što nam je bilo na raspolaganju i mogu sa zadovoljstvom reći da smo uživali u čudesnim kombinacijama suhog mesa, ananasa, prijesnog graška, neposoljene i nepouljene salate, borovnica. Uz sve to bilo je nekoliko vrsta sosova, pa se moglo izabrati ono što čovjeku najbolje prija. Mi smo uživali, ali to se ne bi moglo reći za sve naše sunarodnike. Mnogi su se mrštili, prigovarali, ljutili i reagovali, kao da su očekivali da će ovdje, u Švedskoj, dobiti cripulju (bosanski lonac), burek, ili neko drugo naše bosansko jelo, kao da nisu bili svjesni da se nalaze 2.500 kilometara od Mujine ćevabdžinice, kao da nisu znali da na svijetu ima bezbroj različitih kuhinja i specijaliteta, sa različitim začinima i sa različitim načinima spravljanja. Dok smo promatrali te nezadovoljnike, mi smo se dobro najeli. Što je život lijep, hrana dobra, ljudi ljubazni, priroda prekrasna, nigdje nikakvog traga nasilja, prisile, zločina... Po prvi put otkad smo u izbjeglištvu rodila mi se ideja da smo mi, otjerani, izbačeni iz svojih kuća, iz svoje domovine, izgleda ipak bolje prošli od zlotvora koji su nas otjerali. Jer oni su ostali u onom bezakonju, smradu i neimaštini, koju su sami, svojim zločinima, izazvali. Oni ni ne sanjaju da na svijetu ima ovakvih ljepota i ovako smirenog načina življenja u izobilju. A, eto, sudbina je nama pružila šansu da upoznamo i drugu stranu medalje i da vidimo i shvatimo u kolikoj su zabludi naši zlotvori kada misle da su bolje od nas prošli. Oni ni ne sanjaju da se zaposjedanje tuđih kuća i život u njima, ne mogu usporediti sa ovim ljepotama koje smo za samo par dana upoznali, otkad smo izašli iz pakla Banjaluke. A tek osjećaj da nam oni više nikada u životu ne mogu ništa nažao učiniti, e to se ne može usporediti ni sa jednom tuđom kućom, tuđim ukradenim gradom, tuđom ukradenom domovinom u kojoj oni misle da će imati sreće. Shvatio sam da će ovaj, moj, bošnjanski narod nadživjeti sve zločince i da će njihova plitka politika etničkog čišćenja, na kraju krajeva, doživjeti slom i razbiti se najviše o njihovu tvrdu glavu. Završili smo sa odmorom i jelom na tom divnom mjestu i produžili dalje prema sjeveru, prema Stockholmu. U foajeu smo malo pregledali kartu Švedske i vidjeli da idemo prema glavnom gradu, jednom od najljepših gradova na svijetu, Stockholmu. Još uvijek nam niko nije rekao gdje ćemo se zaustaviti, a ni mi nismo puno razbijali glavu, jer još nismo ni znali gdje bi nam bilo najbolje. Valjda je najbolje u blizini Stockholma, a mi idemo u tom pravcu, pa valjda će se sve to završiti na zadovoljavajući način – rezonovali smo zadubljeni u teške misli. Nekih specijalnih želja nismo ni imali. Bilo je dovoljno da nas niko ne tuče, ne psuje nam „tursku" majku, ne gleda u nas zakrvavljenih očiju... A još kada bismo dobili i kakav krov nad glavom, hranu za preživljavanje, pa još u ovakvoj pitomoj zemlji, e – gdje bi nam onda kraj bio...

U predvečerje smo počeli osjećati da se približava kraj našeg puta. Poslije niza malih lijepih gradova, počeli smo osjećati dah metropole. Zgrade, reklame, svjetla velegrada, sve je ukazivalo da ulazimo u Stockholm. Zovu ga „Švedska Venecija". Potpuno adekvatan naziv. Cijeli velegrad je na vodi, bezbroj mostova, brodovi, jahte, veliki jedrenjaci. Ljudi moji, šta je ovo? Raj na zemlji, ili san?

Prolazili smo kroz razne dijelove grada, a onda smo se počeli zaustavljati u nekim naseljima: naši domaćini su počeli da nas prozivaju i da nas ostavljaju na raznim mjestima. Shvatili smo da je kraj našeg egzodusa veoma blizu, a onda smo počeli pogađati ko će s kim ostati u grupi i ko će nastaviti da živi u istom gradu zajedno sa nekim poznatim. Još jedno tužno razdvajanje i razmišljanje o neizvjesnoj budućnosti. Kada smo tako stali na jednom mjestu, vidjeli smo neku veliku baraku, a po velikom dvorištu se razmilila velika gomila svijeta: ljudi svih boja i rasa. Mi rasisti nikada nismo bili, ali nam se steglo oko srca od nelagode i poželjeli smo da nas ne „istovare" na tom, nama tako neprivlačnom, mjestu. Prozvali su Ramu sa porodicom, Hakiju sa suprugom i dvoje djece i još jedan mladi bračni par. Ostade nas još desetak u autobusu i molili smo boga da nas iskrcaju na nekom vedrijem mjestu, gdje ima i našeg naroda. Ovoga puta nam je bog uslišio molbu što se tiče našeg naroda, pa i mjesta na koje smo se iskrcali. Ali moram opisati prvi utisak koji smo imali kada smo došli na kraj puta, na naše odredište.

Napustismo svjetla velegrada i uputismo se ka sjeveru. Ponovo nas obuze jeza zbog neizvjesnosti: zar nismo došli na kraj puta, zar će nas odvesti još dalje na sjever Švedske? Dokle će ova neizvjesnost trajati? Međutim, poslije dvadesetak kilometara, autobus se zaustavi u nekoj pustoj šumi, na nekom proplanku, pored jedne velike barake. Mjesto je djelovalo mistično i mračno, a prema autobusu su nahrupile desetine spodoba za koje mi nismo znali ni ko su, ni odakle su. Pored tjeskobe, osjetismo strah kada nam oni priđoše, i bez najave, počeše uzimati torbe iz ruku. Tako je moja Starkica veoma žestoko reagirala kada je Mirso Đonlić, naš komšija iz Omladinske ulice, uzeo torbe, u namjeri da joj pomogne. On pripada malo mlađoj generaciji i ona ga nije poznavala u Banjaluci. Kada je Starkica, kao lavica, pokušavajući spasiti ono malo sirotinje, zagalamila, da Mirso ostavi njene torbe, on joj je odgovorio da se ne boji, jer je on naš stari komšija. Tek kada je vidjela da sam se ja izljubio sa komšom, ona je odahnula – jer po onoj staroj narodnoj „koga su zmije ujedale i guštera se boji", ona, kao i svi mi, nema više vjere u ljude, jer nas su u našem gradu naučili sugrađani da se nikome ne može vjerovati. Nas su svaki dan „zmije" ujedale u onom paklu srpske paradržavne tvorevine. Hoćemo li ikada početi da se normalno ponašamo poslije svega onoga što smo doživjeli u rodnoj Banjaluci? Hoćemo li ikada pobijediti taj jad i čemer u našim dušama koje smo donijeli iz domovine? Hoćemo li smoći snage da počnemo opet disati punim plućima? Hoćemo li ikada moći obnoviti i reparirati onaj naš, dobro poznati, optimizam?

Uvedoše nas u baraku. Bila je to jedna poveća prostorija koja je podsjećala na naše ekspres restorane: dugački šank, mjesto gdje se mora stajati u redu, samo je falila blagajna. U drugom, većem, dijelu prostorije bilo je postavljeno mnogo stolova koji su podsjećali na vojničku kantinu. Velike crne vreće za otpatke su se nalazile u blizini stolova, tako da osjećaj nije bio ni blizu onoga koji čovjek ima u nekom restoranu. Poslije smo saznali da to i jeste vojnička prostorija za ishranu i da je to mjesto, ustvari, vojnički logor, koji služi za obuku na terenu, u prirodnim uslovima života.

Čekali su nas sa večerom, iako je već davno prošlo vrijeme tog objeda, znali su da ćemo doći veoma gladni. Dobili smo neke plastične porcije u kojima se nalazila hrana prekrivena plastičnom folijom, tako da se moglo unaprijed vidjeti šta se unutra nalazi. Elvira i ja smo navalili na jelo, a Starkica ništa nije mogla okusiti, jer joj se nešto stislo u grudima i zapala je u neku krizu i tugu, pa nije mogla zaustaviti suze i pored toga što smo je svi mi tješili. Pored Mirse i njegove supruge Zumrete, bilo je tu još svijeta iz Banjaluke čijih imena se ne mogu sjetiti, a svi ostali su bili iz drugih gradova i sela Bosne i Hercegovine. Sve u svemu, u tom vojnom logoru bilo nas je oko 250, svi do jednoga istjerani iz svojih kuća, stanova, sa imanja, iz svoje domovine.

Poslije večere odvedoše nas do naših „soba", u kojima ćemo živjeti pitaj boga koliko dugo. Dovedoše nas do nekih kontejnera i smjestiše u jedan od njih, tako da smo „od sada pa nadalje i ubuduće" dobili svoj novi dom, sa novom adresom i novim brojem... Promijenili smo mjesto boravka... Poslije smo saznali da smo od malog gradića Kungsengena udaljeni oko deset kilometara, a najbliža prodavnica se nalazi na oko osam kilometara od našeg logora. Kungsengen je udaljen od Stockholma oko 18 kilometara.

Tek kada je vidjela te naše nove „kuće", Starkica je zapala u strašnu depresiju i niko joj nije mogao cijelu noć zaustaviti suze.

Što od umora, što od čistog šumskog zraka, zaspasmo snom pravednika i prilično osvježeni dočekali smo novi dan - novu nafaku. Odmah ujutru novo razočarenje: klozeti, kupaone i umivaonici nalaze se oko sto metara udaljeni od naše sobe-kontejnera. Čovjek se mora specijalno obući da bi otišao da obavi bilo šta što je vezano za ličnu higijenu i toaletu. Sve potrebne stvari mora nositi sa sobom, pa bilo sunce, kiša, ili snijeg. Pomirismo se i sa tim novim iznenađenjima, a šta nam je drugo i preostalo. U poređenju sa banjalučkim paklom: psovanje turske majke, batinanje, vrijeđanje i ostali specijaliteti – sve je dobro.

Ubrzo smo se navikli na naš novi dom. Kada čovjek sve sabere, bilo nam je baš lijepo u toj prekrasnoj šumi u kojoj se nalazilo lijepo, ne baš preveliko, jezero. Ljepotu su često narušavali rafali iz automatskih pušaka i ostalog naoružanja koje su vojnici koristili na vojnim vježbama, jer je, kao što sam već spomenuo, ovo bio poligon za obuku vojnika na terenu, u prirodnim uslovima. Ubrzo smo se i na to navikli: mi smo prekaljeni prilagođivači na sve nedaće koje se mogu desiti u našem izbjegličkom životu.

Život smo provodili u dugotrajnim šetnjama po šumi, kraj jezera, u prirodi. Šveđani su željeli da nas povrate u normalne životne tokove. Mogu reći da su u tome prilično uspjeli. Život u prirodi je zacijelo mnoge rane, a o ožiljcima ćemo se pobrinuti mi sami...

Ovdje smo upoznali nekoliko dobrih ljudi sa kojima smo se intenzivno družili i sa kojima sigurno nećemo prekidati kontakt dok smo živi. Spomenut ću one s kojima smo se najviše zbližili. To su: Ibro „Ibrahim Bej", otjeran sa kompletnom porodicom iz Galamoča, Jasna i Bugi iz Prnjavora, Goga iz Brčkog, Sejfo iz Bosanske Gradiške i mnogi drugi Bošnjani koji nisu mogli trpjeti srpsku čizmu i koji su morali napustiti svoju domovinu.

Ubrzo po dolasku uključio sam se u rad sa mladima koji su i prije našeg dolaska pokušavali da osnuju naše društvo koje bi Šveđanima pokazalo da smo mi došli iz civilizovane zemlje koja ima dugu folklornu tradiciju, a samim tim i dugu istoriju postojanja i državnosti. Mnogi Šveđani su po prvi put čuli da postoji tamo neka Bosna i Hercegovina. Nešto malo su znali o Jugoslaviji, i ništa im nije bilo jasno šta se to tamo na dalekom Balkanu događa. Najviše ih je zbunjivala srpska laž o nastavku postojanja Jugoslavije i o tobožnjoj srpskoj odbrani te tragično, od samih Srba, ukinute, nekad stabilne, države. Oni pojma nisu imali o svim srpskim malverzacijama i podvalama u namjeri da sruše Jugoslaviju. Šveđani pojma nisu imali da su upravo Srbi započeli sve ratove u bivšoj, zajedničkoj Jugoslaviji i protjerivanje i masakriranje svih „onih drugih". Dakle, čekao nas je teški zadatak da u ovoj divnoj, ali neobaviještenoj, zemlji pokušamo predočiti pravu i jedinu istinu. Kad smo mi stigli u Kungsengen, već je folklor počeo sa radom, ali, iskreno rečeno, sve je to išlo teško i prilično nevješto zbog nedostatka kadrova koji bi mogli sve to objediniti i osmisliti. Postojala je opasnost da Šveđani steknu pogrešnu sliku o svemu jer, niti je bilo sredstava da se sašiju prave nošnje, niti je bilo dobrih koreografa, niti je bilo muzičara koji bi mogli dočarati ljepotu našeg sevdaha i naše folklorne baštine. Po prvi put u Švedskoj sam se sreo i sa jednom pojavom koja me šokirala, a i pomogla mi da shvatim u kakvim se velikim problemima nalazi naša domovina, a i kakvi veliki problemi čekaju domovinu pri formiranju svih onih institucija koje treba da sačinjavaju jednu samostalnu i suverenu državu.

Naime, radi se o pojavi pogrešnih ljudi, na pogrešnom mjestu.

Odmah na početku stvaranja folklora najviše se u organizaciju počeo gurati čovjek koji ni na koji način nije pripadao kulturi. Naš, bosanski, jezik govorio je vrlo nepravilno i nakaradno, sluha uopšte nije imao, nije poznavao ni najosnovnije korake najjednostavnijeg plesa, našu istoriju, kulturu, a o organizaciji kulturnih djelatnosti nije imao ni osnovne pojmove. Eto, baš takav čovjek je imao najviše elana i volje da se uhvati u koštac sa tom, za našu zemlju odgovornom i važnom djelatnošću. On nije imao pojma ni o jednom stranom jeziku, pa se dešavalo da se stvari pogrešno razumiju i učine greške samo zbog jezičke barijere, a o nevještom i pogrešnom predstavljanju pred švedskom javnošću, da i ne govorim. Lično smatram da je to donijelo više štete nego koristi u pokušajima da se mi Šveđanima predstavimo u pravom, kulturnom, bošnjanskom svjetlu. Najgore je ipak bilo to što većina naših ljudi uopšte nije shvatila o čemu se tu radi, pa se stavila na stranu tog „pogrešnog čovjeka, na pogrešnom mjestu". Nas nekolicina je pokušala da učini koliko se učiniti može, tako da smo ipak uspjeli da se u nekoliko navrata predstavimo pred švedskom publikom u nešto boljem svjetlu. Bilo je tu kontakata i sa ljudima iz visokih švedskih krugova, pa se čovjek ponekad morao i stidjeti zbog nekih, sasvim nepotrebnih, grešaka koje su se dešavale samo zbog toga što čovjek koji nas je vodio nije imao pojma. Ipak smatram da smo bar malo uspjeli Šveđanima otvoriti oči i uvjeriti ih da smo mi ona bolja strana iz naše domovine, ona strana koja nije željela rat, ona strana koja je spremna da nastavi živjeti po evropskim kriterijima, ona strana koja je morala reći NE srpskom imperijalizmu i srpskom mitomanskom mračnjaštvu. I Šveđani su počeli shvatati da ni mi Bošnjani nismo svi isti, da i nas ima i ovakvih i onakvih, a sasvim je i normalno da nismo i ne možemo biti svi isti. Ljude i trba shvatiti individualno, a ne u grupama i čoporima. Ovdje u Švedskoj počeo sam shvatati koliko je lijepo ne potpadati pod kolektivnu histeriju i koliko je lijepo misliti vlastitom glavom, bez prava drugog da ti natura svoje mišljenje i da ti natura šta da radiš. Ovdje čovjek može da bude cijenjen i priznat usprkos tome što se ponaša drugačije od grupe, usprkos tome što ima potpuno suprotno mišljenje od grupe. Niko nikome nema pravo naturati mišljenje, niko nikome nema pravo naturati šta da radi, svako je vlasnik svojih postupaka i svako, individualno, odgovara za svoje postupke. Kada li će ljudi sa Balkana ovo shvatiti? Kada li će shvatiti da vrela krv ne donosi prava rješenja, da žestoki, siledžijski istupi ne dovode do poboljšanja da NIKO nema pravo da određuje šta je najbolje za onog drugog pojedinca? On, taj drugi pojedinac, je taj koji određuje šta je najbolje za njega i kako će se ponašati, a drugi nemaju pravo da ga zbog toga osuđuju, naravno, ako nije prekoračio granice dopuštenog i zastranio u tolikoj mjeri, da ograničava prava drugoga.

Ja zastupam potpunu slobodu pojedinca da sam odlučuje o svojoj sudbini, a ne da mu njegovu sudbinu određuju neke vođe, neke grupacije ljudi koje se nazivaju partije, ili neki pojedinci koji misle da su svu pamet svijeta pokupili i da oni mogu uzurpirati pravo da naređuju kako će se ko ponašati, ili kako će neko misliti. Naravno da ovakva sloboda ima visoku cijenu, a to je potpuna odgovornost za svoje postupke. Nažalost, mi smo došli sa Balkana gdje su vladale totalitarne oligarhije koje su naučile ljude da moraju slijediti neke vođe, pa makar ih te vođe vodile u sociološko beznađe i ekonomsku propast. Nažalost, mnogi ljudi koji su protjerani iz naše domovine još uvijek nisu shvatili u čemu je greška, šta nas je to dovelo do našeg beznađa, šta je začelo, šta je proizvelo i prouzrokovalo srpsko ludilo.

Mnogi još uvijek reaguju onako kako ne bi trebalo da reaguje jedan tužni, razočarani, protjerani čovjek. Oni se vrlo često hvataju za demagošku rečenicu: "Kako mogu oni, mi možemo još gore." Jadni ljudi ne mogu shvatiti da niko u civilizovanom svijetu ne može prihvatiti srpske metode, a kamo li reći: „Kako mogu Srbi, možemo i mi." Civilizovani svijet, ma koliko odmogao Bosni, ipak nikada neće prihvatiti srpske metode i sigurno će se desiti da će i ovaj fašizam odgovarati pred istorijom i da će na kraju biti osuđen od međunarodne zajednice. Iz tih razloga naši ljudi nikada ne bi smjeli da se uspoređuju, niti da rade stvari koje su mnogi Srbi radili, obrazlažući to onom odvratnom misli: Kako su oni, možemo i mi. E, NE MOŽEMO I NEĆEMO!!! Ne možemo mi Bošnjani nikada raditi ono što su oni radili, i to treba da nam bude pravilo koje nas ne prisiljava, nego nam se, zbog naše civilizacijske pripadnosti, jednostavno sviđa, pravilo na koje možemo biti ponosni. Pogotovo zbog toga što smo ostali, zahvaljujući njima, bez igdje ičega, moramo postaviti svoj život u potpunu suprotnost od njihovog načina razmišljanja, od njihovog načina rješavanja problema. Mi sami moramo donijeti odluku: POČET ĆEMO IZ POČETKA, SABRANO, TREZVENO I MUDRO. To je naša jedina šansa da ponovo stanemo na noge, da ponovo pronađemo sebe i naše iskonske korjene koji vode još u davna bogumilska vremena, u vremena kada je Bosanska crkva pokušavala da se održi, usprkos nasrtajima pravoslavlja sa Istoka i katolicizma sa Zapada, koji su cijelo vrijeme pokušavali da pokore i preobrate te naše miroljubive i postojane pretke. Mi to moramo i mi to možemo, samo nam treba vremena da sve polako i natenane shvatimo.

Sve vrijeme boravka u Kungsengenu, ja sam, zahvaljujući poznavanju engleskog jezika, pomagao ljudima u različitim situacijama u kojima je trebalo nešto prevoditi, biti tumač u kontaktima sa upravom kampa, pomagati u rješavanju problema u gradu. Tako sam uspio da jednoj porodici iz Brčkog isposlujem vizu za Australiju, što nije bilo nimalo jednostavno i zbog toga sam veoma sretan i ponosan. Ljudi su uglavnom bili veoma zahvalni, ali je bilo i veoma neugodnih situacija. Znalo se desiti da ljudi hoće da za sve svoje nedaće optuže naše doma-ćine, kao da su nam oni nešto u životu skrivili. E, u tim situacijama sam morao da reagujem i objašnjavam ljudima osnovne stvari: o stvarnim krivcima za njihove (naše) nedaće, o tome kako treba da budemo zahvalni našim domaćinima itd., itd.

Bilo je prilika kada sam učinio uslugu nekom od naših ljudi, a on me poslije toga, umjesto da mi se zahvali, napadne i dovede u neugodnu situaciju pred našim ljubaznim domaćima. Veoma često sam se sjetio našeg poznatog glumca, Bosanca, ljudine, Josipa Pejakovića koji je u svojoj poznatoj i veoma popularnoj monodrami tako često upotrebljavao onu svoju poznatu rečenicu: „Znaš ti nas, jeb´o ti nas."

Ja nemam namjeru spominjati imena svih negativaca koje sam susreo u izbjegli-štvu, ali zbog istine i samokritike, moram spomenuti pojave koje su se dešavale među nama izbjeglicama iz Bosne i Hercegovine. Nije fer kritikovati samo one druge, treba pogledati i u vlastitu avliju. Negativnih pojava i ispada je bilo veoma mnogo i ja ću ih iznositi onako kako su se događale, uz moje komentare, a u želji da nam se one što rjeđe dešavaju, jer od njih niko nema koristi, a i da pokušamo rješavati svoje intimne probleme na jedan, manje vatren, promišljeniji način, a ne „na prvu loptu, pa šta bude". To što reagiramo tako vatreno i bez razmišljanja toliko kvari sliku o nama među ovim smirenim ljudima u Švedskoj, pa nas oni veoma često uopšte ne razumiju: ne znaju ni šta hoćemo u datom trenutku, ni zašto reagiramo tako ružno kada nam oni ništa pod bogom nisu skrivili. Jednostavno, oni te žučne reakcije rješavaju na mnogo smireniji način. Ja ih razumijem. Nisu oni ti koji su nam nešto krivi, nisu oni ti koji su nas otjerali, oni su nas „samo" primili u svoju domovinu, oni su nam „samo" dali socijalnu sigurnost, oni nam „samo" pomažu da izađemo iz naših kriza i da se ponovo uključimo u normalan život. Pa zar imamo pravo još više tražiti? Te činjenice mnogi od nas često zaboravljaju, ili ih jednostavno ne znaju. Naš čovjek često zaključuje na balkanski način: „Ma imaju oni neke svoje interese što su nas primili. Dobili su oni pare od međunarodne zajednice. Oni žele da poprave svoju demografsku situaciju," itd., itd. Naš čovjek nikako da pokuša shvatiti da neko može nešto činiti i iz čisto humanih razloga, po onoj: „Pomozi bližnjem svom." Šta ako su dobili pare od međunarodne zajednice? Svaka im čast, jer troše ih pomažući nama izbjeglicama.

Pošto sam bio veoma aktivan u suradnji sa upravom kampa, i o meni su odmah „dušebrižnici" počeli da ispredaju priče, kao da i ja gledam neku svoju korist i „lovim u mutnom". To, naravno, nema nikakve veze sa istinom, sve sam radio da pomognem našim ljudima, a i da se sam nečim bavim, jer sam bio svjestan da potpuna neaktivnost i nerad ne vode ničemu, već samo stvaraju osjećaj nemoći i vode u depresiju, a ja sam strogo odlučio da nipošto ne padam u depresiju i da nastavim svoj život što normalnije, usprkos svemu što nas je zadesilo. Ta taktika se poslije pokazala veoma korisnom i donijela mi je mnogo različitih pobjeda u izbjeglištvu. Za našu, bošnjansku, zavidnost znao sam već odavno, pa se nisam osvrtao na ljubomorne ispade sunarodnjaka. Bilo mi je važno što ja nikome ništa nažao nisam učinio, niti sam ikome, na bilo koji način, odmogao. Ako nisam pomogao, nisam ni odmogao. Ipak sam kod nekih ljudi osjetio neku neiskrenost i nepovjerenje prema meni, iako za to nije bilo nikakvih razloga. Sve se to može i razumjeti, i oprostiti, kada čovjek zna kroz šta je ovaj izvarani i napaćeni narod sve prošao.

U kampu sam sreo dosta zanimljivih osoba, a neke želim i spomenuti, jer je interesantno kakve su sve ljude dušmani otjerali sa vlastitih ognjišta. Prvo da spomenem poštenog, jednostavnog starinu Islama koji je zajedno sa kompletnom porodicom otjeran sa svoga poljoprivrednog imanja, negdje u okolini Ključa. Siguran sam da taj dobroćudni starac, invalid, nikome ništa u životu nažao nije učinio, ali, eto, dušmanima je smetao... Poslije sam saznao da se Islam sa kompletnom porodicom, među prvima, vratio u Bosnu i vrijedno nastavio teški život na opljačkanom i uništenom imanju.

Moram spomenuti i šarmantnog starinu Iveka (po pravom imenu ga niko ne prepoznaje, pa ga ni ja nisam zapamtio. Samo znam da se preziva Islamović i da je Musliman). Ivek je imao ćevabdžinicu u Bosanskoj Dubici, ali je ona bola oči dušmanima i minirali su je, a Iveka i njegovu porodicu su primorali da se isele. Ivek, koji je već prije obišao svijeta, radeći u Švicarskoj, Francuskoj i još nekim zemljama, nije izgubio nimalo smisao za humor i ostao je i dalje u duši šeret, vedar i uvijek za šalu spreman čovjek. Drago mi je da dušmani kod njega nisu uspjeli ništa uništiti i po njemu se vidi da će ovaj narod sigurno nadživjeti onaj velikosrpski fašizam. Ništa nam ne mogu, bez obzira na sva zla koja su nam učinili. Njihova sirova sila će se njima razbiti od glavu, a nas, Bošnjane, sigurno neće uspjeti pomjeriti iz naše ravnoteže i vjekovne mudrosti. Niko ne može uništiti bošnjanski duh, vjekovnu mudrost i čvrstinu.

Promatram Puka i Ekrema iz Vrbanje kraj Banjaluke i njihove rođake Žana i Čileta. Te divne, pristojne, pitome momke, koji su, kao takvi, smetali koncepciji zlikovačke paradržave koju su Srbi planirali da formiraju u našoj domovini. Smetali su dušmanima, pa su i oni otjerani sa svojih vjekovnih ognjišta, iz svoje voljene, pitome Vrbanje. Iako čovjek vidi da ti mladi ljudi pate za svojom kućom i svojom porodicom, ipak se osjeća neka snaga u njima, snaga koja će ih izvući iz trenutnih teškoća, ponovo ih postaviti na obadvije noge i omogućiti im da svojim radom i svojom stabilnošću pobijede zamke života prevaranta i počnu disati punim plućima, živjeti životom dostojnim čovjeka. Siguran sam da će oni to u ovoj divnoj zemlji postići i želim im potpun uspjeh.

Beri, iz Bosanske Gradiške, siguran sam, i mrave zaobilazi da ih slučajno ne bi zgazio. Jedan od najpristojnijih mladića koje sam u životu susreo. Njegov strah da ne uvrijedi druge ponekad prevazilazi sve granice, tako da se čovjek ponekad upita: da li je taj prefinjeni mladić uopšte sposoban da suprotstavi svoje mišljenje bilo kome. Uvjerio sam se da jeste i te kako sposoban da izloži svoje stavove i da ih argumentirano brani. Ali šta su mu argumenti vrijedili kod nerazumnih dušmana? I njega su otjerali.

Žera, iz Mrkonjić Grada, za smrt oca, koga su četnici zaklali kada je oslobođen Donji Vakuf, saznao je zajedno s nama iz „Oslobođenja". Visok, vitak, dugokos, elegantni suvereni centarhalf. U vatru pada samo kada igra nogomet, bar ja ga takvog poznajem. Mogao bi igrati i u prvoj ligi Bosne i Hercegovine kada bi više vremena posvetio treninzima i sportskom životu. Takav sabrani i pozitivni mladi čovjek nije mogao odgovarati četničkim koncepcijama, pa su i njega otjerali. Neka su, hvala im što su nam ga ostavili u životu, da imamo dobrog druga, dobrog čovjeka i, sutra, dobrog oca porodice, pa da se bošnjanska loza, usprkos četnicima, nastavi.

Zamalo ne zaboravih Gazija, iz Saraj´va, jednog od najsmješnijih i najduhovitijih mladih ljudi koje sam u životu sreo. Njegova duhovitost mu nije pomogla da ostane u svome rodnom Sarajevu, jer su se četnici u to vrijeme smijali sirovim, neukusnim i odvratnim bljazgarijama koje je izvodio njihov glupi, nacionalistički idol Đogo. Priznam, obradovalo nas je kad smo čuli da je „krep´o Đogo". Dok je pijani Đogo krepavao (ovo je ružno rečeno, ali ne mogu a da ne iskažem baš ovo što u ovom trenutku osjećam), mi smo se smijali i uživali u prefinjenom humoru kojim nas je prosto obasipao naš Gazi. Ali eto, ni pravi humor četnicima nije dobro sjedao, pa su otjerali i našeg Gazija.

Bilo je tu i mnogo svijeta koji nikako nije uspijevao da prevaziđe tugu, očaj i depresiju. I Starkica je danima plakala i teško se privikavala i ja sam suosjećao sa njom, ali moja namjera je da dokažem da su četnici gubitkom nas, mnogo izgubili, a da smo mi, ustvari, mnogo dobili, a ne izgubili, kada smo saznali kakvi su oni ljudi, šta su nam sve spremali i šta su nam sve uradili. Mi možemo biti samo sretni što nismo s njima, što smo daleko od njih i njihovog bezakonja. Ovo se poslije pokazalo kao tačno kada smo mi stali na svoje noge, a oni i poslije 23 godine nisu mrdnuli sa startnog nacionalističkog mjesta. Ja razrađujem optimističke teze našeg izbjeglištva i pokušavam dokazati da smo mi, otjerani Bošnjani, ustvari, daleko bolje prošli od onih koji su nas otjerali, pa onda zaposjeli naša ognjišta. Ja stvarno mislim da će krajnji bilans biti daleko pozitivniji za nas, nego za njih. O tom potom, živi bili pa vidjeli...

Dvojica bivših direktora čija imena neću navesti jer njih svrstavam u negativce, nastavila su da žive u istom stilu kao i u vrijeme svoga direktorovanja. Svoju demagogiju iz direktorskih dana uopšte nisu mogli ni da prikriju, ni da suzbiju. Valjda su toliko profesionalno deformisani, da nisu svjesni da je njihovo vrijeme direktorovanja prošlo, pa još uvijek misle da mogu soliti pamet svakome i da im niko neće proturiječiti, pa makar valjali i najobičnije gluparije. Smiješni su bili njihovi pokušaji da vladaju ljudskim sudbinama i razmišljanjima i ovdje, hiljadama kilometara od njihovih direktorskih fotelja, gdje u stvari nemaju nikakve osnove ni da budu najpametniji, ni da imaju naredbodavnu vlast. Može se komotno reći da su oni najviše unosili nemir u ljude iznoseći svoje teorije, koje su bile obični surogati našeg bivšeg, a sada, hvala bogu, mrtvog jednopartijskog sistema, koji je u dobroj mjeri doprinio onoj strašnoj krizi u koju je naša zemlja već dobrano zapala nekoliko godina prije rata. Ti ljudi kao da su konzervirani. Kao da ništa nisu shvatili. Ili nisu shvatili, ili se prave ludi da ne znaju da je bivši sistem, sistem njihovog direktorovanja, pospješio strahovitu ekonomsku krizu, a to je dalo krila nacionalistima da plasiraju svoja „rješenja" te nesavladive krize. Nažalost, narod ništa nije shvatio i krenuo je za nacionalistima. Epilog znamo. Ovi direktori ne samo da nisu pomogli da se narod ovdje u izbjeglištvu sabere, shvati šta nam se desilo i krene u nastavak života, već su još pojačali dileme u narodu, tako da su svjesno, ili nesvjesno, doprinijeli da narod na razne načine luta po tmini i ne nalazi prava rješenja i obajšnjenja onih nedaća koje su nam se desile. Tako, na primjer, bivši komunistički direktori sada odjednom zahtijevaju da se ljudi pozdravljaju samo sa „merhaba" i sada odjednom baš oni hoće da stvore sliku kako su baš oni najveći Muslimani. A baš oni su vjerovatno cijeli svoj vijek bili Muslimani najmanje od svih ostalih. Kada im čovjek argumentovano kaže da su i „dobar dan" i „zdravo" poznati i priznati u bošnjanskom jeziku, onda počinju ona demagoška ubjeđivanja: „Da smo mi bili više Muslimani, ne bi nam se ovo desilo. Kako mogu Hrvati, pa kako mogu Srbi, hoćemo usprkos ovima, ili onima, ti mene pozdravi sa „zdravo", ja ću tebi odvratiti sa „merhaba". Kao da to nije ista riječ na dva različita jezika, jedna strana, a druga domaća. Eto, oni više vole onu stranu riječ i tačka.

Zar trebamo graditi svoju budućnost na ovakav demagoško-dogmatski način? Zar misle sve zasnovati na inatu prema onima drugima? E mene, boga mi, neće uspjeti vratiti unazad. A ni istoriju.

Oni se valjda prave ludi da ne znaju da su i prije Turaka postojali Bošnjani i da je bošnjanska nacija jači oslonac za Bosnu od ovih naprasno osviješćenih Muslimana „na baterije", što kaže naš narod.

Opis likova naših ljudi koje sam sreo u Kungsengenu, ni u kojem slučaju neću završiti sa negativcima. Tako je jednog dana stigla jedna mirna, dostojanstvena porodica: Enes sa suprugom i troje djece. Stigli su tiho i nenametljivo, tako da sam ih prvi put susreo u restoranu, na večeri. Oni su sjeli za jedan sto, koji cijelo vrijeme svoga boravka u ovom kampu nisu mijenjali. Djelovali su nekako kao da ne žele da se miješaju sa drugima, kao da nemaju povjerenja u druge, kao da ne žele da ih neko uznemirava. Tek poslije sam saznao šta je sve ta porodica doživjela od zlotvora: nekoliko članova njihove bliže porodice su četnici ubili, sve su im uzeli, a bilo je tu i ostalih četničkih specijaliteta, kao što su mučenje i iživljavanje nad članovima ove mirne, časne porodice. Od njih se nije moglo izvući mnogo toga, jer su, onakvi skromni kakvi su, uglavnom šutjeli i svoj bol stoički nosili na svojim plećima. Kad čovjek razmisli, tako je i najbolje. Zašto i druge mučiti sa svojim mukama i problemima, kada i svaki od njih ima svoj vlastiti teret i svoju vlastitu patnju koju je donio iz domovine. Enes mi se specijalno mnogo svidio, jer on bi mogao poslužiti kao najbolji primjer otjeranog Bošnjanina koji će svojim vlastitim snagama izaći na kraj svojih patnji i dostojno nastaviti život, doduše sa mnogo ožiljaka, ali uspravno i ponosno, kakav je uvijek u svome dosadašnjem životu i bio. Te stvari me razgaljuju i daju mi vjeru u život: dušmani nisu uspjeli da ubiju moral i volju za životom u našem čovjeku, nisu uspjeli da unište ljudskost, postojanost i ono nešto žilavo što se nalazi u svakoj bošnjanskoj duši i što, uostalom, već vijekovima pomaže da se održi naš Bošnjanin i naša državna opstojnost, bez obzira što i sa istoka i sa zapada stalno pokušavaju da nas prisvoje i da nam trag zatru. Ja to prije ovoga rata nisam ni znao, ni razumio, jer o tome nisam ni razmišljao. Jednostavno sam vjerovao u „bratstvo i jedinstvo" i nisam primjećivao da je cijelo vrijeme bila intencija da se Bošnjani Muslimani izjašnjavaju kao: „neopredjeljeni", „Jugosloveni", „Srbi", „Hrvati" i sve moguće, samo da se polako zaboravi ono iskonsko: „Bogumil", „Bošnjanin", a poslije svakako, i Musliman. Znači, ovaj rat je meni, a i mnogima drugima, pomogao da shvatimo šta smo mi ustvari i da zbog svoga porijekla ne treba da se stidimo i kamufliramo u nešto drugo, već jednostavno treba da se ponosimo što pripadamo jednom malom narodu koji nikada u istoriji nije bio osvajač tuđih teritorija, već cijelo vrijeme branilac svoga identiteta i opstojnosti. E, kad ovog puta, sa ovoliko sile i oružja dušmani nisu uspjeli, mislim da im to nikada više neće uspjeti, a ovaj odvratni rat nam je donio i jednu divnu tekovinu kakvu nikada nismo imali: našu Armiju Bosne i Hercegovine. Naša djeca će služiti vojni rok u svojoj Armiji. Mislim da se u budućnosti ni oni sa istoka, ni oni sa zapada neće baš tako lako usuditi da nam otvaraju stare i nove rane. A možda će nas polako početi respektirati i smatrati sebi ravnima, što može donijeti samo dobro u naše napaćene krajeve, i na cijelo područje Balkana.

A što se tiče Enesa, moja predviđanja su se pokazala tačna. On i njegova fina porodica su izgradili u Švedskoj život dostojan čovjeka.

U kampu u Kungsengenu, u našim kontejnerima, se čovjek nije mogao izolovati i povuči u svoju privatnost, a svi mi prognanici smo često osjećali potrebu da se uhvatimo u koštac sa svojim vlastitim dilemama i razmišljanjima. To u ovakvim uslovima sebi nismo mogli priuštiti. Još kad neko odluči da napravi feštu u „svome" kontejneru, onda stvarno postane nemoguće. Naime, naši mladi ljudi, izgleda, ne mogu da se opuste uz muziku sa, ljudskom uhu, prilagođenim brojem decibela, već uživaju samo u onom slučaju ako je broj decibela bar šest puta veći od zdravstveno dozvoljenog. Tako se često događalo da niko u kampu nije mogao spavati cijelu noć, ako se nekom od mladih tako prohtije. Ono što me naročito žalosti je izbor muzike: sami šund uvezen iz Srbije, ili naše bosanske novokomponovane tvorevine za koje čovjek ne može reći jesu li kopije sa srpskih vašara, ružno kopirani „sirtaki", ili nakaradno presnimljene kopije sa Orijenta, sa našim nakaradnim prevodima. U sve to su ugrađene, planski, sve najniže strasti koje ljudski mozak može zamisliti. Najviše me vrijeđa kao Bošnjanina, Muslimana, kada u takvom smeću od muzike čujem riječi kao što su: Allahu egber, ili druge religiozne riječi koje veze nemaju sa tim smećem od muzike, a sve je to smišljeno i planirano da na najprimitivniji način izazove nacionalnu euforiju kod naših mladih ljudi. Da, naša jadna domovina, za sada, nema načina da naše nacionalno osvješćenje pobudi na suptilniji način, njegujući našu divnu tradiciju mirnih ljudi i upoznavajući naše ljude sa našom stvarnom, a ne, kao do sada, lažnom bosanskom istorijom koju su drugi aranžirali. O ukusima ne vrijedi raspravljati, ali se čovjek mora kritički osvrnuti na ovako loš izbor muzike koji prijeti da naše mlade udalji od bosanskih tradicionalnih muzičkih vrijednosti. Ja nisam religiozan čovjek, ali me vrijeđa kada se religija na ovako primitivan način oskrnavljuje, odgajajući naše mlade ljude za buduće posjetioce birtija u kojima će se „čaše i dalje lomiti", „ruke biti krvave" u ime Allaha i Islama, a rakija teći potocima. Ja se ipak nadam da je to „samo muzika" i da će se naš čovjek osvijestiti i okrenuti pravim vrijednostima, a ovu epizodu neukusa nadvladati i preobratiti smrad kafana u miris naših bosanskih bašti, o kojima su naši pjesnici tako lijepo pisali u našoj bogatoj baštini koja čeka da bude otkrivena našim mladim generacijama. Sigurno će se tako desiti, jer Bosna drugačije ne može. Možda se i meni pruži prilika da ponovo zasviram i zapjevam sevdah u ovoj divnoj zemlji. Nikad se ne zna. Ova misao mi je po prvi put prostrujila kroz glavu upravo slušajući zaglušujuću buku šunda i neukusa iz obližnjeg kontejnera. Buku koja je te noći trajala do jutarnjih sati i niko u kampu nije ni oka sklopio...

Tako prođoše dva mjeseca u kampu u Kungsengenu i dođe vrijeme za rješavanje našeg statusa u Švedskoj, za rješavanje našeg smještaja u komune širom Švedske. Nekoliko porodica je uspjelo da se spoji sa rodbinom širom Švedske, a većina je dobila komunu Norrtelje udaljenu od Stockholma 70 kilometara prema sjeveroistoku. Bio sam u ekipi koja je razgovarala sa Šveđanima iz naselja gdje je bilo planirano da se mi naselimo. Razgovori su bili prilično ugodni. Bilo je pitanja kakvi to novi doseljenici dolaze, jer ljudi nisu znali ništa o Bosni i Hercegovini. Ono što su znali, odnosilo se na „nekad lijepu turističku zemlju Jugoslaviju", a o Bosni ništa nisu znali. Razgovori su se uspješno okončali i mi smo dobili „blagoslov" naših budućih komšija da smo dobrodošli u tom našem budućem komšiluku.

Bio sam i u ekipi koja je sređivala naše buduće stanove i pomagala Šveđanima oko unošenja neophodnog osnovnog namještaja, pa sam među prvima bio u

prilici da vidim „naš" grad u kome će mnogi od nas provesti možda i ostatak svoga života.

Grad Norrtelje zaslužuje da se o njemu napiše cijela knjiga, a ja ću ukratko pokušati da opišem njegove glavne karakteristike.

Sam grad ima ispod 30.000 stanovnika, a cijela komuna preko 50.000. Ljeti se ovdje slije rijeka Stockholmljana koji ovdje imaju svoje vile, vikendice i imanja, pa u julu i avgustu broj stanovnika bude i oko 100.000. Smješten u zalivu (Norrtelje viken) koji se duboko usijeca u kopno na obali Baltika, sa jednim jezerom u samom gradu i bezbroj jezera u okolini, grad je prepun mjesta za kupanje, a ima i nekoliko uređenih plaža, pa čovjek često ljeti ne može da se odluči gdje da ide: dopodne „Lommar badet" na divnom jezeru, a poslije podne „Kerlek sudden", ili „Lunda badet", na moru. Klima je slična našoj kontinentalnoj, sa temperaturama nižim za dva-tri stepena i ljeti i zimi, tako da čovjek može veoma brzo da se prilagodi. Bar ja sam se prilagodio u rekordno brzom vremenu i nisam imao nikakvih posebnih problema.

Jezgra grada je izgrađena u starom skandinavskom stilu, sa niskim građevinama, u živopisnim bojama, sa uskim uličicama koje veoma često podsjećaju na dalmatinske skale i ljeti čovjek ima utisak da se nalazi u nekom gradu na obali Jadranskog mora. Kroz centar grada se provlači prekrasna rječica, koja spaja Lomar jezero sa morem i imam utisak da nije duža od dva-tri kilometra. Ima tu i brzaka i tihaka i veselog žubora vode koja se probija preko stjenovitog dna i kamenčića. Sve podsjeća na naše lijepe male rječice. A u vrijeme mriješćenja sve vrvi od riba koje pokušavaju da se dočepaju jezera i bore se sa pličacima i prirodnim kamenim zabranima, koji ih sprječavaju u njihovim pokušajima. Jedino čovjeku bode oči boja vode. Ni zelena, ni plava, već smeđa, pa čovjek ima utisak da je prljava, a nije. Voda je veoma čista, ali zbog minerala, smeđeg dna i podvodnog bilja koje ima smeđu boju, a i zbog hemijskog sastava, boja vode je takva, i to je jedina stvar koja nas iz Bosne pomalo čini nostalgičnim za našim divnim zelenim rijekama Vrbasom, Neretvom, Unom i svim ostalim koje imaju daleko ljepšu boju od ove ovdje. Uvijek se u ovakvim prilikama sjetim pjesme „Zelena rijeko šumi" i Emira Bašića koji je ovu lijepu pjesmu pjevao na „Prvom aplauzu", tamo neke davne, lijepe, banjalučke godine.

Grad ima i svoje nove dijelove sa modernim naseljima i sa modernom arhitekturom. I u jednom takvom naselju „Flygfeltet" smo i mi dobili stanove. Ono što me posebno oduševljava je da uopšte nema visokih zgrada, najviše sa četiri-pet spratova. Sva naselja imaju igrališta za djecu, travnjake, drvorede i mnogo cvijeća. Poslije su počeli graditi i igrališta za spontane sportove, sa vještačkom travom, stativama, koševima, ma milina jedna: izađeš iz kuće, nađeš 4-5 jarana i igraš lopte do mile volje, kad god imaš vremena. Naročito me oduševljavaju kuće napravljene od najkvalitetnijeg drveta, zaštićene kvalitetnim bojama, tako da im je vijek trajanja veoma dug. Sve je toliko ozračeno humanošću, da čovjek ne može da se ne sjeti u kakvom smo mi dehumanizovanom okolišu živjeli u našim soliterima i naseljima „ukrašenim" betonskim stubovima i dvorištima. Jedino što je zaista ružno u ovom gradu su dva visoka silosa koji dominiraju lukom. Oni su, pretpostavljam, sagrađeni davno i sigurno nisu projektovani po sadašnjim kriterijima koji su aktuelni u Švedskoj. Oni se nalaze u samoj luci i potpuno kvare izgled, ne samo ove, inače lijepe, luke, već i cijelog ovog lijepog zaliva, a kada se gleda u cjelini, oni narušavaju ljepotu arhitekture i cijelog ovog prelijepog grada. To su dvije najviše građevine u gradu, a ujedno i dvije najružnije. Šteta!!! One imaju svoju praktičnu vrijednost, ali je zaista šteta što se nalaze na tako važnom i najvidnijem mjestu u gradu. Da se nalaze negdje sa strane, nevidljive na prvi pogled, ovaj grad bi bio jedan od najljepših malih gradova ne samo u Švadskoj. Nadam se da će ove dvije monstrum-građevine u budućnosti nestati (srušene su

2016. g.), a onda će Norrtelje biti perla Roslagena i švedske obale na Baltiku.

Moji prvi utisci o veličini ovog grada asociraju na veličunu Bosanske Gradiške, samo što je jezgra grada mnogo ljepša, što ima nekoliko jezera i more, a i nekoliko brežuljaka u samom gradu, a Bosanska Gradiška je u ravnici i ima rijeku Savu. Čovjek bi mogao reći da su ova dva grada otprilike istih kapaciteta. Ipak, kada bi se mene pitalo, ja bih se opredijelio za život u gradu ove veličine i ne bih poželio da živim u većem, sa više buke, saobraćaja i svih onih problema koje nosi sa sobom život u većim gradovima. U ovoj fazi moga života, i poslije svih životnih peripetija koje sam zajedno sa porodicom prevalio preko glave, ja zasad nemam nikakve specijalne želje da živim u velegradu, ali je svakako veoma dobro da se ovaj naš budući grad življenja nalazi nadomak Stockholma. Pa kada se čovjek zaželi svjetla velegrada, trkne do Stockholma (u Jajce na kafu), tamo provede lijep dan u šetnji i uživanju, pa nazad kući u svoje lijepo, mirno „Malo misto" Norrtelje. Šta čovjeku treba više u životu?

Zajedno sa jednom porodicom dobismo trosoban stan u prekrasnom novom naselju izgrađenom na periferiji grada, od centra udaljenom petnaestak minuta lagane šetnje. Sa malim zelenim brežuljkom u neposrednoj blizini, zelenilom, cvijećem, dječijim igralištima, drvoredima pored asfaltiranih staza, naselje je na nas ostavilo utisak da se nalazimo u dženetu, „U đul bašti, kraj šimšira". Bili smo očarani švedskim smislom za humano stanovanje, sa urednošću, ukusom i čistoćom kojom je naselje odisalo. Naš stan je bio na prvom spratu jednokatnice, a na našem ulazu su bila samo četiri stana. Komšije su nam bili Šveđani, što nas je dodatno oduševilo, jer je to bio znak da nas Bošnjane ne planiraju izolirati u poseban geto. Znači, pružit će nam šansu da živimo zajedno s njima, među njima, pa bujrum, kako se ko snađe. Mi smo bili sigurni da će se naša porodica dobro snaći, jer je nama već odavno dojadio onaj naš nered, gdje ima toliko smeća po ulicama, haustorima, a naročito nam je smetalo ono ružno pljuvanje gdje god se stigne, koje se prije rata bilo odomaćilo u našem rodnom gradu i u svim ostalim balkanskim gradovima kroz koje smo prolazili.

Stan je bio nov, oni kažu trosoban, a mi kažemo četverosoban, sa predivnom terasom. Zajedno s nama u stanu je bila tročlana porodica iz Banjaluke i bilo nam je prilično lijepo sve dok od njih poslije nekog vremena nismo doživjeli velike neprijatnosti. Imena ne spominjem, jer ne želim da im pravim besplatnu reklamu. Ta porodica je zajedno s nama, u istom stanu provela oko osam mjeseci i bilo je dosta dobro, dok pri kraju našeg zajedničkog boravka nisu nervi počeli popuštati i nivo tolerancije opadati, a intimne, individualne mane koje svi mi imamo, počele sve više i više izlaziti na vidjelo. Kada čovjek živi sa svojom porodicom, u svoja četiri zida, onda za mnoge nedostatke i mane oni drugi nikada i ne saznaju, ali ovako, živeći u istom stanu dvadeset četiri sata zajedno sa do juče stranim i nepoznatim ljudima, nije moguće da ne dođe do neslaganja u stavovima, do sukoba u mišljenjima i do pokušaja da se „one druge" pokuša ubijediti da su oni u krivu, a da smo mi u pravu. Ja sam znao za te pojave u međuljudskim odnosima i uvijek sam pokušavao sve razmirice i razmimoilaženja riješiti na smiren, civilizovan način, ali mi se ponekad i to razbijalo o glavu i ponekad sam nazvan mlakonjom, samo zato što nisam htio da dođe do razrješavanja problema na onaj, nama dobro poznati, primitivni, balkanski način, sa mnogo galame, svađe, žuči, a boga mi i sile i tuče. Ja tako nikada nisam volio rješavati probleme jer sam to smatrao nižim stupnjem razvoja ljudskog roda, a pogotovo ovdje, u ovoj civilizovanoj zemlji, smatrao sam da i mi Bošnjani moramo svoju južnjačku krv i svoj južnjački temperament obuzdati, i prilagoditi svoje ponašanje okolini u kojoj živimo, pogotovo ako želimo da nas ovi ljudi prihvate i da nam ukažu svoje povjerenje. Ja se lično u odnosima sa našim nametnutim sustanarima najviše nisam slagao sa razmišljanjima kao što je ovo: „Ja sam Hrvat", govorio je muž. „Šta si ti?", upitao bih ja njegovu suprugu koja je imala muslimansko ime. Ona bi samouvjereno odgovorila: „Ja sam neopredjeljena." Kada bih joj ja rekao da, eto sada, ona ima šansu da bude opredjeljena i da bude ono što jeste, tj. Bošnjanka, ona bi opet ponovila svoju tvrdnju da je ona „neopredjeljena". Onda bi se meni smrklo i shvatio bih svu našu žalost i bijedu u kojoj smo tolike godine živjeli, kada su nas učili da nismo ništa, samo da ne bi bili ono što jesmo, Bošnjani Bosne srebrene, a zašto kriti, i Muslimani. Eto, neki izgleda nikada neće shvatiti kakve će nam blagodeti donijeti ovaj krvavi, odvratni rat. Oni nikada neće shvatiti da ćemo tek poslije rata imati svoju domovinu, a za vrijeme „one domovine" su nam cijelo vrijeme servirali lažnu istoriju i one silne prevare, samo da se mi ne bismo dosjetili da oni samo žele da zadrže svoju vladavinu nad nama, a na kraju da nas asimilišu i da nam „objasne" da smo mi, u stvari, Srbi, Hrvati i sve ono što nismo. Ja se ipak nadam da će svijest o nama samima doprijeti i do onih koji još uvijek, poslije svega, nisu ništa shvatili.

Pri samom kraju našeg boravka sa tom porodicom, čovjek s kojim smo dijelili isti krov osam mjeseci, fizički je napao moju suprugu. Dobro je da je on to uradio pred svjedocima, a ja sam bio prisutan, stao sam pred njega i odgurnuo ga dalje od moje supruge, tako da je spriječeno ono najgore. Bio sam prisiljen da se guram sa čovjekom koga, niti sam mrzio, niti sam imao nešto specijalno protiv njega. Jednostavno su njegovi živci popustili i podlegao je lažima kojima ga je filovala njegova supruga. Bilo je to kao u petparačkom „X romanu", kao u filmovima Emira Kusturice, rješavanje problema na balkanski način. Bilo me je strašno stid, ali, eto, i to sam doživio, a i moja porodica.

Epilog se odvijao veoma brzo: porodica koja je stanovala sa nama istog je dana hitno prebačena u drugi kraj Švedske.

Možda nije bilo ni moguće izbjeći ove neugodnosti imajući u vidu da su pod istim krovom bile dvije porodice sa potpuno različitim gledanjem na život i svijet oko sebe, sa potpuno drugačijim planovima u životu i potpuno različitim željama i nadama i, na kraju, sa potpuno različitim životnim iskustvima i krugovima prijatelja u kojima su do trenutka ovog neprirodnog spajanja živjeli. Spajati na ovaj način ljude potpuno različite, bio je veliki rizik, ali Šveđani su vjerovatno bili primorani da to učine u početku našeg boravka ovdje, zbog nedostatka stambenog prostora i velikog priliva izbjeglica iz cijelog svijeta, a ove godine naročito iz Bosne i Hercegovine.

Mi smo ostali u istom stanu, i od tog trenutka smo mogli organizirati svoj privatni život onako kako mi želimo, a ta sreća nam se, evo, desila u aprilu 1994. godine. Za sve ovo vrijeme, od aprila 1992. pa dosad, stalno su nam drugi zagorčavali život i ometali našu privatnost. Nadam se da će sada nastupiti dani kada ćemo moći sebi uređivati život bez uticaja drugih, a svakako da se mi nećemo drugima miješati u njihov način rješavanja životnih problema. Svako ima pravo da sam brine svoju brigu, a niko nema pravo da mu nameće svoja „najbolja" rješenja.

Varijacija na zadanu temu, 2. 3. 2016....

Ljudi, kakav radni dan penzioner Acke danas doživi. Umjesto nastave švedskog jezika, cijelo prijepodne fudbal sa studentima. „Sport lov" je jednonedeljni raspust u cijeloj Švedskoj i to je sedmica sporta i rekreacije. Tako i mi na SFI-u organizovasmo malo sporta i razonode. „Baš me briga za ovaj režim, plata ide a ja ležim", kaže stara poslovica iz domovine. Tako i ja, samo što ja nisam ležao, već sam igrao fudbal i tako zaradio platu. Kao profesionalac u fudbalskom klubu. Ma šta li ću još ovdje doživjeti za ovih jedanaestak mjeseci prije selidbe, sam bog zna.

Ja sam malo opisao kako su se neprijatne stvari dešavale nama, a moram da kažem da je istih problema bilo i kod svih drugih ljudi koji su protjerani iz Bosne i Hercegovine, jer svi su živjeli u zajednici sa nekim drugim i svi su imali iste, ako ne i gore, probleme. Sasvim je razumljivo da je dolazilo do takvih problema jer smo mi Bošnjani naučili da živimo u krugu svoje porodice, a ovo je bilo na neki način nametnuto življenje po dvije porodice u jednom stanu i moralo je dolaziti do nesuglasica, a mi, kakvi jesmo, sa onim našim ishitrenim reagiranjem i udaranjem krvi u glavu, nismo mogli da izbrojimo do deset, pa da onda reagiramo. To Šveđani nikako ne mogu da razumiju jer smatraju sasvim glupim reagovanje na takav nepromišljen način. Nadam se da ćemo od njih naučiti mnogo finih i korisnih stvari. Tek mnogo kasnije sam saznao da i Šveđani imaju svojih caka i svojih mana koje su slične u mnogo čemu našim manama, ali oni su u svojoj domovini i ja nemam namjeru da pišem o tome. To, uostalom, i nije tema ove moje ispovijesti.

Još prije nego što su naši sustanari otišli, ja sam uspio da na kredit kupim veliki televizor. To je bio prvi sučaj da neko od nas Bosanaca dobije kredit u našem gradu. Otišao sam kod vlasnika prodavnice elektronskih aparata i pitao ga da li je uopšte moguće da mi izbjeglice dobijemo kredit. On je začuđeno upitao: „Pa zašto ne uzmete robu za novac, kao što rade i Šveđani?" Ja sam odgovorio da mi izbjeglice, nažalost, ne možemo da izdvojimo toliku sumu novaca odjednom, ali sam tvrdio da će sav kredit biti uredno otplaćen na vrijeme. Poslije nekog vremena i malo razmišljanja, on se odlučio, i tako sam ja dobio svoj prvi kredit, koji mi je čovjek dao na povjerenje, a zamalo da nije zaboravio pogledati moju ličnu kartu, što je kod mene izazvalo čuđenje i zaprepaštenje: Zar je moguće da se nešto dobije na totalno povjerenje? Da!!!, to je moguće u ovoj zemlji i u ovoj, sada našoj, komuni. Mi smo, naravno, svaki mjesec vrlo precizno plaćali rate našeg kredita i, kada smo ga potpuno otplatili, dobili smo, bez ikakvih problema, novi kredit, jer sada mi je čovjek vjerovao, sada sam dokazao da izvršavam svoja obećanja. Tako smo dobili još veći kredit i kupili prvoklasnu muzičku liniju. Ovaj moj dobar kontakt sa vlasnikom prodavnice elektronskih aparata je omogućio i svim ostalim Bosancima da dobiju kredit u istoj toj radnji: Ja bih otišao do vlasnika, garantirao da će sve biti u redu i svako ko je htio dobio je kredit u ovoj prodavnici. Poslije nekog vremena vlasnik je shvatio kakav dobar posao je napravio sa nama Bosancima. Taj kontakt je perfektan i dan danas sa sinovima starog vlasnika koji je otišao u penziju. Od ovoga nismo samo mi Bosanci imali koristi... i njegov posao je u to vrijeme cvjetao. Pri tome sam ponosan da kažem da nikakvih problema sa nama Bosancima nije bilo i da su svi potpuno podmirili sve svoje obaveze, a to je doprinijelo da o nama stanovnici ovoga grada imaju lijepo mišljenje. Za nas Bosance kažu da smo ljudi od riječi i povjerenja. Pri tome se svi čude, kako se takvom jednom narodu, narodu koji pripada evropskoj kulturi, koji slijedi civilizacijska dostignuća, mogao dogoditi tako surov, glup i primitivan rat.

Sada je nas Bošnjane čekala velika borba za istinu: Kako i na koji način, što bolje, objasniti ovim miroljubivim ljudima šta se to „tamo na nekom dalekom Balkanu" dešava. Nije bilo lako objasniti: ko je, šta je, zašto je neko započeo krvavu dramu. Oni jednostavno nisu mogli vjerovati da ljudska bića mogu činiti takve stvari kakve su srpski ekstremisti činili. Teško im je bilo objasniti uzroke nastanka srpskog ludila jer, ruku na srce, ni mi nismo znali ništa o našim dojučerašnjim komšijama. Kako smo mogli znati, kada smo sve do samog početka klanja vjerovali tim ljudima. Kada smo naivno vjerovali u njihove lažne „bratstvo, jedinstvo" – parole. Mi smo, kao i sav normalan svijet, vjerovali da je ljudska civilizacija prevazišla probleme kao što su: klanje, masovno silovanje, tortura, tjeranje sa vlastitog ognjišta, urezivanje simbola u živo ljudsko meso... Mi smo vjerovali da je sve to samo dio tužne istorije ljudskog roda...

Sada se trebalo potruditi i objasniti ovim dobrim ljudima da su i oni i mi cijelo vrijeme bili u zabludi, jer svih onih groznih, primitivnih stvari, koje sam malo prije nabrojao, ima, eto, i u samoj Evropi koja se uljuljuškala u zabludi da važi za centar svijeta i vrhunac kulturnih dostignuća. Dali su nam Šveđani šansu da pokušamo sve to objasniti. Novinari su nas često intervjuisali, organizirajući razne tribine na kojima smo mi uvijek dobili šansu da kažemo ono što smatramo da je potrebno u određenom trenutku. Dolazili su nam i u stanove praveći veoma zapažene reportaže o našem minulom životu u domovini, o našem sadašnjem životu u Švedskoj, o zlu devedesetih godina, o našim planovima za budućnost.

Što se tiče mene i moje porodice, mi smo šansu da im sve lijepo objasnimo potpuno iskoristili. Lijepo je bilo vidjeti kada se mišljenje neke mlade, neiskusne novinarke iz časa u čas mijenja i kada se po izrazu njenog lica vidi da je shvatila bit problema Bosne i ko je za sva zla odgovoran, ko je sve zlo smislio u svojoj bolesnoj glavi i ko je sva zla po Bosni činio. Mi nismo mnogo govorili o Hercegovini, jer ono tamo zlo nismo vidjeli vlastitim očima, pa nije imalo smisla da i o tome govorimo. Taj dio smo namjerno prepustili našim dragim Hercegovcima, jer oni najbolje znaju kakva zla su se tamo počinila.

Ovi naši razgovori sa novinarima bili su kao neka nadoknada za sve ono zlo što je čovjek od neljudi doživio, za sve zločine koji su u Bosni počinjeni, za sve laži koje srpska propaganda po svijetu širi. Kada već nismo direktno u ratu ništa mogli učiniti da doprinesemo porazu razgoropađene nemani, onda možemo bar doprinijeti da se zla neman raskrinka pred svijetom. Bilo je lijepo vidjeti u sutrašnjim novinama da su nam naši divni domaćini povjerovali i da su sve napisali tačno i istinito. Bože dragi, što je lijepo živjeti u svijetu bez laži, bez podvala i prevara. Kada se samo sjetim onih srpskih novinara u domovini i njihovih bezočnih laži i manipulisanja sa svojim naivnim narodom da bi ga potakli na mržnju, kosa mi se diže na glavi. Nikad više moje oči neće čitati njihove laži i izmišljotine, a neće mi moći nikada podvaliti, jer ću ih uvijek prepoznati po njihovom huškačkom, nepismenom, prevarantskom stilu.

A onda sam se sve više i više počeo družiti sa mojim dragim Mehmedalijom, iz

Gornjeg Šehera, sa Graba. Skoro niko ga ne zna kao Mehmedaliju, svi ga zovu Bato, pa ću i ja da ga tako oslovljavam, jer on nema ništa protiv toga, a i kraće je i lakše. Bože dragi, koliko sam se puta u mnogim gradovima srednje Švedske našalio sa njegova tri imena: Mehmed, Alija i Bato, na našim koncertima koje smo svirali u godinama koje su pred nama. Da napišem koju pametnu o mome najboljem prijatelju: Dok ga čovjek vidi, shvati da je odgojen u poštenoj, patrijarhalnoj, dobrostojećoj, muslimanskoj porodici. Merhamet i dobra, nimalo neiskvarena duša mu vire iz očiju. Nevjerovatno koliko je taj mladi čovjek zadržao iskonski lijepih osobina iz nekih birvaktile vremena. On jednostavno, kada ga čovjek gleda u oči, ne može slagati, on tada mora reći istinu, pa kud puklo da puklo. U tu osobinu sam se uvjerio nebrojeno puta u našem dugom, odanom prijateljstvu. Moram priznati da takvo nešto u svome životu nisam sreo. Inače, nipošto se ne smije shvatiti da je on naivan, neznalica, ili nešto slično. Baš suprotno, u njemu leži višestoljetna mudrost i staloženost. A dušu ima čistu i neiskvarenu i pored svega onog prljavog što je doživio u našoj okupiranoj Banjaluci. Jako je osjetljiv na sve nepravde, ali ono što mene posebno raduje, dušmani nisu uspjeli da unište tu filigransku osjećajnost u njegovoj duši. Prljave, gnusne situacije, zbog kojih je i morao otići iz rodne kuće na Grabu, još su ga i ojačale i još bolje pripremile za budući život. Opuštanje u društvu, uz pokoju čašicu, za njega je toliko važno u životu, da veoma često, iznenada, nazove u petak naveče, i dogovori okretanje jagnjeta u subotu dopodne. Mogao bih ja o njemu još pisati na dugo i na široko, ali dovoljno je još da kažem da je diplomirani inžinjer koji je posije doktorirao u Stockholmu, voli sevdalinku koju uvijek rado pjeva prateći se na gitari, voli poigrati lopte ako naleti na raju koja to čini iz zadovoljstva, bez svađe...

Predviđam mu lijepu budućnost sa njegovim curicama, Irmicom i Ipanom, a što se tiče karijere, nema dileme, dogurat će daleko. To se pokazalo tačnim, dobio je „top job" u Americi i odjedrio iz Švedske, ostavivši mnogo tužnih prijatelja koji mu žele sve najbolje u životu.

Eto, taj moj Bato je najviše doprinio da nam padne na pamet jedna lijepa ideja: Da mi fino, uz pomoć pjesme sevdalinke, pokažemo Šveđanima da dolazimo iz jedne lijepe, smirene, ljubavi željne zemlje, a da su nas na rat natjerali drugi, da su nam rat donijeli neki drugi, neki divljaci koji nisu shvatili zov ljubavi i razumijevanja koji upućuje svaka, ama baš svaka sevdalinka. Tako je nastala muzička grupa, Trio „Bosniska venner", što u prevodu ima višestruko značenje: „Bosanski prijatelji", ili „Prijatelji iz Bosne", što može značiti da smo nas trojica prijatelji između sebe, da smo prijatelji svih dugih ljudi, da dolazimo iz Bosne, itd. Sve u svemu, jedna dobra ideja koja je meni pala na pamet još u samom početku učenja švedskog jezika, a poslije se ispostavilo da je baš ime orkestra na neki način pomoglo i odražavalo našu želju da putem bosanske pjesme izrazimo svu onu ljubav za koju je čovjek, Bošnjanin i opredijeljen, bez obzira što nam se dogodio tako krvoločan i prljav rat. Moram reći da se odmah među nekim našim ljudima našlo „pametnih glava" koje su reagirale na veoma čudan, da ne kažem, glup način: „Otkud njima pravo da se tako zovu?" „Koga su oni pitali da se mogu tako zvati?" „Trebalo bi njima zabraniti da se tako zovu!???" I sve tako u stilu nekih staljinističkih načela da se sve može zabraniti, pa i ime. Te ljude nikako nisam mogao shvatiti, jer ovakvo njihovo ponašanje nema nikakve veze ni sa čim. Za mene će za sva vremena ostati nepoznanica, šta su oni u stvari htjeli. Stvarno izgleda da je komunistički sistem i jednopartijski način razmišljanja mnogima potpuno isprao mozak, pa nikako ne mogu da shvate da je u tom sistemu bilo toliko pogrešnih stvari i toliko tumbe okrenutih teorija, a oni ih još dan danas smatraju za tačne. Mi iz orkestra smo se pitali, zar ti ljudi ne shvataju da u slobodnoj zemlji ljudi imaju pravo da se zovu kako hoće i ne moraju nikog pitati za dozvolu da li se smiju tako zvati. Takvi ljudi ne shvataju da se ne treba nikoga pitati kako će se ko zvati i na kraju, ti ljudi ne shvataju da niko nikome ne može zabraniti da se zove kako on sam, lično, hoće. O ovome sam morao napisati opširno objašnjenje, jer smo nas trojica u vrijeme nastajanja našeg orkestra imali podosta problema sa ovakvim ljudima koji su na razne načine pokušavali da onemoguće ostvarenje naše ideje o kvalitetnom prezentiranju naše muzičke baštine i kulture.

Takve stvari me rastužuju, jer me podsjećaju koliko nas ima politički neprosvijećenih i neobrazovanih. Mnogi od nas pojma nemaju o demokraciji i veoma će se teško uklopiti u osnovne postulate demokracije: da se niko nikome nema pravo miješati u njegov privatni život, osim u slučaju ako se nečijim postupcima ugrožava pravo drugoga.

Mi iz orkestra smo se jedno vrijeme uzbuđivali zbog tih gluposti, ali smo sve to uskoro počeli gledati sa one šaljive strane, pa se iz toga izrodila i jedna šala u tom stilu: „Otkud meni pravo da se zovem Acke?" „Koga sam ja pitao da se mogu zvati Acke?" „Trebalo bi meni zabraniti da se zovem Acke!!!???"

Onda smo mi polako počeli da pronosimo slavu i ljepotu sevdalinke po Švedskoj, usput i objašnjavajući ljudima otkud toliko melodičnosti, ljepote, smirenosti i sklada u pjesmi koja dolazi sa Balkana, iz zemlje u kojoj divlja bespoštedni rat i gdje bi ljudi „morali" biti divlji, krvoločni i primitivni. Prilično smo uspijevali da ih ubijedimo da ljudi koji imaju ovakve pjesme, ovakvu muziku, ovakve nježne riječi, nikada nisu željeli rat, niti su ga ičim izazvali, jednostavno su imali nesreću da žive u blizini onih koji imaju drugu filozofiju, koji rješavaju svoje bolesne komplekse ubijajući nedužne i čija je kultura na nivou kulture divljih plemena, iz nekog davnog stoljeća.

U međuvremenu, 17.1.1997. godine, jedan od glavnih teoretičara srpskog naciona-
lističkog ludila, doktor, šekspirolog Nikola Koljević, po zvaničnoj verziji srpskih
vlasti (kojoj se ne može sa sigurnošću vjerovati), izvršio je samoubistvo. Izgleda
da je i on, bar u jednom trenutku, shvatio svu veličinu srpskog zločina u Bosni i
Hercegovini. Što se tiče nas Bošnjana, mi očekujemo da to urade i ostali bolesni
umovi srpskog političkog vrha u našoj domovini, jer je pravda suda u Hagu tako
spora, da smo mi prestali da vjerujemo da će ona izvršiti svoj zadatak i dovesti
sve te monstrume pred lice pravde. Oni se i dalje šepure u svome toru i odlučuju
o sudbinama svoga zavedenog, zaluđenog naroda. Kad ih genocid u Srebrenici
nije osvijestio, onda stvarno ne znam šta ih može osvijestiti.

Poslije nekoliko dana čuo sam da je teoretičar klanja Koljević (interesantno prezi-
me) ostao u životu i da je prebačen u kolijevku srpskog nacionalizma, u Beograd,
gdje mu se pokušava spasiti život. Međutim, njima ne treba ništa vjerovati, jer
oni mogu sve iskonstruisati i izmisliti. U tome su najjači na svijetu. Tako i ovu
vijest možemo primiti s rezervom, jer s njima čovjek nikad nije načisto...

U međuvremenu smo svi mi Bosanci dobili stalnu boravišnu dozvolu boravka u
Švedskoj, a odmah iza toga smo počeli ići na kurs švedskog jezika SFI. Kako smo
tada 1993. godine započeli naše obrazovanje u Švedskoj, evo to traje sve do današ-
njih dana, a sada je već početak 1998. godine. Bilo je tu različitih kurseva, a ja ću
nabrojati neke najinteresantnije: SFI – Švedski za useljenike koji je obavezan i bez
njega se ne može dobiti pravo zaposlenje, BAS utbildning, Kurs za kompjutere, a
onda različiti kursevi za zanimanja. Mi Bosanci smo se dobro pokazali i kurseve
smo završavali uspješno, a oni koji nisu uspjevali da nađu „praktik plats" – prak-
su, produžavali su sa školovanjem i za sve to vrijeme su imali finansijsku potporu
od koje se moglo preživljavati, skromno, ali sasvim pristojno. Bilo je i onih koji su
imali poteškoća sa jezikom, što zbog poodmaklih godina, što zbog drugih stvari,
ali su svi savladali jezik prilično dobro, tako da sada nikome od nas nije potreban
prevodilac. Mnogi su savladali jezik perfektno, tako da je već mnogo nas zapo-
sleno, a neki su uspjeli i bolje nego što su se nadali. Šveđani su stekli povjerenje
u nas, tako da ne dobijamo samo jednostavnije i niže poslove, čak bi se moglo
reći i suprotno od toga: Ima tu mnogo inžinjera, tehničara, medicinskih sestara
i ostalog medicinskog osoblja, profesora, a da ne govorim o našim kvalitetnim
zanatlijama koji su na visokoj cijeni i posao dobiju većinom već poslije odrađene
prakse. Zaboravio sam spomenuti i priličan broj naših ljudi koji su započeli sa
privatnom djelatnošću i prilično dobro se nose sa švedskom konkurencijom,
a vremena ni u Švedskoj, kao ni u ostatku Evrope, nisu nimalo laka. Konkuren-

cija je jaka i beskrupulozna. Preživljavaju samo oni koji se najbolje snađu i koji svojim kvalitetom mogu zadovoljiti izbirljive švedske mušterije. Tako sam se i ja bacio u te privatne vode i pokušavam ostati u branši od koje čovjek nema šanse da se obogati, ali ima šansu da zaradi za pristojan život. Neizvjesnost je velika kako će sve to ići, ali ja se držim one narodne: „Sreća prati hrabre". Bar čovjek neće moći sebi zamjeriti da nije pokušao. Mi Bošnjani jesmo optimisti, ali smo u životu doživjeli i najveća razočarenja, pa smo postali nepovjerljivi i sumnjičavi, tako da nam je potrebno troduplo vrijeme da počnemo u nešto vjerovati. To se naročito odnosi na našu budućnost koja sada nije toliko neizvjesna kao prije pet godina kada su nas dušmani otjerali iz naših kuća. Počeli smo mi itekako stajati na vlastite noge, ali, eto, to nepovjerenje na koje su nas dušmani natjerali svojim postupcima, izgleda da će nam ostati karakterna osobina za sva vremena, jer mi prosto ne smijemo uspavati svoj oprez, mi ne smijemo zaboraviti kakvih sve prevara i obmana ima na svijetu i šta sve čovjek čovjeku može napraviti. Ta osobina nam je ovdje manje potrebna nego u domovini, jer ovdje su ljudi pitomi, a tamo još uvijek dušmani stanuju, a vuk ćud ne mijenja. Mislim da nam ta naša opreznost i nije tako loša osobina, jer oprez nikad nije na odmet. Nadam se da će moja mala fizioterapija biti dovoljna da se preživi, a ako bude sreće, nadam se da ću moći i proširiti svoju djelatnost.

Završio sam kurs „Starta eget", kurs za one koji startaju sa nekom firmom, a sadržaj kursa su pravne i ekonomske norme koje se moraju ispoštovati u švedskim privrednim djelatnostima. Već ranije sam položio Socijalnu medicinu i Poznavanje švedskog zakonodavstva, tako da sam se prilično naoštrio i pripremio za moj budući privatnički život.

Ima već i onih koji su podigli kredit i kupili stan. Ovdje su stambeni krediti povoljni i dugoročni, tako da čovjek manje plaća mjesečnu ratu za kredit, nego što bi plaćao stanarinu, a stan polako prelazi u privatno vlasništvo i poslije se može prodati za mnogo veću cifru od one kupovne. Ima i onih koji zavide drugima što uspijevaju, ali to je ona naša (i ne samo naša, ima takvih i Šveđana, tako da zavist nije samo naš specijalitet) poznata osobina. Ipak je najbolje gledati svoja posla, a pri tome ne smetati drugima, pa valjda neće biti razloga za nesporazume i nepotrebne rasprave. Bosanci se uglavnom tako i ponašaju i, koliko ja znam, sada nema ama baš nikakvih problema među nama. Živimo mirnim, skromnim, prilično samostalnim porodičnim životom i ničim ne izazivamo pažnju naših švedskih komšija i prijatelja. Niko od nas se ne može požaliti da mu nedostaju sredstva za život. U ovoj stabilnoj, socijalnoj državi postoji minimum koji država nadoknađuje svakom pojedincu koji ne uspije da se zaposli. Ipak se čovjek mora ponašati po određenim pravilima: u svakom momentu mora biti potpuno angažovan u traženju zaposlenja, a ako ne uspije da se zaposli, onda mu Biro za zapošljavanje nađe neku praksu, ili neki kurs, jer bi bilo stvarno previše da dozvole da se jednostavno sjedi kod kuće i čeka socijalna pomoć. Naši ljudi se mnogo trude da nađu bilo kakvo zaposlenje, a ima ih dosta koji studiraju i na razne načine usavršavaju svoja znanja. Sve se to može u ovoj lijepoj zemlji.

Tako je Bato dobio izvanredno zaposlenje na Visokoj tehničkoj školi „KTH" u Stockholmu, a zahvaljujući svome ogromnom trudu i angažovanju, uspio je da poslije dvije nepune godine dobije projekat na kojem će raditi doktorsku disertaciju. U Banjaluci je bio spreman da radi i kao pekar u Žitoproduktu, i kao čuvar na bazenu u Gornjem Šeheru, i sve druge poslove, i pored toga što je završio Tehnološki fakultet. Nisu mu dali šansu ni za to, pa je, eto, tamo negdje, u nekoj Švedskoj, dobio ne samo posao u svojoj struci, već i šansu da u rekordnom roku doktorira. A bio je izgubio nadu da će ikada uspjeti da se zaposli kao diplomirani inžinjer. Počeo je već da pomišlja da je sve sa fakulteta zaboravio, ali, eto, kada čovjek dođe u zemlju gdje se rad i znanje cijene i gdje vladaju normalni zakoni u ekonomiji i gdje je sasvim normalno da se dobar stručnjak i dobar radnik ne ispušta tako lako iz šaka, onda se ovakva divna „čuda" događaju. Naravno da je sve to moj prijatelj Bato zaslužio, jer on je bio spreman da ostaje na poslu i po cijelu noć, da cijelo vrijeme, pored posla, intenzivno uči engleski (ranije je učio samo ruski jezik, i o engleskom nije imao pojma), da cijelo vrijeme obnavlja svoja ranije stečena znanja iz hemije. Bio je to dvogodišnji „presing", koji se na kraju itekako isplatio. Što se tiče mene, mogu reći da je bio prilličan presing: Da bih stekao švedsku legitimaciju, ili licencu za obavljanje posla fizioterapeuta, morao sam intenzivno učiti oko tri godine. Bilo je tu i premora, i glavobolje, i nervoze, i svega onog što prati čovjeka kada poslije više godina pauze počne ponovo da uči i da se usavršava, pa još na švedskom jeziku. Bilo je tu i nekoliko praksi i nekoliko privremenih zaposlenja i više polugodišnjih kurseva u Stockholmu. Na kraju se sve to isplatilo, jer sam prilično obnovio svoja znanja, a stigao sam i do završnog ispita, koji ću pokušati položiti u narednom periodu. Sve ostale ispite sam položio, a kada položim i ovaj tzv. „Yrkes prov", imat ću švedsku diplomu fizioterapeuta koja važi u cijeloj Evropskoj zajednici. Tako će se, izgleda, desiti da sam uhvatio zadnji voz da nešto poduzmem u Zapadnoj Evropi, s obzirom da se nalazim u dobi kada čovjek dobija zadnju šansu da nešto učini u svome radnom vijeku.

Tako sam startao malu firmu i pokušavam da se održim, a nadam se da ću uspjeti, pa da bar ovdje u Švedskoj zaradim nešto penzije, kada to već nisam uspio u domovini i pored toga što sam tamo imao oko 24 godine radnog staža. Možda će se i to nekada regulisati u staroj domovini, pa da čovjek i tamo dobije svoja osnovna prava, a do tada, šta drugo preostaje, nego borba za mjesto pod suncem u ovoj božijoj bašti. Uvijek sam bio optimista, pa tako i sada. Sa zadovoljstvom mogu reći da „bivše komšije" u domovini nisu uspjeli da me unište, ni fizički, a ni psihički. Još će oni i požaliti što su zauvijek izgubili prijatelje koje su imali u nama, a da ne govorim o stagnaciji u kojoj oni životare evo već godinama, a izgleda da se neće izvući iz blata ni za sto godina. Mi nismo u našoj domovini, ni u našoj Banjaluci, ni u našoj kući na Čairama, ali se nikada s njima ne bi mijenjali.

Ona teorija o progoniteljima i progonjenim žrtvama se polako, i u našem slučaju, počela ostvarivati. Mi, otjerane žrtve, živimo u jednoj od najljepših zemalja svijeta i, kako stvari sada stoje, sasvim se dobro snalazimo i živimo u odličnim uslovima, a oni, dojučerašnji progonitelji, žive u beznađu koje su sami sebi stvorili, otjeravši nas, svoje, nekad, iskrene prijatelje i suradnike. Oni vjerovatno nikad neće dostići ni desetinu ove ljepote u kojoj sada mi, otjerani Bošnjani, živimo ovdje u Švedskoj. A oni su računali da će nas potpuno psihički uništiti i ubiti u nama volju za život i snagu u borbi za bolji život. Čini mi se da smo mi još jači iz svega ovoga izašli. Čini mi se da u našem slučaju čovjek može reći onu poznatu narodnu izreku: „Ima boga". A oni, što su tražili, to su dobili.

Da se ja vratim vedrijim temama, što je i cilj ovog drugog dijela moje ispovijesti.

Našao sam lokal koji se nalazi u samom centru grada, a kirija nije previsoka, pa i to pojačava moja nadanja da će sve biti u redu i da ću uspješno prebroditi početne teškoće i uspjeti se održati u prilično jakoj konkurenciji. Švedski prijatelji me uvjeravaju da će sve biti u redu, ali mora proći period početnih provjera i dokazivanja, upoznavanja i prihvatanja. To isto mi kažu i Đonlići, Mirso i Dada, koji su privatnici već duže od godinu dana. Oni su prebrodili početne probleme i veoma su zadovoljni i prihodima i mušterijama i našim Norrteljem.

Neću pisati o branši u kojoj radim, jer nemam namjeru ni da se hvalim, ni da sebi činim reklamu. Samo želim da opišem kako mi Bošnjani nismo bespomoćni, nismo izgubljeni u svemiru, već smo priznati, vrijedni ljudi, pa ma gdje se nalazili. Mi, u stvari, i ne znamo drukčije, jer mi smo oduvijek radili, da bismo zaradili. Mi nismo naučili da uzimamo tuđe, najsretniji smo kad zaradimo ono što ćemo trošiti. Oni kojima čini zadovoljstvo da otimaju i žive od tuđeg, ne mogu imati sreće i zadovoljstva, ako ništa, dobit će čir na stomaku od zavisti i zlobe, a pri tome nikada napretka ni zadovoljstva neće imati. Živjeti od tuđeg, otetog, kratkog je vijeka i obično se sve to brzo istroši, a onda opet đavo dolazi po svoje, i tako u krug iz kojeg otimači niti su sposobni, niti mogu izaći. Nikad s njima ne bih mijenjao.

U međuvremenu se mnogo toga dogodilo.

Kao prvo i najvažnije, iz rata nam se vratio sin: živ, zdrav, raspoložen, dobro sačuvanih živaca i vrlo odlučan da nastavi živjeti na normalan način u ovoj lijepoj zemlji, daleko od glupana koji misle da ratovi mogu rješavati ljudske probleme. On je na sreću bio na pravoj strani, pa nema nikakvih psiholoških ožiljaka, osim mučnine zbog svega što je u svome mladom životu preživio i doživio od svojih dojučerašnjih školskih drugova i nazovi-prijatelja. Čvrsto je odlučio da uspije na Zapadu i poslije se to pokazalo potpuno tačnim: divna supruga, tri sinčine, vrhunski posao, super plata, internacionalna firma, putovanja po cijelom svijetu itd.

U vojsku je prije tri godine otišao dječarac, a sada nam se vratio zreo i razuman čovjek koji je prevazišao čak i sve gluposti i zablude Balkana i na život gleda otvorenih očiju, željan uspjeha, prezirući sve one koji su pokušali da ga izbiju iz sedla i unište mu budućnost, vukući ga u ponore mržnje i osvete. Da samo zna, moj dječak, kako mi je drago da mu je njegovo užasno iskustvo rata pomoglo da donese prave odluke i okrene se budućnosti, a prošlost smjesti tamo gdje joj je i mjesto, u tužnu historiju koju on nikada neće zaboraviti, ali joj nikada neće dozvoliti da mu pokvari njegove planove za budućnost.

On je brzo savladao švedski jezik (pomoglo mu je poznavanje engleskog), uklopio se u švedsko društvo, stekao švedske prijatelje, zaposlio se i našao predivnu djevojku. Sve se desilo onako kako bi svaki roditelj na svijetu poželio. Ne prođe ni pola godine, on oženi svoju lijepu Estonku, a babo i majka priređiše veoma lijepu svadbu, u jednoj od najljepših sala u gradu, u Folkets hus-u. Bilo je tu mnogo različitih gostiju: Bosanaca, Šveđana, Estonaca, a tu je bio i jedan prekrasan mladić iz neke arapske zemlje. Srce mi je htjelo pući od tolike ljepote koja je zasjenila sve godine koje nam u posljednje vrijeme prođoše uludo. Starkica i ja smo bili neumorni. Sve smo organizovali, a bilo je i jagnjetine koju smo, zajedno sa najvećim prijateljima, Batom, Tofkom, Emirom i Nazimom, dan prije svadbe, okrenuli na ražnju na imanju velikog švedskog prijatelja Lasea. To je bio događaj za sebe: rakije, vina, gitara i sevdalinki nije nedostajalo. Nezaboravan događaj, u predivnoj prirodi.

Na svadbi je bilo i bureka koji je razvila Vahda, viskija koji je donio prijatelj, snahin otac iz Estonije, vina, piva, šampanjca, Starkicinih kolača, a ogromnu svadbenu tortu je napravila Ipana.

Bilo je nezaboravno kada su svatove na putu od Opštine do Folkets husa, naši veliki prijatelji Oke i Lena pratili na violini i nickel harpi, starom tradicionalnom švedskom instrumentu. Svirali su švedske svatovske kompozicije. Ma nešto što se samo jednom u životu može doživjeti. Na svadbi sam i ja sa mojim švedskim prijateljima zasvirao švedsku muziku. Poslije je jedna lijepa Estonka svirala estonsku muziku, a na kraju smo moj Bato i ja zasvirali naše sevdalinke i Kemine i Merlinove pjesme. Šta dalje da se priča? Dovoljno je da kažem da nas je bilo i na stolicama i pod stolovima, kada je Estonka svirala neku estonsku igru u kojoj svi gosti učestvuju aktivno jer moraju da slijede naredbe koje izdaje pjevač. I ja sam se iznenada našao pod stolom, a oko mene nekoliko prelijepih Estonki, srce da ti stane. Sve to se odvijalo uz šale koje su pljuštale sa svih strana, u atmosferi kakvoj bi pozavidjeli i na svakoj proslavi nove godine.

Bilo je tako lijepo da se jedan incident nije ni primijetio, jer je na vrijeme spriječen. Mene je potreslo kada je jedan naš čovjek, prilično pijan, pokazao netrpeljivost prema Banjalučanima, a za to nije bilo nikakvog razloga, ili možda jeste, ali niko od društva te noći ništa nije učinio da bi bilo potrebno tako raegirati. Koliko mi Bošnjani imamo još skrivenih frustracija, a da toga nismo ni svjesni.

Tako i sinova svadba prođe, prekrasne uspomene ostadoše, a životna rijeka nastavi da nas kotrlja svojim neumitnim tvrdoglavim tokom.

Sin i snaha žive lijepo, uskoro će i prvo unuče, Dido i Nonna su već kupili kolica...

Što se tiče političkog angažmana nas Bošnjana, on je ravan nuli. Sve se svelo na gledanje našeg bosanskog programa koji je, ruku na srce, veoma siromašan. Često čovjek nema šta gledati. Ono ponavljanje starih muzičkih spotova, i po deset puta, ima tako poguban efekat, da čovjek vrlo lako odabere neki drugi program i nimalo ne žali što ne gleda svoju televiziju. Ima tu još mnogo propusta, a spomenut ću još samo jedan koji je, po mome skromnom mišljenju, veoma važan. To je ono naše bosansko inačenje koje toliko usporava sve pozitivne procese, da se čovjek često upita hoće li te gluposti nacionalizma u našoj domovini ikada prestati. Da li će srpski nacionalizam prestati, bar u idućih sto godina? Hrvatskog nacionalizma u Hercegovini bit će i iza Tuđmana, jer Hercegovci hoće da budu veći Hrvati od Zagrebčana. Zbog toga ja razumijem da oni (i jedni i drugi) stalno forsiraju svoje religije, jer je to još jedina šansa da se ove iste strukture održe na vlasti, a i da održe svoje satelitske paratvorevine u Banjaluci i Mostaru. Ja razumijem njihove nacionalističke motive, ali ne razumijem zašto se sada toliko forsira i ono treće, naše bošnjačko, muslimansko. Zar je to potrebno u tolikoj mjeri? Zar već odavno nije razriješeno ko pokušava rušiti Bosnu, a ko nastoji da je održi? Zar su nam potrebne tolike besjede naših muslimanskih vjerskih službenika? Zar nam je potrebno toliko puta prikazivati džamije, što očuvane, što porušene u toku dušmanskih agresija sa obe strane? Zar nam je toliko potrebna religija da bismo shvatili ono što i mala djeca shvataju? Svi u svijetu znaju i za barbarizam srpskih nacionalista i za pokušaje nekih Hrvata, specijalno iz HDZ-a, da ipak nekako podijele Bosnu i Hercegovinu, da nekako jedan dio Bosne pripoje Hrvatskoj, a da u isto vrijeme glume demokrate i velike borce za prava čovjeka. Ja se nadam da će se sve promijeniti poslije Tuđmana, ali sada je situacija ovakva. Pa zašto onda i mi Bošnjani preko naše TVBiH, pokušavamo da od nas Bošnjana stvorimo neke velike Muslimane. Mi nikada nismo bili neki preveliki vjernici, bar većina nas, iako smo uvijek tuđe poštovali, a svoje slavili u sasvim pristojnoj mjeri, bez pretjerivanja.

Da se razumijemo, ja vrlo poštujem pravog, iskrenog vjernika, ali želim da mi se dozvoli da ja i dalje budem agnostik i da nastavim svoj kratki život u pravcu koji sam ja sam, lično, odabrao. Ja sam svjestan da ja možda nisam u pravu, ali ono komunističko nametanje mišljenja i ne dozvoljavanje da čovjek može biti drugačiji od ostalih, da čovjek može imati sasvim suprotno mišljenje od grupe, mi nikada nije ležalo, jer sam smatrao da je grupa dužna da čovjeka prihvati takvog kakav je, jer to nalažu civilizacijske norme ponašanja. Moje je mišljenje da tu nije potrebna nikakva religija, tu je samo potrebna tolerancija, tolerisanje onih koji su drugačiji. Ja znam da je narodu potreban vođa, predvodnik, jer je lakše kada neko drugi misli, a narod slijedi, ali zar već nije vrijeme da čovjek počne misliti svojom glavom, a ne da uvijek ima nekog ko će mu određivati šta da radi i kako da se ponaša. Zato bih ja volio da na bosanskoj televiziji bude manje religije (koja bar kod nas u izbjeglištvu često ubija svaku volju da se hvatamo u koštac sa životom), jer to, bar meni, izgleda kao vraćanje točka istorije unazad, a da se TV i dalje bori za održanje naše domovine Bosne i Hewrcegovine, kao što je to oduvijek i radila. Nije ni to hrvatsko pretjerivanje sa religijom toliko popularno u svijetu koliko oni misle da jeste. Točak istorije ide dalje bez obzira što ponekad izgleda da nas samo vraćanje unazad može spasiti. Doći će vrijeme kada će vjerska euforija u Hrvata splasnuti, jer njihova država ima sve šanse da postane moderna, socijalna, demokratska, turistička i bogata, a religijom će se opčinjavati daleko manji broj ljudi nego sada. Religiji će ostati vjerni samo oni iskreni, pravi vjernici, a svi oni koji joj se zaklinju iz interesa vremenom će nastaviti živjeti po drugim mjerilima. Ponavljam, ta druga mjerila ne moraju biti manje moralna i vrijedna od religijskih mjerila. Zato bih bio veoma sretan kada bi u našoj domovini bilo mjesta i za religiozne, a i za nas koji to nismo, a koji živimo po svim pozitivnim moralnim pravilima ponašanja. Ja duboko vjerujem da to Bosna može i da će tako biti, bez obzira na trendove koji su tamo trenutno prisutni.

Da se mi vratimo vedrijim temama...

Stekao sam priličan broj prijatelja, Šveđana, koji su uveliko doprinijeli da pronađem svoju ravnotežu i da se vratim u normalan život. To su na prvom mjestu Oke i njegova Lena. Oni su prosvjetni radnici, a već prije sam ih opisao i kao muzičare, pa smo još od prvih trenutaka našeg poznanstva imali toliko zajedničkih interesovanja i uvijek smo nalazili zanimljive teme za diskusiju. Oke mi je u samom početku omogućio da o situaciji u Bosni održim predavanje za maturante u gimnaziji u kojoj on radi kao profesor matematike i hemije. Bio sam oduševljen kako su maturanti sa pažnjom slušali o golgoti nas Bošnjana i Hrvata, a prije toga Slovenaca. Sve sam im lijepo objasnio: Kako je armija, koju smo svi mi finansirali, stala na stranu srpskih ekstremista, napala i uništavala sve ono što se stvaralo godinama, desetljećima, a uništavali su i ono što je izgrađeno i prije više od petsto godina, čak i nadgrobne spomenike stare hiljadu godina, samo da izbrišu svaki trag bosanske opstojnosti. Bila su veoma zanimljiva pitanja tih mladih, pametnih, civilizovanih, mirnodopskih ljudi. Najvažnije je da su shvatili šta sve barbari mogu uraditi za kratko vrijeme, samo ako im se ukaže šansa za to.

Sa Okeom i Lenom sam često svirao švedsku folk muziku, što su divna i nezaboravna iskustva. Često smo posjećivali jedni druge i provodili ugodne trenutke u toplini doma i krugu naših porodica. Svakog ljeta idemo na jedrenje njihovom jahtom, tako da smo prilično upoznali dio veoma razuđene obale u ovom lijepom dijelu Švedske. Za uzvrat, Dado i ja pomažemo Okeu da spremi jahtu za zimu. Oke se opet uvijek našao pri ruci kada smo selili, ponudivši svoju veliku prikolicu, tako da smo izbjegli da plaćamo kamion. Išli smo zajedno i na pozorišne predstave i koncerte u Stockholm, oni su nam bili garanti za kredit za stan, formirali smo zajedno Trio „ALO", oni su bili naši gosti na Cresu, božićne proslave... O svemu će biti riječi i poslije, jer se bojim da sam nešto važno preskočio. Tako je to bilo sa našim Okeom i Lenom.

Sprijateljili smo se i sa Jonasom, mladim vrijednim čovjekom, koji se uvijek našao pri ruci kada je zatrebalo. Naš Dado se intenzivno druži s njim i njihovo prijateljstvo je pravo i iskreno.

Stekli smo mnogo prijatelja u švedskoj folk-dans grupi: Ingvar, Kurt, Lase, Solveig, Marie, Kerstin, Lena i još mnogo drugih koji su u više navrata pomogli da zaboravimo ljudsku zlobu i da se sjetimo da je ljudska dobrota ipak moguća i da je itekako ima u ovoj pitomoj zemlji. Dobili smo podršku i stekli prijatelje u ABF-u gdje se održavaju razni kursevi, predavanja i sastanci, a to nije bila samo moralna podrška. Oni su nam finansijski pomogli da kupimo razglas, mikrofone i ostalu opremu za sviranje, prodali su mnogo naših koncerata i omogućili nam da pomoću naše lijepe bosanske muzike približimo švedskoj publici našu romantičnu sevdalinku i objasnimo da narod koji ima tako lijepu, romantičnu i tužnu ljubavnu muziku nije nikad ni poželio rat, niti ga je bilo čime izazvao. Drago mi je da su našu poruku, putem naše muzike, Šveđani itekako shvatili i razumjeli sve, bez mnogo potrošenih riječi. U ABF-u, koji je sjedište Socialdemokrata našeg grada, spomenut ću nekoliko divnih ljudi koji su se mnogo angažovali da bi nam pomogli. Tu je prije svih vrijedna Inger koja je u svakom trenutku bila pripravna da pritekne u pomoć. Tu je uvijek raspoloženi, šarmantni Bosse koji je mnogo pomagao da dobijemo novac za razglas, tu je Maud koja se dosta angažovala, a na kraju, posljednji, ali ne manje važan (Šveđani kažu, „sist, men inte minst"), Lasse. E, Lasse nije samo pomogao u muzičkoj djelatnosti. On je meni bio glavna uzdanica kada sam startao firmu: Pomogao mi je u uređenju prostorija firme (ja ne znam kako bih bez njega), pomogao mi je pri reklamiranju firme, a i sada mi pomaže vodeći kompjuterski moje knjige. Za uzvrat, ja njemu pružam fizioterapeutske usluge kad god je to potrebno, jer on ima problema sa kičmom i kukom. On često kaže da sam ja njega više zadužio, nego on mene. Ja ne mislim tako, ali to nije ni važno. Najvažnije je da naše prijateljstvo traje, a nastavit će se i u budućnosti. Poslije mnogo godina smo i njega sa suprugom jednog ljeta ugostili na Cresu.

Stekao sam mnogo prijatelja i na sasvim drugoj strani. Još od prvih dana boravka u ovom lijepom gradu počeo sam odlaziti na treninge lokalnog rukometnog kluba „Ceres", gdje se proširio krug mojih novih prijatelja: Prije svih, tu je Orjan, sekretar i glavna pokretačka snaga kluba. Još od samog početka, od prvog susreta, on je osjetio da ja volim rukomet i odmah me je zvao da se aktiviram kao maser i u vodstvu ekipe. Ja sam to objeručke prihvatio, jer sam oduvijek volio i želio da radim u sportu. Još kad sam prije mnogo godina počeo da radim kao pomoćnik našem dragom ortopedu dr. Vehaboviću u Rukometnom klubu „Borac" iz Banjaluke, ostao mi je veliki žal za tim radom, jer taj posao nisam mogao prihvatiti zbog obaveza prema muzici. Bilo je: ili muzika, ili rukomet, i ja sam nastavio da se bavim muzikom. Evo u dalekoj Švedskoj mi se i ta želja ostvarila. Interesantno da ovdje čovjek može pomiriti dva potpuno različita hobija, koji, svaki za sebe, traže mnogo od čovjeka, a uz to, stići i obavljati ostale životne dužnosti. Tako sam vremenom postao rado viđen član kluba, a poslije dvadesetak godina sportske neaktivnosti, počeo sam aktivno učestvovati na treninzima, igrajući fudbal, innebandy i ostale vježbe koje služe za zagrijavanje igrača, prije onog dijela treninga u kojem se igra rukomet.

Pored Orjana, sprijateljio sam se sa većinom igrača, sa trenerom Bobom, predsjednikom kluba Stig-Okeom, upoznao sam sportske novinare, sudije i mnoge druge igrače iz klubova sa kojima igramo mečeve. Susrećem i dosta naših igrača, iz domovine, koji aktivno igraju u Švedskoj. Bio sam biran i u glavni odbor kluba. Sve u svemu, taj dio života ne bih dao nikome i mislim se time baviti dok mi prilike i zdravlje budu dozvoljavali.

Što se tiče muzičkog dijela života, i tu se mogu pohvaliti da sam doživio mnogo lijepih trenutaka, a bilo je i takvih svirki od kojih se i kosa diže na glavi. Spomenut ću neke koncerte, jer takvo što nisam u domovini ni doživio, izuzimajući nekoliko koncerata na početku rokerske karijere, sa „Pelagićem" u Zadru i par koncerata na Cresu, gdje je na otvorenom znalo biti i deset-petnaest hiljada ljudi, a to se ne zaboravlja. Koncert u Uppsali u Gradskom teatru, koncert u Gevleu u Gradskom muzeju, koncerti u Norrtelje-u gdje smo mi, „Bosniska venner", bili domaćini, a gosti su nam bili Šveđani. Bilo je tu i vrhunskih umjetnika, a mi smo se specijalno sprijateljili sa momcima iz „Upplands kvarteten", pa smo s njima imali i nekoliko koncerata u nekim gradovima Švedske. Sa toplinom u srcu sjećam se i svirki u bosanskim klubovima, a najljepše nam je bilo u Bosanskom klubu u Uppsali i u Mostarskom klubu „Neretva" u Stockholmu. Doček sada već prilično davne Nove 1994. godine u Orebru, ili svirku na „Susretu Banjalučana" u istom gradu gdje nas je bilo oko dvije hiljade, čovjek tako lako ne zaboravlja. A tek formiranje orkestra „Neretva", pa onda „Sevdalinka" i turneja po gradovima Švedske i koncerti u gradskim teatrima, e to je već viša filozofija o kojoj se samo sanjati može, a mi smo to iskusili na vlastitoj koži i doživjeli u dubini duše.

Svirajući, stekli smo mnogo novih poznanika, prijatelja, a susreli smo i mnogo starih prijatelja iz bivšeg banjalučkog lijepog života, onog prije fašističkog potopa.

Spomenut ću Mirsu, banjalučkog muzičara koji sada živi u Enkepingu, Mirsu pravnika iz banjalučkog SUP-a koji sada živi u Uppsali, Mostarce divne prijatelje čija sam imena, nažalost zaboravio, i još mnogo naše raje. Svi oni, hvala bogu, sada žive pristojno, dobro izdržavaju ovo naše izbjeglištvo koje se ne može svrstati u negativna iskustva. Čak mislim da će skoro svi veoma rado ostati dobrovoljno u ovoj lijepoj zemlji. Ja sam svakako jedan od tih, ako me moja avanturistička duša ne odvede na neku drugu, malo topliju stranu zemljine kugle. Balkanske razmirice, sukobe i ratove, u svakom slučaju, više nikada nemam namjeru da doživim.

A onda sam upoznao Bengta u Karate klubu. Nosilac crnog pojasa, smiren, razuman, stabilan čovjek u najboljim godinama. Prije nekog vremena je imao operaciju tumora na mozgu, ali mu to nije prekinulo njegov zdravi, sportski pogled na život, a i treninge je nastavio, pa je za kratko vrijeme postigao velika poboljšanja u balansu i svim životnim funkcijama. On mi je ulio samopouzdanje i dao mnogo praktičnih, korisnih savjeta koji mogu mnogo pomoći u mojoj budućoj privatničkoj karijeri. Pun je ideja kako čovjek može zaraditi za život, a i spreman je da i sarađuje sa mnom u budućnosti. Predložio mi je da, čim on bude bolji sa koncentracijom i kondicijom, održavamo kurseve kao kompanjoni, a on će se pobrinuti da imamo dovoljan broj polaznika, tako da se može nešto i zaraditi. Sprijateljili smo se i ja vjerujem da će naše prijateljstvo dugo trajati.

Tarcizia Bommarka, Talijana koji živi u Švedskoj već 25 godina i njegovu Birgit, spominjem posljednje, jer njih najduže poznajem. Prijateljevali smo mi dvadeset godina prije našeg dolaska u Švedsku. Susreli smo se jednog davnog ljeta na Cresu gdje smo zajedno sa porodicama kampovali i proveli mnogo lijepih trenutaka. Nikada nećemo zaboraviti njegovu kombinaciju šunke i dinje u vrijeme kad mi u Bosni pojma nismo imali da se može kombinovati slano i slatko, a on i Birgit nikada neće zaboraviti naš grah i miris koji se kampom širio dok smo ga kuhali. Te godine na nama dragom Cresu ostale su u najljepšem sjećanju. Naše prijateljstvo se nastavilo i u Švedskoj. Oni žive na jugu Švedske, u predivnom univerzitetskom Lundu, tako da smo putovali 650 kilometara da bismo ih posjetili, a oni isto toliko da nam uzvrate posjetu. On i njegova Birgit su nas dočekali kao najrođenije, pa smo proveli nekoliko dana obilazeći drevni Lund, a odvezli smo se nekoliko puta i do Malmea, gdje smo bili na poznatom ljetnom „marknadu" (vašar), „Malme 96". Nezaboravno... Doživjeti, pa umrijeti, što kaže naš narod. U Malmeu smo bili u gostima kod starih porodičnih prijatelja, teta Mine i njene kćerke, inače dobre jaranice Zinke. Put do Lunda i nazad vrijedi da se spomene. Ide se međunarodnim autoputem E4 i prolazi negdje sredinom Švedske ka jugu, kroz predivne predjele, a u jednom dijelu krajolik podsjeća na najljepše krajeve uz Jadransku obalu. Usput se nalazi ogromno jezero Vettern koje podsjeća na more jer mu se kraj ne vidi, a boja vode je čas zelena, čas plava. Čovjek ostaje bez daha kada udahne taj čisti zrak, a nebo je priča za sebe kada je vrijeme lijepo, pa se zraci sunca presijavaju i zasljepljuju blještavilom, tjerajući čovjeka da škilji, ili da zažmiri i zamisli da se nalazi u „božijoj bašti". Nije Švedska ni tako hladna koliko smo mi prije mislili, a ljeta su veoma ugodna. Toplo je, ali se čovjek manje znoji nego u našim krajevima, valjda zato što je vlažnost vazduha manja nego u našim krajevima.

Da se vratim malo muzici. Tako smo prije nekoliko dana svirali na jednoj „miješanoj" svadbi: oženio se jedan naš Bošnjanin sa jednom Šveđankom. Bila je divna svadba na kojoj je bilo pola Šveđana, a pola naših ljudi. Sticajem okolnosti, tu su bili uglavnom Banjalučani. Bilo je divno sresti neke stare poznanike i komšije i podsjetiti se na lijepe dane kraj Vrbasa, na Čairama i u ostalim dijelovima naše Banjaluke. Našem Samiru i njegovoj mladoj ženici želim sve najbolje u njihovom budućem životu u Švedskoj, a ja ću se malo u mislima vratiti našoj Banjaluci...

Tuga nas Banjalučana je prevelika jer smo shvatili da su nas naši političari otpisali još na početku agresije i okupacije. Oni su uradili upravo ono što su okupatori i željeli: Dobro se sjećam onih prvih izvještaja u ratu u kojima nije bilo Banjaluke, jer Banjaluku su okupatori odmah proglasili „srpskim" gradom, a naši u Sarajevu kao da su nasjeli na tu prevaru. Tako su okupatori, malo pomalo, ostvarili svoje namjere i Banjaluku etničkim čišćenjem napravili „srpskom", iako to ona nikada nije bila, a ostatak Bosne nije na taj zločin u Banjaluci reagovao na pravi i adekvatan način, već se je sve uglavnom prešućivalo. Znam da se očekivalo da mi u Banjaluci dignemo ustanak, ali se niko nije pitao šta bi bilo sa šezdeset-sedamdeset hiljada ljudi u tom četničkom gnijezdu, a pomoći ni u organizacijskom, ni u materijalnom smislu, niotkud. Kao da su se svi pravili ludi, pa „nisu znali" da bi četnici pobili nezapamćen broj civila, jer je Banjaluka daleko veći grad od Srebrenice i Vukovara, a znamo šta su oni napravili u Srebrenici, a i ranije u Vukovaru. Da, četnici bi to uradili, to tvrdim jer znam u kakvoj su oni euforiji i ludilu bili i koliko su mrzili sve što nije bilo srpsko. Oni bi to uradili, samo da smo mi pokušali bilo što, a mi nismo mogli pokušati bilo što jer nismo imali nikakvog oružja, a bili smo otpisani još od samog početka i prepušteni sami sebi i svojoj sudbini. Znam da je cijela Bosna i Hercegovina bila u sličnoj situaciji i da se je svak zabavio o sebi, ali tvrdim da bi Banjaluka gore prošla od Srebrenice, Brčkog i Perijedora zajedno. Zato mi nismo smjeli ništa poduzeti, a istorija će pokazati da li je bilo mudro sačuvati ogroman broj ljudskih života, pa makar se potucali po svijetu do kraja svoga života.

Zato sam ja sretan kada vidim da se naši mladi ljudi žene, rađaju djecu, produžavaju ljudski život, pa makar to bilo i van domovine. Bolje živ u tuđini, nego mrtav u domovini. I to zaklan od zlotvorske ruke, pa bačen u neku jamu, da ti se ni trag ne zapamti. Siguran sam da je za domovinu korisnije da nas ima žive u inostranstvu, nego da nas iskopavaju i identificiraju negdje u bosanskim gudurama, a i to, ako dušmani dozvole. Istorija će pokazati da smo mi u Banjaluci ipak pravilno postupili, pa makar se to činilo manje patriotskim u onom trenutku. Nažalost, mnogo je onih koji su našu sudbinu prilično otežali i zapečatili, bar što se tiče našeg povratka u našu Banjaluku. Siguran sam da bi sve bilo drugačije da su svi Bosanci od početka stali u odbranu naših interesa i da su pokazali više ljubavi i razumijevanja prema nama Banjalučanima, jer mi nismo nimalo ni bolji, a ni gori od bilo kojeg Bašnjanina, pa ma gdje se on nalazio. Da je bilo malo više volje, i mi smo mogli govoriti o povratku u našu Banjaluku, kao i Brčaci u svoje Brčko. Ali ovako kako stvari sada stoje, mi niti imamo neke stvarne šanse za povratak, niti to koga tangira.

Što se mene tiče, mislim da je važnije da smo mi otišli i ostali živi, pa makar to ne odgovaralo nekim političarima, pa makar se oni trenutno i ljutili na nas. Mi smo preživjeli, valjda će biti života za nas i u ovoj lijepoj zemlji ako već nemamo šanse za normalan, ljudski povratak. Mi nećemo svoje u Banjaluci prodavati, ni poklanjati, pa kada dođu normalna vremena, eto nas opet u naš grad. Nije na odmet još jednom naglasiti da smo mi silom otjerani i da mi dušmanima ništa ne poklanjamo. To je još uvijek naše, Banjaluka je zauvijek naša, a oni neka rade šta hoće. Činjenica je da su nam oni zgadili zajednički život s njima, ali doći će nova vremena, i novi, pametniji ljudi, pa ćemo mi opet živjeti zajedno u našem zajedničkom gradu, a o svemu ružnom što je napravljeno, pričat ćemo, tugujući za nepotrebnim žrtvama koje su pale zbog ljudske gluposti i nepromišljenosti. Mnogi od nas su već ovdje uklopljeni u ovaj evropski način života i možda više nikada neće ni pokušati da se vrate na onaj stupanj života i suživota sa našim bivšim komšijama. Oni su svoje rekli i ma šta sada radili, mi im nikada više ne možemo vjerovati, a o nekom prijateljstvu sa njima više nema ni govora. Eto, tako su oni ipak ostvarili svoje, mada mi ništa nismo izgubili, a oni, ustvari, ništa nisu dobili. Prelijevanje iz šupljeg u prazno, što kaže naš narod. Mi jesmo izgubili svoj dom, svoj grad, svoju domovinu, ali smo dobili mogućnost da živimo normalno, sa miroljubivim ljudima, u lijepim toplim stanovima, uvijek siti. Da ne govorim o kulturnoj nadgradnji, koja poslije nacionalističkih divljanja neće stići u Banjaluku ni za sto godina, jer tamo se nalaze svi oni koji su svojevremeno ukinuli Dom kulture i koji su sve i zakuhali. Oni mogu promijeniti kožu, ali ćud ne mogu promijeniti nikako, ma koliko to oni željeli. A kako stvari sada stoje, oni i ne žele da se mijenjaju.

Moram opisati jedan od načina kako oni sprovode svoje prljave zločinačke planove u djelo: Još u toku rata oni su optužili veliki broj ljudi za djela koja nemaju nikakve veze sa istinom i koja se nikada nisu dogodila. Optuženi ljudi bi bili sretni da su se ta djela dogodila, ali, kao što sam već naglasio, sve je bilo izmišljeno. Tako su dušmani optužili nevine ljude, održali pompezno lažirano suđenje i osudili ih na dugogodišnje zatvorske kazne. Sve to je bilo popraćeno u nacionalističkim medijima i dignuto na najviši nivo osude „državnih neprijatelja", tako da javno mnijenje donese zaključke da je „država" bila u opasnosti i da su ti ljudi tako opasni, a da je policija tako sposobna da je to sve otkrila. A sve je bila obična farsa i laž, bez ikakvih dokaza i činjenica. Bilo je tu kazni i od dvadeset godina. Tako je na dvadeset godina osuđen moj dragi prijatelj Osman, koji je odležao dosta dugo u srpskim kazamatima, a onda je razmijenjen. A lično znam da moj prijatelj ništa pod bogom nezakonito nije uradio, ali bio je dušmanima pri ruci i oni su ga osudili. Iz „Amnesty International" sam saznao da su mnogi osuđeni u odsustvu, jer nisu bili na dohvat ruke dželatima, nalazili su se u izbjegliištvu.

Pomislih, eto ima boga, ljudi su se spasili. Međutim, ima tu mjesta i za ovakva razmišljanja: U redu, izvukao sam živu glavu, ja ionako nikada neću priznati njihov sud, ja nikada neću priznati ni njihovu paradržavu, ali u isto vrijeme, ja se nikada neću moći ni vratiti u moj rodni grad, jer će se uvijek naći neki ludi nacionalista-policajac, ili sudija koji će iskopati stare nacističke spise i reći: „Aha, evo balije koji je bio osuđen te i te godine. Sad ću ja njemu pokazati kako mi Srbi nikad ne zaboravljamo ko je bio protiv nas." To može da učini i bilo koji kriminalac, kojih tamo podosta ima, pa da se osveti tome baliji koji je svojevremeno bio protiv srpskih, svetih ideja o jednom vođi, jednom narodu, jednoj državi. Tako, i pored najboljih želja, povratka nema. Čovjek jednostavno, ni u mislima neće da rizikuje da ponovo upadne u neke prljave krvoločne zločinačke ruke. Sreća da je čovjek našao državu u kojoj se daleko bolje, plemenitije i humanije živi, pa ona žabokrečina u Banjaluci, iz koje su nas istjerali, nikome i ne fali. Što se tiče mene, ja isto tako nikada neću priznati onu njihovu izmišljotinu od paradržave i za mene će moja Banjaluka uvijek biti u Bosni i Hercegovini, bez obzira šta svjetski političari odlučili o sudbini tih nesretnih dijelova naše domovine. Nažalost, ja zbog toga moga nepriznavanja silom postignutog možda činim veliku nepravdu prema rođacima i svima ostalim koji su ostali u rodnom gradu. Ni pisati im se ne može ljudski, jer pismo ne dolazi na adresu ako se napiše: Banjaluka, Bosna i Hercegovina, a ja to samo tako mogu napisati, i nikako drugačije. Da ne govorim o imenima ulica, jer ne poznajem nove nazive koje su nacionalisti nametnuli bez ikakvog reda i zakona. Razumijem ja potpuno naše političare koji upotrebljavaju ono nacionalističko ime dijela BiH otetog u agresiji, oni moraju tako, jer se samo tako mogu boriti za cjelovitu domovinu. Oni moraju gutati one gorke pilule koje im svijet nudi, jer je svijet izgleda odlučio da nagradi genocid i etničko čišćenje. Političari moraju izgovarati ono nacionalističko ime, jer samo na taj način im je dozvoljeno da učestvuju u igri oko sudbine naše domovine. Stanje, evo već pet godina nikako da se promijeni nabolje i da se krene sa mrtve tačke u rješavanju nagomilanih problema koje su nacionalisti nametnuli. Ja sam utopistički odlučio da za mene ta nacionalistička, na silu stvorena tvorevina ne postoji, a jasno mi je da je to, nažalost, utopija. Ja ću se toga, bez obzira na sve držati, iako znam da zbog toga možda više nikada neću vidjeti ni rodni grad, ni kuću u kojoj sam se rodio. Ulog je veliki, ali ja ne mogu drugačije. Ja se mojim rođacima u Banjaluci izvinjavam, a bio bih veoma sretan kada bi me oni razumjeli. Znam ja da je veoma malo na svijetu onih koji mogu shvatiti ovakav moj stav, ali za mene će moja Banjaluka ostati u Bosni i Hercegovini do kraja moga života, pa ma šta svjetski moćnici odlučili u budućnosti. A natpisi po Banjaluci: „Ovo je Srbija", meni samo govore koliko pisci takvih gluposti ne poznaju istoriju hiljadugodišnje srednjovijekovne Bosne. Meni preostaje da i dalje čvrsto vjerujem da će pravda ipak na kraju krajeva pobijediti, sa mnom, ili bez mene. Proći će i moj život, a Banjaluka će i dalje, kao i oduvijek, biti u Bosni i Hercegovini. Ovaj ružni nacionalistički košmar će proći, a buduće generacije će se uvjeriti da sam ja bio u pravu. Ja sam, kao i uvijek, optimista.

A „članovi" one izmišljene grupe „Valter" koji su navodno radili protiv srpske paradržave, pa dobili duge zatvorske kazne, a sve je bila bezočna laž i vještačka konstrukcija, ne pridaju nikakvu važnost tim propagandnim suđenjima, ni navodnoj Karadžićevoj amnestiji, i ne žele komentirati te „famozne" konstrukcije i izmišljotine. Sreća pa je većina u to vrijeme bila daleko od njihove „pravne države", ali moj veliki jaran Osman je bio tamo, pa su ga, ni krivog, ni dužnog, osudili i strpali u zatvor. I mene bi, da sam im bio pri ruci.

U međuvremenu, ugodni život u lijepoj zemlji se nastavlja. Pored uobičajene borbe za život i egzistenciju, čovjek uvijek nađe vremena da ode u Stockholm i da u šetnji po velikom gradu provede pokoji vikend i skupi nove snage za nastavak životne utakmice. Tako mi često sjednemo u našu „Fiesticu" i odvezemo se ili u Stockholm, ili u Uppsalu, ili u Vaxholm, ili negdje u prirodu, kraj mora, ili jezera. Ova zemlja je toliko prostrana i ima toliko prekrasnih mjesta da se čovjek ne treba nigdje i nikada gurati i laktati. Ima mjesta za svakoga i nema bojazni da čovjek mora da se bori, ili žuri, da zauzme neko mjesto. Mjesta ima svugdje i gužvu čovjek vidi samo u vrevi velegrada, u ulici „Drottning gatan" (u Kraljičinoj ulici), ili u „Gamla stan-u" (Starom gradu) u Stockholmu, ili na velikim „marknadima", koji se održavaju s vremena na vrijeme. „Marknad" bi čovjek mogao prevesti kao „vašar", sa izuzetkom da ovdje nema šund muzike i „pjevaljki", na čemu sam im zahvalan... Čovjek može kupiti sve, „od igle do lokomotive", što kaže naš narod. Najljepši od svih „vašara" je „Vatten festival" (Festival vode) u Stockholmu. Traje jednu sedmicu i čovjek može da uživa u muzici iz svih krajeva na kugli zemaljskoj, raznim atrakcijama i takmičenjima na vodi, plesnim grupama iz cijelog svijeta, kuharskim specijalitetima koji nadražuju čulo mirisa i okusa, a izgladnjuju do ludila, tako da je čovjek prisiljen potrošiti i posljednju paru samo da proba neki specijalitet sa Tajlanda, iz Indije, Kine, Italije, Meksika i mnogih drugih zemalja iz cijelog svijeta. Čovjek hoda po gradu sve dok ga noge nose, a kad osjeti da više nema snage, sjedne i osvježi se pred nekom improviziranom pozornicom, slušajući neki dobar bend koji izvodi američku kantry muziku, ili nešto sa sasvim drugog kraja svijeta, ili sjedne u nekom parku (Kungs tredgorden), pred ogroman ekran i gleda neki naučni film o vasioni, zaboravljajući sve probleme svijeta kada vidi kako je planeta zemlja sitna u ogromnoj vasioni. Iz dubokih misli te vrati u stvarnost plesna grupa iz Brazila koja pleše sambu, u onim golišavim kostimčićima, da ti srce stane od ritma i ljepote. Kada se oporaviš od samba-vrtoglavice, čarobnog ritma i omamljujućih pokreta plesačica, već je vrijeme za uobičajeni vatromet koji svaku noć priređuje druga država. Upravo jedne takve noći nam je stigao Dado iz Bosne. Kako nam je bilo drago kada smo sa strane promatrali reakcije našeg Dade. Iz tužnog bosanskog mraka, direkt na „Vatten festival“. Neopisivo je sresti svoje napaćeno dijete u takvim okolnostima, na takvom čarobnom mjestu. Nismo mu mogli pokloniti ništa na svijetu što bi se moglo mjeriti sa tom večeri našeg susreta poslije pet jalovih godina iščekivanja i neispunjenih nada. Mislim da je to bila najljepša noć u životu svakome od nas četvero, iako o tome poslije nikada nismo pričali. Nismo pričali, jer nismo imali vremena od silne sreće koja je, eto, zakucala i na naša vrata. Baš ću jednom svakoga ponaosob upitati misle li kao i ja, a siguran sam da će se složiti sa mnom, jer „sreća nije lepa samo dok se čeka i dok od sebe nagoveštaj da“, sreća je lijepa i kad nam se dogodi. Izvinjavam se našoj dragoj pjesnikinji Desanki Maksimović što sam se usudio malo ispraviti njen najljepši stih, stih koji ja nikada neću zaboraviti baš zato što u njemu ima toliko puno istine i ljepote, ali, evo, ja sam našao jedan izuzetak njenom stihu, a to mi je bilo moguće zato što sam lično doživio sreću kakva se u životu rijetko događa: „Hej, ljudi, narode, vratio nam se sin iz beznađa rata i crnog vilajeta tužnog Balkana i još tužnije nam naše majčice Bosne !!!!!!!

Tu noć nećemo nikada zaboraviti, a veoma često ponavljamo naše izlete na razna mjesta, sada ne kao trio, sada smo kompletan kvartet. Na putu kući u naše Norrtelje, nalazi se jedan simpatični „Mc. Donalds“, gdje obično svratimo i pojedemo hamburger, posrčemo milkšejk, i popijemo coca colu, a boga mi često i „bigmak“ padne za slobodu.

Mi imamo šansu da zaboravimo sve one probleme u koje su nas neprijatelji uvalili i da nastavimo živjeti boljim životom, potpuno neopterećeni onim glupostima zbog kojih su budale započele odvratni rat (čitaj: agresiju) u našoj domovini. Tužni smo kada na našem bosanskom programu vidimo kako dušmani i dalje uspješno uspijevaju mučiti našu Bosnu i Hercegovinu, ne dozvoljavajući joj da diše evropskim plućima, već je i dalje glupo guraju u crno beznađe svojih bolesnih ideja. Nikako da dočekamo da te neotesance crna zemlja proguta, pa da ostatak svijeta odahne i nastavi živjeti životom dostojnim čovjeka. Ipak, usprkos takvima, lijepog života ima i mi smo mnogo dobili kada smo došli u ovu lijepu zemlju i upoznali sve ove ljepote, prirodne i ljudske.

Naš Dado je s nama živio oko dva mjeseca, pa je onda dobio svoj stan, svoju kućicu, svoju slobodicu, jer stanovi su ovdje napravljeni da se u njima stanuje, a ne da ih samo političari i direktori lako dobijaju. Ovdje ih svi trenutno lako dobijaju već na početku svoga zrelog doba, tako da se već na samom početku čovjek osamostaljuje, a poslije samo od njega zavisi kako će proći u životu.

Slušajući orkestar Glena Milera i predivnu „Perfidiju", ne mogu se oteti utisku da će se ipak sve nekako normalno regulisati samo po sebi, jer ipak su snage svjetla jače od snaga mraka i nije moguće da glupi nadvladaju, ma kako to sada, u ovom trenutku izgledalo.

Tako gledam na našoj televiziji tragediju Brčkog i poigravanje međunarodne zajednice u vezi s arbitražom – kome će pripasti ovaj, oduvijek bosanski, grad. Sve ide tako teško i traljavo. Ne mogu shvatiti kako to međunarodna zajednica misli održati jedinstvenu Bosnu i Hercegovinu, a u isto vrijeme razmišlja da jedan toliko važan grad dodijeli okupatorima koji još uvijek računaju sa nastavkom okupacije i sa pripajanjem polovice Bosne Srboslaviji. Zar još uvijek postoji želja da se nagradi genocid? Zar još uvijek postoji strah od nacista i osvajača? Zar nacistima u Bosni nisu podrezana krila? Zar su oni još uvijek toliko jaki da mogu diktirati uslove nastavka života u napaćenoj domovini? Sve su to pitanja koja me muče dok gledam sva ta prenemaganja oko Brčkog. Nije valjda da ja znam bolje od svih tih bjelosvjetskih političara da su Srbi završili sa svojim divljanjima, jer sada nemaju protiv sebe nenaoružane civile, jer oni nemaju hrabrosti napasti dobro obučenu i naoružanu armiju, kakva je sada Armija BiH. Zar niko od tih arbitara ne zna da se Srbi sasvim drugačije ponašaju kada protiv sebe imaju ravnopravnog protivnika? Oni će uvijek napasti slabijeg, a kukavički se povući pred ravnopravnim i jačim. Takvi su oni i to bi arbitri i ostatak svijeta trebali znati.

Pošto sam i dalje optimista, smatram da će svijet to shvatiti i dodijeliti Brčko Brčacima, pa da onda ljudi nastave normalno živjeti u svome gradu, u svojim kućama (ako nisu spaljene), u svojim stanovima (ako nisu opljačkani), na svojoj strani Save koja će i dalje lijeno, ali neumoljivo teći prema istoku u susret svome snažnijem bratu Dunavu, a onda, zajedno s njim, do Crnog mora.

Sjetih se ljetovanja kod tetke Tehvide u Brčkom nekog davnog ljeta i kupanja na Ficibajeru na Savi. Kako nam je bilo lijepo. Ma čak sam laganice za nekoliko dana polako polizao punu teglu slatka od dunja, a sa strana, po tegli ostavio tanki sloj slatka, da tetka Tehvida ne primijeti šta je gulanfer Acke uradio. Kao dijete, maštrafio sam sve živo što je sadržavalo šećer, a ni danas mi nije mane, ali puno umjerenije.

„Circulus viciosum" niko, pa ni nacionalisti, ne može izmijeniti ni poremetiti. Sasvim je normalno u civiliziranom svijetu da čovjek ne može živjeti u tuđem, zar ne? Pomalo me muči ona narodna izreka: „Politika je kurva", ali neće svijet valjda podleći zavodljivosti te i takve politike. Jednostavno, Bosna, kao i ostale evropske zemlje, mora i treba da nastavi svoje postojanje, bez miješanja u poslove drugih zemalja, ali i bez miješanja drugih u njene poslove. Ja sam čvrsto ubijeđen da će do toga, na kraju i doći, samo ne znam koliko će sve te igre i predigre trajati. Taj ispaćeni narod zaslužuje da se vrijeme predigre skrati, pa da ova, u suštini miroljubiva, zemlja počne disati punim plućima. Taj narod bosanski je oduvijek, još od vremena Bogumila i Bosanske crkve, želio tako malo: Samo da ih ostave na miru i da se ne miješaju sa strane. A „oni" i sa Istoka i sa Zapada su se uvijek i cijelo vrijeme miješali. Valjda će svijet shvatiti da i ta mala zemlja ima pravo na samoopredjeljenje i ravnopravan tretman sa svima drugima. A oni „mješaći" sa strana treba da pruže ruku iskrene saradnje tome malom, ponosnom, miroljubivom narodu. Tako će jednog lijepog dana i biti, jer ljudski rod tome, u stvari, i teži, samo se ne zna koliko će Save proteći dok međunarodna zajednica to shvati i dok se to ne ostvari. Svi mi ćemo jednog dana biti „prah i pepeo", kako pjeva jedan izvrsni hrvatski pjevač, a buduće generacije treba da žive ljepšim, humanijim životom, nego što smo mi živjeli.

I tako, jednog lijepog dana, dođe vrijeme da se naša porodica spusti na jugoistok, u naše krajeve. Nismo se odlučili da idemo u Bosnu, jer naša Bosna je prvenstveno u Banjaluci, a tamo još uvijek vladaju oni koji su nas otjerali, pa nismo baš željni da se sretnemo s njima. Neki ljudi su išli, ali je to bilo toliko bijedno i žalosno, da se ne isplati ponovo gubiti volju za život samo da bi se (ako oni dozvole) posjetilo harem u Stupnici, Partizansko groblje, vidjelo svoju kuću u kojoj sada žive neki drugi ljudi, a život onih zbog kojih smo morali otići nas uopšte ne zanima. Tamo još uvijek važi ono krajnje uvredljivo i jadno „dobro je, ne tuku". Tu uvredu, kada su tukli bespomoćne građane našeg grada, im nikada neću oprostiti.

Tako se odlučismo da idemo na naš dragi Cres, kod Amidže i Strine. Znam da bi moje tetke, koje su u Banjaluci, voljele da smo došli u rodni grad, ali to još uvijek, nažalost, nije moguće.

O Amidži i Strini sam već pričao, ali nije na odmet malo pobliže opisati to dvoje poštenih, časnih ljudi.

Još davne 1991. godine su otišli na Cres, gdje imaju kuću i lijepo imanje. Tu ih je zatekao rat: prvo kada su Srbi napali Sloveniju, onda Hrvatsku, pa Bosnu i Hercegovinu. Nisu mogli da se vrate u rodnu Banjaluku, jer je most kod Bosanske Gradiške bio zatvoren. Iako ni dan danas nisu regulisali Amidžinu penziju, iako ni dan danas nemaju nikakvih zvaničnih prihoda, to im nije smetalo da za vrijeme rata, a i poslije, ugoste sve one Bošnjane koje je sudbina dovela do Cresa. Moj dragi Amidža je u „Trudbeniku", poslije „Bliku", odradio svoj puni radni vijek i otišao u zasluženu penziju, a onda se sudbina sa njim gorko poigrala (kao i sa mnogima drugima) i, eto, taj vrijedni čovjek koji je cijeli svoj život radio kao pomahnitao, sada provodi svoje posljednje dane bez ikakvih prihoda, daleko od rodnog, ukradenog grada, daleko od svoga ukradenog stana, a u Hrvatskoj nikako ne uspjeva da reguliše to važno životno pitanje: Kako preživjeti bez zaslužene penzije? A bosanske vlasti su donijele nekakav okrutni propis po kojem onaj koji podnosi zahtjev za penziju mora doći lično u Sarajevo i izganjati svoja legitimna prava. A on, čovjek od 86 godina, sa bubrezima koje su ustaše pretresale još 1942. godine u „Crnoj kući", u Banjaluci, a kome su četnici 1992. godine opljačkali svu pokretnu i nepokretnu imovinu, nije sposoban da se otisne na tako dalek put u Bosnu, i tako njegova zaslužena penzija u BiH čeka da on umre, pa da se taj slučaj baci „ad acta". I zaista, na kraju se je tako i dogodilo... Ništa nije pomoglo ni što su on i Strina za cijelo vrijeme svoga života bili dobri i pošteni ljudi, ljudi koji su svima pomagali. Meni i mome bratu su pomogli da stanemo na vlastite noge, i svoj našoj raji u Omladinskoj ulici su pomagali još od dana kada smo formirali naš dječiji fudbalski klub „Hajduk". Oni su nam sašili naše prve dresove. Oni su bili prvi pri ruci kada smo osnovali naš prvi rock sastav „Amori", kada smo počeli svirati rock and roll, kada su nam dali da vježbamo u njihovoj šupi, kada smo pravili i kupovali prve instrumente, prve gitare smo kupili upravo njihovim novcem. Oni su mene i brata odveli u „Pelagić" gdje smo proveli najljepše dane naše mladosti, a da ne govorim o turnejama po bivšoj Jugoslaviji, Jadranskoj obali i Evropi. Takvi su ti divni ljudi – moj Amidža i Strina. Oni nemaju svoje djece, ali su za cijelo vrijeme svoga života bili roditelji ne samo meni i mome bratu, već i svoj ostaloj rodbini, a i raji, ne samo iz naše ulice. A život, prevarant, tako im je ružno uzvratio. O njima će u ovoj priči biti još govora, jer ni blizu nisam sve opisao.

U međuvremenu, dok ovo pričam, upravo saznajem da sam postao Dido: Jutros se rodio Emil, zdrav, gladan i sa crnom kosicom, istom onakvom kakvu je imao i naš Dado kad se rodio. Život se nastavlja i pun je radosnih događaja...

Jutros sija i divno proljetno sunce...

O Strini, čvrstoj, odlučnoj, a i tvrdoglavoj ženi, mogu reći sve najbolje, jer nam je ona bila majka od onog trenutka kada smo izgubili našu mamu, još u ranom djetinjstvu. Njenih kolača se sjeća cijela naša raja, a zahvaljujući njoj proslavio sam i svoj osamnaesti rođendan i imao tortu, kao i sav normalan svijet. Sada, pod stare dane, ona se bori kao lavica da nekako preživi, a da se nigdje ne zadužuje. Čak i poklon je više naljuti nego što je obraduje. Tako je još od 1991. godine uključena u rad „Crvenog križa" na Cresu, pa uspijeva da dobije najpotrebnije namirnice za preživljavanje. Nažalost, pomoć sa te strane se toliko smanjila, da mogu samo zamisliti kako se to dvoje starih i onemoćalih ljudi sa uznemirenošću u duši bori za opstanak. A uvijek su imali, jer su živjeli skromno i nikada se nisu razbacivali. Eto, takvim ljudima je prokleti rat uskratio i najosnovniju radost postojanja i oni egzistiraju ispod svih egzistencijalnih minimuma. Mi im pomažemo koliko možemo, ali to nije ono što oni žele. Oni su naučili da sami idu kroz život i teško im pada ta nedostojna potreba za pomoći da bi se preživjelo: nemaju svojih primanja, niti snage da se dalje bore, a ni leđa da sami sebi zarade za život. Dirljivo je bilo gledati Amidžu kada mu donesem par kila tahan halve iz Švedske, iz Rinkebija, kad on počne halvu ransonirati da mu duže traje, a sve ćopa komadić po komadić da ga želja mine za poslasticom njegovog života.

Tuga života je ogromna, a veoma često pada na pleća potpuno nedužnih ljudi.

Tako mi krenusmo na Cres. Odlučili smo da idemo Dadinim autom, preko Poljske, Slovačke i Mađarske. Nabavismo i poplaćasmo vize, što je još jedno dodatno finansijsko opterećenje kada čovjek ima pasoš za koji treba viza u skoro svakoj državi. Elen, Dadina supruga, nije išla sa nama, jer hrvatska administracija joj nije dozvolila ulazak u Hrvatsku. Uskratili su joj to vrlo jednostavno, bez objašnjenja. To je bila vrlo mučna situacija, puna balkanskih nedorečenosti i neprijatnosti. Hrvatski diplomatski službenici su bili vrlo neuljudni i neljubazni. Nadam se da će poslije Tuđmanove vladavine biti smijenjeni. Jednostavno su dozvolili da muž uđe u zemlju, a njegova supruga, Estonka, nije dobila tu „povlasticu". Nisu joj dali ulaznu vizu, iz čistog hira Hrvatskog diplomatskog predstavništva u Stockholmu. Tako se ne gradi turistička budućnost jedne zemlje, zemlje koja računa da će joj turizam biti glavna grana razvoja. Valjda će se to nepristojno i arogantno ponašanje hrvatske administracije u diplomatskom predstavništvu u Stockholmu u budućnosti promijeniti, jer to ne vodi ničemu, a najmanje ka ostvarenju hrvatskog sna o pripadanju evropskom kulturnom krugu. Nadam se da će 21. stoljeće donijeti pozitivne promjene i u taj segment lijepe naše...

Na putu nismo imali nikakvih većih problema, osim što smo uništili amortizere na Dadinoj „Hondi", jer su putevi u Poljskoj užasni. Stigli smo sretno u Hrvatsku, a duži odmor na putu smo imali samo na brodu preko Baltika i na Balatonu u Mađarskoj, gdje smo se osvježili u toploj vodi tog prekrasnog jezera koje je, pored Budimpešte, svakako najveća atrakcija Mađarske.

Šta reći o osjećaju kada smo stigli u nama uvijek dragu Hrvatsku? Prekrasno vrijeme, solidni putevi, prelijepa Hrvatska. Dado je vozio kao sumanut, oduševljen (nekad) našom Hrvatskom. Odvrnuli smo radio sa hrvatskom muzikom do daske. Mi Hrvatsku nosimo u srcu, bez obzira na sve događaje u posljednjih nekoliko godina, bez obzira što smo mi Bošnjani doživjeli dosta zla od loših ljudi i iz te zemlje. Mi uvijek vjerujemo da će nosioci ponižavajućih kombinacija za Bosnu ipak na kraju izgubiti premoć u hrvatskom političkom establišmentu i da će stvarni prijatelji Bosne, kojih ima mnogo u Hrvatskoj, ipak na kraju uspjeti okrenuti točak istorije prema jednom pravednijem pravcu u odnosima između veoma bliskih država. Odnos međusobnog uvažavanja i respektiranja, bez želje za dominacijom jednih nad drugima, bez ružnog mišljenja da su jedni više vrijedni od drugih. A Bosni treba samo to, i ništa više.

Veoma brzo prođosmo pored Varaždina, Zagreba, pa Karlovca i stigosmo u čarobni Gorski kotar. E, tu se osjećasmo kao svoji na svome. Normalno da smo se zaustavili na rijeci Dobri i osvježili jakom ekspres kafom u nama dragom restoranu, na samoj obali te lijepe rijeke. Prođosmo i mjesto gdje sam ja zaspao za volanom u brdima iznad Delnica i uništio desni blatobran na mome novom „Fiatu", još davnih osamdesetih. Bože dragi, kao da se to desilo prije sto godina, toliko je čovjek u međuvremenu toga prekopao preko glave. Uspomene, uspomene... Nismo ni sanjali da nam je ovo bio posljednji put prolaziti starim putem kroz Gorski kotar, a uskoro iza toga je bio izgrađen novi, savremeni autoput i više se Gorski kotar nije mogao prepoznati. Nestala je ona čarolija i romantika za sva vremena.

Uz Olivera i „Malinkoniju" pređosmo i Jelenje i stigosmo u dragu Rijeku. Crikvenica, Titov most, Krk, Valbiska, trajekt, Merag na Cresu, dobro poznata staza kojom smo toliko puta prolazili. Kako smo vrištali od sreće kada smo se iskrcali sa trajekta, dodirnuli poslije šest posnih godina tlo našeg voljenog otoka i kada nas je zapuhnuo dragi, nama dobro poznati, povjetarac voljenog Cresa. Popesmo se na vrh Meraga, a onda se ukaza naš voljeni grad. Bože, koliko tuge se skupi u čovjeku kada shvati da su neki ljudi uzeli sebi za pravo da kažu: „E, ovo više nije ničije, ovo je samo hrvatsko." Zašto čovjek ne može biti bar toliko internacionalan, da mu nikad ne padne na pamet da ljudima oduzima najdraže snove, da ljudima oduzima najdraže iluzije da je ljudsko biće univerzalno i nedjeljivo? Zašto ljudi oduzimaju teritoriju jedni od drugih? Zar zemaljska kugla nije dovoljno prostrana da ima mjesta za sviju, a da se zbog toga ne ubijaju, da jedni druge ne proganjaju i tjeraju? Znam da se na ova pitanja još dugo neće moći odgovoriti, ali ih moram postaviti, jer sam prosto lud od ljubavi prema Cresu, od ljubavi prema laganom povjetarcu Cresa, od ljubavi prema tom komadiću kopna i mora koje mi nigdje drugdje nije tako plavo. Spuštajući se sa Meraga, ugledasmo zaljev i malecki, slatki, nama najdraži Cres. Ugledasmo malu zimzelenu šumicu koja se nalazi sa prednje strane creskog groblja okruženog stoljetnim zidinama. Onda ugledasmo staru jednospratnicu, kuću koju je Amidža Mustafa kupio još davne 1969. godine. Srce se stegnu kada ugledasmo koliko je kuća oronula.To Amidža nikada prije nije dozvoljavao, ali starost i siromaštvo su učinili svoje. On se više ne može verati „nebu pod oblake" da bi okrečio fasadu svoje visoke kuće, i vrijeme je učinilo svoje. Ovdje su kiše česte, naročito u jesen i zimu, pa je fasada potpuno isprana od kiše, sunca i vjetrova. Ugodno nas iznenadi urednost i sređenost u vrtu, što je oduvijek naše voljene starine ispunjavalo ponosom.

Zatrubismo da bismo dozvali Amidžu i Strinu, jer oni nisu znali kada ćemo mi tačno doći. Nismo im to precizno smjeli reći da se ne bi bez potrebe sekirali i brinuli. Trebalo je dugo da nas Amidža čuje jer mu je sluh u posljednje vrijeme oslabio. Ne treba opisivati kako su se obradovali kada su nas vidjeli – poslije šest godina.

Vrijeme na Cresu je prošlo veoma brzo, kao lijep san... „Sve što je lijepo kratko traje", kaže dobra stara poslovica. Susreti sa prijateljima, kupanje, šetnje, dugi razgovori sa Didom (tako zovemo Amidžu), Strinom, kapučino, večeri Cresa, Lučano, Vlado, barba Tone, teta Marija, teta Jucika, vožnje Lučanovim čamcem, roštilj sa Lučanom i njegovom Ljubom, proslava naše godišnjice braka... Sve to je prošlo kao divan san. A onda dođe i vrijeme još jednog tužnog rastanka. Kako nas rastanci rastužuju, a toliko smo ih doživjeli, da ih svaki put teže podnosimo. Ne znam kome je bilo teže: očajnom Didi, Strini, Elviri, ili meni. Dado i Starkica su to lakše podnijeli. Dido i Strina su osjećali kao da se mi više nikada nećemo sresti jer njima nije ostalo mnogo od života, a nas je hvatala tuga što ostavljamo naše najdraže u neizvjesnosti, njihovoj starosti, bolesti i surovosti života koji ih čeka u budućnosti, bez nade da oni, onako iznemogli, mogu išta popraviti i poboljšati. Iskreno rečeno, to bi mogao biti posljednji susret, naročito sa Didom, koji je u posljednje vrijeme naglo potonuo i oslabio, a i volja za životom mu je potpuno iščezla. Nije ni čudo, kada se zna šta je taj pošteni starina sve u životu, ni kriv, ni dužan, preturio preko glave.

Oprostismo se sa najvoljenijima, od čarobnog Cresa, od lijepe Hrvatske... Brzo pređosmo Mađarsku, Slovačku i Poljsku u kojoj je tog ljeta bjesnila poplava. Na brodu za Švedsku je bilo lijepo: muzika, restorani, lijepe prodavnice. A onda ponovo voljena Švedska: „Svugdje prođi, kući dođi", kaže poslovica. A Švedska jeste naš voljeni dom, mi je tako osjećamo. Ona nas je primila kad nam je bilo najteže. Dođosmo kući u Norrtelje i nastavismo sa ustaljenim životom: smirenim i stabilnim, kakav valjda može biti samo u ovoj pitomoj zemlji...

A onda, jednog lijepog dana, dobih ponudu da se politički aktiviram u Socijal-demokratskoj partiji. Iskreno rečeno, to me je jako obradovalo. To može značiti samo jedno: da sam stekao povjerenje Šveđana i da me smatraju pogodnim za uključivanje u tu njihovu najveću i najuspješniju partiju. Pošto su ideje socijalde-mokracije meni najbliže, prihvatio sam ponudu. Poslije svih onih laži kojima su nas nacionalisti obasipali u okupiranoj Banjaluci, mislio sam da više nikada neću učestvovati ni u jednoj političkoj stranci, ali pošto se život nastavlja na prilično normalan način (a još prije pet godina mislili smo da je sve gotovo), potpuno je normalno da se ponovo aktiviram i dam svoj doprinos životu u našoj maloj, ali lijepoj komuni.

Ovdje stvari izgledaju mnogo drugačije nego na jugoistoku Evrope. Tamo, naročito u Hrvatskoj u ovom trenutku, sa podsmijehom gledaju na socijaldemokrate, jer imaju veoma negativna iskustva sa komunistima, ali ovdje nije bilo nikakvog totalitarnog režima i niko nije ublatio sve lijepe ideje socijaldemokracije. Ovdje je socijaldemokracija sasvim moderna i ljudi je cijene na sasvim normalan način, a nije uprljana raznim komunističkim bljazgarijama koje su se desile u bivšem Sovjetskom Savezu, bivšoj Jugoslaviji i ostalim državama bivšeg komunističkog bloka. Tako ne bi bilo na odmet da ONI naši političari, koji u stvari nemaju pojma o socijaldemokraciji, malo prouče to područje, pa da onda prestanu da se ponašaju onako glupo, misleći da su mnogo pametni, pa da prestanu socijaldemokraciju mjeriti samo sa onim našim socijalističkim mjerilima. Vrijeme je da se i u tim politički zaostalim krajevima počne sa respektom gledati i na političke neistomišljenike, tolerirajući i njihove ideje, priznajući da i oni mogu predložiti dobra prava rješenja, bolja od „naših", iako ne pripadaju vladajućoj stranci. To je najočitije kod nacionalističkih lidera i krajnje je vrijeme da oni siđu sa političke scene i prepuste demokratskim snagama da poprave što se popraviti može. Nažalost, to je tako daleko od Bosne, a naročito od Hercegovine, pa i od Hrvatske, a o srpskim krajevima da i ne govorim posljednjih godina dvadesetog stoljeća. Siguran sam da će budućnost pokazati da sam u pravu i da će demokratske ideje i u domovini na kraju pobijediti.

Ovdje u Švedskoj stvari izgledaju drugačije: biti socijaldemokrat smatra se i humanim i pohvalnim.

Naša domovina je u takvoj situaciji da socijaldemokrati muku muče da dokažu da oni imaju mnogo bolje ideje od bivših komunista, da oni imaju bolja politička rješenja od trenutno vladajućih stranki, ali za sada im je sve to uzalud, jer narod još uvijek ukazuje povjerenje nacionalnim strankama. To je i normalno poslije onakve krvoločne agresije i rata, ali ako Bosna hoće dalje, mora prevazići nacionalističko sljepilo. Ljudi moraju početi ukazivati povjerenje modernijim političkim opcijama, moraju polako početi mijenjati nacionalističke lidere. Kada bi, na primjer, Tuđman otišao u penziju, Milošević bio skinut sa trona i stavljen na opruženičku stolicu, Izetbegović dobio svoju mirovinu, a na njihova mjesta došli političari neopterečeni ratom i krvoprolićem, narod bi počeo da misli svojom glavom, a ekonomija bi se počela kretati uzlaznom linijom, ka nuli, od koje je naša nesretna zemlja još uvijek udaljena, zatrpana dugovima koji se samo umnožavaju svakim paketom „pomoći" iz inostranstva i svakim izborom „novog" nacionalističkog političara.

Ako bi u Bosni i Hercegovini na sam politički vrh došli istinski demokrati, onda bi i domovina mogla krenuti u intenzivnu obnovu materijalnih i duhovnih dobara koja su tako intenzivno uništavana svih ovih godina. Tako ja mislim, a uvažavam i druga mišljenja, jer sigurno ima pametnijih od mene. Po ovim mojim skromnim razmišljanjima se vidi da sam ja socijaldemokrata u duši i zato sam se ponovo aktivirao. Mojim partijskim kolegama nimalo ne smeta što sam u Jugoslaviji bio 20 godina u Komunističkoj partiji. „Mislim, dakle spostojim" – politiziram, dakle utičem na dalje tokove života – život se nastavlja i ja imam svoj skromni udio u tome. Jeeeeeees, za sreću treba tako malo...

Malo posljednjih događaja iz domovine. Prije nekoliko dana je bio Dan državnosti Bosne i Hercegovine, 1998. godina, početak mjeseca marta... Slušam na TVBiH govor omiljenog (u to vrijeme) bosanskog političara i patriote dr. Harisa Silajdžića. Do srži me je zabolilo kada naš Haris spominje sve gradove koji su trenutno pod srpskom čizmom a oduvijek su bili bosanski i ni jednom riječju ne spominje našu Banjaluku. Po tome čovjek vidi da su mnogi Bošnjani našu, bosansku Banjaluku potpuno otpisali. Oni prečutno pristaju da bosanska Banjaluka pripadne Srbima koji su je okupirali na samom početku agresije, kao da tamo nismo živjeli mi Bošnjani, zajedno sa ostalima. Kao da 60 -70 hiljada stanovnika ništa ne znači, kao da naše kuće više ne pripadaju nama, kao da naš grad više nikada neće biti ponovo naš. Kada tako misli i do tada cijenjeni Haris, onda mi Bošnjani iz Banjaluke nemamo više čemu da se nadamo. Mi iz Banjaluke smo, znači, otpisani i nigdje u domovini više nema mjesta gdje bismo se mi mogli vratiti. Jer svi mi Bošnjani dobro znamo za onaj bošnjanski izraz „došljo". Mi znamo da je jedina šansa za naš povratak u BiH, šansa da se vratimo u svoje kuće, u svoj grad, na svoj posao. Mi dobro znamo kako se osjećaju svi oni koji su protjerani iz Srebrenice i drugih gradova gdje su srpski teroristi počinili zločine. Mi odlično znamo da oni nemaju šanse da se drugačije osjećaju, nego kao „došlje". Domaće stanovništvo ima toliko svojih problema, da niko nema vremena za te jadne prognanike i oni nemaju nikakve šanse da se na ljudski način uklope u nove sredine i počnu normalno živjeti. Mi iz Banjaluke, znači, treba da se pomirimo sa takvom sudbinom i da se vraćamo u neke druge gradove, među naše drage zemljake, koji, nažalost, nemaju dovoljno vremena ni za sebe, a kamoli za tamo neke „došlje" iz tamo neke „izdajničke" Banjaluke, koji su uživali tamo negdje u inostranstvu, dok smo mi krv lili za domovinu. Takvo prokletstvo bi nas pratilo u našoj dragoj domovini, bar za cijelo vrijeme našeg kratkog života. U takvim prilikama se zaboravljaju svi pravi razlozi i uzroci našeg progona pa čovjek jednostavno i umre, a ne uspije objasniti sve one nepravde koje je preživio i kakve je sve psihičke posljedice sve to ostavilo na naše izmučene duše. Tako, na posredan način, naš Haris nas je uvjerio da nama mjesta u Bosni, ustvari, ni nema. Mi se ne možemo vratiti u neprijateljsku Banjaluku ako se ne riješe svi oni zločinački uzroci zbog kojih smo morali otići, a Haris, naš Haris, našu Banjaluku ni ne spominje, nas 70.000 iz Banjaluke jednostavno otpisuje, kao da nas tamo nikada nije ni bilo. Ovo je prigovor našem Harisu i ovo je gola, tužna istina. Haris bi baš trebao biti taj koji vodi računa o svim važnim detaljima koji život znače za našu jedinstvenu domovinu, ali eto I ON smatra da se naša voljena Banjaluka treba svrstati negdje gdje joj nikada nije bilo mjesto. Krajiškoj ljepotici je uvijek bilo mjesto u našoj Bosni: i 1941. godine kada su ustaše smatrale da je njihova, i 1991. godine kada su četnici smatrali da je njihova. Da ne spominjem da su se u Bosni razbile iluzije i turskih i austrougarskih i njemačkih osvajača mnogo ranije. „Tvrd je orah voćka čudnovata, ne slomi je a zube polomi", napisa jednom veliki crnogorski pjesnik Njegoš, kao da je pred sobom imao Bosnu i sve one osvajače koji su u istoriji pokušali da je otmu i zadrže za sebe, pa „zube polomili". Bez obzira na sve osvajače i otimače, ja sam siguran da će naša ljepotica sa Vrbasa opet jednog dana biti ponos naše domovine i da će osvajačka čizma ipak pokleknuti, iako to trenutno izgleda nemoguće, eto i za našeg Harisa. Dragi moj Harise, bar ti moraš biti siguran da će cijeli ovaj ružni san, koji su nam neprijatelji priredili, jednog lijepog dana proći. Ti moraš našu Banjaluku više cijeniti i voljeti, ne zbog nas otjeranih Bošnjana Banjaluke, već zbog naše domovine. Ti nikada ni u mislima ne smiješ prepustiti naš voljeni rodni grad dušmanima. Ne smiješ to zbog budućih generacija koje moraju znati pravu istinu o našem gradu, koje moraju znati da je Banjaluka oduvijek bila u Bosni i Hercegovini. Moraju to znati da bi ONI jednog dana, kada nas više ne bude, povratili Banjaluci stari, bosanski sjaj, kada, nažalost, mi, savremenici genocida, to trenutno nismo u stanju učiniti. Ako svi mi istrajno budemo ponavljali istinu i samo istinu, istorija to neće zaboraviti i, dragi Harise, budi siguran da će jednog dana naša Banjaluka biti bosanska, samo mi, zajedno s tobom i svim iskrenim prijateljima Bosne, moramo zajedničkim snagama istrajati. Ti jednostavno ne smiješ podleći trenutnoj, dnevnoj politici, ti si dovoljno jak, a i dobro znaš koliko je loša politika podložna promjenama. Ti, kao jedan od najcjenjenijih bosanskih intelektualaca, jednostavno moraš istrajati. Mi vjerujemo u tebe i znamo da si baš ti jedan od rijetkih koji može, a koji i hoće. Uloga nas otjeranih Banjalučana nije uopšte važna. Važno je istrajati na istini, važno je Banjaluku vratiti majčici Bosni. A buduće generacije će biti bolje, snalažljivije i aktivnije od nas i uživat će u našem voljenom, bosanskom gradu, našem Bendželaju, našoj Banjaluci kraj bistra Vrbasa.

Recimo da mi, sadašnji otjerani Bošnjani Banjaluke, nismo ni važni. Sve što treba da uradimo za Banjaluku, uradit ćemo za buduće generacije. Mi otjerani Bošnjani Banjaluke spremni smo ostati van domovine, ali nikada nećemo pristati da se zaboravi istina o našem gradu, nikada nećemo prepustiti Banjaluku dušmanima. Mi ćemo se boriti za naš grad, pa makar ga više nikad ne vidjeli. To smo dužni istoriji i svim načelima istine i savremenih kretanja u svijetu. Iz ove naše borbe, mi Bošnjani Banjaluke nemamo namjeru izvlačiti materijalnu korist, mi smo sve izgubili, pa ponovo stali na vlastite noge ovdje u inostranstvu, ali, vjeruj, Harise, materijalnu i sve druge koristi, povratkom našeg voljenog grada domovini, imat će domovina i generacije koje dolaze. Mi smo utoliko važni što je nama sudbina odredila da se borimo političkim sredstvima za naš grad, i mi smo dužni da to učinimo. Kukati više nikada nemamo namjeru, jer nama je ovdje, najiskrenije rečeno, lijepo, ali, još jednom kažem, Banjaluku nikada nećemo nikome pokloniti.

Oprostit ćeš ti meni Harise što tvoje cijenjeno ime ovoliko puta spominjem. Oprostit ćeš mi jednostavno zato što ćeš shvatiti šta ja želim postići ovim mojim tvrdoglavim ponavljanjem. Ja osjećam u duši da smo ti i ja na istom putu i da se u svemu možemo shvatiti i razumjeti. Bez obzira što su naše metode borbe različite, što su naše trenutne pozicije različite, bez obzira na sve, tvoja opredjeljenja se ni u čemu ne razlikuju od mojih i ja sam potpuno siguran da češ ti shvatiti sva moja stajališta ove 1998. godine. Ono glavno: ljubav prema našoj Bosni i Hercegovini nam je potpuno ista. Ja osjećam i skoro sam siguran da ćeš ti jednoga dana biti predsjednik naše tužne, napaćene domovine, pa je i to jedan od razloga što od tebe zahtijevam i više, nego od svih ostalih zajedno. Ti ćeš znati na pravi način kako da se riješi ova banjalučka enigma, i mi ćemo je zajedno i riješiti. Trenutna situacija je utoliko važna što se mi upravo sada u njoj nalazimo, a budućnost je ono čemu se mi moramo okrenuti. Čovjek koji uspije izaći iz tamnice sadašnjosti i bar malo zaviriti u budućnost, sretan je, i pred njim je budućnost u svoj svojoj raskoši otvorena. Oprosti mi Harise i hvala ti unaprijed što ubuduće nećeš zaboraviti Banjaluku.

Da se osvrnem na našu situaciju u vezi sa državljanstvom i pasošem. Opet je delikatna situacija. Iskreno da kažem, nama Bošnjanima bi bilo najbolje kada bismo mogli dobiti dvojno državljanstvo. U isto vrijeme tvrdim da bi to bilo najbolje i za domovinu, jer bi se na taj način pristojno i dostojanstveno udomio veliki broj otjeranih Bošnjana koji se još dugo neće imati gdje vratiti. Domovina, nažalost, nema materijalne mogućnosti da nam svima obezbijedi dostojan povratak, a mnogi od nas se i ne mogu vratiti među iste one dušmane koji su nas otjerali. U toj situaciji bi najljudskije bilo da nam se omogući da ovdje, u Švedskoj, startujemo u život sa istim šansama kao i naši ljubazni domaćini, a u isto vrijeme da ne gubimo naše državljanstvo i vezu sa domovinom. Znam da ovakav stav ne odgovara svima u domovini, ali nama, ovdje u tuđini, tako odgovara, a o našoj se koži radi i nas se treba pitati. Mi u Švedskoj imamo mogućnost da ljudski nastavimo život i, na sreću, niko zlonamjeran iz domovine nam ne može pokvariti tu šansu da i mi otjerani nastavimo živjeti normalnim, civiliziranim životom, bez nacionalnih budaleština sa kojima muku muči voljena domovina. Domovina bi trebala da nam olakša tu odluku i da nam omogući dvojno državljanstvo, a ako politika nastavi da se prema nama odnosi kao prema pastorčadima, bojim se da će nas staviti pred svršen čin i na taj način nas izgubiti. Mi nismo ni glupi, ni naivni, i mi nećemo dozvoliti da se s nama manipuliše: te „ovo je godina povratka", te „domovina vas željno očekuje", te „entiteti su se dogovorili". Mi Banjalučani znamo za sve te političke parole, ali isto tako znamo da ovo niti je godina povratka, posebno u Banjaluku u kojoj svi oni isti od 1992. godine žive, a da ne govorim o „knindžama" i ostalima koji su i dalje u našim kućama, ulicama, a o našem lijepom Domu kulture da i ne govorim. Grad u kojem Dom kulture pretvaraju u pozornicu nacionalnog iživljavanja i prepucavanja, osinje gnijezdo nacionalizma, za mene i moju porodicu nije i ne može biti onaj voljeni, rodni grad. Niti nas domovina željno očekuje, niti su se entiteti dogovorili. A svi dobro znamo da onima tamo još uvijek nije ni palo na pamet koliko su zla nanijeli kulturi i svim ljudima koji smatraju da bez kulture nema ni čovjeka, ni ljudskog roda. Ja se u takav grad nikada neću vratiti, a voljena Švedska mi to velikodušno omogućava. O povratku u neki drugi grad u Bosni ni ne razmišljamo, jer znamo kako bi nas tamošnji stanovnici „toplo" dočekali i kako bi se ponašali prema „došljama", Banjalučanima, iz Švedske... Sve ovo zvuči toliko okrutno, ali što da se lažemo, to je potpuno istinito. Za nas u domovini, ma koliko to ona ne priznaje u zvaničnim saopštenjima, trenutno nema mjesta. Hvala bogu da nam je Švedska pružila utočište, pa ćemo moći izbjeći sve tužne dogodovštine u koje bismo neminovno upali, kada bismo se vratili. Tako, bar što se mene i mojih tiče, ako domovina ne obezbijedi da možemo imati dvojno državljanstvo, mi ćemo uzeti švedsko državljanstvo. Ja to otvoreno i bez straha izjavljujem, a mnogo je onih koji će to isto uraditi, ali zbog straha, ili nečeg drugog, učinit će to šuteći, u potaji. I ko će na kraju izgubiti? Pošto se naši izbeglički gubici nigdje ne računaju, izgubit će najviše domovina. Eto, zato ja zagovaram mogućnost dvojnog državljanstva. Život je jedno, a patriotizam nešto sasvim drugo. Sa mojim patriotizmom ja ne dozvoljavam da drugi kalkulišu, niti manipulišu. Isto tako smatram da niko nema pravo raspolagati sa životima drugih i suditi i presuđivati drugima. To je luksuz koji sebi mogu dozvoliti društva na nižem stupnju razvoja, a ovdje u Švedskoj čovjeku je dozvoljeno da misli svojom glavom i niko mu neće zamjeriti ako ima svoje vlastito mišljenje koje je potpuno suprotno od mišljenja većine. Tolerancija, kako to lijepo zvuči... Tako stvari stoje i domovina mora preispitati svoje odluke o državljanstvu i riješiti naš status u duhu demokracije i poštovanja mišljenja pojedinca, jer pojedinac, a ne grupa, osnova je svega u naprednom društvu. Tako ja to mislim, pa kome to bilo drago, a kome krivo, nemam vremena razmišljati, jer sam toliko vremena izgubio trpeći sve nacionalističke budalaštine. Više nemam vremena za gubljenje. Život je isuviše kratak da mogu sebi priuštiti luksuz za još nekorisnih improvizacija.

„Gledaj od čega živiš", rekoh sam sebi i uhvatih se u koštac sa životom tamo gdje se trenutno nalazim, a oduševljen sam da je to u ovako lijepoj, pa još uz to civilizovanoj zemlji. Bosna je u srcu za sva vremena, nju niko ne može odande iščupati, i baš zbog Bosne ja ću ovdje još bolje živjeti, jer kao otjerani to i zaslužujem, a Bosna će biti sretna da se život nastavlja i da dušmani nisu ni u čemu uspjeli, bar što se mene i moje porodice tiče. Oni su, eto, i ne sanjajući, opet ispali naivni (da ne kažem neku grublju riječ), a Bošnjani ostali pribrani i mudri u svojim odlukama. To je snaga koju dušmani nikada neće shvatiti. To je snaga hiljadugodišnje Bosne.

Juče, 5.3.1998. godine, lešinari su se spustili i na Kosovo. Jednom davno sam negdje čuo da će se sve i završiti tamo gdje je i počelo, na Kosovu. Srbijanska armija i ostale paravojne skupine su napale civilno stanovništvo na Kosovu. Sela gore, tenkovi bljuju vatru, ubijeni ljudi, dušmanski helikopteri, sve me to podsjeća na nešto već više puta viđeno, prvo u Sloveniji, pa u Hrvatskoj, pa u Bosni i Hercegovini, pa evo boga mi i četvrti rat započeše. Srpska propaganda nastavlja po starom, taktikom laži i prevara prvo svog naroda, pa onda cijelog svijeta. Novinarima je, naravno, pristup zabranjen. Bože, kada dožive i ovaj poraz na Kosovu, koga li će onda napasti? Ili će se ipak sve završiti tamo gdje je i počelo, kada je Slobodan Milošević, na Gazimestanu, održao onaj famozni govor: „Srbe ne sme niko da bije, osim srpske milicije". Možda će se obistiniti ono proročanstvo koje kaže da će se na Kosovu sve i završiti.

Ja se lično nadam da će Srbija biti upravo onolika kolika i treba da bude i po ljudskim i po božijim zakonima. Ovo je samo moje mišljenje, a potpuno sam svjestan da možda i griješim kada dajem svoje ocjene o situaciji, jer vrijeme će najbolje pokazati šta će od svega toga, na kraju, ispasti. Srbi, uostalom, i rade sve da bi do normalnog raspleta situacije u regionu i došlo. Oni još uvijek bezglavo srljaju u propast, a još uvijek ništa nisu shvatili. Ali što god im se dogodi, sve su zaslužili i niko im ne može pomoći. U međuvremenu, nenaoružani narod Kosova mora pretrpjeti velike gubitke, prije nego svijet sve to shvati i poduzme ono što se protiv Srbije, prije, ili kasnije, mora poduzeti. Ako im se prepusti da na Kosovu ponove zločin istog obima kao u Bosni, onda je vjerovatno „bratska" Crna Gora na redu. Svijet nikako da shvati da Srbi ne mogu pronaći civilizovana rješenja za svoje probleme. Oni jednostavno moraju srljati u propast. Od svega toga najžalosnije je to što oni stalno još nekog, nedužnog, vuku za sobom. Svijet nikako da shvati da će kad-tad morati intervenirati da zaustavi nacionalističko ludilo, koje ne samo da ne prestaje prirodnim putem, već se cijelo vrijeme i pojačava u nemogućnosti da razriješi tolike probleme i enigme, koje su sami Srbi zbog skučenosti racionalnog razmišljanja stvorili. Treba se nadati da će svijet ovog puta reagirati na vrijeme i spasiti jedno civilno kosovsko stanovništvo od pogroma. Armija Kosova ne može biti toliko snažna da to spriječi. Albanija će sigurno pomoći svojoj braći, ali to će onda prerasti u jedan malo širi rat koji će nanijeti nova zla, a Evropa će upasti u nove nepredvidive probleme. Kada se još umiješaju i Rusi sa svojim „konstruktivnim" rješenjima, onda rat neće prestati ni za pet godina. Jer, svima mora biti jasno da se Albanci neće dati tako lako. Oni imaju snagu i tvrdoglavost balkanskog čovjeka koju svijet nikako da shvati. Zato bi bilo najbolje da svijet intervenira odmah, bez kalkulisanja u stilu „Pustinjske oluje" i da završi taj zločinački san o velikoj Srbiji, jednom za sva vremena. Ovo sve zvuči tako ružno i okrutno prema onom dijelu srpskog naroda koji se nikada nije slagao sa osvajačkim nacionalističkim planovima svojih nacionalističkih ideologa, ali, nažalost, nikada nije uspio da ovo zlo zaustavi i spriječi, a kada dođe vrijeme ispostavljanja računa, onda je uvijek nedužni narod taj koji najviše trpi i strada.

U međuvremenu život teče dalje. Vijesti iz rodne Banjaluke uglavnom čujem kada ja nazovem, jer tamo niko nema novaca da plati skupi međudržavni razgovor. Ono što se vidi i čuje preko TVBiH odnosi se samo na ono što sadašnje vlasti u Banjaluci rade, a to me uopšte ne zanima. Mene zanima kako ono malo banjalučkih Bošnjana živi u „bratskom" zagrljaju srpskih komšija. Ono što čujem uglavnom je tužno i ispod ljudskog dostojanstva. Ako je jedina čovjekova sreća u tome: „Dobro je, niko nas ne dira", onda se može zamisliti kako ti jadni ljudi žive. Mogu misliti kakve im penzije „braća" daju kad su i srpske penzije ispod svih ljudskih i civilizacijskih normi. Samo mi nije jasno da još uvijek preživljavaju, a razumijem ih kada ni jednom riječju ne kažu kako im je, ustvari, težak svaki novi dan. To je ta poštena, ponosna duša bosanska. Što se naše porodice tiče, u posljednja dva mjeseca umrlo ih je četvero: prvo Hivzija, pa Hajrija, pa majka Vasva, pa onda moja draga tetka Mina. Tako je smrt glavni događaj u tim jadnim bošnjanskim dušama koje još uvijek, usprkos svemu, već sedam godina preživljavaju u nemogućim, neljudskim uslovima. Kada li će njima svanuti normalan, ljudski dan?

Oni su sigurno izgubili nadu. Prepušteni su dobroj volji (dobro je, ne tuku) onih koji su im sve najbliže protjerali, a domovina im ne može ponoći, jer se nalazi iza „entitetskih linija", pardon, gvozdene zavjese i nema nikakvog uticaja u tom zaboravljenom dijelu Bosne i Hercegovine. Kada li će tamo stići zastava (makar i hibridna) Bosne i Hercegovine? Kad već spomenuh novu zastavu, mogu reći da se meni sviđa. Izgleda sasvim lijepo i pristojno, i Bošnjani su je uglavnom prihvatili, a oni drugi još uvijek ušuljavaju svoje kokarde i šahovnice, a o novoj zastavi se uglavnom ne izjašnjavaju. O njihovoj „iskrenosti" sve znam, pa me baš zanima kako će se ta epizoda sa zastavom završiti. Dobro je da je i međunarodna zajednica postala tvrdoglava, da su bar tu našu karakternu osobinu naučili. Možda od svega toga nešto i ispadne.

Jedanaesti mart, 1998., osvanuo je okupan u blještećem zimskom suncu koje je već od pola sedam uvlačilo svoje zrake u spavaću sobu i pored spuštenih zavjesa. Ustadoh sa laganim bolom u vratu: vjerovatno me malo ušćaklo dok sam spavao, pa tome i ne pridajem neku veliku pažnju. Kuham kafu, budim Starkicu i onda počinje naš ritual: kafu pijemo polako, s ćejfom. Pričamo malo, polako, opušteno, o „novom danu, novoj nafaki", o sinošnjim snovima, o planovima za još jedan novi dan koji je pred nama. To nam je oduvijek bio, a i ostao, najdraži dio dana, samo naša intima koja je veoma važan činilac našeg dugog, sretnog i stabilnog braka. Spremamo se i izlazimo u prekrasno jutro. Vani je bar minus deset, vjerovatno i hladnije, ali to nam ne smeta, jer smo toplo obučeni. Auto mi je u kvaru već nekoliko dana, pa je to baš dobra prilika da do posla prošetamo petnaestak-dvadeset minuta. Uputismo se preko „Flygfelteta", bivšeg aerodroma koji sada služi kao fudbalsko igralište, ragbi i sve ostale sportove koji se igraju vani. Ima tu prostora za pet, šest fudbalskih igrališta. Odlučismo da idemo posred igrališta, po utabanoj stazi. Snijeg škripi pod nogama i odjednom mi se javljaju uspomene iz djetinjstva: Sjetih se onih zima u Bosanskoj Gradišci, kada sam kao dvanaestogodišnjak trčkarao po, baš ovakvom, bijelom snijegu, upirući se da sustignem Refku i Bracu koji su žurili preko polja na sastanke sa djevojkama, a ja sam želio da budem ravan njima i da i ja sebi nađem kakvu curu, pa da i ja budem muškarčina. A bijela snježna polja gradiščanske ravnice se prostrla u nedogled, pa nikad stići do kraja. A od kuće dide Demirače Ibrahima do grada je bilo dobrih tri-četiri, ako ne i više kilometara. Bar se tako meni tada činilo. Bože, gdje li sada živi mnogobrojna porodica Demirača? Otjerani su sa svojuh ognjišta u Predgrađu Nasip još 1992., bili su u Njemačkoj, a onda više ništa o njima nisam čuo. Ti čestiti ljudi su morali napustiti svoja bogata imanja i potucati se po svijetu, a u njihove kuće su se uselili neki drugi ljudi... Kako bi na sve to reagovao žestoki starina Ibrahim da je živ?

Idemo polako po bijelom čistom snijegu uživajući u ljepoti sadašnjeg trenutka, a prošlost se nenametljivo ispreplіće sa sadašnjošću. Drago mi je da o prošlosti mogu razmišljati sa sjetom i toplinom, preskačući gorčinu i mržnju. To je znak da sam prevladao sve one psihološke barijere koje čovjeka uvijek iznova vraćaju u beznađe prošlosti i prokletstvo tuge Balkana. Drago mi je da razmišljanje o prošlosti u meni budi lijepa, plemenita osjećanja i da me samo učvršćuje u mojim nastojanjima da život živim normalno, bez gorčine, sa dozom umjerenog optimizma... Neprijatelji čovječanstva nisu uspjeli u meni uništiti čovjeka, a to je najvažnije u ovom, ionako prekratkom, životu. Život ovdje je jednostavno smiren, lijep i bez stresova, i tako ga treba živjeti, a mi smo sposobni da se povinujemo tim zakonitostima normalnih životnih tokova. To je baš lijepo i mi u tome uživamo...

Trebala je godina dana da saznam šta se desilo sa čestitom porodicom Demirača: Refko je, izgleda, ostao u Njemačkoj sa djecom, a njegova supruga Hada je umrla od tuge za svojom rodnom grudom negdje u, čini mi se, Liskovcu kod Bosanske Gradiške.

Braco se vraća u domovinu, jer je njegovu kuću zaposjeo komšija Srbin, koji je, izgleda, voljan da prepusti kuću pravom vlasniku.

Moja maćeha Saima je, izgleda, najteže prošla. Morala je zajedno sa svojim mužem napustiti Njemačku već među prvima, pa se vratila u Sanski Most, gdje joj odmah potom umire muž Mehmed, a ona ostaje prepuštena samoj sebi i svim teškoćama koje sirotinja sa sobom nosi. Ni njen sin, moj dragi Ibro, nije imao sreće: U Njemačkoj se potucao od nemila do nedraga, pokušao se useliti u Švedsku kada je morao napustiti Njemačku. Nije uspio i na kraju se vratio u Bosnu, vrlo brzo potrošio ono malo para koje je donio sa sobom iz Njemačke i ostao bez igdje ičega. Sada se nalazi u nekim Krkanovcima kraj Sanskog Mosta, gdje sa svojom majkom dijeli tužnu sudbinu „povratnika" koji je sve izgubio i koji ništa na svijetu, osim golog života, nema. Ima on dvoje djece sa bivšom suprugom Branom koja nije htjela napustiti „avetinjski" grad, jer joj nije smetala nacionalistička vlast koju su srpski okupatori u Banjaluci uspostavili. Ona je ostala sa djecom, a Ibro je morao napustiti domovinu zbog pogrešnog imena i otići u neizvjesnost izbjegličkog života. Sreća mu je okrenula leđa i srce mi se steže kada pomislim šta taj, inače veseli čovjek, šeret, uvijek raspoložen za zezu, pjesmu i šalu, sada preživljava. Nadam se, dragi moj Ibro, da će i tebi ponovo svanuti bolji dani i da će nam se ponovo pružiti šansa da se sretnemo i obnovimo naše bratsko prijateljstvo koje osjećamo jedan prema drugom, iako nismo rođena braća. Glavu gore i bori se, a bolji dani će sigurno doći. I došli su...

Poslije dugo vremena opet sam sreo moga Ibru u Švedskoj, gdje je ipak, poslije mnogo peripetija, uspio doći i ponovo, po ne znam koji put, uspio stati na vlastite noge i još jednom, i uz moju pomoć, početi sve iz početka...

A onda, kao grom iz vedra neba, vijest da je kontaktna skupina odlučila da se agonija Brčkog nastavi. Evropski presuditelji su odlučili da će se o statusu tog bosanskog grada odlučivati ponovo početkom iduće, 1999. godine. Još jednom je Bosna izigrana, još jednom je nepravda pobijedila. Opet su jadni Bošnjani najlakše progutali gorku pilulu. Tako je i normalno: pravda je na bošnjanskoj strani, pa valjda će na kraju krajeva i doći jednog lijepog dana.

A onda još jedna tužna, ali pomalo i smiješna vijest: Tuđman se još jednom odlučio da „pomogne" Bosni i predložio „mirovni plan" u kojem bi Bošnjani trebali da se odreknu najveće tekovine oslobodilačkog rata, svoje slavne Armije Bosne i Hercegovine. Predsjednik lijepe naše je predložio demilitarizaciju Bosne i Hercegovine, a onda bi se naši „dobronamjerni" susjedi obavezali da neće napadati nenaoružanu Bosnu. Jest, al´ malo sutra. Shvatili smo mi Bošnjani Tuđmanovu dobronamjernost već odavno. Znamo mi precizno koliko nas on voli. Nas on više nikada neće uspjeti „prevesti žedne preko vode". Neka zahvali geostrateškom položaju Hrvatske što nas on mrcvari evo već sedam godina. Inače bi njega i njemu slične Bosna već odavno prepustila njihovim snovima o velikoj Hrvatskoj i o velikoj Srbiji. Na sreću, u Hrvatskoj ima i veliki broj onih koji nisu opčinjeni Tuđmanovim „lucidnim" idejama i koji će sigurno uskoro doći na čelo lijepe Hrvatske. Onda će Hrvatska biti poželjna i privlačna svakom čovjeku dobre volje, onda će procvjetati hrvatski turizam, onda će hrvatski čovjek lijepo živjeti od svoga rada. Čudi me da veći broj ljudi u jednoj od najljepših država na svijetu nije već shvatio da je vrijeme Tuđmanovih snova prošlo, da je došlo vrijeme ljudi neopterećenih Tuđmanovskim idejama o zaposjedanju teritorija koje mu ne pripadaju. A stvarno nije jasno i šta mu treba više od onako lijepe Hrvatske. Tu se radi o paučini prohujalih vremena i jedva čekam da počne najuspješnija era u hrvatskoj historiji, era post Tuđmanovskih vremena. Onda će i naša Bosna i Hercegovina dahnuti dušom. A „dobronamjerne" prijedloge našeg „iskrenog" susjeda su Bošnjani shvatili od prve. Neka on predlaže razoružanje svoje zemlje, a Bosni prepusti da sama traži svoja rješenja. Zna Bosna da bez vlastite armije, nema ni Bosne, jer lešinari sa strana bi razoružanu Bosnu jedva dočekali, a onda ponovo iz početka: klanja, logori, progoni... Zna Franjo da svijetu može mutiti o svojoj tobožnjoj dobronamjernosti, pa opet, po ne znam koji put, pokušava loviti u mutnom. Nadam se da su to njegovi posljednji pokušaji da se upl_iće u poslove druge države, pod krinkom da želi pomoći bosanskim Hrvatima. Kamo sreće da njegovog uplitanja nikada nije ni bilo, sigurno bi Hrvati iz Bosne bolje prošli uz svoje sunarodnjake Bošnjane koji su ih uvijek cijenili i bili spremni da sa njima dijele i posljednju koricu kruha. Bolji dani, dani bez nacionalista, uskoro će doći. Ja sam po dobrom starom običaju optimista i siguran sam u to...

U međuvremenu, ovdje na „trulom" Zapadu, daleko od bosanske tuge, čuda se događaju istim tempom kao i do sada. Tako se Starkica i ja prijavismo za „hemlig resa", što će reći tajno, ili misteriozno putovanje sa članovima njene firme. To ovako izgleda: Niko osim organizatora ne zna kud se ide i o kakvom se putovanju radi. Prijaviš se, pa kako ti bude. Sjedosmo u kombi nas devetero, a niko, pa čak ni šofer, ne zna kuda se ide. Onda vođa puta govori kojim putem se ide, a još uvijek ne govori kakva je svrha putovanja i koje je krajnje odredište. Idemo prema Stockholmu i časkamo o svemu drugome, samo ne o vrsti iznenađenja koje nas čeka na kraju putovanja. Fantastičan je osjećaj: ne znati kud se ide, ali znati da te na kraju putovanja čeka nešto ugodno. Jedan sasvim novi osjećaj, nešto što nikada prije nisam doživio.

Stigosmo u Stockholm, a još uvijek niko ništa ne zna. Parkirasmo se u krugu Radio televizije Švedske. Ja, onako u šali, upitah: „Da mi to nećemo ići na TV 4?" Ni sanjao nisam da je baš TV 4, najpopularniji program švedske televizije, naše krajnje odredište. Uđosmo u jednu od zgrada švedske televizije, kad ono baš TV 4.

Da ne dužim dalje, bili smo učesnici snimanja jedne od najpopularnijih humorističkih emisija na švedskoj TV, „Sveriges revi". To je humoristička revija, puna skečeva iz cijele Švedske, a učestvuju najbolji komičari Švedske. Publika ima svoga „Koucha" koji organizira sve reakcije publike: smijeh, aplauz itd. Bilo je toliko zabavno, da nisam siguran jesam li se tako zabavljao u posljednjih deset godina. Kako je divno kada se savlada strani jezik do tog nivoa da čovjek razumije jedan sasvim drugačiji humor od humora iz domovine. A Šveđani su toliko opušteni i bezbrižni da im je humor odraz njihovih neopterećenih, vedrih duševnih osjećanja. Toliko je bilo lijepo učestvovati u svemu tome, uz direktan kontakt sa švedskim umjetnicima, koji ni u jenom trenutku ne pokušavaju da od svog posla prave misteriju, ili filozofiju, niti pokazuju i najmanju želju da se prave važni. Te večeri smo doživjeli vrhunac sreće i opuštenosti, što nam se nije desilo još od predratnih sretnih dana u domovini. U pauzi programa smo ponuđeni kafom, kolačima i sokovima. Sve je bilo na najvišem nivou i besplatno.

Stigosmo u naše Norrtelje prije ponoći, tako da se uspjesmo odmoriti za novi radni dan. Eto, tako izgleda jedan nepredviđeni, iznenadni izlet-putovanje u ovoj lijepoj zemlji.

Vidim ja da mi neće biti žao što sam, doduše siledžijski, preseljen u ovu obećanu zemlju. Tješi me što su oni koji su nas otjerali naivno sretni u našim kućama, u našim gradovima, u našoj domovini. Oni i ne sanjaju da smo mi, otjerani, bolje prošli od njih, a i ne treba ih ni u šta uvjeravati. Neka spavaju mirno na našim jastucima, u našim posteljama, u našim spavaćim sobama. Mi smo, hvala bogu, stekli sve to, a i više od toga. Da ne govorim o proširenim vidicima, o duševnoj i kulturnoj nadgradnji i o svim onim prefinjenim stvarima o kojima oni nikada nisu imali pojma. Od sve ovozemaljske kulture, njih oduševljava samo birtija, kakva dobra kafanska pjevaljka, pa još ako ima duge noge, kratku suknju i kratku pamet, ne mora znati ni pjevati. Iz neprovjerenih izvora sam saznao da je jedna takva bila predložena da bude ministar kulture u Srbiji, ali, naravno, niko na svijetu nije povjerovao u takvu glupost. Samo mi koji potičemo sa Balkana znamo da su sve kombinacije u jednoj takvoj zemlji moguće. Sve ovo što kažem o mojim dojučerašnjim sunarodnjacima izgleda na prvi pogled pregrubo i preoštro, ali oni nisu bolje ni naučili, ni zaslužili. Priznam da imam manu da pričam previše o dušmanima koji su nas otjerali iz vlastitih kuća i da potenciram onu narodnu poslovicu: „Došli divlji i istjerali pitome". Priznam da mi se njihov neljudski postupak prema nama, njihovim dojučerašnjim komšijama i prijateljima, toliko urezao u mozak, da vjerovatno do kraja svog života neću prestati govoriti o tom prahistorijskom fenomenu poimanja života, koji se među njima evo zadržao sve do dvadeset prvog stoljeća, a kako stvari sada stoje, oni iz tog začaranog, primitivnog kruga neće uspjeti izaći ni za još jedno stoljeće. O tome je potrebno uvijek pričati, što kaže Đole na svome koncertu, da se nikada ne bi zaboravilo. Za razliku od njih, mi imamo šansu da nastavimo život dostojan čovjeka, život ispunjen svim onim lijepim stvarima i malim detaljima koje su oni davno ukinuli u domovini. Mi, kao jedan stari evropski narod, znat ćemo to iskoristiti, a bogami, te civilizacijske blagodati već uveliko i koristimo. Život je lijep ako se u njemu zna uživati, a mi Bošnjani smo to uvijek znali. Nama je jednostavno divno među ljudima iz različitih nacija, jer mi smo uvijek živjeli sa drugima u ljubavi i prijateljstvu. Mi smo tako naučili, mi ne znamo drugačije. Šteta što to dojučerašnje komšije i prijatelji nisu razumjeli i shvatili šta gube, gubeći nas iz svojih života. Mi ćemo mržnju ostaviti drugima da im kosti jede, a mi ćemo ovo malo života što nam je ostalo živjeti u slozi i ljubavi sa drugima. Tako je nama i najlakše i najljepše.

Jedva čekam neko slijedeće iznenađenje koje će nam prirediti naši dobri domaćini i sugrađani, u novoj domovini Švedskoj.

A onda – grom iz vedra neba. Nije trebalo čekati dugo na slijedeće iznenađenje. Čitajući lokalne novine, pronađoh jedan oglas da se prodaje stanarsko pravo za jedan stan koji po svojim karakteristikama potpuno odgovara potrebama naše porodice. Mi smo već neko vrijeme počeli razmišljati o kreditu za stan, tako da se Starkica i ja dogovorismo da odemo pogledati ovaj stan, tek toliko da steknemo i to iskustvo razgovora i pregovora sa ljudima koji prodaju stan. Nazvah broj iz oglasa i sporazumjesmo se da dođemo i pogledamo stan iste večeri, ni ne sanjajući dokle će nas to dovesti. A bogami, dovede nas to daleko: Stan nam se svidio pa, onako informativno, zakazasmo razgovor u banci, tek toliko da vidimo imamo li ikakave šanse da dobijemo kredit. Saopštiše nam da će ispitati naše ekonomske mogućnosti i već sutradan saopštiše da imamo šanse i upitaše nas da li želimo da oni razmotre naš zahtjev za kredit. Mi, nekako stidljivo, potvrdismo, još uvijek ne vjerujući da se to nama dešava. Dan poslije me nazva službenica koja je obrađivala naš slučaj i saopšti da nam je kredit odobren...

Vjerovali ili ne, bez ikakvog pismenog zahtjeva, dobismo dugoročni kredit za stan u roku od tri dana...

Dogovorismo sve detalje sa starim vlasnicima, potpisasmo ugovor... I gotovo... Sve za nepunu sedmicu dana.

Sve ovo se dešava u aprilu, a već u drugoj polovici maja možemo useliti u NAŠ stan. Kiriju za naš budući stan počinjemo plaćati prvog juna. Kirija i kredit, zajedno sa svim kamatama, iznose manje nego kirija koju sada plaćamo u iznajmljenom stanu. Tako ćemo svakog mjeseca moći uštedjeti oko 800 švedskih kruna, a za uzvrat, gle čuda, živjeti u svome stanu, a ne kao do sad u iznajmljenom. A sve to se dešava na „trulom" Zapadu. Za ono „truli Zapad" mogu zahvaliti ispiranju mozga još iz komunističkih dana kada su nas učili da je komunizam „vječan", a kapitalizam „truo". Koliko li smo mi životnih istina nakaradno i pogrešno naučili. Hvala bogu da mi stigosmo na Zapad, gdje se, evo, i ovakva lijepa čuda dešavaju. Više mi niko nikada neće moći zamazivati oči lažima i izmišljotinama. Znam i vidim da se čuda u životu događaju, znam sigurno, jer sam ih sam, lično, doživio.

Dođe tako i proljeće u naš lijepi mali grad, a sa proljećem dođe i Prvi maj. Ovdje u Švedskoj se taj veliki praznik rada slavi na stari način: lijevo orijentisane partije organizuju mitinge i demonstracije, a onda se ode na osvježenje, malo zabave i razgovor uz kaficu. U ovim prilikama se alkohol ne konzumira. To je ostavljeno svakome individualno da u intimi svoje porodice, ili u krugu svojih prijatelja priredi i organizira porodičnu feštu. Sve u svemu, nisu to one proslave Prvog maja kao kod nas: teferič, okretanje janjca na ražnju, rakija, pivo i ostali zerzevati. Nikad neću zaboraviti naše teferiče na Adi, kraj Vrbasa, teferiče kojih se dobro sjećaju svi iz moje generacije, a koji se već dugo nisu održavali, ne znam iz kojih razloga.

Ovdje je sve krajnje organizirano i u cilju promocije političke partije koja priređuje miting, ili demonstracije.

E, ovog Prvog maja 1998. godine ću se dugo, dugo sjećati. Već sam ispričao da sam primljen u Socijaldemokratsku partiju Švedske. Tako ti ja odlučim da se priključim demonstracijama moje nove partije. Dođoh na određeno mjesto, odabrah transparent sa tekstom koji propagira zaposlenost, formirasmo kolonu i krenusmo ulicama grada uz zvuke limene glazbe iz Muzičke škole. Limena glazba svira prigodne internacionalne i domaće kompozicije, koje su potpuno iste kao i u cijelom svijetu u ovakvim prigodama: Internacionala i ostale poznate i nepoznate kompozicije, izvikuju se razne prigodne parole, a prolaznici sve to promatraju sa strane i reaguju na različite načine, ovisno o tome kojim političkim idejama pripadaju. Sve teče u redu i normalno, a mene odjednom obuze tuga kakvu nisam osjetio još od vremena kada sam odlazio iz domovine. Odjednom mi navrieše sjećanja sa naših posljednjih protestnih šetnji po našoj Banjaluci, kada smo očajnički pokušavali, na miran i kulturan način, da ubijedimo nacionaliste da ne započnu glupi, besmisleni, zločinački rat. Odjednom mi naviru u sjećanje oni podmukli, ubilački, prezrivi pogledi naših budućih dželata koji su već ionako bili donijeli svoje zločinačke odluke o započinjanju rata. Gledaju oni nas prezrivo i mrse u svoje četničke brade: „Samo vi naivci šetajte, a mi ćemo vas srediti kako mi znamo". U sjećanje mi se vrati prezrivi osmjeh „vojvode" Batara, bivšeg boksera, bivšeg direktora „Čistoće", a predratnog birtijaša, vlasnika birtije u kojoj su četnici donosili svoje „sudbonosne" odluke. Njegov odvratni, ironični osmjeh se teško zaboravlja. Šetamo mi naivci ulicama našeg voljenog grada i nadamo se da će se luđaci urazumiti. Tako, dok idem u prvomajskoj povorci ulicama našeg Norrtelja, slušajući parole koje uzvikuju moji novi prijatelji, ne mogu se oteti utisku da je ova galama toliko nepotrebna i ničemu ne koristi. Jer mi smo sve to radili i u našoj domovini i ništa nam to nije pomoglo.

Misli se ponovo vraćaju na one protestne šetnje protiv rata...

Kada je četnicima dosadilo da gledaju te naivne, jalove pokušaje naivaca da učine nemoguće, jednostavno su sa Opštine bacili par bombi sa bojnim otrovima na masu mirnih šetača... I gotova stvar.

Onda im je samo preostalo da započnu isplanirani rat, otjeraju oko 60.000 ljudi iz vlastitog grada, ubiju oko 200.000 nedužnih u Bosni i Hercegovini i kada to sve završe, nastave mirno spavati na tuđim jastucima, mirno živjeti u tuđim kućama, stanovima, gradovima...

Iz misli me prenuše uzvici koji meni nikako ne zazvučaše dobro, jer oni diskredituju našeg političkog neistomišljenika, a veličaju nas socijaldemokrate. Ja smatram da je to znak slabosti ako ja ističem negativne osobine moga političkog protivnika, da bih naglasio da sam ja bolji. Čovjek nikada ne treba da radi na taj način. To je moje mišljenje koje ne mora biti tačno. Tako su učesnici prvomajskih demonstracija uzvikivali parole koje su zvučale pomalo prepotentno, kao da naša partija može riješiti sve probleme bolje od drugih, kao da oni drugi nisu sposobni za to. Meni se ne sviđa takav stil i sve mi to zvuči nekako naivno da bi birači mogli povjerovati da je to sve tako kako učesnici demonstracija uzvikuju. Moja iskustva iz političkog života su ružna i greška je sigurno u tome što sam ja doživio toliko laži i prevara od političara u domovini, ali ja se nisam mogao otrgnuti utisku da nešto u tim demonstracijama nije baš korektno, da način uzvikivanja tih parola nikako ne odgovara mojim današnjim gledištima na politiku i život u cjelini. Nelagoda i tuga su me držale za cijelo vrijeme demonstracija i tada sam odlučio da više nikada neću učestvovati u nečemu čime diriguju pojedinci, a masa je tu samo da slijepo slijedi zapovijedi. Naime, bio je tu i neki mladi čovjek koji je bio zadužen da predvodi masu i da ih podstiče koje parole da uzvikuju i koliko puta sve to da ponavljaju. To me je podsjetilo na fudbalski stadion i one famozne vođe navijača koji predvode svoje sljedbenike na fudbalskim utakmicama. Sve u svemu, meni nikako ne odgovara da budem u ulozi sljedbenika koji će slijepo ponavljati sve ono što predvodnik svojim snažnim glasom nametne. Ni u kojem slučaju ne želim da budem vođen na taj način i to namjeravam prvom prilikom i reći, tako da na mene ne računaju u sličnim prigodama. Možda su moja stajališta zastarjela, možda su moji kriterijumi i prenaglašeni za današnji trenutak, možda sam ja i preoštar u svojim razmišljanjima, ali takav sam kakav sam i ja sigurno znam šta mi ni u kojem slučaju ne odgovara i šta ne želim raditi u svome budućem životu. Moja gorka iskustva su me naučila da više nikada ne ponavljam greške koje sam činio dok sam bio mlad i naivan.

Ovo sam morao prosto istresti iz sebe, jer ovdje, u ovoj divnoj zemlji, ne želim ni na koji način da pokvarim sve ove lijepe stvari koje mi se trenutno događaju.

A svaki dan se događa ponešto lijepo...

Tako sam već poslije nepunih šest mjeseci uspio proširiti svoje poslovanje na nekoliko strana, a i uvesti neke nove stvari koje mi svaki dan pomalo povećavaju mjesečne prihode. Još je to sve u veoma skromnim razmjerama, ali su pomaci evidentni i ja sam zadovoljan. Šveđani kažu da je potrebno oko tri godine da bi čovjek potpuno obezbijedio svoje poslovanje. Izgleda da su u pravu, jer nije lako steći rezerve i proširiti poslovanje tako da čovjek ne misli svaki mjesec o svakoj pari koju zaradi, ili potroši. Posebna priča je kako steći povjerenje pacijenata. Tu nema šale, mora se raditi krajnje pošteno i u svakoj prilici biti pri ruci pacijentima. Kada se prevaziđe ta barijera, putevi za uspješan posao su otvoreni, bez obzira što i ovdje ima nezaposlenosti i što i ovdje ekonomska kriza kuca na vrata.

Ipak treba biti optimista, jer ne treba se zaboraviti da Švedska ima ekonomski potencijal koji je može uspješno izvesti iz krize. Da ne govorimo o dva stoljeća bez rata na ovim prostorima.

Kako je lijepo živjeti u zemlji gdje se rat prezire i gdje se rješenje problema traži u beskonačnim diskusijama u kojima niko ne gubi živce, ali se na kraju uvijek pronađe kompromisno rješenje koje zadovolji sve zainteresirane strane. U tome im treba skinuti kapu i zahvaliti bogu što se baš ovdje, u ovom trenutku historije ljudskog roda, evo i mi nalazimo.

A onda se tri važna događaja desiše istovremeno: uselismo se u stan koji smo kupili zahvaljujući kreditu koji sam već opisao, razdužismo se sa ključevima stana u kojem smo živjeli tačno godinu dana i, kada sam taman pomislio da mi je dosta za taj dan, na poslu me dočeka zvonjava telefona: „Dobar dan, ja sam taj i taj (švedska imena zaboravljam odmah dok ih čujem), čestitam, vi ste izabrani između sto pedeset kandidata i dobili ste posao!!!" Promucah riječi zahvalnosti, još uvijek ne shvatajući o čemu se radi. Onda mi sinu kroz glavu vrlo uspješni intervju koji sam prije nekoliko sedmica imao u državnom zatvoru, kada su mi bez okolišanja saopštili da imam velike šanse da dobijem posao na novom odjelu koji se upravo gradi za kažnjenike koji imaju razne psihičke teškoće da se ponovo uklope u švedsko društvo. Konkurisao sam, jer sam shvatio da će mi se na ovaj način priznati diploma Pedagoške akademije, a dobiti posao gdje se koristi pedagoško znanje meni otvara nove šanse na području koje meni najviše odgovara. Dobih taj posao za koji znam da je veoma težak i pun nepredvidivih obrta i iznenađenja, ali siguran i prilično dobro plaćen.

Eto, i pored svih peripetija, pružit će mi se šansa da zaradim penziju u jednoj lijepoj, sigurnoj državi, zemlji o kojoj sam već odavno sanjario i kajao se što nisam prihvatio jednu šansu koja mi se pružila još daleke 1975. godine.

Iz misli me prenu glas iz telefona: „Bilo bi dobro kada biste mogli početi već prvog juna." A bio je 25. maj... Zagrcnuh se i promucah da mi je žao, ali do petnaestog juna imam obaveze u vlastitoj firmi, koje nikako ne mogu ostaviti neurađene. Na kraju se dogovorismo da dođem 15. 6. u osam sati, i gotova stvar.

Bože, kako je to ovdje jednostavno: „Dobio si posao, dođi 15.!" Ama baš ni jedna suvišna riječ: jednostavno, ljubazno, smireno i niko nikoga ne mora ljubiti, niti mu se uvlačiti...

E, sad dolazi ono glavno: Kako je moguće da se jednom čovjeku događa toliko nemogućih, nepredviđenih stvari? Ja nikada, ama baš nikada, nisam ni sanjao neki zatvor, a kamoli pomislio da ću biti u njemu. Eto, sudbina se, po ne znam koji put, još jednom pobrinula da me podsjeti da je ipak ona ta koja stvari okreće kako ona hoće i kako ona odredi: Od 15. juna 1998. godine veliki dio svog vremena ću provoditi iza zaključanih vrata, u zatvoru, među ljudima o kojima nikada ni sanjao nisam, a kamoli nekog od njih poznavao. Radit ću sa ljudima izgubljenim u svemiru i pokušati da im na bilo koji način pomognem da se vrate na davno izgubljeni put života. Pa neka mi još neko nekada kaže da sudbina ne postoji...

Već smo se Starkica i ja počeli šaliti na temu zatvora: „Gdje ti je muž?", pita jaranica. „Ah gdje bi mogao biti??? U zatvoru!!!", odgovara Starkica i kradomice gleda na sat, čekajući svoga Acketa s posla.

Šalu na stranu, veoma sam sretan da sam riješio sve svoje egzistencijalne probleme i da će naša porodica od sad živjeti sasvim normalnim švedskim životom. Nastojat ću svim silama da to bude lijep i zanimljiv život, jer bit će i dovoljno novaca da se dobre ideje mogu sprovesti u djelo. A jedva čekamo da obiđemo one krajeve ove lijepe zemlje u kojima nismo bili, pa onda krstarenje brodovima do Finske, Estonije, Litvanije, Danske, Norveške... A svakako da će biti para i da se skokne do naše bosanske ljepotice, voljene Banjaluke, kada to prilike budu dozvoljavale i kada zle sile mraka siđu sa scene. Znam da to neće biti tako brzo, ali vječiti optimista u meni mi kaže da će i do toga doći, kad... tad...

Zapisi sa kursa KK1 u Norrčepingu

Odmah na početku upućen sam na jedan dobar i koristan kurs u Norrčepingu na koji su došli ljudi iz svih krajeva Švedske da bi se što bolje pripremili za obavljanje složenih poslova u okviru „Kriminalvordena" Švedske. Odsjeli smo u hotelu firme koji se nalazi u centru grada i za vrijeme cijelog kursa čovjek se mogao rekreirati u lijepoj gimnastičkoj dvorani, dvije manje sale sa različitim spravama za trening, uz saunu, tuševe i sve ostale potrebne sadržaje. Sobe su krasne, sa televizorom, kupatilom, radnim stolom i dovoljnim brojem plakara i polica, koje su potrebne za boravak od sedam sedmica. Svakog vikenda idemo kući u Norrtelje, mojim, ili autom jednog kolege. Kurs je dosta zahtjevan i naporan, ali se prepreke uglavnom savlađuju. Sve je bazirano na radu u grupi i suradnji svakog pojedinca u okviru grupe. Metod rada cijele grupe razvija u ljudima drugarstvo, povjerenje, prijateljstvo, želju da se doprinese, stabilnost, snagu, volju, plemenitost, nesebičnost, ponos i još mnogo drugih pozitivnih osobina. Veoma je lijepo kada se sve te osobine vježbaju već provjerenim naučnim metodama i skoro ništa nije prepušteno slučaju. Ja sam ovdje ponovo našao sebe, jer kao humanista i otvoren i dobronamjeran čovjek, nisam mogao doživjeti nešto bolje od ovog kursa. Kako je lijep osjećaj kada znaš da firma čini sve moguće da ti pomogne da budući posao obavljaš što je moguće bolje i kvalitetnije. Bilo je odlazaka i u šumu gdje smo morali savlađivati prepreke koje čovjek nikad nije ni sanjao da će uspjeti savladati, pa se uz pomoć i podršku članova grupe sve uspijevalo i savlađivalo. Kako je bilo čudesno i divno kada smo se svi mi (sedam članova grupe) uspjeli uspeti i savladati četiri – četiri i po metra visoku vojnu prepreku koja nije imala ništa na sebi za što bi se čovjek uhvatio. Bilo je tu i veranja po ramenima i skakanja sa ramena u vis, da bi te onaj odozgo uhvatio i vezanja jakne u čvor da bi posljednjeg izvukli na prepreku, i vrtoglavice kolegice Marine, ali na kraju smo svi bili gore, sretni i zadovoljni da smo, eto, savladali ovu, na prvi pogled „nesavladivu", prepreku. „Pojedinac ne može ništa, a grupa može sve", jedna je od osnovnih krilatica koje smo koristili na ovom kursu.

Dva puta sedmično treniramo samoodbranu, što je oduvijek bio moj san koji mi se, eto, sada ostvario. Veoma sam zadovoljan svojom snagom, elastičnošću i fizičkom pripremljenošću. Divno je vježbati samoodbranu i jačati svoje samopouzdanje.

Ovdje sam susreo mnogo dobrih ljudi, te stekao i nekoliko dobrih prijatelja. Svi mi iz grupe smo postali dobri prijatelji: Esbjorn iz Skonea, Majk čiji otac je Makedonac, Andreas divni mladi čovjek sa veoma interesantnim pogledima na život, Cecilija mlada ozbiljna žena koja mnogo zna, Marina sredovječna žena sa dugim radnim iskustvom u „Kriminalvordenu", Gabriella iz Geteborga vesela, pametna, mlada žena koja voli plesati, čitati, a ponekad sa društvom popiti i pokoju čašu vina. Često smo znali pripremiti hranu u maloj kuhinji koja nam je bila na raspolaganju, zajedno jesti i dugo sjediti i razgovarati. Obično utorkom smo išli u restoran „Palace", pijuckali vino, ili pivo, koji su te večeri bili duplo jeftiniji, a često se i zaplesalo i ostalo i do iza ponoći.

Mali intermeco zbog veoma važnog obavještenja.

Juče, 24.3.2016. godine osuđen je u Hagu glavni jahač apokalipse srpskog nacionalizma i rata u Bosni i Hercegovini Radovan Karadžić na 40 godina zatvora. „Vožd" ne dobi zasluženu kaznu doživotne robije, ali je ipak osuđen za genocid u Srebrenici i sada Bosna i Hercegovine ima najjače adute da ukine „voždovo" zločinačko djelo i da povrati Ustav Republike Bosne i Hercegovine. Sada predstoje žalbe i drugostepene odluke, tako da borba za pravdu i istinu još nije završena. Jadna domovina nikako da dahne dušom i ostavi iza sebe balaste zločinačkih devedesetih godina prošlog stoljeća.

Ponovo Norrčeping 1998.

Susreti u Norrčepingu sa zemljacima, prijateljima i poznanicima iz Banjaluke su uvijek nešto posebno i zaslužuju posebnu pažnju. Banjalučana u ovom gradu ima oko 700, a Bošnjana oko 4.000.

Sreo sam Dževada, finog, mirnog i staloženog prijatelja koji je imao fotografsku radnju u istoj zgradi gdje je bilo kino „Vrbas". Bio sam srdačno ugošćen kod njega u stanu i to će mi ostati u veoma lijepoj uspomeni.

Sreo sam Zlaju Vranjkovića, finog, staloženog čovjeka s kojim sam svirao u „Masleši", a poslije smo i profesionalno svirali u jednom bendu u Banjaluci. Zlaja je ostao isti i vrlo lijepo smo se družili. Bio sam i kod njega u stanu nekoliko puta, gdje su me on i njegova supruga veoma lijepo ugostili.

Sreo sam i Ciglu koji je otvorio skoro pa istu gostionu kao što je bio „Bujrum" u Banjaluci. Kod njega i njegove Gorane sam jeo prave ćevape koji su bili veoma blizu „banjalučkim", a lepinje, koje pravi njegova Gorana, bile su čak i bolje od lepinja u Banjaluci. Poslije smo i svirali kod njih i proveli veoma ugodne trenutke sa našom rajom, uz mezetluke i zerzevate iz rodnog kraja.

Sreo sam još mnogo prijatelja iz Banjaluke, a navest ću ih samo nekoliko: Buco i Sabina iz „Beka", Ahmet iz „Gorenja", Šukrija, Ozren sa Radio Banjaluke, Zude Smailagić i drugi...

Rijeka koja protiče i krivuda kroz sred Norrčepinga, na nekim mjestima podsjeća na naš Vrbas, naročito kod parka, preko puta Restorana „Palas". Rastužilo me je kada sam svaki dan susretao mnogo naših ljudi kraj rijeke. Po cijele bogovetne dane oni stoje, love ribu i svađaju se ko je kome zapetljao silk, ko kome kvari ćeif, i sve u tom stilu. A najtužnije su djelovale table na njihovim leđima. Naime, oni su oko vrata objesili dozvolu za ribolov i onda to okrenuli pozadi na leđa, tako da ih kontrolori ne moraju ništa pitati, niti ih uznemiravati u tako „važnom" poslu. To je tako tužno djelovalo, da me je podsjetilo na židovsku golgotu i na ono podcjenjivačko žigosanje Židova u drugom svjetskom ratu. U razgovoru sa tim ljudima sam shvatio da oni nemaju nikakve nade da će se ikada uklopiti u švedsko društvo, da će dobiti posao, da će živjeti normalno. Ne, iz njihovih pogleda, izraza lica i riječi moglo se vidjeti samo beznađe, promašenost i očaj. Tako me je rastužilo kada sam vidio da su neki izgubili svaku nadu i život žive po inerciji, od danas do sutra... Ovakvog beznađa među našim ljudima nisam vidio nigdje drugdje u Švedskoj. Izgleda da je u Norrčepingu najteže doći do posla i šanse za normalan život, jer je ovdje, izgleda, najveća koncentracija naših izbjeglica. Čuo sam da je slična situacija i u Malmeu.

Tako ja završih prvi kurs iz kriminologije u Norrčepingu, a ne prođe ni petnaest dana, firma me posla na drugi, takozvani „Etablerings kurs". Sadržaj kursa je bio sličan, ali ovog puta prilagođen pripremama za rad na našem novom odjelu. Bilo je tu i psihologije i pedagogije i psihijatrije i kriminologije i organizacije novog odjela i svega onog što je potrebno da se počne sa djelatnošću koja je prilično nova u kriminologiji i za koju, ustvari, ne postoje iskustva koja bi dobro došla i pomogla pri otvaranju novog odjela. Mi smo bili ti koji su sve planirali i mnogo stvari je bilo čisto eksperimentisanje. Zadivilo me je kada sam vidio kako se cijeni svačiji doprinos i kako očekuju da svako doprinese što uspješnijem početku rada odjela. Šefovi su veoma često prepuštali inicijativu nama i nimalo se nisu vrijeđali ako bi neko predložio nešto što je bilo potpuno suprotno od onog što su oni predložili, čak su bili zahvalni ako bi neko našao bolje rješenje. To me je podsjetilo na one naše sujetne šefove iz domovine koji ni u snu nisu mogli prihvatiti da neko može nešto bolje predložiti i riješiti od njih. Kakva bolesna sujeta je to bila. A ovdje u mojoj firmi se šefovi nimalo ne boje da zbog nečijeg drugog pametnijeg prijedloga gube ugled među svojim personalom.

Završih ja i ovaj kurs i odmah iza toga dobih zasluženi odmor. Ovdje sam zaposlen tek šest mjeseci, a već imam pravo na dvadeset radnih dana odmora. Kada dođem sa odmora, onda ću ići na treći kurs „KK2" u Stockholm. Poslije toga kursa bit ću potpuno osposobljen za posao u „Kriminalvordenu" Švedske i za mene neće biti nikakav problem da dobijem posao u ovoj branši bilo gdje u Švedskoj. Ponosan sam što ću raditi u firmi koja mi je pružila toliko povjerenje. Stranac, pedesetogodišnjak, a samo svojom istrajnošću i sposobnošću dobih stalno zaposlenje u državnoj firmi, u branši u kojoj nikada nisam radio. Moje školovanje ovdje košta zaista mnogo, a cijelo vrijeme školovanja dobijam, ne samo platu, već i dnevnice i sve ostalo što dobijaju i svi drugi članovi kolektiva. Poslije ovog trećeg kursa dobit ću i priličnu povišicu plate. Još samo da spomenem divan poklon koji sam dobio za Božić, pa da završim sa ovim hvalospijevom mojoj novoj firmi. Uz kaficu i kolače, direktor lično predaje božične poklone svake godine svim članovima kolektiva. Za svakog ponaosob odvoji i desetak minuta ugodnog razgovora. Osjećaj pripadnosti kolektivu se njeguje na tako nenametljiv i ljudski način, osjećaj humanosti koji, iskreno rečeno, nikada nisam imao u domovini.

Treći kurs je bio mnogo lakši od prva dva i tako zaokružih znanje neophodno da uspješno obavljam sve zadatke na radnom mjestu. Rad sa klijentima mi dođe kao veliko osvježenje u životu. Bilo je i zanimljivo i dinamično i opasno i složeno, ali se ne može reći da je bilo dosadno. Ja sam oduvijek radio sa ljudima, ali ovo je bilo sasvim različito od svega onoga što sam dosad radio. Čovjek mora biti i dobar psiholog i dobar pedagog da bi izašao na kraj sa zlim ljudima koji su krenuli stranputicom života, premazani svim mogućim i nemogućim farbama. Prosto sam uživao da rješavam sve one sitne i krupne probleme sa kojima su klijenti bili okupirani svaki dan, a kada čovjek prilazi čovjeku sa respektom, bez obzira na sve otežavajuće okolnosti, onda se stekne povjerenje klijenata i uglavnom se sve rješava na obostranu korist i bez velikih problema. Obaveze ispunjavam sa „otmjenom dozom ležernosti".

25.3.1999.

A onda se dogodi i ono što se trebalo dogoditi još mnogo ranije, pa da se spriječi srpski nacionalizam i sve ono što je Srbija uradila prvo u Sloveniji, zatim u Hrvatskoj, pa onda u Bosni i Hercegovini, a sada na Kosovu. Poslije četiri rata koje je Srbija započela u posljednjih osam godina, evo, najzad, dobila je rat i na vlastitoj teritoriji. Ovog puta se svijet probudio i definitivno shvatio sve ono što smo mi, obični smrtnici sa Balkana, već odavno znali: da sve zlo na Balkanu ne može prestati, ako se ne uklone Milošević i njegova klika, ako im se, po mogućnosti, trag ne zatre. Tako je NATO započeo svoje zračne udare po Srbiji i, kako stvari sada stoje, izgleda da su svi odlučni da završe posao do kraja i da konačno zapečate odvratnu priču i sudbinu malog kasapina sa Balkana, koji se drznuo da toliko dugo čini sve ono što je učinjeno na teritoriji koja pripada civilizovanom svijetu, na teritoriji koja pripada Evropi, a ne bradatim čudovištima koji su započeli krvavi pir na Balkanu.

Nisam ja sretan, naprotiv, tužan sam što će opet, ponovo, stradati civili, ali i ti civili iz Srbije su sve ovo dobrovoljno izabrali kada su nekoliko puta u posljednjih osam krvavih godina birali zločinca da im bude predsjednik države. A on, ohrabren tim izborima, sve više je gazio po glibu zločina. Tako je na kraju i uspio: došao je na listu optuženih za ratne zločine zajedno sa svojim ratnim sudrugom Arkanom, a i rat je doveo i u svoju domovinu. Pošle su mu u švedskoj štampi izlaziti i karikature zajedno sa Hitlerom. Briljantan uspjeh.

Tako to teče na Balkanu po starom već dvadeset dana, a Milošević i bratija oko njega nisu počeli ni da razmišljaju šta da učine, pa da se ta nemoguća situacija za Srbiju promijeni. Čak su počeli da čine stvari koje mogu imati veoma negativne posljedice za njihovu zemlju u idućih pedeset godina... najmanje. Srbijanski parlament je izglasao da se tzv. Jugoslavija (Crna Gora ne želi učestvovati u tome) udruži sa Rusijom i Bjelorusijom u neki savez koji bi, po njihovoj verziji, trebalo da donese napredak i prosperitet u srbijanske, već godinama izolirane, gudure. Bože dragi, šta sve ljudi neće uraditi samo da bi se održali na vlasti. Svako na svijetu zna da je Rusija u teškim ekonomskim, pa i političkim teškoćama, a o Bjelorusiji da i ne govorim. Svako u svijetu zna da bi te dvije zemlje potpuno propale kada bi prestao priliv novca sa Zapada, a, eto, pametnjakovići iz Srbije svome narodu nude slamku spasa baš tamo gdje spasa nema, a narod se, izgleda, ponovo hvata na udicu i sa aplauzom dočekuje ovako „pametnu" odluku svoga parlamenta. Hoće li zaluđeni proizvođači rata još jednom uspjeti izazvati još jedan, ali ovog puta svjetski, rat? Ja im ne bih bio u koži.

A narod Kosova u ovom trenutku najviše trpi, boreći se za slobodu i samostalnost. Mi iz Bosne i Hercegovine dobro znamo šta se s njima sada događa. Mi naravno nikada nećemo zaboraviti metode etničkog čišćenja koje isti ovi ljudi učiniše u našoj Bosni i Hercegovini. Upravo isto bezakonje i zločini se sada događaju na Kosovu. Mi Bošnjani to znamo i nama nisu potrebni nikakvi novinari da nam to napišu i ispričaju. Međunarodna zajednica je, izgleda, ovog puta odlučila da pobijedi ovo crno sjeme zla sa Balkana, ali je sada glavno pitanje koliko će jadnih Albanaca sa Kosova biti ubijeno prije nego što se zaustavi zločinačka mašinerija iz Srbije, zajedno sa svojim zločinački izluđenim vođom. Dobro bi bilo da Oslobodilačka vojska Kosova ostvari svoje ciljeve i svome narodu donese dugo čekanu slobodu i život dostojan čovjeka u svojoj napaćenoj domovini.

Tako, prateći ove tužne događaje sa Balkana, život u slobodi se nastavlja. Ovog ljeta nećemo ići na odmor na voljeni Jadran, na naš voljeni Cres. Veoma sam tužan zbog toga, ali ima više razloga što je to tako. Još nismo dobili švedsko državljanstvo, a bosanski pasoš nam se ne produžava jer je prilično skup, a i svaki čas nešto mijenjaju, pa čovjek u stvari ne zna ni koliko dugo će koristiti produženi pasoš. Mi smo se odlučili ostati u ovoj divnoj zemlji koja nam nudi skandinavsko gostoprimstvo i šansu za život dostojan čovjeka, pa je sasvim normalno da želimo imati i švedsko državljanstvo i švedski pasoš. Tako smo rezervirali dvije sedmice ljetovanja na Gotlandu, jednom od najatraktivnijih švedskih ostrva. Aranžman je veoma skup, ali mi volimo ostrva i nadamo se da ćemo tamo naći bar malo atmosfere sa Cresa, a kažu da je i klima slična. Tuga za Cresom ima i druge uzroke osim nostalgije i nemogućnosti da tamo boravimo bar svakog ljeta, ako ne i češće. Cres je miris mladosti, odmora, muzike, prijateljstva, druženja sa najdražom rodbinom, bračnog putovanja, proslave godišnjice braka svakog ljeta u mjesecu julu, ljubavi i svega onog najljepšeg što smo ja i moja Starkica i naša djeca doživjeli. Taj, naš najdraži Cres, nažalost se polako gubi iz našeg života, a njegov neodoljivi miris mi i dalje stoji u grlu, u plućima, u duši. Svaka šetnja ovdje, po našem Norrtelju, me na njega podsjeća i u meni svaki put izaziva neopisivu tugu i žal za svim onim što smo svi mi izgubili kada su nas fašisti otjerali.

Ali to, nažalost, nije sve, ima tu i nešto u samim porodičnim odnosima što kvari svu tu neopisivu ljepotu koju Cres predstavlja za sve nas. Meni je Amidža Mustafa, prije svoje smrti, ostavio u naslijeđe, u testamentu, jedan komad zemlje i malu kućicu. To me je toliko radovalo, jer mi je to značilo da nikada, do kraja svog života, neću napustiti Cres, ali sudbina je, izgleda, drugačije odredila. Strina Munifa je poslije Amidžine smrti počela da priča drugačiju priču: Te kako je sve ono što je Amidža pisao bez veze, te kako on to nije ovjerio, te kako ona ni nema testament koji je on napisao. Sve u stilu negiranja svega onoga što je Amidža planirao, napisao u svom testamentu i želio. Pošto ja tačno znam šta je Amidža planirao, šta je napisao u testamentu i šta je želio, ovakvo Strinino ponašanje u meni izaziva mučninu i tugu. Ja, naravno, ne želim učiniti ništa protiv strinine volje i polako se psihički pripremam da mi, eto, i Cres, moj najdraži Cres, iščupaju iz srca, kao što su mi iščupali i moju domovinu, i moj rodni grad, i moju rodnu kuću, i moj rodni Vrbas, i moju mladost, i moje djetinjstvo, i moje najdraže uspomene. Ipak me svi ovi gubici nisu slomili, nisu uspjeli da unište moj životni optimizam, pa se nadam da i ovo trenutno udaljavanje od Cresa neće vječno trajati i da ćemo se mi Cresu opet, bilo kada u životu, vratiti. Za sada ću Strini prepustiti da ona odluči šta će uraditi, po svojoj savjesti, a ja ću se i ubuduće prema njoj ponašati kao i do sada, to jest kao njeno odano dijete, koje joj je zahvalno na svemu onome što je ona za njega učinila. Nama preostaje da posjećujemo sva ona mjesta koja smo do sada propustili i da uživamo u blagodetima života koliko nam prilike dopuste: ovog ljeta Gotland, na jesen, ili zimu Tenerife, a dogodine... vidjet ćemo. Ne možemo se mi požaliti na naš život. Sve teče normalno, u normalnoj zemlji. Dobro se živi, ali, eto, ono što čovjek najviše voli, to se najčešće izgubi, a onda sve ostalo izgleda kao surogat, iako u stvari nije tako. Život se jednostavno živi onako kako je sudbina odredila, pa kako kome bude. Mi, prognanici iz Bosne, specijalno mislim naša porodica, odlično smo prošli i veoma smo zadovoljni. Kada samo pomislim kakav život imaju oni koji su nas otjerali, a tek oni iz Srbije koji su započeli sve ovo što se i dan danas dešava na Balkanu, zahvaljujem se bogu što je tako odredio: da žrtve ovog puta prođu mnogo bolje od dželata, a tek šta dželate očekuje u budućnosti, o tome neću i ne želim da razmišljam. Pade mi na pamet ona narodna: „Dabogda se o sebi zabavili."

I, bogami, dobro su se o sebi zabavili: Bombardovanja su se pomalo prebacila sa vojnih ciljeva i na civilne ciljeve koji mogu služiti u vojne svrhe. Tako su mnogi mostovi porušeni, što me jako rastužuje jer mostovi služe sa spajanje obala, a samim tim i ljudi, ali čovjek tu ne može ništa učiniti jer je srpski narod izabrao vođe koji propagiraju rušenje i uništavanje. Srpski narod i dalje daje podršku Miloševiću, Šešelju i ostaloj bratiji koja im je i pripremila sve ovo i tu se još uvijek ništa ne može učiniti. Poslije bombardovanja nekoliko hidrocentrala i termoelektrana, oko 70 % teritorije Srbije je ostalo bez struje i cijeli energetski sistem je u opasnosti da bude uništen. Uništeni su i mnogi TV predajnici i još mnogo toga, ali još uvijek srpsko vodstvo tvrdoglavo nastavlja da vodi svoj narod u propast i ne pokazuje nikakve znake popuštanja ni želje da svom zavedenom i napaćenom narodu donese mir i završetak ovog ludila. Baš me zanima kako Šešelj i Milošević doživljavaju uništavanje svoje zemlje, kako se ponašaju u mraku beznađa koje su namijenili drugima, ali, evo sada, i svojima. Često se sjetim kako je nama bilo bez struje i vode mjesecima, pa pomislim kakva je to falinka u narodu koji slijepo slijedi vođe, pa makar ih oni doveli u totalnu propast i ni na pamet im ne pada da jednostavno kažu: NE, MI NEĆEMO VIŠE DA SLIJEDIMO OVE LUĐAKE, ONI UNIŠTA-VAJU SADAŠNJOST I BUDUĆNOST NAŠE DJECE, ONI SU NAS DOVELI DO TOTALNOG DNA... Ne, narod i dalje slijedi svoje nacionalističke luđake i još uvijek ne shvata ko im je sve ovo pripremio i aranžirao. Često se sjetim sudbine Hitlera, Muso-linija, Čaušeskua i razmišljam: Bože dragi, kako li će završiti ovi današnji ludi teoretičari i praktičari zla...

U sjenci ovih tužnih događanja na Balkanu, život u Švedskoj teče normalnim mirnodopskim tokovima. Proljeće je stiglo sa mnogo sunca, laganog buđenja prirode i lijepih djevojaka koje su najljepše u ovo doba godine. Sjedim u sobi, gledam kroz prozor u probuđenu prirodu i polako se spremam na posao. Danas sam slobodan, ali ću zamijeniti jednog kolegu, pa ću sa jednim klijentom ići u Stockholm. On je odležao svoju kaznu i sada će ići na jedan program za narko-mane, a ja ću ga smjestiti u bolnicu u kojoj će se taj program odvijati. Radi se o sredovječnom čovjeku s kojim nismo imali nikakvih problema, ali on sam ima velike probleme koji ga čekaju u njegovom životu na slobodi. Teško se osloboditi sjenke onog dijela života koji je proveden u podzemlju, i svi oni koji idu na slobo-du se, manje više, boje nastavka života i svega onoga što ih očekuje u budućnosti i u svakodnevici koja je za njih opasna i neizvjesna. Nadam se da će moj klijent uspjeti da se odupre izazovima koji ga čekaju na slobodi. Ostavljam ga u rukama medicinske sestre i osoblja bolnice koji će pokušati da ga oslobode ovisnosti droge i sveg onog pakla koje mu je heroin donio.

A onda, jednog dana, doživjeh svoje prvo vatreno krštenje na novom poslu. U predvečerje jednog sasvim običnog radnog popodneva desi se nešto strašno na mome odjelu: Sasvim iznenada i bez nekog vidljivog povoda, neko izbode jednog mog klijenta nožem, ili nekim drugim oštrim predmetom na nekoliko mjesta, dovodeći njegov život u neposrednu opasnost. Pošto je nesretnik dotrčao u kan-celariju gdje se nalazilo nas četvero dežurnog personala, reagovali smo na najbo-lji mogući način: Pošto je prijetila velika opasnost da čovjek iskrvari pred našim očima, u roku od nekoliko minuta, uspjeli smo da zaustavimo krvarenje koje je bilo naročito obilno iz jednog bubrega, iz jedne rane u blizini srca i iz jedne rane na leđima. Onda je stigla hitna pomoć i čovjek je odvežen u bolnicu. Da mi nismo reagirali brzo i na pravi način, čovjek bi sigurno iskrvario.

Onda smo imali saslušanja, razgovore sa kolegama i debrifing. Ja nisam imao nikakvih psihičkih problema, niti bilo kakav nelagodan osjećaj. Najviše sam osjećao zadovoljstvo što sam bio potpuno pribran, organizovao cijelu akciju spašavanja jednog ljudskog života i lično zaustavio krvarenje iz bubrega i u blizini srca. Bilo je prestrašenog osoblja koje je potpuno izgubilo glavu, a ja sam pribrano tražio sve što je bilo potrebno: i sudne krpe iz kuhinje, i čašu vode i alarm, i telefoniranje, i istovremeno držanje ranjenika uspravno i u budnom stanju. A sudbina se još jednom poigrala sa mnom: Spašeni čovjek je jedan bosanski Srbin koji je učestvovao u ratu u Bosni, na srpskoj strani. Ne znam kako se on osjeća što mu je, eto, jedan Bošnjanin spasio život. A mene što se tiče, ja osjećam samo radost što sam to učinio, i sutra bih uradio isto, pa da se radi o ne znam kome. Drago mi je da je za mene, i poslije svega što su mi neki ljudi učinili, ljudsko biće vrhunac svega onog za što se čovjek uvijek treba boriti, ne postavljajući nikakve uslove. Stid i sramotu ću prepustiti onima koji su to zaslužili, a ja ću s ponosom nastaviti ići putem ljudskosti i prijateljstva. Tako sam sretan da je humanizam tako duboko ugrađen u dubinu moje duše, da ga nikakva prljava i prevrtljiva politika nikada neće moći izbiti iz moga srca, ni pod kakvim uslovima.

Slušam moj omiljeni radio program „Lugna favoriter" i razmišljam o prolaznosti života i svega onog što se dogodilo ovih posljednjih desetak godina. Jučer je bio 9. maj, Dan pobjede nad fašizmom, prije tri dana je bio 7. maj, Dan džamija u B. i H. Neko neobaviješten će se upitati zašto dan džamija, a mi Bošnjani vrlo dobro znamo odgovor: SEDMOG MAJA, 1993. GODINE JE SRUŠENA DŽAMIJA FERHADIJA U BANJALUCI i po tom danu su sve srušene džamije u Bosni i Hercegovini dobile svoj tužni praznik. Pomalo mi je žao da se zaboravlja nešto što mi Banjalučani dobro znamo: Iste noći, kada su srušili našu Ferhadiju, zločinci su srušili i Arnaudiju, lijepu džamiju koja je bila veoma draga nama sa Čaira i sa Pobrđa, pa kada se spominje sedmi maj, red bi bio spomenuti i džamiju koja se nalazila na tranzitnom putu, a mogla se vidjeti i od Ferhadije, ako bi se gledalo prema Pobrđu. Bile su jedna od druge udaljene oko 350 metara. Kad bi čovjek krenuo od Ferhadije, prošao kraj Haništa, bivšeg Kasina, vile advokata Džinića, časkom bi stigao do Arnaudije.

Uspomene..... Uspomene.....

A onda dođe juni 1999. godine. Stvari počeše da se postavljaju na svoje mjesto. Iz Haga stiže optužba za glavnog krivca svih zločina koji su počinjeni na Balkanu u posljednjih osam-devet godina. I pored toga što je optužen, Milošević nastavlja kosovski zločin, a njegovi sljedbenici nastavljaju još bjesomučnije i luđe sa etničkim čišćenjem i ubistvima. Uporedo sa ovim srpskim zločinima, nastavlja se i agonija Srbije: NATO bombardovanja se pojačavaju i prilično sistematično se uništava infrastruktura, već skoro desetogodišnjim ratom izmučene ove bivše republike, bivše Jugoslavije. Sve to se dešava pred očima srpskih građana, a oni još uvijek ništa ne shvaćaju. Još uvijek daju podršku „kasapinu sa Balkana", kako ga naziva zapadna štampa, a on nastavlja sa svojim opscenim zavođenjem svoga vlastitog naroda. Međutim, sada su drugačija vremena od onih „zlatnih" kada su zločinci igrali svoju zločinačku igru u Bosni i Hercegovini. Sada je svijet potpuno shvatio sve dimenzije srpskog zločina i sada svijet, ni slučajno, neće popustiti pred podvalama i lažima zločinaca.

A onda, sredinom juna, vijest, kao grom iz vedra neba: KAPITULACIJA. Milošević pristao na sve uslove međunarodne zajednice i naredio povlačenje svoje osva- jačke armije sa Kosova. Ali, gle čuda, narod u Beogradu slavi pobjedu??? Izgleda da ih je još jednom uspio ubijediti da su oni (Srbi???) pobjednici. Doduše, Srbi su nešto smutili sa svojim saveznicima Rusima, pa je jedna mala jedinica ruske armije ušla na Kosovo i u Prištinu i na prištinski aerodrom. Sve to liči na papazija- niju na srpski način i sve to nema nikakve veze sa stvarnošću, ali to možda može pomoći zločincu da se još neko vrijeme održi na vlasti. Blago narodu. U međuvre- menu NATO trupe ulaze na Kosovo po planu i sve se odvija baš onako kako se to uvijek odvijalo tokom historije poslije poraza uzurpatora i osvajača. Srpski narod je prisiljen da napušta pokrajinu, ali – odlazeći – oni još uvijek ponosno podižu tri prsta i ponašaju se kao narodni heroji, a ni na kraj pameti im ne pada da bi, ustvari, trebalo da se stide zbog svega onoga što su uradili u posljednjih devet – deset godina.

Jedne večeri smo baš uživali uz dnevnik koji je te večeri uređivao naš omiljeni Senad Hadžifejzović. Ona montaža kada zločinac prije svakog od svoja četiri rata uzvikuje: „Ja vas ništa ne čujem". Izgleda da on ni sad ništa ne čuje i ne shvata da je došao kraj svim njegovim snovima o velikoj Srbiji, pa se batrga u svome sop- stvenom dreku i nastavlja držati neke nerazumljive govore o pobjedama srpskog naroda, a sve to podsjeća na posljednje trenutke Firera, kada je 1945. godine pot- puno izgubio vezu sa stvarnošću i kontrolu nad vojskom, vlašću i svim onim što je toliko volio i zbog čega je sve i započeo... A onda se, kao slučajno, javi Veselinov iz Vojvodine, a u Crnoj Gori sve više njih javlja i preispituje koliko je to dobro nastaviti suživot sa takvom Srbijom. A sve to zbog klike nacionalističkih bijed- nika koji su u jednom trenutku historije uspjeli ubijediti svoje sunarodnjake da se zločin isplati i da zločinci imaju šansu da pobijede. Sreća da je to ipak kratkog vijeka i da historija ima svoj, racionalniji, tok.

Sve to me podsjeća na Beogradski pašaluk, jer narod i dalje daje podršku zločincu i nikako da se osvijesti i počne razmišljati svojom, a ne zločinčevom glavom. Na taj način bi i mogli zadržati teritorij Beogradskog pašaluka kada im svi okrenu leđa.

Poslije kapitulacije stvari počeše da se odvijaju malo brže: Narod Srbije poče demonstracije sa zahtjevom da se smijeni balkanski kasapin, ili da se povuče i nestane sa političke scene. Međutim, zločinac, izgleda, neće tako lako prepustiti vlast nekom drugom i ja mislim da će se tu još mnogo štošta izdogađati. Poznato je iz historije da se despotski režimi ne predaju tako lako, pa vjerovatno ni ova neizbježna smjena vlasti neće proći bez krvi. Krv je, uostalom, omiljena tema zločinca, samo ovog puta će to biti krv vlastitog naroda. Ali to zločincima ništa ne znači: nije im važno čija je krv, važno im je da se prolijeva...

U sjeni ovih događaja u Srbiji, život u normalnim zemljama se normalno odvija. Tako nam u posjetu iz Finske dođe Seka sa kćerkama i zajedno provedosmo nekoliko lijepih dana. Uvijek se rado sjećam one mirne, tihe i sabrane Seke, moje najdraže rodice iz djetinjstva i upoređujem je sa njenim kćerkama koje prosto vriju od života i nemaju ni minut vremena za predah. To je prosto nevjerovatno koliki kontrasti mogu biti kod roditelja i vlastite djece. Alma i Amra toliko podsjećaju na Emirovu narav, a toliko su različite od Seke. Tek što Seka i njena raja odoše, u kasne sate slijedeće noći nazva me Ibro i reče da se nalazi u Norrtelju i da, ako mogu, dođem po njega na stanicu. S njim se nisam čuo ni vidio od onog dana kada smo otišli iz Banjaluke. Sav sretan što ću vidjeti burazera (on je za mene burazer iako to nismo po krvi, jer smo mnogo dobra i zla zajedno, pod jednim krovom, preživjeli) odjurih po njega na stanicu. On se našao u veoma teškoj situaciji, te mu ja pomogoh da ponovo stane na vlastite noge: Za jedan dan izganjasmo mu stan u njegovoj komuni, dadosmo mu nešto namještaja i ostalog potrebnog za početak, smirismo ga i ubijedismo da će sve biti u redu i da se ne brine. Kada smo sve to obavili, ostavismo Ibru u Gevleu, a mi odosmo na odmor na Gotland. Na Gotlandu je bilo lijepo, ali to nama nije moglo zamijeniti Jadran i naš voljeni Cres. Bila je tamo cijela porodica, bilo je divno, igrali smo se cijelo vrijeme sa unukom Emilom, ali nisam osjetio ono zadovoljstvo i blaženost koje mi je Cres svaki put nesebično pružao. Nešto je nedostajalo, nije bilo kompletno. Eto, zbog kašnjenja odobrenja švedskog državljanstva, ovog ljeta propustismo odmor na Cresu, potrošismo više novaca, a ne bi nam tako lijepo kao na Cresu. Pokušat ćemo ubuduće svake godine da bar nekoliko dana provedemo na Cresu, jer život je jedan a uz to i veoma kratak, pa čovjek treba da si omogući ono za čim najviše žudi i o čemu najviše sanjari.

Vrlo brzo se i ja i Mirza uklopismo u životnu svakidašnjicu, a i Elvira se polako uklapa, jer i ona, evo već drugo ljeto, radi kod Mirze takozvani „sommar jobb". To je uobičajen način na koji skoro svi mladi u Švedskoj zarade prilično, a to dobro dođe i da se mladi ljudi navikavaju na posao i na vlastitu zaradu. Elvira je potpuno finansirala svoj odmor sa nama na Gotlandu, a sada će od zarađenog novca sebi kupiti muzičku liniju, ostat će i za džeparac, a i za svoju garderobu. Drago mi je da i naša Elvira uspjeva polako da staje na vlastite noge i stiče životne navike koje joj mogu pomoći da se osamostali i izgradi svoj vlastiti stil života. Bože, kako vrijeme brzo prolazi... Do jučer sam ja bio dijete, a evo sada doživljavam da moja djeca rađaju svoju djecu, hvataju se u koštac sa životnim problemima i izgrađuju svoj vlastiti život. Znam ja da je to dobro i normalno, ali kada razmišljam o tim stvarima uvijek se sjetim one izreke američkih indijanaca: Kada im se rodi dijete, oni kažu: „Krenuo je stazom smrti". Koliko istine ima u toj mudroj izreci... Moja najveća tuga je što život tako brzo prolazi. Ma kako živio, čovjek uvijek toliko mnogo u životu propusti, ne stigne uraditi, jer kratkoća života nikome ne dozvoli da doživi i proživi sve ono što želi. Vrijeme i prolaznost života najveći su neprijatelji ljudskog roda. Tužno je to, ali to je jednostavno tako i do danas niko nije uspio da to izmijeni. Nisam ja nikakav pesimista, ali ponekad čovjek mora razmišljati i o onim stvarima koje ga čine tužnim, a u isto vrijeme se optimistički okretati borbi za što bolji život i, jednostavno, nastaviti živjeti, ići „svojom stazom smrti", pa vidjet ćemo koliko će to potrajati i kako će to sve na kraju ispasti. Ja planiram sto godina, ako me nešto nepredviđeno ne spriječi u tome. Od sudbine ni ja pobjeći nemogu.

Ovih dana nas očekuje nekoliko lijepuh dana i doživljaja: „Vatten festival" u Stockholmu, odlazak u Vaxholm, lijepi mali grad uz obalu koji podsjeća na mnoge gradove na jadranskoj obali. Da ne pričam koliko me čine sretnim kafendisanja sa Mirzom na našem balkonu, uvijek kada to vrijeme dozvoljava, a najdraže mi je u rane jutarnje sate prije posla i pred veče, kada dođem sa posla. Te svoje omiljene obrede obavimo na naš način, sa malo teksta, ali sa puno ljubavi i razumijevanja. Da ne opisujem divno zelenilo i neopisivu tišinu koja nas okružuje, a pogled na brežuljak iza zgrade me ispunjava mirom i radošću jednog novog dana. Svaki put se sjetim Šibova koji su bili nadomak naše kuće u Banjaluci...

A subotnji ručkovi sa djecom i Emilove „majstorije" su priča za sebe. Dok vragolančić ne prevrne sve „donje na gornje", ne prestaje, a onda sve iz početka. Kad duša Nonina i Didina ode svojoj kući, Mirza se strovali na kauč od umora, a ja diplomatski ubijedim Elviru da opere suđe i da, bar malo, pospremi stan. Onda Mirza, kad se malo odmori, spremi kuću po drugi put istog dana i, dok trepneš, eto nove subote. A onda „hajde Jovo nanovo"...

Evo već je utorak, 10. august 1999. godine.

Sjedim u kući dok kiša polako rominja, a oblaci se spustili nisko i sve kao da govore: „Eto ti tvoje ljeto za kojim toliko žudiš i koje svake godine čekaš kao ozeblo sunce.". Da, to je ovdje u Švedskoj najtužnije: nisi se pošteno ni okrenuo, a već kraj ljeta. Ni polovica augusta a već zahladilo i izgleda da se više neću stići ni okupati na nekoj od plaža kojih ovdje ima koliko hoćeš. Na sve ću se ovdje naviknuti, ali na ova kratka ljeta neću nikada. Čežnja za južnim morem i Cresom je svakim danom sve veća. Ja svake godine na kraju ljeta tugujem za još jednom proživljenom godinom, iako je kraj godine još daleko. Za mene je kraj ljeta isto što i kraj godine.

Zamalo ne zaboravih spomenuti da je još jedan zločinac sa moje liste dolijao. Već sam pisao o Brđaninu, jednom od najvećih teoretičara zla i zločina iz okoline Banjaluke. Kao inžinjer, on se 1991. godine odrekao svoje inžinjerske karijere i posvetio se planiranju zločina nad bošnjanskim stanovništvom u Bosni i Hercegovini. Sad je uhapšen, sjedi u zatvoru u Hagu i čeka suđenje za zločine koje je počinio nad Bošnjanima. Nadam se da će dočekati zasluženu kaznu i da nikada neće dobiti novu šansu za nove zločine.

A ja idem zgotoviti sataraš, jer ja sam danas dežurni u kuhinji, pošto Mirza i Elvira rade.

Ne prođe ni dvadeset dana, a uloviše u Austriji još jednog zločinca.

Išao general Talić iz Banjaluke u Beč na neke pregovore, a oni ga uhapsiše. On je na listi osumnjičenih za etničko čišćenje i ostale kombinacije protjerivanja bošnjanskog stanovništva iz Banjaluke i ostalih krajeva Bosne i Hercegovine, a on, jadan, mislio da je sve to zaboravljeno. E, ne može tako Taliću, ne možete se vi tek tako šetati po svijetu i praviti se ludi kao da ništa nije bilo. Zna se šta si ti naređivao svojim poslušnicima u Banjaluci i šta ste sve radili samo da nas istjerate iz naših kuća, iz naše Banjaluke, iz naše Republike Bosne i Hercegovine u kojoj se nalazi i naša Banjaluka, a vi istjerivači se i dalje pravite ludi i pokušavate na sve moguće načine „izvaditi" našu Banjaluku iz naše domovine. E, neće moći, bivši generalu, a sada optuženi srpski nacionalisto i zločinče. Ako ništa, odsjedit ćeš bar toliko koliko i ostali zločinci koji i pored debelih veza, još uvijek sjede i čekaju presudu, a ona nikako da stigne. Pravda je spora, ali dostižna.

Sjedim u stanu, slušam omiljene „Lugna favoriter" i razmišljam o prošlosti, sadašnjosti i budućnosti: ipak smo mi protjerani dobro prošli. Puno nam je ljepše nego onima koji su ostali da pokušaju ponovo organizirati normalan život u napaćenoj Bosni i Hercegovini. Puno bolje smo prošli i od dželata koji su nas otjerali. Oni su već odavno potrošili opljačkano, a novi „poslovi" se svode uglavnom na šverc i varanje države. Njima to odgovara, ali je to daleko od normalnog života i to je kratkog daha, a onda ponovo kriza, inflacija i nacionalisti sa svojim lažnim obećanjima. Sve je dobro dok pare stižu iz inostranstva, ali svijet će se zasititi i umoriti od vječitih problema iz Bosne, a onda će đavo doći po svoje i morat će se početi sa proizvodnjom i vlastitom odgovornošću za svoje postupke. Tako je lijepo izbjeći sve te probleme i biti daleko od svega toga, ali kada smo mi govorili da se tako ne može i ne treba raditi, niko nas nije slušao, a obični srpski narod je slušao svoje nacionaliste, vjerovao njihovim lažima i tvrdoglavo ih slijedio u rat, propast i beznađe. Računi za njihovo neuračunljivo ponašanje su počeli pristizati, tako da su čak i najokorjeliji nacionalisti polako počeli shvatati šta su uradili i do čega su doveli, ali još uvijek pokušavaju zadržati stanje koje se zadržati ne može. Zanimljivo, kako im sporo dolazi i g., pardon, stražnjice u glavu.

U nedjelju sam bio na utakmici lokalnog trećeligaša i bilo je lijepo a i pobijedili smo. Počeo sam ići na utakmice jer me to podsjeća na one dane kada je naš Borac bio u prvoj ligi i kada smo uživali u dobrom fudbalu koji se igrao u našoj Banjaluci. Jeste da je BKV Norrtelje u trećoj ligi i da to nije onaj kvalitetni fudbal, ali stadion je lijep, momci su dobro kondiciono pripremljeni, a imaju i crvene dresove koji umnogome podsjećaju na Borčeve, tako da sam počeo uživati u ambijentu lijepog zelenog terena, pa pomalo navijati za klub grada u kojem živim i gdje ću zaraditi penziju, te jednog lijepog dana, ko zna, vjerovatno i završiti svoj životni put.

Iz razmišljanja me u stvarnost vrati pogled na sat: vrijeme je da nešto pojedem, a onda idem do Starkice da sa njom provedem njenu pauzu za ručak, vjerovatno na velikom trgu, ako ne bude hladno sjediti vani na klupi. A onda kući da skuham špagete „ala bolonjez", za što se ne bih zastidio ni pred Italijanima. Tako sam se dobro „utrenirao",da mi ispadnu bolji nego kad ih Starkica pripremi. I danas počinjem raditi u jedanaest sati, pa me, eto, opet zapade da kuham ručak. Čovjek bi u našim krajevima pomislio da sam postao papučar, ali ja ne mislim tako. Ja mislim da smo mi u domovini bili, a i sada smo, vjerovatno, veoma nepravedni prema našim ženama. One su jadne sve imale na svojim plećima: i kuću, i djecu, i posao, i nas svoje „mačo" muškarce. To se tako ne može nastaviti ovdje na zapadu, a mislim da se stvari neumitno mijenjaju i na Balkanu. Nije moguće raditi do pola pet i stići sve ono što su naše žene stizale. Mi muškarci moramo imati razumijevanja, minimum respekta i shvatiti da smo i mi dio kućanstva i da i mi imamo iste obaveze kao i naše supruge. Ja sam to davno shvatio i sada sa priličnim zadovoljstvom pomognem koliko mogu. Tako idući put pečem jagnjetinu sa krompirom, u rerni, i mislim da će biti ukusno „da prste obližeš".

Ova 1999. godina je toliko klimatski slična našoj u domovini da me to oduševljava. Prva prava jesenja kiša je pala tek 22. septembra, a još uvijek je prilično toplo. Temperatura je oko 16 stepeni, skoro isto kao i u Bosni u ovo vrijeme. Međutim, ovo je, kažu, izuzetak. Ovako dugo i toplo ljeto nije zabilježeno u Švedskoj još od daleke 1775. godine. se nadam da će vrijeme i ubuduće biti ovakvo i da ćemo mi južnjaci i ubuduće uživati u ovoj lijepoj zemlji. Pronašao sam način da ublažim čežnju za Jadranom i jugom. Pošto je more moja velika ljubav, ja odem u luku i prošetam uz obalu, razgledam jahte, ako je toplo, sjednem na klupu i gledam u more, u daljinu, i to me potpuno smiri i ulije mi novu snagu da nastavim živjeti u ovom malom, lijepom, primorskom gradu u srednjem dijelu Švedske. Za ove moje šetnje mi je do sada uvijek bila potrebna Starkica, ali sada sam se, silom prilika, prilagodio i navikao da uživam u ljepoti ove šetnje i kad sam sam, kad Starkica radi, a ja sam slobodan. Dobro je imati nešto što pomaže čovjeku da nađe svoj mir, svoj balans, svoju snagu.

U Srbiji i dalje demonstracije, ali nikako da skinu dušmanina sa vlasti. Neko veče, na programu BH televizije slušam Čkalju, najvećeg komičara kojeg je naša zemlja imala. Kako me je rastužilo kada sam čuo kakve sve teškoće imaju srbijanski umjetnici, a posebno penzioneri. Nevjerovatno je koliko su ljudi dozvolili jednoj nacionalističkoj bandi da im dovede zemlju u beznađe i, evo, i poslije desetak godina, još uvijek ne uspijevaju da se riješe balasta koji ih vuče nazad u srednji vijek. Izjadao se Čkalja bosanskoj televiziji i poželio da dođe opet u Bosnu i sretne se sa svojim mnogobrojnim prijateljima i publikom koju ovaj vrsni umjetnik visoko cijeni i nada se da će uspjeti na neki način, i pored totalne blokade, doći. Tužno je kako sve zavisi od prljavih, nacionalističkih političara koji nikome ništa dobro nisu donijeli...

A onda jednog ponedjeljka dođe prava jesen. Poslije kiše, osvanulo je divno sunčano jutro i ja se već ponadao da su prognozeri još jednom pogriješili. Iskreno rečeno, volim kada oni pogriješe, jer ja ne volim gledati vremensku prognozu i nikada im ne vjerujem. Vjerovatno nisam u pravu, ali, ma koliko to sve bilo na naučnoj osnovi, meni to liči na vradžbine pa me strašno čude i pomalo nerviraju ljudi koji u to bezrezervno vjeruju. Tako se ja uljuljuškao u misli o još jednoj grešci prognozera, pa ne ponesoh kapu iz auta i kiša me uhvati kada sam izlazio iz apoteke gdje sam podigao kapi za oči koje moram redovno upotrebljavati, zbog očnog tlaka. Auto udaljeno samo stotinjak metara, ali kiša je tako jaka, pa pomislih, šta da radim: da pričekam (sumnjam da će skoro prestati), ili da idem do auta? Odlučih se za ovo drugo, a to me podsjeti na dane iz djetinjstva kada smo namjerno izlazili bosi na kišu i uživali na toplom vlažnom asfaltu Tranzitnog puta, na Čairama, u rodnoj Banjaluci. Te uspomene nesvjesno usporiše moj korak i ja sa uživanjem propisno pokisnuh. Ovog puta ne imadoh ništa protiv toga, naprotiv, to mi pričini zadovoljstvo. Ne sjećam se kada mi je posljednji put glava pokisla, jer skoro uvijek, kada je promjenljivo vrijeme, u džepu imam sunčane naočale, a u ruci moj „keps", kako to moja Elvira želi da se kaže. Ovog puta ne imadoh keps pri ruci i to mi omogući da sa uživanjem pokisnem na jednoj od prvih jesenjih kiša godine 1999.

Danas sam napisao zahtjev o povratu imovine u Banjaluci. Radi se o staroj porodičnoj kući čiji smo nasljednici moj brat i ja. Za brata ne znam, ali ja svoj dio nikada neću pokloniti, ni prodati. Moj dio kuće, nikada, ni jedan srpski nacionalista neće legalno posjedovati, a ako to neko prisvoji na nelegalan način, to je sasvim druga stvar, s tim kriminalnim radnjama ja neću i ne želim da imam posla. Tako ja tražim povrat imovine, iako nemam namjeru da se vratim. Iz rodnog kraja su me otjerali i pošto ja njihovu silu ne priznajem, želim da zadržim vezu sa domovinom i mojom Banjalukom na taj način što ću tamo imati gdje prespavati, ako me nekad put nanese u te, sada zaostale, ali meni drage, krajeve. Za sada ne osjećam potrebu da tamo idem, ali ko zna kada će se u meni čežnja probuditi da vidim i posjetim sva ona draga mjesta iz rodnog grada. Iz grada koji je nekada bio najljepši u domovini, a onda su ga zagadili glupaci sa svojom glupom okupacijom i svojim glupim ratom. Ne pomaže mi ni to što je cijeli svijet prezreo i osudio glupake. U meni živi inat i želja da im mi, otjerani, pokažemo da smo uvijek bili u pravu i da smo uvijek bili pametniji od ratoljubaca i ostalih zlikovaca i da, evo, i ovaj nastavak našeg života ima mnogo više smisla od njihovog životarenja u tuđim gradovima, tuđim kućama, na tuđim imanjima. Sve opljačkano im ne može nadomjestiti pamet koju su izgubili onog dana kada su započeli rat. U međuvremenu, mi otjerani živimo lijepim, pitomim životom, u lijepoj, pitomoj zemlji, na lijepom, pitomom Zapadu.

U tim tužnim razmišljanjima prođe mnogo vremena i tako je evo već skoro pola pet, vrijeme da idem po Starkicu i Elviru, jer ne želim da pokisnu kad sam ja slobodan, a ni auto nije samo moje...

Tako se jesen uvukla u sve pore života i donijela sa sobom sve nijanse jesenjih boja, a hladnoća postaje sve više i više odlučujući faktor u izboru garderobe za šetnje pored mora i po gradu koji u jesen dobije specijalnu patinu i neopisivu ljepotu koja budi uspomene dugih jesenjih šetnji po Aleji uzdisaja, u rodnoj Banjaluci. Elvira, Starkica i ja uživamo u subotnjim šetnjama, uvijek kada uhvatimo vremena. Tako smo jučer šetali satima, a ja sam kupio jaknu koju sam već odavno planirao za jesen. Onda odosmo kući i Starkica na brzinu pripremi ručak: šiljčiće i salatu (za pola sata, postala je ekspert), pa sa uživanjem ručasmo i opustimo se, uz muziku i tiho rominjanje blage jesenje kiše. Naveče, ja odoh na feštu koju smo priredili u firmi, u krugu radnih kolegica i kolega. Sa fešte se vratih rano, jer nekako volim da veče završim u krugu porodice. Pogledasmo bosanski TV program, jedan film, a onda u krpice. Zaspasmo zagrljeni i zadovoljni oko pola jedan. Ustadoh u sedam sati, jer radim od osam. Priznajem da mi je dosadilo raditi svakog drugog vikenda, ali poboljšanje će biti već od prvog novembra, kada ćemo raditi svaki treći vikend. U mome dugom radnom vijeku nikada nisam radio vikendom (ne računajući sviranje), a sada sam prisiljen da tako radim, jer radimo po šemi. Šta se može, čovjek ne može birati, niti postavljati uvjete kada u pedesetoj godini dobije stalno zaposlenje u stranoj zemlji i šansu da pošteno zaradi normalnu penziju i dostojanstveno proživi polovicu života, iako je u domovini izgubio 24 godine radnog staža. Tako stvari sada izgledaju, jer Bosna nema ugovor sa Švedskom, a pitaj boga kada će se i da li će se to ikada riješiti. Za sada se svako snalazi kako zna i umije, a Bosna se na svojoj strani bori za vlastitu egzistenciju i nema vremena za pojedince koji se nalaze u inostranstvu i koji su, ustvari, prepušteni sami sebi. Ja razumijem Bosnu i njene teškoće i nisam ljut, niti razočaran, a ne mogu se potužiti ni na trenutnu situaciju, jer sam se trudio, dobio solidan posao, uklopio u društvo i vlastitim snagama izborio svoj status u Švedskoj. To nije slučaj sa svim sunarodnjacima u ovoj zemlji. Mnogo je onih, naročito u starijoj populaciji, koji nisu uspjeli riješiti svoja životna pitanja i koji žive dobro, ali od socijalne pomoći i ništa ne znaju o tome kako će proživjeti starost i šta im budućnost donosi. Imat će oni tzv. folk penziju, ali pitanje je koliko će to biti i hoće li se moći od toga živjeti. Kako stvari sada stoje, ja neću imati nikakvih problema i najvjerovatnije ću zaraditi pristojnu penziju i proživjeti svoj život kao i svi radni ljudi na Zapadu. Starkica će imati jednu godinu staža više u Švedskoj, jer je posao dobila prije mene, tako da za nas nema problema.

Tako, sjedim na poslu ovog nedjeljnog popodneva, razmišljam o prolaznosti života i svim onim zamkama koje život čovjeku pripremi, a da čovjek ni na koji način ne može da utiče na točak sudbine i doživljava mnogo stvari koje nikada, ni u snu, nije sanjao. Ovaj posao sa klijentima je isto tako pun iznenađenja i obrta, ali čovjek se navikne na sve, samo treba biti strpljiv i fleksibilan. Bude tu i teških situacija, ali dosad sam uspješno rješavao sve probleme i nisam imao većih poteškoća, a sve kolege, osim par izuzetaka, su mi prave i sve rješavamo zajednički, pomažući jedni drugima. Timski rad funkcioniše perfektno.

20. oktobra 1999. godine, dođe obavijest da smo dobili švedsko državljanstvo. Tako postadosmo građani države u kojoj već živimo šest godina i pet mjeseci. Nemam pojma kako se osjećam. Svakako da mi je drago da smo dobili državljanstvo u ovoj lijepoj i gostoljubivoj zemlji, ali na neki način osjećam da sada nisam više

onaj stari Acke, da sada ne živim onaj moj stari život, da povratka na staro više nema, a to me rastužuje. Jedan kolega na poslu me pitao da li ćemo sada imati proslavu kod kuće, a ja odgovorih da smo mi došli iz jedne lijepe, evropske zemlje i da, ustvari, nemamo razloga da slavimo, jer u isto vrijeme bi trebali i da slavimo i da tugujemo, a to dvoje ne ide zajedno. Da, da, Bosna je isto toliko i lijepa i privlačna da čovjek samo može poželjeti da tamo živi, ali poslije prokletog rata sve se toliko izmijenilo i pogoršalo, da čovjek, nažalost, mora izabrati izvjesniju i sigurniju varijantu života. O dobroj, staroj, ukinutoj Jugoslaviji ne rekoh ni jedne riječi, jer nije bila prilika za tužna prisjećanja onog bivšeg dobrog života. Sretan sam da nam je sudbina omogućila da možemo izabratu gdje ćemo nastaviti živjeti, a pošto se radi o Švedskoj, siguran sam da bolje u životu nismo mogli proći i da bolju šansu nismo mogli dobiti. Još kada čovjek ima solidan državni posao, šta mu još više treba. Tako ću ja svoju tugu za Bosnom zamijeniti za radost življenja u jednoj od najljepših zemala svijeta, svjestan da sam dobio mnogo bolju šansu od svih onih koji su ostali u domovini, bez posla, bez mnogo onih lijepih, sitnih stvari koje sebi čovjek može priuštiti ovdje, a nema mogućnosti da ih dobije tamo. Bosna u Banjaluci je moja i niko mi je nikada neće moći iz srca iščupati, a što mi je sudbina pružila kompromis da živim boljim životom nego što sam živio u Bosni, to samo može popraviti moj optimizam i ljubav prema životu.

Mnogo toga u načinu života u Švedskoj je drugačije i nije dobro kao u Bosni, naročito u društvenom životu, druženju sa prijateljima i susretima u gradu, čovjek je, ustvari, mnogo češće sam, ali na drugoj strani čovjek mnogo dobija time što ima ekonomsku sigurnost i humanije društvo koje se brine o pojedincu i njegovoj egzistenciji. Tako se može, bez dileme, zadržati svoj balans i sigurnost da porodica može uspješno nastaviti život u novoj domovini. „Čovjeku je dom tamo gdje živi"- kaže jedna lijepa poslovica.

Upravo smo došli iz kupovine, Starkica se zabavila oko pranja veša, Elvira i ja se polako spremamo da idemo Dadi na rođendan. Kupili smo mu poklon, a Starkica je insistirala da potrošimo još nešto novaca na garderobu, iako Elvira i ja nismo bili za to. Rođendan smo skromno proslavili uz „smergos tortu", rođendanski kolač i sokove. Baš mi je drago da smo svi zadovoljni, da možemo uživati, a da ni kapi alkohola ne popijemo. Na proslavi su bili i Dadini prijatelji: Jonas, Šveđanin prijatelj još od prvih dana boravka u Norrtelju, njegova supruga i još jedan prijatelj porijeklom iz Sirije, te njegova supruga Estonka, sa bebom koja se rodila u Švedskoj. Kako je lijepo biti u takvom internacionalnom društvu. Kad bi nacionalisti samo znali kako je lijepo u krugu prijatelja iz zemalja sa više strana svijeta i kako razne diskusije imaju specijalnu draž kada diskutanti dolaze iz različitih kulturnih miljea, a imaju dovoljno sluha i kulture da saslušaju i nečije mišljenje, pa makar se ono ne podudaralo sa vlastitim shvatanjem života. Nadam se da će prijateljstvo sa ovim mladim ljudima dugo (zašto ne i vječno) trajati.

Život teče dalje... Evo već sam mjesec dana švedski državljanin, a, iskreno da kažem, još nisam počeo osjećati neku specijalnu radost zbog toga. Razum mi cijelo vrijeme govori da smo uradili pravu stvar, ali srce ima svoje vlastite teorije, pa tako nikako da pronađem način da počnem opušteno uživati u situaciji u kojoj se nalazimo. Priznajem da me progone misli o domovini, o našoj Bosni, ali nikako da pronađem objašnjenje i racionalno rješenje situacije u kojoj se nalazi naša porodica. Mi jesmo švedski državljani, ali šta smo mi sada u odnosu na našu Bosnu? Odgovor na to nikako da pronađem. Problema i dilema sa kojima se susrećemo mi prognanici je mnogo. Mnogi su, ne želeći to, prihvatili švedsko, ili neko drugo državljanstvo. Nismo mi Bosnu izdali, prije bi se moglo reći da Bosna nije u stanju da nas ljudski primi u svoje okrilje, jer, nije se dovoljno vratiti. Ima tu još mnogo toga što Bosna mora pružiti da bi čovjek dostojno mogao nastaviti tamo život. Mnogi ne pripadaju onoj velikoj grupi naivnih koji misle da se je dovoljno vratiti na svoje uništeno ognjište. Znamo mi vrlo dobro da ništa nema od golog povratka u praznu, pa makar i popravljenu kuću. A život, kruh svagdašnji, ekonomija, budućnost? Vidimo mi da Bosna te probleme, bar za našeg života, ne može riješiti. Ali mi smo Bošnjani i mi Bosnu volimo i razumijemo. Nije domovina samo za to da je čovjek samo koristi u vlastite svrhe. Ali i pored toga, čovjek mora od života tražiti minimum, a taj minimum Bosna sada ne može da pruži. Mi smo ustvari prisiljeni da prihvatimo švedsko državljanstvo, jer je to najljudskiji način nastavka našeg života, ali eto, onaj neracionalni dio moga bića mi ne da mira i ne dozvoljava mi da jednostavno prihvatim neminovnost onoga što nam se dogodilo i život takav kakav je. A naš život sada je ustvari dovoljno lijep i dovoljno interesantan i nije potrebno od toga praviti veliko pitanje i dilemu. Pa ipak... Ta duša bosanska...

A onda nešto vedrije: 20. Novembra dolaze u Stockholm Kemo i Arsen, a možda i Ibrica Jusić. Kupili smo karte i jedva čekamo da još jednom čujemo i vidimo naše stare majstore na djelu. Gledali smo ih zajedno na TV BiH, na „Bašćaršijskim večerima" i jako nam se svidjela kombinacija orkestra sa akustičnim gitarama, a lijepo je bilo čuti i vidjeti i Gabi Novak. Pitam se da li će i ona doći. Vjerovatno hoće. Raduje me i prepuna Koncertna dvorana u Stockholmu, kao kada su i „Indeksi" gostovali. Tada smo sreli toliko puno zemljaka, a naročito Banjalučana. To me podsjeća na naše famozne plesnjake i budi mi najljepše uspomene iz mladosti kada sam svirao sa „Amorima" u Banjaluci i okolnim gradovima... Odjednom se sjetih trenutka kada djevojke provaljuju u našu garderobu u pauzi koncerta u kino dvorani u Novoj Gradišci. To je dio jedne druge, sretne priče, uspomena iz mladosti. O ljubavi i muzici mogu puno pričati, jer to je, ustvari, moj život, ali sudbina je odredila da se skoncentrišem na druge stvari koje mi se događaju, a o mojim omiljenim ljubavnim i muzičkim temama nekom drugom prilikom. Na Kemin i Arsenov koncert idemo zajedno sa najboljim prijateljima Ipanom i Batom, pa će to biti prilika da se još jednom družimo i da sretnemo prijatelje iz Bosne.

Jučer sam dobio pismo od tetke Beise i tetke Tehvide u kojem one opisuju sve one teškoće koje svi naši ljudi u domovini doživljavaju. Sve je protkano tugom za svim izgubljenim, a i nekom vrstom radosti što je, eto, poneko iz porodice uspio stati na vlastite noge u bijelom svijetu. Takva pisma me uvijek rastužuju, jer se uvijek sjetim kako smo svi mi lijepo živjeli prije nego što su divljaneri sve uništili i istjerali nas pitome, natjerali nas da lutamo po svijetu od nemila do nedraga i tražimo sreću koju samo poneko od nas uspijeva da nađe. Moje tetke su daleko od tog lijepog pojma koji se zove sreća i svaka na svoj način pokušava da sastavi što više mozaika djelića sreće koji se tako okrutno rasturio na sve strane svijeta. Nažalost, one nisu svjesne da se staro više nikada neće moći vratiti, da Tehvidin Miko i Sabina, Lara i Edo nikada više neće moći živjeti u otetom stanu u Brčkom, jer im je jednostavno mnogo bolje u Kanadi, da Samiru vjerovatno nikada više neće pasti na pamet da živi u Banjaluci gdje su mu zločinci, potpuno nedužnom, dušmanski odbijali bubrege, kad ima šansu da živi u Parizu, svjetskoj metropoli, ili Amila – zar će ona živjeti u Banjaluci, kad ima šansu da ostane na Floridi, ili u nekom drugom lijepom gradu u Americi. Sve nas u bijelom svijetu vuče domovina i mi ćemo posjetiti grobove naših najmilijih, ali tamo, sa našim neprijateljima i dušmanima, nemamo namjeru živjeti, niti im pružiti šansu da nas još koji put u životu prevare. Znam ja da će Samir i Amila posjetiti svoga oca, moga tetka Emina i grob moje drage tetke, njihove majke, nikad ne prežaljene Mine, ali niko nema pravo od njih zahtijevati da se vrate u neizvjesnost i napuste sjaj normalnog života koji im je sudbina poklonila. Tako je to, ali to naši najdraži u domovini nikada neće moći shvatiti. Nažalost, sa tim kontradiktornostima prisiljeni smo da se pomirimo, i ko to shvati, moći će lakše da nastavi borbu za život, sa manje gorčine i jada u napaćenoj duši.

Odgovor na tetkino pismo sam pisao nekoliko dana. Čini mi se da mi je to najteže pismo koje sam u životu napisao. Trebalo je objasniti finansijsku situaciju u kojoj se trenutno nalazimo, šta smo sve u posljednje vrijeme, na kredit, kupili, koliki su nam mjesečni izdaci, kakav nam je stan, namještaj, kirija, plata itd. Uz sve to trebalo je objasniti da mi sasvim dobro živimo i da nemamo nikakve potrebe da kukamo, niti nam nešto u životu nedostaje. Ne znam koliko će tetka moći shvatiti i da li će me uopšte shvatiti, ali iskreno sam joj napisao kako stvari stoje i da je mi možemo primiti u goste dvije-tri sedmice. Čak joj nisam ni pisao o tome koliko je Mirza umorna kada dođe s posla i kako je skoro svaki dan boli u grudima od iscrpljenosti, kako ja vrlo često radim do osam navečer i niko od nas, jednostavno nema ni snage, ni volje da mrdne prstom poslije posla, a kamoli da sprema jelo, ili radi bilo šta drugo osim da se strovali na kauč i odmara ono malo vremena što je preostalo prije spavanja. Nisam joj napisao mnogo toga, jer sve u pismo nije moglo stati. Ipak se nadam da će shvatiti da je u našu kuću uvijek dobro došla, to sam i napisao, ali znam da joj se neće svidjeti onaj dio u kojem joj kažem koliko dugo smo u stanju da je ugostimo. Ne preostaje nam ništa drugo nego da čekamo na njenu reakciju.

Tako dođe i zima, blago, meko i prilično neopaženo. Kada čujem kako je na kontinentu, Bosni, Hrvatskoj, prosto ne mogu da vjerujem da se nalazim u „hladnoj" Švedskoj. Naime, ovdje je tako toplo i ugodno da se prelaz iz jeseni u zimu skoro nije ni primijetio. Da nije palo oko desetak (možda i manje) centimetara ovog prekrasnog, mekog snijega, ne bismo ni znali da je došla zima. Toliko je lijepo, da bi čovjek samo šetao i uživao na čistom zraku i u prekrasnoj prirodi. A snijeg me svake godine u Švedskoj oduševljava svojom bjelinom koja traje dugo, cijelu zimu, tako da se uvijek pitam zar je moguće da poslije par dana ne promijeni onu prekrasnu bjelinu. Ovdje su vazduh, tlo, voda i priroda tako zdravi i čisti, da Šveđani ni slučajno nisu tako pažljivi kada im se djeca valjaju po prašini, imaju prljave ruke, ili jedu sa zemlje. Bakterije ovdje jednostavno gube bitku sa čistom, nezagađenom prirodom, a sve to se vidi prostim okom zimi, po bijelom, čistom snijegu. Naš mali grad se tako lijepo uklapa u zimski ambijent da čovjeku srce zaigra od bijele ljepote kojom je okružen. Potrebno je samo malo imati osjećaja za ljepotu i za estetiku, pa da čovjek shvati kakva ga je sreća zadesila kada ga je sudbina spojila sa ovim gradom i ovom prirodom.

Tužno je kada vidim da to mnogi ne promjećuju, jer im je važnija trenutna, svakodnevna žurba za nečim što se ne može stići. Jer život je uvijek brži: svjetski šampion koga niko, nikada, zasigurno, neće stići. Često me čudi ljudska naivnost: žuri kada radi, žuri kada šeta, žuri kada sjedi, žuri kada jede, žuri kada pije, žuri kada vodi ljubav u krevetu, žuri kada uživa, a onda ga smrt jednostavno prekine u sred te vječite životne žurbe... Cvrc... Gotovo... Nema više...

Iskreno da kažem, ja sam vrlo ponosan što nekako uspijevam da skoro sve radim sa priličnom dozom balansa, tako da me ne mogu proglasiti lijenčinom jer sve svoje obaveze uglavnom izvršavam, a brzac sigurno nisam, to je osobina koju ja lično ne cijenim i ne smatram da ljudskom rodu donosi dobro. Narod kaže: „Ko žurio, vrat slomio".

Dok gledam kroz prozor kako se snijeg otopio već poslije par dana, razmišljam o koncertu na kojem smo bili prije nekoliko dana. Koncertna dvorana u Stockholmu je bila ispunjena skoro do posljednjeg mjesta, a Kemo i Arsen su bili na nivou svoga renomea i svoga dokazanog estradnog majstorluka. Malo je iznenadila činjenica da nije bilo nikakvog orkestra, ali Kemo je to nadomjestio svojom gitarom, a Arsen je pjevao na snimljenu muziku sa plejbeka. Kemo je podsjetio na svoje najbolje dane, pjevajući bez distonacije, a nije se ni štedio, tako da smo čuli skoro sve njegove pjesme, a i neke hitove „Crvene jabuke", „Indeksa" i drugih koji su, ustvari, jako lijepo i kvalitetno zvučali u Keminoj interpretaciji. Bio je nezaboravan utisak kada je Kemin glas zvučao u prilično velikoj dvorani „Koncerthall" u centru Stockholma. Arsen je bio u svom elementu: duhovit, pjesnički raspoložen, a ni u pjevanju nije bio ništa lošiji nego u svojim najboljim danima. Jedino što se i iz vasione vidjelo, bila je prolaznost života i godine koje su na obojici, a naročito na Arsenu, ostavile upečatljiv trag. Više puta u toku koncerta sam poželio da se u publici nalaze i Šveđani, pa da vide i čuju iz kakve smo mi zemlje došli. Da vide da smo i mi iz zemlje pjesnika i trubadura i da i mi baš takve umjetnike volimo i cijenimo. Došao sam na ideju da predložim organizatorima koncerta naših umjetnika u Švedskoj „Igman resor" da pokušaju reklamirati ove koncerte švedskoj publici, tako da i Šveđani „otkriju" da tamo negdje na Balkanu, u tamo nekoj Bosni, ili Hrvatskoj, postoje umjetnici koji nisu samo zanimljivi publici sa Balkana, jer po svim kriterijima na Zapadu mogu zadovoljiti i najizbirljiviju publiku, ne samo u Švedskoj. Mislim da bi od takve kampanje mogli imati koristi i organizatori i umjetnici, a i zemlja iz koje umjetnici dolaze. Da zaključim, te večeri sam se podsjetio i italijanske kancone sa nježnim ljubavnim tekstovima koje je Kemo svojevremeno napisao i otpjevao i francuske šansone sa solidnom muzikom i neprocjenjivo vrijednim tekstovima koje je Arsen u maniru najvećih pjesničkih imena napisao i uglazbio. Ipana, Bato, Starkica i ja smo odlučili da ćemo ići na sve koncerte naših najboljih umjetnika kad god nam to vrijeme i obaveze budu dozvolili.

A onda, još jedna lijepa svirka u Mostarskom klubu „Neretva", u Stockholmu. Bilo je lijepo kao i svaki put kad smo tamo svirali: dobra raja, ugodna atmosfera, solidna večera i ne baš velika količina alkohola, tek pokoja čaša vina, ili jakog piva, a ljutog pića, mislim, da nije ni bilo. To uopšte nije nimalo umanjilo dobro raspoloženje i ljepotu jednog dobrog druženja, koje svima nama iz BiH tako mnogo znači. Meni je posebno drago kada vidim da su ljudi sposobni da se lijepo provedu bez napijanja i ostalih pratećih budaleština. Divno je kada čovjek doživi potpuno opuštanje i sreću druženja sa ljudima, zemljacima, u pjesmi, plesu, razgovoru, bez ispada i neugodnosti koje pijanstvo sa sobom nosi.

Poslije ove svirke dobih takvo trovanje stomaka kakvo nisam imao nikad u životu, a znam i šta je to prouzrokovalo. Na fešti sam pojeo toliko sušenog mesa, peke i sudžuka, meni tako dragih naših specijaliteta, kao nikada u životu kojim su nas počastili naši dragi domaćini Mostarci. Izgubio sam svaku mjeru kada sam vidio kako je meso bilo dobro osušeno, a o ukusu da i ne pričam. Samo ovog puta sam previdio da sam se ja prilično odvikao od naše, bosanske, teške hrane i da moj stomak više jednostavno ne može da izdrži toliku količinu sušenog mesa. Tako sam imao stomačnu revoluciju dva dana i većinu vremena sam proveo u klozetu i u krevetu, o povraćanju da ne govorim. Ipak ne odoh na bolovanje, jer ja još jednostavno nikad nisam bio na bolovanju u dosadašnjih 26 godina radnog staža. Neki možda u sebi kažu: „Svaka mu čast", a ja sam siguran da većina rezonuje: „Vidi budale, radi a bolestan". Na stomačne probleme se nadoveza neka nezgodna prehlada, koju, evo, ni poslije šest dana ne uspijevam oboriti na pleća.

A onda vijest koju su već dugo svi očekivali: 10.12.1999. umro je Franjo Tuđman, predsjednik Hrvatske i jedan od najvećih boraca za samostalnost Hrvatske u cijeloj povijesti hrvatskog naroda. „O mrtvima sve najbolje", ali moram dodati da je Tuđman za sve ostale narode bivše Jugoslavije bio nacionalista iste vrste kao i Milošević, ali je on imao sreću da bude na pobjedničkoj strani, pa je to malo popravilo njegov imidž. Inače, dok je bio na čelu hrvatske države, Tuđman nije ni za pedalj odstupio od svojih nacionalističkih principa, ostavši do kraja u ubjeđenju da je samo on u pravu i da je jedino „njegova pravda" istinska. I umro je u tom ubjeđenju, a na hrvatskom narodu je sada da krene naprijed, pokušavajući nadživjeti sve Tuđmanove zablude, u nastojanju da krenu putem demokracije o kojem oni već dugo maštaju, a koju u jednom nedemokratskom režimu nisu mogli dostići. Sada im se pruža istinska šansa za to.

„Sretno", kažu rudari kada ulaze u jamu. Ja hrvatskom narodu oduvijek želim sve najbolje, jer oni su mi najbliži po svojim kulturnim navikama i po mentalitetu, iako sam ja Bošnjanin i samo jedan mali čovjek u velikom svijetu.

Otegla se prehlada, evo već desetak dana, i još nikako ne mogu reći da mi je dobro, ali ipak ne odoh na bolovanje. Nekako mi neprirodno jer u tome nemam nikakvog iskustva. Mislim da se igram sa svojim zdravljem, jer kada đavo odnese šalu, onda može biti kasno. Ipak se malo bolje osjećam i mislim da je bolest na izmaku, a i slobodan sam dva dana, pa će vjerovatno opet biti sve u redu kao i do sada. Danas smo dobili „Jul klapp" - poklon za Božić, što je jedna od divnih tradicija u našoj firmi, a poslije toga smo imali svečani ručak u restoranu firme. Tamo sam sreo sve svoje kolege i lijepo smo se družili uz „Jul bord" – sto na kojem je servirano stotinjak raznih jela i zerzevata koji se jedu specijalno za Božić. Bilo je

divno i nezaboravno kao i lani, samo što sam ja sada već stari i od kolega prihva-
ćeni radnik a ne početnik, kao što je to bilo lani. Sve u svemu, događaj koji čini
život ljepšim i zanimljivijim. Odoh sada kući da mojim djevojčicama napravim
nešto lijepo za ručak, da ih ugodno iznenadim. Zaslužile su.

A onda počeše strašne oluje da haraju Evropom i ostatkom svijeta: naročito u
južnoj Evropi, u Francuskoj, Hrvatskoj, Bosni i drugim zemljama. Sniježne oluje
su prouzrokovale velike probleme u saobraćaju, snabdijevanju električnom
energijom, a poplave u Mostaru nisu možda nikada bile tako žestoke kao ove
decembarske, u ovoj posljednjoj godini drugog milenija. U Venecueli je u popla-
vama poginulo najmanje 200 ljudi, a nestalo 7000. U Švedskoj su nepogode bile
jake u južnom dijelu, a ovdje u srednjoj Švedskoj se skoro nisu ni osjetile. Počeo
sam vjerovati onim naučnicima koji već duže vremena opominju čovječanstvo
da se prestane sa zagađivanjem čovjekove okoline, jer može doći do tako drastič-
nih promjena u klimi, da i život čovjeka na zemlji može biti ozbiljno ugrožen.
Stvarno, kada bolje razmislim, klima u Švedskoj se promijenila nabolje, tako da
vrijeme često bude ugodnije ovdje nego na jugu, a to sigurno može imati poslje-
dice na globalnu klimu, jer ako dođe do većih temperaturnih promjena u svijetu,
može doći do otopljavanja ledenih površina, a onda nivo voda raste i to izaziva
lančane reakcije na sve moguće sisteme u svijetu i nepredvidive posljedice po čo-
vječanstvo. Ove stručne diskusije ostavljam stručnjacima, a jedan događaj koji se
dogodio ovih dana, šesnaest godina kasnije me podsjeti na dane kada sam radio
u Kriminalvordenu, a o kojima nisam mnogo pričao.

U te četiri godine se dosta toga prekopalo preko glave, a ja ću opisati rad sa
jednim klijentom koji je 15. 4. 2016. godine izgubio život u požaru u svome stanu
u potkrovlju jedne višekatnice u Stockholmu. Ime neću spominjati, a radi se o
jednom od najpoznatijih, a u isto vrijeme i najkontraverznijih kriminalaca šved-
skog, a i evropskog podzemlja. Neka počiva u miru koji je pronašao tek pred sami
kraj života, a ja nikada neću zaboraviti naše redovne duge diskusije svakog jutra
na specijalnom odjelu za najteže kriminalce. Bio je vrlo inteligentan, napisao
je i objavio i dvije knjige, dva puta je mijenjao ime, brz kao kobra, raspoloženje
je mijenjao u djeliću sekunde, inicijalna kapsla mu je bila prekratka i često je
zapadao u velike probleme jer je reagirao prebrzo, a diskutovati je mogao o
svemu i svačemu, od psihologije, ekonomije, judeizma, kršćanstva, islama i još
mnogo toga što trenutno ne mogu da se sjetim. Vremenom se tako otvorio i
stekao povjerenje u mene, a i ja u njega na neki čudan način. Znalo se desiti da se
nalazimo na prilično „nezgodnim" mjestima, a on me iznenada upita: „Šta, jesi
ti to zaboravio alarm?", ili „Izgleda da ni telefona nemaš kod sebe" itd. itd. A ja
mu odgovorim: „Hajde bolani, život je jedan, ja vjerujem da mi ti nikada ništa na

žao nebi učinio". I takve razgovore smo često imali, a on mi nikad, NIKAD ništa ružno nije pokušao napraviti. Bio je jedan od najgrubljih kriminalaca švedskog podzemlja, jedan od najboljih oružanih pljačkaša banaka, pucao je više puta i na policiju, nemilosrdno isprebijao mnogo ljudi, a sa mnom je uvijek vodio razgovore na nivou, ozbiljno pokušavajući da me uvjeri da su njegovi pogledi na život OK, ali da su mnoge slučajnosti na sve u njegovom životu uticale. Kada se na našem posljednjem susretu pred izlazak iz zatvora samo meni povjerio da je „uradio sve moguće u životu, osim masovnog ubistva", bilo mi je jasno da je potpuno vjerovao u mene, jer on nikad nije bio osuđen za ubistvo i ovakva izjava bi mu mogla puno zagorčati život. Na rastanku sam mu rekao: „Ako se ikada sretnemo u Stockholmu, nadam se da ćemo, kao prijatelji, popiti pivkana." On je odgovorio: „Ja ne pijem više alkohol." „OK, onda ćemo popiti kaficu i podsjetiti se na ove naše dane koji se, nadam se, neće više ponoviti." „Svakako, rado ću popiti kafu s tobom", odgovori on. Pozdravismo se, i više se nikada nismo vidjeli. Jeli još koji put zglajzao i stigao u ćorku ne znam, jer sam i ja našao bolji posao i poslije četiri godine, napustio Kriminalvorden.

Posljednji sati drugog milenijuma neumitno teku i vrijeme je da analiziram šta je to ovaj milenijum ostavio u amanet meni i našoj porodici. Koliko smo profitirali, a koliko izgubili u ovih posljednjih pedeset godina, ovog najkrvavijeg stoljeća. Kada bolje razmislim, izgubili smo mnogo toga, ali bilans nikako ne mogu smatrati negativnim, baš suprotno, puno je više onih pozitivnih stvari koje smo dobili na poklon od čudesne sudbine od koje niko od nas ne može pobjeći. Kada bih sve stavio na vagu života, siguran sam da bi pozitiva odnijela pobjedu u tom vječitom takmičenju koje nam život nameće tokom cijelog našeg bivstvovanja u kratkom trenutku koji provedemo na ovoj našoj planeti. Da, izgubili smo prijatelje koji su prešli na „drugu" stranu, izgubili smo svoj Vrbas, svoju Banjaluku, svoju kuću u kojoj ne možemo i nećemo da nastavimo svoj život, jer su oni isti koji su nas otjerali još uvijek tamo i još uvijek su na vlasti. Izgubili smo svoju domovinu, jer oni onaj dio Bosne u kojem je naša Banjaluka sada drugačije zovu, a taj njihov nametnuti naziv Bošnjani nikada neće priznati, bez obzira što ga priznaje cijeli svijet. Izgubili smo naš pasoš, jer mi nećemo onaj koji oni izdaju, a sadrži ime i simbole nečega što mi nismo izglasali. Mi nećemo i niko nas nikada neće moći natjerati na to, samo da nikada ne dođemo pod uticaj ljudi koji su u jednom trenutku historije bili neljudi i učinili ono što su oni nama učinili. Nas oni nikada više neće dobiti, ni po koju cijenu.

A šta smo dobili? E, dugo bi se moglo nabrajati, a da spomenem bar ono najvažnije: Slobodu, da živimo u jednoj od najhumanijih zemalja svijeta, nove, ali odane, prijatelje koji neće promijeniti stranu zbog glupih nacionalističkih ideja. Dobili smo švedsko državljanstvo koje nam garantira sva elementarna ljudska prava o kojima se na Balkanu može samo sanjati i o kojima se na Balkanu može samo diskutirati u beskrajnim jalovim diskusijama koje traju u nedogled i ne donose nikakve rezultate. Dobili smo pasoš koji je priznat u cijelom svijetu i za koji ne treba viza u skoro svim zemljama svijeta. Pasoš kakav smo imali u Jugoslaviji. Dobili smo stalna zaposlenja i šansu da zaradimo pristojne penzije. Kupili smo stan u kojem nam je lijepo i gdje ćemo sa zadovoljstvom provesti ovo malo života koje nam je preostalo.. Duže od sto godina nećemo živjeti i ostalo je malo vremena za sve planove koje želimo ostvariti, jer neumitna i pomalo bezobrazna smrt uvijek dođe prerano, iznenadno, ranije nego što to čovjek želi. U svakom slučaju, pokušat ću živjeti kao svaki drugi slobodni čovjek na ovoj planeti. Najvažnije je da je porodica na okupu, a sve ostalo ćemo rješavati kada dođe na red. Svi smo zajedno i pored sudbine koja je pokušala da se poigra sa sinom koji je dvije godine bio duže u Bosni, braneći istinu i domovinu od onih koji su pokušali da je uniště, ali nam je na kraju došao živ, zdrav i bez psihičkih posljedica koje čovjek lako može imati poslije svih neljudskosti i gluposti koje nosi rat. Došao nam je, oženio se divnom mladom ženom i podarili su nam unuka kakvog bi svako mogao poželjeti. Ma, samo naš dragi Emil bi sigurno prevagnuo na onoj vagi života, pile didino. Poslije nam je život podario još dva unuka, a Elvira nam je poklonila jednog dečkića i jednu curicu, didinu i noninu princezicu. Zasad s nama živi Elvira, slažemo se i nemamo nikakvih problema. Ljubav, razumijevanje, poštovanje, želja da jedno drugome pomognemo. Šansa da se nastavi tako i u slijedećem milenijumu. ŠTA NAM JOŠ TREBA???

Uz veliki hit „Milenium 2" dočekasmo Novu 2000. godinu u Mostarskom udruženju „Neretva". Proslava je trajala do jutarnjih sati i pamtit će se po lijepom druženju, sevdahu, plesu, jelu, piću, duhu Bosne, a boga mi i Hercegovine. Sretna ti Nova 2000. godina voljena domovino!!!

Stiže vijest da će nam rušiti kuću u Banjaluci, jer se tranzitni put proširuje. Interesantno koliko nas je ta vijest ostavila ravnodušnim i koliko nam ništa nije značila. To je očit znak da nikada više ne namjeravamo živjeti zajedno sa onima koji su nas otjerali. Čak nam je potpuno svejedno da li ćemo dobiti obeštećenje za našu kuću, jer ni njihove pare nam mnogo ne znače. Bar tako sada osjećamo. Tako je lijepo biti potpuno ravnodušan prema njima, potpuno neovisan od njih, a imati slobodu i ljudsko pravo da tražim odštetu za svoju imovinu. U mnogo boljem smo položaju i od njihovog duhovnog vođe i predsjednika u Beogradu, jer on, iako je još uvijek nekažnjen, ipak mora spavati i živjeti sa bremenom zlokobne savjesti za sve ono što je učinio, a jadan nema ni pojma šta to sve piše u njegovoj optužnici u Hagu. Ja sam siguran da će on stići u Hag i odgovarati za svo zlo koje je baš on inicirao. Čak nema nikakve veze ako on, kao general Franko u Španiji, umre prirodnom smrću u vlastitom krevetu, jer njegovo ime ostaje žigosano za sva vremena u historiji čovječanstva. Nadimak „kasapin sa Balkana" je upisan u historiji ljudskog društva i ništa na svijetu ne može to da izmijeni. A što se mene, a i cijelog svijeta, tiče, oni ga mogu birati za vođu i u cijelom slijedećem milenijumu. To je njihov izbor, to je možda njihov način da izađu iz užasnih problema u koje ih je prvenstveno on uvukao. Možda se cijeli svijet vara, možda on ima neku magičnu moć i neki čarobni štapić. Dok oni to rješavaju na svoj način, mi iz ostatka svijeta idemo dalje. Mi znamo da točak vremena gura dalje i da ga niko ne može zaustaviti, bez obzira na kočničare koji su tokom cijele historije pokušavali da ga zaustave...

Što se nas tiče, nisu nas uspjeli zaustaviti. Život nastavljamo kao slobodni ljudi, sa mnogo optimizma i sa svijetlim tonovima, koji su još svjetliji u ovoj zemlji koja nam je dala utočište i produbila naš osjećaj za pravdu i istinu. Taj osjećaj smo uvijek imali, a sada smo još svjesniji da smo bili u pravu i da u budućnosti treba samo da nastavimo putem kojim smo i do sada išli, i sve će biti u redu. A to je za nas lako, jer smo mi tako i naučili u našem dosadašnjem životu A onda se točak historije nastavi kotrljati nezaustavljivom brzinom, a sudbina nastavi svoj pobjednički pohod i u našim južnim krajevima Evrope, ili, preciznije rečeno, na sjeveru Balkanskog poluotoka...

Ubrzo poslije smrti predsjednika Tuđmana i njegova partija HDZ doživi ubjedljiv poraz na izborima u Hrvatskoj, a pobijediše demokratske snage.

Širom bivše Jugoslavije pohapsiše veliki broj optuženih za ratne zločine na Balkanu i smjestiše ih u Hag, a od svih njih ja se najupečatljivije sjećam poludjelog i mržnjom zaslijepljenog bivšeg inžinjera iz našeg grada Brđanina, koji će, nadam se, dobiti kaznu kakvu i zaslužuje.

Hrvatski zločinci iz sela Ahmići dobiše zajedno 107 godina. Najveći zločinac - izvršilac radova sa Balkana ne stiže u Hag, ali ga sustiže metak ispred hotela „Interkontinental", u po njegovog carstva, u Beogradu. Ne treba ni spomenuti njegovo „slavno" ime, jer svi u svijetu znaju da se radi o pjevačicinom mužu sa grandiozne svadbe u Belom gradu.

„A šta ti čekaš?" „Hoš limuna?", što kaže naš narod. Nije valjda da misliš da je tebi sudbina, ta čudesna sudbina, namijenila smrt u krevetu na Dedinju, u Beogradu? E, nismo se tako dogovorili. Spremaj se i ti polako, pa da završavamo sa ovim najkrvavijim desetljećem na Balkanu koje si ti tako lijepo aranžirao.

A onda godine dvijehiljadite skinuše vožda u Beogradu, samo se još ne zna kada će ga spakovati u Hag.

U Americi, poslije mnogo peripetija i zavrzlama, izabraše Georga Busha za predsjednika. Ja dobih najveće povećanje plate u mojoj ustanovi, izabraše me u „Kultur och fritidsnemnden" (Odbor za kulturu i sport) u Norrtelje komuni, na putu nam drugo unuče...

Onda, prvog sunčanog dana, interesantno, na baš onaj najlažljiviji i najprevarantskiji datum u godini – PRVOG APRIJA 2001. godine, desi se najbolji „aprilili" događaj u mome životu... Uhapsiše balkanskog kasapina. On, koji je svojevremeno izjavio: Srbe ne sme niko da bije" (mi smo na to uvijek dodavali: osim srpske policije), bi uhapšen od baš te „njegove" policije. Poslije dvadeset šest sati „opsade" voždove vile na Dedinju i pored pokušaja najtvrdokornijih pristalica balkanskog naciste da ga odbrane i spriječe hapšenje, srpske snage sigurnosti uhapsiše zločinca u ranim jutarnjim satima i smjestiše ga tamo gdje mu je već odavno bilo mjesto, u zatvor, negdje u „njegovom" Beogradu. Drama se odigrala baš u onom stilu kakav i odgovara ovom vanserijskom ideologu zla i ratnom zločincu. Mogu samo zamisliti zajapurenog poludjelog vožda kako maše svojim pištoljem i prijeti da će prvo pobiti svoju porodicu, a onda se ubiti, ako pokušaju da ga uhapse, a njegova kćerka ispaljuje pet hitaca u zrak. Već se mogu zamisliti scene nekog budućeg filma koji će sami Srbi snimiti, jer Srbi su narod koji ima smisla za tragikomiku. Oni će ove scene najbolje prenijeti na filmsko platno, pa ćemo i to jednog lijepog dana vidjeti. Ovo bi mogla biti završnica krvavog pira na Balkanu da još nije na slobodi „najzaslužniji" iz Bosne i Hercegovine i njegov izvođač genocidnih radova, đeneral koji je poznat u cijelom svijetu po zločinačkom poslu koji je obavio u Srebrenici.

Doduše, ni vožd još nije stigao u Hag, ali je to sada samo pitanje vremena. Bitno je da on više nikada ne bude pušten na slobodu i da doživi bar dio onoga što su stotine hiljada ljudi, zbog njega i njemu sličnih, doživjeli.

Kada sam ga u rano jutro, u jedan sat poslije ponoći, toga 29. juna, 2001. godine, vidio sa rukama svezanim pozadi, u dvorištu Zatvora za ratne zločince u Hagu, sa dva pratioca koji su mu „službeno" pomagali da pređe tih posljednjih stotinjak metara do svog budućeg prebivališta, srce mi je zaigralo, ne zbog trijumfa osvete, već zbog osjećaja da se približava stvarni kraj desetogodišnje vladavine gluposti, mržnje i fašizma na Balkanu. Ponovo sam počeo da vjerujem u ljudskost, pravdu i spremnost međunarodne zajednice da se uhvati u koštac sa svim izazovima koji prijete uništenju ljudskog roda na našoj tužnoj, veličanstvenoj planeti.

Sve, ipak, nije tako tužno kao što to ponekad izgleda.

Mladića i Karadžića uhapsiše mnogo kasnije. Kardžića osudiše na 40 godina zatvora, a Mladić se još uvijek koprca u svojim providnim lažima i izvrdavanjima. Život ovdje, u slobodnoj Evropi, teče neumitno dalje i sudbina se nastavlja poigravati sa ljudskim sudbinama i životima... Samo naivni misle da tu nešto mogu promijeniti...

Prognaničke uspomene

Osjetio sam potrebu da pišem o uspomenama nas prognanika u bijelom svijetu, pa sam upitao učesnike foruma „Cafe Kajaka", da li su zainteresirani za takvu temu. Mnogi su mi odgovorili veoma pohvalno i pozitivno, pa sam krajem 2011. godine, uz pomoć mnogih saradnika pokrenuo tu, čini mi se, veoma uspješnu temu.

Evo nekih od odgovora koji su mi dali snage i volje da ispričam dio naše prognaničke priče.

Marija:

Acke, mene, a vjerujem i druge kajakaše zanima ova tema, premda sam ja u Banjaluci, bilo bi dobro saznati šta su ljudi proživljavali i šta proživljavaju van našeg grada.

Sakib S.:

Tema moj rođače je jako dobra i korisna kako za nas u egzilu, tako i za one druge. Tema mora biti korektna i istinita. Pozdrav iz Orebra.

Saška:

Tema je fantastična. Nakon dvadeset godina upravo mi se vrati san mladosti i djetinjstva.

N.N.:

Život u novom svijetu, da, zašto da ne.

Ivica Balić:

Da, ova tema će biti uvijek aktuelna i dinamična dok bude aktera. Nastavi samo činjenice iznositi, treba obrazlagati, elaborirati i nikad potiskivati.

Enko:

Ja predlažem da svi učesnici debate koriste pravo ime, ili nadimak po kojem ga znaju i ostali učesnici u diskusiji.

GDog:

Ova tema je jako interesantna. Čovjek je čovjeku ne vuk, već čovjek, najopasnija životinja. Progon i raseljavanje postoje koliko i ljudska zajednica, a uglavnom zbog nasilnog otimanja teritorije, prirodnih i ostalih bogatstava. Jače pleme će napasti slabije, oteti im pašnjake, stoku i svu imovinu, brutalno pobiti što stignu, a ostali u bjegstvo i progon. Do danas se ništa promijenilo nije. Tema je univerzalna i besmrtna.

Musa Bostan:

Bošnjanine, o tebi i za tebe 23 godine ništa ne čuh. Evo čekam da ti navru sjećanja.

Nada:

U izgnanstvu ima puno tužnih i smiješnih situacija i ova tema bi trebala biti stvarno interesantna. Nemojte da je odvedemo u sasvim drugom pravcu.

Po šumama i gorama:

Acke, hvala ti na temi i stomak me već boli od pomisli da čitam takve tužne i užasne stvari. Svi smo mi već umorni od šupljih priča. A progonstvo nikom i nikad više ne želim. Ne ponovilo se.

Pročitah prve komentare i shvatih da ova tema interesuje našu raju, pa da polako krenem, da Musa Bostan ne pomisli da se ja izmotavam sa mojim uspomenama. Svi komentari su mi sjeli baš kako treba i ja se zahvaljujem svima na iskrenosti i želji da pišemo i o ovom zanimljivom dijelu naših života.

Šume Kungsengena...

Putovanje od Ystada do Stockholma protutnja kao san ljetne noći, samo što nije bila noć, već divan proljetni dan u žuto i zeleno obojene majske Švedske. Šume, jezera, ruševine srednjovjekovne vlastelinske kuće Brache gdje smo ručali, blaga brdašca i polja obojena u zeleno i žuto ostadoše za nama i stigosmo u metropolu u trenutku kada su se počela paliti svjetla velegrada. Počeše nas „istovarati" u prigradskim geto naseljima, a nama se nešto zavrnu oko srca kada vidjesmo one mnogobrojne spodobe koje su nas nijemo promatrale dok smo se iskrcavali iz autobusa. Molismo boga da nas ne „istovare" u nekoj od tih mračnih naseobina. Tako i bi... U autobusu ostadosmo samo nas dvije porodice: Ibrahim Gasal, njegova Ana i dvije prekrasne djevojčice i Starkica, Elvira i ja. Nastavismo ka sjeveru i ufurasmo se na autoput E18. „Kud ćemo sad?", upitasmo se, napuštajući svjetla Stockholma. „Istovariše" nas u sred šume u okolini Kungsengena. Mrak se već prilično spustio, a u šumi nas dočekaše neke užurbane spodobe koje nismo mogli jasno razaznati, što zbog žurbe, što zbog pomrčine. Nigdje poštenog osvjetljenja, samo jedna velika sijalica na povećoj baraci koja se iznenada ukaza na rubu šume. Jedna od onih nevidljivih spodoba zgrabi naše torbe i krenu ka baraci užurbanim koracima, a Starkica kriknu: „Halo, kud si krenuo, to su naše torbe!" Čovjek se okrenu i reče: „Neboj se komšinice, to sam ja, tvoj komšija Mirso Džonlić." Koje li sreće kada u baraci sretosmo i njegovu suprugu Zumru i još nekoliko poznatih banjalučkih lica. Smjestiše nas u jedan kontejner zajedno sa jednom finom porodicom iz Jajca. Poslije smo puno puta kafendisali, sjedili i pričali o događajima koji su nam svima u tim devedesetim bili aktuelni i koji su nas evo doveli u daleku Švedsku. Poslije su nas Mirso i Zumra počastili svježom friganom ribom iz obližnjeg jezera, koju je specijalista Mirso svakodnevno lovio u priličnim količinama. Igralo se i lopte i organizovalo kurs engleskog jezika, i sviralo, a boga mi i išlo u obližnju veliku prehrambenu prodavnicu „BV", i za ono malo sirotinje koju smo dobili kao izbjeglice kupovalo sladoleda, slatkiša, cigara i pitaj boga šta još. Svakodnevne šetnje po šumi i kraj jezera nam smiriše živce i pomogoše da počnemo ozbiljno razmišljati o novim kombinacijama života, u novoj „domovini". U toj šumi ostadosmo tri i po mjeseca, a onda nas rasuše širom Švedske. Kungsengen je fina romantična uspomena života u prirodi i adaptiranja na novu klimu, jednog različitog života od onog koji smo imali u našoj Banjaluci.

Musa Bostan

Acke, što ste učili engleski, valjda je prioritetniji bio švedski? Tebi je ta škola bila igra, u Banjaluci si predavao engleski.

Ja sam se zaustavio u Štutgartu, nisam ni jednog sata bio na socijali, radio sam k´o konj. Mislim da je Njemačka bila najveći promašaj za sve nas koji smo dobili „Abschiebung", a imali smo legalno i stalno zaposlenje. Dolaskom u Ameriku 1999. riješio sam sve dileme i probleme. Banjaluka me više ne privlači ničim, otići ću samo da rasprodam nekretnine. Trebalo mi je 20 godina da to shvatim...

Moram se duboko izviniti Gdog-u što zbog nedostatka prostora ne mogu opisati njegovu odiseju po Njemačkim gudurama. Samo da kažem da je na kraju prihajao zajedno sa tri Rumuna i 2 Turčina u Pansion Neuhoff, negdje u njemačkoj zemlji nedođiji.

Za komentare br. 18 i 21

Pogrešno ste me razumjeli „Po šumama i gorama" (18), ja uopšte ne mislim pisati o tužnim stvarima, već o stvarnim uspomenama iz naših života u inostranstvu. Te uspomene mogu biti i tužne i veoma vesele, zavisi od naših doživljaja.

Dragi Musa Bostan (21), ja sam organizovao kurs engleskog jezika za našu raju koja je shvatila koliko je meni u startu engleski pomogao. U šumi kraj Kungsengena nije bilo nikakve šanse početi ozbiljno učiti švedski, pa smo iskoristili vrijeme da radimo nešto korisno. I nekima se to isplatilo: Mehmedalija, Bato, Jahić se tada prvi put sreo sa engleskim jezikom, a sada se nalazi u USA i ima top job kao doktor biohemije. Ibrahim Gasal je postao veliki stručnjak za programiranje kompjutera, a prvi put je učio engleski na tom kursu. Neki su otišli u Australiju i svi su imali koristi od tog našeg malog kursa koji smo sami organizovali.

Marija

Hvala Acke za ovu temu, vrlo zanimljivo čitati, jedva čekam slijedeći broj Gdogovog putovanja.

Banjalučanka iz BL u BL

Hvala Acke, interesantna tema i baš sa oduševljenjem čitam. Uspomene su uspomene, treba ih pričati i sačuvati. Voljela bih kada bi se ova tema proširila, materijala sigurno ima.

„Folk dans" udruženje u „mome Malom mistu"

Iz Kungsengena stigosmo krajem augusta, a već u septembru stupismo u kontakt sa Šveđanima koji su bili zainteresovani za našu veliku grupu izbjeglica iz tamo neke nepoznate Bosne i Hercegovine. Malo ko od njih je znao nešto o dijelovima Jugoslavije i na silu oformljenih državica sa te teritorije. Zanimala ih je i ova egzotična grupa ljudi sa Balkana, sa svojim naglim izljevima gnjeva i frustracije i u situacijama kada za to nisu imali potrebe. Svakako da su odmah primijetili da se radi o narodu sa veoma civilizovanim kulturnim navikama, a opet, čudili su se da takvi fini ljudi nisu uspjeli izbjeći najgluplju stvar na svijetu: ratovanje. I tako ja dođoh u kontakt sa članovima orkestra u njihovom kulturno umjetničkom društvu, a Zumra i još neki folkloristi se povezaše sa plesačima iz tog udruženja. Odmah prve večeri zasvirah s njima, a oni se ugodno iznenadiše kako je moguće da se odmah svira folk muzika. Valcer k´o valcer, begin k´o begin, a melodije lake za zapamtiti. Već na trećoj probi se uklopih i naučih skoro cijeli njihov repertoar narodnih plesova. Ima tu mnogo razlika, ali nije mi bilo teško, već naprotiv, veoma zanimljivo. A onda počeh uživati u nekim njihovim folklornim plesovima, naročito onima u kojima je izvjesna Lena imala solo tačke. Sviraš na pozornici, a zentaš lepršavu golubicu Lenu i misliš o najljepšim (da ne kažem ljubavnim) doživljajima iz rujne mladosti. Moram priznati da je bilo ludo i nezaboravno. A onda svirah s njima na mnogim priredbama i koncertima, a njihove fešte, potpuno različite od naših, su bile veoma zabavne i zanimljive za izmučenu prognaničku dušu. Provedoh s njima par godina, a i dan danas imam nekoliko dobrih prijatelja Šveđana iz tog vremena.

GDog

Boraveći 1000 dana u Indiji kao izbjeglica na beskrajnim putovanjima zalutah u mali hram u državi Maharastra da se napijem vode, predahnem i eventualno užicam topal obrok. Ugledavši bjelca pred kapijom lokalni sveštenik (baba) me toplo primi i poče žicati donaciju, gori od Calvina Klajna, konta da sam zalutao, lovaran turist. Ispričam mu da sam izbjeglica, zbog frke sa rijamu iskočio iz voza gdje je ostao prtljag, kuja Stara i njemački jaran, pa se pokušavam probiti do države Goa u spas, a nemam novaca. On zovnu nižeg sveštenika i naredi da mi donese tanjur hrane. Zatim sa učkura skide ključ, otključa kutiju sa donacijama i izvuče šaku siće. Nabroja oko 100 rupija i dade mi ih. Reče da mirno prespavam do prvog jutarnjeg busa za Goa. Te večeri poslije toplog obroka i dimljenih specijaliteta mi reče da su svi ljudi izbjeglice na ovom svijetu samo se posmatranja i pristupi razlikuju.

Sabah zorom zakukurijekaše pijetlovi u vegetarijanskim krajevima i baba me probudi kucanjem na vrata proste sobice gdje sam zanočio. Zamirisa čaj i on me pozva na doručak. U Indiji doručak je obično čaj i chapaty/flat bread, ili vrsta palačinke, solo. Kažem ja babi, izvini za upad, ali stvarno sam bio u frkama. Nego daj mi adresu i čim se dokopam Goa šaljem ti posuđenu lovu plus piksa za pomoć. On se nasmija i mudro odgovori da ne srljam pred rudu, jer sve će doći na svoje mjesto kad se stvari poklope. Na rastanku mi dade hrpu kikirikija zamotanog u stare novine, da grickam usput. I dođe raskliman bus kakvi su svi u Indiji. Poslije 5 sati truckanja kroz egzotiku stigoh kući u Goa oko podneva. Cijelim putem me mučila misao šta je sa kujom Starom. Pronašao sam je ispred kućice u debeloj hladovini mango drveta kako sovi u 16 i u snovima se svađa sa prikazama. I jaran Kevin se obradova da me vidi živog. Kad je Staroj u snove dopro moj glas i miris delabrabonjare, skoči u vis probuđena i poče plesati, skomutati, lajati, a vrti rep k´o na baterije od radosti. Prođe gotovo godina dana od nemilog izbjegličkog događaja, a ja se plaho potkopitio, pljušte rupije na sve strane i ponovo zima i plaže Goa. Svakakve raje! Jedan jaran iz Engleske, stalni posjetilac, uglavnom boravi 6 mjeseci na Goa, nakupuje raznih zezalica, pošalje u England paketima i kontejnerima, a onda na proljeće nazad, da to rasproda po buvljacima, vašarima, rainbow festivalima, pa nazaj zima u India. Ima stalnu gajbu i auto, a doma kasira socijalu, lafo lajladi, pati od depresije, hajde, de. Grad Kholapur je poznat po unikatnim sandalama od kože sa mnogo ukrasa i karafeka. Pozove me jednom da odemo tamo da nakupuje tih sandala, par stotina komada i obrne ih u Engleskoj. Vozi on ohrdani Maruti, mjuza deka, i u prolazu za Maharastra ugledah tablu Radha Nagar. Kažem ja jari da zaustavi, jer želim posjetiti jedan mali hram. Pokucam na vrata i pojavi se isti baba sa osmjehom od uha do uha – Tereza Kesovija. Odmah me prepoznao i znao šta se dešava. Ja mu namignem i pravac do one kutije na zidu za donacije, te uturim gužvu galbine kroz prorez. Onda slijedi obavezni čaj i cillum/glinena lula za šenjepu. Hinduizam je super, duvanje shita i vutre vjerska obaveza, 101! Kad smo se pričestili uz tantre i mantre, veli on meni: „Čovjeku u nevolji treba pomoći, jer on to nikada zaboraviti neće. Sve što se pravilno donira, čudnim nitima se stostruko vraća, ali smisao nije u materijalnoj količini, već trenutku potrebe." Poslije ovih naravoučenija odfuramo u Kholapur da se cijenkamo sa trgovcima oko cijene sandala.

Žute dunje...

Jednog proljetnog dana 1994. godine sjedimo Bato i ja na klupi u našem lijepom naselju „Flygfeltet" (bivši aerodrom), pričamo o svemu i svačemu, a onda Bato upita da li bi ja imao nešto protiv da on odsvira jednu pjesmu za mene. Iznenadi me Batina prefinjena pristojnost i odgovorih mu da bi mi to bilo veoma drago. On uze gitaru i otpjeva legendarne „Dunje" tako dobro i produhovljeno da mi je dah zastao od neke miline koju nikada u tim nesretnim devedesetim ne osjetih u dubini duše. Muziciranje nije zaostajalo za nadahnutim pjevanjem. Tog trenutka se rodi ideja da Bato i ja počnemo ozbiljno svirati i tog dana formirasmo orkestar „Bosniska venner" (Bosanski prijatelji). Svirali smo zajedno veoma dugo i doživjeli mnogo nezaboravnih trenutaka po raznim selima i gradovima srednje Švedske, od kojih su u najdubljoj uspomeni ostale svirke u Stockholmu, Uppsali, Erebru, Vesterosu, Norrtelju, a koncert u jednoj divnoj crkvi u Tierpu nikada nećemo zaboraviti. Kada je Trio „Bosniska venner" prestao egzistirati, Bato i ja smo nastavili naše prijateljstvo do današnjih dana. Poslije smo osnovali orkestar „Balkan X" o kojem ću pisati nekom drugom prilikom, a kada završim sa muzičkim uspomenama, još uvijek će mi ostati rukometaške i političke uspomene o kojima ću rado pisati, jer su mi i te aktivnosti donijele mnogo finih trenutaka u prognaničkom životu.

GDog

I zaustavi se kombi sa zadnjim putnicima na zadnjoj stanici, Pension Neuhoff, selo Lahr, negdje u planinama Taunus. Suvozač se predstavi kao službenik socijalnog ureda opštine koji treba da nas smjesti, objasni dužnosti i obaveze. Pratimo ga u koloni sa smiješnim kesama i torbama koje odvališe ruke do velikih ulaznih vrata. On pozvoni i izvadi fascikl ispod pazuha. Vrata otvori mamurno-pijan stariji čova u bade-mantilu. Raščupan je i podbuho. Iza njega se pojavi treba ne starija od 19 godina te ga odgurnu i zagalami u dugačak hodnik: „Muttie die sind gekomen"! Superhik se gegajući izgubi u tami dugačkog hodnika, kašljući i mumlajući nesuvisle psovke. Pojavi se frau Neuhoff, prezrivo nas pogleda ko Huso krmeče govno i ljubazno se poselami sa socijalnim radnikom. Zna da joj donosi par milja maraka stanarine i belaj-Balkan-azilante u kuću. Povedoše nas u zajedničku prostoriju na predavanje. To je ogroman i super uređen višenamjenski podrum. Moderna kuhinja, 2 frižidera, posuđe, dugačak sto za ručavanje. Dnevni boravak sa TV, trosjedima, mnogo knjiga, pa i naših, sto za ping pong, pa vešeraj sa mašinama za pranje i sušenje veša. Poslije izložbe jedan Rumun reče na tek naučenom njemačkom: „azil gutt", a mi ga učutkasmo. Na sastanku nam socijalni radnik reče da ujutro sa papirima odemo do seoske banke i otvorimo račune te unovčimo čekove socijale koje će nam dati za početak. „Azil zehr gutt" – pomislih, 101! Kuća ima prizemlje, sprat i potkrovlje na četiri vode. U prizemlju žive vlasnici, tj. familija Neuhoff, prvi sprat veće sobe za parove, ili taldžije, a u potkrovlju solo ćelije. Izabrah potkrovlje, solo sobu sa dva penđera ili minderluka sa kojih puca pogled na selo. Sto kuća u planini, 2 prodavnice, 2 kafane, jedna benzinska, mala pošta i banka, nema SUP-a, svak svakog poznaje. Poslije gnjavaže i torture oko kućnog reda, napomene da azilanti ne mogu napustiti opštinu bez dozvole kretanja, hm, ostaviše nas da se raspakujemo i smjestimo počinjući novi život. Sredina proljeća 1991., negdje u planinama Taunus...

„Balkan X"

Te 2003. godine sam radio u Roden gymnasiet, mjesnoj gimnaziji, a istovremeno sam radio ekstra u Švedskoj crkvi kao „ungdoms ledare", zadužen za rad sa omladinom. Radio sam u Edsbro forsamling (crkvena opština u blizini Norrtelja) i organizovao aktivnosti za mlade sa tog područja. Šef mi je bila jedna divna zgodna plavuša koja je bila sveštenik na tom području. Tako smo pred Božić imali proslavu u jednoj planinskoj kući u sred šume, a kao finale je palo kupanje u ogromnoj drvenoj kadi koja se nalazila pored te planinske kuće. Snijeg do koljena, minus 15 (najmanje), zapušena i u magli nevidljiva kada, a mi u kupaćim gaćama istrčasmo van i zaburismo se u vruću vodu, a ako malo izviriš, u roku od nekoliko sekundi ti se zaledi kosa i ledenice se uhvate ispod nosa. Onda trčanje nazad u saunu. Tu, na tom ludom i nezaboravnom mjestu upoznah Tomasa kantora (crkvenog muzičara) i poslije nekoliko pjesama koje je on otpjevao shvatih o kakvom izvanrednom pjevaču se radi. On mi onako usput nabaci da bi volio da upozna muziku sa Balkana i da je trenutno slobodan, pa ako hoću, on bi rado čuo, a i uvježbao nekoliko balkanskih pjesama. Dogovorismo se da se nađemo i zajedno odsviramo nešto sa Balkana. Kada sam čuo kako čovjek svira klavir i sintisajzer shvatih odmah da bi mi zajedno mogli nešto napraviti. I tako formirasmo orkestar „Balkan X". Odmah nam se pridružiše Bato i Samir Imamović-Šnicla i uvježbasmo repertoar kojeg se ne bi zastidio nijedan naš orkestar. Svirali smo naše pjesme, švedske pjesme, engleske hitove i neke klasične stvari koje je Tomas izvanredno obradio i aranžirao. Svirali smo tih nekoliko godina koncerte u svim okolnim crkvama, u Stockholmu, na većim državnim proslavama, a u posebnoj uspomeni je ostao koncert na sceni u nekakvom kamenolomu, negdje u brdima Švedske. Idila sa Tomasom je trajala sve dok se on nije zasitio naše muzike i kad je počeo da izbjegava probe i dogovore. Mi smo još u početku zajednički kupili dobar (i ne baš jeftin) razglas, a na kraju se desilo nešto u što nismo mogli vjerovati. Tomas je hinjski zadržao naš razglas i potpuno prestao da nas kontaktira. Mi dugo nismo vjerovali da takvih tezgaroških prevara ima i u ovoj „kulturnoj" zemlji. Tomas nas uvjeri da ima, zadrža razglas bez teksta, a mi ga nemogosmo optužiti jer je „na vrijeme" skupio sve račune i dokaze da smo i mi suvlasnici razglasa. Kako tada, tako i sada: ponekad sretnemo Tomasa, a on se pretvara kao da se ništa nije dogodilo. Ipak je u jednoj prilici pitao moju suprugu, da li bi mogao dobiti posao u Folkets hus-u gdje ona radi, a ona ga je samo zabezeknuto pogledala i pomislila: ljudska bezobraština ni ovdje u Švedskoj nema granica. Šteta, zbog obične kokošarske gramzivosti, ne uradismo mnogo više sa našim solidnim sastavom. Ali „Balkan X" ubrajam u još jednu od mojih lijepih i nezaboravnih uspomena.

Rukometni klub „Ceres"...

Već u jesen 1993. sam počeo ići na treninge lokalnog rukometnog kluba u gradskoj sportskoj dvorani. Vremena na pretek, tada se ništa nije radilo, a čekali smo da nas uključe na SFI (kurs švedskog jezika). Sjedim na tribinama, gledam trening, a u mislima mi se vratiše večeri kada me je dr Vehabović vodio na treninge našeg Borca i sredio mi da budem fizioterapeut u najpoznatijem rukometnom klubu u Jugi. Vehab je sve sredio, samo je „zaboravio" jednu sitnicu: smatrao je da ću ja to prihvatiti bez ikakve nadoknade, pa o eventualnoj gaži za taj posao nije ni razmišljao. Meni je bila velika čast da bude maser u šampionskom timu, ali sam ipak smatrao da za taj, ne baš laki, posao ipak treba da se dobije neka nadoknada. U međuvremenu sam i svirao, pa kada sam sve izračunao, odbio sam tu primamljivu ponudu, zbog nedostatka vremena, a i sviranje me je privlačilo u svoj životni kovitlac. Tako se završi ta epizoda sa našim Borcem, ali mi se evo u dalekoj Švedskoj pruži šansa da se aktiviram u lokalnom rukometnom klubu. Već prvih večeri me je primijetio predsjednik kluba i vidjevši da sam jako zainteresovan za rukomet, upitao da li bih se želio pridružiti njihovim treninzima. To mi se jako svidjelo i već na slijedećem treningu sam učestvovao na zagrijavanju igrača i igrao nogomet s njima u prvom dijelu „nerukometnog" treninga. Još kada su vidjeli da se prilično razumijem u rad sa igračima, pa još kada su čuli da sam fizioterapeut, ponudili su mi mjesto u vodstvu kluba i mjesto na klupi na njihovim utakmicama. Putovao sam s njima na mečeve, pomagao, trenirao, proslavljao pobjede, tugovao poslije poraza. I bi mi lijepo, a „sve što je lijepo, kratko traje". Ova ljepota je potrajala 4-5 godina, a onda me je borba za život u novoj „domovini" odvela u drugom smjeru: posao, muzika, politika, život... Što kaže „Zabranjeno pušenje": „Kuća, pos´o, birtija", ali u mom slučaju je bilo bez birtije. I plaho fino me krenu novi život, iako nije bilo uvijek lako, ali je bilo interesantno i zabavno.

Političke zavrzlame...

Još od vremena kada mi je prof. Kerenović na Pedagoškoj akademiji dao knjižicu Saveza komunista postao sam iskreni zagovornik demokracije koje nije bilo u jednopartijskom sistemu, ali je bilo nas koji smo od početka zagovarali demokratski način razmišljanja. Šansa da se uključim u demokratske tokove života u najdemokratskijoj državi mi se ukazala još u prvim godinama bivstvovanja u Švedskoj. Ni sam ne znam kako, ali me primiše u Socijaldemokratsku partiju i pružiše mi šansu da ideje zatomljene u jednopartijskom sistemu proučim i primjenjujem evo u dalekoj Švedskoj. Predložiše me u Odbor za kulturu i sport u kojem sam ostao do posljednjeg dana moga boravka u Švedskoj. Ali kada me staviše na spisak kandidata za Gradski odbor desi se nešto užasno, u nacionalističko-balkanskom stilu. Glavnu kancelariju Socijaldemokrata nazva neka izbezumljena i zajapurena nacionalistička gnjida, naše gore list, i napade sekretaricu što eto predložiše mene, muslimanskog teroristu, u Gradski odbor. Ljudi se začudiše i zabezeknuše znajući moje internacionalističke i humanističke stavove. Ostadoše bez teksta. Stvar se završi tako da sam ja morao na specijalno sazvanoj konferenciji Gradskog odbora objasniti ljudima da se radi o jednoj isfrustriranoj nacionalistkinji čiji život se zasniva na mržnji i koja ne bira sredstva da zagorča život svima onima koji su se otvoreno suprotstavljali srpskom nacionalizmu devedesetih godina u Banjaluci. Ljudi povjerovaše mojim uvjeravanjima da ja nikada nisam bio terorista i da sam u cijelom svom životu zagovarao humanizam, a i pacifizam. Povjerovaše mi, izabraše me u Gradski odbor u kojem sam do dana današnjeg, ali to su bili veoma teški dani u našoj porodici i u mome životu. Upoznah mnogo različitih ljudi, a sa nekoliko njih namjeravam prijateljevati dok živim. Dani teku, a uspomene žive vječno u nama...

„ROS" - dom za stare i iznemogle...

Još nisam ni završio sve kurseve, a već sam na sve načine pokušavao da se ufuram na bilo kakav posao. I Šveđani me obradovaše jednim privremenim zaposlenjem, na radnom mjestu za koje nisu bile potrebne nikakve kvalifikacije, u jednom velikom staračkom domu. Poslije sam skužio da ima izvjesnih radnih zadataka koje

Šveđani nerado rade i baš jednim takvim radnim mjestom me usrećiše, negdje sredinom devedesetih godina. Posao se sastojao od pripremanja starih osoba za novi dan (higijena, spremanje kreveta, hranjenje itd.). Nikada neću zaboraviti jedan dan kada sam bio zadužen za četiri pacijenta, a jednu staricu sam morao tuširati i kupati. Ona jadna ima demens, a nepokretna, u kolicima. Uvezem ja nju u kupaonu, obučem plastičnu kabanicu, navučem velike gumene čizme, a onda na tenane skidaj staricu koja ni na koji način ni ne pokušava, niti može da mi pomogne. Znoj lije u onoj kabanici, a starica gola na onom plastičnom ležaju, samo leži i bespomoćno gleda šta ja radim. Zabušavanja nije moglo biti, jer je jak zadah sezao do srži i pokazivao da ona već odavno nije okupana. Uradio sam to i još puno toga tog radnog dana. Jedan stari ogromni gospodin me je proklinjao što sam ga učepio tamo dole među nogama zatežući posteljinu i pidžamu, a jedna stara gospođa me zamolila da joj pomognem u klozetu, jer je imala „for-stoppning" (zatvor), pa je imala teškoća sa tvrdom stolicom. Kući stigoh smrdljiv, što od svog znoja, što od zadaha starih ljudi. Eto, opisah samo jedan radni dan na tom mom prvom radnom mjestu u Švedskoj. Sve to je potrajalo sedam mjeseci, a bio sam sretan da sam bio jedan od prve trojice Bošnjana koji je dobio posao. Znači, nije bio samo med i mlijeko, ali poslije je bilo sve lakše što se čovjek više približavao poslovima za koje je imao kvalifikacije.

„Relax" – vlastiti privatluk...

Radeći u onom staračkom domu istovremeno sam išao na više kurseva i kada sam položio Švedski za zdravstvene radnike, Socijalnu medicinu i Švedsko zako-nodavstvo otvorio sam salon masaže sa fizioterapijom.

Jednog sunčanog dana 1997. godine imao sam „invigning"– otvorenje firme. Bilo je puno zvanica u one tri male prostorije koje sam uredio uz veliku pomoć moga velikog prijatelja Lassea. Nabavio sam dva stola za masažu, stari kompjuter, radni sto i puno raznih štitnika za sportske povrede koje sam namjeravao prodavati. Pod istim krovom, uz moj lokal, imao sam na raspolaganju predivnu salu Karate kluba, sa ogromnim ogledalom preko cijelog zida na jednoj strani. Bila je kao izmišljena za kineziterapiju (vježbe). Mirza nakuhala raznih kolačića i zerzevata, kafe i soka je svakako moralo biti cijelo vrijeme. Onda ja održim mali prigodni govor, uzmem gitaru i otpjevam „Vandrare", što u prevodu znači lutalica. Švedska pjesma koja je u potpunosti odgovarala jednom lutalici koji je evo na drugom kraju zemaljske kugle startao svoj privatluk. Šveđani se raspištoljili i svi redom obećali da će redovno dolaziti kod mene. Obećali, pa zaboravili. Taj dio moje karijere privatluka je potrajao osam mjeseci, a onda sam našao posao u državnoj firmi gdje sam duplo više zarađivao, a isto toliko manje radio. Bilo je divno to vrijeme totalne samostalnosti ali, nažalost, nije se moglo zaraditi dovoljno za život. Na državnom poslu nisam imao nikakvih glavobolja sa knjigovodstvom, kirijom i još mnogo drugih izdataka koje sam imao u privatnoj firmi. Ipak mi je ostala draga uspomena i dobro iskustvo koje mi je pomoglo u nastavku života na „trulom" Zapadu.

Bajbukana...

Onda provedoh četiri godine sa najpoznatijim imenima švedskog i svjetskog kriminalnog establišmenta. U jednom od najpoznatijih zatvora Švedske, na odjelu za najtvrdokornije kriminalce i psihopate raznih vrsta doživjeh toliko zanimljivih epizoda i svinjarija da bi cijelu knjigu mogao napisati. Samo kolegijalnost i drugarstvo sa sapatnicima kolegama mi je ponekad pomoglo da ne zviznem glavom u zid. Ali moram priznati da su mi te četiri godine najvrjednije životno iskustvo. Sprijateljio sam se sa više najpoznatijih zvijezda evropskog podzemlja, a u druženju s njima mi je najviše pomogao moj korektan odnos i volja da im koliko-toliko olakšam zatvorske dane, u okvirima dozvoljenog. Oni najviše mrze poruke kao: „Možda ću ti moći pomoći", ili „Vjerovatno ćemo riješiti tvoj problem". Ali direktni odgovori, pa bili oni i negativni, su uvijek imali bolji efekat od neodlučnosti i nepotrebnog podilaženja. Jedno konkretno NE je bilo bolje od VIDJET ĆEMO, MOŽDA itd. A ako se nešto obećalo, to se NIJE SMJELO zaboraviti, jer bi izazvalo užasnu reakciju. Na ovom neobičnom poslu sam upoznao sve vrste ljudskih bića: od najvećih gubitnika i nula, do časnih i poštenih ljudi koji su stigli u zatvor greškom sudskih odluka, ili podvalom bivših nazovi prijatelja i kompanjona. Jednom nezahvalniku sam jednom prilikom spasio život, jer bi iskrvario prije nego bi stigla kola hitne pomoći. I kada sam ga posjetio u bolnici, nije mi rekao ni onu kratku ljudsku riječ „hvala". A bio je istočna verzija „naše gore list". Iskustvo sa tog radnog mjesta se ničim u životu ne može nadoknaditi, tako da sam više godina poslije prestanka rada u Kriminalvordenu ponekad radio tamo extra što je pozitivno uticalo na kućni budžet.

Znači i ja se mogu pohvaliti da sam „odsjedio" četiri godine iza rešetaka, dobrovoljno, ali sam svako veče išao kući i za to sjedenje sam svakog mjeseca dobijao pristojnu platu i uplaćivao penzijski staž. To je bio pristojan posao kojeg se nikada ne bih postidio, niti pokajao. A to bogato iskustvo mi je otvorilo oči i pomoglo u nastavku života.

Neispavana

Ova anonimna djevojka je naširoko opisala svoju Odiseju i Ilijadu tako opširno da je to nemoguće prenijeti na papir zbog nedostatka prostora. Oprosti mi „Neispavana". Radi se o zanimljivim doživljajima u Italiji, Hrvatskoj, Sloveniji, Danskoj i još nekim zemljama koje će autorka sigurno opisati nekom drugom prilikom.

Dva Božića u našoj kući...

Elen, naša lijepa snaha, Estonka, je vjernica, protestant, zet Peter pripada Švedskoj crkvi, a mi ostali u porodici, ateisti i agnostici, respektujemo njihova opredjeljenja, jer oni su dio naše porodice. Kao posljedica tog respekta je naše opredjeljenje da se pridružimo njihovoj želji da nastave slaviti Božić, najveći praznik, ne samo u Švedskoj. Tako mi svake godine imamo dva dana određena za predaju božićnih poklona (Jul klappar) našim voljenim unucima i njihovim roditeljima. Prvo Starkica i ja pripremimo malo veću sumu novca namijenjenu u te svrhe, kupimo poklone, a onda priredimo najsvečaniji ručak dva puta. Prva proslava bude namijenjena Dadinoj raji negdje oko 20. decembra, jer oni poslije toga putuju za Estoniju Eleninim roditeljima, gdje provode božićne praznike. Druga proslava je namijenjena Elvirinim anđelčićima koje mi dovedemo (750 km.) našoj kući dan prije Božića i 25. decembra i oni dobiju svoje poklone i budu bogovski počašćeni Noninim specijalitetima koje ona sa puno ljubavi i umješnosti priredi tih svečanih dana. Kad se sve sabere, devet najdražih osoba najbliže familije otvoreno pokažu svu privrženost i ljubav prema nama, najstarijim članovima obitelji, a nama zaigra srce kada vidimo četiri unuka i najmlađu unučicu kako brzinski raščeputaju onaj divni dekorativni papir kojim su vrijedni trgovci s pažnjom zapakovali poklone. Koliko posla za onih nekoliko trenutaka sretnog čeputanja papira. Eto, iako nismo kršćani, a ni neki vjernici, mi smo uveli jednu novu tradiciju u našoj porodici i izgleda da ćemo to nastaviti dok živimo. Tih dana i večeri je naša kuća puna poštovanja, ljubavi i respekta jednih prema drugima, a takve trenutke bi svaki čovjek trebao poželjeti bar jednom sedmično, da ne kažem heftično. U ovim nezaboravnim prilikama se uvijek sjetim teta Jagode, čika Pepija, Verice, Zvonke i moga najvećeg prijatelja Štefka, kada smo Božiće slavili u njihovoj toploj kućici na Čairama.

2012.

Ova 2012. Nova godina će ostati u finoj uspomeni po više sretnih dogodovština koje se ne doživljavaju tako često u životu. Šveđani proslavu Nove godine još uvijek „nisu otkrili“. Nigdje se ne organizuju dočeci kao što je to bilo u našim krajevima. Oni jedva dočekaju ponoć i onda dolazi njihova najvažnija tačka „proslave“: vatromet. To nije neki organizovani pompezni vatromet, već privatno divljanje raketama i ostalim zapaljivim budalaštinama za koje Šveđani potroše podosta miliona kruna svake Nove godine. To privatno besplatno divljanje eksplozivnim budalaštinama se završava negdje oko 12.15 i onda nastaje totalna tišina, jer oni smatraju da je kraj proslave kada se ispucaju rakete. Dosadno, da dosadnije ne može biti. Naši ljudi se snalaze kako znaju i umiju: većina ostaje kod kuće sa prijateljima i rođacima, poneko na brodu za Finsku (to su urnebesne proslave uz živu muziku i program), poneko stigne i do Dubaija kao Mirso i Zumreta već drugi put, a mnogi zaspu već oko pola jedanaest i sutra budu friški za podnevni koncert Bečke filharmonije. Mi smo proslavili novogodišnju noć sa našim unučadima Emmom i Danijelom. Uz pjesme Zvonke Bogdana i muziku tamburaša „s Petrovaradina", isplesao sam se sa mojom Emmicom (4 godine), malo i sa Starkicom, izbudalesao sa Danijelom (5 godina), malo mezice, vinčeka, ponoćni šampanjac i to je bilo to. Oko ponoći smo gledali vatromet i onda sam ja sam odgledao jedan dobar film, pa spavancija. Prvi januar je bio još ljepši: bili smo u posjeti kod Grabovaca i proveli se predivno sa Elvirom, Adnanom, Sarah i Harisom, našim rođacima i velikim prijateljima u Stockholmu. A onda 2. januara dođoše nam na sijelo najdraži prijatelji iz USA, iz Filadelfije, naši Jahići, Ipana i Bato. E to je bilo veče uz piće dobrodošlice, vinček, prefinjenu mezu najljepših narezaka i sireva i ćakulanje sa najdražim prijateljima sa kojima već godinama nismo prijateljevali, zbog udaljenosti njihovog trenutnog prebivališta na drugom kraju svijeta.

Ni snjegovi više nisu kao nekad što su bili...

Stara dobra pjesma „Ni Bajrami više nisu kao nekad što su bili" me asocirala na naslov današnje priče. I tačno je: ništa više nije kao nekad što je bilo. Evo u Švedskoj privatluk cvjeta kao nikad prije i tako su mnogi privatni poduzetnici pokupovali sve moguće mašine i naprave za čišćenje snijega, računajući na milionske zarade za samo tri-četiri zimska mjeseca. „Prevarila" ih je prošla zima kada su svi oni koji su se bavili čišćenjem snijega zaradili milionske sume, jer su se sve te djelatnosti privatizirale kada su Moderati došli na vlast. Ali, sic, ove zime nisu zaradili ni krune sve do 22. januara, a i tada je prvog snijega napadalo samo desetak cantimetara. Kukaju kao sinje kukavice, ali im niko ne može pomoći, jer priroda je tako htjela: snijeg dođe u veoma malim količinama tek 22. januara. Možda će se zima popraviti u ovih par zimskih mjeseci, pa će i ovi nesuđeni milioneri zaraditi poneku krunu. A kako je nekad bilo u nordijskim zemljama... Snijega do koljena, često i do pasa, a on pokrio svojom bjelinom sve tamne mrlje koje je čovjek ostavio po gradu, prelijep sve dok mi ljudi ponovo sve ne uneredimo i ne zagadimo. Tako ovog divnog bijelog jutra prošetah pet-šest kilometara radije gazeći po bijelom pokrivaču, nego sjedeći u autobusu punom kašljucajućih radnika koji na posao obavezno idu autobusom. Čovjeku tako malo treba da se sjeti svega onoga lijepog što se na snijegu doživjelo. Ma nekako mi cijeli ovaj radni dan izgleda ljepši i draži, iako je ponedeljak i nije mi baš do nekog posla. Radije bih na skijanje, ili na Tajland, na kupanje.

Las Palmas

Povodom Starkicinog jubilarnog rođendana organizovah putovanje na Gran Canaria, u Las Palmas. Starkica nije znala gdje ćemo sve dok nismo došli na Arlandu, znala je samo da treba ponijeti ljetnu garderobu i nije ništa pitala, vjerujući u moj izbor.

Isprati nas snježna mećava sa aerodroma Arlanda, a debelo more bijelih oblaka poče nestajati tek iznad Portugala i Gibraltarskog moreuza. Ispratismo gospođu Evropu i stigosmo na kišovite Gran Canarie. Kiša je prestala već iste večeri u Las Palmasu, ali je vjetrić propirivao za cijelo vrijeme boravka u ovom lijepom gradu. Šetasmo po načičkanim ulicama ljetom obasjanog (u februaru) grada, sunčasmo se na kilometrima dugoj gradskoj plaži. I dok smo ležali na toplom pijesku, ljubljah Starkicu nebrojeno puta i upitah: „Bili više voljela da te je zagrlilo 35 Šveđana za rođendan, ili ove moje poljupce"? Kratko je odgovorila: „Ti", a ja se počeo topiti na suncu Las Palmaskog ljetnog, pardon, zimskog sunca. Trčali smo bosi po mekom pješčanom pokrivaču, gazili smo kilometrima po malim valovima uz pješčanu obalu, a na kraju ispadosmo naivni i neiskusni, jer nam zimsko sunce podobro sprži svaki razgoličeni dio tijela, a lice je i boljelo i svrbilo i bilo crveno, sve dok se nije počelo guliti. To nam se ne događa ni u po ljeta jer se znamo zaštititi u hladovini, ali ovog puta nemogosmo odoljeti. Na „Drag karnevalu" se nagledasmo muškarčina u „onim" gačicama, maski svih mogućih boja i oblika, seksi plesova koji izazivaju mučninu jer ih izvode osobe „pogrešnog" pola. Vratismo se u hotelsku sobu gdje nas iznenadi šampanjac koji nam je poslala direktorica hotela, vidjevši u dokumentima da je Starkici rođendan. Osvanu i jutro povratka, pa nas taksista odveze daljim putem do aerodroma i ne bi nam krivo što platismo duplu sumu, jer smo vidjeli neke dijelove grada koje nismo uspjeli obići. Isprati nas „ljetno" sunce i +24 stepena celzijusa, a poslije ugodnog leta, dočeka nas snježna oluja na Arlandi. Dopelasmo se kući, malo odspavasmo, u ponedeljak -16 stepeni nas razbudi i podsjeti da se uobičajeni skandinavski život nastavlja... ADIOS LAS PALMAS, VIVA LA SVERIGE.

Big Hot Jalopéno

Mi imamo običaj dva puta mjesečno papati u Mac Donaldsu iz nekoliko razloga: jeftino je, sviđa nam se da jedemo hamburgere koji uvijek imaju standardan ukus, a to nam služi kao nadomjestak za one naše posjete ćevabdžinicama u rodnom gradu. Tako u subotu odosmo u naš omiljeni „Meki" gdje su hamburgeri baš po našem ukusu, a i higijena je na najvišem nivou na cijelom stockholmskom području. Naručismo „Big Hot Jalopéno" i ne pokajasmo se. Naprotiv: ukus standardan, a sos ukusan, sa začinima i ćilijem, ma milina jedna. Ukus me podsjeti na ćevabdžinicu „Kod Bilija" i na šiševe koje smo tamo maštrafili najmanje dva puta mjesečno. Topli ukus ćilija se razmili po cijelom tijelu upravo na isti način kao što se i ukus Bilijevih šiševa širio po venama u voljenoj ćevabdžinici. Uz „Jalopéno" popapasmo i krompiriće koji su isto tako bili provaljani u začine i ćili, kao i hamburger. „Vovd boli, vovd gori", uobičavao je reći dobri starina Zaim kada je dolazio na fizioterapiju davnih šezdesetih. I ovog izraza se sjetih dok se toplota ćilija širila u cijelom tijelu. Jedina razlika između Bilijevih šiševa i ovog „Big Hot Jalopéna" je bila da poslije šiševa bilo je samo jedno „ujedanje", a poslije „Jalopéna" bilo je „dva put´ ujeda", ali imam ja lijek za to: namažeš tanki sloj svinjske masti i ujedanje prestaje, a zadovoljstvo šiševa i „Jalopéna" se nastavlja.

Na Zapadu ništa novo...

Ufurasmo se i u april 2012. godine i pomislismo: PROLJEĆE. Ali ne bi ništa od toga. Poslije prvoaprilskih podvala i prevara osvanu drugi april i deset centimetara novog bijelog snijega. Nešto se lagano prevrnu u želudcu i beznađe švedskog „proljeća" pokvari još jedan dan. Umjesto sunca, behara, mirisa proljeća, obasja nas bjelina novonapadanog snijega. A vrijedni Šveđani tek što su pokupili šljunak sa ulica i trotoara, računajući da više ne prijeti opasnost od snijega i poledice. Već smo svi i zimske gume zamijenili i zimske jakne i kapute zamalo nismo spakovali za slijedeću zimu. Ja sam se čak i ošišao na „Monako" frizuru vječitog proljeća, računajući da mi neće trebati ni duga kosa, ni zimska kapa na proljetnom suncu. Ali hoćeeeeš, malo sutra. Sjeverac brije k´o u po zime, oči suze, a ni prozora ne možeš pošteno otvoriti. Lijepo je ovdje na sjevernom Zapadu, ali što vrijeme više odmiče, sve mi češće pada na pamet ideja o nastavku života poslije penzionisanja, negdje južnije na kugli zemaljskoj. Ako me išta otjera iz ove Švedske, to će biti ova klima koja nema smisla ni za ljepotu proljetnog jutra, ni za miris junskih lipa, ni za brčkanje u toploj suncem ugrijanoj vodi našeg južnog mora. A o ljetnoj užurbanosti i živosti bašta južnih kafića i razdraganosti južnih ulica da i ne govorim. O ljepotama plaža našeg Jadrana sve znate, ne moram vam ja govoriti. „Poslije kiše dolazi sunce, s njim i sunčan dan", ali šta dolazi poslije sjeverca i snijega, još niko nije opjevao.

EUREEEKA!

Poslije kiše, snijega i sjeverca dolazi zubato sunce, koje evo i 10. aprila još intenzivno „grije". Brrrrrrr... A ledeni vjetar raspiruje ostatke prašine i kamenčića koji su preostali od zimskog zasipanja ulica, da se narod ne oklizne.

Računao sam da je u južnoj Švedskoj toplije, pa odosmo u Skone, da se bar malo ugrijemo. Kad tamo, ono isto ledeno sr.... Zakopčaj zimsku jaknu, navuci šubaru, natakni zimske rukavice i nema zime. U onoj brzini da pobjegnemo od sjeverne zime zaboravismo rukavice malom Danijelu, pa jadno dijete zavuče ručice u džepove i ne izvadi ih sve dok ne stigosmo u toplo predsoblje hotela.

Te noći sanjah divan san sličan onome koji je Nerko Galešić sanjao na Trešnjiku. Probudih se, radosno otvorih prozor ugledavši sunce, a zapahnu me zubata svjetlost i zubati povjetarac švedskog daha proljeća. Dokle li će ova zubata ljepota potrajati ove godine, upitah se i zalupih prozor, pokušavajući odsanjati nastavak Nerkinog sna sa Trešnjika. Prošetasmo ledenim ulicama lijepog grada Vaxsje i vratismo se našem sjeveru u okolini Stockholma. A proljeće još uvijek obigrava oko ovog dijela zemaljske kugle i iz daljine se smije zubatim mukama koje mi još uvijek moramo trpiti, iako to sami nismo tražili. Dođe i 14. april, subota, vikend, a ja se javio na moj „extra job" da zaradim koju crkavicu i popravim krvnu sliku kućnog budžeta. Dva puta mjesečno se javim da radim ekstra u bivšoj firmi i dodam primanjima nekoliko tisuća (koliko je to hiljada?) kruna koje se prido-daju sumi ušteđevine za godišnji odmor i druge kombinacije koje se moraju obezbijediti u životu. I prvi put u životu bi mi drago da sam se prijavio da radim. Provirih kroz prozor i ugledah smračeno nebo koje se otvorilo i podarilo nam pahuljice veličine oraha. Kako ujutru, tako cijeli dan: snijeg i susnježica sipa kao iz kabla. Napadao je mašalla dvadeset pet centimetara. Milina jedna, smrači mi se pred očima, a onda mi pade na pamet da ću raditi i to mi totalno popravi raspoloženje. Ima li išta bolje nego raditi po ovakvom kijametu i baš tog užasnog dana zaraditi ekstra lovu. A da sam bio slobodan, morao bih cijeli dan beljiti u TV dok mi oči ne ispadnu i gledati kako Starkica pegla, sređuje kuću, sprema ručak i tako dalje i tako bliže. Tako po ovom kijametu imadosmo uspješan dan i ona i ja: ona pospremi kuću, spremi fin ručak, a ja zaradih penezi za bolje sutra. Valjda će proljeće nekad doći i do ove sjeverozapadne vukojebine, pa da dahnemo dušom i počnemo sanjati ljeto, more, vino i gitare, a onda: Ćao raja, vidimo se u julu, ako nam se putevi ukrste preko puta Istre, na lijepom plavom Dunavu, pardooon, Jadraaanu.

Nebo nad Oregrundom

Karta Švedske izgleda kao vitko tijelo zgodne žene, a kada joj se doda Norveška, onda to bude tijelo žene u poodmakloj trudnoći. Malo ribarsko mjesto koje posjetismo juče se nalazi na gornjoj trečini onog zaobljenog pikantnog dijela (koji muškarci specijalno cijene) stražnje strane Švedske koji zadire u Baltičko more svojom zaobljenom obalom. Oregrund se nalazi oko 150 km. sjeverno od Stockholma, a oko 80 km. južno od Govle-a. To je najrazuđeniji dio švedske obale na Baltiku.

U Oregrund nas doprati prekrasno proljetno sunce, a malo pitoreskno mjestašce nas dočeka svojom dostojanstvenom tišinom predsezonskog štimunga priprema za ljetnu sezonu. Prošetasmo po luci, još praznoj, sa samo nekoliko barki usidrenih uz obalu. Turistički vikinški brod se užurbano priprema za nove turističke ekspedicije, a restorani i kafei se luftaju, tek poneki nudi gostima specijalitete svojih kuhinja švedskog primorja. Sjedosmo na klupu na podijumu još neotvorenog kafea sa druge strane zaljeva, uživajući u zracima proljetnog sunca koje se na momente pojavi, a onda izgubi iza oblačića koji podsjećaju na bijele oblačiće našeg jadranskog podneblja. Pogled na luku preko puta nas podsjeti na sva ona ribarska mjesta koja smo redovno obilazili, a i dalje obilazimo na lijepom Jadranu. Otkunjasmo na toploj klupi, kafendisasmo u jednom kafiću, a onda put pod noge, pa u naše Malo misto na obali Baltika, da nastavimo uživanje u ovom prvom pravom sunčanom danu švedskog proljeća.

Tajne Danderyda

Danderyd, najbogatija komuna u Švedskoj, leži desetak kilometara sjeverno od Štokholma. Ništa lijepo se ne može vidjeti kada se prolazi autocestom E18 kraj same komune: autobuska stanica sa peronima i čekaonicom kao na staroj stanici na Predgrađu u Banjaluci, autocesta sa hiljadama vozila koja cijelo vrijeme velikom brzinom jure u oba pravca, preko puta neugledna željeznička stanica, a cijelim područjem dominiraju četvrtaste metalne i staklene zgrade „Danderyds sjukhus", jedne od najpoznatijih bolnica na području Stockholma.

Dosadno, sivo, neugledno...

Ali u okolini, na okolnim brežuljcima, u sjenovitim šumarcima, se može vidjeti zašto je ta komuna najbogatija u Švedskoj. Šetao sam bezbroj puta po tim brežuljcima, odlučivši se da umjesto dosadnog autobusa upotrebim „cipelcug" i vidim šta se to tamo iza brda valja. I imao sam šta da vidim: prekrasne luksuzne vile u sjenovitim baštama, dvorištima, okružene lijepo uzgojenim šumarcima i svim mogućim luksuzom koji čovjek samo sanjati može. Luksuzne jahte stoje na prikolicama i čekaju da ih vlasnici porinu u dubine jezera i mora koje ih nestrpljivo očekuje u prevečerje novog ljeta 2012. Na ogradama, kapijama i vilama stoje natpisi tip: „Privatno vlasništvo", „Komšijska suradnja protiv provale" i tako dalje i tako bliže. A vlasnici me promatraju ispod oka i samo što ne kažu: „Šta se smucaš ovuda? Mi ne želimo nepoznate u našoj ulici." Ja nisam ljubomoran na njihov bonluk koji oni tako ljubomorno čuvaju, ali odjednom se rastužih i počeh razmišljati o pravdi, jednakosti i solidarnosti u svijetu individualista, egoista i kapitalista. Nije ovo valjda najrazvijeniji oblik ljudskog življenja, bez suživota i bez mogućnosti raspodjele ljudskih dobara na pravedniji način.

Tajnoviti danderydski šumarci i brežuljci, kao neosvojive tvrđave, ponosno stoje i brane pravo bogatih da žive jednim misterioznim i nama običnim smrtnicima nedostupnim životom u izobilju naše zajedničke božije bašte. Život u bogatoj Švedskoj ne pruža svima iste šanse, ali mi prognanici se ne možemo požaliti, jer dobili smo šansu da nastavimo živjeti u zemlji gdje nema ratova i torture, a može se i pristojno živjeti, pa makar se samo u prolazu uživalo u sjenovitim tajnama bogataških četvrti brežuljkastog Danderyda.

Cres, Lanterna, kalamari, čovjeku tako malo treba...

Vratismo se u kišovitu Švedsku i odmah slijedeći dan – ponedeljak, prvi radni dan poslije „đenet" odmora na našem Cresu. A Cres, kao i svaki put, je stalno u mislima, snovima, sanjarenjima. Dovoljno je zažmiriti i odmah vidim Lanternu, plažu, krempitu, Krešu masera, Ivanu koja masira sa srcem, Dinku sa svojim ne-presušnim pripovijestima, šalama i vicevima, penzionisanu poštarku Smilju koja se zatrči i svojim grudima tresne u moj grudni koš u ludom plesu na rivi, zalatak sunca za vrhove Istre, tek upaljena svjetla malog mista, karneval sa dugonogim ljepoticama koje imaju fantastična krila, barba Josu sa svojim pripovijedanjima o Cresu, djetinjstvu i ratnim danima 1941. i 1991. godine, divne večeri u „Marini" gdje svira naš Vlado Marković, a Čisko i ja uživamo u Vladinim izvedbama svjet-skih i naših hitova, a čevapčići su tamo najbolji u Cresu, podsjećaju na banjaluč-ke, maestra Lućana i njegovog sina, izvanrednog frizera koji svoj posao obavlja totalno preko volje, ali perfektno, akademskog slikara Solisa i njegove vječne barke i brodove, Tercizia Bommarca, starog prijatelja Talijana rođenog na Cresu, iseljenog poslije drugog svjetskog rata, a poslije svih godina provedenih u Italiji i Švedskoj, prisustvovah prezentaciji njegove izvanredne knjige o Cresu i porodici Bomarco. Cijeli Cres se slio u školsku dvoranu, pozdravljajući ovaj veličanstveni povratak Tercizia svome voljenom Cresu. Vera i Hans, Švicarac i Hrvatica, istinski prijatelji već preko nekoliko desetina godina, amaro, sladoled u kombinaciji sa vinom i pivom. Sve to vidim odjednom, a odmah iza te multiscene prikazuju mi se slike prženih kalamara iz „Belone", pobjede hrvatske rukometne reprezentaci-je nad Srbijom, sladoled u „Bachu", creska jagnjetina, teletina roza boje, smokve, marelice, domaći paradajz...

Nego da se ja malo adaptiram na ovu kišu svakog poslijepodneva, a ako bog da slijedeće godine na Cres, pa kud puklo, da puklo.

Povratak kući...

Mi na naše odmore idemo autom jer ja volim voziti, a i lijepo je krstariti našom Evropom, stati gdje ti se svidi i stići po vlastitoj želji, a ne kada ti avion, autobus, ili voz odredi.

Tako se na putu kući, u Pajpovoj, Goranovoj, pa i mojoj (EU) Austriji zaustavismo u Bishopshofenu s namjerom da prenoćimo u tom pitoresknom, Alpima okruženom, gradu. Mjesta nigdje ne nađosmo i već pomalo umorni i iznervirani, oko pola deset, krenusmo ka autoputu A10. Kad tamo, na kraju grada, ugledasmo svjetla nekog malog simpatičnog hotela. Mirza i Emma ostadoše u autu, a ja uđoh u stražnje dvorište hotela pošto su prednja vrata bila zatvorena. Kad tamo, gril upaljen, meso se puši i ja sav sretan zakucah na vrata i pošto niko ne izađe, uđoh u mali foaje gdje me presretnu jedna čudno odjevena 45-50 godišnja dama, samo u crnom korzetu, sa smiješkom dobrodošlice. Upitah da li ima slobodnih soba, a ona, sa čudnim entuzijazmom, odgovori da će se svakako naći slobodna soba, samo mora obavijestiti vlasnika hotela. Otvorivši neka vrata, ona se elegantno savi u struku, pokaza mi stražnji zaobljeni dio i ja tek tada jasno vidjeh da dama nema ništa osim onog korzeta na sebi. Iz sale nahrupi mnoštvo čudnih tipova, polugolih, golih, omotanih samo ručnicima, sa flašama u rukama, u bučnoj diskusiji već poodmakle terevenke. Pojavi se i gazda hotela zajapuren u licu i saopšti mi da je ovo „svingers fest". U sekundi shvatih da se moram što prije izgubiti odatle, jer je ona dama svakako htjela da ostanem u njenom društvu. Istrčah do auta i bez riječi dodah gas do daske. Mirza i Emma me začuđeno pogledaše ne stigavši ni upitati zašto se tako čudno ponašam. Stigosmo do Salzburga i prenoćismo u najskupljem hotelu u kojem smo bili više puta, sretni što smo izbjegli sve zamke austrijskih „svingersa", a i lomljenja i spavanja u autu. A dama u korzetu bez los gaćos se valjda snašla i ulovila nekog partnera da joj svingerska fešta ne prođe uludo. Mladost ludost pa to ti je.

Vidjela žaba da se konji potkivaju, pa i ona digla nogu...

Ova stara izreka me podsjeća na odluku o kupovini motornog čamca u našoj porodici. Vidjeli mi da čamce u švedskom priobalju imaju skoro svi, pa i mi odlučismo da kupimo jedan čamac sa kabinom, pa da se može prespavati na moru, što nam je bila želja otkad znamo za sebe. Kupismo veoma fin motornjak marke „Fliper" sa snažnim „Honda" motorom i sa kabinom za 3-4 osobe. Bi nam veoma lijepo i u tom našem pomorskom životu doživjesmo mnogo lijepih doživljaja, jer obala izgleda drugačije kada je gledaš sa morske strane, večera je slađa kada se raspremi sto na barci, upale se svijeće, otvori flaša omiljenog vina... Krevet se lagano ljuljuška, vinček zagrijao sve damare, a kraj tebe voljena osoba... Šta čovjeku više treba? A onda jutra sa blještavim morem, mirnim, sa površinom koja izgleda kao staklo. Iz kreveta direkt u more, na umivanje i rastjerivanje blaženog mahmurluka uljuljanog u divne snove tihe morske ljepote.

I tako četiri godine, od 2000. do 2004. A onda počesmo malo trezvenije razmišljati: sezona čamca u Švedskoj je veoma kratka, dvadesetak dana u junu i par sedmica u avgustu, ako se ne okiša već prvog dana poslije povratka sa Cresa. Sve zajedno oko osam isplovljavanja na more, a ponekad i manje, u toku jedne godine. Zimsko mjesto, članarina u klubu, ljetni vez u marini, sve košta, a korištenje čamca minimalno. Da ne govorim o pripremi za sezonu, vječito pranje ptičijih redovnih oneređivanja, vađenje čamca iz vode, struganje i farbanje dna otrovnim zaštitnim bojama...

„Izgleda da je ovo veoma skup sport dragi moj Acke, a čamac tako malo koristimo", reče Starkica poslije četiri godine. „A iskreno da ti kažem, svaki put kad voziš 20, ili 25 čvorova, pa čamac dodiruje vodu samo zadnjim krajem, meni se kosa diže na glavi i zaledim se od straha", doda Mirza, i mi odmah počesmo planirati prodaju. Posljednje vađenje iz mora mi se ureza u sjećanje: kratki, prilično visoki valovi, hladno k´o u sred zime, a ja cvokočući molim boga da ne udarimo u mol, samo da izvučemo čamac na obalu, pa da napišemo oglas. Tako i bi, već druga mušterija se zakači i kupi čamac, već poslije par mjeseci. Čak smo i malo više za njega dobili, nego što smo ga platili. S čamcima ti je ovako: čovjek se dva puta raduje: kada kupi, a i kada proda čamac. Tako nekako bi i s nama. Provedosmo četiri fine godine na moru, a lovu od čamca uštedismo za bolje sutra.

Jesenje šume Roslagena

6. oktobar osvanu okupan jesenjim suncem koje u Švedskoj blješti kao u sred ljeta, a vani je temperatura oko 12-14 stepeni celzijusa. Starkica i ja na brzinu odlučismo da ovog puta idemo u Stockholm udobnim dvospratnim autobusom, a ne autom. Ja inače idem tim autobusom svaki dan na posao, pa reko´ da testiramo da li nam i ta alternativa odgovara na našim redovnim putešestvijama u Stockholm skoro svakog vikenda. Autobus udoban sa sjedištima „na obaranje" i kada se smjestismo u poluležeći položaj, bi nam isto kao u najboljem „sightseeing" autobusu. Smjestismo se na spratu na prva mjesta, iznad šofera. A šume Roslagena se prostrle po blagim brežuljcima duž cijelog puta od našeg Malog Mista do Stockholma. Gledajući sve te prekrasne nijanse jesenjih boja, od zelene, preko žute, narandžaste i jarko crvene, sjetih se i pjevuših cijelim putem pjesmu "Konjuh planinom": „Borovi i jele, javori i breze, svijaju se jedno do drugoga". Moja Starkica sanjarskim pogledom prati svu tu ljepotu, ma ni za čavrljanje nemamo vremena. A autoput E18 se pružio ravan i dobro održavan, sa max. 3-4 krivine koje su napravljene tako da se brzina uopšte ni jednom ne treba smanjivati ispod 110 km. na sat. Ispratismo pogledom svu tu ljepotu i stigosmo u metropolu poslije 60 minuta najljepšeg „sightseeing"-a u životu, prošetasmo našom uobičajenom džadom Kraljičine ulice, poslušasmo muziku starih Inka, ubacismo nekoliko

kruna u gitarsku futrolu uličnog muzičara koji maestralno izvodi najbolje grifove najpoznatijih rock grupa svijeta, pojedosmo talijanski sladoled u Starom gradu, popismo kapućino u „Hurtigsu" našem omiljenom kafeu, a onda ponovo na „sightseeing", doma u naše Malo Misto Norrtelje. E sada se scena potpuno preokrenula: sunce sada udara s leđa i sunčane đozluke nam više nisu potrebne, pa sve one nijanse i boje sada vidimo u nekom drugom, romantičnijem svjetlu. Breze se ušuškale među borovima i jelama, pa scena izgleda ljepša od svih umjetničkih djela najpoznatijih slikara svijeta. Općinjeni stigosmo kući i zaključismo da ćemo što češće ponoviti ovo naše putešestvije autobusom, naročito kada boje prirode nadmašuju svaku ljudsku maštu. A onda kafica, rana večera, pa put pod noge, ovog puta autom u Stockholm, na svirku u BH klub „Neretva", gdje sviram svake prve subote u mjesecu.

Život može biti jako zabavan, zar ne...

Komadić Vrbasa u sred Stockholma...

Kada se spustimo Kraljičinom ulicom (Drottnings gatan) prema Starom gradu (Gamla stan), udarimo na jedan most koji nas vodi prema kapiji Švedskog parlamenta (Riksdag). Kada dođemo na polovicu toga mosta, okrenemo se ulijevo i „gle čuda": priroda se još jednom poigrala sa nama Banjalučanima: ispod mosta huči zelena rijeka, bistre mirisne vode i snažnom strujom koja naš pogled vodi prema mostu koji u mnogo čemu podsjeća na gradski most u našoj Banjaluci. Svaki put kada ugledam tu scenu u meni se jave svi oni najdublji osjećaji i svaki damar me svojim drhturenjem vrati na najdražu zelenu rijeku u voljenoj Banjaluci. Ostatak dana mi bude definitivno uljepšan, a duša smirena i vraćena u moj dobri stari balans koji me je spasio mnogo puta u životu. Ta stockholmska zelena rijeka nije duža od stotinjak metara i završava se negdje kod velelepne zgrade Opere, a onda se, zbog blizine utoka u more, cijeli krajolik mijenja i više podsjeća na minijaturnu deltu Neretve kada se ulijeva u Jadransko more. Upravo ovdje, na mjestu ovog malog komadića Vrbasa u Stockholmu, gradonačelnik Stockholma svake godine popije čašu „vrbaske" vode, da bi građanima dokazao da je voda ukusna i čista. Ovom ukusnom vodom iz ogromnog jezera Melaren se snabdijeva cijelo stockholmsko područje i mnoge komune u okolini Stockholma.

A onda, na povratku kući u Malo misto, petnaestak kilometara sjeverno od Stockholma, čovjek se poigrao sa prirodom i iznad, inače dosadnog, shopping centra „Arninge", „izgradio" cijelo cjelcato brdo visine oko stotinjak metara i prečnika nekoliko fudbalskih igrališta. Cijelu tu „izgradnju" sam pratio svaki dan kada sam prolazio autoputem E18 na posao. Brdo se sastoji od otpadnog građevinskog materijala, sa serpentinama, djelimično zelenim površinama i dominira sivim, nemaštovitim shopping centrom, kao svjedok ljudske preduzimljivosti i maštovitosti. S druge strane brda je divno jezero, a vizavi-preko puta jezera se razbaškarili prekrasni tereni golf kluba.

Što nam priroda, a i čovjek mogu prirediti, to nam ponekad ni snovi ne mogu dočarati. Plaho fino, teferiči, samo treba znati uživati.

Neprevaziđeni Zijah...

Nedelja, 28.10.2012., Sodra teater u Stockholmu, predstava „CABAres CABArei". Sala dupke puna, zamračena, a na osvijetljenoj sceni samo jedan mikrofon i jedan usamljen čovjek. Naš velikan pozorišne scene Zijah Sokolović. Toliko puta ponovljenih riječi k..., p..., je i be i svih ostalih sinonima krajnje vulgarnosti ne čuh NIKADA u životu na jednom mjestu, a pogotovo ne u pozorištu. Smijeh u sali ne prestade cijele večeri, a naš veliki glumac ne prestade blebetati (baš blebetati) puna dva i po sata. Mislim da je brzinom izgovaranja tih miliona riječi postigao rekord vrijedan za Ginisovu knjigu rekorda. Nekoliko „preosjetljivih" dama napušta dvoranu, jer nema sluha za taj duboki, prefinjeni humor koji nam je naš Zijah prenio u svojoj izvanrednoj monodrami. Svi, ama baš svi, u sali su pronašli mnogo toga zajedničkog u svim tim porukama koje je Zijah prenio na svoj karakteristični „fakinski" način. Krajnji zaključak svih tih seksualnih, političkih i životnih zavrzlama je bio otprilike ovakav: mi ljudi se nismo makli ni milimetra od kamenog doba, a milioni godina su prošli bez veze i bez mrvice učenja na greškama koje smo počinili tokom naše duge istorije. Rat, sila, gramzivost, bezobraština, neljudskost, mržnja, glupost, sve to je zamotano u plašt života jednog gubitnika koga nam je naš Zijah maestralno dočarao svojim bezobraznim i bezobzirnim jezikom. I sve to je on namjerno napravio da bi naglasio koliko je ljudska glupost bezgranična. IZVANREDNO, MAESTRALNO, SA PUNO VATRE I ŽIVOTA. Toplo preporučujem da se čuje i vidi. A ne brinite, svu onu bezobraštinu i primitivizam, mi Bošnjani i Balkanci možemo i znamo progutati.

Naši dragi Grabovci...

Prošle nedelje dođoše nam u posjetu naši Elvira i Ado iz Stockholma. Prilika za još jedno fino druženje sa dragim rođacima i prijateljima. Starkica se rastrčala po stanu već od petka: generalno čišćenje i spremanje za drage goste. Dalmatinska baklava se razbaškarila u tepsiji, a karamelizirana površina najdraže poslastice se usjajila sa gornje strane, natopljena šerbetom, pa je nemoguće zaustaviti rijeku zazubica i želje da se proba isti dan. Interesantno da dalmatinska baklava mijenja ukus svaki dan i svaki dan je sve bolja i bolja. Probasmo, pa kud puklo, da puklo. A onda u nedelju pripremanje specijalnog ručka sa temom: školjke i riba, jer to naši Grabovci najradije papaju. Školjke na buzaru, što kažu naši prijatelji

Dalmatinci, se stidljivo otvorile i vire na sos od bijelog vina, bijelog luka i prase. A onda ih lagano saperemo crnim vinom iz zbunjenih usta, zapanjenih svim tim mirisima i ukusima koje nam je moja Starkica priredila. A lax bi priča za sebe: lagano se zarumenio i ponudio, na bijelom luku i ćiliju sprženim kešo-neterima, svoja rumena leđa. Kad se tome doda i salatica uživanje je kompletno. Onda selidba u dnevnu sobu, kafica „Lavaca", dalmatinska baklava i čašica ugodnog čavrljanja koje ne prestade ni jednog trenutka, sve dok dragi gosti ne krenuše kući u svoj Stockholm. Interesantno da tokom cijelog poslijepodneva ne bi ama baš ni jedne jedine pauze u našem razgovoru, a opet nismo sve rekli. Dogovorismo ponovni susret u klubu „Neretva" 1. decembra kada ću ja svirati sa bendom na fešti „Prva subota u mjesecu". „Muhabetu nigdje kraja nema gdje Fazila (Starkica) mezetluke sprema".

Adnanovog oca, didu Ismeta Grabovca sam upoznao u ranom djetinjstvu. Nikada neću zaboraviti fudbalsku utakmicu našeg Borca prije šezdeset godina kada sam prvi put išao na utakmicu sa ocem Asimom. Tu je bio i očev najbolji jaran Ismet, a ja sam kao šestogodišnjak sjedio čas na očevom, čas na Ismetovom krilu. Gradski stadion dupke pun, na tribinama nijednog slobodnog mjesta. Igrala se važna utakmica, a ja ostario, pa zaboravio koji je to protivnik gostovao u Banjaluci: Osijek, Varteks, ili Borac iz Čačka. Poslije navijačkog ludila došla je euforija pobjede i to ja kao mali dječak nikada neću zaboraviti. Didu Ismeta nikada neću zaboraviti jer je kao najbolji očev jaran bio uvijek prisutan u svim prilikama i razgovorima u našoj kući. Majka Tidža, ljepotica, je dolazila sa svojim sinčićem Adnanom našoj kući u posjete i tih susreta se veoma dobro sjećam. Onda Adnan oženi lijepu Elviru i dobiše prvo sinčinu Harisa, a onda kćerkicu Sarah. Ovog puta glavnu ulogu u ovoj priči dajem sinčini Harisu, univerzitetski obrazovanom mladom piscu, pjesniku, predavaču, recitatoru, voditelju programa, borcu za jednakost i ravnopravnost i pitaj boga šta taj naš mladi Banjalučanin nije uradio u ovoj našoj Švedskoj. Uspješan mladi čovjek, a onda dođe i ono najvažnije: nađe lijepu Mostarku Melisu i poslije nekog vremena, dođe vrijeme i za ženidbu. Razmišljajući o svadbi na koju sam svakako pozvan u glavi mi se počeše vrtiti stihovi, pa poslije malo dotjerivanja napisah pjesmu, a onda i melodija dođe sama od sebe. Ovu pjesmu poklonih mojim dragim Grabovcima i lijepoj snahi Melisi, nadajući se da će im se dopasti i podsjećati ih na naše neraskidive rođačke i prijateljske veze koje su se ovdje u Švedskoj još više učvrstile i uljepšale naše živote u tuđini.

Ti si moje

I

Lipe cvatu junski dani teku, naš´o Haris Mostarku djevojku.

Lijepa Meli bijelo ruho sprema, da ga ljepšeg u Mostaru nema.

Refren

Ti si moje srce malo, u tri riječi sve bi stalo.

Ja te volim ponajviše, duša moja za te diše.

Ti si moje luče malo, u tri riječi sve bi stalo.

Duša moja tajnu piše, ja te volim ponajviše.

II

Sretni babo sad od sreće blista, a nana mu rujno vino toči.

Banjalučko društvo sa svih strana, slavi feštu našega jarana.

Refren

Na svadbi oko 200 zvanica, nezna se ko je ljepši i simpatičniji: dame u prekrasnim haljinama, frizurama i nakitom, ili momci u svečanim odjelima i svim ostalim što uz to ide. Gosti Šveđani su imali šta da vide: naš veseli narod, našu kulturu i našu otvorenost i volju za finim prijateljskim životom. Voditelj programa je bio Anders, Harisov prijatelj i radni kolega iz „EKSPO", ustanove koja se bavi pitanjima integracije, rasizma i svega što uz to ide. Program je vodila i prevodila i Lejla, Harisova radna kolegica i prijateljica. Ekspozicija, zaplet i luda kuća te divne svadbene večeri su bili na najvišem nivou. U uvodnom dijelu je bilo i klasične gitare (Enes Žiga) i Šantićeve Emine (Suad Golić) i humora izvanrednog Andersa koji prilično dobro poznaje nas Bošnjane i našu kulturu i klasične muzike izvanredno izvedene na trubi i mog skromnog poklona pjesme „Ti si moje" koju sam napisao i komponovao muziku specijalno za ovu priliku, a na kraju nesmijem zaboraviti Duo „Zlatne strune" koji su bili na visini zadatka i zabavili razdragane goste svim muzičkim žanrovima: narodnjaci, starogradske, „Dugme", „Kazalište", „Crvena jabuka", Kemo, Čola, strani rock and roll, pa i „Sex bomb" i Tom Johns. Koljena na baglame moje Starkice izdržaše, pardon, izduraše plesne zavrzlame i bravurozne ludorije kao nikad do sad, a stari vuk, k´o biva ja, je poznat po svojoj izdržljivosti i ludovanju do posljednjeg zvuka solo gitare u kasne sate nezaboravne večeri. Pilo se umjereno uz mení kakav se poželjeti može, veselilo urnebesno i NIKO nije ni u čemu kiksao. Svi veseli, razdragani, raspjevani: i mnogobrojni

Banjalučani, i raspoloženi Mostarci, i Šveđani koji ni u čemu nisu zaostajali za nama Bošnjanima, a boga mi ni za Hercegovcima. Ove večeri se je, po neznam koji put, ponovo ujedinila Banjaluka sa lijepim Mostarom, preko „našeg" Harisa i „njihove" Melise. Svi smo mi u stvari naši i niko Banjaluku i Mostar u našim srcima ne može rastaviti. „Večeras je naša fešta" trajala od tri popodne do jedan i deset poslije ponoći, a niko se nije ni umorio, ni poželio da pođe kući. Slagao sam malo jer naši dobri domaćini: Elvira, Adnan, Melisa, Haris, Melisini roditelji i personal su se itekako umorili priređujući nam ovu nezaboravnu svadbu, feštu i susret prijateljstva za sva vremena. Hvala svim prijateljima, a Harisu i Melisi mnogo sreće i sve najbolje u budućem banjalučko-mostarsko-švedskom životu. Ne prođe malo a Melisa pokloni svome Harisu, majki i didi dva prekrasna dječaka blizanca, tako da je sretni početak budućnosti zapečaćen za sva vremena. O sreći dide Adnana i majke Elvire da i ne govorimo.

Krstarenje

Još se nisam kutarisao svih onih kalorija sa svadbe, a evo već u petak nova avantu-ra i opasnost da moja šlank figura poprimi zaokružen, staromodni oblik.

U petak, poslije radnog vremena moji partijski prijatelji i ja ukrcasmo se na luksuzni brod „Cinderella" i otplovismo iz Stockholma na krstarenje i konferen-ciju, drugim riječima zimske pripreme za narednu političku godinu. Brod sa svojim velelepnim restoranima, plesnim salama, noćnim klubovima, saunom i pitaj boga čime još jer sve nisam stigao obići, blješti u maglovitoj noći, a niko ni ne gleda more, jer se svakog sekunda toliko toga događa da pamet ne stiže sve ni da registruje. Večera u ogromnom modernom restoranu: predjelo, glavno jelo, dezert u pratnji par ogromnih čaša crnog vina i nekog slatkastog pića uz dezert koje ja ne popih do kraja, plašeći se da mi se sve ne smuči. Šveđani drmaju sve što im padne pod ruku, a poslije nastavljaju drmati cijelu noć. Ružna slika oduzetih hiljadu ljudi mi nikako ne sjeda, jer oni na žalost najviše i idu na krstarenje da bi mogli piti do besvijesti i budalesati cijelu noć. Ja popih jednu ogromnu čašu vina, pola čašice onog slatkastog pića, a poslije večere, u noćnom klubu jedno lagano pivo i coca colu. Isplesasmo se do ludila u noćnom klubu, a onda se preselismo u bar gdje naše dvije nacvrcane kolegice otpjevaše jednu pjesmu uz „karaoke". Bar leden, ljepljivog poda od prosutog pića, razbijene čaše koje niko ne kupi, tehno muzika koja nije moj favorit. Ali kad me kolegice povukoše na plesni podijum, naplesah se i izbudalesah kao nikad, a poslije treće kompozicije i ona muzika poče nekako da sjeda bolje, pa mi se čak neke izvedbe i svidješe. Predsjednica naše partije me cijelo vrijeme pažljivo promatrala čudeći se da čovjek može biti tako veseo i lagan na nogama, a nije popio ni osam čaša vina, što je otprilike njihova mjera. Prvo vino, pa slatko piće, pa vino, pa pivo, a onda skalaburaju neke koktele: votka, džin, konjak, tonik i pitaj boga šta još ne izmisle, samo da dostignu onu magičnu tačku poluludila koje maligani donose sa sobom. Poslije 5-6 sati ludog provoda, istуших se i legoh oko dva sata, a moji kamrati ostadoše još duže. Sutradan, eto ih sviju na doručku, u deset sati nastavak konferencije i diskusija. Svi raspoloženi i spremni na trosatne diskusije, kao da se sinoć ništa nije događalo. Samo je par najmahmurnijih dama držalo glave u rukama i tražilo aspirine, jer ih je, iako „nisu znale zašto", bolila glava. Donesosmo važne odluke, ručasmo, kafendisasmo par puta, a onda iskrcavanje i put pod noge: „kud koji, mili moji". Kod kuće, Starkica čeka sa kafom, a život se nastavlja svojim uobičaje-nim tokom.

GDogg

Ha, ha, haaa, Acke starac bogami vi to fino šenlučite na političkim skupovima pa bi i Babariba & Šesta ziher zauzimali visoke pozicije u vašoj partiji. Ne znam ko je platio ceh za dernek, polupano staklo i cugu, ali ako je išlo iz vašeg džepa onda ste KUD jer prave glavešine imaju sve gratis i još su plaćeni da lome.

Dragi GDoggi, staklo nisu lupali političari, već zločesti dečki koji su izgubili kompas, što zbog pića, što zbog malo jačih stimulansa (vutra, kako ti to lijepo kažeš), a ne brini, sve se uredno platilo preko virmana i ispostavljenih računa sa uračunatim zateznim kamatama, da medijima nebi palo na pamet da postavljaju neugodna pitanja. Ja imao u pađe oko tisuću (koliko je to hiljada?), vratio je neo-krnjenu, a 25. stigle dnevnice. Šta će jadni Balkanac, nego uzmi, šuti, pa bjaaaži.

Tako ti je to na tru(h)lom zapadu, a ne kao na našem jugo istoku (sve pošteno, stoje nema).

Julmarknad, Santa Lucia, mazija i snježna mećava...

Vedar, lijep dan, kada se pogleda kroz prozor tople sobe. Vani -15 stepeni, suze teku same od sebe, a ledeni „vjetrić" propiruje do srži. Cijeli grad se slio na cen-tralnom trgu Malog mista. Sve podsjeća na naše pazarne dane iz starih vremena. Prodaje se sve što ljudima padne na pamet: rukavice, čarape, džemperi, kape, cipele, božićni ukrasi, suho meso, dindrlice i dandrlice. Naivac bi pomislio da je sve jeftinije kada se tako prodaje po štandovima i improviziranim starim stolo-vima, a promućurniji ljudi znaju: nije jeftinije, već skuplje. Važno je zapaliti raju na brzinu i uvaliti im robu slabijeg kvaliteta po prilično paprenim cijenama, jer zaboga, Božić se bliži i moraju se kupovati božićni pokloni. A Šveđani opčarani bjelinom snijega i blizinom Božića kupuju kao ludi i misle da su dobro prošli.

Popodne stiže kolona prelijepih djevojaka: prvo „Lucia" sa upaljenim svijećama na glavi, a za njom prelijepe pratilje u dugim bijelim tradicionalnim haljinama, sa osmjehom na licu, pjevajući tradicionalne pjesme kao Santa Lucia, Tiha noć, i ostale koje ja nisam zapamtio. Cijeli grad pjeva u horu sa svojim ljepoticama. Scena je fenomenalna i svi zaboravljamo maziju i ledeni vjetar koji probija do dna duše. A snježna mećava je danas zahvatila južnu Švedsku i bliži se ponovo našim središnjim krajevima. Kažu da će sutradan zahvatiti i naš stockholmski kraj. Lipota božija, samo da grijanje radi i da se nekako dokotrljam do posla, 65 km. od kuće. A onda se treba i kući vratiti, ako putevi ne budu zatrpani.

Brottby – Bosanska Gradiška

Svakodnevno putujući autocestom E18 na posao, prolazim pored jednog sela koje se zove Brottby. Selo se razbaškarilo na prostranim livadama, a snježni pokrivač od sedamdesetak centimetara me svaki put podsjeća na Predgrađe Nasip i moje drage Demirače, nadaleko poznatu porodicu ne samo u Bosanskoj Gradišci. To je porodica Ibrine majke, a moje maćehe, rahmetli Saime. Mi djeca smo često provodili zimski raspust kod te čestite porodice. Eto, Brottby, selo u Švedskoj me podsjeti na sve te drage ljude: glava porodice, rahmetli Ibrahim, naočiti starina, bećar, muž dvije žene istovremeno, a ponekad je znao dovesti i treću kući i narediti da se prikolje par kokoški i pripremi meza za gošću koju on dovede u fijakeru iz Bosanske Gradiške. Tiha majka, rahmetli Asija, prva Ibrahimova supruga, se razleti da ugodi svom Ibrahimu, a za uzvrat ima potpuno poštovanje od Ibrahima i cijele porodice. Almasa, druga supruga, oštra i odlučna žena koja je preuzela dirigentsku palicu u kući i većinom donosi sve važnije odluke. Rahmetli Refko, vrijedni i najcjenjeniji kovač u Gradiškom kraju, veliki čovjek i kućenik, najvrijedniji da preuzme imanje, kada se Ibrahim umori od svega i sve prepusti u druge ruke. Braco, šaljivdžija, ženskaroš i vjetropir koji ipak pridonosi porodici svojim kovačkim umijećem i čini svakodnevnicu interesantnijom, uzbudljivijom i veselijom. Meho, uvijek lijepo odjeven i ukeckan za izlaske u grad, posao u kovačnici obavlja preko volje i stalno sanjari o boljem životu, koji mu na kraju dođe glave negdje u dalekoj Australiji. Seka, Elvira, Mira i Đuđa, vesele djevojčice koje su već preuzele dosta obaveza na imanju i u kući, ali su uvijek našle vremena da se poigraju i sa nama gostujućim Banjalučanima i da nam život na imanju učine ljepšim i zanimljivijim. Na kraju, rahmetli Saima, vesela žena koja je već poodavno napustila toplinu roditeljskog doma i otisnula se u Banjaluku gdje je srela moga oca i postala član naše obitelji. Ti zimski raspusti se nikada neće zaboraviti, a ti dobri ljudi će zauvijek biti utkani u onaj bivši život, koji nam niko ne može oduzeti.

Iz svih ovih razloga volim prolaziti kraj Brottbyja, a i radni dani su mi draži i brže prolaze kada se podsjetim na ove uspomene.

Novogodišnje obećanje – Nyors lofte

Dođe i 31. decembar, dan kada svi u Švedskoj daju svečano obećanje da će u slijedećoj godini: „prestati pušiti, zbaciti suvišnu kilažu, napustiti dosadnog partnera, oženiti (udati) se, kupiti kuću, novo auto, trenirati intenzivno, jedan takav je obećao da će do 30. marta uspjeti izvesti 100 sklekova, a do sada nije izveo ni jedan, prestati brijati bradu cijelu godinu, prestati piti i tako dalje i tako bliže. Čovjek se zabezekne kakve sve gluposti ne valjaju i ne obaćavaju. A na kraju, kada godina obećanja prođe, obaćanja večinom ne budu ispunjena, po onoj narodnoj: „Obećanje ludom radovanje". Tako i ja da budem u trendu dođem na jednu ideju, uđem u kiosk i prodavačici dam svečano „novogodišnje obećanje": „Molim vas dajte mi dva „loto" tiketa, ja vam obećavam da ću slijedeće godine postati milioner". Ona se nasmija i reče: „Ako dobijete taj novac na ovim srećka-ma, obećajte da ćete mi javiti". „Svakako, a i flaša šampanjca će pasti za slobodu", obećah, i pun nade, odoh kući slaviti doček nove godine. Nekoliko sekundi prije ponoći dadoh Starkici da izabere jedan od tiketa i na brzinu joj ispričah o mome novogodišnjem obećanju. Vatromet, čestitanja, nazdravljanje i sve što ide uz to, a onda svečano struganje tiketa, sa nadom da bi nešto od toga moglo ispasti, jer sam ja to tako stručno pripremio i obećao. Kad ono ćorak, ništa, ma ni uloga ne dobismo. Šteta, a sve sam tako temeljno razradio. Ma i o trošenju para sam već počeo razmišljati. Završismo sa mezom i vinčekom, pogledasmo neki već davno zaboravljeni film, pa u krpe, smišljajući nove načine za dobijanje tog nedobijenog miliona. Jer obećanje traje cijelu godinu i sve šanse nisu izgubljene. Sutradan, u 12.30 Novogodišnji koncert iz Beča, a mene ni oni Štrausovi valceri ne uspješe izbaciti iz misli i nadanja o ispunjenju novogodišnjeg obećanja. Živi bili pa vidjeli. Ako bog da, da bog da, kad - tad.

„Proljeće"

Subota, zubato sunce „prži" svojom crvenkastom bojom sa istočnog horizonta. Čovjek pomisli da je proljeće na pragu, ali nadanje-ludom radovanje. Prošetah do Umjetničke galerije na promociju mladih savremenih umjetnika videa i zvuka, odšetah do Sportskog centra i prisustvovah pobjedi moga rukometnog kluba „Ceres", u kojem sam proveo četiri-pet godina, nad vodećim na tabeli, tako da smo sada mi isplivali na prvo mjesto i stekli realne šanse da se u slijedećoj sezoni preselimo u viši rang takmičenja. Zadovoljan i sretan poslije utakmice odabrah malo drugačiji put do kuće, preko Južnog brda koje dominira našim Malim mi-stom. Na vrh brda je počela izgradnja natkrivenog bazena u čijem projektu sam i ja učestvovao u jednoj projektnoj grupi političara koja je izradila prijedlog Vizije

Sportskog centra u našem gradu. Zajedno sa poznatim političarem Hansom Stergelom i još jednim kolegom predložismo i izgradnju novog natkrivenog bazena na brdu iznad Norrtelja. Prijedlog je primljen sa skepsom, ali poslije godinu-dvije razmišljanja, dođe i vodećim političarima iz g..... u glavu da bi bilo zaista izvanredno kupati se u novom bazenu, a istovremeno gledati kroz velike staklene površine na grad, kao iz helikoptera. I tako ti naš prijedlog ugleda svjetlo dana i nova građevina se poče graditi prošle godine. Hajde, reko´, da vidim koliko je projekat nikao iz zemlje i uputih se zimskim stazama preko brda. Godinu dana poslije sam se kupao u prekrasnom bazenu i gledao na grad ispod, baš onako kako smo Hans i ja i zamislili. Poslije saznadoh da je temperatura toga dana bila -24 stepena. Gledam sa Južnog brda koje dominira našim Malim mistom, a srce se ledi, što od zime koja se uvlači u kosti, što od hladne tišine zaleđenog, snijegom zatrpanog grada. A na kraju grada jedan od najljepših zaljeva u Švedskoj. Umjesto mora debeli sloj leda prekriven 60 centimetarskim snježnim pokrivačem. Lijepo, milina pogledati, a istovremeno grozomorno, hladno i nepristupačno čak i za sličure, zbog debelog sloja snijega. Scena za umjetničke duše, samo da mi je kakva furuna, pa da se razbaškarim i ugrijem ukočeno, promrzlo tijelo. Brrrrr... Iskoprcah se nekako kroz prtinu i stigoh na drugu stranu u podnožje brda, u grad, a u grudima mi se nešto steglo, pa mi neda da dišem. Kod kuće, legoh na kauč i skvrčih se od bola u plućima, pomislivši na najgore: srce, pluća, izljev krvi u mozak. Sve ono što vječito zdrav čovjek pomisli kada ga nešto malo štrecne, ili zaboli. Ali ne bi ništa od toga. Starkica me izruži kao balavca: „Budalo jedna, pa znaš li ti da je -24 stepena vani?" „Nisam znao ljubavi", odgovorih i prestadoh se žaliti na bolove koji prestadoše kada se organizam adaptirao na sobnu temperaturu. Ostade neki sćućureni viruščić u dnu dušnika i počeh kašljucati, razmišljajući da ću ja tome dohakati aspirinom, kao što uvijek činim u sličnim prilikama.

Savjet: ne penji se po brdima kada je 24 stupnja ispod nule, jer te mogu vile odnijeti u vječna lovišta. Haugh!!!

Jesus Christ Superstar

Oke, Lena, Starkica i ja u Stockholmu. Plaho otoplilo, „samo" desetak stepeni ispod nule. Tako mi ponekad sa našim švedskim prijateljima odemo na poneku predstavu, ili koncert, tek toliko da mozak ne počne otkazivati poslušnost prije vremena. Večeras je na redu teatar „Lejon" (Lav) i mjuzikl „Jesus Christ Superstar". Glavnu ulogu igra Olla Salo, bivši pjevač švedske legendarne frupe „The Ark". Olla se odlučio da napusti grupu na vrhuncu slave i posveti se solo karijeri i mjuziklu. I bi izvanredno, na najvišem nivou. Olla ne bi najbolji pjevač večeri. Tri-četiri izvanredna pjevača su ga ušili za tri-četiri koplja, jer su oni iskusni operski i mjuzikl profesionalci, poznati u umjetničkim krugovima švedske operske i teatar-ske-mjuzikl scene. Predstava nas je odvela u priču o Isusu i ljudskoj zlobi, a kada je došla posljednja scena razapinjanja Isusa, ostadosmo fascinirani posljednjom melodijom koju nam otpjeva Olla i za to dobi frenetičan aplauz i ovacije pre-pune sale teatra. Uhodat će se taj izvanredni rock pjevač i dostići kvalitet svojih teatarskih kolega. Za sve treba vremena, pa i za sazrijevanje rockerskog glasa za mjuzikl, teatar i operu. Oduševio nas je orkestar smješten ispod pozornice, a mo-gli smo ga vidjeti kroz malu pukotinu u podu, a čuti na izvanrednom teatarskom ozvučenju.

Integracija

Na Zapadu ništa novo: Božićni lampioni i ostale svijetleće karafeke još uvijek sto-je na svom mjestu u našem Malom mistu. Snijeg ovlažio, utanjio i polako kopni, a ogromne prljave hrpe sa strana trotoara, polako se smanjuju. Ipak se neizbježna ljepota proljeća osjeća u vazduhu dalekog Sjevera.

Sinoć me obradova jedna izvanredna reportaža na centralnom dnevniku švedske TV. Objaviše da se najbolje integrisala grupa Bosanaca i Hercegovaca, nas oko 80.000, od svih pridošlih grupa u Švedskoj. U pozadini jedna izvanredna operska pjevačica u bosanskoj nošnji izvodi neku opersku ariju, zvanice pijuckaju nešto pjenušavo i časkaju o uspjesima naših ljudi u Švedskoj. A onda, neki švedski ana-litičar objasni zašto je to tako. Te mi smo došli iz Evrope, te naš školski sistem je bio sličan švedskom sistemu, te naša bivša domovina je bila poznata po dobrim odnosima sa gotovo cijelim svijetom. I zaključak je bio da se takav uspjeh naših ljudi mogao i očekivati i da useljavanje ne treba gledati samo kao koštanje, nego kao dobitak za švedsko društvo. Izvrsna potvrda svega onoga što smo mi u Švedskoj za dvadesetak godina postigli: 85% zaposlenih, najveći procenat visoko obrazovanih, najveći broj naših mladih po švedskim fakultetima. Toplo oko srca i pade mi na pamet izreka: „Gdje god da nas bace padobranom, mi ćemo se na noge dočekati". Tako nekako i bi: pobacaše nas „braća" na sve četiri strane svijeta, a mi se svugdje na noge dočekasmo. I nije nam loše. Evo meni i Starkici, par godi-na pred penziju počinje da se rađa ideja o selidbi u jedan lijepi grad na Jadranu, da se stare kosti ugriju, a i da cirkulacija duže traje.

O tom, po tom, ništa nije sigurno, ako nije osigurano.

Aida

Ja ću samo reći svaka čast tebi Acke na optimizmu i ovoj pozitivnoj energiji što širiš među nama prognanicima.

Frka...

Petak, rano jutro, autobus za Stockholm više nego poluprazan. Prišapnuh šoferu pri ulasku: „Danas nećeš imati previše putnika, prognoziram dvadesetak posto od onog broja koji imaš drugim radnim danima". Ne reče ništa, samo se osmjehnu pokazujući da me je razumio. Zna i on vrlo dobro da mnogi Šveđani petkom izmisle šta bilo da nebi išli na posao. Interesantno. Niko da im stane u kraj. Podsjećaju me svakog petka na onaj stari vic o Crnogorcima kada su glasali da skrate radnu sedmicu, pa kada su sveli radne dane na srijedu, onda se jedan javi iz pozadine: „Pa zar ćemo baš svake srijede raditi?"

Nego u velikoj sam frci, a ipak sam imao više sreće nego pameti. Već neko vrijeme Starkica i ja razmišljamo, analiziramo i diskutiramo o nastavku našeg života poslije penzionisanja. I tako nas sve više zaokuplja misao da se ipak nešto sa ovom sjevernjačkom klimom mora uraditi, a to znači pobjeći sa sjevera. Tako smo počeli pratiti situaciju sa prodajom stanova na Jugu i pronađosmo jedan odgovarajući stan u samom centru jednog grada na obali Jadrana. Šetdesetak kvadrata, balkon, cijena povoljna, pogled na more, a sa druge strane zelenilo i priroda. Zapalismo se, stupismo u kontakt sa jednom agencijom i odlučismo da kupimo stan. Dan prije nego što ću platiti kaparu „na neviđeno", sjetih se jednog prijatelja iz tog grada i zamolih ga da ode do agencije, provjeri papire i pogleda stan. Na sreću, prijatelj to sve obavi i ja ga poslije posla, dan prije uplate kapare, nazvah i dobih informacije: „Ne kupuj ni za živu glavu, kuhinja uska kao najuži hodničić, prozore nikada nećeš moći otvoriti, jer smrdi kanalizacija kad god jugo zapiri, a saobraćaj pred kućom ne prestaje po cijelu noć". Zahvalih se prijatelju i ne uplatih kaparu, a duša se opusti i sve one brige oko povrata već uplaćene kapare nestadoše. Odlučismo da ni slučajno ne kupujemo ništa na neviđeno. Valjda ćemo i tu još jednu totalnu promjenu života, napuštajući ugodnu Švedsku, pregrmiti i nastaviti život dostojan čovjeka. Snage i volje još uvijek imamo, jer imamo samo taj jedan, svoj život i želimo ostatak provesti u toploti i rahatluku evropskog juga.

Pet dana borbe i Skavsta aerodrom, stotinjak kilometara južno od Stockholma, Ryanair Boing 727 samo što nije stigao. Bi mi interesantan carinski pregled prije ulaska u slobodnu zonu. Na onim alarm vratima stoji žena zamotane glave, odjevena u tradicionalnu odjeću žena sa Bliskog Istoka. Prođoh kroz onu kapiju bez ikakvih problema, alarm se nije oglasio, ali mi ona službenica u marami reče da se okrenem leđima i onako zbunjenog me poprilično prepipa s leđa, ne stideći se da me pipne ni na najosjetljivijim mjestima. Pomislih da taj posao možda nije baš najbolji za religiozne osobe, ali raditi se mora, a posao se ne može birati. Sletismo na aerodrom, autobus do grada, pa na kišovito šetalište prepuno naroda, iako je radni dan. Kada kiša prestade, odmah ludnica: kafići prepuni, neprekidna povorka šetaća, kapućino, kremšnita, sladoled, utakmica malog nogometa na šetalištu, raj na zemlji, sve odjednom. A onda naiđe Cincar i iskreno obradovan sjede za sto, kao da smo se juče vidjeli, kao da nije prošlo preko dvadeset godina od posljednjeg susreta. Ugodna priča banjalučka, a sa svih strana Banjalučani: Šomo, Ćevap, Medo i još mnogi drugi sa kojima se nisam ni stigao pozdraviti. Sav izgubljen u ljepotama svemira, u neko doba odoh do Gorana Lipovca, prijatelja koji mi je mnogo pomogao u traženju stana. Kafendisasmo u njegovoj prodavnici namještaja, a poslije zatvaranja autobusom odosmo do poznate ćevabdžinice. Poslije Hikmeta Kušmića, komšije i poznatog fudbalera Borca, ćevabdžinicu je preuzeo Kušmo sa Hiseta. Kombinacija me podsjeti na sve one nezaboravne dane, a „Nektar" banjalučki, pisan latinicom, mi razradi sve davno uspavane damare dosadnog sjevera. Goran se isto kao i ja razbaškario i raspištoljio, pa odosmo na spavanje prilično kasno. Dva dana provedoh sa jednim agentom i šest agentica koji su svi od reda pokušavali da me ubijede da kupim stan baš od njih. U srijedu popodne sretoh Miru Mamuzu i provedosmo par sati u evociranju uspomena iz naših zajedničkih muzičkih dana, a agentica Emina se ne odmače od nas ni za trenutak, uživajući u našem društvu i u našim bravuroznim zafrkancijama. To joj se poslije isplatilo, jer sam baš nju i njenu firmu odabrao i kupio stan uz njihovu pomoć. Postali smo i prijatelji i mislim da ćemo se nastaviti družiti kada prihajamo u naš novi dom u ovom zanimljivom i na mnogo načina privlačnom gradu. Šlag na tortu je bio susret sa prijateljem iz djetinjstva, izvanrednim golmanom, a još većim dobrim čovjekom Mladenom Čurićem Klinjom. Provedosmo dvije večeri zajedno i to se nikada neće zaboraviti. Emina me u petak odveze na aerodrom. Dva i po sata leta u nekakvom neobjašnjivo egzaltiranom stanju me dovedoše do Skavste aerodroma, a onda kući mojoj Starkici, u naše Norrtelje na obalama Baltika.

Još nisam došao sebi poslije svih onih ljepota koje doživjeh u „našem" novom gradu, gradu koji dobrovoljno odabrasmo za nastavak života. A Starkica kao Starkica: ručak, kafica, razgovorčići bez kraja... Vrijeme je da proglasimo prestanak progonstva, da sami odredimo nastavak života. Čovjeku tako malo treba da bude sretan...

Circulus Viciosum – Proljeće u Stockholmu

Na povratku iz Hrvatske, u avionu, pomislih: E bože, hoću li ikada biti ponovo sretan u Švedskoj poslije utisaka iz „našeg" budućeg grada, susreta sa prijateljima, šetnji po Korzu, banjalučkih ćevapa i sve one ljepote južnog podneblja. I, naravno, prevarih se. U četvrtaka, 9. maja neki crkveni praznik, neradni dan, a u svijetu je to Dan pobjede nad fašizmom. Starkica i ja u Stockholmu. U Kungstredgordenu (Kraljevski vrt) sve roza probeharalo. Milion naroda u majicama, bez deprimirajućih jakni, se razmililo po Veneciji nordijskih zemalja. Veselo čavrljanje, smijeh, tople pantalonice, mini suknjice, raskopčane bluzice, sve ono najljepše što čovjeka budi iz dugog zimskog sna. Slikasmo se „pod beharli granom", na mostu pred ulazom u Riksdag (Parlament), baš na onom mjestu gdje protiče jedan dio Vrbasa, u pozadini se vidi gradski most, a jedino stockholmska Opera u pozadini „kvari" sliku voljene Banjaluke. Bi mi krivo što ne znam odmah poslati sliku u „Kajak", pa da se narod uvjeri da ništa nisam izmislio, već rođenim očima vidio.

Žongleri, muzičari, šibicari i svi ostali sadržaji u Drottnings gatan (Kraljičinoj ulici), kao i svakog proljeća. Talijanski sladoled u skoro svim slastičarnama, kapućino, citron-mareng (krem kolač od limuna sa bijelim šlagom, kao šampita), apple paj, limunada i šta još da se doda toj neprevaziđenoj ljepoti rađanja proljeća. A onda, negdje u sred te proljetne ljepote, nazva Dado i pozva nas na roštilj u njegovoj bašti sa pogledom na more. Vratismo se u naše Malo misto i odosmo do Dade pješice, tako da se može popiti i neko pivce, ili vino, zavisi šta sinčina ponudi. Dado, Elen, Emil, Henri, Oliver, Starkica i Acke, jedan dio sretne porodice Kozaragić na okupu, a roštilj-majstor Dado sa svojim upajcanim mesnim specijalitetima. Tako doživjesmo još jedno sretno rađanje proljeća, a zaboravismo dugu, hladnu i pomalo odvratnu zimu. Ljepota života još jednom pobijedi i tako bi trebalo biti bar prvih sto godina, a onda neka živi ko h... .

Privi rodni list na ranu, pa će brže zarasti...

Počela je borba za podmlađivanje i zdravlje i u našoj kući. Vaga je već odavno glavno pomagalo u koje se gleda svako jutro i poslije diskutuje na jutarnjim „dogovorima": 200 grama ´vamo, 200 grama tamo, a krajnji bilans heftično ostaje na istoj cifri. Onda dođe i ono pravilo: izbjegavat ćemo jesti poslije šest sati popodne. Nekako se izdura max dva dana, onda taktički konzumira jedna jabuka, pa pošto se od jabuke izgladni, mora se pohalisati bar dva reda čokolade sa lješnicima, jer se od lješnjaka ne deblja. I tako iz dana u dan. Najtužnije mi sjeda vijest da ručni zglob boli zbog pijenja kafe. ´Tarkica potpuno prestade piti kafu (izdržala je mjesec dana), a ja zamalo ne izrekoh onu poznatu rečenicu svih ovisnika: „Ne diraj mi kafu (cigaru, rakiju), to mi je sve što imam u životu"! Ne rekoh ništa, ali kad vidjeh da je ona potpuno prestala piti kafu, iz solidarnosti i ja smanjih moju dozu sa tri, na dvije šoljice (izdržao mjesec dana). Ja pijem kaficu, a ona mlijeko, da mi pravi društvo. Ja ništa ne prigovaram, nešto mi felerično, nešto mi fali, ali šutim, da njoj ne stajem na muku. Koliko ćemo tako izdurati sam bog zna, ali ja je neću nagovarati, ona zna šta je najbolje za nju i njen ručni zglob. Kao što rekoh, izdurali smo oko mjesec dana, a onda ponovo uživanje, a zglob se smirio i dozvolio narodu da dahne dušom.

Onda stiže u kuću električni aparat za poboljšanje cirkulacije. Staviš noge na aparat, podesiš snagu vibracija struje i treseš se pola sata. Prvih hefti pitam ja Starkicu svako veče: „´tara, hoćeš se ti tresti večeras"? Onda se ona dobro istrese, a onda i ja, „kud svi Turci, tu i mali Mujo". Kada smo se počeli tresti malo rjeđe, stiže u kuću zadnji krik zdravstvene mode: „Privat SPA", mali aparatić za masažu koju čovjek sam može primjenjivati i dozirati na svome tijelu, osim onih dijelova koji se ne mogu dohvatiti. ´Tarkica svakodnevno zuji po par sati dnevno, jer efekat je „pravi" kada se to primjenjuje i ujutru prije posla, a i poslijepodne, poslije posla. Tako joj ja ponekad pipnem nadlakticu sa donje strane, a ona k´o iz topa uzvikne: „tvrdo", a o hiftnama i trbušnim mišićima da i ne govorim. Šekspirova dilema u malo izmijenjenom obliku, „tresti se, ili gnjaviti, pitanje je sad", je svakodnevna u našoj kući. Šta li će novo izmisliti pa da budemo još zdraviji i mlađi, a o ljepoti ćemo nekom drugom prilikom. I boga mi izmisliše: „massage hammare", čekić za masažu. Kad taj počne klepati po mišićima, mrtve diže iz groba. Šta ćeš, kud ćeš, kupismo i to čudo, pa se sad kombinacije umnožiše, a mišići samo što nisu od zategnutosti i lipote počeli pucati na sve strane.

Stockholmska hronika-juni 2013.

Po ugledu na „Travničku hroniku" našeg velikana Ive Andrića, reko´ da i ja napišem jednu malu hroniku o Stockholmu u prvoj polovici juna mjeseca, gospodnje 2013. godine.

Nacionalni praznik Kraljevine Švedske, 6. Juni, nema baš neki veliki status i ne slavi se baš od srca, ali te večeri je priređen prigodan koncert na jednoj velikoj sceni u prirodi, gdje je cijela kraljevska porodica i svi odabrani gosti imala počasna mjesta, a ostala sirotinja raja se smjestila iza crvenim tepisima obilježenog prostora gdje su bili smješteni „odabrani" gosti. Sve je tako podsjećalo na klasno društvo: i bogate nošnje kraljevske porodice i toalete „odabranih" gostiju i specijalna mjesta gdje se nije moglo sjesti bez specijalne pozivnice. Onda je kralj Gustav održao prigodan govor, podijelio zastave udruženjima koja su najbolje radila prethodne godine, najavio udaju najmlađe kćerke i poslije himne, „kud koji, mili moji".

Poslije dva dana Madeleinino vjenčanje, kočije, svečane toalete, kraljevski gosti iz cijele Evrope i okoline, fanfare, a obična raja se skupila ispred dvorca, crkve i na svim trotoarima kuda su svi „odabrani" prolazili u svečanim kočijama. Razdragani porezni obveznici mašu svojim monarsima i blagosiljaju svu onu lovu koju oni u vidu poreza dobrovoljno poklanjaju svojoj vlasteli da bi ovi mogli izorganizirati sve te fešte i balove koji uzdižu ugled kraljevine. Ba tako sve to objašnjavaju rojalisti, a republikanci imaju malo drugačije mišljenje o svemu tome. Gledam princa Filipa i razmišljam: „Eto, još si samo ti od cijele kraljevske familije ostao neoženjen. Kad li ćeš ti doći na red? Nije loše ni momkovanje i učešće na trkama raznih „Formula" i vožnja u najluksuznijim autima, a i poneka romansa sa manekenkama i ostalim svjetskim ljepoticama. Valjda će se i za tebe naći neka interesantna baronesa, pa da i tebe oženimo uz blagoslov poreskih miliona koji će se i tom prilikom potrošiti." Jašta... Svašta... Kakve sve gluposti ljudi finansiraju kada ih je život razmazio, dok u drugim dijelovima zemaljske kugle djeca gladuju i umiru u neimaštini, jer su bogati imali sreću da se rode daleko od crnih vilajeta naše planete.

Sve što je lijepo kratko traje...

Pet sedmica na jugu prođoše kao nedosanjan san i dok se okrenusmo na drugu stranu, trajekt nas prebaci sa našeg Cresa na Krk, a odatle, preko Titovog mosta, na obalu kontinenta. Bliještavilo Jadrana ostade ispod nas u Rijeci kada se uputismo ka brdovitoj Sloveniji i moćnim vrhovima Triglava. A austrijski tuneli nas provedoše kroz labirinte Alpa i vrhove prekrivene snijegom i tog 20. jula 2013. godine.

A bilo je kao u bajci: more...plavo, smaragdno i čisto, plaže Cresa sa svojom vječnom ljepotom, barba Joso, Dinka, Malik i Admira, Jasna, Čisko i Čikica, Vera i Hans, Tercizio i Birgitta, barba Mate... ljubazni, željni ćakulanja i druženja uz sladoled „Bacha", pivo „Stella", ili „Karlovačko", kremšnita, kapućino, pjesma klape „Burin" i sve one ljepotice u toplim pantalonicama i prozirnim suknjicama, da ti dah stane u grlu, a oči se okrenu u čevrndiju. I tako svaki bogovetni dan i noć sve do zadnje sekunde boravka u tom raju zemaljskom. Pokoji piknik do Malog Lošinja i Čikata, a i nekoliko vožnji katamaranom do Rijeke samo uljepšaše svu ljepotu nezaboravnog ljeta. Na Korzu u Rijeci susret sa starom banjalučkom rajom, a vrhunac svega bi spontani susret sa vjenčanim kumom i prijateljem iz „rock and roll" dana grupe „Amori", Zoranom Bičanićem. Svaki boravak u Rijeci nam je bio veoma lijep i izazvao duboku radost i sreću, pa tako i ovog puta. Ulazak Hrvatske u EU proslavismo na velikoj fešti uz muziku, klape, folklor, mažuretkinje i vatromet na Cresu, a tako je bilo i u ostalim   gradovima Hrvatske. Kući stigosmo u nedelju naveče, na posao odosmo u ponedeljak ujutru, a Švedska se razbaškarila na podebelim oblacima, kao da nije sredina ljeta, već početak jeseni. Biće bolje, rekoh i počeh odbrojavati dane do slijedećeg putešestvija na južno blještavilo i plavetnilo jednog ljepšeg i interesantnijeg života.

Pogriješih samo jednom
što te zavoljeh strasno
što ljubav tebi dadoh
a sad se pitam zašto.

R.

Al sada sve je kasno
jesen života tu je
i samo uspomena
za tebe me vezuje...

Ovi stihovi mi padnu na pamet svake jeseni kada boje u prirodi dobiju jesenju patinu i prelijevaju se u širokoj paleti od zelene, žute, narandžaste, crvene, smeđe. Takve su šume jesenje posvuda u svijetu i čini mi se da ništa ljepše ne postoji u našoj božijoj bašti.

A onda mi istovremeno padne na pamet priča moga najboljeg prijatelja iz bivšeg, staro-banjalučkog života...

Djevojčica iz Pelagića, sitna, zgodna, vižljasta, brzog koraka, igrala je u folkloru i opčarala mnoge svojom živahnošću i usplahirenom ljubavi prema životu. Moj prijatelj nije bio iznimka i više puta je pokušavao da joj se približi, ali ga je ona svaki put na pristojan način odbijala. Onda jednog dana opasna bolest zakuca i na njena vrata. Onako puna života i odlučnosti da se ne preda, poslije teške operacije, ona se vrati u život i pošto više nije mogla igrati folklor, počela je svirati u čika Markovom tamburaškom orkestru. Tako se jedne večeri ponudi da moga prijatelja odveze kući svojim autom i on naravno pristane. Kada je parkirala u blizini njegove kuće, samoinicijativno mu je ponudila svoje punačke usne i strastveni poljubac. I da je želio, poljubac nikako nije mogao izbjeći. Nastavak boravka u njenom autu nije bio onakav kakav je ona poželjela, jer je vrijeme zaljubljenosti prošlo i prijatelj nikako nije mogao prihvatiti njenu izvanrednu otvorenu ponudu kakvu čovjek rijetko doživi u životu kod neke žene. Nikada nije ni zažalio za propuštenom prilikom. I onda dođu oni stihovi o prolaznosti života, svaki put kada se toga sjetim...

Al sada sve je kasno,
jesen života tu je

i samo uspomena

za tebe me vezuje...

Na putu za Turku...

Konferencija, hotel Scandic Ariadne u jednoj od stockholmskih luka, cijelo popodne, a onda, poslije kafice, ukrcavanje na „Galaxy", luksuzni brod, grad na vodi, pa „put" pod noge, za Turku, ili Obo, kako taj grad u Finskoj nazivaju Šveđani. Blještavilo na sve strane: kafići, restorani, klubovi, barovi, butici, hodnici, kabine, kasino... sve se skupilo odjednom, zamaglilo pogled i izazvalo „bururet u glavi". Nastavismo konferenciju u Konferans salonu, a onda večerica uz probrano vino, pa rasip na sve strane putujućeg vašara. Neko u kupovinu bescarinskog viskija i ostalih alkoholnih preparata, neko u butike da se ponešto potroši kad je sve pri ruci, neko na kapućino (taj sam), a neko odmah započe party-party uz jako pivo i razne koktelske zerzevate. Već sam prije spomenuo da Šveđani mogu puno popiti, pa oni to ponovo i ovog puta dokazaše. Ja priznam da ih u tome ne mogu, ni blizu, pratiti. A onda „Večeras je naša fešta" u noćnom klubu. Moje političke haverice mi ne dozvoliše ni da se zblahnem, već me odmah odvukoše na podijum i isplesah se to veče do besvijesti, a Lenneke, Ulrika, Elisabeth, Maggan i Kerstin me razgibaše bolje nego fudbal petkom naveče. Onda, u ponoć, poče show... Ne znaš šta je ljepše: plavušica, crnkica, mulatkinja, ili ona što je u Africi pocrnila kao ugarak. Bilo je tu naravno i muškića, ali njih nisam ni primjećivao, jer su ih ženskice potpuno zasjenile svojom ljepotom, a reflektori osvijetliše najosjetljivija mjesta od kojih dah zastaje. Poslije prve ludnice na scenu izađe Sharlotte Perelli, bivša pobjednica Eurovizije, a još uvijek atraktivna i izvanredna pjevačica. Bend iza nje deka rock najvišeg nivoa, a preko 150 decibela protresoše bubne opne kao na moto-trkama. Sjetih se tinitusa i problema koje moj veliki haver Mirso ima zbog toga. Odoh leći u rane sate (02.00), jer sutra valja nastaviti konferenciju. Spavanje u jednom komadu, ma ni za hrkanje nije bilo vremena. Doručak obiman i raznovrstan, samo je tičije mlijeko falilo. Onda nastavak konferencije. U pauzama za kafu trknem do obližnjeg salona da uz kapućino slušam laganu muziku za dušu, koju je trio iz Finske izvodio na zavidnom nivou.

Stigosmo u Stockholm u rane večernje sate, a onda kući, Starkici i večeri u kućnoj atmosferi.

Sutradan... kuća, pos´o, birtija... BEZ BIRTIJE.

„SEVDAH" koncerti u Stockholmu, Malmeu i Lidkepingu

Stiže i 24. Novembar 2013. godine, dan koncerta u „Sedra teatern" u Stockholmu. Vježbali smo punom parom pod rukovodstvom izvanrednog muzičara i harmonikaša Enesa Omerdića, člana Instituta Sevdaha i bliskog suradnika rahmetli Omera Pobrića. Orkestar „Neretva" je bio pojačan izvanrednom operskom divom Bjankom Muratagić, izvrsnom švedskom violinisticom i operskom pjevačicom Monom Rosell i Enesom Omerdićem, umjetnikom na svojoj harmonici. „Neretva" u standardnom sastavu: Enes Žiga, Nedžad Imamović, Suad Golić i Ahmet Kozaragić ni za milimetar ne zaostajaše za svojim cijenjenim gostujućim umjetnicima.

Dvorana teatra ispunjena do posljednjeg mjesta, ma ni na drugom balkonu nije bilo ni jednog slobodnog mjesta. Majstori tona i svjetla profesionalno odradiše svoj dio posla, Haris Grabovac perfektno izrecitova Maka Dizdara na švedskom jeziku, o konferansi da i ne govorim, Bjanka, šta da se kaze osim MAGNIFIKO, Mona dobi aplauze slične ovacijama za svoje izvedbe pjesama: Razbolje se lijepa Hajrija, Mila majko šalji me na vodu i Sarajčice hajdemo. Enesa nagradiše ovacijama za njegove bravurozne solo improvizacije, ni Nećko ne razočara improvizacijom i mekim tonom svoje izvanredne „Gverinke". Sudo, kao i uvijek, izvanredan pjevač i tamburica ekspert na svome bas primu. Enes Žiga još bolji nego na probama, a i glas ga posluži izvanredno te nezaboravne večeri. Basista standardan (da se ne uobrazim), pa i mnogo bolji nego obično, sa dobro uvježbanim šemama i prijedlozima vođe orkestra, našeg cijenjenog Enesa O. A Bjanka..... e takve interpretacije nisam još čuo, a slušao sam mnoge velike zvijezde: A što ćemo ljubav kriti, Stade se cvijeće rosom kititi, Kraj tanana šadrvana, Da sam ptica, Sjajna zvijezdo gdje si sinoć sjala, Ko se ono brijegom šeće i kulminacija Omer beže na kuli sjeđaše. Odsvirasmo Zlatno kolo, pozdravismo publiku, a ovacije ne prestadoše dok ne odsvirasmo na bis nezaboravnu Moj dilbere kud se šećeš.

Poslije koncerta raja egzaltirana, mnogi ne zadržaše suze, a poznata novinarka Mubera Dizdar dođe na koktel da nam specijalno čestita, obeća veliki članak i predloži da nastavimo turneju u Švedskoj, a na „Baščaršijskim večerima", kako ona reče, bili bi sigurno veoma zapaženi, jer i u Sarajevu treba baš ovakvog izvornog i kvalitetnog sevdaha. Sve ovo mi sjede na dušu kao melem i čini mi se da je najbolji način za završetak muzičke karijere.

Turneju nastavismo u Malmeu, a slijedeće godine u Lidkepingu gdje doživjesmo sličan nezaboravni uspjeh kao i u Stockholmu i sve ostade nažalost na ta tri koncerta. Orkestar „Sevdalinka" ne nastavi sa svojim radom i tako se završi taj izvanredni dio moga muzičkog života.

Jimmy boy...

Mislio sam da smo mi Balkanci najpromućurniji i najprefriganiji narod, ali sam u međuvremenu, upoznavajući Šveđane i život u Švedskoj, promijenio mišljenje. U tome mi je puno pomogao moj bivši radni kolega Jimmy. Prvih par godina njegovog službovanja kod nas svi smo ga prihvatili i poštovali kao dobrog druga i kole-gu. Klijenti su ga cijenili i voljeli kao najrođenijeg, a on je uvijek bio razgovorljiv i ljubazan, tako da smo svi mogli pričati sa njim i povjeriti mu i najintimnije tajne. Sve to tako bi par godina, a onda stvari polako počeše da se mijenjaju. Prvi signali da nešto nije baš kako treba pojaviše se u telefonskim komunikacijama. Sve češće je bilo nemoguće dobiti Jimmyja na službenom telefonu, a onda je ta komunika-cija potpuno prestala, jer je on prestao da se javlja na telefonske pozive. Objasnio je da su kčerkice nešto uradile sa telefonom i da on uopšte nema signala itd. itd. Onda je naš Jimmy počeo dolaziti na posao na preskok, dva-tri puta u sedmici. „Flex tid", fleksibilno radno vrijeme je već odavno počeo koristiti veoma često. To je onaj stil: ako dođeš na posao sa zakašnjenjem, ostaješ duže na poslu onoli-ko koliko si propustio toga jutra. Ali Jimmy je uvijek „zaboravio" odraditi ono dodatno vrijeme, tako da je izraz „flex tid" potpuno promijenio značenje. A onda, poslije nekog vremena, kada ni personal, ni šefovi nisu poduzeli ništa, Jimmy potpuno prestade dolaziti na posao. Pojavljivao se samo na redovnim sastancima personala svakog drugog utorka u mjesecu. Ništa nije bilo smješnije od njegovih diskusija o poslu i organizaciji, jer svi smo znali da je on najmanje kompetentan da o bilo čemu diskutuje, jer ga jednostavno nikada nema na poslu. I sve to tako bi, uz redovnu platu, do jednog dana kada nam Jimmy saopšti da je našao drugi posao i da prestaje raditi za mjesec dana. Do zadnjeg dana svi ostadosmo u do-brim odnosima sa mladim kolegom, kao da se ništa posebno nije događalo svih ⸱ ovih godina. Zaželismo mu svako dobro i on stvarno „prestade" raditi određenog datuma, a sav onaj plaćeni nerad više niko ne spomenu i uračuna mu se u radni staž. E, pa zar je iko, ikada mogao sve ovako „odraditi" u našoj domovini. Ja za takav slučaj nikada nisam čuo i stvarno sam mislio da je nešto takvo nemoguće: ništa ne radiš, plata ide, niko te ne opominje i na kraju ti svi poslije „odrađenih" gotovinskih nekoliko godina, zažele sve najbolje na slijedećem poslu. Aferim šiša-nje, što je previše, previše je, pa i na trulom Zapadu.

Živa istina, vlastitim očima vidio...

Ibrahim

Ponedeljak, Anette i ja imamo posjetu na poslu. Helen nas fotografiše za internet stranicu naše male radne grupe (samo nas dvoje). Poslije manekenskih poslova, rek´o da napišem par (stotina) riječi o subotnjem popodnevu i večeri kada su nam bili u posjeti prijatelji Ibrahim Gasal i njegova tiha ženica Ana. Veliki jarani smo evo već 21 godinu, još od onog razvoženja autobusom po kampovima stock-holmskog područja. Ibrahim je ostvario svoje snove i ima „top jobb", izvanredan posao u branši koju voli i koju je sam u Švedskoj odabrao. On je završio ekonomiju u staroj domovini i odmah, prvih dana boravka u Švedskoj, je shvatio da od tog zanimanja nema ništa, jer se posao ekonomiste ovdje nikada neće dobiti. Odmah, prvih dana boravka u kampu, on i još neki prijatelji su me zamolili da održim kurs engleskog jezika, jer su sva vrata puno šire otvorena, ako se čovjek može sporazumijevati sa Šveđanima, a oni skoro svi znaju engleski. Ibrahim nije imao pojma o engleskom jer je u domovini učio ruski. Ponosan sam da je svoja prva nabadanja engleskog ostvario uz moju pomoć. A onda, od samog početka, Ibrahim se skoncentrisao na samo jedno zanimanje. I da ne dužim, preškolovao se i stekao diplomu programera na kompjuteru. Kao muzičaru, engleski mu je tako dobro sjeo, da nije imao velikih poteškoća sa svim onim čudnim izrazima i nazivima koji se upotrebljavaju u inretnet zanimanju. Sada radi u firmi kao programer i pošto je veliki stručnjak, ima izvanrednu platu, poštovan je od kolega, jer sve zadatke duplo brže uradi, a i porodična situacija je veoma dobra: supruga radi, najstarija kčerka radi, već su dvije završile fakultete, a najmlađa je na dobrom putu da im se pridruži.

Veče provedosmo uz izvanredno argentinsko vino koje mi nimalo ne naškodi, iako sam popio tri čaše, što je moj lični rekord u državi Švedskoj. Mogu reći da niko ni blizu nije bio pijan, a raspoloženje vrhunsko, kako i priliči jaranskim susretima koji se ne događaju svaki dan. „Melodi festivalen", onako usput, odgledasmo i odslušasmo, a ne čusmo ama baš ni jedne pjesme za koju se može reći da je prosječna. Ovakvi jaranski susreti su melem za dušu i sigurno utiču na sretniji nastavak života u našoj božijoj bašti.

Karijera

Dođe vrijeme da i ja privodim kraju moju radnu karijeru u Švedskoj, jer sve što je lijepo, a i ružno, kratko traje, iako to mi baš svaki put nismo željeli. Pošto se i moji penzionerski dani neumitno približavaju, red je da opišem kako je to sve išlo u tuđini i izbjeglištvu, pa da svak može uporediti i izvagati, a svakako i kritikovati, ako ima nešto što nije bilo baš u duhu našeg bošnjanskog shvatanja života.

Moj put nije bio tako direktan kao kod moga prijatelja Ibrahima, ili moje Starkice, već je krivudao i tamo i ´vamo na 6-7 različitih radnih mjesta i različitih branši. Prvo sam dobio posao kao niži bolničar u jednoj ustanovi za stare i iznemogle. Težak posao koji srećom nije potrajao dugo (oko 6 mjeseci). Onda sam radio kao fizioterapeut u istoj ustanovi i bilo je mnogo lakše, a trajalo je samo oko godinu dana. Poslije otvorih vlastitu firmu fizioterapiju „Relax", koja potraja oko 8 mjeseci i ugasi se zbog nedovoljne zarade koja nije mogla poklopiti porez, ostale dažbine i pristojnu platu. Zaposlih se u Kriminalvordenu na specijalnom odjelu za psihopate kriminalce i tu ostadoh oko 4 godine. Stekoh mnogo dobrih kolega, a i upoznah najpoznatije svjetske kriminalce koji zaglaviše u Švedskoj. Dobro životno iskustvo koje zlata vrijedi, jer upoznah dno ljudske pokvarenosti, ali i ljudskosti među marginalcima sa dna ljudske ljestvice života. Poslije Kriminalvordena odradih 9 mjeseci kao radni konsultant (arbetskonsulent) u Norrtelje komuni. Bi mi jako lijepo, ali posao nije bio stalni pa sam u međuvremenu pronašao posao predškolskog pedagoga. U tom vrtiću odradih svojih najtežih 6 mjeseci u cijelom mom radnom životu i pobjegoh kao muha bez glave zaklinjući se da više nikada neću raditi sa malom djecom. Dobro sam i prošao jer nisam kao prijateljica Seida dobio šaku u sred čela, slomljene naočale i bolove u glavi mjesecima poslije nokauta jednog šestogodišnjeg ADHD zakonom zaštićenog „nedužnog" djeteta. U gimnaziji našeg Malog mista dobih posao specijalnog pedagoga i tu ostadoh samo godinu dana, jer je to bio posao na određeno vrijeme. Poslije toga nađoh posao u Teby komuni i tu sam završio svoju karijeru kao radni konsultant kada navrših 67 godina. Ovdje sam radio posao koji je odgovarao mojoj pedagoškoj naobrazbi iz domovine, a i sa stockholmskog univerziteta. Izvanredan, dinamičan posao posljednjih jedanaest godina karijere kakav sam samo mogao poželjeti. Radio sam ja ekstra i kao muzičar i u švedskoj crkvi i u politici, a na kraju, kao penzioner, godinu i po dana sam predavao švedski jezik pristiglim izbjeglicama iz raznih zemalja. Da sam ostao u domovini i odradio svoj radni vijek, siguran sam da mi nebi bilo tako interesantno, a finansijski bi mnogo gore prošao.

Zona sumraka

Nedelja, sunčani periodi se časkom pretvore u proljetne oblačiće, a onda iznenada padne pokoja kap proljetne kišice. Odlučismo da krenemo prema Stockholmu, pa ako zapada kiša, slijećemo u Teby centrumu. Tako i bi: u Stockholmu se šofer šajba ovlaži sa nekoliko kapljica kiše, a mi na lijevo krug, pa nazj u Teby centrum. Starkica obilazi butike i razgleda majičice, suknjice i ostale dindrlice, a ja na „ulici" (cijeli šoping centar je pod krovom) gledam „živu prirodu" odjevenu po posljednjoj modi jedne od najbogatijih komuna u Švedskoj. Kada ona i ja, svako na svoj način, naparimo oči svim tim ljepotama, spustimo umorne kosti na pletene stoličice našeg omiljenog kafića, „vani" na najprometnijoj uličici tog najljepšeg i jednog od najvećih natkrivenih šoping centara u Švedskoj. Život oko nas vrije kao u košnici, mi ispijamo kapućino i ćaskamo o svemu i svačemu. Počinjemo sa Putinovom armadom koja je upravo danas okupirala nekoliko ukrajinskih vojnih baza, pa onu u Sevastopolju. Putin je proglasio da je Krim od danas dio ruske teritorije. To nas podsjeti na dan kada su našu JNA proglasili srpskom pred vojnim odsjekom u Banjaluci. Razgovor se vrati na ljepše teme o skorom godišnjem odmoru, Cresu, Rijeci i svim mnogobrojnim prijateljima sa kojima ćemo uskoro ljudovati na voljenom jugu. Na povratku u naše Malo misto obasja nas proljetno sunce, a oblaci nestadoše kao da tamo nikada nisu ni bili. Ručak, kafica, a onda dogodovštine u zoni sumraka proljetnog predvečerja naše magično pikantne dnevne sobice. Zbog stidljivosti i uroka neću opisati ništa, a svi ste i onako shvatili šta je pisac htio da kaže. „Rahatluku nigdje kraja nema, gdje Fazila mezetluke sprema", na´mpadne mi svaki put kada doživim čudesnu ekstazu ljepote života na planeti zemlji. Ljepotu ne naruši ni glupi „action" film sa svim famoznim skokovima sa nebodera, iskakanja u tenku iz aviona, ronjenja u dubinama okeana bez škrga i mitraljiranja stotina nedužnih građana na ulicama velikog američkog grada. Zaspasmo nevinim snom nedužnog djeteta i sanjasmo najljepše snove mladalačkog života.

Moja Pipi, Pipica, Mimi, Starkica za sva vremena...

Najčešće se u životu zaboravlja ono što je najvažnije, najintimnije, najbliže. E ovog puta ja neću zaboraviti moju Starkicu i ugodan život sa voljenom osobom.

Sreli smo se prije skoro četrdeset pet godina, a četrdeset četvrtu obljetnicu našeg braka ćemo proslaviti u julu, na voljenom Cresu. Prošli smo zajedno „ i Makovo i Grahovo", što kaže naš narod. Pregrmili smo zajedno sve faze koje život pruža: ljubav, „Od ljubavi do mržnje samo korak nas dijeli", razumijevanje, poštovanje, fleksibilitet, kompromis, ljutnju, konflikt, popapao sam često jezika, šutnju (ima slike, nema tona) i sve one doživljaje koje jedan brak pruža. Grijali smo se Mujinim ćevapima, kapućinom u kafeteriji „Standard" konfekcije, vručim kestenima u fišecima od novina, Šukrijinim salepom i toplim lepinjama sa kajmakom iz Đurićeve pekare... Ljeti smo se zajedno osvježavali u toploj Vrbanji i hercegovačkoj ljepotici Buni, hladnom Vrbasu i nezaboravnoj Neretvi. Nikad ne preskočismo ni ljetovanje na lijepom Jadranu. Teferičili smo zajedno kraj Vrbasa, na Trešnjiku, Starčevici, Šibovima, Adi, pod orasima, na Balkani, Plivskom jezeru, u našoj bašti na Čairama... Šetali smo zajedno uz Vrbas, po aleji uzdisaja, na Hisetima, na Šehitlucima, na Šibovima, u Mejdanu, na Starčevici, u Potoku, Sitarima, Gornjem Šeheru i Novoseliji. Na silu smo zajedno „preseljeni" u Skandinaviju. Izgradismo zajedno novi život u dalekom svijetu... I evo, poslije svih ovih godina, ostadosmo zajedno i najbolje zapamtismo one lijepe trenutke i zajedništvo koje život znači. Za sve je najzaslužnija moja Starkica koja je uvijek bila onaj stabilizirajući faktor koji je uvijek izbalansirao i smirivao sve moje bravurozne vragolije. Ona je na svojim plećima držala i izdržala sve i na kraju zasluženo dobila za poklon jednog ozbiljnog i izbalansiranog vragolana koji je prestao sa svojim nezrelim vragolijama, uozbiljio se i postao sasvim ugodan saputnik u svim životnim izazovima. Ozbiljnost, balans, razumijevanje, želja da se uvijek bude zajedno i ljubav. Šta čovjeku više treba? Hvala mojoj najdražoj Starkici.

Još nam preostaje jedan veliki izazov: napuštanje voljene Švedske i selidba na još voljeniji Jug. I to ćemo zajedno pregrmiti uz podršku naše djece i razumnih odluka moje Starkice za sva vremena.

Rekord

U nedelju 25. maja sam dežurao dopodne na jednom glasačkom mjestu za EU Parlament, sreo mnogo naroda i diskutirao o partijama koje su se kandidirale, pokušavajući objasniti prednosti glasanja za moju Socijaldemokratsku partiju. Iskreno rečeno sav taj cirkus i kampanja su mi sjeli na vrh glave, jer se osjećam glupo i nepristojno kada punoljetne ljude pokušavam učiti pameti i uvjeravati šta je za njih najbolje.

Poslije podne pretrčah mojih 5600 metara i mogu se pohvaliti da sam popravio moj lični rekord za čitave 3 minute. Ranije je rekord bio 45 minuta, a sada je 42 minute, što je velika stvar kada je čovjek svaki dan stariji, ali i ne i sporiji, naprotiv. Iskreno rečeno bio sam u tako dobroj formi da nisam plaho ni bio umoran. U svakom slučaju imao sam dovoljno snage za čašu vina, friganu ribu, mlade krompiriće, salaticu i naravno za popodnevnu kaficu sa najdražom Starkicom. Svi ti fini događaji se odviše na suncem obasjanoj terasi, a onda, kada se napola smrklo, povukosmo se u svoje odaje, pogledasmo dobar film sa Entoni Hopkinsom u glavnoj ulozi, pa u krpe, jer sutradan ponedeljak opominje da se poslije lijepih doživljaja mora nešto i za pojas zadjenuti i gledati od čega se živi.

Put u raj

Još jedno ljeto na vidiku. Auto oprano, dizel natankan, torbe spakovane, filadelfija namaz, sir i narezak za sendviče u frižideru, neseseri napola spakovani čekaju još jedno jutro pa da krenemo. Polazak ranom zorom u četvrtak iz našeg Malog mista, svračanje u Skone da pokupimo Emmu i Danijela, preko Oresund mosta u Dansku, brod iz Rodby-a za Putgarden, spavanje u dva nasumice odabrana hotela, ili motela, cesta duga godinu dana u Njemačkoj sve do Alpa, Salzburg, tuneli u Austriji, Karavanke, Ljubljana, Bekrićeva Ilirska Bistrica, granični prelaz u Rupi, autoput iznad Jadrana i Rijeke, Titov most, vijugavi putevi Krka, Valbiska, trajekt, pa Merag na voljenom Cresu. Torbe iznosimo iz auta po najgorem suncu, a onda direkt na voljenu plažu i brčkanje tog istog dana u najplavljem moru na svijetu. Poslije tuširanja, direkt u „Belonu" na najfriganije lignje na svijetu, ponoćni sladoled u „Baću", pa u krpe. GPS nam nije potreban.

Mala

Sretan put i prelijepo ljeto Acke! Uživajte u blagodatima ljeta i okoline!!

Hvala na toplim prijateljskim željama. I bi baš tako kako si poželjela.

Kiše jesenje

Mokar do kože stigoh na posao. Kratke hlače se cijede po kancelariji, a vani pljusak luduje po krovovima i vrelom asfaltu južnim vjetrom ljetom obasjanog Tebyja. Što kiša ne učini, dokrajčiše jureći auti užurbanih neotesanaca koji me pošteno okupaše i dovršiše tuširanje potocima koji teku kao da žele da obilježe moju šetnju po tom džehenemskom vremenu. Ljeto je ovdje kažu bilo žešće nego u južnim krajevima Evrope, pa su se sprženi Šveđani znojili više nego mi u Hrvatskoj. I mi smo bili na Lunda badet plaži već nekoliko puta. Starkica teško prihvata ovaj kompromis jer joj creski štimung i ljepotu nikako ne mogu zamijeniti ove skandinavske plaže. Ja sam više prilagodljiv, tako da sam uspio polovično uživati plivajući i u ovim sivim vodama vrelog Sjevera. Voda u jezeru gdje sam se kupao u petak sa svojim klijentima je bila topla oko 24 stepena i pošteno sam se isplivao, a bilo je lijepo kupati se u radnom vremenu, obavljajući svoj pedagoški posao sa mladim Šveđanima. U subotu odosmo na morsku baltičku plažu i tamo mi bi isto lijepo. Plivajući u hladnom moru (oko 18 stepeni), sjetih se Vrbasa i kupanja na Studencu. U ovoj vodi dalekog Sjevera osjetih ono blaženo rashlađivanje koje sam svaki put osjetio u Vrbasu i bi mi lijeeeepo. Asocijacije mi često pomažu da prebrodim velike razdaljine i osjetim se kao da sam tamo, a ne ovdje. Naročito kada onako rashlađen legnem i zatvorim oči u ležaljci za plažu. Pojedosmo ohlađenu lubenicu na plaži, iskupasmo se (naročito ja), pa kući na popodnevnu kaficu na balkonu, malo mezice, muzička emisija „All song po Skansen", divna, uz spontano pjevanje publike, boks na Eurosportu, akcioni film, pa u krpe do nedeljnog jutra i kafice na balkonu, prije nego sunce počne pržiti južnim zracima afričke savane. Na plažu odosmo još par puta poslije posla i to nam pomože da uspostavimo svoju ravnotežu i ljeto na Cresu smjestimo u „seharu", kako to lijepo kaže prijatelj Bedro. A o ljetu na Cresu sve najbolje, kao i uvijek, sa razlikom da su ovog puta s nama bili Elvirini Emma i Daniel, pa smo cijelo vrijeme imali „igre bez granica", a odmarat ćemo se kad počnemo raditi i kod kuće sa svim našim slatkim navikama koje život čine ljepšim i pikantnijim. Prespavasmo jednu noć i u renoviranom stanu u našem Velom mistu i bi nam i tamo plaho teferičli, naročito kada su djeca zaspala, a mi izašli van, kupili zmrzlog češkog pivkana, pa ga popili na podu spavaće sobe. Samo da se još ovog puta skućimo i još jednom namjestimo novo gnjezdašce, pa da polako počnemo novi život sretnih penzionera. Ako bog da, da bog da.

Stazama vikinga

Prošle srijede sam sa Odborom za kulturu išao na studijsko putovanje u Grisle-hamn i još neka mjesta gdje smo obišli nekoliko kulturnih udruženja i jednu biblioteku, a sreli smo i dva pisca koji su ove godine dobili nagradu za kulturno stvaralaštvo u našuj komuni. Onda smo ručali u pitoresknom hotelu „Havs baden", pa nazad u naše Norrtelje. Sve to ni izbliza nije bilo ni slično nedeljnoj avanturi posljednjeg dana avgusta, kada sam za svoj jubilarni „tlicet tli puta dva" rođendan plovio na pravom vikinškom jedrenjaku stazama i bogazama vikinga. Pored nas devet sretnika na brodu su bila samo još dva člana posade: Peter, tipič-ni viking tipa Hogar strašni, najmanje 130 kila mišića i isturenog trbuha i Johan, stari morski vuk koji poznaje do u najmanji detalj sve otoke, otočiće, moreuze i uske vikinške kanale stockholmsakog područja. U svojim vikinškim odorama ulijevali su poštovanje i povjerenje da će sve ići po planu i starim vikinškim običajima. Plovismo sa upaljenim motorom, jedrismo sa razvijenim velikim vikinškim jedrom sa grbom grada Tebyja, jer brod dužine dvanaestak metara, pod imenom „Draksheppet Viking Plym" je vlasništvo komune u kojoj sam ja radio jedanaest godina. Zaustavismo se samo na pola sata na „Lidingo" i napravi-smo pauzu za ručak. Naši vikinzi nam pokazaše tjesnace, skrivene plaže, morske površine okružene kopnom i šumom koje se ne mogu vidjeti ako ne prođeš kroz uski kanal koji se ne vidi golim okom ako ti neko ne pokaže iz velike blizine. Na kraju, kada se približismo luci kluba u kojem brod ima svoje pristanište, vikinzi spustiše veliko jedro, planirajući pristati uz pomoć motora. Ali, motor otkaza po-slušnost i nikako se nije mogao upaliti. Naši vikinzi, bez imalo nervoze iskoristiše ono malo inercije i privedoše brod do pristaništa, bez motora, bez jedra, koristeći samo onaj mali povjetarac koji je lahurio za vrijeme cijelog putešestvija. Vrijeme nas posluži kao po narudžbi toga nezaboravnog pomorskog dana. Stigoh kući oko pola pet, taman da dočekam Dadu sa porodicom, na Starkicinom specijali-tetima ukrašenom rođendanskom ručku. Čaša talijanskog vina za vrijeme jela, a češkog pivkana poslije, ne pokvariše nimalo ovu nedeljnu avanturu i uvedoše me u ugodan razgovor sa unucima, snahom, Dadom i naravno, mojom odanom Starkicom za sva vremena.

Padobranac na temi

E Acke, kolikim ti optimizmom zračiš to je nevjerovatno. I pored svih loših doga-đaja ti si uspio da nađeš ljepšu stranu života i usput nikoga ne mrziš za učinjeno. Svaka čast, ali moram da kažem da je to rijetka osobina. Prilično rijetka.

Odgovor

Hvala prijatelju. Mržnja je nepotrebni nus proizvod koji samo nagriza čovjeka iznutra, a od nje čovjek nema nikakve koristi. Moj optimizam nije ni najmanje naivan, već se zasniva na dubokim analizama života i događaja koji utiču na čovjekovu sudbinu. Ja sam mržnju zamijenio prezirom premu svemu onome i prema svima onima koji nisu shvatili bit života. Zar nije normalnije i ljudskije ljude respektirati, uvažavati, pa i voljeti, od glupe mržnje, zavisti, ljubomore i neljudskosti? I pored ovakvih stavova imam ja i vatru i snagu u sebi i spreman sam uvijek debatirati i raspravljati sa ljudima koji imaju drugačije stavove, ali zar im zbog toga moram biti neprijatelj? Različita mišljenja kod pametnih ljudi dovode do boljih rješenja svih životnih problema.

Posjeta prijatelja

U petak, sredinom oktobra nam dođoše u goste naši dragi Šinikovići, Fuada i Mirso. Starkica je cijeli dan igrala oko šporeta radujući se posjeti nama dragih dugogodišnjih prijatelja. Dođoše „čista obraza" sa flašom vina, bombonjerom i divnom staklenom zdjelom. I to im ne bi dosta već donesoše i jastuke i kompletnu posteljinu „ da ne prljaju našu posteljinu za jednu noć", kako reče naša prefinjena pažljiva Fuada. Ma ni papuče nisu zaboravili. Ovakvih gostiju bi čovjek poželio svake sedmice i nikada nebi bili teški. Večera bi po svačijem ćeifu, jer kod Starkice nema promašaja kada se radi o odabranim jelima i kulinarskoj umjetnosti. Čaša talijanskog vina nije ni sučajno pokvarila ove kulinarske orgije. Poslije novi uspjeli recept krem kolača sa malinama i još nekim šumskim voćem. U tom dođe i osam sati pa ja ´nako stidljivo upitah: „Jeste li za kafu"? A moj Mirso k´o iz topa odgovori: „Jeeeeesmo, ja se već prepao da ćeš to zaboraviti pitati". Poslije se uvjerih da ja nisam najveći kafedžijski poklonik na svijetu, već da imam dostojnog konkurenta. To mi je specijalno drago jer ćemo nas sve četvero seliti na jug, pa ćemo moći zadovoljavati svoju čežnju za kapućinom u kvartetu, do mile volje, sve dok nam kofein ne procuri na uši. Razgovori, uspomene, planovi za budućnost i muhabet nam ne dozvoliše da čujemo i gledamo „Idol", iako taj program svi mi redovno pratimo na švedskoj TV. A onda spavanac i opet iznenađenja od strane dragih gostiju: tuširali su se i obavljali sve potrebno u banji u veoma rano jutro, oko pet sati, da nebi nas uznemiravali. To je i nama dalo ideju da isto tako radimo kada smo negdje u gostima. Rani doručak sjede izvrsno u dobrom društvu. Fuada i Mirso su planirali rano produžiti dalje na sjever za Osthammar, ali nas jutro prevari jer smo imali jedni drugima toliko toga ispričati, pa se i vrijeme odlaska prolongira za par sati. A i kud se čovjek stalno žuri, ionako će stići na cilj kada mu sudbina odredi, a niko i nikada neće stići obaviti baš sve planirane poslove u ovoj božijoj bašti.

„Ja mahaluša"

Četvrtak, Sedra teater Stockholm, sala dupke puna našeg naroda koji u dobrom raspoloženju iščekuje predstavu koju je vidio rekordan broj ljubitelja teatra u Bosni i Hercegovini. Scena u žarkim bojama, za nađinđanim klavirom sjedi u sjajnu odoru obučen muzičar i, kako će se kasnije pokazati, dobar glumac. A onda se pojavi ona u lepršavoj šarenoj haljinici, kratke kose i veselog osmjeha na licu mlade šiparice. Glumački dio posla je izvanredno odrađen, sa mnogo zapleta, muzičkih intermeca i tolikom količinom teksta da glava zaboli. Sve to je izvanredna glumica odlično odradila. A onda moram malo opisati onaj sadržajni dio koji nas je zasmijao do balčaka što kaže naš narod. Bilo je tu svega i svačega u seksi stilu, ali ona vulgarnost i nedostatak pikantnog, mističnog, skrivenog, svima nam je u sali izazvao prvo smijeh, a onda ostavio pomalo i mučninu. Zar je ta naša komedija situacije stigla na taj nivo da se mora baš sve razotkriti i pokazati: i duge noge, i crvena podvezica na lijevoj butkici, i crne čipkaste gaćice, i haljinica koja stalno spada sa grudi, i pljeskanje i gore i dole i u sredini naprijed i u sredini pozadi i sa strana, i dizanje, i širenje, i grčenje, i tresenje u brzom ritmu, i sve moguće poze dugih nogica, i mrdanje, i njihanje u stranu i gore-dole vrtljivih kukova, i oblizivanje, i specijalno gutanje, i sve moguće kombinacije seksualnih radnji u seksi tekstovima. Ništa nije izostavljeno, niti zaobiđeno, ili rečeno u zavijenoj formi. Sve moguće vulgarne izraze i kombinacije zapljuštaše u tom kratkom vremenu i ne ostaviše nikakvu dilemu da se o svemu tome poslije predstave može diskutirati i razmišljati. Na kraju, sve se završi muzičkim hepeningom o jednoj naivnoj nevinoj pubertetlijki kad je dobila prvi menses, pjesmom: Jutros mi je „ruža" procvjetala. Možda je greška do mene, ili do moje Starkice, možda smo mi staromodni, pa kritikujemo aktuelne trendove. Ima ovog humora situacije i u švedskim, pa i u engleskim komedijama, ali je sve dozirano i ima svoj tajming. A ovo što sinoć vidjesmo je tako mnogo svega toga na jednom mjestu i u dvosatnom programu da čovjek ostane zabezeknut i pita se šta je to samnom kada prosto ne mogu sve ovo da progutam i sažvačem. Vjerovatno se ostarilo, pa počelo moralisati i sporije razmišljati, a zaboravljati da smo možda i mi u mladim godinama sve to tako kaotično radili i doživljavali. Ipak se pokazao dobar rezultat svih ovih bravuroznih seksualnih dogodovština: jutros mi vaga pokaza da sam „oslabio" 600 grama, što je jako dobro za večerašnje fudbalske egzibicije sa mojim norrteljskim jaranima. Znači ipak sve ovo pozitivno djeluje na cirkulaciju krvi i krvni pritisak, pa ko voli, nek´ izvoli.

Petnaest dana u gradu penzionerske budućnosti

Sa Plesa se kombijem prebacismo do Velog mista 22.12.2014. godine.

Dočeka nas blještavo ukrašen centar grada u predvečerje božičnih i novogodišnjih praznika. Kapućino popismo u omiljenom kafeu prije nego što se uspesmo do našeg praznog gnjezdašca u kojem ćemo se, evo, ne znam po koji put ponovo kućiti i skućiti prije nego odemo u zasluženu penziju. Starkica, a boga mi i ja drhturimo od ljepote koja nas iz prve zapahnu u gradu koji smo izabrali za naše slijedeće bivstvovanje u našem „vagabundo" životu. Kada preselimo ovdje, više nećemo biti prognanici, već svojom voljom stanovnici grada koji smo sami odabrali. Ma već dugo vremena se mi ne osjećamo kao prognanici, jer smo se dobro snašli u švedskom društvu. Stan potpuno renoviran, od namještaja se samo jedan luft madrac razbaškario u spavaćoj sobi. U tom našem ljubavnom gnijezdu ćemo provesti slijedećih petnaest dana. Već sutradan kupismo električni element koji nas solidno ugrija jer još nismo spojili centralno grijanje. Jutarnji kapućino ispijasmo u kafeu udaljenom desetak metara od našeg ulaza, a poslije u omiljenim kafeima u centru grada „Korzo", „Kraš", a onda nam omiljeni kafić sa najboljim kapućinom bi „Klub Boa", gdje smo kafendisali najmanje dva puta dnevno. Ručasmo u konobama „Fuemo" i „Feral", a od restorana nam najbolje sjede „Kuća istarskog pršuta". Tu je i juha i svako jelo bilo najukusnije domaćinski priređeno, a higijena i posluga na najvišem nivou. Kuhinju i spavaću sobu odabrasmo i uplatismo u „Lesnini", a isporuka će biti u martu mjesecu kada ću ja „morati" ponovo put pod noge pa na voljeni Jug. Piknik u Opatiji završismo u restoranu „Plavi podrum" koji me asocira na omiljeni restoran u voljenoj Banjaluci. Jedno predvečerje se uspesmo do tvrđave koja dominira Velim mjestom i napravismo nekoliko prelijepih fotografija grada i beskrajnog plavog mora u trenutku kada se pale svjetla i grad poprima specijalnu ljepotu, a nebo obasjano zracima sunca koje je već prije nekoliko minuta zašlo za brda iznad Opatije i Lovrana. Centar grada uzavri u predvečerje Božića, sa kioscima, muzikom i kuhanim vinom na sve božije strane, a na ponoćku ne odosmo jer nas slatki umor natjera da odemo na spavanje prilično rano, sretni i ispunjeni ljepotom koju te divne večeri doživjesmo sjedeći vani, u jaknama, ali bez ikakvih zimskih budaleština i smrzavanja koje ostavismo na Sjeveru. Gradske ljepotice ponosno šetaju, ćakulaju, smiju se, odjevene po posljednjoj modi, većinom dugonoge i elegantne da ti se mili živjeti i radovati se životu koji ti je tu ljepotu podario. A onda doček Nove godine na centralnom trgu u sred grada: „Parni valjak" i još nekoliko bendova sviraše bez pauze sve do jutarnjih sati. Mi veče počesmo sa pićem i ićem kod Mirse i Fuade, a onda oko jedanaest sati na korzo. Bura koja je orgijala oko osam sati je oko jedanaest potpuno prestala i temperatura je bila oko +8 stepeni. Aki Rahimovski bolji nego ikad u životu, raspjevan i razigran da ti srce stane od ljepote, a ni Hus sa svojom bijelom gitarom ne zvuči ni milimetra lošije nego u svojim najboljim danima. Hit za hitom razdragana publika pjeva zajedno sa Akijem, veseli se, i niko, ama baš niko, ne napravi nikakav izgred, ili nešto što bi čovjeku išlo na živce. Starkica ne prestade plesati ni jedne sekunde, a ni ja se ne predadoh držeći je s leđa oko struka i „Uhvatih ritam u ritmu muzike za ples". Nezaboravno i ne sjećam se kada smo tako lijepo dočekali novu godinu. Sutradan, kao i svakog dana, sretosmo i sjedosmo sa starom rajom Mirsom, Fuadom, Mirom Mamuzom, njegovom Zdenkom, Seadom i njegovom suprugom iz Crikvenice pred „Krašom" i osunčasmo se na suncu gledajući zadovoljni narod koji špancira i raspreda o dočeku nove godine. Sve to me podsjeti na najbolje dane života u Banjaluci kada smo bili prilično siromašni, ali sretni i za život nam nije mnogo trebalo. Ni ovog puta ne propustismo banjalučke ćevape u tri ćevabdžinice poznate po banjalučkom specijalitetu. Kod kuće, u praznom stanu, Starkica i ja provedosmo dane i noći koje nas podsjetiše na najsretnije trenutke našeg života, kada smo dograđivali potkrovlje na staroj kući, sjedili na završenom podu i planirali kakav ćemo namještaj kupiti. Evo, istorija se ponavlja: renoviran stan, namještaj još nije stigao.

Sa Plesa, preko Minhena, stigosmo do Stockholma oko pola deset naveče i uživasmo u pejzažima predivno osvijetljene nordijske Venecije.

Goran

Ah, draaagi Acke!!! Moram ti se odmah javiti...... Sjedim uz kafu na balkonu, uz sivilo subotnjeg, januarskog, austrijskog jutra i čitajući tvoje predivne tekstove, ozari me sreća, ljepota u duši i radost neka... Predivno pišeš, onako iz duše... i naprosto osvježavaš.

Želim svaku sreću i tebi i Starkici, u iščekivanju novih tekstova što zaista krijepe i raduju dušu, srdačno te pozdravljam.

Odgovor Goranu

Hvala na lijepim riječima prijatelju. Pišeš o otocima oko Istre, pa da malo dopunim. Na Cres idemo već od davne 1969. godine, a kupili smo i apartman, pa možeš misliti: ugrije sunce u januaru, a mi na Cres, karneval u februaru, a mi u Velo misto, zapada kiša u julu, mi u Velo misto, maškare u augustu na Cresu, mi na Cres, pozorišna predstava u Velom mistu, mi u Velo misto... A za sve to nam ne treba auto, jer katamaran svaki dan stiže i tamo i ovamo za jedan sat. Karta 40 kuna, a za penzionere niže od džabe. Pa šta da rade siroti penzioneri? „Svi marš na ples", što nekada uzviknu Bebek i ostade živ, a niko mu ne uze za zlo.

Dinka

Pokušat ću udovoljiti Goranovoj želji i naći u glavi nešto iz moje creske riznice.

Imamo mi mnogo dobrih prijatelja na Cresu i o njima sam pričao više puta, ali jedna haverica zaslužuje specijalnu pažnju jer se u njenom društvu svaki put desi više vragolastih dogodovština koje nas nasmiju i osvježe nam svako veče pred „Bachom", nezaobilaznim mjestom prozivke svake večeri. Tamo se pije kapućino u svako doba dana i noći, kad god se dobije inspiracija. Desi se to i poslije večere, da se creska janjetina bolje slegne. Onda se ide u šetnju, unučad na trambulinu, ili se ide kod Vlade na muziku u hotelu Kimen. Dinka ulazi u kombinaciju oko osam sati, poslije radnog vremena. Ona odmah dođe pred „Bacho", pa se jede talijanski sladoled, pričaju vicevi, jeli se šta „narezalo" u toku dana, ili sinoć (Dinka je udovica pa joj se može), ili onda naiđe Smilja i krene sa svojim „specijalcima", najsirovijim vicevima starinskog Jugo-tipa na svijetu. Cijela pjaca se ori Smiljinim gromkim glasom i našim gromoglasnim smijehom do ranih jutarnjih sati. A kada su fešte u gradu, onda noge otpadaju od naizmjeničnog plesa: red Smilja, red Dinka, red Emma, a Starkica bude sva sretna da nju pustimo na miru da se odmara od dnevnih vratolomija sa Emmom i Danijelom na plaži, spremanjem doručaka, večera i ostalih gurmanskih izmišljotina koje čovjeku specijalno padaju na pamet na odmoru. Da malo pobliže opišem našu Dinku: blondinka, uvijek uredna frizura, voli mladalačku i pomalo j...zovnu, pardon, izazovnu odjeću, fine tašne i svakojake dindrlice koje specijalno muškarcima zapinju za oko. Nije u cvijetu mladosti, ali se ponaša kao dvadeset petogodišnja djevojčica. Pa de ti tu sad budi pametan i pribran. Luda kuća i ljepota življenja prestaje u trenutku kada napuštamo Cres, a tuga za još jednim prohujalim ljetom počinje kada stignemo u Švedsku. Sve više i više me hvata pandrc i oduševljenje što se penzija bliži, a sve ove vratolomije će se onda moći produžiti i u augustu, i u septembru, i u oktobru, a onda kući, pa slijedi nastavak sa Mirom Mamuzom, njegovom Zdenkom, Fuadom i Mirsom, pa Eminom i njenim Rešom, Zejnom i Fadilom i ostalim prijateljima.

Goranove priče o Biogradu na moru, Pašmanu, Zadru, ili Vodicama su involvirale u diskusiju i Hivziju, pa je i on evocirao uspomene na Biograd i vikendicu u Barotulu na Pašmanu. Iz izvanrednih uspomena se vidi da smo mi Banjalučani uvijek voljeli Jadran, otoke i primorje, a i mnogi od nas su izabrali da tamo nastave život, poslije protjerivanja iz rodne Banjaluke.

Jal´ je polje glamočko, il´ je more baltičko

Fenomen zaleđenog Baltika moram opisati, jer je neuobičajen u našim krajevima. Prvih godina boravka u Švedskoj se nismo mogli načuditi da more, čuj slano more, može da se potpuno zaledi. A onda se polako naviknusmo i na to. Ponekad i prošetasmo sredinom zaljeva u našem Malom mistu, a onda počesmo i ploviti brodovima koji nisu ledolomci u Estoniju, Finsku i švedske otoke Gotland i Oland. Sjediš u baru, slušaš muziku, plešeš, a u redovnim razmacima se veliki brod protrese od sudara sa velikim santama leda. Najgore je kada legneš da spavaš i počneš sanjati katastrofe „Titanika" i „Estonije", a ona protresanja od sudara sa santama leda ne prestaju cijelu noć. U blizini tog „prokrčenog" morskog puta vidiš ogromne tankere koji su zarobljeni ledom parkirani i ni maknuti se ne mogu sve do kraja zime, ili dok ih snažni ledolomci ne oslobode iz tog ledenog zagrljaja. Onda sav sretan stigneš u Talin, ili Helsinki, ali sreća traje kratko, jer se već sutra, ili prekosutra, vraćaš istim zaleđenim putem u Švedsku. Strašan je osjećaj kada se brod koji nije ledolomac, već običan „krisnings fartig" – putnički brod, sudara cijelo vrijeme sa santama leda i teškom mukom se probija kroz led koji se svakog trenutka može pretvoriti u ledenu masu koja se probiti ne može bez pomoći snažnih ledolomaca koji mogu biti udaljeni u nekim drugim sjevernim vodama, na nekom zadatku spašavanja nekog drugog broda. Kada se prihaja u Stockholm srce zaigra novim životom, a u toplom domu se ledena avantura brzo zaboravi i već poslije par mjeseci se čovjek ponovo odluči na novo krstarenje po ledenom zagrljaju Baltičkog mora.

A u Stockholmu, a i u cijeloj Švedskoj, ulice, ulazi u prehrambene prodavnice, podzemni prolazi, šetališta i čoškovi vrve od građana Evrope, prosijaka koji su iz Rumunije došli trbuhom za kruhom i uveli ovu nepoznatu djelatnost u život zbunjenih Šveđana. Ljudi ne znaju šta da rade, čas su ljuti jer im te ružne slike napaćenih ljudi idu na živce, čas ih uhvati osjećaj merhameta, pa daju pokoju paricu nesretnim ljudima, čas počnu diskutirati na koji način se organizovano može pomoći, neki bi da država zabrani ovim ljudima da narušavaju red i sliku lijepo uređene Švedske. A prosjaka sve više i više. Sada već tamo gdje je pred ulazom sjedila jedna osoba, sjede dvije, na obadvije strane i smrzavaju se na velikoj hladnoći. Njihovo u beskraj ponavljanje „hej" tužnim glasom, specijalno nervira, kada ti upute taj švedski pozdrav po treći put, svaki put kada prođeš pored njih. Kako će se sve to završiti niko ne zna, a ja se bojim da će, kad vrijeme otopli, ovih nesretnika biti toliko da će se slika lijepo uređene zemlje potpuno izmijeniti i podsjećati na scene iz Indije, Sudana i ostalih najsiromašnijih zemalja svijeta. Valjda će Rumunija nešto poduzeti da njeni građani dobiju pomoć u svojoj zemlji, a ostale zemlje EU tu akciju podrže materijalno, pa da se ovaj ružni problem ljudski riješi. Tuga nikako da oslobodi ljudska bića od svog neugodnog prisustva.

Kerstin Ericsson

Sinoć je bila Godišnja skupština Socijaldemokrata iz našeg Malog mista. Bio sam već neko vrijeme predsjednik tog prilično velikog udruženja (oko 160 članova) i sinoć sam uspješno „odigrao" ulogu i osvjetlao obraz Bošnjanina koji je, eto, predsjednikovao Šveđanima i dokazao da to može odraditi kvalitetno i na svestrano zadovoljstvo. Prvo sam, poslije otvaranja skupštine, odsvirao i otpjevao nekoliko romskih pjesama koje sam lijepo ukomponovao u temu Integracija i kombinovao sa tradicionalnom švedskom muzikom, koju prilično dobro poznajem, jer sam svirao sa mnogim Šveđanima i lako naučio njihove jednostavne tradicionalne instrumentalne kompozicije. Poslije u nastavku sjednice su me neki članovi predložili za predsjednika u narednom periodu, ali sam to odbio, jer smo u upravnom odboru odlučili da izaberemo Kerstin Ericsson, a i ona je pristala na to. Meni je bilo nemoguće pomisliti da bih prihvatio taj mandat, a već prije smo imali kandidatkinju koja je zvanično dala svoj pristanak. To bi mi bio karijerizam najgore vrste, a to sam oduvijek prezirao. Svakako da sam bio ponosan kada su hvalili moj politički rad i iznosili argumente u moju korist, ali ja nikada ne bi mogao pogledati Kerstin u oči i „predsjednikovati", a istovremeno znati da sam zauzeo mjesto te divne dame koja je cijeli svoj radni vijek bila šef biblioteke i poznati kulturni radnik u našem gradu. Mi smo tijesno surađivali svih ovih godina, a sada da ja preuzmem njeno mjesto, a ona nije ni prisutna, jer se trenutno nalazi u Španiji. To bi bila prljava igra iza leđa, a takav čovjek nikada nisam bio, pa neću ni u nastavku ovo malo života (tridesetak godina) što mi je preostalo u božijoj bašti. Ta ista Kerstin je bila prva koja nam je davne 1994. godine ponudila salu u „svojoj" biblioteci za naš prvi veći koncert u Švedskoj. To se ne zaboravlja i ja sam prihvatio mjesto podpredsjednika i obećao da ću Kerstin pomoći u budućem radu u predsjedništvu. Tako odradih i ovo, jedno od težih večeri u mojoj političkoj karijeri u Švedskoj. A švedska raja oko mene mi otvoreno uputi osmjehe i riječi pohvale za moju korektnu ljudsku odluku te večeri koja mi je nudila napredak u političkoj karijeri, ali po cijenu gubljenja prijateljstva sa osobom koju duboko poštujem i sa kojom želim zadržati prijateljske odnose do zadnjeg sekunda boravka u ovoj lijepoj zemlji, a i poslije selidbe i odlaska u toplije krajeve našeg Juga. Eto i to sam pregrmio i nije mi žao, naprotiv, drago mi je da sam ostao čovjek, pa neka košta šta košta. A ljudstvo se ne može kupiti i nije na prodaju. Ova priča je možda dosadna za narod koji se ne bavi politikom, ali za mene je važna zbog ljudskosti i prijateljstva.

´Vako je to bilo

Dođe i 1. mart, Rođendan Republike Bosne i Hercegovine. Starkice i ja ga provedosmo na uobičajen način: spavanje malo duže, ustajanje oko 9 sati, kafu kajmakušu svako jutro kuham ja, pa je onda lagano posrkasmo uz tradicionalnu „šprehu" o svemu i svačemu. Doručkovasmo flingure, ona s mlijekom, a ja sa voćnim jogurtom, malo veću sedmičnu nabavku obavismo u „Lidlu", a onda svak za svojim poslom. Ja se presvukoh u radnu odjeću, natakoh gumene čizme, pa na pranje višemjesečno neopranog auta. Starkica se prihvati vešeraja, peglanja i (onako usput) spremanja ručka. Usisavanje i brisanje po kući mokrom krpicom se i ne računa. Takva je moja Starkica. Kada neka Šveđanka započne samo jedan od ovih poslova u kući je rat i raspodjela zaduženja, a moja Starkice to sve elegantno i ne buneći se uradi, a poslije nema nikakvog prigovaranja, ni zanovetanja. A ručak, to je posebna priča. Za taj dan je odlučila da spremi nešto tradicionalno i u našim krajevima uobičajeno, a u Švedskoj, nijedna Šveđanka pojma nema da se to može uraditi na taj način. Cijela kokoš sa krompirićima, u tepsiji, u rerni. Nikakva filozofija: kokica se opere, pa se posuši, pa se malo nasoli, pa vegeta izvana i iznutra, pa malo ulja i onda se to zajedno sa krompirićima stavi u rernu i gotovo. Kada kuća počne mirisati na piletinu, kestene, mlade krompiriće i domaću atmosferu, onda Starkica pripremi zelenu salatu sa mladim lukom, paradajzom i naravno malo soli (da ne boli), malo ulja (da ne žulja) i specijalnim sirćetom iz „Lidla". Pa kad se taj miris rajske salate pomiješa sa onim iz rerne, više čekanja nema. Nego serviraj to jednostavno, ali bogovsko jelo na sto, pa onda nastaje čeputanje i biranje šta kome najbolje odgovara. Karabatak i batak Starkica nikada ne zaboravi da stavi u moj tanjir, a krompirići se razbaškarili oko rumene kokice, kao da su juče iz bašće stigli direkt na našu trpezu. Mirisi, ukusi, ljepota naših kuća u domovini se razmili po arterijama i venama gladnih Bošnjana i nas dvoje se najedosmo kao u najboljim danima u staroj domovini. Ostade poznati ukus domovine i domaćinskih ručkova u zlatna vremena cijelo popodne, sve do kafe kajmakuše oko šest sati. Ma, ni nasumice kupljeno „Perlebach" njemačko pivo nije uspjelo odagnati najljepše uspomene naših ručkova u staroj porodičnoj kući u Banjaluci, na Čairama „Pod pećine aman ja, pod pećine zeman ja, pod pećiiine, pod najviše stiiiiiine".

A onda, uz moju poznatu kaficu, Starkica servira tri vrste sladoleda: malina, mango i orasi sa kockicama žute mirisne dinje. Još nam je samo zafalio film „Miris dunja" pa da ovaj dan završi potpunim trijumfom pobjednika. A onda, drugi dan, druga nafaka...

St. Patricks Day

Sa Juga stigoh kasno u subotu, a već sutradan Starkica i ja put pod noge, pa u Stockholm. Šetamo ti mi tako po omiljenoj „Drottning gatan" (Kraljičinoj ulici) i kada stigosmo do „Gamla stana" (Starog grada) naletjesmo na veliku tarapanu na trgu koji gleda ka Slusenu i ušću jezera Melaren u more. Narod u zelenim odorama, zelenim   starinskim šeširićima, ofarbanog lica u zeleno, zeleni šalovi, zeleni baloni... Sve zeleno. Sa scene se krebeče klovnovi u zelenom, orkestar pogodite u kojoj farbi, svira irsku muziku, zelene narukvice, mašnice, dindrlice. Onda se na sceni pojaviše mali zeleni Irčići i zaigraše irske plesove, uz zelenu irsku muziku. Starkica i ja zabezeknuto gledamo na sve zelene strane ne bi li dokučili o čemu se radi. Onda ja na jednom visokom šeširu ugleda tekst „St. Patricks Day" i bi mi jasno. To je veliki praznik u Irskoj. Nisam znao da toliko Iraca ima u Stockholmu, ali me govor engleskog jezika zavrnutog na irski dijalekt uvjeri da su svi ti zeleni pravi Irci, a ne preobučeni Šveđani. Zamalo me ovaj zeleni praznik ovih veselih zelenih ljudi ne odvuče od teme o kojoj sam mislio ovog puta pričati.

Juče sam stigao iz našeg Velog mista. Šta da kažem, opet sve ispade kao u najljep-šem snu: pio sam kapućino svako jutro kod komšinice u kaféu koji gleda na zid na kojem piše: „Tito je naš". Haloooo, kafendisanje sa nezaboravnim predsjedni-kom, a kada okreneš glavu udesno, obasja te sjaj Kvarnera u praskozorje novog dana. Odmah iste večeri kada stigoh u Velo misto (7. 3.) fešta u finom restoranu u centru grada, uz fine dame Velog mista, izvanrednu „vješalicu", Staro Pramen" pivo i orkestar „To je to", koji bez ozvučenja ide od stola do stola i izvodi repertoar koji gosti požele. Dobar orkestar, dobri muzičari i dobri ljudi, uvijek spremni na šalu i čašicu razgovora. Miro Mamuza i ja se provedosmo kao u najbolja stara vre-mena i iste večeri rezervisasmo sto za idući petak, dan prije mog odlaska. A izme-đu ove dvije nezaboravne fešte kakve godinama nisam doživio, desilo se svašta: i banjalučkih ćevapa u „Marunu", i slavonske pice u „Maslini", i kremšnite u „Kor-zu" i „Mistici", i graha sa kobasicom u „Pevecu", i instaliranje kuhinje i kreveta u stanu... A na kraju ono najvažnije: ljudovanje sa prijateljima. Miro, prijatelj još od vremena „Pelagića" i tezgarenja po kojekakvim mjestima u i oko Banjaluke, još jednom dokaza da smo pravi prijatelji i nađe se pri ruci i u dobru i u zlu, uvijek spreman da pomogne i učini sve da vrijeme druženja bude što ugodnije. Njegova Zdenka, iako u stalnom cajtnotu zbog posla i kućnih obaveza, uvijek spremna na fina druženja i šaljive komentare. Emina, naša biznis-hanuma, uvijek u nekoj trci i frci sa klijentima i kupcima nekretnina, ipak pronađe pokoju sekundu da se popije kapućino i promuhabeti o finim ugođajima koje Velo misto pruža čovjeku namjerniku. Mogao bi ja danima razglabati o svemu i svačemu i opet nebi stigao sve ispričati. Nego da prionem na posao još ovih 140 radnih dana, pa onda u bez-brižnu neizvjesnost Velo-mistovske penzionerske budućnosti.

Aprilili

Jutros me probudi Starkica i nervoznim glasom saopšti da sat nije zvonio i da smo i ona i ja zakasnili na posao. Sav usplahiren skočih na noge junačke, pa trk u klozet, istovremeno moleći Starkicu da ona danas skuha kafu, pa da što manje vremena izgubimo. „Ma zar ćeš i kafu piti i još više zakasniti na autobus"? „Ma važnija mi je jutarnja kafa nego cijeli radni dan", uzviknuh, dižući se sa klozet šolje, perući mubarek rukice, kako je običavao reći pokojni tetak Braco u sličnim prilikama. Poslije brijanja istrčah iz banje, kad tamo, moja Starkica leži i dalje u krevetu i ni mukajet joj nije što se ja slomi od žurbe. „Halooooo!!!!!" uzviknuh, „zar nije gotova kafa?" Ona smirenim glasom zacvrkuta: „Stari moj, zar si zaboravio da ti svako jutro kuhaš kaficu?" „Helveteee!!!" uzviknuh na švedskom jeziku, da nebi ispao primitivan psujući na našem jeziku i trčeći prema šporetu, ugledah zidni sat i stadoh kao ukopan: „Šta je ovo sa satom, jeli baterija već odradila svoje, a promijenio sam je prije desetak dana?" Iz kreveta čujem diskretno kikotanje i Starkica veselo uzviknu: „PRVI APRIL!!!" Preneražen stojim na sred hodnika i sa nemoćnim osmjehom prevarenog čovjeka razmišljam šta da joj sada uradim? Ne uradih naravno ništa, osim blagog jutarnjeg poljupca i izgovorenih riječi: „Sunce moje pametno, fino si me izlevitala ove 2015. godine, ali znaj da ću zapisati u almanaku da smislim nešto još pametnije slijedeće godine, ako ne zaboravim." A znam već unaprijed da ću zaboraviti. Voda prokuha, zgotovih kaficu, pa sjedosmo na visoke stolice da je, kao i svakog jutra, na miru popijemo. Kafendisanje potraja desetak minuta duže, jer sam ja ovog jutra bio veoma brz sa svim mojim jutarnjim zavrzlamama u banji, pa je i kafica servirana ranije.

Šveđani i njihove cake

Zahvalan sam Šveđanima jer su nas primili i dali nam šansu da nastavimo život u njihovoj zemlji i da izvršimo reorganizaciju svega onog što smo imali u staroj domovini. Hvala im, mnogi od nas su se dobro snašli i izgradili novi život, stekli nove i promijenili mnoge loše navike koje smo donijeli iz domovine. Ali ni Šveđani nisu operisani od loših, a ponekad i smiješnih navika. Navest ću neke pomalo smiješne, potpuno različite situacije u kojima se mi Bošnjani sasvim različito ponašamo i reagiramo.

Raskrsnica, semafor, nigdje ni jednog auta, crveno svjetlo se tek upalilo i treba dugo čekati na zeleno. Svi, ili skoro svi Šveđani, stoje strpljivo i čekaju li čekaju, iako nikakvog auta nema na vidiku i sigurno nijedno auto u slijedećih pet minuta neće naići. Prelaze ulicu tek kad se upalilo zeleno svjetlo, a čudno gledaju nas koji laganice pređemo ulicu na crveno i stignemo preći dvjestotinjak metara, a oni još uvijek čekaju zeleno.

Šveđanin parkira auto na parkingu i onda ide četrdesetak metara do pješačkog prelaza da pređe na drugu stranu ulice, pa onda nazad četrdesetak metara da uđe u prodavnicu koja stoji direkt pred njegovim autom parkiranim na drugoj strani prilično uske ulice. Kada izađemo iz prodavnice, ja krenem direkt prema autu jer nigdje u blizini nema nikakvog saobraćaja, a Šveđanin ide četrdeset metara prema pješačkom prelazu, onda isto toliko nazad, pa onda u svoje auto. Ned´o bog da on pređe direkt preko ulice do svoga auta, iako nigdje nema ni traga od saobraćaja u blizini.

Pješački prelaz, Šveđanin ide tačno do prelaza, skreće devedeset stepeni, pa onda prelazi ulicu. Ned´o bog da on (ili ona) pređe ulicu dijagonalno, iako nigdje u blizini nema nikakvog saobraćaja. Ja sve te nekulturne radnje namjerno radim da im pokažem da ima i bržih rješenja, iako su malo nezakonita, a zakone, bože moj, pišu ljudi, pa se oni ponekad mogu i zaobići, naročito ako to situacija omogućava, iako to zakonodavac nije predvidio.

Prekoračenje dozvoljene brzine je česta tema razgovora. Tako su jednom uhvatili kralja Gustava kad je vozio 155 km na sat na putu gdje je dozvoljeno samo 110 km. Sve novine su o tome pisale i to je bio prvorazredan skandal. A šta bi rekli za mene i mnoge druge kada smo više puta vozili preko 160 km na sat na istom putu? Nebi ništa rekli, samo bi odmah oduzeli vozaču dozvolu. Ali prvo treba da nas uhvate, a mi pametnice znamo kada možemo tako voziti, a kad nipošto ne smijemo jer policije ima na putu. Jadni kralj Gustav naravno nije platio kaznu, niti mu je oduzeta dozvola, ali je pokusao velike kritike i prilično mu je prisjela njegova velika ljubav za brze aute i velike brzine.

Pauza za ručak, ili kratka pauza u sred radnog vremena, Šveđanin (ili Šveđanka) skoro trči niz hodnik kao da ima toliko posla pa nikako ne može stići u normalnom tempu. Pojede ručak za osam minuta, iako ima 30 minuta predviđenih za to. Onda se nastavljaju beskonačne diskusije o beznačajnim stvarima, pa poslije pola sata, trči po hodnicima da pokažeš kako puno posla imaš. A onda, u kancelariji, facebook, beznačajni razgovori, novine i ono malo posla koji trebaš obaviti. Važno je da si u hodniku, ili na trotoaru, trčao nazad prema radnom mjestu i ostavio utisak velikog radnika i pregaoca, ma ni Alija Sirotanović ti nije ravan. (Recept viđen i isproban).

Ili situacija kada inspektor saopštava kriminalcu da mu je zatvorska kazna produžena za 14 dana i uz široki osmjeh objašnjava razloge za to. Kod nas bi čovjek imao ozbiljan i pomalo tužan izraz lica kada saopštava takve stvari sa negativnim posljedicama, a ovdje mnogi rade baš suprotno i to naravno izaziva bijesne reakcije zatvorenika, a često i siledžijske ispade koji su se mogli izbjeći da je inspektor bio taktičniji. Ovakvih primjera ima još puno, možda drugom prilikom.

Jednakost i ravnopravnost u švedskom društvu

Jednakost i ravnopravnost je u Švedskoj na visokom nivou. Oni spadaju u sam vrh najbolje riješenih međuljudskih odnosa u svijetu.

Ali, ali, ali... Ima i u tim područjima života interesantnih rješenja. Žene su stigle, pa i prestigle muškarce u mnogim oblastima života, ali se borba feminista nastavlja u nedogled. Žene su u mnogo čemu jače od muškaraca, ali se još uvijek bore za svoja prava. U jednoj stvari su potpuno u pravu: muškarci još uvijek imaju više lične dohotke. U tome su Šveđani gori od nas u bivšoj Jugoslaviji, jer imaju tajne pregovore o ličnim dohotcima, pa kako se ko snađe, a bar zasad muškarci imaju neki bolji sistem pregovaranja i njihovi lični dohotci su stvarno veći. Kod nas su plate radnika sa istim diplomama i poslovima bile iste u startu, a ovdje nisu, jer se sve drži u tajnosti i niko se ne buni i ne pita zašto. Poslije statistika pokazuje razlike i koje grupacije stoje bolje od onih drugih.

Što se tiče ljubavnih i seksualnih odnosa, tu su Šveđani šampioni.

Zakoni štite prodavce seksualnih usluga, a kažnjavaju kupce. Ovdje dolazi do smiješnih scena kada prodavačica promoli glavu i grudi kroz prozor auta i molećivo nudi svoje usluge, pa „jadni" muškić popusti i pusti je u auto. Poslije odrađenog posla prodavačica traži da se plati i kada kupac izvadi novac iz novčanika, u auto ulijeće policajac, pušta prodavačicu, a kupca uhapsi. Poslije kupac dobije „zasluženu" kaznu, a prodavačica bez ikakvih problema nastavlja svoj biznis. Ma niko ih ni ne kritikuje što su prostitutke, ili po naški rečeno, kurve. Neke od njih javno priznaju da one vole svoj posao i sve to rade iz zadovoljstva, ali narod ovdje uvijek njih uzima u zaštitu i niko ih ne naziva nimfomankama. Vrlo zanimljivo za mene koji nikada nisam imao posla sa takvim kupovinama i prodajama, ali možda sam ja tako konzervativan i zaostao pa sve ovo vidim krivim očima. A ima i ovakvih događaja: dama se dogovori sa dvojicom gospode da idu u sobu na drugom spratu hotela i da se igraju grubog seksa. Negdje poslije tri četvrt sata intenzivne akcije dama počne vikati: SILOVANJE i gospoda budu optužena za silovanje. Spasi ih samo činjenica što su sve troje bili podobro pijani, pa dečki nisu shvatili šta je prodavačica mislila svojim uzvicima i nastavili su svoju započetu igru u istom tempu duže nego što je to dama željela. Naježim se kada pomislim da sam, ne daj bože, mlađi pa da moram tražiti partnericu u ovako naprednoj zemlji. Zbog ovakvih stvari skoro da razumijem zašto se ovdje silovanja događaju svakodnevno, a prava ljubav se može samo svijećom tražiti. Ima ljubavi, ali ima i veoma čestih razvoda i mnogo djece koja imaju mamu i „plastičnog" tatu, tatu i „surogat" mamu, dvije sedmice kod njega, dvije sedmice kod nje i tako sve dok ne iskrsnu nesuglasice, a onda ubjeđivanje jadne djece ko je dobar, a ko je loš i tako dalje i tako bliže. Onda usamljena mama nađe novog tatu, a tamo sretne i njegovo troje djece. Pravi tata se već prošle godine spandžao sa novom mamom koja ima četvero djece iz drugog braka. Cirkus se multiplicira. Volim ja što sam ovako konzervativan pa se držim Starkice 44 godine, a naša djeca znaju ko su im roditelji. Nego da ja skuham kaficu pa da Starkica i ja prokahvendišemo u predvečerje 1. maja, moga oca Asima, moga amidže Mustafe i moga najdražeg praznika. A sutra proslava u „Societets parkenu". Svira moj jaran Amir Čejvan, a moji Socijaldemokrati zajedno sa mnom sve to organizuju. Tako ti je to u naprednim zemljama gdje su demokracija, jednakost i ravnopravnost duboko ukorijenjene.

Godišnjica, 23 godine u Švedskoj

Prije 23 godine, 20. maja 1993. godine stigosmo u Švedsku u istom autobusu Ibrahim Gasal sa svojom Anom i dvije kćerkice, naša Elvira, Starkica i ja. Kako se sprijateljismo na tom sudbonosnom putovanju, tako evo i dan danas naše prijateljstvo traje i trajat će do kraja, ma gdje se nalazili na ovoj kugli zemaljskoj.

Tako i ovaj jubilej proslavismo zajedno u jednom finom restoranu u Stockholmu, na obali ogromnog jezera Melaren. Zarakijasmo se na švedski način: prvo kod Gasalovih, Ibrahim i Starkica crno vino, Ana sok, a ja zbog šoferskih obaveza preskočih vinček, pa se dočepa coca cole. Zamezismo sirom da nas ne „ufati" piće, što kaže naš narod. Onda se odvezosmo do restorana i nastavismo rakijanje: Ibrahim jako pivo, Starkica lagano pivo, a Ana i ja coca cola. Večera sjede k´o kec na desetku, onda red pića, red razgovora uz šaljive komentare, red meze da nas piće ne uhvati i tako do kasnih sati. Ugodno veče sa velikim prijateljima, uz obale jezera Melaren i dok trepneš, eto i ponoći i vrijeme za „Laku noć svirači". Evocirasmo uspomene iz onog bivšeg života muzičara u domovini i ovog „novog" života u novoj „domovini" i borbi za opstanak i bolji status na „trulom" Zapadu. Pa, ne možemo se požaliti, dobro smo se borili i izborili, a uskoro stižu i penzionerski dani (mene već sustigli), pa ćemo vidjeti šta će nam oni novo donijeti. Stigosmo kući u Malo misto u kasne sate, zadovoljni i sretni da smo još jedno predivno veče proveli sa prijateljima s kojima smo prošli i Makovo i Grahovo u našim izbjegličkim sudbinama.

A sutradan Evrovizija, pa veče provedosmo uz muziku iz cijele Evrope, a i iz Australije koja se predstavi sa veoma kvalitetnom pjesmom. Opet legosmo kasno, jer glasanje i proglašenje pobjednika nismo željeli propustiti. A onda nedelja i novi sunčan dan. Prošetasmo po Malom mistu, dokupismo voća i povrća i još nekih sitnica, pa kući, svak za svojim poslom: Starkica nedeljni ručak, a ja u šumu. Opet pobjeda 5-0 za mene na domaćem terenu. Poslije 5 kilometara pretrčah i ostalih par stotina metara, pa onako zadovoljno umoran u auto i uz pjesmu Lady Gage stigoh kući, a mirisi skoro zgotovljenog ručka me zapahnuše još sa ulaza u zgradu. Dok sam se ja istuširao, ručak je već bio na stolu. Popodne pobijedi HK

„Kristianstad", rukometni klub za koji već dugo navijam ovdje u Švedskoj i osvoji prvo mjesto na državnom prvenstvu. Pred veče kafica sjede k´o kec na desetku, pa poslije dobrog trilera u krpe, da se bar malo odmorimo od svih divnih vikendaških dogodovština i pripremimo za novi radni dan.

Prvo penzionersko šišanje

Kao i svake godine pred godišnji odmor troškovi su bili nenormalni pa se planirani budžet za ovaj mjesec dobro smanjio i stigao na minimum minimuma već 1. juna. Dok smo kupili unučadima „malo" ljetne garderobe, meni neke jakne i majice, Starkici par haljinica i majica, uobičajene poklone djeci i prijateljima na Cresu, dok udariš dlanom o dlan, nestade para i ja shvatih da će štednja za ovaj mjesec biti poprilično tanja od planirane. Zadubljen u te finansijske misli odlučih da se ošišam u jednom malom salonu van Teby Centruma, jer su cijene šišanja bile najniže u cijeloj Švedskoj. Čak je i popust za penzionere bio maksimalan, pa se odlučih da „odglumim" penzionera (još nisam bio u penziji), jer ću svakako u penziju za par mjeseci. Tako i bi. Dočeka me brico iz neke zemlje sa bliskog Istoka, u izgužvanoj civilnoj garderobi koja je poodavno oprana pa se „čuje" onaj karakteristični vonj star nekoliko sedmica. Progovorismo samo dvije rečenice o šišanju, a onda on poprihvati mašinu i ošiša me, bez upotrebe makaza, za kraće od pet minuta. Uhvati me prpa da će me ošišati na nulu, a uskoro ću na Harisovu svadbu i želio bih biti koliko – toliko pristojno ošišan. Sjetih se rahmetli Zijada Kušmića i brzinskog šišanja mašinom. Sjetih se i nestručnih šišanja uz pomoć ćase na glavi, prava panika potraja čitavih četiri minute. Brico skloni onaj tuskavi prekrivač i „riječ dukat" reče: „Izvolite". Proklinjući moju škrtost i štedljivost digoh se sa neugledne stolice, platih penzionersku cijenu i izletih iz „salona" kao iz katapulta. Pogledah na sat, a ono minut do deset, a „salon" se otvara u deset. Možda onaj čovjek što me je pustio u salon pet-šest minuta ranije i nije bio pravi brico i to mu je bila prilika da ubije koji dinar, što kaže naš narod, prije nego što majstor dođe. Prolazeći kraj izloga pokušao sam vidjeti kako me je ošišao, ali sam bio u neizvjesnosti sve dok nisam stao pred ogledalo. Pa i nije bio totalni fiasko, izgledao sam kao dječačić iz osnovne škole, a kosa će ionako za dvije sedmice pokriti sve one praznine koje mi je brico iz jeftinog frizeraja svojim brzinskim šišanjem napravio. Pomislih, bože dragi, jadni penzioneri ako ih sve brice ovako šišaju i ne pitajući kako bi pokusni kunić želio da bude ošišan. Možda ću u nastavku života nastaviti sa šišanjima u provjerenim frizerajima, ako mi penzionerski budžet dozvoli. Na zdravlje šišanje!

Slučaj za promatranje

Analizirajući vlastiti život, zaista sam došao do zaključka da sam slučaj za promatranje. Prvo što odudara od normale: počeo raditi 1970. godine, otišao u penziju 2015., radio do svoje 67. godine i NIKADA, niti jednog jedinog dana nisam bio na bolovanju. Drugo, radio u mnogo različitih branši, a nikada nisam imao problema da nađem posao, niti sam posao dugo tražio. Prvi posao fizioterapeuta sam dobio na poziv dr. Rakića da odmah poslije završetka školske godine u Medicinskoj školi dođem i radim na Fizijatriji, drugi u „Kasim Hadžić" školi mi je ponudio direktor škole koji je bio moj pacijent, treći je bio privatluk kod Dževada Haznadara koji sam dobio odmah, bez problema, četvrti posao je bila vlastita firma „Elda tex" u Banjaluci, peti posao bolničara sam dobio u rekordnom vremenu u Švedskoj, odmah poslije završenog kursa švedskog jezika, šesti posao je bio privatluk, a firmu sam ja startao i u njoj sam obavljao fizioterapeutske usluge, sedmi posao sam dobio u Kriminalvordenu Švedske odmah poslije intervjua, osmi posao konsultanta sam dobio odmah poslije prijave na konkurs u Norrtelje komuni, deveti posao predškolkog pedagoga dobih odmah poslije prvog sastanka sa šeficom vrtića, deseti posao sam sam našao u Teby komuni gdje sam predao molbu, išao na intervju i odmah počeo raditi kao konsultant. U tom dođe penzija 1.9.2015. godine, ali „ne lezi vraže", odmah me počeše zvati da odradim pokoji dan u staroj firmi. Ali, ni ovde nije kraj mojim radnim odisejama i ilijadama. Starkica mi počela prigovarati da se boji da se ne ulijenim, da mi mozak ne zahrđa, pa da joj učinim po volji javih se na SFI (Svenska for invandrare) i ponudih moje penzionerske usluge, ako im zatreba predavač švedskog jezika, a rektorica, ni pet ni šest, upita: „Možeš li početi raditi sutra"? Ja onako frišak iz Hrvatske, šezdesetsedmogodišnjak, šta ću, kud ću, prihvatih i već slijedećeg dana počeh raditi na jedanaestom radnom mjestu moje podugačke karijere, računajući da će to biti sporadično, ponekad... Hoće vraga, već poslije desetak dana dadoše mi moju grupu studenata, računajući da ću ih ja dovesti do kraja kursa. Ponudiše mi da radim i poslijepodne, ali to ne prihvatih, jer smatram da bi bilo preveliko opterečenje. Tako sada radim 50%, a kada treba odradim pokoji dan u Teby komuni. Jedan mali kuriozitet: ni za jedan od ovih poslova NIKADA nisam koristio usluge Biroa za zapošljavanje, već sam sve poslove sam našao, sam ugovorio sve uslove, od plate, do radnog vremena. Ni to još nije kraj. Ima tu i političkog rada i sporta i rekreacije i sviranja kada zatreba i pisanja i lijepog života sa djecom, unucima i Starkicom. Kako god okrenem falio mi je jedan sat dnevno u cijelom mom životu, pa i sada u penzionerskom, i to za spavanje. Tako ti je to sa mojom penzijom. Radim mnogo više nego što sam radio prije penzionisanja, a koliko ću izdržati, čut će se. Pitam se da li ću ikada stići biti istinski penzioner u stilu: ustajem kada se naspavam, kafendišem kad god mi je ćeif, idem na utakmice, gledam TV do tri ujutru, popijem koju čašicu vinčeka, ili piva, papam Starkicine specijalitete, političke obaveze ispunjavam samo onda kad imam volje za to i sve u tom stilu do sudnjeg dana.

Zaboravih dvanaesti posao u Roden gimnaziji u Norrtelju...

Penzionersko-radni pozdrav iz Švedske!

Banjalučke uspomene

Uspomene su nešto što nam niko ne može oduzeti, nešto što nas prati do kraja života, nešto što pomaže da idemo dalje, nešto što nam pomaže da ne izgubimo kompas života, nešto što ucrtava stazu našeg života. Uspomene su sve to i još mnogo više...

Ja moje uspomene dijelim na pet perioda: 1. Djetinjstvo i mladalačko doba, 2. Zrelost do 1991. godine, 3. Mračno doba 1991.-1993., 4. Život u progonstvu, 5. Nastavak života slobodnog čovjeka u penzionerskom dobu.

Sve uspomene su ustvari dobro iskustvo ako ih čovjek iskoristi da u nastavku života ne ponavlja greške i iskoristi stečeno iskustvo za bolju budućnost.

Prvo zaljubljivanje

Poslije završenih četiri razreda u OŠ „Filip Macura" prešli smo u OŠ „Zmaj Jovan Jovanović" i došli u peti razred sa novim školskim drugovima. Meni je odmah zapela za oko jedna lijepa crnkica, koja je odmah postala moja velika simpatija.

Simpatisanje je trajalo sve do šestog razreda i ništa se nije desilo sve dok jednom nismo išli u kino „Palas" sa školom. Ja sam tom prilikom zauzeo mjesto i za moju crnkicu Senu i, gle čuda, Sena je pristala da sjedne kraj mene, a ja u sedmom nebu, ništa od filma nisam pratio, nego sam cijelo vrijeme planirao na koji bi način mogao fascinirati moju simpatiju. Tako sam došao na „izvanrednu" ideju da stavim ruku na naslon Senine stolice i poslije velikog prenemaganja, ja to i uradim. A Sena, kada je shvatila da moja ruka leži na naslonu njene stolice, demonstrativno okrene glavu i pogleda moju ruku, a ja velikom brzinom sklonim ruku kao da se ništa nije ni desilo. Poslije toga nesretnog događaja više ništa nije bilo kao prije. Sena me je ignorisala, ja sam patio, a poslije nekog vremena i žar moje velike prve „ljubavi" je splasnuo.

Tužne, meni drage uspomene

Nisam imao ni punih devet godina kada sam jednog dana poslije škole ušao u našu dnevnu sobu i na podu vidio našu mamu da leži, maramom podbrađena, nepomična. Scena koja mi se za sva vremena urezala u sjećanje. Onda je bila đenaza i nama djeci je bilo zabranjeno da idemo na posljednji ispraćaj. Mi smo ipak pratili đenazu na priličnoj udaljenosti. Kada se đenaza zaustavila u dvorištu

Ferhadije da klanja đenazu, nas dvojicu je Šemo uveo u kuhinju Munišove i Asimine slastičarne koja se nalazila sa zadnje strane Pašinicine kafane, na Haništu i dao nam po povelik fišek oraha. E te fišeke oraha i nas dvojicu na vratima Šemine kuhinje nikako ne mogu, a i ne želim da zaboravim. Svi dragi ljudi iz ove uspomene, osim mene i moga brata, su već odavno preselili na Ahiret, ali oni žive u mojim mislima i bit će samnom dok živim.

Šefka

Kolektiv „Kasim Hadžić" škole putuje autobusom za Pulu. U autobusu divan štimung. Negdje u kasnim satima priđem sjedištu drage kolegice Šefke, nastavnice njemačkog jezika, jedne fine dame koja ulijeva poštovanje svima onima koji sa njom stupe u kontakt. Ja znam da ona visoko cijeni staro kulturno naslijeđe i cijeli svoj život zasniva na najfinijim etičkim zakonima. Tako ja priđem Šefkinom sjedištu i upitam je: „Šefka, dozvoljavaš li da za tebe zapjevam jednu pjesmu"? „Naravno da dozvoljavam", odgovori Šefka iznenađena mojom iznenadnom ponudom. Onda ja zapjevan istihana:

„Kraj tanana šadrvana, gdje žubori voda živa,

Šetala se svakog dana sultanova kćerka mila"...

Nikada neću zaboraviti izraz lica moje drage kolegice i njene oči pune suza koje ona nije mogla zaustaviti, iako je to željela. Poslije mi se na svoj fini suzdržani način zahvalila na tom lijepom poklonu koji sam u pravom trenutku, od srca, podario upravo njoj. U autobusu je atmosfera bila nezaboravno romantična i tiha, a ova uspomena mi je zauvijek draga i svježa kao da se to juče dogodilo.

„Amori"

Bajka o Vokalno instrumentalnom sastavu „Amori" je trajala dugo, a meni upravo pade na pamet uspomena sa jednog koncerta u Novoj Gradišci. Mi se specijalno spremili za taj koncert koji nam je otvorio vrata za sva vremena u tom lijepom gradu u Hrvatskoj. Bilo je to u jednoj lijepoj kino dvorani, sa visokom pozornicom, lijepim ugodnim sjedištima i salom punom mlade raje, a posebno predivnih curica koje su nas cijelo vrijeme dok smo svirali, prosto gutale svojim zavodničkim očima. Sve je išlo po planu, a u sred koncerta smo imali pauzu i otišli u jednu prostoriju iza scene, da se malo odmorimo i pripremimo za nastavak koncerta. Onda se dogodilo nešto što se nikada ne zaboravlja: u prostoriju su nagrnule curice i počele nas ćopati, milovati, skidati nam čarape i raditi još mnogo štošta što i nije za pisanje. Mi smo bili totalno zatečeni, zabezeknuti i nespremni da adekvatno odgovorimo na sve te izazove i iznenađenja. Poslije povelike pauze, mi smo nastavili koncert i sve je bilo kako treba iako smo se mi osjećali kao vanzemaljci od sreće, a i od onog finog šoka koji su nam naše obožavateljke priredile.

Epilog svega ovog je bio: Bubnjar Zoran se poslije mnogo godina ponovo sreo sa jednom od onih obožavateljki u Kanadi i ZAMISLITE, oženio se. Moč uspomena je čudesna i neobjašnjiva...

Sjetih se jedne probe „Amora" u dvorišnoj kućici koja je ujedno bila i naš klub i naše mjesto probavanja i (ponekad i tajnih) sastajanja. Meni sad nije jasno kako smo se mi svi strpali u tu malu sobicu sa gitarama, pojačalima i bubnjevima. Zoran bubnjar, Zoran pjevač, Lazo basista, Đeđo i ja gitaristi se zajapurili uvježbavajući „Help" i još neke pjesme „Beatles-a", a u našem dvorištu u Omladinskoj ulici se skupio cijeli komšiluk i mnogi prolaznici. Da ne pretjeram, mislim da je u dvorištu bilo najmanje 60, a možda i više znatiželjnika koji su sa zadovoljstvom slušali kako dječaci praše tada najpopularnije hitove sa Radio Luxemburga. Mi pojačali do daske i dajemo sve od sebe, a masa svijeta aplaudira poslije svake pjesme. Taj osjećaj potpune ispunjenosti i zadovoljstva se malo kad u životu doživi, a mi smo eto imali privilegiju da to doživimo u našim dječačkim danima. To se ne zaboravlja, a muzička groznica me, evo i dan danas, trese kad god čujem, ili zasviram neku dobru pjesmu koja ispunjava moju dušu ranjenu. O svirkama u „Kasinu", možda neki drugi put.

Hafiz

Bravo Ahmete, to su prave priče. Samo nastavi što reče Sojtara. Kad već spomenu Radio Luxemburg imam jednu malo škakljivu, ali istinitu, anegdotu:

Ja u parku Petra Kočića sa trebom na klupi sjedim i malo vrtim po njenim lijepim grudima, a ona zbunjeno upita: „Šta to radiš"? A ja uzbuđen odgovori: „Tražim Luxemburg". A ona spusti ručicu dole i reče: „Slaba ti je antena"! Nakon dva-tri dana ja popravi antenu i nađe Luxemburg, i boga mi program je trajao oko tri mjeseca, dok ona nije promijenila frekvenciju. A ja nastavim sa antenom tražiti novi signal.

Nisam mogao odoljeti ovoj istinitoj, „škakljivoj" anegdoti kakvih su naši ljudi imali na stotine, pa je red da se poneka i zapiše. Život brzo prolazi, a uspomene ostaju vječno i treba ih prenijeti i mladim generacijama, pa da znaju kako smo mi stari imali lijep i zanimljiv život u našoj Banjaluci.

Evo i moj unuk Emil se nacalio i hoće da mu ispričam još pokoju priču iz te, njemu nepoznate, bivše Banjaluke, i iz te sada nepostojeće Jugoslavije.

Kasino

Pade mi na pamet „Kasino", a i obećao sam našem jaranu Miri Sojtariću...

Još kao dječaci ugovorili smo svirku u Kasinu, a imadosmo samo jedno pojačalo, dvije akustične gitare sa zalijepljenim magnetima i nekakvu staru basericu koju je Lazo negdje nabavio. Ako u ono jadno pojačalo uključimo sve tri gitare, nema mjesta za mikrofon. Šta da se radi??? A onda Lazo dođe do spasonosne ideje: u Kasinu je bio jedan stari radio aparat, te Lazo, spoji ritam gitaru na taj radio. To je funkcionisalo perfektno i čini mi se da smo najčistiji zvuk imali baš na toj gitari. Poslije je sve proteklo u najboljem redu, a da je ta svirka puno značila za našu raju, vidi se i po tome što i poslije miliom godina, naš Miro Sojtara i mnogi drugi nisu zaboravili, a vjerovatno nikada neće ni zaboraviti te večeri u našem Kasinu i prve pokušaje rock and roll-a u našem gradu.

Šukrija

Analizirajući svoj život konačno sam došao do jednog važnog otkriča. Ja sam se uvijek pitao zašto nikad u mom životu nisam istinski zavolio alkohol i došao sam do zaključka da mi je u tome mnogo pomogao Šukrija i njegova slastičarna, jer on je bio tamo kada je to meni najviše trebalo: za vrijeme moga djetinjstva i za vrijeme mojih „ludih" pubertetskih godina. Naime, ja sam uvijek bio poguzija i ludo volio sve što je slatko. Znao sam jesti med u saću cijelo vrijeme dok je amidža Mustafa vrcao med, sve dok mi ta draga tekučina nije pošla izlaziti na uši.

Zoran Šućur i ja smo redovno poslije naših svirki, sa našim prvim zarađenim parama išli na kolače kod Šukrije, a nikad u birtiju. Ja sam redovno naručio 5 dkg tahanhalve, kajmak baklavu i šampitu, a Zoran krempitu, tulumbu i šampitu. Onda je počinjao show.

Svi u gradu su znali da je naš Šukrija bio potvrd na ušima i svi su se šalili na njegov račun. Mi smo to radili na onaj pubertetski, nepristojni način koji čovjek upražnjava samo u pubertetu i nikad više. Dok smo maštrafili naše omiljene slatkiše i pijuckali najbolju bozu na svijetu, cijelo vrijeme smo glasno šaputali „Šukro, Šukrija"!!!, i to su svi u slastičarni čuli, osim Šukrije. Za sve vrijeme smo se previjali od smijeha i cerekali u onom dobro poznatom nepristojnom, pubertetskom stilu. Moram reći da smo se mi neograničeno zabavljali, ne pomišljajuči koliko je to bilo nepristojno i ružno prema našem dragom Šukriji. Onda bi u neko doba Šukrija, smatrajući da smo pojeli svoje kolače i da je bilo vrijeme da oslobodimo mjesto za druge goste, prilazio našem stolu i opominjao nas da je vrijeme da idemo kući. On nije ni sanjao kakve smo mi komične svinjarije radili cijelo vrijeme našeg boravka u našoj omiljenoj slastičarni. Bar to nije ničim pokazivao. Onda smo mi izlazili iz slastičarne i cijelo vrijeme uživali u sceni: Šukrija podbočen iza šanka, isprača nas pogledom i nema pojma šta se je posljednjih četrdesetak minuta odvijelo u njegovoj slastičarni.

Hvala ti, dragi Šukrija za te divne i nikad zaboravljene večeri, kolače, tahanhalvu i bozu. Sve to je eto meni u pubertetu pomoglo da ne zavolim alkohol. Kako tada, tako i sada, alkohol je za mene: jedna čaša dobrog vina, ili jedna flaša dobrog piva, uz dobru klopu. A poguzija ću biti sve dok ne osjetim da mi šećer ne počne izlaziti na uši.

Hvala ti Šukro na svemu što si značio za našu Banjaluku.

Pivo na Studencu Poslije napornog dana na Fizijatriji pojedoh na brzinu ručak i odmah odoh na

Studenac da se osvježim u našem najdražem Vrbasu. Ne stigoh se odmah okupati jer me pogled na pivo koje je Brko ostavio da se hladi u onom koritu u koji je tekla najstudenija voda iz našeg Studenca, zavede svojim zelenim, orošenim izgledom, te odlučih: prvo pivkan, a onda mala, pa šuplja, pa velika, pa leteća sedra naše najdraže plaže. Tako i bi, popih pivo, a njegova nektarska tekućina se razli po mojoj utrobi opravdavajući naziv „nektar" po kojem je banjalučko pivo dobilo svoje ime. Pomislih da ovo i jeste tekućina za bogove i utonuh u lagano utrnuto stanje u koje je čovjek mogao zapasti od samo jedne flaše ove čudesne, do savršenstva, ohlađene tekućine. To se moglo desiti samo na Studencu i nigdje više na svijetu: neko predivno stanje utrnulosti, ne pijanstva, i to mi se više nikada nije ponovilo. Osjećaj je trajao možda pola sata, a onda sam se bacio ispod šuplje i otplivao preko do velike i leteće. Kod leteće sedre sam neoprezno otvorio usta, a hladna voda Vrbasa koja je brzinom utekla u mene, mi je samo popravila utisak onog našeg pivkana iz studene vode Studenca. Taj osjećaj me evo i danas prati, a prošlo je najmanje dvadesetak godina od tada. Vjerovatno da to nikada neću ni zaboraviti.

Sabs-bl

Dragi moj Acke, to da si ti i bio i ostao poguzija, ja to najbolje znam. Sjećam se scene od prije nekih tridesetak i nešto godina, krenuo si na svirku, pomalo čak i kasniš, stojiš na vratima i s čežnjom i nestrpljenjem čekaš da Dado popije svoju flašicu sa papicom... I onda, BINGO! Ostalo je malo papice i Mirza ti bez i jedne riječi dodaje flašicu koju ti, onako u cugu, završavaš sa neskrivenim zadovolj-stvom... To je bio već utvrđeni ritual, Dado nikad nije imao prilike jesti bajatu papicu, nego zahvaljujući tebi, uvijek friško spremljenu... Eh, divna sjećanja na ono mirno i bezbrižno življenje.

Svirke na Cresu

Već me je uhvatio pandrc pred godišnji odmor i putovanje na Cres, pa se sjetih sretnih dana kada smo svirali tamo, ne samo jednog ljeta. Svi smo radili u prosveti i svirke na Cresu su nam bile višestruka dobit: plata iz škole i gaža na moru, more, sunce, preplanule bikini ljepotice, italijanska kuhinja, „Vino i gitare". Šta čovjeku treba više u životu. I sve to je trajalo puna dva mjeseca.

Mi počinjemo instrumentale, a na pučini se ljuljuškaju jahte koje polako počinju paliti svoje svjetiljke koje se odsijavaju na plavoj vodi najljepšeg mora na svijetu. Da ne spominjem zalazak sunca za Istru i one crveno, narandžasto, žute odsjaje u vodi i glasove posljednjih kupača koji koriste magične prevečernje trenutke da se bace u onu smaragdnu vodu koja je najbolja baš u tim trenucima. Te trenutke moja sentimentalna duša pamti kao vrhunac ljepote i najproduhovljenijih osjećaja koje ljudsko biće može doživjeti. Takvih egzotičnih trenutaka se čovjek sjeća sa sjetom, jer život nam većinom nudi nešto drugo.

O feštama na Cresu možda nekom drugom prilikom.

Svirka u „Neretvi"

Sinošnja svirka u BH društvu „Neretva" u Stockholmu me podsjeti na sve one fine svirke za svoju dušu sa jaranima u „Pelagiću". Tamburaš Sudo, gitarista Enes, klavijaturista Vedo i basista moja malenkost smo do kasnih (ili ranih) sati svirali za raju koja zna šta je dobra muzika i šta je dobro druženje i uživancija. Mi razvalili sve one naše najbolje starogradske i narodne, a onda mlađani Vedo uz našu pomoć razvali nešto modernije i žešće na svome sintu i tako sve do dva ujutru. Što je najinteresantnije, niko se nije umorio, a nasvirali se do mile volje. E isto tako mi je bilo svaki put kada smo feštali u „Pelagiću". Sviraš do besvijesti, nema nikakve love, a duša ti puna neke miline koju čovjek ne može tako lako osjećati na profesionalnim svirkama za gažu.

Bi mi drago da me sve to još uvijek drži, ali ko zna, možda će moja duša biti mlada do posljednjeg daha. Nadam se da će biti tako, a ako ne bude, nikom ništa, ujeo vuk magarca, a mi furamo dalje u nove avanture.

Prvi televizor

Prije pedesetak i kusur godina gledasmo Miju i Čkalju na jedinom televizoru u našem dijelu grada. Znalo nas se skupiti stotinjak, a možda i više u onom našem malom Kasinu i gledati te nezaboravne epizode iz doživljaja naših nezaboravnih komičara. Često je bilo nemoguće nešto vidjeti sa onog malog ekrana, ali mi smo tamo redovno išli sve dok jednog dana ne stiže prvi televizor i na naše Čaire. Od tada smo se redovno skupljali kod amidže Mustafe i gledali naše omiljene programe. I ovdje nas je većinom bilo toliko da smo sjedili na svim mogućim i nemogućim mjestima: na kauču, stolicama, podu, pod stolom, na stolu, na krilu, na naslonu kauča, na pragu otvorenih vrata...

Tako jednom prilikom mog Ibru zapade „izvanredno" mjesto na stolu. To nije bio neki niski sto kakvi su u dnevnim sobama, to je bio visoki kuhinjski sto koji se nalazio u čošku male dnevne sobe, vjerovatno unaprijed predviđen da neko na njemu može sjediti kad se sva mjesta popune. Tako ti moj Ibro gledao program sa stola i svi mi u sobi smo bili totalno preokupirani programom, kad nas iz naše omamljenosti televizijom šokira neugodni zvuk koji je podsjećao na zemljotres kombinovan sa tupim udarom nečega što je palo sa velike visine na goli pod. Mi se svi zaprepašteno okrenusmo prema izvoru tog zastrašujućeg zvuka, kad tamo, naš Ibro se dočekao na ruke na podu, a noge mu još uvijek na visokom stolu. Oči mu razrogačene od iznenađenja i zaprepaštenja. Scena je ostala nezaboravna za sva vremena i sigurno bi izvanredno sjela u nekom dobrom porodičnom filmu. Ibro je bio zaspao na stolu i strovalio se na pod. Njemu je sve to bilo kao najružniji san, a mi u sobi smo se zakocenili od smijeha, jer scena je bila ravna svim onim Mijinim i Čkaljinim ludorijama koje smo tih godina gledali na našoj TV.

Gimnastika u SD Partizan

Divne večeri koje sam proveo u Partizanu trenirajući gimnastiku mi naviru u sjećanje i vrijedne su da se zabilježe.

Ja sam bio dječak koji poslije igranja fudbala, sa svojim snažnim, mišićavim i kratkim nogama nije bio baš predodređen za postizanje velikih uspjeha u gimnastici, ali sam sa uživanjem trenirao i ipak bio uvršten u ekipu Partizana (drugi razred omladinaca) koja je na republičkom takmičenju u Sarajevu osvojila treće mjesto. Bio je to prilično veliki uspjeh banjalučke gimnastike na kojem sam ja doživio i jedno veliko razočarenje. Svi mi u ekipi smo bili podjednaki što se kvaliteta tiče i u posljednjem trenutku me je naš prednjak i trener Munib Maglajlić izvadio iz ekipe i stavio kao prvu rezervu. Dakle, bio sam tamo, sjedio na klupi, ali nisam se takmičio. Osjećao sam da nisam bio lošiji od ostalih, a eto sjedio sam na klupi. Poslije sam nastavio trenirati i mnogo toga dobrog smo naučili od našeg trenera Muniba: disciplina, ustrajnost, drugarstvo, tvrdoglavost da se postignu i nedostižne stvari... Dobro razvijeni mišići koje sam   dobio zahvaljujući gimnastici mi i dan danas pomažu da održavam zdravo tijelo, a trbušnjaci ne dozvoljavaju da se salo naslaže i gdje treba i gdje ne treba. „U zdravom tijelu zdrav duh" to se upravo meni desilo zahvaljujući gimnastici.

Da se prestanem hvaliti opisat ću jedan događaj koji je prekinuo moje snove da ću nekad postati odličan gimnastičar. Na jednom treningu sam vježbajući na vratilu neobjašnjivo ispustio šipku vratila, jednostavno su mi se prsti otvorili i ja sam pao u „zanošci" oko 6 metara unazad. Koljena su mi udarila u parket, a rukama sam se dočekao na strunjaču. Nisam ništa slomio i nisam se povrijedio, ali sam za sva vremena izgubio samopouzdanje na toj spravi koju sam neizmjerno volio. Od tada sam počeo da razmišljam o napuštanju gimnastike i tako je i bilo. Jedan divni dio života u gimnastičkoj dvorani je bio završen, a ja sam se počeo intenzivnije baviti muzikom i nije mi bilo krivo, jer mi je i svijet muzike priredio mnogo divnih i nezaboravnih životnih radosti.

Svadba

Svakog 8. jula proslavljamo godišnjicu našeg braka na Cresu, a misli mi se vratiše u Banjaluku, u Omladinsku ulicu i našu svadbu 1972. godine.

Prvo vjenčanje u Opštini, a onda se sva ona gungula svatova zaputila u Omladinsku ulicu. Ne znam koliko je auta bilo, ni koliko je zvanica bilo, jer sam cijelo vrijeme bio u nekom polusvjesnom omamljujućem stanju. Sreća, moja draga voljena ženica, mnogo razdraganih prijatelja, sretni rođaci, pripreme za ovaj veliki događaj, sve to je na mene uticalo kao omamljujuće sredstvo i kretao sam se kao zombi, omamljen i izgubljen od sreće. A došao sam na odsustvo iz armije, da oženim moju dragu crnkicu i nisam bio psihički spreman na sve peripetije koje se dešavaju u takvim sretnim prilikama.

A onda svadba u bašti i u dvorištu naše kuće koji su u dva nivoa: bašta gore, a dvorište dole. Svi gosti došli i zauzeli mjesta i na gornjoj „galeriji" i dole u „parteru". Do tada nisam bio ni svjestan koliko sam divnih prijatelja imao u našoj voljenoj Banjaluci: rodbina, raja iz komšiluka, školski drugovi, raja s posla, raja iz grada, raja iz „Masleše", najdraža raja iz „Pelagića", muzičari, folkloraši, recitatori... Ja nisam imao problema sa orkestrom. Došla su tri: tamburaši, narodnjaci i zabavnjaci. Urnebes je trajao najmanje do tri ujutru, a onda je došao još jedan neplanirani orkestar: Surić je doveo svoju tezgu sa svirke i oni su štepali do zore, a ostali bi i duže da su imali snage. Ne mogu da spomenem sva draga imena, jer bi to zauzelo jednu A4 stranicu, a opet bi sigurno mnoge zaboravio. Sutradan smo moja crnkica i ja put pod noge, pa na naš voljeni Cres. Evo taj san još uvijek traje, a planiramo da to bude „Odavde do vječnosti".

Nesreća na obroncima Šehitluka

Ovu uspomenu posvećujem mome školskom drugu i dugogodišnjem prijatelju Rasimu Habuli i našoj učiteljici, predivnoj dami i humanisti Dani Karajkov koja nas je učila prve četiri godine našeg školskog života. Cijela škola „Filip Macura" je tog dana išla na izlet, a stacionirali smo se na obroncima Šehitluka, na jednu prekrasnu livadu, negdje u Sitarima, uz put do Gornjeg Šehera, neposredno iza kuće starih Banjalučana Bajagilovića. Kao i uvijek na izletima: graja, veseli cvrkut djece, igre, teferičenje na prostrtim dekama uz, kod kuće pripremljene, sendviče, sokove, a učiteljice nasuše kafu iz termosa. Prava izletnička idila, kad iznenada, kao grom iz vedra neba, prolomi se strahovit krik djece i opšta bježanija sa jedne kosine koja je bila uz samu livadu na kojoj smo mi svi bili. Nastade metež i niko u početku nije znao šta se to događalo. Onda smo svi vidjeli našeg školskog druga Rasima kako beznadežno trči ispred jednog razjarenog konja koji je bio mnogo brži i koji je na kraju sustigao Rasima i počeo da ga gazi i udara svojim tvrdim kopitama. Rasim se šćućurio pod razjarenim konjem i to je trajalo sve dok neko nije otjerao konja i u posljednji čas spasio našeg druga od sigurne smrti. Nikad neću zaboraviti scenu u kojoj Rasim leži u krvi, a niko od zaprepaštenosti ne zna kako da mu pomogne. Na kraju je Rasim prebačen u Hitnu, a na ovaj nemili događaj ga i dan danas podsjeća povelik ožiljak na čelu koji će nositi dok živi. Izlet toga dana je definitivno bio prekinut sa gorkim osjećajem tuge i bespomoćnosti što našem Rasimu nismo mogli olakšati patnje kojima je bio izložen toga nesternog dana.

Maskenbal u Kabareu

Slušam „Abbu" na švedskom radiju i ne znam zašto, padoše mi na pamet „Dubrovački trubaduri" i njihova pjesma „Ulicama našeg grada trubaduri pjevaju". Onda mi misli odlutaše ka „Kabareu" Banjalučkog pozorišta i jednom od najpoznatijih Banjalučana toga vremena Slavku Zamoli koji je u to vrijeme bio alfa i omega „Kabarea" i njegovog restorana. A onda mi sinu u glavi zašto ja sve ove podatke povezujem. Naime, bilo je jednom davno vrijeme maskenbala u Kabareu i naš sastav „Amori" je jedne davne godine imao tu čast da svira na maskenbalu. Mi smo iznajmili trubadurske odore kod teta Micike u pozorištu i na ovoj velikoj fešti banjalučkog kulturnog establišmenta smo bili tako lijepo i romantično odjeveni da mi je strašno žao što nismo snimili ni jednu sliku sa tog predivnog događaja. Do tada nisam ni znao kako se banjalučka elita zabavlja na svojim feštama. Bilo je veselo, ludo, pijano, egzotično, boemski, a sve to zajedno zamotano u romantičnu muziku „Dubrovačkih trubadura iz naše Banjaluke", kako su nas „Amore" poslije maskenbala nazvali u tim krugovima društva koji su se kretali oko pozorišta i Kabarea. Nama je to dakako imponovalo i pomalo nam odredilo jedan srednji put u rock muzici: bliži „Beatlesima", nego „Rolling stonesima".

Dan poslije ove lude i nezaboravne noći smo imali svirku u „Čajavecu" i za tu priliku smo naravno obukli „naše" trubadurske odore i još jednom osjetili onaj poznati šmek zadovoljstva koji čovjek osjeća kada mu se nešto neuobičajeno i lijepo desi u životu. Još jedna nezaboravna noć sa drugačijom, mlađom rajom

koja ne ide na maskenbale, već na ples i koncerte. Te večeri smo napravili i neko-
liko snimaka na kojima su svi bili u trubadurskoj odori, osim mene koji sam se,
iz nekog bezveznog razloga, presvukao u svoju odjeću. Da sam znao koliko će mi
poslije biti žao što nisam bio obučen kao i svi drugi članovi benda... A razlog je
bio toliko beznačajan da ga se ja, ni pored najbolje volje, ne mogu sjetiti. Poslije
mi je Co poslao jednu sliku sa te svirke gdje smo on, ja i Željo Kosanović u truba-
durskim odorama uhvaćeni u jednom trenutku na sceni, tako da imam jednu
trubadursku sliku sa perikom i svim ostalim rekvizitima.

Ta vremena „Dubrovačkih trubadura" su nama iz te generacije duboko urezana u
sjećanje i mi ih želimo zadržati u našoj duši dok smo živi.

Miris kafe iz Pašinicine kafane na Haništu

Pijem kafu već u šest sati ujutru i nije mi jasno da mi prije ne pade na pamet
uspomena na Pašinicinu kafanu na Haništu. Ova uspomena je stara šezdesetak
godina, a egzotični miris kafe iz Pašinicine kafane je uvijek, ama baš uvijek,
prisutan u mojim nozdrvama i u cijelom mom nervnom sistemu. Ja sam najbolji
dokaz da je kafa prava droga i milion puta sam se pitao šta bi ja radio sa mojom
ovisnosti o kafi kada bi ona postala ZABRANJENA droga. Tako sam inficiran da
mislim da bih presvisnuo kada bi mi neko zabranio kafu. I to ne bilo kakvu
kafu: najjaču moguču kuhanu u džezvi, sa svim onim prekrasnim mozaičnim
kajmakom koji se uzdiže u džezvi prije nego što ga zalijemo ključalom vodom.
Moja sreća je da sam naučio da tu divnu žestinu ublažim sa malo ukajmačenog
mlijeka, pa evo poslije pedesetpetogodišnjeg uživanja, nemam nikakvih zdrav-
stvenih posljedica od te moje „loše" navike. Stomak, srce, krvni sudovi i sve ostalo
reaguju na ovaj dražesni napitak bez ikakvih problema, tako da se nadam da ću
ovako nastaviti dok živim. A sve je počelo u Pašinicinoj kafani...

Još dok smo bili veoma mali, brat i ja smo često ulazili u tu kafanu da bi našeg
tatu opomenuli da je vrijeme da ide kući na ručak. Mi uđemo, a sa vrata nas za-
pahne najgušći duhanski dim koji se tamo uvijek mogao rezati nožem. Ali mi se
odmah uputimo u desni čošak gdje se TUCALA, a ne mljela, tek, u velikim pržnje-
vima, na žeravici, popržena kafa. Mi, mali dječaci, se latimo velike željezne štange
i počnemo tucati kafu u velikom havanu. A onda se u onom smradu cigarskog
dima raširi onaj čudesni miris tek popržene i istucane kafe. Taj miris me drži još
uvijek, tako da uvijek kupujem najbolje poprženu kafu u zrnu, onda je meljem
kod kuće, a poslije ja i moja hanuma zasjednemo kao u stara dobra vremena
„ORILO – GORILO", što kaže naš narod. To naše kafendisanje nam pomaže da nam
svaki dan bude sretniji i lakši, bez obzira na sve obaveze.

Hvala ti draga rodice Pašinice što si mi omogućila da udahnem onaj predivni miris i da za sva vremena zavolim ovaj čudesni napitak.

Basamaci

Da nebi pisao samo o svojim dobrim osobinama, moram priznati da i ja, kao i većina ljudi na kugli zemaljskoj, imam i svojih fora zbog kojih se ponekad i stidim. Tako mi padoše na pamet dva događaja iz najranijeg djetinjstva, pa da ih pokušam opisati.

U našoj staroj porodičnoj kući na Čairama smo imali unutrašnje stepenice koje smo svi u to vrijeme zvali basamaci. Tako jednog dana kad nikog odraslog nije bilo kod kuće odličih da moram isprobati te naše basamake. Legnem na najviši basamak i polako se počnem kotrljati: dum...dum...dum..., a onda sve brže i brže: dum. dum. dum. i na kraju tresnuh punom žestinom na betonsku ploču gdje su se basamaci završavali: zviiiiiiiz!!! Sav ugruvan i u modricama popnem se uz basamake i mome godinu i po dana mlađem bratu kažem da je veoma lijepo kotrljati se niz basamake. O bolovima i udarcima ne kažem ništa. Onda moj brat legne na najgornji basamak i skotrlja se na isti način kao što sam i ja učinio, samo što on onako izubijan i izlomljen briznu u plač i kriknu prema meni: „Prevario si me, nije uopšte lijepo kotrljati se niz basamake"!

Ili jednom drugom prilikom nagovorim ja moga brata da je lijepo udarati štapom po amidžinim košnicama i pčelama koje je naš amidža imao u bašti. A moj brat, ni pet, ni šest, uzme štap i počne udarati po košnici i pčelama. Kada ga je zaganjao roj pomahnitalih pčela, on plačući u strahu pobježe u kuću, a meni prigovori: „Nije lijepo udarati pčele, zašto si me nagovorio na to"?

To se desilo prije milion godina, ali mi je za sva vremena ostalo u sjećanju. Nisam nikada zamolio brata da mi oprosti za te moje zločaste ludorije, a trebao sam...

Bosanski lonac – cripulja

Već duže vremena nam je na um palo da nam je skuhati kelj na onaj naš   bosanski način i kada u subotu ugledasmo kelj u prodavnici obradovasmo se na samu pomisao da ćemo jesti to omiljeno bosansko jelo. Kada dođoh sa fudbalske utakmice koju je naš lokalni tim pobijedio, u hodniku me zapahnu čudesni miris cripulje i pomislih da se to moja Starkice predomislila i ostavila kelj za drugi put. Ali nije bilo tako. Ona je samo odlučila da kelj pripremi sa dvije vrste mesa (jagnjetina sa Gotlanda i juneća prsa), krompir, bijeli i crveni luk i sve vrste povrća i mirođija koje se stavljaju u cripulju. Pa kada se je sve to iskrčkalo oko dva-tri sata, meso se razbolilo po rajnici, kelj se istopio, a sve mirođije sjele na svoje mjesto, to se više nije moglo smatrati keljom, miris i ukus su bili najsavršeniji bosanski lonac, ili cripulja, kako su to jelo zvali naši stari. Onda sjednemo i pojedemo u slast svako svoj pretrpani tanjir tog đenetskog jela. A ja, s vremena na vrijeme, najiskrenije uzviknem: „Alahu egber". Nisam religiozan, ali sam ovom prilikom osjetio da moram spomenuti Alaha i uradio sam to od srca više puta, uz naklon tom predivnom ručku. Bože moj, koliko puta smo jeli ovu cripulju u našoj Banjaluci i nikada nismo bili svjesni da je to stvarni vrhunac svjetske kuhinje. Kada bi Šveđani znali koji je to ukus i koji je to osjećaj poslije ovog gurmanluka, svi bi nas pitali za recept. Jer oni vole lijepo pojesti, ali ne znaju pripremiti.

Pišući ovu odu cripulji izgladnih, a i vrijeme je za „lunch". Šta mislite šta imam za „lunch"? CRIPULJA OD PREKJUČE PODGRIJANA U MIKROVALNOJ.

Večeri sa prijateljima

Bilo je to krajem osamdesetih godina. Zlaja, njegova supruga Ljubica, Slobodan i njegova Živana, Starkica i ja smo se svake druge subote okupljali kod jednog od nas i priređivali divne večeri uz najbolju klopu, ugodne razgovore, pjesmu, malo vinčeka, ili piva i puno prijateljstva. Nikad nam nije bilo dosadno i uživali smo maksimalno, a svi smo nastojali da budemo najbolji domaćini i ugostimo svoje prijatelje što bolje znamo. Prijateljstva su se nastavljala i u drugim prilikama kada bi se susreli i popili kaficu, kolu, ili pivkana prije ručka. Sve je izgledalo da ćemo tako nastaviti sve dok živimo, a onda se odjednom sve pokvarilo kada je Slobodan počeo sa oduševljenjem pričati o koridorima, Brčkom i „zaštićenom" putu do Beograda. Mi smo se tome u početku smijali objašnjavajući Slobodanu da nam nikakvi koridori nisu potrebni jer već imamo dobar autoput do Beograda, pa možemo sjesti u neko od naših auta i otići u Beograd kad god želimo. Ali Slobodan se stalno vraćao na teoriju koridora. Na kraju su naša druženja naprasno prekinuta jer smo svi shvatili da od prijateljskog ubjeđivanja nema ništa i da nas život neumitno vodi u različitim pravcima. Slobodanov izbor je bila ona teorija o odvajanjima i koridorima, a Zlaja i ja smo po svaku cijenu pokušavali zadržati ono nemoguće: prijateljstvo i zajednički život. Poslije naše posljednje večeri zajedno više nikada nisam vidio Slobodana i pojma nemam šta se je sa njim dogodilo u ratnom vihoru. Sa Zlajom sam se čuo dok je bio u progonstvu u Njemačkoj. Poslije se izgleda vratio u Banjaluku jer se nikako nije mogao uklopiti u onaj izbjeglički život, a onda sam čuo užasnu vijest da je moj veliki prijatelj Zlaja Jakić preminuo. Pokoj mu duši i neka mu je laka banjalučka zemljica. Pitam se da li je Slobodan shvatio koliko je ona teorija koridora bila glupa, nepotrebna i pogubna za sve nas. Mogli smo biti prijatelji za cijeli život, ali on je odabrao nešto drugo.

Priča o dobrom čovjeku

Uspomena na Facu, dobrog prijatelja, ne samo da ne blijedi, ona se svakim danom, svakom godinom pojačava, iako nikada nisam bio svjestan da će mi se baš on tako duboko urezati u moj spomenar ljudskosti.

Tih, nenametljiv, ozbiljan, prividno smrknut dok ga čovjek malo bliže ne upozna. A onda eksplodira njegov smisao za humor i šalu. Upoznali smo se u Pelagiću prije milion godina. Pjevao je Himzine pjesme na originalan, Himzin način: sjetno, tiho, osjećajno, iz dubine duše. Momkovali smo zajedno i svirali na mnogo koncerata i turneja Pelagića. A onda smo svirali zajedno i na nekoliko svirki za novac, iako on nije bio baš zainteresovan za profesionalno bavljenje muzikom. Nikada neću zaboraviti jednu novogodišnju svirku u Derventi, kada smo poslije svirke dobili samo jednu sobu i tu smo prespavali svi, zajedno sa suprugama. I nije nam bilo tijesno: „kuća nije tijesna, kad čeljad nije bijesna". Onda dođoše one zločudne devedesete. Kada sam postao „građanin van zakona", zato što sam odbio da idem u neprijateljsku vojsku, e i tada mi je moj prijatelj Faca pomogao. On je našao spas u BSK-u, biciklističkom klubu, u ulici Avde Karabegovića. I on je, iako pravoslavac, odbio da ide u neprijateljsku vojsku, tako da ni on nije bio u boljem položaju od mene. Popravljajući bicikle, krao je bogu dane i čekao da se ludilo završi, pa da opet počnemo sve iz početka. Ja sam takođe našao spas u klubu, kojeg „crveni kombi" nije počastio svojom posjetom. Ludilo se nije završilo, pa je i on i cijela njegova porodica jednog dana „nestao". Mi prijatelji smo znali da je otputovao u izbjeglištvo, a za dušmane je bilo dovoljno reći „nestao". Kad se sjetim njegovih komentara na one cirkusante koji su prolazili kamionima ulicom Avde Karabegovića, goli do pojasa i sa ogromnim kamama mahnito mahali oko sebe, sa izrazom lica poludjelih ubica. Facini komentari su nama „vanzakoncima" pomagali da lakše svarimo te zvjerske porive, tih mladih izluđenih i izgubljenih ljudi.

Dragi moj Faca, ako ikada pročitaš ovu moju uspomenu, javi se, napiši nekoliko riječi, a onda ću ti se ja javiti i siguran sam da ćemo se onda sresti, ma gdje u ovoj božijoj bašti bili.

Fudbalske utakmive našeg Borca

Sjećanja na fudbalske utakmice iz najranijeg djetinjstva su još uvijek svježe iako datiraju iz ranih pedesetih godina prošlog stoljeća. Na utakmice sam uvijek išao sa Akom (mojim ocem) i sa njegovim prijateljem Ismetom Grabovcem. Uživao sam u mirisu zelene njegovane engleske trave koja je bila najzelenija i najljepša baš na Gradskom stadionu u Banjaluci. Tako sam ja to zamišljao u mojoj dječačkoj glavici. A atmosfera na stadionu je bila nešto što ja nikako ne mogu opisati. Jednostavno, osjećao sam se i zadovoljan i sretan i ponosan i sudionik nečeg velikog. Ta sreća da si dio nečeg velikog i važnog je nešto što može držati čovjeka u toku cijelog života. Mi smo sjedili na tribinama gdje se navijalo na onaj mirniji i više teatarski način: aplauz, navijanje bez onih poznatih primitivnih uzvika koji su se čuli sa stajanja. Radost pobjede i tuga poraza se svaki put odživjela intenzivno, a onda za četrnaest dana, sve iz početka. Borac je bio voljen kao nešto najrođenije, a u Banjaluci se najčešće igrao fudbal visokog kvaliteta, bez obzira da li se radilo o drugoj ligi, kvalifikacijama, ili prvoj ligi. Spomenut ću neke fudbalere čijih imena se uvijek rado sjećam: Knez, Kasumović, Jantoljak, Pelc, Zelenika, Švraka, Kušmić, Vezmar, Kovačević, Hune...

Na stadionu sam prvi put u životu doživio i jedan zdravstveni fenomen. Bili smo na stajanju jer nismo mogli nabaviti kartu za tribine i poslije nekog vremena ja se umorim i čučnem. U tom čučećem položaju sam bio dosta dugo i kada sam naglo ustao, zamračilo mi se pred očima. I eto tada sam shvatio da nije dobro čučati predugo, jer se krv slije u noge i zbog nedostatka krvi u glavi, dolazi do nesvjestice. To saznanje u ranim godinama moga života mi je pomoglo da više nikada ne dođem u takvu situaciju. Eto i to mi je poklonio moj Borac i moj Gradski stadion u Banjaluci.

Boza

Ovo je uspomena na sve one lijepe trenutke koje sam proveo kod Muniša, Šukrije, Enesa, i Rahmana. Već sam pisao o svojoj velikoj ljubavi prema tahan halvi, grčkim baklavama, kajmak baklavama, šampitama i krempitama, a zaboravio sam onaj preuzvišeni završetak svakog tog uživanja: boza, ili špricer da se saperu sve one rajske ljepote koje sam sa uživanjem gutao bar dva-tri puta sedmično. Taj rajski napitak mi je toliko falio kada god sam se nalazio van našeg grada, jer ni boza nije u svakom gradu i u svakoj slastičarni ista. Svaki od ovih naših majstora slastičara je imao drugačiji ukus boze. Munišova boza je bila izvanredna, malo kiselija od Šukrijine i Enesove, a Rahmanova boza je dobro sjedala poslije tahan halve i kajmak baklave. Sve ove boze su mijenjale ukus kada se pomiješaju sa limunadom, a špricer je bio najbolji kod Šukrije i Enesa. Čak sam i strinu Munifu par puta ubijedio da napravi bozu i vjerujte da je ona to dobro napravila od kukuruznog brašna koje se pomiješa sa germom i neko vrijeme odstoji da dođe do vrenja. Ukus je bio sasvim zadovoljavajući i uživanje je bilo potpuno.

Ovi fantastični napitci su mi strašno falili u Švedskoj preko deset godina, a onda BINGO!!! Pronašao sam dostojnu zamjenu za moje omiljene napitke. U posljednje vrijeme su u Švedskoj počeli proizvoditi PROVIVU sa raznim ukusima voća. Jedan od tih napitaka PROVIVA je sa ukusom manga. E ta PROVIVA MANGO potpuno podsjeća, ne baš na bozu, ali čovjek ima utisak da pije Šukrijin špricer. Ako dođete u priliku da probate taj divni napitak, sami ćete se uvjeriti.

Keten halva

U našoj porodici smo tu halvu zvali „keten halva", a čuo sam da je neki još zovu „ćeten halva". Taj slatki kućni proizvod nisam nikad vidio ni u jednoj slastičarni, bar u onom obliku i ukusu koji sam zapamtio u našoj porodici. Majka Vasva i dido Abdulah su stanovali u Potoku, u ulici Fahreta Dedića, u podnožju Orlovca, brda na kojem sam bio samo jednom i koje mi se , kao malom trogodišnjem dječaku, urezalo u pamćenje kao mistično i pomalo jezovito mjesto. Mi smo sa Čaira često išli majki i didi, ali se nismo igrali sa potočkom rajom, jer nam je bilo prelijepo u dvorištu i bašti sa povrćem i pritkama uz koje se verao grah sa svojim tankim zelenim grančicama, a miris paradajza nas mamio svojim divnim crvenim plodovima.

Tako mi jednom odemo sa roditeljima do dide i majke, a tamo se skupila skoro cijela rodbina i užurbano su se vršile pripreme za pravljenje keten halve. To je bila prva i jedina prilika u mom životu da vidim kako se to radi. Na žalost, zapamtio sam veoma malo. Znam da su upotrebljavali puno šećera i brašna i do iznemoglosti razvlačili duge pletenice te mase. Onda smo svi dobili po komad te specijalne halve koja se nama djeci jako svidjela i koju smo mi u slast pojeli ganjajući se po didinim i majkinim sobama, plašeći jedno drugo u mraku i izmišljajući razne ludorije koje su nama bile jako interesantne, a odraslima išle strašno na živce. Kako tada, više nikada nisam jeo keten halvu i prava je šteta da nas djecu niko nije naučio kako se pravi ta halva, tako da će ta stara tradicija okupljanja cijelih porodica i pravljenja keten halve potpuno nestati.

Dobra vam noć prijatelji

Moj Štefko i moj Predrag... Bili smo zajedno još prije školskih dana. Onda zajedno prvi školski dani u OŠ „Filip Macura", zajedno smo pelcovani, zajedno smo nosili naše otečene vakcinisane ruke, zajedno smo dobili prve ocjene u školi, zajedno smo išli na školske izlete, zajedno se igrali prije i poslije škole, zajedno smo uočili ljepotu naših prvih simpatija u OŠ „Zmaj Jovan Jovanović", zajedno smo probali naša prva piva, pa onda vino, pa šeri brendi, pa konjak, pa lozu, zajedno smo momkovali i prijateljevali svih onih lijepih godina, zajedno smo zbarili naše prve Čehinje u Puli, zajedno smo se zaljubljivali u naše buduće supruge i provodili divne sate u Kafeteriji „Standard konfekcije", zajedno smo, kao dupli kumovi, stali pred oltar na našim venčanjima, zajedno smo bili i kao sredovječni ljudi u našoj Banjaluci. A onda, neki u mozak hendikepirani glupani sve to pokvariše godina devedesetih.

Moji prijatelji Štefko i Predrag ostadoše, a ja odoh u neizvjesnost...

Predraga više nikada nisam sreo, sa Štefkom komuniciram preko telefona i nadam se da ćemo se poslije 25 godina ponovo sresti na nekom neutralnom terenu, daleko od voljene Banjaluke.

Pitam se šta je ovo: ŽAL ZA MLADOŠĆU, ODA PRIJATELJSTVU, ILI OSUDA LJUDSKE GLUPOSTI???

Kesteni

Kestendžije i njihovi pečeni kesteni su nešto što nema nigdje na Zapadu i što mi istinski nedostaje. U vrijeme ekoloških previranja i pokušaja ispravljanja svih onih ekoloških svinjarija koje je čovjek počinio prema našoj jedinoj prirodi, nestala je zauvijek i moja nada da ću opet moći uživati u čarobnom ukusu pečenih kestena koje smo svake večeri konzumirali u oktobru i novembru. Borci za čistu ekologiju bi način pečenja kestena koji su primjenjivale naše kestendžije nazvali primitivnim strahovitim zagađivanjem čovjekove sredine, prljavom tehnologijom koja bi se morala zabraniti. Sa takvim mišljenjem se i ja slažem, ali to mi ne pomaže da zaboravim sve one večeri totalnog uživanja u tim slatkim pečenim kestenima. Poslije su ti ruke crne kao u dimnjačara. Mnogi su ljupinu jednostavno bacali po trotoarima, kinima i mnogim drugim mjestima po gradu, ali ništa ti to ne znači, jer si upravo jeo najukusniji slatkiš na svijetu. A kestendžije imale otvorene svoje kioske i poslije najkasnijih kino predstava i poslije svirki i poslije randesa i poslije proba u Pelagiću. I prije tih kioska je bilo nekoliko pečenjara koji su na najprimitivniji način frigali kestene, a oni bili jednako ukusni. Nikada kod kuće nismo mogli pojesti tako slatke, čudesno ukusne kestene, ma šta radili: ako ih skuhaš, nije to ni blizu to, ako ih malo zasiječeš i ispečeš na plati šporeta, žilavi i ne ogule se sami od sebe, ako ih ispečeš u rerni, opet žilavi. Ništa nije moglo zamijeniti kestendžije i njihove vruće, oguljene, slatke, polumekane kestenčiće.

Ljudi moji, hoću li ikad više naletjeti na zadimljeni kiosk sa friško ispečenim kestenima, pa makar se nadisao i onog dima i one prljave tehnologije. Ekologija bi mogla malo pričekati da bar još jednom sebi priuštim ono zadovoljstvo.

Mujica, Leška i Jozo

U mome spomenaru ima mjesta i za banjalučke legende „negativce". Navodne znake sam stavio zbog toga što sam ja kao dijete stekao utisak da su ovi naši sugrađani bili negativci, a vjerovatno nisam bio u pravu. Sada, kada malo dublje razmislim, možda bi ovi nesretni ljudi imali sasvim drugačiji život da smo mi u ono vrijeme imali razvijeniju socijalnu službu koja se mogla pobrinuti za ove ljude i obezbijediti im uslove života dostojne čovjeka.

Sjećam se Leške kako luta po Čairama sa svojim cekerima i zavežljajima, a za njim čopor nas djece koja ga izazivaju i viču pogrdne riječi. Onda on nas zaganja, ali nas, vjerovatno namjerno, ne stigne, pa onda nastavi svoje putešestvije ka Močilima, Hisetima, Stupnici...

O Mujici, poznatom kabadahiji i gradskom pijancu, moram ispričati jedan događaj koji se desio u Zmaj Jovinoj školi... Sjedimo ti mi na Darinom času likovnog u pomoćnoj zgradi škole koja se nalazila preko puta glavne zgrade i smišljamo razne mangupluke i smicalice kojima ćemo našoj nastavnici Dari zagorčati, ionako gorki, život. Ona opominje, galami, prijeti, izbacuje, šalje pomoćniku direktora, ali joj to ništa ne pomaže da smiri nas pomahnitale gulanfere na pragu pubertetskog najluđeg dijela života. Onda se, uz čudnu grmljavinu nečijih teških koraka u hodniku, naglo otvoriše vrata i u razred uleti razgoropađeni Mujica sa pravim pravcatim dajakom u rukama. Uđe Mujica u razred, a boga mi, unese i cijeli dugački i teški dajak. Dara se zaledila u čošku učionice i plaćnim, prestravljenim glasom moli Mujicu: „Nemojte gospodine. Molim vas nemojte se ljutiti gospodine". Ne sjećam se svih riječi molbi koje je prestrašena nastavnica upučivala razgoropađenom Mujici, ali se dobro sjećam svaki put izgovorene imenice „gospodine", koja ni u kojem slučaju nije pasovala ni trenutku, ni Mujicinom ponašanju. Mi učenici se k´o vrapčići šćućurili u svojim klupama, a onda iznenada poskakasmo prema prozorima i iskočismo van. Sva sreća da je učionica bila na prizemlju pa se niko nije povrijedio. Mislim da su u razredu ostali samo nastavnica Dara i Mujica. Kako se sve to završilo nemam pojma, samo znam da tog dana više nismo imali časova i da smo svi prestrašeni, nervozno se smijući nemoći naše nastavnice da išta učini, otišli kućama sa uspomenom koja se nikad ne zaboravlja i koja za sav život ostavi gorak ukus ljudske zlobe i straha.

Što se tiče Joze, znam da je s vremena na vrijeme bio u Popovači na „liječenju", ali uvijek se vraćao u istom stanju svoga bespomoćnog ludila i uvijek bio predmet naših dječijih izazivanja i nestašluka. On nas je znao zaganjati otprave, ali smo mi uvijek bili brži. Onda smo čuli neke neprovjerene priče koje su nam se urezale u sjećanje: te kako su neke udate žene, da se ružno izrazim u originalu „oficiruše" često znale Jozu uvesti u kuću, te kako su ga znale okupati, te kako su se poslije „igrale" i „zabavljale" s njim, jer je on, navodno bio „dobar" muškarac, i tako dalje, i tako bliže. Nemojte mi svaku ovog puta vjerovati, jer ovo su samo one neprovjerene glasine koje su se meni, kao dječaku, urezale u sjećanje. Mislim da su i ove uspomene na ova naša tri sugrađanina vrijedne nezaborava.

Amidža Mustafa

Bio je komunista i ilegalac i partizan u drugom svjetskom ratu. Zbog svog ilegalnog rada je odsjedio i u zloglasnoj „Crnoj kući", a za zasluge u narodno oslobodilačkoj borbi je dobio i zasluženi borački dodatak na svoju pošteno zarađenu penziju poznatog banjalučkog šnajdera. Glavninu svog radnog vijeka je proveo u „Trudbeniku" (poslije Bliku), a bio je i veoma popularan šnajder u svojoj privatnoj radnji koja se nalazila preko puta Haništa. U toj radnji se odvijao njegov ilegalni rad zbog kojeg je bio uhapšen 1942. godine. U slobodno vrijeme je Amidža bio zaokupljen svojim pčelama i literaturom o pčelarstvu. Večeri je provodio u „Pelagiću", a zahvaljujući njemu i strini Munifi smo moj brat i ja, i pored naše rokerske karijere, upoznali i ljepotu mladosti koju nam je pružio naš voljeni „Pelagić". Naime, poslije smrti naše mame, Amidža i Strina su nas za ruke odveli u „Pelagić" i učlanili nas u narodni orkestar još kao golobrade dječake. U djetinjstvu je Amidža organizirao cijelu čairsku raju iz Omladinske ulice u fudbalski klub „Hajduk", sašio nam dva kompleta dresova, dao prostoriju u dvorišnoj zgradi i kupio prvu loptu. Ta ista prostorija je poslije bila klub VIS-a „Amori" svih onih godina dok smo egzistirali. Onda je moj Amidža kupio prvi televizor u našem komšiluku, pa je cijela ulica dolazila i provodila mnoge večeri u maloj dnevnoj sobi, uz Miju i Čkalju, dnevnik itd. Sve naše odlaske na more kao djeca, možemo zahvaliti Strini i Amidži, a onda su oni 1969. kupili kuću sa velikim vrtom na moru, pa je i tamo dolazilo mnogo svijeta i koristilo gostoprimstvo, a počesto i sve one proizvode koje su Strina i Amidža, uz veliki rad i odricanja, uzgajali. Svi se sjećamo njihovog, kao kesten, slatkog krompira, smokava, grožđa, salate, paradajza, čevapčića sa roštilja, fešta i čega sve ne, a vrlo često se je dešavalo da „turisti" „zaborave" nadoknaditi novčano sve to što se je trošilo svih onih dana boravka na moru i u toj gostoljubivoj kući koju su nekako svi smatrali svojom i često bili „nesvjesni" da sve to, u stvari, košta. Onda je moj dragi Amidža otišao tiho, kao što je i živio. Strina je živjela još nekoliko godina, a onda jednog ljetnog dana ode i ona. Iako su cijeli svoj život posvetili mnogoj djeci i nikada nisu bili bez djece, oni nisu imali svoje vlastite djece i sve su ostavili bez nasljednika. Borački stan u Banjaluci koriste rođaci, dio kuće u Banjaluci stoji u ruševnom stanju i čeka svoj neumitni kraj, a imanje na moru propada i čeka da ga rođaci „bratski" rasparčaju, ili prodaju prvom kupcu, a niko ni prstom ne mrda ni da pošteno pokrene ostavinsku raspravu. Ja sam vječno zahvalan i Strini, a posebno Amidži na svemu što su u životu za mene učinili.

E moj dragi Amidža Mustafa, ti koji si volio život, volio uzimati mjere i šiti kostime lijepim tetama dok smo mi djeca to kradomice promatrali, ni poslije odlaska sa ovog svijeta, ne ostvari ni svoju posljednju volju, ode u bajku neprimjetno i bez dužnog poštovanja svih onih za koje si toliko toga uradio. Neka ti je laka crvena zemlja creska, počivaj u miru i znaj da te tvoj Acke nikad neće zaboraviti.

Tonijeva kčerka

Dragi Acke, volio je čika Mustafa i makovnjaču, onu pravu. Jedne večeri smo donijeli svježu makovnjaču nešto oko deset naveče, za njega. Koje iznenađenje! Kad sam bila zadnji put kod teta Munife pokazivala mi je svoje stare albume... Nemoj da propadne ono na otoku; mještani su dolazili da vide kako se od kamena može stvoriti i korisna bašta. Svašta su mještani naučili od čika Mustafe i teta Munife, pa i to spada u istoriju Banjaluke na otoku. I još da ti kažem: Imam tegli pelina, Munifinog.

Hvala za lijepa sjećanja.

Mustafa i Avdo

Jedna kratka anegdota o Amidži Mustafi i njegovom prijatelju Avdi.

Kupio Avdo „Fiću" i među prvima ponudi Amidžu Mustafu da ga provoza. Krenuše sa Čaira niz tranzitni put prema „Arnaudiji" „punom parom" od 35 km na sat. Kad se spustiše niz ono malo brdašce kraj Arnaudije, iz one ulice sa Lauša na tranzit „izjuri" traktor. Ide traktor pred Avdom i ne pada mu na pamet da Avdi i njegovom „Fići" olakša preticanje vozeći uz rub svoje desne strane. Avdo, koji je vozački položio poodavno, slijedi traktor i nikako se ne usuđuje na preticanje. Onda, poslije dvadesetak minuta, Avdo uzviknu: Hoćemo li ga Mustafa"? A moj, pomalo iznervirani, Amidža nervozno uzviknu: „Zatrči se Avdo, pa šta bude"! Avdo duboko udahnu i preteće traktor, a na tranzitu nikakvog auta na vidiku.

Od tada smo često upotrebljavali izraz „zatrči se Avdo" u prilikama kada je neko sporetao i bio neodlučan, kukavica i preplašen da se nešto poduzme u životu.

Komšinica Ziba

Razmišljajući o različitim navikama i običajima ovdje na Zapadu i u našim krajevima pade mi na pamet komšinica Ziba koja je bila tipičan primjer kako se na Zapadu nikada ne radi. Ovdje na Zapadu je običaj da se svaki susret sa Šveđaninom ugovara unaprijed i uz pomoć kalendara. Recimo ti bi želio otići na pivo, ili kafu sa švedskim jaranom, a on vadi kalendar iz džepa i kaže: „Žao mi je ne mogu u petak, ali šta misliš da se nađemo u četvrtak 27. idućeg mjeseca"??? Ti se ozbiljno počešeš po bradi i odgovoriš u istom stilu: „Oh, baš tog četvrtka slavim rođendan, pa ne mogu". „Nema problema, onda se možemo naći iduće godine, prvi petak u februaru. Evo baš tada imam slobodan termin". I niko ne bude uvrijeđen tolikim bezosjećajnim bezobrazlukom. Da ne govorim kada se želiš dogovoriti nešto porodično. Ništa bez kalendara. Onda mi padoše na pamet one sve naše posjete, sastanci, sijela, pijanke, teferiči, randesi i sve ostalo što smo mi spontano i sa lakoćom ugovarali bez kalendara koji, iskreno rečeno, najčešće nismo ni imali. Šampion u tom našem stilu susretanja je bila naša komšinica Ziba, maćehina najbolja prijateljica. Ona je uobičavala dolaziti u svako doba dana, od šest ujutru do dvanaest po noći, a znalo se desiti i u dva sata poslije ponoći, kada malo žešće zarati sa svojim Urošem. Tragikomično je bilo kada se ona navadila dolaziti svako jutro oko pola šest. Ona dođe i nastavi razglabati budaleštine sa maćehom, a Aka (moj otac) leži budan u krevetu koji se nalazio u dnevnoj sobi i prevrće se nervozno da bi pokazao da mu ta rana sijela idu na živce. A Ziba, ništa. Eto je i sutradan i trtlja opet gluposti. Onda Aka smisli zvrčku kako će Zibu odvratiti od tih ranih posjeta... Kad Ziba zazvoni, Aka lično ustane i u gaćama, bez pidžame, dočeka Zibu na vratima sa riječima: „Žao mi je, ali nismo još ustali". Ziba se presamiti i uz izvinjenje vrati svojoj kući. Od tada je prestala dolaziti tako rano, popravila se, pa dolazila, opet naravno bez najave, oko pola osam na jutarnju kaficu. Odahnuli smo kada je pukla tikva (posvađale se) i ona prestala dolaziti.

Ipak mislim da je onaj naš nenajavljivački način ljudskiji od ovog švedskog hladno pristojnog ugovaranja svakog, najvažnijeg, a i najnevažnijeg susreta među ljudima.

Pinđo

Ko se još ne sjeća Pinđe, banjalučke legende među konobarima. Nisam nigdje našao opisan svima dobro poznati događaj sa glavnom ulogom u kojoj igra naš Pinđo, pa da ga opišem, da se ne zaboravi. Nisam siguran da li se radnja odigrala u „Lovcu", ili „Kozari", a nije ni važno. Sala prepuna gradske raje koja je u ovom lokalu imala „prozivku" skoro svaki dan, a naročito vikendom. Žamor veselih razgovora, zvuk escajga i staklarije, galama u kuhinji, atmosfera opuštenosti i života koju smo mi nekada imali u našem gradu uvijek i na svakom mjestu. Onda u žurbi naiđe Pinđo sa punim poslužavnikom flaša i čaša u lijevoj ruci. Neko iz društva za susjednim stolom (mislim da je bio Bajbaga, ali nisam siguran) upita: „Pinđo, koliko je sati"? A Pinđo, ni pet, ni šest, na brzinu pogleda na sat koji se nalazio baš na istoj ruci u kojoj je bio i poslužavnik. Poslužavnik odleti iz ruke, a flaše i čaše se razletiše po sali i razbiše u milion komada, uz karakteristični zvuk koji izazva potpuni tajac u Sali: prvo potpuna tišina, a onda salve smijeha i dobacivanja. Pinđo nije registrirao ko je postavio ono fatalno pitanje, pa se tako sve završi uz smijeh i ode u legendu koju većina nas Banjalučana prepričava.

Ja sam Pinđu zapamtio i po jednom događaju koji se desio na jednoj svirci... Rale je imao običaj uvijek naručivati isti sok, mislim da je bila „Nara", kad god nije pio votku, ili neko drugo jako piće. Tako Rale jednom naruči „Naru", a Pinđo donese neki drugi sok. Rale ga vrati i ponovo naruči „Naru", a Pinđo zgrabi onaj drugi sok sa stola i reče: „E sad nema ništa"!!! I boga mi, Rale te večeri ostade bez svoje „Nare", a Pinđo prezrivo zaobiđe naš sto cijele večeri.

Raza mi javi da je naš Pinđo već odavno preselio na Ahiret, pa je ovo moj doprinos da ga ne zaboravimo. Počivaj u miru Pinđo legendo BL. ugostiteljstva.

Ajvar, pinđur i šljivov pekmez

Ne znam kako je sada, ali u stara dobra vremena su sve porodice imale u špajzu, šupi, ili ostavi ogromnu rajniku koja se upotrebljavala samo u specijalnim prilikama. Poneko je upotrebljavao ogroman kazan u tim prilikama. To su bili dani dugotrajnog, ali ugodnog rada koji su svi članovi obitelji voljeli. Za tu priliku se iznosio šporet u dvorište, ljetnu kuhinju, ili garažu, a bilo je i mnogo onih koji su ložili vatru u bašti i na razne načine vješali kazan iznad vatre. To je trajalo po cijeli dan i obilježavalo na neki način završetak dobre godine za porodicu i ulijevalo nadu da će sve biti dobro i u budućnosti. Prvo se sve pripremalo za veliko kuhanje: paprike (prvo se zapeku u rerni), patlidžani (isto kao i paprike), bijeli luk i da dalje ne nabrajam, jer nisam ni siguran. Onda se u rajniku naspe ulje koje se dosipa više puta za vrijeme kuhanja. A onda miješanje velikom kuhačom do besvijesti. Mislim da je od tog miješanja i nastala izreka „miješaj da ne zagori"! Uz to maratonsko miješanje se po cijeli dan moglo čuti mnogo toga pametnog, a i šale i budaleštine nisu prestajale. Od svega se najviše sjećam onog magičnog mirisa koji se širio oko još neskuhanog ajvara, a tek na kraju, onog mirisa i ukusa kada se umače i pogrebe ogromna rajnika poslije napunjenih tegli ovog najljepšeg namaza na svijetu. Pinđur se pripremao na sličan način kao ajvar, samo što je on služio kao prekrasna salata, ili veoma ukusni prilog jelima s pečenjem.

A šljivov pekmez je priča za sebe... Pučenje, vađenje košpica, mljevenje šljiva, onda kuhaču u ruke pa maratonsko „miješanje da ne zagori". A miris šljive „Savke" se ne može osjetiti nigdje na Zapadu. Ovdje jedemo đanarike, jer nigdje nema naših šljiva. Onda onaj prekrasni slatkasti miris šljivovog pekmeza. A o ukusu da i ne govorim. Namažeš podebeli sloj po šniti kruha, a ako te još zapadne i jedan sloj slatkog kajmaka, ma niko ti nije ravan. O šljivopiti neću ni govoriti zbog zazubica. Uz ajvar i šljivov pekmez smo često provodili po cijele dane vani i nismo imali potrebe ni za ručkom, ni za večerom. Samo nek´ ima našeg ajvara i najdražeg šljivovog pekmeza, more nam je do koljena.

Hej mladosti, zašto prolaziš,

Hej starosti, zašto dolaziš...

Kožna „Mc Cloud" jakna

Evo sedmog marta mi ova žestoka zima koja ne popušta tako dosadi da se od-lučih da obučem moju staru „Mc Cloud" jaknu, u inat razmaženim prijateljima životinja koji ovdje zagorčavaju život prodavcima krzna i bundi a poprijeko gledaju i sugrađane koji imaju na sebi to najefikasnije sredstvo za sprečavanje smrzavanja. Iskreno da kažem, ja izbjegavam tu divnu, izvrsno sačuvanu jaknu, baš zbog tih zaštitnika životinja koji svoje kućne ljubimce mirne savjesti kastri-raju gdje stignu, a nama koji hoćemo da se zaštitimo od sibirske zime, zamjere što upotrebljavamo ovu divnu odjeću. Obukao sam jaknu ušćorluk životinjskim ljubiteljima, a i poželio sam da se ovoj sibirskoj zimoći nasmijem u lice i preznojim, iako mi lice brije „povjetarac" na -20 stepeni.

Tako idući bijelim ulicama našeg Malog mista, uživajući u toploti moje „Mc Cloudke" i brdima snijega sa svih strana, odjednom se sjetih decembra 1992., ili januara 1993., nisam potpuno siguran jer su mi se „pomiješale brzine". Sjetih se jednog događaja gdje je i moja dvadeset godina stara jakna imala svog udjela.

Jednog tmurnog hladnog jutra me pozvaše telefonom i službeni glas mi saopšti: „Mi više ne trebamo vaš kombi i ovom prilikom vas obavještavamo da dođete i peuzmete vaše vozilo. Dođite u ponedeljak u Mali logor u deset sati i službeno preuzmite vaše vozilo"! Ja se zaledih i počeh grozničavo razmišljati šta da radim: ako odem u to četničko osinje gnijezdo, najvjerovatnije mi se crno piše, jer je bilo poznato šta se tamo u to vrijeme dešavalo ljudima sa „pogrešnim" imenom. Ako ne odem, eto njih po mene sa crvenim kombijem, ili bez njega, potpuno svejedno. Tako se odlučih da odem, pa šta bude. Obukoh svoju najljepšu odjeću, naravno i moju „MC Cloud" jaknu. Ucifrah se kao za randes, smatrajući ako mi je to posljednje u životu, bar ću skončati kao građanin svoga grada, ponosno i u stilu u kojem sam i živio svih ovih preko 40 godina. Zaputih se prema osinjem gnijezdu široko otvorenih očiju, razgledajući (vrlo moguće posljednji put) moj voljeni grad. Stigoh do kapije, stražar me pusti da prođem bez problema i uputi me u obližnju zgradu u kancelariju gdje me „ljubazno" ponudi da sjednem grdosija od oficira, kao da je na vr´ Njegoševog Lovćena poniknuo. Sjedoh, a on mi „ljubaznim" glasom saopšti da se on u ime armije te i te zahvaljuje na korištenju moga vozila i pošto im kombi više nije potreban, pokaza mi gdje ću potpisati da preuzimam kombi. Na brzinu pročitah da preuzimam kombi u ispravnom stanju, potpisah, a onda me grdosija pokroviteljski zagrli i povede na parking da mi „preda" vozilo. Već iz daljine ugledah da je cijela hauba moga bijelog kombija začadila i otvore-na napola, a ispod se dobro vidjelo da je motor totalno uništen, kablovi izgorjeli, ma užas jedan. Pogledah zapanjeno moga „ljubaznog" oficirčinu i rekoh mu tihim glasom: „Ja ne mogu sam izgurati kombi, da li mi možete dozvoliti da u gradu nađem nekoliko prijatelja, pa da izguramo kombi iz kasarne"? „Naravno", reče grdosija i ode u svoju kancelariju. Ja se zaputih prema kapiji gdje me stražar zaustavi sirovim, neljubaznim glasom: „Kako se zoveš"? Ja tiho odgovorih: „Kozaragić". On se osorno prodera: „Nisam te pitao za prezime, KAKO SE ZOVEŠ"??? „Acke" odgovorih ja tiho, a onda će ti on: „A tako, tursku ti majku j...., e nećeš mi ti izaći na ovu kapiju"! Ja se vratih onom oficiru i rekoh mu da me stražar ne pušta na kapiju, a on me (i dalje ljubazno) pokroviteljski zagrli i viknu stražaru: „Pusti čovjeka Vaskrsije, on će opet doći jer mora preuzeti svoj kombi". Vaskrsije me propusti mrmljajući nešto o turskoj majci i o ponovnom viđenju. Ja se očajan uputih do moga dragog Emira kome to nikada neću zaboraviti i on pronađe još dva svoja jarana i mi se uputismo nazad ka našoj neizvjesnoj sudbini i Malom logoru. Ovog puta nismo imali nekih poteškoća sa Vaskrsijom, te izgurasmo kombi iz vučije jazbine i ostavismo ga kraj ceste oko 200 metara od kapije Malog logora. Glava ostade na ramenu, a uspomena još uvijek svježa, kao da se juče dogodilo. „Mc Cloud" i dalje visi u ormaru u dalekoj Švedskoj.

Prijateljski dah Uskrsa

Sve moje Uskrse u Banjaluci sam provodio kod mojih čestitih komšija i prijatelja Čemažara. Eh, teta Jagoda, divna brižna domaćica i majka, uvijek spremna na ozbiljne razgovore, a i na šalu, dočekivala je svoje goste užurbano im servirajući predivna jela i slatkiše za koje je ona bila istinski specijalista. A čika Pepi, čestiti vrijedni domaćin, ponosan na svoju divnu suprugu i na svoje troje divne djece: Vericu, Štefka i Zvonku, sav trepti od sreće što može ugostiti svoje komšije na ovaj, za cijelu porodicu važan praznik. Onda izaberemo jaja predivnih boja i ukrašena raznim motivima, pa onda takmičenje čije jaje će pobijediti, a svi verzirani pa izabrali ona najmanja koja su i sa najtvrđom ljušturom. Bili smo svi verzirani i što se tiče načina na koji ćemo okrenuti svoje jaje kada želimo istucati protivničko. Smijeh, cika i potpuna sreća u jednoj divnoj tradicionalnoj manifestaciji prijateljstva i porodične atmosfere. Sada su naši dragi čika Pepi i teta Jagoda već odavno pokojni, ali u našim srcima će živjeti vječno u najtoplijim uspomenama.

A onda jedan drugačiji Uskrs kod dragog komšije Drage Damjanovića. Stari bećar i ljubitelj žena Drago je takođe veoma volio da mu se dođe na Uskrs. Kolači komšinice Anđe su takođe bili na visokom nivou, ali Dragina najvažnija ponuda je bila domaća rakija koju je njegov otac Mirko pekao od šljiva Savki iz vlastitog šljivika. Rakija je bila prva liga, ali eto baš ta rakija je mene uvjerila da ja nisam baš neki rakijdžija. Već veoma rano u mome životu sam osjetio užasnu mućninu od te prvoklasne Dragine rakije i to me je dovelo do zaključka da meni to piće ne odgovara. Kako tada, tako sve do dana današnjeg.

Da, moje dobre komšije Damjanovići... i oni su sada svi pokojni neka počivaju u miru, a uspomena, urezana duboko u srce, ostaje da podsjeća na naša stara divna vremena.

Rezerva

Sjetih se vremena kad smo redovno išli u „rezervu" i ganjali se po gudurama oko Banjaluke, a i šire. Bilo nas je i na velikim vježbama u Drvaru, Trebinju i drugim mjestima Bosne i Hercegovine. Ja sam bio u protivdiverzantskoj jedinici koja je imala zadatak da štiti Banjaluku od diverzantdkih grupa koje bi se eventualno mogle infiltrirati i izvesti terorističke napade na važne objekte u gradu i okolici. Prošli smo Šibove, Starčevicu i Šehitluke uzduž i poprijeko više puta, treniraju-ći taktiku i onemogučavanje terorista na terenu. Dobili smo nove uniforme i poluautomatske puške, koje smo zadužili i imali kod kuće. A onda se desi jedna taktička prevara koja sve nas miroljubive ljude i pacifiste obradova i ponadasmo se da su i vremena „rezerve" prošla. Pozvaše nas u kasarnu na Banjalučkom polju i razdužiše nas uniformi i oružja, što mi s radošću prihvatismo i potpisasmo bez ikakvih komentara. To veče smo slavili kao završetak nečega što smo godinama tjerani i što nikada nismo voljeli, ali smo morali raditi. U toj radosti da smo se riješili svih onih sirovih izderavanja (naročito se sjećam tadašnjeg pukovnika sirovog galamdžije Mladića) starješina i galame primitivaca nismo ni pomislili „čemu vodi sad sve to". A to je bila priprema za organizovanje tajnih srpskih jedi-nica u okviru jugoslovenskog društva i JNA. U toj gnusnoj prevari su naši dojuče-rašnji „prijatelji" potpuno uspjeli. Naše oružje je poslije tajno dijeljeno srpskim seljacima i civilima diljem cijele domovine. Ta prevara i naša pacifistička naiv-nost su poslije doveli do naše totalne nepripremljenosti za sva ona zla koja su iz toga proizašla. Oni su imali sve oružje koje je bilo i naše, samo u svojim rukama, a mi smo mogli samo bespomoćno gledati „odakle sunce izlazi". Ta prevara nas je koštala svih onih žrtava i slobode, a u našoj Banjaluci je bilo nemoguće organizo-vati bilo kakav otpor okupatoru. Tužno, ali istinito...

Izviđači planinke

Sjećaš se komšo iz Avde Karabegovića ulice i školski druže Rasime kad smo bili na logorovanju sa izviđačima na Šibovima? Ja se veoma dobro sjećam...

Izviđači i planinke su spavali u logoru koji se sastojao od mnogo šatora, a nalazio se dosta blizu Planinarskog doma sa čije terase se mogla vidjeti Suturlija i jedan dio doline Vrbasa, Gornjeg Šehera i Banjaluke. Taj pogled na naš grad iz onog ugla se ne zaboravlja tako lako. Dnevne obaveze izviđača su bile zaista naporne, a onda predveče i naveče logorska vatra, izviđačke igre, pjesme i romantika odsjaja logorske vatre i glasova razdraganih izviđača. Od pjesama najdublje mi se urezala ona: Izviđači planinke, sa sviju strana,

Imal´ išta ljepše, od nas porječana...

Spavanje u šatorima je bio događaj za sebe, a onda, na kraju, razduživanje, pakovanje šatora, rastanak i spuštanje stazama Šibova prema Čairama, što je bio jedan fin doživljaj na kraju ove (možda) Četvrte smotre izviđača sa područja Banjaluke.

Ćosa, BSK i bicikli

Pričajući o BSK-u u vrijeme zločinačkog ludila zaboravio sam spomenuti dobrog prijatelja Ćosu – Zvonku Ćosića koji je u ta teška vremena bio redovno sa Facom i sa mnom u onoj maloj prostoriji gdje su se servisirali bicikli. Biciklista i veoma poznat banjalučki poznavalac mladih dama sa igranki i plesnjaka širom grada, Ćosa je u tim nezaboravnim zločinačkim danima svoje posljednje trenutke u rodnoj Banjaluci proveo s nama u BSK-u. Onda je jednog dana nestao, a mi svi smo znali da je otputovao u nepoznatom pravcu, u potrazi za ljudskijim životom pun svoga poznatog optimizma i želje za životnim avanturama.

Sretno ti bilo dragi Ćosa, ma gdje se nalazio...

A što se tiče prvih vožnji bicikla „ispod governale“, u najsvježijoj uspomeni mi je ostala vožnja kada sam sav sretan shvatio da sam naučio, pa raspalio niz tranzit. Naučio sam voziti bicikl, ali još nisam bio savladao tajne kočnica, pa sam, kada sam shvatio da vozim prebrzo, naglo ukočio ručnom i u punoj brzini preletio preko governale i prostro se po, još neasfaltiranoj, Omladinskoj ulici. Sjećam se dobro da sam jedno vrijeme „klizio“ po kamenitoj ulici, pa tek onda, prostrt cijelom dužinom, zaustavio tu furioznu vožnju. E, ni to se nikada ne zaboravlja. Dugo sam imao ožiljke po cijeloj prednjoj strani moga djetinjeg tijela, a onda je to sve sredila mlađahna cirkulacija puberteta i poslije se više ništa nije vidjelo. A uspomena ostade za sva vremena.

Bumbar

Moj dobri rođak Avdo Kurjak sa svojom prekrasnom porodicom je imao kuću na obroncima Šehitluka, ispod Ferijalnog doma koji je tamo neke davne godine izgorio, pa ga se mlade generacije vjerovatno ne sjećaju. Mi smo u kompletnom sastavu išli rahmetli Avdi jednom godišnje da se nauživamo one ljepote koju su nam naši Šehitluci nudili u velikim količinama. Ponekad smo išli i Avdinom bratu rahmetli Hamdiji koji je stanovao s druge strane Vrbasa u kući koja je bila stiješnjena brdom sa zadnje, a cestom sa prednje strane, pa se tih posjeta i ne sjećam jer se mi djeca nismo imali gdje poigrati. A kod Avde, raj božiji... Zelene livade na obroncima brda koje su se graničile sa onim našim bjelogoričnim šumama bosanskim... Igrali smo se do besvijesti, a onda mrtvi gladni se sjurili na ručak koji je Avdinca servirala u bašti ispred kuće. Tog dana je na repertoaru bio bumbar, veoma popularno jelo koje se u našim krajevima prije često jelo, a sada, kada smo svi postali preosjetljivi na kolesterol i masnoću, nije više toliko popularno. Priznam da je meni i kao djetetu bumbar bio premastan i pretežak, ali sam bio toliko gladan da sam se pošteno najeo. I to je bilo posljednji put da sam jeo taj specijalitet, a onu mučninu koju sam osjetio poslije tog obimnog najedanja mogu uporediti samo sa mučninom koju sam osjetio poslije rakije koju mi je dobri komšija Drago Damjanović ponudio za Uskrs koji sam prije opisao. Ostatak tog predivnog, nezaboravnog dana sam proveo u povraćanju, bolovima u stomaku i trčanju tamo gdje i car ide pješice. Čarolija magične ljepote Šehitluka i dječijih mangupluka bi naprasno prekinuta, ali sve uredno ostade zabilježeno u riznici uspomena.

Kako tada, tako sada: nikada više bumbar...

Fudbalske legende BSK-a

Hr. Miro Sojtarić me podstaknu da se sjetim nekih legendi našeg BSK-a koji su poslije zaigrali i u „starijem" bratu Borcu.

Mujo Koljenović, raskošni talenat koji je mogao daleko dogurati, da mu neke druge stvari nisu bile preče od fudbala. Tog viteza čaršije se sjećam iz jedne tuče iza kina Palas, kada je izdevetao dvojicu krkana koji su zapeli za njegovu raju. To je izveo s lakoćom u, samo njemu karakterističnom, elegantnom, viteškom stilu: prvo je skinuo sako, stao na pristojnu razdaljinu, a onda prstom pozvao obadvojicu krkana zajedno.

Sejo Koljenović, poznati i popularni stomatolog, prije stomatološke karijere je izvanredno igrao fudbal i kada je prešao iz BSK-a u Borac, odigrao jednu, ili dvije sezone, sjećam se dobro broja 10 na leđima, odlučio se za studije i stomatologiju. Koliko znam, nije se pokajao, jer je i u ovoj nefudbalskoj branši ostvario sjajnu karijeru. Nažalost, umro je premlad i napustio nas tiho kao što je i živio. Neka mu je laka crna zemlja.

Hikmet Kušmić, prvo BSK, a onda sjajna prvoligaška karijera u Borcu. Jedan njegov udarac u prečku nikada neću zaboraviti. Stative su se tresle, čini mi se, par minuta, a golman nije ništa registrovao, ni vidio.

Pirgo, Lala, Gica, ma bilo je tu stotine legendarnih fudbalera koji su mogli igrati u bilo kojoj prvoligaškoj ekipi, samo da su se htjeli angažovati u fudbalu i da su došli pod ruku kakvom prvoligaškom treneru. Opisat ću još samo jednu čairsku banjalučku legendu, Mehu Dervišića, zvanog Duda. On je naravno igrao u BSK-u i u ono slavno vrijeme kada je klub sa Čaira bio u drugoj ligi, a onda je otišao na „probu" u Borac. I tamo nije imao sreće. Na nekoj utakmici mu je neki grubijan stao na stomak i naš cijenjeni Duda poslije toga više nikada nije zaigrao kao prije. Karijeru je nastavio u Zavodu za penziono osiguranje, pa je i tamo za sva vremena ostao onaj isti dobri čovjek sa našeg banjalučkog podneblja.

Zeljanica

Neki dan me Starkica iznenadi zeljanicom koja me podsjeti na rano djetinjstvo, fijaker šporet i zeljanicu koju je mama Enisa jednom tako napravila, da se baš te zeljanice sjećam i nikad je nisam zaboravio.

Kupili smo grčke jufke koje tačno odgovaraju veličini tepsije, tako da Starkica ne savija jufke, nego napravi „steranu" zeljanicu. Ovog puta se „zeznusmo" pa kupismo duplo pakovanje špinata i to bi baš onaj razlog zbog kojeg je zeljanica ispala upravo onako kako je to moja mama uobičavala raditi. Onda Starkica nafilova jufke sa masom od špinata, mladog sira, povlake itd. Količina svih sastojaka toga čudesnog fila je bila kao i svaki put, samo je špinata bilo duplo više. I to je bilo odlučujuće. Kad smo izvadili zeljanicu iz rerne, ona se razbaškarila po tepsiji, mirisna, duplo deblja, a špinat preuzeo i miris i ukus. Pomaštrafili smo pola tepsije dok kažeš piksla, a pojeli bi i duplo više da „zbog morske linije" ne stadosmo kad nam je bilo najslađe. Nije bilo nikakve greške: ukus i miris i sav ugođaj me podsjetiše na maminu zeljanicu od prije šezdeset godina. Jedina razlika je bila što smo uz zeljanicu ovog puta pijuckali „naturel" jogurt, a ono „naturel" prije šezdeset godina još nisu bili izmislili. Toplota „fijaker" šporeta naše male sobe u porodičnoj kući, miris i ukus zeljanice mi se živo „ukazaše" kao da ih doživjeh evo sada, ovdje u Skandinaviji. Drugi dan se ugođaj ne ponovi, ali zeljanica opet bi prva klasa kao i prije 60 godina, na Čairama, u voljenom gradu...

Na zidu iznad Tranzita

Jednom davno je bila veoma popularna pjesma „Konjuh planinom", a njen refren je čairskoj raji mnogo puta poslužio za jednu ludoriju koja se više puta ponavljala u Murijevoj bašti, na zidu iznad Tranzita. Tu smo se redovno skupljali i sjedeći na zidu promatrali sav onaj konglomerat raznih faca koje su prolazile Tranzitom. Bilo je tu prolaznika svih vrsta i kategorija, naročito utorkom i petkom koji su bili pazarni dani. Ovog puta neću opisivati sve one interesantne face sugrađana koji su sišli zbog pazarnog dana i stočne pijace. Opisat ću prolazak Bore, jednog u to vrijeme poznatog šefa jedne prehrambene radnje... Nas Pećinara je na onom zidu obično bilo dvadesetak, a najduhovitiji je uvijek bio Fudo Halilović i njegove šale su uvijek zabavljale cijelo dokono društvo. Tako je u neko doba čestom prolazio i spomenuti Boro, a Fudo je onda krenuo sa svojom predstavom. Prvo bi prozvao: „Boro"…, a onda, kada bi se Boro trznuo i okrenuo, Fudo je nastavio refren pjesme „Konjuh planinom". To je izgledalo otprilike ovako: „Boro… vi i jele,

Javori i breze,

Svijaju se jedan do drugoga".

Mi svi bi prihvatili nastavak refrena pjesme, a onda bi svaki put nastao smijeh i urnebes, jer eto Boro je nasjeo po ne znam koji put. Ta predstava se veoma često ponavljala i nije bilo jasno zašto Boro nije oštrije reagovao. Siguran sam da je i on imao dovoljno duha da shvati da je to bio veoma uspješno izveden štos koji bi se komotno mogao izvoditi i u pozorištu. Sve se završavalo smijehom i Borinim veselim odmahivanjem, jer je on želio pokazati da je shvatio duhovitost cijele te situacije.

Prođe više desetljeća, a ja nikada ne zaboravih refren stare pjesme, zahvaljujući Fudi i dobroćudnom šefu prehrambene radnje Bori…

Bosonoge vragolije

Danas se sastavilo nebo sa zemljom, kiša neprestano rominja po ulicama ovog predgrađa Stockholma gdje ja provodim moje radne dane i baš ovo sivilom smračeno nebo mi vrati jednu sliku iz ranog djetinjstva.

Bilo je to davno kada smo konačno dobili asfalt u Omladinskoj ulici. Mi djeca smo se često i skoro neprestano igrali na ulici. Tako, u sred igre, odjednom zapada proljetna kiša, a mi razdragano trk u kuću, poskidasmo patike i cipele, pa trk nazad na naše tranzitno igralište. Svježa mi je u sjećanju ona toplina asfalta, lagana izmaglica koja se na kiši uzdiže ispod naših bosih nogu. A mi se zatrčimo, pa se kliznemo po asfaltu, kao da je to zaleđena površina, a mi na klizaljkama (rolšuama). Interesantno da niko nije zadobio nikakve ozljede po golim tabanima. Ili mi se bar tako čini sada, nakon više od šezdeset godina. Niko nikada nije ni primijetio da smo bili mokri do kože i niko ni pomislio nije da ide u kuću. A onda se začuje uzvik naših majki: „Djeco u kuću, gotov je ručak"! Mi se strčimo k´o bez glave da na brzinu pokusamo ručak, pa nazad na kišu i neograničeno uživanje na našem Tranzitu…

Pade mi na pamet jedan izraz jedne dobre stare žene koja je uobičavala reći: „Srkućite djeco"…

Sulejman Gunić – Cuga

Samo što se vratih sa Cresa poslije susreta sa: Pericom, Brigittom, Malikom, Almirom, Josom, Lućanom, Isom, Štefom, Toninom, Dinkom, Željkom koji mi prodade kožne patike za 320 kuna, a koštale su 460, Halidom, Lidom koja je nešto ljuta na mene, pojma nemam zašto, Terciziem, Birgittom, Slavkom mesarom, Vildanom, Verom, Hansom, Ćikicom i Jasnom, dočeka me vijest o smrti dragog komšije iz djetinjstva Sulejmana Gunića – Cuge. Vratiše mi se slike i sjetih se mnogih divnih trenutaka koje smo svi mi sa Čaira doživjeli u Cuginom i Sajkinom dvorištu i niskom podrumu gdje smo se sakrivali i isprobavali stare utičnice gdje nas je struja svaki put dobro prodrmala. A slika dobrog Cuge u Akinoj šupi – radionici gdje smo nešto zajedno kuckali i pokušavali popraviti mi se vrati u sjećanje kao da je to juče bilo. Zakucavam ja ekser u nešto čega se više ne sjećam, a Cuga mi pridržava taj komad drveta. Odjednom ja promašim ekser i potrefim moj prst i previjajući se od bola, pogledam u Cugu, a on se razvalio u širok osmjeh, jer je scena vjerovatno bila smiješna. A onda, kada nam se pogledi susretoše, Cuga malo presporo promijeni veseli izraz lica u izraz tužnog saosjećanja sa mojim bolnim previjanjem. To se tako jasno vidjelo da je čak i meni izgledalo smiješno. Valjda je Cuga ucvikao da bi ja svoju huju mogao istresti na njega, zato što se smije mojim mukama. Taj trenutak mi se urezao duboko u sjećanje, a dobri Cuga je za sva vremena ostao prijatelj. A sudbina nam ga oduze i upisa u knjigu vječnih uspomena.

Neka ti je laka crna zemlja pod Pećinama, dragi naš prijatelju.

Motel na Šehitlucima

Sjetih se Motela na Šehitlucima gdje sam počesto svirao, gdje se moglo neopaženo odsjesti sa osobom koju niko ne smije vidjeti, gdje se moglo i zarakijati, ako bi u društvu bio neko trijezan pa da spusti društvo niz brdo do Alibabe, a dalje se moglo i pješke. Ja se sjetih motela zbog telećih medaljona na koje smo u jednom periodu često išli baš tamo, jer je u to vrijeme bilo poznato da su teleći medaljoni baš tamo najbolji u gradu. Išlo se familijarno, na ručak vikendom, u specijalnim slavljeničkim prilikama, ili naveče na muziku i večeru. U još svježijoj uspomeni sa Motela su mi ostali marinirani šampinjoni na putru. U neko doba na svirci se izgladni, a kasno je za pravu večeru. E onda ništa bolje na svijetu nije sjedalo od mariniranih šampinjona na putru. Iskreno rečeno, nikakvo specijalno kulinarsko umijeće nije bilo potrebno za spravljanje šampinjona na ovaj način: jedna kašika putra, marinirani šampinjoni se stave par minuta na vrelo kolo šporeta i gotovo. Ukus malo kiselkast jer su šampinjoni marinirani, a putar im daje specijalan gurmanski ukus koji se ne zaboravlja. Interesantno, nikad više, nigdje nisam tako slatko jeo šampinjone, valjda zbog izgladnjelosti umornog muzičara. Ovu mezu mi je preporučio Enes Bašić. Ipak ne smijem zaboraviti isto ovo ukusno jelo kod „Sirana", na Laušu, ali tamo sam svaki put bio manje gladan, pa mi se to manje urezalo u sjećanje.

Žurke kod Brace Štancla

Žurke kos Brace Štancla se ne zaboravljaju. Mama Micika, radni vijek provela u Banjalučkom pozorištu, stručnjak za pripremu svega onoga što jednu žurku čini nezaboravnom, pruži nam gostoprimstvo u svome stanu, a Braco sav sretan što smo došli, nudi kafu, sokove i ponekad jedan aperitiv. Naše žurke nikada nisu bile pijanke već fešte na kojima smo bili zajedno, slušali muziku, pjevali, plesali.

Valcer sa Ismetom Ismetu sam upoznao preko njene sestre Jasne, jedne od naj-slađih plesačica folklora Pelagića u ono vrijeme. Tako se na jednoj žurci pojavi i Ismeta koja je bila singl, ali veoma blizu da se skonta sa našim domaćinom, pa je bila pozvana i svima je bilo drago da je upoznaju. Ja sam bio sa svojom crnkicom, Štefko sa svojom djevojkom, a bila su prisutna i još dva para čija imena sam zaboravio. Plesasmo do besvijesti, a onda zasvira valcer, ples koji crnkica nije volila, a i nije znala plesati. Ja se snuždio i onako tužan pogleda u Ismetu koja me pogledom pozva da je zamolim za ples. Onako u žurbi ne stigoh ni razmisliti da li će se crnkica ljutiti i moja velika želja da zaplešem valcer pobijedi. Pozvah Ismetu da zaplešemo, a ona to jedva dočeka. Onako mala, okruglasta, slatka, odgovarala je na svaki moj pokret i moram priznati da nikada više u životu ni sa kim nisam tako plesao. Ritam valcera nas je rotirao po dnevnoj sobi, a na momente smo i lebdjeli nošeni tim zanosnim plesom. Osjećaj je bio neponovljiv. Pa da skratim, taj jedan jedini ples je vrlo lako mogao izmijeniti cijeli moj život. Mladalačke lude godine često odvedu čovjeka potpuno neplaniranim putem, a ovo je bila jedna od takvih prilika kada se lako može pogriješiti. Potpuno opčaran počeh raz-mišljati o svim onim divnim prilikama u životu kada bi Ismeta i ja ovako uživali u valceru. Bio sam blizu onog poznatog stiha: „Od ljubavi do mržnje, samo korak nas dijeli". Valcer je bio upravo taj korak koji je mogao razvaliti sve ono lijepo što sam sa mojom crnkicom u životu doživio. Ipak sam imao toliko poštenja i pameti da sam sam sebi rekao: „Halo, dođi sebi blesavi zelembaču. Čuvaj ono blago koje imaš, pa će ti se stostruko vratiti". Tako i bi, ostadoh sa svojom voljenom crnki-com i sve mi se je stostruko vratilo.

Šipka je iz raja izašla

Ova izreka je u moje dječačko vrijeme bila veoma popularna i često se primje-njivala. Kad god u Švedskoj promatram bezobraznu djecu koja manipuliraju i na svaki način iskorištavaju svoje roditelje, nastavnike i sve one koji se o njima brinu, a za uzvrat nikad ne dobiju zasluženu ćušku, ili bar jedno pošteno štipanje za obraz, ili zavrtanje uha, uvijek se sjetim bivših vremena i izreke „Šipka je iz raja izašla". Ja naime još uvijek smatram da neka djeca ne mogu shvatiti ni popraviti neke stvari u svome ponašanju bez malo fizičkog podsjećanja da se to što ona rade u velikim količinama ne smije raditi i da moraju prestati to da rade. E to je sada i zakonom zabranjeno, pa se desi da roditelji imaju velikih problema sa zakonom, ako ne daj bože, malo pritisnu nevaspitano dijete, ili ga malo čvršće poguraju, ili, bože sačuvaj i zakloni, koji put udare po stražnjici, ili nekom drugom dijelu tijela. A o šipkama se u današnje vrijeme ne smije ni sanjati. E to je bilo drastično drugačije u moja vremena. Bilo je boga mi po stražnjici i kaišem, a ne samo tananom šipkom koja se savija, a nikada ne slomije. Tako sam ja jednom došao u nekakav konflikt sa mojim dobrim komšom Nailom Halilovićem, pojma nemam zbog čega i naš nesporazum se završio na veoma interesantan način: ja sam iz našeg dvorišta sa zida na tranzitnom putu počeo gađati kamenjem Naila koji je stajao na udaljenosti od oko trideset metara, pred vratima Štefkovog dvorišta i nisam prestao sve dok nije nestalo kamenja. Na svu sreću nisam ga nijednom pogodio, ali je incident došao do ušiju moga oca i on je morao nešto drastično učiniti da mi naglasi da ovakvu svinjariju više nikada ne smijem napraviti. On nas djecu nikada nije tukao, ali ovog puta je ubrao veoma tanku dugačku šipku, skinuo mi gaće i dobro me po goloj izšibao. Guza mi se crvenila cijelu heftu, a tragovi šipke su se vidjeli najmanje mjesec dana. Interesantno, ja mu ništa nisam uzeo za zlo, niti zamjerio, jer sam bio svjestan da sam ove batine potpuno zaslužio. Interesantan je bio i rezultat „šipke koja je iz raja izašla": više NIKADA u životu nisam bacao kamenje ni na koga i tu dobru lekciju nisam nikada zaboravio. Eto, to jedino šibanje u životu koje sam dobio od oca mi je mnogo pomoglo i od mene napravilo kulturnog i dobrog čovjeka koji potpuno shvata da se ni u kojem slučaju ne smije bacati kamenje na narod, ma koliko bi to čovjek ponekad želio. Druga su stvar siroti Palestinci koji moraju bacati kamenje na do zuba naoružane Izraelce. Hvala na dobroj lekciji dobri moj oče, puno mi je koristila u životu.

Budimka

U subotu ugostismo prijatelje Seidu i Asima Šabanovića, a oni nam, pored uobičajenog cvijeća i vina, donesoše tri komada pečene budimke koja je stigla iz Banjaluke. Obradovasmo se prijateljima, ugostismo se hadžijski sa školjkama, laxom (lososom), specijalnom salatom i naravno sve to saprasmo vinom, pa poslije dezerta žeđ ugasismo pivkanom. Poslije svega toga ne ostade nimalo mjesta za budimku, pa to dugo željeno uživanje ostavismo za sutra. Sutradan uzesmo da popapamo budimku, a sjećanja na sve one divne porodične večeri kad smo u rerni pekli budimku i svi slasno uživali u toj poslastici navriješe u valovima uspomena. Sjetih se kako je Aka otvarao rernu, pa ako je budimka bila OK miomiris se razmilio po cijeloj kući, a ako se budimka „upiškila", Aka bi uzviknuo „ćurta".

Interesantno da „upiškita" budimka nije imala ni blizu onaj blaženi miris suhe, slatke, omiljene poslastice. Onda se budimka razreže na trokutove i razdijeli nestrpljivoj porodici, pa onda navali narode. Taj ritual se odvijao uvijek naveče, na sijelima, zajedno sa komšijama, rođacima i prijateljima. Ni sok, ni pivo, ni rakija, ni konjak, ni vino nam tih večeri nisu falili. Ni vode se nije trebalo napiti. Onda kud koji, mili moji. Malo nadutog stomaka zbog velike količine poslastice kojoj niko nije mogao odoliti. Pokušavali smo kupiti i ispeči budimku u Švedskoj, ali evo do sada nikada nismo uspjeli. Sve su bile „ćurte" bez mirisa i ukusa.

Kako čovjeku malo treba, ali eto, ni to malo ne možeš dobiti u hladnim zemljama Sjevera.

Moji omiljeni mirisi iz rodnog kraja: pržena kafa u dolafu, pokošena trava i sijeno, pečena budimka, pečeni kesteni uličnih pečenjara, bosanski lonac, miris iz ćevabdžinice, jagnje na ražnju, kruh u rerni... Ima toga hejbet, drugi put...

Zemljotres

Te daleke 1969. godine sa sigurnošću se sjećam zbog zemljotresa koji je prouzrokovao mnoge promjene u našem gradu. Prvi nas iznenadi jednog popodneva kada se tlo pod nogama izmače i poče plesati u ritmu najmoćnijeg rock and rolla. Potraja dugo, bar tako nam se svima učini, a onda gusta prašina poče da izvire i iz neba i iz zemlje. Razbježasmo se iz kuća i istrčasmo na ulicu gdje pomislimo da je najsigurnije u svoj toj nesigurnoći koju ples tla ispod nogu izazva. Noć provedosmo vani, kao u zbjegu, ne usuđujući se ući u razglimanu kuću koja se doimala stravično u noći bez svjetlosti i struje, bez koje mi razmaženi smrtnici život ni zamisliti ne možemo. Osvanu jutro, a s jutrom nam se i hrabrost polako poče vraćati, bar meni se tako činilo. Tako se i ja konačno odlučih da uđem u kuću i naravno, prvo klozet udostojih svoga prisustva. Negdje na pola puta do olakšanja mojih stomačnih muka, zatrese ponovo.. Učini mi se da je ovog puta bilo još grozomornije nego juče. Skočih na noge junačke pa, ništa ne razmišljajući, strčah niz basamake u jednoj sekundi i nađoh se sa gaćama u rukama na bašti. A tamo, svi izbezumljeni svojim šokovima, rođaci i komšije ne primijetiše moju sramotu. Potraja neko vrijeme prije nego što shvatih da sam bez gaća, pa ih na brzinu navukoh na g....., a hlače neprimjetno obukoh i zakopčah šlic u roku od jedne sekunde. Interesantno da izgleda niko nije primijetio svu tu moju komediju, valjda zbog tragedije koja nas je sviju protresla do dna duše. Prođe i sva ta tragedija zemljotresa koja iza sebe ostavi jednu drugu sliku našeg grada. Baš tada, iza zemljotresa su se počela dešavati malo veća doseljavanja vojnih lica i drugih došljaka za koje mi u početku nismo shvatili da će uskoro prouzrokovati promjene strukture stanovništva u našoj Banjaluci. I to je bio jedan od važnih uzroka što se poslije pokazalo da neprijatelji Bosne i Hercegovine u velikom broju žive baš u našem nesretnom gradu. Mi o tome tada nismo ni razmišljali, tek poslije su nam došljaci pokazali svoje pravo lice i vučiju narav u janjećoj koži. Koštalo nas je to i još uvijek nas košta... Vrijeme sve liječi, a hoće li ovu rak ranu izliječiti i hoće li naša Banjaluka ikada više stati na one ponosne bosanske noge, vidjet ćemo. Ostaje nam da čekamo i nadamo se...

Kafica

Pijuckam kaficu sa mojom Starkicom i onaj opojni miris talijanske „Lavazze" pomiješane sa „Zoegas-Etiopija" kafom koja je trenutno na veoma dobrom glasu u Švedskoj me podsjeti na predokupacijske dane u Banjaluci kada je nestalo kafe. Pio se i prženi ječam i raž i pojma nemam šta još, a kada bi se to pomiješalo sa pokojim zrnom kafe, e to bi bila prava komšijska fešta. Nekoliko mjeseci prije te nestašice, u vrijeme kada smo se počeli „modernizovati" raznim privatnim inicijativama, pržionice kafe su bile, pored kafića, najunosniji biznis toga vremena. Otvoriše se na sve strane u gradu u malim lokalima, napuštenim buticima, privatnim kućama, garažama... Ma, milina jedna. Čovjek nije mogao proći nekom ulicom a da ga ne „obakolje" onaj zanosni miris koji baš jutros ja i moja hanuma osjetismo evo ovdje na dalekom Sjeveru. Te naše pržionice kafe ne potrajaše baš dugo i bi nam strašno žao što ih zamijeniše redovi naroda pred pekarama i naoružani probisvijeti po ulicama našeg grada. Taman smo istinski počeli uživati u blagodatima jednog „u sridu pogođenog" privatluka, kad probisvijeti promijeniše tokove života i izabraše kalašnjikov umjesto mirisa „Minas" kafe popržene u našim divnim, čistim, malim pržionicama. Šteta što su nam ukusi tako različiti. Gdje bi nam kraj bio da su i oni izabrali „Minas" mirise i nekadašnje prijateljstvo, umjesto smrdljivih rovova, spaljenih kuća, otjeranih komšija i ubijenih dojučerašnjih prijatelja.

Štiharenje u Kafeteriji „Standard konfekcije"

Kafeterija „Standarda" je od prvog dana bila jedno od najpopularnijih mjesta za barenje banjalučkih ljepotica kojih je ovdje u „Standardu" bilo svih vrsta: crnkice, plavušice (blondinke), brinete, dugokose, kratkokose, vitke, dugačke, pokratke ali predivno građene i tako dalje i tako bliže. Štefko i ja smo u kafeteriji bili od prvih dana najviđeniji gosti. Koliko litara „espresa" bez šećera je on popio, a koliko kapućina sa dvije kocke šećera sam ja progutao, sam bog zna. Ne sjećam se koja od ljepotica je njemu zapala za oko, ali meni je moja crnkica zabetonirala pamet i nisam bio sposoban proći gradom a da ne svratim do Kafeterije. To „svraćanje" je obično trajalo satima, a nas dvojicu su proglasili inventarom „Standarda" u to vrijeme. Tu se mogla susresti krema banjalučkih Kazanova i štihatora koji su svoj šarm prosipali na sve moguće načine i u ogromnim količinama. Majstor Hamula, legenda „Standarda" je cijelo vrijeme kružio po odjelima, a najviše na ženskom odjelu, jer su lijepe dame bile njegova vječita „do posljednjeg daha" tema, sve do kraja života. Praktikantice su se cijelo vrijeme žalile da ih je majstor Hamula „ušćinuo" za debelo meso, a on je to uvijek uspijevao izgladiti svojim poznatim šalama i zafrkancijama. Od osoblja ću spomenuti još samo Spaća i Ibru, a ostali će mi oprostiti što sam pozaboravljao milione dragih imena, meni dragih ljudi.

Onda se Štefko i ja spustismo iz kafeterije do odjela gdje su naše odabranice radile, a onda opet u kafeteriju i tako po cijeli bogovetni dan. Moja crnkica se nije tako lako predavala, ali sam na kraju, poslije mjeseci ubjeđivanja, uspio iznuditi prvi zvanični randes u gradu, ispred „Standarda". Kako tada, tako i sada, ja sam sa mojom crnkicom evo preko četrdeset godina i lijepo nam je iako više nema „Standarda", „Kafeterije", naših mjesta u našem gradu, čak ni crnkica nije više crna, već ofarbana blondinka koja se sad zove Starkica, a boga mi, ni ja nisam onaj dugokosi, plavokosi roker, već sijedi gospodin vječito mladog srca i duše pune uspomena na divne dane prve mladosti i zlatnog doba našeg voljenog grada.

Matematika

Proljeće 1964. godine, završni razred OŠ „Zmaj Jovan Jovanović", čas matematike, nastavnik Radovanović. Matematika nije bila moj životni izbor, ali te završne godine u osnovnoj školi mi je sjedala perfektno i znao sam sve moguće zavrzlame koje nam je priređivao nastavnik Radovanović. Imao sam cijelo gradivo u malom prstu, ali mi to nije pomoglo da se mrdnem od one trojke kojom me je nastavnik Radovanović redovno „nagrađivao" kad god sam odgovarao. Kako je to uspio izmajmunisati i pored toga što sam svaki, ali baš svaki, put pokazivao da zaslužujem bolju ocjenu, nije mi ni dan danas jasno. I na jednom od posljednjih časova te završne godine ja odlučim da se suprotstavim Radovanoviću, pa šta bude. Javih se i otvoreno rekoh da želim odgovarati za peticu. On se podsmijeh-nu i upita: „Kako ti to misliš da možeš odgovarati za pet kada imaš trojku"? Ja odgovorih: „Ja znam za peticu i hoću da odgovaram za peticu". On se bezobrazno nasmija i reče: „Dobro, možeš odgovarati za peticu, ali ako nešto ne budeš znao, dobit ćeš jedinicu. Važi"? Mislio je da će me to obeshrabriti, ali ja sam bio toliko siguran u svoje znanje, da sam pristao. Izađoh kao osuđenik na tablu, znajući da se uvijek može nešto pronaći i zbuniti učenika ako to nastavnik želi. Ali tog dana Radovanović nije uspio pronaći način kako da me zbuni i pronađe nešto što ne znam. A trudio se svim srcem, jer nije imao namjeru da mi popravi ocjenu. Kada sam ja uspješno isplivao iz svih njegovih zamki i podvala i riješio SVE zadatke, on mi ipak nije dao peticu, već četvorku. I zaključio mi je četvorku. Ni dan danas mi nije jasno zašto je to uradio jednom solidnom dječaku koji mu nikada nije pravio nikakve probleme. Kada bi bilo prilike, rado bih ga upitao: jeli to učinio zato što sam ja bio siroče bez majke, ili zato što je moj tata bio obični radnik, ili zato što se ja zovem Acke. Kraj mene je u klupi sjedio moj dobri drug čiji je otac bio direktor, a imao je sličnije ime Radovanoviću i on je uvijek dobijao petice, a matematiku je znao puno lošije od mene. Ova pitanja mi u to vrijeme 1964. godine nisu padala na pamet, ali tuga zbog nepravde me je mučila, kako tada, tako i do današnjih dana.

A Kalimero se pojavio mnogo kasnije...

Na „Luci", kod tetke Zejnebe i tetka Ahmeta

Gazim po divnom dubokom bijelom februarskom pokrivaču preko poljane koja nikada nije bila ljepša i sjetih se događaja iz najranijeg djetinjstva kada smo sa roditeljima išli kod tetke i tetka „na Luku".

U našoj kući se nikada nije upotrebljavao naziv Pavlovac za selo koje leži u neposrednoj blizini Lauša. Mi smo to selo (pojma nema zašto) zvali: na Luci kod tetka Ahmeta i tetke Zejnebe. Kada bi Aka rekao: „Sutra idemo na Luku", mi djeca bi spontano uzviknuli: „Jupiiii" i te noći san nikako nije dolazio na oči, a jutro nikako da svane. Kada svanu nedeljno jutro, mi djeca smo prvi bili na nogama i nismo imali vremena ni za doručak, već smo odmah počeli navlačiti toplu odjeću i bakandže na noge, jer „Luka" je daleko, a vani je snijeg do koljena i zima se uvlači u kosti ako si lagano obučen. Taj put do „Luke" i nazad se nikada neće zaboraviti, a kako su nas svaki put naši Gvožđari dočekali, to je priča za sebe. Tetka Zejneba je uvijek servirala somun maslanicu sa svojim domaćim kajmakom i sirom i koruzu sa ajranom, kao predjelo. A glavno jelo je bio ili grah sa pastrmom, ili bosanski lonac sa najmanje tri vrste mesa, sa toplom pogačom. Pa de ti sad zaboravi te vesele porodične ručkove i ljudovanje po cijeli dan. Za nas djecu raj, sankanje, valjanje po snijegu, grudvanje i pitaj boga šta još nismo izmislili tih najljepših dana naše djetinje sreće. Jasmin i Seka presretni što su im došli bliski rođaci, a tetak i tetka sve poigravaju od sreće i zadovoljstva što smo svi tako zajedno kod njih u gostima. Povratak kući je bio priča za sebe: mi djeca se kližemo i trapkamo po snijegu slušajući onaj divni zvuk koji snijeg ispušta poslije svakog koraka. Poslije sat i po putešestvija stižemo na Čaire i strovaljujemo se u tople krevete, sanjajući o ljepotama toga dana i čeznući za slijedećim susretom. A o ljetnim avanturama uz čistu Crkvenu na „Luci" ću možda pričati nekom drugom prilikom.

Šta bi sa junacima ove priče? Svi naši roditelji već odavno počivaju u miru u Stupnici i na Partizanskom, a mi djeca, nesretnih devedesetih, se nađosmo: Jasmin u

Puli, Seka u Finskoj, a ja i moja uža porodica u Švedskoj.

Život teče dalje...

Banjaluka u divnom gradu Vaxjo na jugu Švedske

Stigosmo u pola dvanaest, presvukosmo se u stanu rahmetli Timke, a Fudo i njegov sin nas odvezoše na gradsko groblje, na đenazu.

Kiša je lila kao iz kabla, ali to nije smetalo našim ljudima da u velikom broju dođu na posljednji ispraćaj naše sugrađanke Timke Bajramović, jedne fine dame koju upoznah još u vrijeme mojih „mladost-ludost" dana kada sam svirao u lokalu „Tri jablana" kod poznatog banjalučhog ugostitelja rahmetli Meše. Sjetih se onih romantičnih večeri kod Meše gdje smo kao muzičari uvijek bili dobro dočekani i posluženi veoma ukusnim jelom iz kuhinje koja je bila poznata široj banjalučkoj klijenteli, posjetiocima banjalučkih lokala i izletišta. Meša cijelo vrijeme na nogama čini sve da se gosti dobro osjećaju, Timka za posebnim stolom, mi sviramo sevdalinke i odabrane novokomponovane pjesme, pjevačica se njiše u kratkoj suknjici i bolje pleše nego što pjeva, a gosti uživaju i naručuju popularne hitove. Bila je to popularna birtija, ali štimung je bio izvanredan i bez velikih incidenata. Odluta ja sa uspomenama...

Đenaza je bila dostojanstvena i na naš specifični način, lijepa. Ispratismo Timku, posjetismo Mešin grob i mokri do kože odvezosmo se do Bosanskog kluba, gdje su nam Fuada, Fudo, Mirso i ožalošćena rodbina pripremili ručak. Janjetina je bila prvoklasna, burek perfektan, kolači izvanredni, a ja (poguzija) pojedoh i dva kusa potišpanje koja me podsjeti na najljepše dane djetinjstva i moju fazu luđačke konzumacije slatkiša, halve, knedli, šljivopite, a potišpanja, onako mokra i slatka je uvijek bila veoma draga poslastica. Još da mi je bilo mekše kompletirao bi sve moje gurmanske želje. Popismo kapućino, a sretosmo i mnoga poznata i nepoznata draga lica. Izljubih se specijalno sa Bobijem koga nisam sreo još od devedesetih, ispričah se sa Adijem, Dževadom i još mnogima čija imena sam zaboravio. Tema, stara Banjaluka, nezaboravni doživljaji, sudbine naših ljudi, a sa kolegom nastavnikom Insanićem se raspričah o penziji i uslovima pod kojima je on zaradio svoju švedsku penziju. Ne stigosmo pričati o dijelu penzije iz Banjaluke koji je i kod njega, kao i kod mene, trebao predstavljati jedan radni vijek, duži od 23 godine.

Fuada i Mirso nas ugostiše u svojoj kući jednu noć, a sutradan dovedosmo našu unučicu Emmu iz jednog gradića u kojem kćerka živi sa svojom porodicom i s Emmicom provedosmo dva fantastična dana u Vaxjo, gradu sa predivnim parkovima, jezerima i gradskom jezgrom kojoj bi mogao pozavidjeti svaki grad u

Evropi. Noći u veoma finom, čistom hotelu, sa unučicom su priča za sebe i ostaju u nezaboravnoj uspomeni.

Drago Damjanović

Komšija kojeg smo mi djeca obožavali kada nam je pričao o svojim ljubavnim poduhvatima vrativši se sa svojih mnogobrojnih randesa. Mi bi se okupili na Čairama oko njega, a on bi opisivao sve od A do Ž ljubavne bravure, ne skrivajući od naših razrogačenih očiju i ušiju ni najpikantnije detalje. A onda, po danu, smo satima znali na Tranzitu pucati na nacrtane stative na zidu ispred naše kuće. Komšija Drago je u svome specijalnom stilu demonstrirao efeje, felševe, noktare i sve ostale specijalne šuteve u fudbalu, koje smo i mi naučili od njega. Pred sami polazak iz Banjaluke me Drago razočara svojim pogledima mržnje prema UMPROFOR-ovim vojnicima koji su u bijelim vozilima i tenkovima došli da spasavaju Bosnu i Hercegovinu. Za Dragu su UMPROFOR-ci bili neprijatelji, a za nas spasioci. Šteta da je i Drago podlegao izazovima nacionalističke propagande. Ipak ga se ja sjećam kao dobrog komšije i don Žuana naše ulice. Umro je prerano od posljedica prekomjerne konzumacije Mirkove (njegov otac) rakije, jetra nije mogla izdržati. Neka ti je laka zemlja banjalučka komšo naš, tvoja stara raja te nije zaboravila.

Stara Medicinska škola

Stara Medicinska škola je imala dva ulaza: učenički se nalazio na uglu zgrade, a profesorski na sredini. Dvije uspomene me vežu za ta dva ulaza, pa da ih ispričam dok me zaborav ne preduhitri.

Poslije divnog ljeta 1968. godine koje sam proveo sa mojim „Amorima" U Kaštel Sućurcu i Trogiru na našoj prvoj „morskoj" gaži, vratih se kući i već prvih septembarskih dana i Medicinskoj školi i novim đačkim avanturama. Preplanuo od sunca i ćopanja djevojčica po cijeli dan na plaži, pun entuzijazma i radostan što ću sresti školske drugove, uputih se ka ulazu u školu i ne sanjajući koja me iznenađenja, već na ulazu, čekaju. Tog prvog dana na ulazu je bio dežurni prof. Tihomir Levajac, duhovit i većinom dobro raspoložen čovjek, ali ne baš ovog puta. On me zaustavi uz riječi da ja ne mogu ući školu. „Zašto, šta sam uradio?", pobunih se ja očekujući da će on izvaliti neki od svojih šaljivih fazona. A on, potpuno ozbiljno, reče da je zabranjeno za učenike Medicinske škole da farbaju kosu. I pošto nikakva objašnjenja da ja u stvari nisam ofarbao kosu nego je pobijelila od dvomjesečnog morskog sunca i soli, bio sam prisiljen da se vratim sa ulaza i smišljam kako da Levija ubijedim da me ipak pusti u školu. Tako mi pade na pamet spasonosna ideja: profesorski ulaz. Ušuljah se na profesorski ulaz, dođoh do našeg razreda i tih dana sam se sakrivao od Levija, sve dok i on nije omekšao, shvativši da je pretjerao. A moja kosa je i dalje totalno posvijetlila poslije svakog ljeta i život je tekao svojim normalnim tokom.

Ovaj isti profesorski ulaz Medicinske škole me je još jednom spasio u jednoj kriznoj situaciji.

Bilo je to u vrijeme postpubertetskih donžuanskih avantura, kada smo svi u prvom Medicinske doživljavali svoja prva erotska iskustva. Tada je naročito važila jedna izreka za sve nas koji smo se željeli prikazati u „zrelom" donžuanskom duhu, kotamđoja mi smo iskusni, cure liježu same od sebe: „Dva put bez v......" (sramota me napisati cijelu onu riječ sa v. da ne pomislite da sam bezobrazan). Tako ja tih ludih i nezaboravnih dana „narežem" jednu plavušu koja se, ni sam ne znam zašto, zatelebala u mene. Bi nam super, a poslije jedne lude noći, ona me više nije htjela puštati od sebe i počela me je pratiti gdje god sam se kretao. Priznam da je bilo ludo i nezaboravno, a i eksperimenti sa „dva put bez v." su sa njom uspijevali, pa se valjda još više zatelebala i zakačila za mene. Došlo je dotle da me je počela i u školu pratiti i sačekivati poslije nastave. Kad više nisam mogao izdržati toliku „pažnju" počeo sam kradomice koristiti profesorski ulaz za brisanje iz škole. Dosta dugo je to potrajalo dok ona nije shvatila da bježim od nje i izbjegavam svaki kontakt. Priznam, bilo je prelijepo dok je trajalo, ali, brate mili, PRENAPORNO.

Banane

Svako jutro sjedim 45 minuta na spratu autobusa, čitam neku dobru knjigu, ganjam se po Facebook-u, ili drijemam na putu do radnog mjesta udaljenog šesdesetak kilometara od kuće. Pri kraju putovanja, svaki dan, vadim iz tašne jednu bananu i popapam je umjesto doručka. Tako jutros, jedući obaveznu bananu, sjetih se majke Vasve u Potoku i maleckih, skoro uvelih banana koje je nama djeci ponudila jednog jutra u mirisnoj bašti, iza svoje male kućice u Pionirskoj ulici. Bananice su se skupile, u oko bi stale, ali nama sjedoše kao najbolji dezert, jer u to vrijeme nije bilo baš često banana u kući, naročito nikada to čudesno voće nije zapalo djeci. Tako je u svakom slučaju bilo u našoj, ne baš bogatoj kući, da ne kažem neki drastičniji izraz. Te banane, evo ni poslije milion godina i kilometara udaljenosti, nikada nisam zaboravio. A sada mi eto svakog radnog dana zamjenjuju doručak. I još uvijek mi sjedaju kao „mehlem" na gladan stomak, jer sam kod kuće samo popio najomiljeniji rajski napitak „ na će srce". To se nikada ne preskaće, jer bi glava bolila cijeli dan, ako se ne popije.

E, kako je to bilo birvaktile. Čovjek je sa toliko malo bio zadovoljan, a duša sita. Ma dovoljno je bilo pomirisati probeharalo voće i ruže u bašti, pa da ostatak dana prođe u miru i rahatluku.

Tetka Tehvida i tetka Mina

14.2.2014. godine napusti nas i tetka Tehvida. Kada smo odlazili iz rodne Banjaluke, ona je na rastanku toga tužnoga jutra, sva u suzama, rekla: „Mi se nikada više nećemo vidjeti", a mi smo u glas povikali: „Nemoj tako, uskoro smo mi opet ovdje, samo da ove budaleštine prođu". Kako tada, tog 18. maja 1993. godine, tako sve do njene smrti, nikada se više nismo vidjeli, a ona se preseli na Ahiret, znajući cijelo vrijeme da su njena tužna predviđanja bila tačna. Tužno je to, ali i to je naša sudbina. Polako nestajemo, nikada se ne susretnemo, pa ni na đenazu ne stignemo da po starom adetu ispratimo naše najmilije. Tako je bilo i sa mojom najdražom tetkom Minom: otišla je tiho, skromno, bez nas koji smo je puno voljeli. A kako su samo lijepo pjevale moje tetke u ona sretnija vremena. Tetka Mina sa svojim glasom slavuja, mogla je biti velika zvijezda, ali nije odabrala takav životni put. Tetka Tehvida je takođe veoma lijepo pjevala, svojim malo dubljim, prigušenijim glasom. Odoše u nezaborav, a ostadoše uspomene na sve one teferiče, sijela, večere i ručkove koje smo zajedno u slozi i veselju proveli. Ostala je još samo tetka Beisa. I ona je znala lijepo zapjevati, samo su njoj bolje sjedale romanse i šansone, ali i sevdah joj je zvučao sasvim dobro, samo malo na onaj Edit Pjaf prigušeni način. Neki dan joj rekoh: „Eto draga tetka, sada je tvoj red, a odmah za tobom, eto i mene". To za mene nije tako teška tema, jer najbolje je kada se te stvari ne mistificiraju i dešavaju po redu i zakonu prirode, tužnije je kada neko mlađi ode prije, jer mu je sudbina tako odredila. Tetka Beisa ostade u suzama u tetka Tehvidinom stanu da obavi sve one obavezne pripreme za đenazu, dočeka narod koji će doći da izjavi saučešće, jer Miko nije mogao doći iz Kanade za tako kratko vrijeme da dostojanstveno isprati svoju mamu na posljednji počinak. Ostaje nam da se vidimo sa svojima najbližima u Stupnici, kada dođemo u posjete našem nekad lijepom rodnom gradu. Neki kažu da je Banjaluka lijepa i sada, ali ja znam da je to sada neki drugačiji grad od onog koji smo morali napustiti one crne 1993. godine. Nemiri na ulicama mnogih gradova Bosne i Hercegovine ove 2014. godine se polako smiruju i najavljuju nastavak agonije Dejtonski sklepane slobode u našoj tužnoj domovini.

Jubilej, prelazni rok i sjećanja

Lani se navršilo 40 godina od izvanredne turneje Kulturno umjetničkog društva „Veselen Masleša" u Švedskoj. A negdje u februaru te 1975. godine počele su pripreme za tu turneju i uz pripreme su bili obavezni i „prelazni rokovi" dobrih muzičara i igrača iz drugih kulturno umjetničkih društava. Naravno da su Pelagićevi muzičari i igrači bili prvi na udaru. Baš u to vrijeme je „Masleša" ostao bez kontrabasiste i „emisari" su meni ponudili da pređem u njihovo društvo, a za uzvrat bi me odmah ubacili u ekipu koja će na turneju u Švedsku. Mladost-ludost i želja za novim putovanjima i avanturama mi nikako nisu dozvolili da takvu ponudu odbijem. Tako „pređoh" u Maslešu, ali duša i srce ostadoše u Pelagiću, što će se pokazati poslije turneje kao odlučujuće u nastavku moje kulturno-umjetničke karijere. U Masleši se sprijateljih sa finim ljudima, nasvirah sa dobrim muzičarima i provedoh mnoge večeri na probama i feštama. Turneja u Švedskoj je bila u najljepšem mjesecu maju i siguran sam da sam prije opisao žuta i zelena polja, vječitu svjetlost dana bez noći i sve ostalo što se zbilo na toj nezaboravnoj turneji. Vratismo se kući puni utisaka, nezaboravnih prijateljstava i avantura, ali moja duša me opet odvuče u moj Pelagić, jer bez te raje i tog voljenog društva jednostavno se nije moglo. Poslije sam imao otvorena vrata i u Pelagiću i u Masleši i sa oba društva sam išao na turneje po Jadranu. Zadar i Istra se nikada neće zaboraviti, a o prijateljima iz ova dva banjalučka kulturno-umjetnička društva da i ne govorim. Na um mi pade stara dobra Terezina pjesma: „Prijatelji stari gdje ste"?????

Strina Munifa

Strina Munifa je umrla prije nekoliko godina, a ja sam dugo odlagao ovaj zapis zbog teških i nemilih događaja koji su se odvijali pri kraju njenog života.

Strina je bila veoma prisutna u bratovom i mome životu od samog početka. Kada nam je umrla mama, strina je odmah pritekla u pomoć i učinila mnogo toga lijepog u našem dječačkom životu. Kod nje smo proveli mnogo vremena i pojeli puno dobrih ručaka i kolača kada nam je bilo najpotrebnije. Pošto nije imala vlastite djece, bila je uvijek spremna da pritekne u pomoć i pričuva djecu kada god su roditelji to zamolili. Tako je bilo i sa našom vlastitom djecom, a i djecom iz komšiluka. Ipak za sve to vrijeme se mogla primjetiti njena tvrdoglavost, a i prilična grubost u svakodnevnim kontaktima sa nama djecom, drugim ljudima, a i amidžom Mustafom. Život se nije poigrao s njom i pečat vječite borbe za preživljavanje je ostavio traga na njen način ophođenja sa drugim ljudima. Ja sam to primjetio veoma rano i često sam dolazio u verbalne konflikte s njom, ne slažući se uvijek sa njenim načinom rješavanja problema.

Spomenut ću samo jednu situaciju u kojoj je strina reagirala totalno neadekvatno i nekontrolirano. Jednog ljeta smo joj na Cres donijeli za poklon onu famoznu sofu koja se mogla ljuljati i imala platneni natkrov. Sam bog zna kako smo se izlomili u autu iz Švedske sa tim glomaznim poklonom. I kada smo joj instalirali sofu, ona nas je tako napala da smo potpuno ostali bez teksta, a komšija koji je bio prisutan joj je prigovorio i rekao da nije fino tako reagirati kad se dobije tako lijep poklon, već suprotno, čovjek bi trebao najtoplije da se zahvali. Tako su naši dani tekli i kada smo bili stariji, a i pri samom kraju strininog života. Već poslije amidžine smrti ona je počela da govori veoma ružno o njemu, a na kraju je počela insinuirati da on nije bio psihički zdrav i da je testament pisao u neuračunljivom stanju. Veoma ružno i nelojalno prema svome bračnom drugu sa kojim je živjela zajedno preko pedeset godina. A onda dođoše i oni najružniji događaji kada je trebalo sprovesti ostavinsku raspravu. Testament koji je amidža napisao je iznenada nestao, a onaj dan kada smo išli na ostavinsku raspravu nikada neću zaboraviti. Strina se nije htjela s nama ni pozdraviti, a prisutna je bila i cijela njena porodica. Na raspravi sam ja, pošto je testament nestao, pristao da se zaostavština podijeli kako to zakon propisuje. Misleći da je to sada sve u redu, odosmo u posjetu strini, a ona nas dočeka neprijateljski i ne htjede s nama pošteno ni porazgovarati. Progutasmo gorku pilulu i odosmo kući tužni i neraspoloženi. Poslijepodne nas iznenadi jedan od rođaka i reče da strina želi da joj Starkica učini jednu uslugu. Kao da sam znao da se nešto sprema krenu i ja ne želeći da moja Starkica, bez mene, doživi neprijatnosti. Strina nas dočeka u kući mračna i tajanstvena i zamoli Starkicu za jednu uslugu koju je bilo ko od njene prisutne rodbine mogao uraditi. Onda je mojoj Starkici pao mrak na oči i ona je izgovorila sve ono što smo ona i ja milion puta raspravljali, jer nas je to mučilo godinama, a nikada nismo to htjeli reći strini, iz poštovanja i obzira prema starijoj osobi. Ja sam samo sjedio i bio nijemi svjedok da Starkica nije izgovorila nijedne suvišne riječi. Sve to je već odavno trebalo reći strini u lice. Odmah čim smo Starkica i ja otišli kući, strina je pokupila sve rođake i oni su ekspresno otišli sa Cresa za Banjaluku. Od tada više nikada nismo vidjeli strinu, a ona je totalno prestala govoriti, jesti i komunicirati s ljudima. Ubrzo iza toga je umrla, a njena rodbina je za sve okrivljavala mene i Starkicu. Ta situacija i dan danas traje, ja nemam nikakve šanse da sve objasnim, a život teče dalje. Osjećam se tako prazan i izgubljen u svim tim porodičnim zavrzlamama i priznam da nikada u svome prilično dugom životu nisam bio u tako nerazjašnjenoj situaciji. Strinu sam na neki čudan način volio i cijenio jer mi je mnogo dobra učinila, a istovremeno niko u životu mi nije zamrsio i ogadio rođačke odnose kao što je to učinila ona. Umrla je tiho i bez riječi objašnjenja ostavila nerazjašnjenu dilemu. Kada sam izjavio saučešće, njena sestra mi je odgovorila: „Hvala na ubistvu". Kako objasniti da ja strini nikada ništa ružno nisam rekao, niti nažao učinio, stalno smo joj Starkica i ja pomagali, a ono što joj je Starkica rekla je sve tačno i korektno rečeno i to bi mogao potpisati kao da sam to i sam izgovorio.

Počivaj u miru draga strina Munifa i oprosti mi što sam napisao ovu kratku ispovijest, iako to niko od mene nije tražio.

Dragi moj najstariji unuk Emil je imao najviše strpljenja da sluša didine tužno-sretne avanture, pa mu na kraju rekoh: „Čuj, starac moj (18 godina), mislim da je dosta ovih pripovijedanja, nego da mi to polako privodimo kraju". „Dido, ovakve avanture nijedan Šveđanin nije doživio, samo ti nastavi, imaš ti sigurno još toga dosta ispričati": „OK Emile, još par (stotina) riječi, pa onda završavamo ovaj didin kurs istorije".

Posljednje sličice

Dođe i prokleti, sa strahom i jezom očekivani dan. Rasprodali smo i poklonili dosta stvari, ali televizora ne dadosmo za 50 maraka. Poslije bih jako sretan da je svoje posljednje dane dočekao kod rahmetli drage tetke Mine. Peć „Amiti" ne prodadosmo, ali je odnesoše već prve večeri našeg odsustva. Prodadosmo i kombi spaljenog motora poštenim ljudima koji su nam platili, iako su mogli jednostavno odvesti svojoj kući, kao što su to mnogi njihovi sugrađani radili. Dok smo skupili malo parica, više se nismo usuđivali prespavati u našoj kući, već smo spavali preko puta, u kući rahmetli tetke Zejnebe. Te posljednje večeri bilo nas je podosta u toj omiljenoj kući, a tetka Tehvida nam obeća da će nas probuditi da ne zakasnimo na autobus. U rano jutro neko uzviknu: „Aj narode, prespavali smo"! Stvarno, ne stigosmo pošteno ni u klozet, da nam ne bi Zahida sa svojim Mercedesom, bilo bi nemoguće stići na autobus koji nas sigurno nebi čekao. Pogledasmo posljednji put u pravcu naše stare kuće, posjedasmo u auto i brzinom se stuštismo ka tamo nekom parkingu blizu Vitaminke gdje naletjesmo na autobus sa već upaljenim motorom. Šofer i „turistički vodič" strpaše naših pet torbi i gitaru u gepek, a nas zbajbučiše u zadnji kraj autobusa. Zadnje scene koje mi se evo i danas vrte u glavi su bile one kada troprstaši podizaše svoja famozna tri prsta, pozdravljajući nas na našem Tranzitu, a Zahid svaki put ustaje iza volana i hvata se tamo dole, odzdravljajući troprstašima na adekvatan način. Dragi Zahid, ostade, preživi, nastavi živjeti među troprstašima, a mi mu ne stigosmo pošteno ni zahvaliti za uslugu koja život znači. Ako ovo nekad pročitaš, dragi Zahide, hvala ti i znaj da ti nikad nećemo zaboraviti.

Tjeralica za Maršalom

Žao mi je što, eto i Titovo vrijeme polako popljuvasmo. Mene niko ne može ubijediti da je bilo drugačije nego što sam ja lično sve to doživio. Žao mi je, jer sam svjestan da će nove generacije i vrijeme Tita svrstati u sve one istorijske neuspjehe koje je naša domovina preživjela kroz svoju istoriju. Sve to će na kraju biti ona tamna slika tamnog vilajeta na koju smo svi mi Bošnjani valjda našim usudom osuđeni. Tako ćemo, na sebi svojstven način i taj dio naše istorije popljuvati i na kraju zaboraviti. Poznata je naša navika i tradicija da svoju istoriju ne poštujemo, a onda na kraju popljujemo. Šteta, a to nam uopšte nije potrebno, jer bilo nam je lijepo u vrijeme Tita, uz sve one evidentne greške što je i taj čovjek počinio. ŠTETA... A mogli smo možda odstupiti od tog našeg pljuvačkog stila i uknjižiti onaj lijepi period u nešto pozitivno što se je, eto i nama Bošnjanima nekad u istoriji dogodilo. Neću više komentarisati o ovoj temi, pa da kažem da nisam ljut ni na koga. Svi imaju pravo na vlastita mišljenja i ubjeđenja i ja to poštujem. ALI TUGA NAD NAŠOM SUDBINOM JE VELIKA, jer ako nam ni Titovo vrijeme nije ništa značilo, šta bolje možemo očekivati od ovog kratkog života.

Počivaj u miru Maršale, ti si pokazao da može biti mir i u našim krajevima, ako mi to želimo i ako slijedimo tvoje ideje nesvrstanosti i nemiješanja u poslove drugih, u vlastitom dvorištu, ili u zemljama trećeg nesvrstanog svijeta.

Penzionerski dani teku

Halo ljudi, upomooooć!!! Šta je ovo, kakva je ovo penzija kad ni za Facebook, ni za Kajak, ni za E-mail nemam vremena??? Evo danas uhvatih malo vremena jer sam na svome starom mjestu sa kojeg sam „otišao u penziju", pa imam vremena za „slobodne" aktivnosti. Kao penzioner, planirao sam malo rađukati na SFI-u, ponekad raditi na starom mjestu kada im zatrebam, pomalo zgotovljavati knjigu, a šta mi se u međuvremenu desi u mome mlađahnom „penzionerskom" životu: Na SFI-u me „zamoliše" da primim jednu stalnu grupu izbjeglica i učim ih švedski jezik, a ako ne radim svih pet radnih dana, oni kao pastorčad izgube dan buljeći u IPAD i kompjuter, a ne stignu preći planirano gradivo. Tako budem „dobrovoljno" natjeran da radim svih pet radnih dana. Kolege na poslu su takve da ih čovjek samo poželjeti može, a studenti izbjeglice su neuporedivo interesantniji i bolji nego učenici u školi, pa se osjećam kao riba u vodi kada radim sa njima. Tako da mi ova produžena karijera sjeda kao kec na desetku i mogao bih ovako raditi, čini mi se, još pet-šest godina. Inicirao sam čak i jedan novi projekat sa treninzima u augustu, poslije odmora, a to ćemo krunisati jednom trkom na 5600 metara u septembru mjesecu. Trka će se zvati „SFI Loppet" i kolege smatraju da će to nastaviti i poslije moga odlaska i selidbe na Jug. Kod kuće, odmah prionem na pisanje, a Starkica se uvrijedi ako sve suđe nije oprano, smeće izbačeno, a šofer nije stigao po nju s posla na vrijeme. Sutra opet Jovo nanovo i tako u nedogled. Jedina promjena je kad moram skuhati grašak, pa onda imam manje vremena za pisanje. Muka brate, pa to ti je. Ali neka, sam sam to „dobrovoljno" odabrao, ali ako nekad neku od obaveza preskočim, odmah ima jezika kod kuće i misterioznih pogleda na poslu. Zato sam se „uvježbao" da ništa ne preskačem i mirna Bosna. Pitam se kada će početi taj penzijski staž kada evo uskoro navršavam 68, a još nisam okusio balans prave penzionerske svakodnevnice. Iskreno rečeno, počeo sam tajno brojati dane kad će Starkica u penziju pa da se i ja konačno smirim i selidbom započnem novu fazu pravog penzionerskog života.

No sikiriki prijatelji, „čuva bog Acketa svog".

A Švedska... Obećana zemlja za sviju: i za one koji hoće, a i znaju, i za one sa do-
brim visokim obrazovanjem, i za dobre zanatlije koje znaju svoj posao, i za one
sa slabašnim obrazovanjem za servisne poslove koje Šveđani nerado rade, i za
„arbets narkomaner" (radne narkomane), i za hendikepirane, i za kriminalce koji
vole odsjediti svoje kazne u ovoj zemlji, i za „snalažljivce" svake vrste, i za nerad-
nike koji koriste slabosti sistema, i za prosjake. Švedska je manje obećana zemlja
za vrhunske fudbalere i rukometaše (svi takvi igraju u inostranstvu), vrhunske
muzičare i ostale koji rade u oblasti kulture, medicinske sestre koje zbog boljih
dohodaka u velikom broju rade u Norveškoj. Najslabije prođu oni koji se zadovo-
ljavaju socijalnom pomoći i misle da je dovoljno da imaju puno ulovljene ribe u
zamrzivaču, nezainteresovani, nesnalažljivi i nesigurni u sebe. Penzioneri dobiju
egzistencijalni minimum i dodadak za stanovanje čak i ako nisu penziju zaradili,
a oni koji su penziju zaradili ne dobiju puno više, ako nisu živjeli u Švedskoj naj-
manje 40 godina. Toliko sam ja vidio vlastitim očima i naučio o državi koja nas je
primila i omogučila nam pristojan život.

Moja Starkica i ja, a i ostatak porodice smo prezadovoljni postignutim, ali napo-
minjem da smo se dobro potrudili i izborili vlastitim radom sve što smo inkasira-
li u naše blagostanje.

Ova knjiga nebi ugledala svjetlost dana, niti bi se ja upisao na listu pisaca, da nije
bilo balkanskog zla godina devedesetih, prisilnog napuštanja domovine i prelije-
pog nastavka života u ovoj prelijepoj i humanističkoj Švedskoj.

Objašnjenje: Bošnjanin je moj izraz za Bosanac, Bošnjak i svaki onaj građanin koji
Bosnu i Hercegovinu voli i smatra svojom domovinom.